Ceux de 14

Huit mois de guerre, huit mois d'hôpital, huit ans de réflexion, telles sont les données statistiques de la naissance d'un écrivain. Et cinq titres : *Sous Verdun, Nuits de guerre, Au seuil des guitounes, la Boue, les Éparges.* Ces livres de guerre, réunis plus tard sous le titre général : *Ceux de 14,* on les lit aujourd'hui comme une œuvre moderne qui dans le fond et dans la forme nous apporte un message dont il n'existe aucun équivalent...

Aucun réquisitoire contre la guerre n'atteint la puissance de ce récit, de ce constat modeste, mesuré, terriblement précis... Sans élever le ton, Genevoix raconte l'horreur quotidienne...

Il faut que le témoin atteigne au comble de la misère, qu'il dépasse le désespoir et ne ressente plus *qu'une froideur, une indifférence desséchée pareille à une contracture de l'âme,* pour oublier toute mesure et devenir accusateur.

Paul Guimard.

Maurice Genevoix est né en 1890 à Decize (Nièvre). Après avoir passé son enfance aux confins de la Sologne, il entreprend des études universitaires (l'École normale supérieure) qui sont interrompues par la guerre de 14. Blessé en 1915, il est réformé.

Dans les nombreux romans qu'il écrira plus tard, apparaissent les thèmes privilégiés de son œuvre : la chasse, le monde animal, la vie rurale. En 1925, il obtient le prix Goncourt avec Raboliot. *Lauréat du Grand Prix national des Lettres, membre de l'Académie française depuis 1946, Maurice Genevoix a été le secrétaire perpétuel de l'Assemblée du quai Conti de 1958 à 1974.*

Maurice Genevoix est mort en septembre 1980.

Du même auteur

aux éditions du Seuil

Un jour
roman, 1976
Points-Roman, 1980

Lorelei
roman, 1978

La Motte rouge
(Sanglar)
roman, 1979
Points-Roman, 1981

Trente mille jours
roman, 1980
Points-Roman, 1981

La Maison du Mesnil
roman, 1982

Maurice Genevoix
DE L'ACADÉMIE FRANÇAISE

Ceux de 14

Flammarion

TEXTE INTÉGRAL.

EN COUVERTURE

Les Honneurs sous le feu (détail).
Gravure d'après G. Scott, 1914, parue
dans *l'Illustration.* Bibliothèque
des Arts décoratifs, Paris.
Archives J.-L. Charmet.

ISBN 2-02-006901-6
(ISBN 2-08-064341-X, 1re publication)

A MES CAMARADES DU 106

En fidélité

A LA MÉMOIRE DES MORTS
ET AU PASSÉ DES SURVIVANTS

AVANT-PROPOS

A L'ÉDITION DÉFINITIVE

Cette réimpression de mes récits de guerre en propose au lecteur une édition définitive.

Elle se présente en un seul volume, au lieu des cinq qu'elle comprenait primitivement, — le texte original en ayant été, au préalable, quelque peu resserré et réduit : ainsi ai-je espéré en rendre plus sensibles la cohésion et l'unité.

C'est cet unique souci qui a déterminé et conduit mon travail de révision. Car je tenais sur toute chose à éviter que des préoccupations d'écriture ne vinssent altérer dans son premier mouvement, dans sa réaction spontanée aux faits de guerre qu'il relate, le témoignage que j'ai voulu porter.

Comme au temps déjà lointain où j'écrivais ces pages, c'est de propos délibéré que je me suis interdit tout arrangement fabulateur, toute licence d'imagination après coup. J'ai cru alors, je crois toujours qu'il s'agit là d'une réalité si particulière, si intense et dominatrice qu'elle impose au chroniqueur ses lois propres et ses exigences. On a beaucoup disputé là-dessus ; et, comme il arrive d'ordinaire en de pareilles controverses, les arguments se sont croisés à vide, sans s'affronter ni se répondre.

Le parti que j'ai pris, quant à moi, lorsque j'ai décidé d'écrire cette suite de volumes, je l'ai pris par souci d'une sorte de fidélité non certes plus aisée, mais d'un aloi qui m'a semblé plus sûr. Je l'ai pris après réflexion, dans le souci impératif du but que je me proposais d'atteindre, sans qu'à aucun moment cette option personnelle impliquât le moins du monde condamnation de partis différents. Mais, mon choix fait, je devais m'y tenir, m'interdisant ainsi désormais de jouer sur plusieurs tableaux.

Je crois que j'ai respecté, jusqu'au bout, cet engagement que j'avais pris d'avance envers mes lecteurs et moi-même. La présente édition y reste absolument fidèle. Qu'elle me soit l'occasion de dire ma gratitude à tous ceux qui m'ont fait confiance. C'est en pensant à eux, aujourd'hui comme naguère, c'est dans le même mouvement du cœur que je transcris ici ces lignes, tracées il y a vingt-sept ans au seuil de mon livre sur les Eparges : « Je souhaite que d'anciens combattants, à lire ces pages de souvenirs, y retrouvent un peu d'eux-mêmes et de ceux qu'ils furent un jour ; et que d'autres peut-être, ayant achevé de lire, songent, ne serait-ce qu'un instant : « C'est vrai, pourtant. Cela existait, pourtant. »

M. G. 1949.

LIVRE PREMIER

SOUS VERDUN

A la mémoire de mon ami
ROBERT PORCHON
tué aux Éparges le 20 février 1915.

I

PRISE DE CONTACT

Mardi, 25 août, Châlons-sur-Marne.

L'ordre de départ est tombé comme un coup de tonnerre : courses précipitées par la ville, avec la crainte et la certitude d'oublier quelque chose. Je trouve à peine le temps de prévenir les miens. Dernière revue dans la cour du quartier. J'étais à la cantine lorsque l'ordre m'a surpris. J'ai bondi, traversé la cour, et me voici, raide comme un piquet, devant deux files de capotes bleues et de pantalons rouges.

Il était temps : le général arrive déjà à la droite de ma section. Au port du sabre, ma main droite serrant la poignée de l'arme, ma main gauche pétrissant, à travers un papier gras, ma récente emplette : deux sous de pain et une charcuterie sans nom, qui sue.

Le général est devant moi : jeune, bien pris dans la tunique, visage énergique et fin.

« Lieutenant, je vous souhaite bonne chance.

— Merci, mon général !

— Je vous tends la main, lieutenant ! »

Eh ! parbleu, je le vois bien !... Je sens mon sandwich qui s'écrase.

« Seriez-vous ému, lieutenant ? »

Un tour de passe-passe : mon sabre a filé dans ma main gauche. Une ferme secousse à la main tendue vers moi, et je réponds bien haut, bien clair, en cherchant les yeux :

« Non, mon général ! »

J'ai menti, j'étais ému. J'aurais eu honte de ne pas l'être : tant d'impressions, de réflexions ébauchées, qui me secouaient tout entier ! Mais j'ai bien compris le « Seriez-vous ému ? » du général ; j'ai répondu non : j'ai dit vrai.

Nous allons à Troyes. On nous l'a dit. De Troyes, nous filerons sur Mulhouse pour occuper la ville conquise et la défendre. On nous l'a dit aussi.

Cette perspective me séduit : aller en Alsace et y rester, c'est moins crâne que d'y être entré, mais c'est chic tout de même.

Défilé en ville : trottoirs grouillants, mouchoirs qu'on agite, sourires et pleurs.

Une erreur de route nous vaut quelques kilomètres de plus, pas cadencé : les plus vieux réservistes, dodus encore, suent à grosses gouttes, sans ronchonner.

Nous avons aperçu des blessés à la porte d'une grande bâtisse grise. Ils nous ont montré, à bout de bras, des casques à pointe et des petits calots ronds, à bordure rouge et fond kaki. « Nous aussi, nous y allons, les amis ! »

Une jeune ouvrière, blonde, rebondie, me sourit de toutes ses dents. Grand bien me fasse le sourire : je vais à la guerre ; j'y serai demain.

Le train : ligne noire de fourgons béants, avec quelques wagons de premières. L'embarquement est tumultueux ; un jeune commandant basané pousse son cheval à travers les groupes, en vociférant. Le peuple murmure. Pourquoi diable a-t-il donné l'ordre d'arracher les petits drapeaux tricolores dont la foule ondulait tout à l'heure sur le bataillon en marche ?...

Départ lent, le soir venu. Couchant lourd, monstrueux nuages pourpres et or fauve.

Cahin-caha, le convoi roule dans la nuit. Notre vieux capitaine de la 27 extirpe, du fond de ses souliers blindés, des chaussettes jaunes toutes neuves. On s'étire, on grogne, on ronfle. Un aiguilleur, en aiguillant, nous crie où nous allons :

« Troyes ? Ah ! bien ouiche ! Vous roulez sur Verdun !... »

Croyez donc ce qu'on vous dit. Cela est la première « tinette ».

Wagon morose des voyages de nuit. Les visages apparaissent blafards, sous la lumière qui filtre à travers l'écran bleu. De loin en loin, une ombre vague, en haut du remblai, à peine entrevue sur le ciel sans clarté : c'est un garde-voie qui monte la faction. De grands pinceaux blancs évoluent dans la nuit, fouillant les ténèbres.

Des murs, quelques réverbères falots : c'est Verdun. Nous continuons encore cinq ou six kilomètres, jusqu'à Charny. Il est une heure du matin. Dans le tumulte, face aux portes des fourgons qui soufflent une haleine lourde, les sections se reconstituent. Et l'on se met en marche, lentement, pesamment.

Mercredi, 26 août.

Au petit jour, nous traversons Bras. Devant les maisons paysannes des tas de fumier s'étalent, énormes, exhalant une buée légère. Des bandes de poules caquettent. Les gens dorment encore. Nous marchons, nous marchons. Chez presque tous les hommes, on sent la même curiosité anxieuse.

Nous longeons, file interminable, un régiment d'artillerie de campagne arrêté. Les servants, les conducteurs, tous dorment assommés de fatigue, renversés sur les caissons ou le nez dans la crinière de leur cheval. Elles aussi, elles dorment, les pauvres bêtes, les naseaux bas, une patte pliée.

Nous passons ; les lourds souliers à clous sonnent sur la route. Les artilleurs ne nous entendent pas : ils dorment. Il faut taper sur la croupe des chevaux pour qu'ils se dérangent et nous laissent passer.

Vachérauville. C'est le plein jour. Nous avons fait halte dans un terrain en friche, au flanc d'un coteau. Nous sommes là un millier. Les hommes, couchés derrière les faisceaux, somnolent, renonçant à rien savoir. Le chef de détachement lui-même semble ignorer où nous allons. C'est un bon vieux à lunettes, que je vois très bien au coin de son feu, les pieds dans des pantoufles et tisonnant en fumant une pipe. Je suis surpris chaque fois que je le vois à cheval.

L..., promu médecin auxiliaire, voltige et bourdonne :

« Qu'est-ce que c'est que cette eau ?... Elle n'est pas bonne, cette eau !... Typhoïde, typhoïde !... D'où venez-vous, jeune homme ? Avez-vous des cartouches ?... Donnez-lui à boire, à ce cheval !... Il est malade ce chasseur !... Vous êtes malade, mon ami ! Si ! Si ! vous êtes malade ! Faites voir votre langue ! Il faut le faire évacuer... Pas malade ? Pas malade ? Dommage ! On lui aurait pris ses éperons ! »

Une voix pleurarde :

« Le chef ! le chef ! »

C'est une vieille qui arrive, le bonnet de travers, les mains au ciel :

« Seigneur ! Quelle perte ! Ils ont pris l'auvent de mon « pouits » pour faire du feu ! Qui est-ce qui me « récompinsera » ?

Perte, dommage, indemnité ; des mots, hélas ! que nous entendrons souvent.

Midi. Au bas de la pente, sur la route, des voitures passent, grands chariots à quatre roues que traîne un cheval maigre et galeux. Des paniers d'osier, des ballots, des cages à lapins s'y entassent pêle-mêle ; par-dessus, des matelas, des oreillers, des édredons d'un rouge passé, en monceaux. Des femmes sont assises en haut, le dos étroit et minable, les mains jointes et pendantes, les yeux vagues. Elles semblent engourdies dans une songerie sans fin. Par-ci par-là, dans ce bric-à-brac lamentable, des têtes de mioches émergent, cheveux jaunes et mêlés, museaux morveux. Derrière le chariot, quelques vaches suivent, tirant du cou sur leur longe et meuglant. Un gars dégingandé, larges mains et vastes pieds, fouet au poing, les pousse à grands coups de pied dans les jarrets.

Tout à coup, des cris, un tintamarre de culasses qu'on manœuvre. Je me retourne, et vois une trentaine de bonshommes qui se déploient en tirailleurs, face à la crête. Notre vieux capitaine, rouge comme un coq, ses petits yeux affolés girouettant, clame dans le haut de la voix :

« Attention ! Feu à répétition !... sur l'ennemi qui arrive... à 800 mètres... »

Qu'est-ce qu'il y a ? Sommes-nous surpris ? Je regarde : rien, absolument rien ! Je vois J... qui parle à l'oreille du capitaine, dont le visage prend tout de suite une expression d'immense stupeur :

« Cessez le feu ! Au temps ! Au temps pour moi !... »

J... redescend en se tordant, et du doigt il nous montre des rangées de javelles alignées à la crête.

Sur la route, s'acheminant vers le village, des soldats passent, groupés par petits paquets. Autour d'eux des parlotes éclosent. Les nouveaux arrivés questionnent, avec une avidité jamais rassasiée :

« Alors, il y avait une mitrailleuse dans le clocher ? Ils vous ont tiré dessus à quel moment ? Est-ce vrai que presque tous les blessés sont touchés aux pieds ou aux jambes ? »

J'aborde un rassemblement. Au centre, deux rescapés : l'un silencieux et triste, l'autre pérorant avec de grands gestes ; il porte au front une plaie légère où le sang a séché en croûte, et il exhibe une balle fichée dans un bourrelet de sa capote, comme une aiguille piquant un pli dans une étoffe.

Il y en a donc toujours, de ces égarés, de ces fuyards ? Ils passent sans fin, traînant la jambe, visage fiévreux, cheveux longs et barbe sale. Et voici encore des chariots pleins de femmes et d'enfants, des chariots où des blessés s'entassent, les uns assis et se cramponnant des deux mains aux ridelles, les autres couchés sur une litière de paille sanglante. Des caissons de munitions tanguent avec un fracas de ferraille secouée ; des groupes de fantassins poussiéreux marchent sur les flancs, dans l'herbe rabougrie des bas-côtés.

Et cela coule interminablement, vers le creux du vallon où le village se blottit, venant du haut de la côte que la route escalade. Est-ce panique ? Non, sans doute. Alors pourquoi cette impression pénible dont je ne puis me défendre ?

Un officier d'état-major est venu. Le chef de détachement, à la seule vue des insignes, est devenu pâle d'émotion. Il faut retraverser la Meuse. Je m'y attendais : derrière tous ces gens qui passaient, je sentais peser une menace.

Longue étape, sur une route sans arbres. Ciel terne, chargé de pluie. Il fait lourd. Nous revoyons Bras et Charny, puis Marre, Chattancourt : des villages qui se ressemblent, maisons basses, bleu lavé, jaune terreux, couleurs sans lumière et sans gaieté. Et toujours les monceaux de fumier croupissent au seuil des portes, étalés jusqu'au milieu de la route.

Esnes ressemble à Marre et à Chattancourt. Nous nous y installons, en popote, chez une bergère jeunette qui a une face de poupée, sans dents, et des jambes sans mollets. Dans le fond obscur de la pièce, j'entrevois un étrange personnage, chevalier à rouflaquettes et à longs cils, qui dorlote un mioche au maillot. Il s'éclipse comme une ombre dès que nous entrons.

Au pied de la fenêtre ouverte, un soldat en manches de chemise, avant-bras nus, égorge un mouton couché pattes liées sur une porte.

Le soir vient, gris et triste. Et voilà qu'une pluie fine se met à tomber, noyant tout dans une poussière d'eau. Je pense à mes hommes restés sur le pré, derrière leurs faisceaux. Et je sors, plaquant les convives, pour essayer de mettre à l'abri ma section.

C'est facile ; il n'y a presque pas de soldats dans le village. J'ai trouvé une grange pleine de foin, et je reviens vers le pré, content de moi :

« Debout, les amis ! Prenez vos équipements, vos sacs, tout votre barda ! Il y a un toit et du foin par là. »

Dans la nuit, sous la pluie qui commence à fouetter, je précède un cortège d'ombres muettes. Hélas ! ça n'est pas long ; dans le village, je bute contre le chef de détachement, errant le long des maisons, toujours malade d'inquiétude. « Allons ! Demi-tour... » Les ombres retournent au marécage, muettes toujours ; on entend le flic-floc des pieds lourds dans les flaques. Pauvres bougres !

En revenant, je rencontre quelques soldats qui montent vers le cimetière. Ils portent, sur une civière, un corps roulé dans un drap. Je me rappelle : on m'a dit aujourd'hui qu'un chasseur avait été tué par une balle perdue.

Je suis entré, au fond d'une cour, dans un ignoble galetas. Sommeil entrecoupé. La porte bat toute la nuit. Chaque fois que j'ouvre les yeux, j'aperçois, à la lueur d'une lampe fumeuse, des yeux caves sous des visières de képis. A côté de moi, dans une alcôve pareille à la mienne, un malade, torturé par une crise aiguë de rhumatisme, geint et crie.

L'aube, enfin ! Je m'habille en hâte, impatient d'échapper à l'atmosphère de ce taudis. Et je me sauve, loin de ce lit où j'ai transpiré quelques heures, de ces draps huileux dont je sens encore la moiteur sur ma peau, de ces relents de fromage, de petit-lait et d'étable à cochons.

Il pleut toujours. J'aperçois, de loin, sur le pré, les faisceaux grêles, les paquets de sacs : il n'y a plus un homme dehors. Ma foi tant pis... Bravo !

Jeudi, 27 août.

Longue étape, molle, hésitante. Ce n'est pas à vrai dire une étape, mais la marche errante de gens qui ont perdu leur chemin. Haucourt, puis Malancourt, puis Béthincourt. La route est une rivière de boue. Chaque pas soulève une gerbe d'eau jaune. Petit à petit, la capote devient lourde. On a beau enfoncer le cou dans les épaules : la pluie arrive à s'insinuer et des gouttes froides coulent le long de la peau. Le sac plaque contre les reins. Je reste debout, à chaque halte, n'osant pas même soulever un bras, par crainte d'amorcer de nouvelles gouttières.

Il se trouve que nous sommes à Gercourt et que Gercourt est l'étape désignée. Un trou bleu dans les nuages, des gouttes de pluie brillantes de soleil, les dernières. Les couleurs des uniformes s'avivent, les boutons de cuivre sautent aux yeux.

C'est la grand'halte. Je tends mon dos à la chaleur qui grandit, en mâchant du singe filandreux et du pain élastique. Au-dessus des sections au repos, une buée d'eau qui s'évapore monte et flotte.

« Tous les officiers sur la route ! »

Que se passe-t-il ? Le capitaine Renaud, adjoint à notre colonel, vient faire les affectations. C'est un grand brun, agité. Il procède tambour battant : douze files, une par compagnie. Pour nous aussi, officiers, ça va vite : quelques questions qui nous tombent sur le nez, en cascade, à peine le temps de répondre, c'est fait. Je dois rejoindre, au passage du régiment, la 7e compagnie.

Il arrive, mon régiment ! Nos réservistes courent à toutes jambes vers la route encaissée. Et c'est un beau charivari : bonjours qu'on s'envoie de loin, exclamations de joie, qui se croisent des rangs qui défilent aux groupes massés sur le talus. Il y a de l'anxiété dans presque tous ces yeux, qui regardent ceux qui se sont battus. Quelques hommes, déjà, retournent aux faisceaux abandonnés, le front baissé, les bras ballants.

Je me suis glissé à ma place, avec mon groupe, derrière la 7e qui passe. Tout en marchant, les mêmes questions se précipitent :

« Et Robert ? — Il est blessé. Une balle dans l'épaule. — Et Jean ? — Il est mort. »

C'est le frère des deux soldats, le blessé et le mort, qui répond. Il jette ces mots d'une voix essoufflée, en courant pour rejoindre sa place dans le rang.

Une halte, colonne de bataillon, dans une prairie desséchée. J'en profite pour me présenter à mon capitaine. Grand, massif, un buste lourd sur de longues jambes grêles. Le regard vif et intelligent atténue l'impression de pesanteur que j'ai eue au premier abord.

« Alors, jeune homme, vous allez faire votre apprentissage ? Bonne école, vous verrez, bonne école. »

Un sourire plisse les yeux bleus. Il se pourrait que le capitaine Rive eût du goût pour l'ironie.

Il y a aussi un sous-lieutenant à ma compagnie, un Saint-Maixentais, jeune et solide, plein d'allant : une moustache flambante trop touffue pour le visage rougeaud et poupin, de grosses épaules, de gros poignets, de gros mollets. Il me tend la main et m'offre tout de suite une goutte de *schnick*, histoire de mieux faire connaissance :

« Attends un peu, tu vas voir comment on se débrouille ! »

Il fait signe à une espèce de singe, qui semble là aux aguets, lui montre le village tout proche, Cuisy, et le lâche d'un geste, comme un chien de chasse à qui son maître crie : « Apporte ! » Il est vrai qu'au préalable il lui a remis vingt francs.

Cinq minutes plus tard, le régiment tout entier dévale dans un chemin à pic, encaissé entre deux hauts talus buissonneux. Les pierres roulent sous les pieds ; on se cramponne ; on se rattrape aux branches ; mon sabre devient un alpenstock.

Dès que nous entrons dans le pays, nous sommes dans la boue et le purin. Beaucoup de granges, très peu de maisons : une centaine d'habitants. Il faut que nous logions là trois mille.

Il fait nuit. Nous devons « popoter » avec les officiers de la 8ᵉ. Mais où ? Personne ne me l'a dit. Dans la boue, dans le fumier, je me mets en quête de la popote.

Je l'ai trouvée dans une cuisine obscure : au fond, la flamme jaune d'une bougie fait danser des ombres sur les murs. Un cuisinier, bras nus et pattes noires, manipule de la viande crue comme il ferait un pétrin. Un autre, pipe aux dents, écume le pot-au-feu en crachant dans les cendres. Il lève vers moi un étrange visage de faune lippu. La barbe, qui commence à pousser, hérisse son menton de poils rares, raides comme des soies. C'est lui qui m'accueille et me renseigne, d'une voix traînante et pâteuse, à croire qu'il a du macaroni plein la bouche.

L'un après l'autre, les officiers entrent. Il y a, pour la 7ᵉ, le capitaine et le Saint-Maixentais, et puis un élève de Saint-Cyr, frais galonné, visage osseux, nez puissant et bon enfant, qui vient d'arriver avec moi du dépôt.

Maignan, le capitaine de la 8ᵉ, est un petit homme bien fait, barbe blonde, carrée, soigneusement peignée, sourire qui montre toutes les dents, voix douce aux inflexions un peu précieuses. Un lieutenant, grand type à face blême et glabre, dont le nez sans étais tombe dans sa cuiller. Un sous-lieutenant, long et mince, brun, visage très jeune, intelligent et naïf.

Le dîner se traîne, plutôt morne. Les deux capitaines racontent des anecdotes du Maroc, ou des histoires toutes faites, de « bien bonnes », glanées dans les camps.

La promenade dans la boue recommence. Ne faut-il pas, puisque nous sommes cette nuit dans un village encore habité, en profiter pour coucher dans un lit ? J'arrive à me glisser entre deux toiles rugueuses, à côté d'un bonhomme d'une cinquantaine d'années, qui transpire dur et qui sent fort.

Je dors quand même, à poings fermés.

II

LES ALLEMANDS PASSENT LA MEUSE

Vendredi, 28 août.

Quatre heures du matin. Nous nous hissons au haut du chemin pierreux. Une brume légère flotte encore. Le régiment tout entier se rassemble auprès du village, dans un verger clos de haies vives. Et là, un commandant à monocle nous lit, d'une voix sèche, une proclamation vibrante : oraison funèbre du colonel, exhortations véhémentes, vers de Déroulède pour finir. Bien plus simple et plus émouvante, la présentation des armes par les soldats, tous les officiers saluant de l'épée.

Nous creusons, sous une crête où le vent souffle, de profondes tranchées pour tireurs debout. Je respire en goulu, heureux d'être au soleil, de me sentir allègre, pendant que mes hommes tapent du pic et lancent par-dessus le parapet ébauché des pelletées de cailloux.

Nous dominons de là-haut un immense vallon arrondi : au bas de la pente, des bois sombres, avec les grandes enclaves lumineuses des moissons mûres. Là-bas, dans le creux, un village blanc sous des feuilles, Dannevoux. Et tout au fond, par-delà la Meuse qu'on ne voit pas, une chaîne de collines bleues.

Jusqu'au soir, on creuse avec entrain. Pendant plusieurs heures, nous avons entendu un grondement grave et continu : canonnade violente mais lointaine. Déjeuner sur le bord de la route ; nous déchiquetons des doigts et des dents une volaille carbonisée, en buvant du vin épais à même le goulot des bidons. Je couche, comme la veille, avec mon bonhomme ; mais cette nuit-là, j'entends des borborygmes, et je suis réveillé à chaque volte de son gros corps.

Samedi, 29 août.

Sous un soleil blanc et fixe, les hommes, chemise ouverte et gouttes de sueur sur la peau, achèvent de creuser leurs tranchées. Par-dessus le grondement des batteries éloignées, nous distinguons, assourdies encore et ouatées, les détonations de batteries plus proches. Je perçois, en tendant l'oreille, des sifflements légers, qui se brisent en une explosion miaulante : ce sont des shrapnells qui éclatent, lentement dissipés dans l'air calme.

Nous cantonnons encore ce soir-là, mais en cantonnement d'alerte, car les obus allemands éclatent maintenant à un kilomètre à peine du village. Les vitres tremblent aux poussées puissantes des explosions.

Dimanche, 30 août.

Bois de Septsarges : des taillis vigoureux, tressant les ronces et poussant les rejets sous la protection des hautes futaies. Grandes taches de lumière sur la mousse, rayons vivants à travers l'ombre chaude, âcre odeur de fermentation, exacerbée par le soleil, et qui oppresse. Il tape, le soleil ! Je me suis accoté contre un arbre, et me déplace à mesure que l'ombre tourne.

Pardot, le sous-lieutenant de la 8ᵉ, est vautré à côté de moi. Il écrit au crayon une longue lettre à sa jeune femme ; et il me parle d'elle, de sa petite fille qui a cinq mois. Je l'écoute, mais n'entends pas toujours ce qu'il me dit : sa voix me parvient comme un ronron monotone, que je perçois vaguement encore, scandé par les battements du sang à mes tempes et au bout de mes doigts. Je m'endors.

Une détonation énorme m'éveille en sursaut. Trois autres ébranlent l'air, à la file ; et j'entends par-dessus ma tête passer le vol des obus, frôlement léger, glissement rapide que l'on suit de l'oreille, très loin, très loin, jusqu'à entendre l'éclatement, à peine.

« Ce sont des canons de 120 », me dit Pardot.

Il n'a pas achevé qu'une ribambelle de détonations plus sèches, plus cassantes, me fait tourner la tête à gauche. L'une n'attend pas l'autre ; elles se précipitent, se poussent les unes les autres, se chevauchent, distinctes pourtant et franchement détachées, malgré la rumeur immense du sous-bois où l'écho résonne interminablement : une batterie de 75 expédie un travail pressé.

Au soir, la canonnade devient innombrable. Les obus croisent leurs courses sifflantes ; les petits tendent une trajectoire rigide, rageusement ; les gros passent presque lentement, en glissant avec un bruit doux. Machinalement, je lève les yeux pour les voir. Tous les hommes qui viennent d'arriver ont ce geste.

Cantonnement d'alerte comme la veille, et dernière nuit avec le gros homme. Hélas !

Lundi, 31 août.

Nous repartons pour les bois de Septsarges. La journée débute comme celle de la veille. Grillon, coiffeur patenté, me rase ; sensation qui déjà me semble étrange : deux sacs sous les fesses, un arbre dans le dos. Je le paie avec du tabac « fin » ; il m'embrasserait. La sieste recommence, rampante avec l'ombre.

Vers deux heures, du nouveau ; nous remontons au nord-est, le long des bois, traînaillons longtemps en tous sens, pour arriver enfin au point fixé, des tranchées faites par le génie, avec des abatis en avant. Nous les occupons. J'ai une « guitoune » de feuilles un peu en arrière.

C'est là que je passe la nuit. Les branches dont le sol est jonché m'entrent dans les flancs. Mon équipement ne se tasse pas, et mon sac, sous ma tête, me semble dur. Je n'ai pas encore l'habitude.

Mardi 1er septembre.

Les cuisiniers vont faire en arrière la soupe et le jus ; mais bientôt, c'est la bousculade : la bataille crépite en avant de nous. Le capitaine nous fait dire que notre première ligne doit être enfoncée, qu'il faut redoubler de vigilance. Porchon, mon Saint-Cyrien, envoie par ordre une patrouille sur la gauche. Presque aussitôt, des claquements de lebels, et la patrouille, affolée, dégringole : elle a vu des Boches et tiré. Mes hommes s'agitent, s'ébrouent ; il y a de l'anxiété dans l'air.

Soudain, un sifflement rapide qui grandit, grandit... et voilà deux shrapnells qui éclatent, presque sur ma tranchée. Je me suis baissé ; j'ai remarqué surtout l'expression angoissée d'un de mes hommes. Cette vision me reste. Elle fixe mon impression.

Encore mon agent de liaison qui arrive en courant :

« Le capitaine m'envoie vous prévenir qu'il n'y a plus rien devant nous ; nous sommes face aux Allemands ! »

Est-ce vrai ? Nous avons vu passer des blessés, des fuyards. Un caporal de la 27, blême et suant, me crie que Dalle-Leblanc a une balle dans le ventre. Un grand diable, la cuisse traversée, meugle. Il bute des deux pieds et pèse de tout son poids sur les deux hommes qui le soutiennent.

La nouvelle me parvient, je ne sais comment, que le 67e se replie, sur notre gauche en principe. C'est exact. Il nous remplace dans nos tranchées, et nous nous portons sur de nouvelles positions, à cinq cents mètres en arrière.

Ligne de sections par quatre dans le bois, près d'une clairière. Les chaudrons dégringolent. Un réserviste, grand, blond roux, au premier qui explose, se retourne brusquement, me crie qu'il est blessé. Il est blafard et tremble violemment : c'est une branchette qui l'a piqué, comme il se baissait.

Un second chaudron, et c'est la ruée frénétique de Ferral, serrant son poignet ensanglanté. Un troisième : le caporal Trémault reçoit dans la joue le bout d'un canon de fusil. Il est estomaqué un moment, puis, ses esprits revenus, il sacre jusqu'à extinction.

L'arrosage continue. Nous attendons qu'il cesse, boulés côte à côte sous nos sacs. Comme je relève la tête pendant une brève accalmie, mes yeux rencontrent ceux d'un de mes hommes, attentivement fixés sur moi. Tournant un peu le cou, j'en vois un autre, un autre encore, qui me regardent avec la même expression attentive, sans malveillance, mais très aiguë. Cela met dans mes veines une bonne chaleur, vivante, tonique, dont je n'oublierai plus le bienfait.

La nuit. Plainte des blessés au loin. Un cheval mutilé hennit. Gémissement étrange et poignant : je crois d'abord que c'est un oiseau de nuit qui hulule.

Je fais le quart jusqu'à onze heures, perclus de froid. J'ai réveillé Porchon depuis une demi-heure à peine, je ne suis pas encore endormi, lorsque vient l'ordre de départ : nous retournons aux tranchées de Cuisy.

Mercredi, 2 septembre.

Il est deux heures quand on arrive. On s'installe, avec une impression de sécurité et de force. Ont-ils passé la Meuse en nombre ? Peut-être. Mais, de là-haut, nous pouvons les attendre. Un mitrailleur est venu, il y a quatre jours, avec un télémètre, et je lui ai demandé des distances exactes. S'ils viennent, je commanderai les feux qu'il faudra.

En attendant, dormons. Les étoiles sont limpides et fixes ; l'air fraîchit à l'approche du jour. Je me pelotonne dans ma capote, tout au fond de la tranchée, sur une couche de luzerne sèche, et je somnole un peu, sommeil coupé de réveils gelés.

Mes hommes, en se secouant autour de moi, achèvent de m'éveiller. Je me frotte les yeux, m'étire les bras, saute sur mes pieds. Le soleil couvre déjà les champs d'une marée de clarté douce. Je reconnais notre vallon, avec les points de repère échelonnés jusqu'à l'extrême limite du tir possible.

Beaucoup d'aéros, les nôtres lumineux et légers, les boches plus sombres et plus ternes, semblables à de grands rapaces au vol sûr.

Devant nous, des uhlans en vedette à la lisière d'un bois, cheval et cavalier immobiles. De temps en temps seulement, la bête chasse les mouches en balayant ses flancs de sa queue.

A la jumelle, je vois sur un chemin deux blessés qui se traînent, deux Français. Un des uhlans les a aperçus. Il a mis pied à terre, s'avance vers eux. Je suis la scène de toute mon attention. Le voici qui les aborde, qui leur parle ; et tous les trois se mettent en marche vers un gros buisson voisin de la route, l'Allemand entre les deux Français, les soutenant, les exhortant sans doute de la voix. Et là, précautionneusement, le grand cavalier gris aide les nôtres à s'étendre. Il est courbé vers eux, il ne se relève pas ; je suis certain qu'il les panse.

A deux heures, les obus recommencent à siffler. Il y a une batterie sur la crête en arrière ; c'est elle qui ouvre le feu. Elle tire depuis quelques minutes, lorsqu'une marmite allemande vient éclater à vingt mètres de nous.

J'ai relevé la tête, automatiquement, dès la seconde qui a suivi l'explosion. Et voilà qu'une chose invisible passe en ronflant près de mon nez. Un homme, près de moi, dit en riant : « Tiens ! les frelons... » Bon ! à la prochaine marmite, j'attendrai, pour me relever, que l'essaim entier soit passé.

Je n'attends pas longtemps : en voici quatre à la fois, et puis trois, et puis dix. Cela dure une heure à peu près. Nous sommes tous collés au fond de la tranchée, le corps en boule, le sac sur la tête. Entre chaque rafale, mes deux voisins de droite creusent fébrilement une niche dans la paroi. Ils s'y fourrent, comme un lapin dans son terrier ; je ne vois plus que les clous de leurs semelles.

Une fumée noire, cuivrée, qui pique la gorge et fait mal aux poumons, nous enveloppe de ténèbres fantastiques. Elle n'a pas eu le temps de se dissiper que déjà siffle une nouvelle rafale. On l'entend venir, irrésistible ; je perçois le choc mat du premier obus sur la terre avant d'être assourdi par la salve des explosions.

Pendant une brève accalmie, le bruit d'une course me fait tourner la tête : c'est un de mes hommes, Pinard, qui a bondi hors de la tranchée, là-bas à gauche, et qui se rue vers la droite, sac au dos et fusil à la main, dans un chahut invraisemblable, baïonnette cliquetante, gamelle trépidante, cartouches grelottantes. Il me regarde au passage avec des yeux dilatés, et va tomber comme un bolide sur des camarades qui font carapace avec le sac. Ils le reçoivent sur les reins avant d'avoir pu se garer. Avalanche de taloches ponctuée d'engueulades. Une rafale de six marmites les met d'accord. L'une d'elles est tombée à cinq mètres : il m'a semblé que le mur de terre me poussait, et j'ai reçu en plein sur mon sac une pierre de quelques kilos, qui m'a collé le nez dans la glaise et abruti pour cinq minutes.

Soleil couchant, très beau, très apaisant. La nuit s'annonce transparente et douce. Je me promène devant la tranchée, dans un champ de luzerne, m'arrêtant au bord des entonnoirs énormes creusés par les obus, et ramassant de-ci de-là des morceaux d'acier déchiquetés, encore chauds, ou des fusées de cuivre, presque intactes, sur quoi se lisent des abréviations et des chiffres. Et puis, je rentre « chez moi », et m'étends à terre pour dormir.

III

RETRAITE

Jeudi, 3 septembre.

Mon agent de liaison est venu m'éveiller. Il fait nuit encore. Je regarde ma montre à la lueur d'une allumette : deux heures seulement. L'impression me saisit que nous allons attaquer. Sur une pierre en saillie, un cuisinier a posé mon quart empli de jus. Je le bois d'un trait ; c'est glacé, mais ça met d'aplomb.

Où allons-nous ? Vers Septsarges ? Je le crois un moment ; mais nous laissons la route à droite et marchons sur Montfaucon. Déjà, tout le village nous apparaît, escaladant la colline au sommet de laquelle il plante son clocher. Je distingue maintenant à l'œil nu la croix rouge du drapeau blanc qui flotte sur l'hôpital. Nous arrivons presque au pied du mamelon, puis tournons à gauche, face au sud-ouest. Je ne verrai pas Montfaucon.

Pour cause. Plusieurs régiments, toute la division, je crois, doivent se rassembler dans un ravin, à quelques centaines de mètres du village. Le rassemblement traîne : on attend toujours des troupes qui n'arrivent pas. Ma compagnie, d'arrière-garde, s'est arrêtée sur le bord de la route. Il fait grand jour. Jusqu'à quand allons-nous rester là ? C'était pourtant hier qu'on nous bombardait, à Cuisy !

Une détonation lointaine, que je reconnais : artillerie lourde allemande. Au sifflement, je me rends compte tout de suite que l'obus vient droit vers nous. Je regarde Montfaucon, et je vois, près de l'église, une gerbe de flammes et de fumée qui jaillit ; deux secondes, et la détonation nous arrive, brutale et lourde.

C'est le signal : sifflements, éclatements, fracas de toits qui s'effondrent, de murs qui s'écroulent. Je sens trembler le sol sous mes pieds et passer sur ma peau le souffle des explosions. Je ne sais plus où je suis, et je regarde, avec une tristesse hébétée, ces panaches de fumée noire, de fumée rouge, de fumée jaune, qui surgissent partout, se rapprochent, se mêlent, jusqu'à former un nuage immense, funèbre et sanglant, qui plane sur le village mort.

Des voitures de blessés passent ; il y en a qui agonisent. Des blessés à pied maintenant, qui se traînent, à moitié couchés sur leurs béquilles, ou s'appuyant de tout leur poids sur deux bâtons. Un aumônier les accompagne ; il plaisante, il rit, pour essayer de leur donner confiance et courage.

Un couple de vieux, pitoyables : l'homme a sur le dos une hotte énorme, pleine à crever ; la femme porte au bout de chaque bras une grande corbeille d'osier que recouvre une serviette ; ils vont vite, les yeux pleins de détresse et d'épouvante, et se retournent, se retournent encore, vers leur maison qu'ils n'auraient pas voulu quitter, et qui n'est plus maintenant, peut-être, qu'un tas de décombres fumants.

A travers les prés, un grand berger dégingandé, aux jambes si longues qu'il marche les jarrets pliés, pousse devant lui en vociférant une dizaine de vaches noires et blanches. Il traîne à la remorque des pieds énormes ; on voit à peine, sous sa casquette, une tête de crétin grosse comme les deux poings.

La colonne est maintenant assez loin pour que nous puissions partir à notre tour. J'aperçois devant nous, sur la route, les deux vieux de tout à l'heure, la femme toute mince et diminuée entre ses deux paniers, et la hotte de l'homme sous laquelle tricotent deux jambes minuscules. Derrière nous, toujours, les obus tonnent sur Montfaucon.

Nous marchons, chassés en avant par une poussée inouïe dont j'éprouve seulement alors la sensation nette. Nous sommes courageux et nous voulons bien faire ; mais où sont nos canons qui feraient taire ceux-là ? Nous sommes bousculés, nous cédons. Et tout doucement une impression naît en moi, s'affirmant jusqu'à m'accabler : je nous sens petits en face de cette force.

Hier, de nos tranchées de Cuisy, je voyais les automobiles allemandes rouler sur les routes, par la vallée où l'on venait de se battre. Leurs brancardiers ramassaient leurs blessés, et dans un bouquet d'arbres, près de Dannevoux, montait la fumée d'un bûcher où brûlaient leurs morts. Leurs aéros planaient sur nos positions, repérant les points où allaient tomber leurs obus. Des cavaliers en vedette observaient, inlassables, et les patrouilles montées se hasardaient à travers les avoines et les seigles.

Ce matin je pense à toutes ces choses, et je comprends quelle organisation met en œuvre cette force.

Je me rappelle aussi que j'ai vu, hier encore, un bataillon allemand rassemblé entre deux bois, à trois kilomètres à peine de nos lignes. Les hommes avaient mis bas leurs capotes et tranquillement creusaient des tranchées, pendant que fumaient les feux des cuisines en plein air. Et je me demandais avec un étonnement grandissant pourquoi nos 75 tant vantés ne lançaient pas une bordée d'obus au milieu de ce tas d'ennemis.

Nous marchons sur une route poudreuse, la gorge sèche, les pieds douloureux. Nous traversons Malancourt, déjà vu, puis Avocourt, et pénétrons dans la forêt de Hesse. Des chevaux crevés au bord des fossés, grand yeux vitreux et pattes raides. Un cheval blanc qui agonise soulève lentement la tête et nous regarde passer. Un sergent le tue net, à bout portant, d'une balle en plein front : la tête retombe, pesante, et les flancs tressaillent d'un dernier soubresaut.

La chaleur croît toujours ; les traînards jalonnent la route, affalés sur l'herbe, dans la bande d'ombre qui court le long des bois. Il y en a qui se coulent hors des rangs, s'asseyent avec flegme, extirpent de leur musette un morceau de boule et un bifteck racorni, puis se mettent à manger placidement.

Parois. Brabant. Grand'halte près du village, au fond d'une cuvette sans air où l'on transpire comme dans une étuve. Je n'ai plus de salive, j'ai la fièvre. Lorsque nous arrivons à Brocourt, des lueurs dansent devant mes yeux, mes oreilles bourdonnent. Je me laisse dégringoler sur un tas de gerbes, les membres rompus, le crâne vide. Je me décide à consulter.

L'aide-major Le Labousse, un grand gaillard à poils noirs, mâchoire saillante et volontaire, larges yeux qui révèlent une pensée toujours en éveil, examine les malades sous le porche de l'église. Il distribue des poudres blanches, des comprimés, des pilules d'opium, badigeonne de teinture d'iode des poitrines nues, incise avec un bistouri des ampoules engorgées de sang ou de pus. Deux hommes amènent un être chétif, qui se tortille entre leurs bras, bave par les coins de la bouche et pousse des cris sauvages : un épileptique en pleine crise.

Quelques heures de sommeil dans le foin me valent un réveil presque gai. Je suis provisoirement remonté.

Vendredi, 4 septembre.

Nouvelle étape au soleil. La chaleur a encore grandi. Jubécourt, Ville-sur-Cousances. Il y a là des gendarmes, des forestiers ; on croise des autos à fanion, des autobus de ravitaillement : tout cela sent l'arrière en plein. Est-ce que vraiment ce serait une déroute ? Nous ne sommes pas talonnés. Je cherche à entrevoir au moins la raison de ces étapes bride abattue, de cette randonnée haletante vers Bar-le-Duc.

Bien entendu, les « tinettes » se font jour, diverses et baroques. Celle-ci triomphe : nous allons à Paris pour y maintenir l'ordre.

Julvécourt, Ippécourt. Nous faisons la grand'halte en sortant de Fleury-sur-Aire. Des dizaines d'hommes arrivent avec d'immenses quartiers d'un fromage plat, coulant, qui ressemble au brie. D'autres sont cuirassés de bidons, qui arrondissent autour d'eux une ceinture énorme. Les musettes craquent.

L'herbe, dans le pré où nous sommes, est drue et vivace. J'en vois qui se déchaussent et marchent pieds nus dans cette fraîcheur verte. Presque tous, nous avons étendu au soleil nos capotes mouillées de sueur. Les chemises claires, les doublures des vêtements tirent à elles la lumière. Les couleurs papillotent, fatiguent les yeux.

On se lave jusqu'à la ceinture dans l'eau froide et transparente de l'Aire. Deux ou trois se sont mis nus et font une pleine eau. Parmi eux un nageur musclé, à peau brune, évolue avec une souplesse vigoureuse et tire lentement des brasses allongées, qui le poussent en quelques secondes d'un bord à l'autre du large bassin où la rivière s'étale.

Au long de la rive, échelonnés, les hommes barbotent, s'ébrouent. Ils lavent des chaussettes, des mouchoirs, penchés vers l'eau ; le drap de leurs pantalons se tend sur leurs fesses. Une pellicule bleuâtre, peu à peu accrue, flotte à la surface et s'irise au soleil.

Déjeuner gai, à l'ombre des saules qui trempent leurs basses branches dans le courant. Près de nous, un lieutenant, Sautelet, se tient debout au milieu d'un groupe, moustaches hérissées, bras nus, l'échancrure de sa chemise montrant une poitrine velue comme le poitrail d'un sanglier. Il étourdit les autres de sa faconde et de la violence de sa voix, éraillée mais formidable. J'entends ceci :

« Il y a deux moyens de les avoir : enfoncer le centre, ou déborder sur les ailes ! »

Nubécourt. L'étape ne m'a pas éreinté autant que celle d'hier ; j'évoque la nuit proche que je passerai dans un lit, avec Boidin, le Saint-Maixentais, pour compagnon. Pauvre de moi ! L'animal fait appel à mon bon cœur, à ce qu'il veut bien appeler ma « connaissance de la vie » : il a le gîte, et il espère le reste.

Popote dans une cuisine qui ressemble à toutes celles que j'ai vues, demi-ténèbres et lueurs jaunes de bougies. Le cuisinier à grosses lèvres nous sert, ce soir-là, une ignoble piquette gâtée, qui laisse au palais un goût d'encre. J'échoue dans une grange, sur la paille.

Samedi, 5 septembre.

Les étapes succèdent aux étapes : Beauzée-sur-Aire ; Sommaisne. C'est là, pendant une halte horaire, que je vois les premiers *Bulletins des Armées*. Des canards, en famille, se promènent sur l'Aisne, une toute petite rivière qui passe en plein village.

Rembercourt-aux-Pots. Une belle grande église du seizième, un peu lourde, un peu trop ornementée. Chaque fois qu'on passe dans l'ombre d'un arbre, je tiens mon képi à la main et j'ai envie de m'arrêter. Des gendarmes, des forestiers, des autos à fanion toujours : ça n'est plus le front, décidément. Un tortillard, avec une gare minuscule. C'est par cette ligne que nous passerons sans doute, de nuit, en route vers Paris. Il n'est plus bruit que de cela.

Condé-en-Barrois. Une longue file d'autobus, venant du village, nous aveugle de poussière opaque. Nous nous arrêtons, pour la grand'halte, sur un chaume où les formes s'altèrent dans la vibration de l'air. Un pauvre diable vient se présenter au capitaine ; il est ceinturé de bidons et de musettes qui laissent voir des goulots de bouteilles. Dans chaque main, une paire de poulets battant des ailes et gloussant. Comme il tient entre les dents la ficelle d'un paquet, il ne peut pas arriver à s'expliquer. Débâillonné, il nous raconte d'une voix lamentable qu'il s'est fait cueillir dans le village au moment où il accumulait les provisions, mais qu'il a tout payé, qu'il est un honnête homme, qu'il ne volerait pas une épingle, qu'il n'a pas de chance. On le condamne à porter ses victuailles au poste de secours.

Je me suis reposé deux heures, avec Pardot, chez un marchand de bicyclettes. La chambre était bouleversée, des ballots s'empilaient dans un coin, l'armoire vide béait. Est-ce que ces gens s'en allaient par prudence ? Ou par ordre ?

Même bouleversement dans la maison où nous dînons. Rien dans le buffet ; des murs nus ; la table semble perdue dans la solitude froide du parquet ciré.

C'est la ripaille, dans ce gros village qui n'a pas vu de troupes encore. Jusqu'ici, nous n'avons traversé que de pauvres hameaux épuisés, nettoyés à fond. On a acheté pour les hommes des moutons ; ils s'empiffrent. Il y a longtemps qu'ils n'ont bu de vin ; ils en ont, et en abusent ; du cidre aussi, et de la bière.

Quand nous repartons, en pleine nuit, vers dix heures, la colonne ondule et flotte, avec de grands à-coups. Il fait très sombre. Derrière moi, j'entends vaguement le pas d'un cheval. Sur ce cheval dodeline, endormi, le capitaine de la 8e. Il ne se réveille que pour interpeller avec vigueur des hommes que les libations copieuses de l'après-midi obligent maintenant à des arrêts fréquents. L'un d'eux riposte avec une vigueur égale, proteste qu'il est inhumain d'empêcher de pisser un homme qui en a envie, et disparaît dans les rangs avant que son partenaire ait eu le temps de l'identifier.

Nous revenons sur nos pas, sans nous arrêter à la gare du tortillard. N'allons-nous donc pas embarquer à Bar-le-Duc ? Le désordre qui règne dans Paris continuera donc d'y sévir ?

Nous revoici à Rembercourt, marchant silencieusement entre les maison noires. Nous laissons sur notre gauche la route de Sommaisne et coupons à travers champs, vers des bois vaguement profilés sur le ciel plus clair.

IV

LES JOURS DE LA MARNE

Dimanche, 6 septembre.

Une heure et demie du matin. Sacs à terre, fusils dessus, en ligne de sections par quatre à la lisière d'un petit bois maigre, des bouleaux sur un sol pierreux. Il fait froid. Je vais placer en avant un poste d'écoute et reviens m'asseoir parmi mes hommes. Immobilité grelottante ; les minutes sont longues. L'aube blanchit. Je ne vois autour de moi que des visages pâlis et fatigués.

Quatre heures. Une dizaine de coups de feu, sur notre droite, me font sursauter au moment où j'allais m'assoupir. Je regarde, et vois quelques uhlans qui s'enfuient au galop, hors d'un boqueteau voisin où ils ont dû passer la nuit.

Le jour grandit, clair et léger. Mon camarade de lit de Nubécourt débouche son inépuisable bidon, et nous buvons, à jeun, une goutte d'eau-de-vie sans bouquet, de l'alcool pur.

Enfin le capitaine nous réunit et, en quelques mots, nous renseigne :

« Un corps d'armée allemand, dit-il, marche vers le sud-ouest, ayant pour flanc-garde une brigade qui suit la vallée de l'Aire. Le 5ᵉ corps français va buter le corps allemand en avant ; nous allons, tout à l'heure, prendre la brigade de flanc. »

Face à l'Aire, Sommaisne derrière nous, on creuse des tranchées avec les pelles-pioches portatives. Les hommes savent qu'on va se battre : ils activent. En avant et à gauche, vers Pretz-en-Argonne, un bataillon du 5ᵉ corps nous couvre. Je vois à la jumelle, sur le toit d'une maison, deux observateurs immobiles.

Les tranchées s'ébauchent. On y est abrité à genoux. C'est déjà bien.

Vers neuf heures, le bombardement commence. Les marmites sifflent sans trêve, éclatent sur Pretz, crèvent des toits, abattent des pans de murs. Nous ne sommes pas repérés, nous sommes tranquilles. Mais nous sentons la bataille toute proche, violente, acharnée.

Onze heures : c'est notre tour. Déploiement en tirailleurs tout de suite. Je ne réfléchis pas ; je n'éprouve rien. Seulement, je ne sens plus la fatigue fiévreuse des premiers jours. J'entends la fusillade tout près, des éclatements d'obus encore lointains. Je regarde, avec une curiosité presque détachée, les lignes de tirailleurs bleues et rouges, qui avancent, avancent, comme collées au sol. Autour de moi, les avoines s'inclinent à peine sous la poussée d'un vent tiède et léger. Je me répète, avec une espèce de fierté : « J'y suis ! J'y suis ! » Et je m'étonne de voir les choses telles que je les vois d'ordinaire, d'entendre des coups de fusil qui ne sont que des coups de fusil. Il me semble, pourtant, que mon corps n'est plus le même, que je devrais éprouver des sensations autres, à travers d'autres organes.

« Couchez-vous ! »

Quelques-uns viennent de chanter au-dessus de nous. Le crépitement de la fusillade couvre leur petite voix aiguë, mais je me rends compte qu'en arrière leur chanson se prolonge en s'effilant, très loin.

Nous commençons à progresser. Ça marche, vraiment, d'une

façon admirable, avec la même régularité, la même aisance qu'au champ de manœuvres. Et peu à peu monte en moi une excitation qui m'enlève à moi-même. Je me sens vivre dans tous ces hommes qu'un geste de moi pousse en avant, face aux balles qui volent vers nous, cherchant les poitrines, les fronts, la chair vivante.

On se couche, on se lève d'un saut, on court. Nous sommes en plein sous le feu. Les balles ne chantent plus ; elles passent raide, avec un sifflement bref et colère. Elles ne s'amusent plus ; elles travaillent.

Clac ! Clac ! En voici deux qui viennent de taper à ma gauche, sèchement. Ce bruit me surprend et m'émeut : elles semblent moins dangereuses et mauvaises lorsqu'elles sifflent. Clac ! Des cailloux jaillissent, des mottes de terre sèche, des flocons de poussière : nous sommes vus, et visés. En avant ! Je cours le premier, cherchant le pli de terrain, le talus, le fossé où abriter mes hommes, après le bond, ou simplement la lisière de champ qui les fera moins visibles aux Boches. Un geste du bras droit déclenche la ligne par moitié ; j'entends le martèlement des pas, le froissement des épis que fauche leur course. Pendant qu'ils courent, les camarades restés sur la ligne tirent rapidement, sans fièvre. Et puis, lorsque je lève mon képi, à leur tour ils partent et galopent, tandis qu'autour de moi les lebels crachent leur magasin.

Un cri étouffé à ma gauche ; j'ai le temps de voir l'homme, renversé sur le dos, lancer deux fois ses jambes en avant ; une seconde, tout son corps se raidit ; puis une détente, et ce n'est plus qu'une chose inerte, de la chair morte que le soleil décomposera demain.

En avant ! L'immobilité nous coûterait plus de morts que l'assaut. En avant ! Les hommes tombent nombreux, arrêtés net en plein élan, les uns jetés à terre de toute leur masse, sans un mot, les autres portant les mains, en réflexe, à la place touchée. Ils disent : « Ça y est ! » ou : « J'y suis ! » Souvent un seul mot, bien français. Presque tous, même ceux dont la blessure est légère, pâlissent et changent de visage. Il me semble qu'une seule pensée vit en eux : s'en aller, vite, n'importe où, pourvu que les balles ne sifflent plus. Presque tous aussi me font l'effet d'enfants, des enfants qu'on voudrait consoler, protéger. J'ai envie de leur crier, à ceux de là-bas : « Ne les touchez pas ! Vous n'en avez plus le droit ! Ils ne sont plus des soldats. »

Et je parle à ceux qui passent :

« Allons, mon vieux, du courage ! A trente mètres de toi, tu vois, derrière cette petite crête, il n'y a plus de danger... Oui, ton pied te fait mal, il enfle : je sais bien. Mais on te soignera tout à l'heure. N'aie pas peur. »

L'homme, un caporal, s'éloigne à quatre pattes, s'arrête, se retourne avec des yeux de bête traquée, et reprend sa marche de crabe, gauche et tourmentée.

Enfin ! je les vois ! Oh ! à peine. Ils se dissimulent derrière des gerbes qu'ils poussent devant eux ; mais à présent je sais où ils sont, et les balles qu'on tirera autour de moi trouveront leur but.

La marche en avant reprend, continue, sans flottement. J'ai confiance, je sens que ça va. C'est à ce moment qu'arrive un caporal-fourrier, essoufflé, le visage couvert de sueur :

« Mon lieutenant !

— Qu'est-ce qu'il y a ?

— Le commandant m'envoie vous dire que vous vous êtes trop avancés. Le mouvement s'est fait trop vite. Il faut s'arrêter et attendre les ordres.

J'amène ma section derrière une ondulation légère du terrain, dans un pli vaguement indiqué mais où les balles, quand même, frappent moins. Nous sommes là, couchés, attendant ces ordres qui s'obstinent à ne pas venir. Partout, au-dessus de nous, devant nous, à droite, à gauche, ça siffle, miaule, ronfle, claque. A quelques pas de moi, les balles d'une mitrailleuse assourdissante arrivent dans la terre, obstinées, régulières et pressées. La poussière se soulève, les cailloux sautent. Et je suis pris d'une tentation irraisonnée de m'approcher de cette rafale mortelle, jusqu'à toucher cet invisible faisceau d'innombrables et minuscules lingots de métal, dont chacun peut tuer.

Les minutes se traînent, longues, énervantes. Je me soulève un peu, pour essayer de voir ce qui se passe. A gauche, la ligne ténue des tirailleurs se prolonge sans fin : tous les hommes restent aplatis contre leurs sacs debout, et tirent. Derrière un champ d'épis seulement, il y en a une vingtaine qui se lèvent pour viser. Je vois distinctement le recul de leur arme, le mouvement de leur épaule droite que le départ du coup rejette en arrière. Petit à petit, je reconnais : voici la section Porchon, et Porchon lui-même, fumant une cigarette. Voici la section du Saint-Maixentais, disloquée un peu. Et plus loin, les tirailleurs de la 8e. Derrière eux, un petit homme se promène, debout, tranquille et nonchalant. Quel est ce téméraire ? A la jumelle, je distingue une barbe dorée, la fumée bleue d'une pipe : c'est le capitaine Maignan. On m'avait déjà dit son attitude au feu.

Les ordres, bon Dieu, les ordres ! Qu'est-ce qu'il y a ? Pourquoi nous laisse-t-on là ? Je me lève, décidément. Il faut que je sache ce que font les Boches, où ils sont à présent. Je gravis la pente douce, sautant d'un tas de gerbes à un autre, jusqu'à voir par-dessus la crête : là-bas, à quatre ou cinq cents mètres, il y a des uniformes gris-verdâtre, dont la teinte se confond avec celle des champs. Il me faut toute mon attention pour les discerner. Mais, par deux fois, j'en ai vu qui couraient une seconde.

Presque sur leur ligne, loin à droite, un groupe d'uniformes français autour d'une mitrailleuse qui pétarade à triple vitesse. Je vais placer mes hommes ici ; ça n'est pas loin, et au moins ils tireront.

Comme je redescends, un sifflement d'obus m'entre dans l'oreille : il tombe vers la 8ᵉ, dont la ligne se rompt un court espace, puis se renoue presque aussitôt. Un autre sifflement, un autre, un autre : c'est le bombardement. Tout dégringole exactement sur nous.

« Oh !... » Dix hommes ont crié ensemble. Une marmite vient d'éclater dans la section du Saint-Maixentais. Et lui, je l'ai vu, nettement vu, recevoir l'obus en plein corps. Son képi a volé, un pan de capote, un bras. Il y a par terre une masse informe, blanche et rouge, un corps presque nu, écrabouillé. Les hommes, sans chef, s'éparpillent.

Mais il me semble... Est-ce que notre gauche ne se replie pas ? Cela gagne vers nous, très vite. Je vois des soldats qui courent vers Sommaisne, sous les obus. Chaque marmite en tombant fait un grand vide autour d'elle, dispersant les hommes comme on disperse, en soufflant, la poussière. La 8ᵉ, maintenant. Si Maignan était là, il la ramènerait. Il m'a semblé, tout à l'heure, que je le voyais porter une main à son visage. La section Boidin suit et lâche : personne, non plus, pour la maintenir. La section voisine à présent. Et soudain, brutalement, nous sommes pris dans la houle : voici des visages inconnus, des hommes d'autres compagnies qui se mêlent aux nôtres et les affolent. Un grand capitaine maigre, celui de la 5ᵉ, me crie que le commandant a donné l'ordre de battre en retraite, que nous n'avons pas été soutenus à temps, que nous sommes seuls, et perdus si nous restons. C'est l'abandon de la partie.

De toutes mes forces, j'essaie de maintenir l'ordre et le calme. Je marche les bras étendus, répétant :

« Ne courez pas ! Ne courez pas ! Suivez-moi ! »

Et je cherche les défilements pour épargner le plus d'hommes possible. J'en ai un qui reçoit une balle derrière le crâne, au moment où il va franchir une clôture en fil de fer ; il tombe sur le fil et reste là, cassé en deux, les pieds à terre, la tête et les bras pendant de l'autre côté.

Les obus nous suivent, marmites et shrapnells. Trois fois, je me suis trouvé en pleine gerbe d'un shrapnell, les balles de plomb criblant la terre autour de moi, fêlant des têtes, trouant des pieds ou crevant des gamelles. On va, dans le vacarme et la fumée, apercevant de temps en temps, par une trouée, le village, la rivière sous les arbres. Et toujours, par centaines, les obus nous accompagnent.

Je me souviens que je suis passé à côté d'un de mes sergents que deux hommes portaient sur leurs fusils ; il m'a montré sa chemise déchiquetée, toute rouge, et son flanc lacéré par un éclat d'obus ; les côtes apparaissaient dans la chair à vif.

Je marche, je marche, épuisé maintenant et trébuchant. Je bois, d'une longue gorgée, un peu d'eau restée au fond de mon bidon. On n'a rien mangé depuis la veille.

Quand nous arrivons au ruisseau, les hommes se ruent vers la berge, et goulûment se mettent à boire, accroupis vers l'eau bourbeuse et lapant comme des chiens.

Il doit être sept heures. Le soleil décline dans un rayonnement d'or fauve. Le ciel, sur nos têtes, est d'une émeraude transparente et pâle. La terre devient noire, les couleurs s'éteignent. Nous quittons Sommaisne : c'est la nuit. Des ombres de traînards, en longues théories.

Nous nous arrêtons près de Rembercourt. Alors, je m'allonge sur la terre nue, appelant le sommeil. Et dans le temps qu'il met à venir, j'entends le roulement, sur les routes, des voitures pleines de blessés ; et là-bas, dans Sommaisne, les chocs sourds des crosses dans les portes et les hurlements avinés des Allemands qui font ripaille.

Lundi, 7 septembre.

L'humidité du matin m'éveille. Mes vêtements sont trempés, des gouttes d'eau brillent sur le mica de mon liseur. Rembercourt est devant nous, un peu sur la gauche. La grande église écrase le village de sa masse ; nous la voyons de flanc, dans toute sa longueur. A gauche, une petite route qui disparaît entre deux talus.

C'est par cette route que je vois, vers dix heures, revenir mon capitaine et Porchon, avec une poignée d'hommes. Coupés du reste du régiment, ils ont passé la nuit dans les bois, en avant des lignes françaises. Je reconnais de loin le capitaine Rive à son « pic », une lance de uhlan qu'il a depuis Gibercy et dont il ne se sépare jamais. Je vais au-devant de lui, pour lui rendre compte.

Comme auprès de Cuisy, on creuse des tranchées. Les y attendrons-nous, cette fois ? Nous n'avons pas devant nous le large vallon de Dannevoux, mais, dans les cinq cents mètres qui nous séparent de Rembercourt, beaucoup d'entre eux tomberont s'ils avancent par là.

On continue à se battre vers Beauzée. Sans cesse, par petits groupes, des blessés apparaissent à la dernière crête, et lentement s'acheminent vers nous. Ceux qui ont un bras en écharpe marchent plus vite ; d'autres s'appuient sur des bâtons coupés dans une haie ; beaucoup s'arrêtent, puis se traînent quelques mètres, puis s'arrêtent encore.

Je suis allé, l'après-midi, au village. Il était plein de soldats qui fouillaient les maisons, les cuisines, les poulaillers, les caves. J'ai vu des hommes couchés devant des futailles, la bouche ouverte sous le jet de vin qui coulait. Un chasseur, blessé au bras gauche, tapait avec la crosse de son fusil, de toute la force de son bras valide, dans une porte voûtée derrière laquelle il flairait des bouteilles ; des artilleurs sont arrivés et lui ont prêté l'aide de leurs mousquetons ; mais il a fallu de surcroît les lebels de trois fantassins pour avoir raison de la porte massive : fantassins, artilleurs et chasseur ont disparu sous la voûte.

Le docteur Le Labousse m'a conté qu'une forte patrouille d'infanterie, lancée aux trousses des pillards, avait rencontré, comme ils revenaient du village, quelques lascars attelés à une charrette pleine de butin. L'adjudant chef de patrouille a arrêté la bande, qui s'est enfuie, par crainte des suites. La charrette attendait sur la route, brancards vides, et l'adjudant, perplexe, se grattait la tête... Il paraît que la patrouille et son chef se sont endormis, ce soir-là, le ventre plein.

A partir de trois heures, l'artillerie lourde allemande bombarde Rembercourt. A cinq heures, le feu prend à l'église. Le rouge de l'incendie se fait plus ardent à mesure que les ténèbres augmentent. A la nuit noire, l'église est un immense brasier. Les poutres de la charpente dessinent la toiture en traits de feu appuyés et en hachures incandescentes. Le clocher n'est plus qu'une braise énorme au cœur de laquelle on aperçoit, toutes noires, les cloches mortes.

La charpente ne s'effondre pas d'un seul coup, mais par larges morceaux. On voit les poutres s'infléchir, céder peu à peu, rester suspendues quelques instants au-dessus de la fournaise, puis y dégringoler avec un bruit étouffé. Et chaque fois jaillit, très haut, une gerbe d'étincelles claires dont le rougeoiement, comme un écho, flotte longtemps sur le ciel sombre.

Je suis resté des heures les yeux attachés à cet incendie, le cœur serré, douloureux. Mes hommes, endormis sur la terre, jalonnaient de leurs corps inertes la ligne des tranchées. Et je ne pouvais me décider à m'étendre et à dormir, comme eux.

Mardi, 8 septembre.

Ce matin, les ruines fument encore. La carcasse de pierre se dresse, toute noire sur le ciel limpide.

Les hommes ont le sommeil lourd. Au bord de la tranchée, il y a des plumes blanches, noires, rousses, des touffes de poils, des bouteilles vides. Je fais secouer tout le monde par les sergents. On entend, venant des bois à notre gauche, une fusillade qui par instants se fait violente. Derrière nous, une batterie de 120 tonne sans discontinuer. Et sur Rembercourt, à intervalles réguliers, des marmites éclatent en rafales, par six à la fois.

A midi, nous sortons des tranchées. Lentement, formés à larges intervalles, nous marchons vers la route qui va de Rembercourt à la Vauxmarie. Au long de la route d'Erize-la-Petite, des trous d'obus énormes crèvent les champs. La campagne est chauve, terne malgré l'intense lumière. Des chevaux crevés, ventre ouvert, pattes coupées, pourrissent au bas du talus, dans le fossé. Il y en a six, collés les uns aux autres, qui font un tas énorme de charogne dont la puanteur horrible stagne au fond du ravin. Beaucoup de caissons fracassés, roues en miettes, ferrures tordues.

Route de la Vauxmarie : nous attendons, couchés en tirailleurs dans le fossé, prêts à soutenir les nôtres qui se battent en avant. Lorsque je me lève, je vois une grande plaine désolée, bouleversée par les obus, semée de cadavres aux vêtements déchirés, la face tournée vers le ciel ou collée dans la terre, le fusil tombé à côté d'eux. La route monte, à droite, vers les bords de la cuvette, d'une blancheur crue qui fait mal aux yeux. Loin devant nous, des sections, en colonne d'escouades par un, restent immobiles, terrées, à peine visibles. Elles sont en plein sous les coups de l'artillerie allemande.

Les lourdes marmites, par douzaines, achèvent de ravager les champs pelés. Elles arrivent en sifflant, toutes ensemble ; elles approchent, elles vont tomber sur nous. Et les corps se recroquevillent, les dos s'arrondissent, les têtes disparaissent sous les sacs, tous les muscles se contractent dans l'attente angoissée des explosions instantanément évoquées, du vol ronflant des énormes frelons d'acier. Mais je vois, tandis que le sifflement grandit encore vers nous, des panaches de fumée noire s'écheveler à la crête ; presque aussitôt, le fracas des éclatements nous assourdit. Chaque fois qu'un obus tombe, c'est un éparpillement de gens qui courent en tous sens ; et, lorsque la fumée s'est dissipée, on voit par terre, faisant taches sombres sur le jaune sale des chaumes, de vagues formes immobiles.

Un commandant de gendarmerie, à bicyclette, grimpe la côte en poussant de toutes ses jambes. Il va droit vers la ligne où les bords de la cuvette touchent le ciel et que couronnent, sans cesse renaissants, les sinistres panaches noirs. Il se profile une seconde à la crête, silhouette minuscule et nette, et soudain disparaît, en plongeant. Un quart d'heure se passe, et le voici réapparaître, puis dévaler la pente à toute allure. Il parle à notre commandant. Je crois comprendre qu'on n'a plus besoin de nous.

En tout cas, on nous ramène à la hauteur de Rembercourt, sur la droite du village. Nous nous collons à un talus à pic, envahi d'herbes folles, à la bordure d'un verger. La canonnade emplit l'espace de vacarme. Les obus éclatent par centaines, criblant la plaine, défonçant la route où nous étions tout à l'heure, faisant jaillir les tuiles des toits et sauter les madriers des charpentes. Nous avons quelques rafales pour nous, de six marmites chacune, généreusement. Les dernières éclatent si près que notre commandant, resté assis contre le talus, m'a semblé poussé violemment, comme par un coup de poing dans le dos. Les arbres du verger ont oscillé d'une telle force qu'une grêle de prunes et de pommes est tombée sur nous.

A la seconde qui suit un arrivage, Presle, mon agent de liaison, bondit hors du village, où se trouve le capitaine. Je le vois courir vers nous, faisant de grands gestes de bras et criant :

« La première section, en avant ! »

Alors, levant mon sabre, je répète l'ordre :

« En avant ! Tous derrière moi ! »

Et je saute sur la route. Je n'ai pas fait trois pas que je les entends venir, en sifflant. Juste le temps de bousculer vers le talus les hommes qui l'ont déjà quitté, quand elles explosent, les six à la fois. Un morceau de la route a sauté : des nuées de cailloux et de terre, pêle-mêle avec les éclats, et qui retombent en pluie. Ça pue le soufre, et je suffoque, les fesses par terre, dans du noir opaque. Nous venons de l'échapper belle.

Le jour décline ; nous retournons à nos tranchées. La nuit

gagne. Nous avons encore oublié de manger. Un écheveau de singe, un peu d'eau tiédie dans le bidon, et qui a un goût de fer-blanc : « Encore un que les Prussiens n'auront pas », disait ma grand' mère.

Mercredi, 9 septembre.

Pas de sommeil. J'ai toujours dans les oreilles la stridence des éclats d'obus coupant l'air, et dans les narines l'odeur âcre et suffocante des explosifs. Il n'est pas minuit que je reçois l'ordre de départ. J'émerge des bottes d'avoine et de seigle sous lesquelles je m'étais enfoui. Des barbes d'épis se sont glissées par nos cols et nos manches et nous piquent la peau, un peu partout.

La nuit est si noire qu'on bute dans les sillons et dans les mottes de terre. On passe près des 120 qui tiraient derrière nous ; j'entends les voix des artilleurs, mais je distingue à peine les lourdes pièces endormies.

Distributions au passage, sans autre lumière que celle d'une lanterne de campement, qui éclaire à peine, et que pourtant on dissimule. La faible lueur jaune met des coulées brunes sur les quartiers de viande saignante, amoncelés dans l'herbe qui borde la route.

Marche à travers champs, marche de somnambules, machinale, jambes en coton et tête lourde. Cela dure longtemps, des heures il me semble. Nous tournons toujours à gauche : au petit jour, nous serons revenus à notre point de départ. Mais les ténèbres peu à peu deviennent moins denses ; et voici que je reconnais la route de la Vauxmarie, les caissons défoncés, les chevaux morts.

Les canons allemands tirent de bonne heure, ce matin. Devant nous, des shrapnells éclatent, cinglants, rageurs ; la ligne des flocons barre la plaine. Il faut passer pourtant : notre première section se déclenche. Souple et mince, elle rampe à travers champs, vers une haie que le capitaine Rive lui a donnée comme objectif. Des coups de fusil crépitent à gauche, des balles chantent : elles doivent taper vers la section en marche. Les shrapnells se groupent au-dessus d'elle. La ligne onduleuse s'immobilise, tassée dans un vague pli de terrain, pareille à une longue chenille morte.

J'ai compris que nous allons prendre les avant-postes, et j'attends mon tour de partir. Le commandant, le capitaine sont devant nous, couchés derrière une petite haie, observant. Et le capitaine, qui voit ses hommes, là-bas, sous les obus, hésite encore à nous lancer, nous autres. Alors arrive, courant, le commandant de gendarmerie que j'ai vu hier pédaler sur la route. Les joues cramoisies, les yeux ronds, il bredouille quelque mots furieux, parmi lesquels je saisis au passage celui de « lâches ». Le capitaine se retourne vers moi :

« Allez ! »

Ça me fait plaisir. Je suis dans cet état étrange qui fut le mien, pour la première fois, à Sommaisne. Mes jambes se meuvent toutes seules, je me laisse marcher, sans réflexion, seulement avec la conscience de cette allégresse toute-puissante qui me ravit à moi-même et fait que je me regarde agir. En cinq minutes, nous sommes à la haie d'épines que nous devions atteindre. Nous nous déployons en tirailleurs devant elle, presque dessous. Les hommes, le plus vite qu'ils peuvent, creusent la terre avec leurs petits outils, coupant les racines avec le tranchant des pelles-pioches. Au bout de quelques heures, nous avons une tranchée étroite et profonde. Derrière nous, à gauche, Rembercourt ; sur la droite, un peu en avant, la gare minuscule de la Vauxmarie.

Il fait lourd, une chaleur énervante et malsaine. Des nuages flottent, qui peu à peu grossissent, d'un noir terne qui va s'éclaircissant sur les bords, frangés d'un blanc léger et lumineux. Par instants des souffles passent sur nous, effluves tièdes qui charrient une puanteur fade, pénétrante, intolérable. Je m'aperçois que nous respirons dans un charnier.

Il y a des cadavres autour de nous, partout. Un surtout, épouvantable, duquel j'ai peine à détacher mes yeux : il est couché près d'un trou d'obus. La tête est décollée du tronc, et par une plaie énorme qui bée au ventre, les entrailles ont glissé à terre ; elles sont noires. Près de lui, un sergent serre encore dans sa main la crosse de son fusil ; le canon, le mécanisme doivent avoir sauté au loin. L'homme a les deux jambes allongées, et pourtant un de ses pieds dépasse l'autre : la jambe est broyée. Tant d'autres ! Il faut continuer à les voir, à respirer cet air fétide, jusqu'à la nuit.

Et jusqu'à la nuit, je fume, je fume, pour vaincre l'odeur épouvantable, l'odeur des pauvres morts perdus par les champs, abandonnés par les leurs, qui n'ont même pas eu le temps de jeter sur eux quelques mottes de terre, pour qu'on ne les vît pas pourrir.

Toute la journée, des avions nous survolent. Des obus tombent aussi. Mais le capitaine a eu l'œil pour repérer la bonne place : les gros noirs nous encadrent sans qu'aucun arrive sur nous. A peine quelques shrapnells, cinglant de très haut, inoffensifs, ou des frelons à bout de vol, qui bourdonnent mollement.

Qu'est-ce que fait donc cet aéro boche ? Il n'en finit pas de planer sur nous. Il dessine de grands orbes, s'éloigne un peu quand nos obus le serrent de trop près, puis revient jusqu'à ce qu'apparaissent nettement à nos yeux les croix noires peintes sous ses ailes de vautour. Il ne s'en va qu'au soir, piquant droit vers les nuages lourds qui s'accumulent sur l'horizon.

Le soleil croule dans ces masses énormes, qui tout de suite se colorent d'une teinte sanglante, chargée, pauvre de lumière et comme stagnante. Cette fin de jour est morne et tragique. L'approche de la nuit pèse sur mes reins. Dans l'obscurité qui gagne, la puanteur des cadavres s'exacerbe et s'étale.

Je suis assis au fond de la tranchée, les mains croisées sur mes genoux pliés ; et j'entends devant moi, derrière moi, par toute la plaine, le choc clair des pioches contre les cailloux, le froissement des pelles qui lancent la terre, et des murmures de voix étouffées. Parfois, quelqu'un qu'on ne voit pas tousse et crache. La nuit nous enveloppe, ils ne nous voient pas : nous pouvons enterrer nos morts.

Je reconnais la voix d'un de mes sergents qui m'appelle dans l'ombre :

« Mon lieutenant, vous êtes là ? »

Je réponds : « Par ici, Souesme. »

En tâtonnant, il me met quelque chose dans la main :

« Voilà, c'est tout ce que nous avons trouvé. »

Au fond de la tranchée, je frotte une allumette ; et, dans le court instant qu'elle brûle, j'entrevois un portefeuille usé, un porte-monnaie de cuir, une plaque d'identité attachée à un cordon noir. Une autre allumette : il y a dans le portefeuille la photographie d'une femme qui tient un bébé sur ses genoux ; j'ai pu lire le nom gravé en lettres frustes sur la médaille de zinc. Le sergent me dit :

« L'autre n'en avait point. Nous avons cherché à son poignet, à son cou ; vous savez, celui qui avait la tête arrachée. J'ai mis mes mains là-dedans. Je n'ai rien trouvé. Le porte-monnaie est à lui. »

Encore une allumette : il y a quelques pièces d'argent, quelques sous dans ce porte-monnaie, et puis un bout de papier sale et froissé. Un reste de lueur. Je lis : « Gonin Charles, employé de chemin de fer. Classe 1904 ; Soissons. » L'allumette s'éteint.

Je serre la main du sergent ; elle est moite, fiévreuse, et ses doigts tremblent.

« Bonsoir. Allez dormir, allez ! »

Il est parti ; je reste seul éveillé, au milieu des hommes qui dorment. Dormir comme eux... Ne plus penser, m'engourdir ! Dans ma main, le petit paquet de reliques pèse, pèse... « Gonin

Charles, employé de chemin de fer... » Les visages qui souriaient sur la photographie s'immobilisent sous mes paupières fermées, grandissent, s'animent jusqu'à m'halluciner. Les pauvres gens !

Jeudi 10 septembre.

Des frôlements doux sur la figure : ce sont des gouttes de pluie, larges, tièdes. Ai-je dormi ? Quelle heure peut-il être ? Le vent se lève, la nuit est noire toujours. Je distingue vaguement, un peu à droite et devant ma tranchée, un gros tas sombre : des bottes de paille amoncelées, dans lesquelles sont enfouis le commandant, le capitaine et leurs agents de liaison.

Je vais essayer de me rendormir, lorsque quelques balles sifflent au-dessus de moi. Il m'a semblé qu'elles étaient tirées de tout près. Pourtant, il y a du monde devant nous ; je sais que ma compagnie est réserve des avant-postes. Alors ?

Je n'ai pas le temps de chercher à comprendre. Brusquement, une fusillade intense éclate, gagnant de proche en proche tout le long de la ligne, avec une vitesse inouïe. Les détonations claquent aigrement. Aucun doute : ce sont les Boches qui tirent ; nous sommes attaqués.

« Debout tout le monde ! Debout ! Allons, debout ! »

Je secoue le caporal qui dort près de moi. D'un bout à l'autre de la section, c'est un long bruit de paille froissée ; puis des baïonnettes tintent, des culasses cliquettent.

Je me rappelle que j'ai vu le commandant et le capitaine descendre dans la tranchée, à ma droite, et qu'aussitôt des silhouettes noires se sont profilées à la crête toute proche, à peine visible sur le ciel sans clarté. Elles n'étaient pas à trente mètres quand j'ai aperçu les pointes des casques. Alors j'ai commandé, en criant de toutes mes forces, un feu à répétition.

Juste à ce moment, des clameurs forcenées jaillissaient de cette masse noire et dense qui s'en venait vers nous :

« *Hurrah ! Hurrah ! Vorwärts !* »

Combien de milliers de soldats hurlent à la fois ? La terre molle frémit du martèlement des bottes. Nous allons être atteints, piétinés, broyés. Nous sommes soixante à peine ; notre ligne s'étire sur un seul rang de profondeur : nous ne pourrons pas résister à la pression de toutes ces rangées d'hommes qui foncent sur nous comme un troupeau de buffles.

« Feu à répétition ! Feu ! »

A mes oreilles, des détonations innombrables crèvent l'air, en même temps que de brefs jets de flammes hachent les ténèbres. Tous les fusils de la section crachent ensemble.

Et je vois un grand vide se creuser au cœur de la masse hurlante. J'entends des bramées d'agonie, comme de bêtes frappées à mort. Les silhouettes noires fuient vers la droite et la gauche, comme si, devant ma tranchée, sur toute sa longueur, un ouragan soufflait dont la violence terrible renverserait les hommes à terre, ainsi que fait un vent d'orage les épis.

Et mes soldats, autour de moi, me disent :

« Attention, mon lieutenant ! Voyez-les : ils se couchent !

— Non, les amis ! Non, non ! Ils tombent. »

Et je piétine, en proie à une exaltation qui touche à la folie. Je répète : « Feu ! Feu ! » Je crie : « Allez ! Allez ! Mettez-y-en ! Allez ! Allez ! Feu ! »

Mes hommes manœuvrent les culasses d'un geste sec, mettent en joue, à peine, et lâchent le coup, en plein tas. Ils tombent là-dedans par paquets. Le vide grandit ; il n'y a plus personne devant nous. Mais les ombres se massent vers la droite et la gauche. Elles vont déborder la tranchée, l'envelopper. Rien, là-bas, pour endiguer cette coulée incessante ; nous autres, nous n'avons pu que l'arrêter un moment, la faire refluer vers les côtés. L'immense houle va se refermer derrière nous ; ce sera fini.

« *Hurrah ! Vorwärts !...* »

Ils s'excitent en hurlant, les sauvages. Leurs voix rauques s'entendent à travers la fusillade, déchiquetées par les détonations pressées, charriées par le vent avec les rafales de pluie. Vent furieux, pluie forcenée ; il semble que la rage des combattants gagne le ciel.

Et tout à coup une lueur brutale jaillit, allumant des reflets jaunes aux ornements de cuivre et aux pointes des casques, des reflets pâles aux lames des baïonnettes : ils ont mis le feu aux gerbes sur lesquelles le commandant et le capitaine dormaient tout à l'heure. La flamme vive se tord, rase le sol, bondit à chaque sursaut de la bourrasque ; et les gouttes de pluie volant à travers l'incendie semblent des gouttes de fonte ardente. Des éclairs giclent, déchirent le ciel entre les nuées, strient l'horizon de zébrures violâtres. Mes soldats ont des faces pâles ruisselantes d'eau. Leurs yeux, sous les sourcils froncés, se plombent d'un cerne lourd qui fait plus aigu leur regard fixe, où s'exprime intensément la volonté de frapper, de tuer, pour continuer à vivre.

« La première escouade, face à droite !...

M'entendront-ils ?...

« Face à droite !... »

Ils n'entendront pas : les coups de fusil crépitent sans arrêt, le vent mugit, la pluie cingle en faisant sonner les gamelles et les plats de campement. Mêlée aux grondements de l'orage, la clameur des voix humaines emplit le champ de bataille.

« Laisse-moi passer, toi. »

J'écrase l'homme contre le parapet.

« Laisse-moi passer. »

Je vais de tirailleur en tirailleur, appelant un sergent. Je dépasse un soldat, deux, trois ; et soudain, je n'ai plus personne devant moi : la tranchée est vide, abandonnée. Il reste au fond un peu de paille piétinée, un fusil, quelques sacs. J'ai juste le temps de voir une ombre qui se hisse en se cramponnant aux broussailles :

« Hé ! l'homme. Hé !... Le commandant ? Le capitaine ? »

Le vent me lance quelques mots au visage :

« Partis... Ordre ! »

En même temps, je vois deux silhouettes casquées surgir au-dessus du parapet, tout à droite, deux silhouettes que la lueur vive de l'incendie fait plus noires, et perçois une chute lourde et molle sur la paille, au fond de la tranchée.

Les clameurs, à présent, montent en plein dans nos lignes. Il n'y a plus qu'une chose à faire: gagner les tranchées d'un bataillon de chasseurs, que je sais un peu derrière nous, sur la droite.

Je donne l'ordre, à pleine voix. Je crie :

« Passez à travers la haie ! Pas sur les côtés ! Sautez dans la haie ! »

Je pousse les hommes qui hésitent, instinctivement, devant l'enchevêtrement des branchettes hérissées de dures épines. Et je me lance, à mon tour, en plein buisson.

J'ai cru entendre, vers la gauche, des jurons, des cris étouffés. Il y a eu des entêtés, sûrement, qui ont eu peur des épines, et qui ont maintenant des baïonnettes allemandes dans la poitrine ou dans le dos.

Je me suis mis à courir vers les chasseurs. Devant moi, autour de moi, des ombres rapides ; et toujours les mêmes cris : « *Hurrah ! Vorwärts !* »

Je suis entouré de Boches ; il est impossible que j'échappe, isolé ainsi de tous les nôtres. Pourtant, je serre dans ma main la crosse de mon revolver : nous verrons bien.

J'ai buté dans quelque chose de mou et de résistant qui m'a fait piquer du nez ; peu s'en est fallu que je ne me sois aplati dans la boue. C'est un cadavre allemand. Le casque du mort a roulé près de lui. Et voici qu'une idée brusquement me traverse : je prends ce casque, le mets sur ma tête, en me passant la jugulaire sous le menton parce que la coiffure est trop petite pour moi et tomberait.

Course forcenée vers les lignes des chasseurs ; je dépasse vite les groupes de Boches, qui flottent encore, disloqués par notre fusillade de tout à l'heure. Et comme les Boches, je crie : « *Hurrah ! Vorwärts !* » Et comme eux, je marmotte un mot à quoi ils doivent se reconnaître, en pleines ténèbres, et qui est *Heiligthum*.

La pluie me cingle le visage ; la boue colle à mes semelles, et je m'essouffle à tirer après moi mes chaussures énormes et pesantes. Deux fois je suis tombé sur les genoux et sur les mains, tout de suite relevé, tout de suite reprenant ma course malgré mes jambes douloureuses et mollissantes. Chantantes et allègres, les balles me dépassent et filent devant moi.

Un Français, sautillant et geignant :

« C'est toi, Léty ?

— Oui, mon lieutenant ; j'en ai une dans la cuisse.

— Aie bon courage ; nous arrivons ! »

Déjà il n'y a plus de braillards à voix rauque. Ils doivent se reformer avant de repartir à l'assaut. Alors je jette mon casque, et remets mon képi que j'ai gardé dans ma main gauche.

Pourtant, avant de rallier les chasseurs, j'ai rattrapé encore trois fantassins allemands isolés. Et à chacun, courant derrière lui du même pas, j'ai tiré une balle de revolver dans la tête ou dans le dos. Ils se sont effondrés avec le même cri étranglé (1).

Arrivée aux tranchées des chasseurs, où je retrouve une vingtaine de mes hommes, à genoux dans la boue, n'ayant pu se faire place auprès des camarades cramponnés à leur poste de combat.

« Amenez-vous par là, les enfants ! »

Je sais que la route de la Vauxmarie est à deux pas ; je déploierai mes vingt poilus dans le fossé, le long du talus ; et nous resterons là, bon Dieu ! accrochés dur.

Enragée, cette fusillade. Cela pétille innombrablement, grêle, pressé, inlassable. A plat ventre dans l'herbe gorgée d'eau, je

1. Ç'a été la première occasion, — la seconde et dernière aux Éparges, le 18 février au matin, — où j'ai senti en tant que telles la présence et la vie des hommes sur qui je tirais. Heureusement, ces occasions étaient rares ; et, lorsqu'elles survenaient, elles n'admettaient guère qu'un réflexe à défaut de retour sur soi-même : il s'agissait de tuer ou d'être tué.

Lors d'une réimpression de ce livre j'avais supprimé ce passage : c'est une indication quant à ces « retours sur soi-même » qui devaient fatalement se produire. Je le rétablis aujourd'hui, tenant pour un manque d'honnêteté l'omission volontaire d'un des épisodes de guerre qui m'ont le plus profondément secoué et qui ont marqué ma mémoire d'une empreinte jamais effacée. (Note de 1949).

regarde la lueur d'un incendie, rougeoiement terne qui semble plaqué sur le ciel opaque : ce doit être la ferme de la Vauxmarie qui brûle.

Derrière nous, soudain, une voix :

« Ohé ! des tranchées ! Y a-t-il du 106 par ici ? »

Je réponds :

« Présent ! »

— Un officier ?

— Je suis lieutenant. Qui appelle ?

— Voilà, mon lieutenant. J'arrive. »

L'homme se présente à moi, se dit envoyé d'urgence par le capitaine Renaud :

« Venez vite, avec tout ce que vous avez d'hommes. Le drapeau est près d'ici, dans un bouquet d'arbres. Le capitaine craint de n'avoir pas assez de monde pour tenir. »

Nous partons, guidés par l'agent de liaison. Nos pantalons collent aux genoux et aux cuisses ; les hautes herbes font couler l'eau dans les chaussures.

Je prolonge à droite une section de mitrailleuses. Les hommes ont chargé leurs mousquetons : ils n'ont plus qu'une pièce, et qui ne fonctionne pas.

Les clameurs montent de nouveau, croissent jusqu'au paroxysme, puis faiblissent, puis enflent encore : les chasseurs tiennent le coup. Un de mes hommes me dit :

« Ça barde ! »

Frémissant, ardemment, j'écoute la rumeur énorme. Je guette, tendu de tous mes sens. Et voici que j'aperçois de vagues formes noires qui rampent, silencieuses, vingt mètres peut-être à notre droite. Je voudrais que mon regard perce les ténèbres, et justement mes yeux embués d'eau se fatiguent, ne voient plus. Alors, tout bas, montrant de la main :

« Regarde par là, Chabeau. Vois-tu ?

— Oui, mon lieutenant.

— Qu'est-ce que c'est ?

— C'est des Boches. I's nous tournent.

— Peux-tu les compter ? »

Deux ou trois secondes, puis :

« J'crois qu'i's sont sept. »

C'est bien ce qu'il m'a semblé. Quelques égarés sans doute, épaves de cette mêlée tourbillonnante dans le noir.

Dix hommes, sur l'ordre que je chuchote, silencieusement font face vers la droite. Les Allemands se sont arrêtés, hésitants, désemparés ; il font un groupe sombre, figé dans une immobilité qu'on sent vivante.

« Feu ! »

Une rafale brutale, et tout de suite des cris, de souffrance, de terreur :

« *Kamerad ! Kamerad !* »

Il n'en reste que deux, qu'on pousse vers moi. Le plus jeune se jette sur mes mains, qu'il couvre de larmes et de salive. Et il me parle, à mots précipités, d'une pauvre voix que brise l'angoisse de la mort certaine :

« Je ne suis pas Prussien ; je suis Souabe. Les Souabes ne vous ont jamais fait de mal. Les Souabes ne voulaient pas la guerre. »

Ses yeux s'attachent aux miens, regard de supplication éperdue.

« J'ai donné à boire à des Français blessés. Mes camarades aussi : voilà ce que font les Souabes. »

Il parle, il parle ; et sans cesse la même phrase revient, refrain monotone, obsédant :

« *Das machen die Schwaben.* Voilà ce que font les Souabes. »

Et puis il me raconte qu'il est électricien, qu'il sait courir cinquante mètres sur les mains. Il le ferait sur un geste, possédé qu'il est d'une peur illimitée, et torturé par la soif de vivre.

L'autre passe de mains en mains, dévisagé, palpé comme un phénomène : nous n'avions pas fait encore de prisonniers. Mes hommes sont curieux et goguenards. Ils écoutent, avec un air d'enfants sages, la conversation entre l'Allemand et moi. Et ils s'amusent, point méchamment, à lui faire rentrer le cou dans les épaules en levant brusquement la main sur lui. Chaque fois, ce sont les mêmes rires bruyants et jeunes.

Et pendant ce temps le bruit de la fusillade crépite à travers la nuit : claquements courts, qui semblent mouillés, des fusils voisins, sifflements pressés des balles allemandes, pétillement grêle des mêlées lointaines.

Et la pluie tombe, lourde, serrée, plaquant les capotes sur les dos, ruisselant en fontaine au bord des visières des képis. Le vent a cessé de mugir. Il souffle plus lent, comme apaisé, mais glacé, traître. Je sens l'approche du jour. C'est en moi un appel ardent vers la lumière. Je revois le champ de bataille de Sommaisne, baigné de soleil, net de lignes et riche de couleurs. Cette nuit, on se tire dessus en aveugles, on s'égorge à tâtons. Je ne voudrais pas mourir dans cette boue glacée, dans ces flaques d'eau qu'on ne voit pas...

Comme tout est étrange ! Pendant une courte accalmie, j'entends une musique bizarre, aigre, à rythme lent. Ce sont des sonneries allemandes qui se répondent de proche en proche, par toutes les lignes. Je demande à mon électricien :

« Qu'est-ce que c'est ? »

Il tend le cou, arrondit sa main au-dessus de l'oreille, et dit :

« *Halt.* »

Et en effet, peu à peu, le roulement continu de la fusillade se brise ; il y a encore des sursauts violents ; puis c'est le calme, presque le calme. Des détonations rares éclatent par-ci par-là, étonnamment sèches dans l'air engourdi et glacé. L'oreille les perçoit une à une ; mais entre elles, autour d'elles, semblant les menacer, les cassant net, le silence.

Silence morne, qui soudain s'abat comme une chape immense dont je sens la matière froide et lourde. Silence suppliciant, qui me semble voulu par quelque mystérieuse puissance de mal : l'angoisse est partout.

Le jour n'allège point nos poitrines. Une clarté triste, blanchâtre, flotte au bord de l'horizon et lentement rampe vers le zénith. Des lambeaux de nuages crevés traînent à tous les coins du ciel, un ciel de saison bâtarde, un de ces ciels qui longtemps à l'avance annoncent l'hiver, ou qui, le printemps venu, étreignent et glacent le cœur, que déjà gonflait d'une vie accrue l'allégresse de la chaleur et de la lumière.

La pluie toujours, fine maintenant, drue, opiniâtre. Elle nous transperce, nous imbibe, nous pénètre. Familier, un des Allemands me dit :

« On gèle. »

Les mains dans les poches, les bras collés au corps, les épaules remontées, il grelotte, une jambe à demi pliée.

De longues minutes passent. Au plein jour, le colonel est venu, son grand manteau de cavalerie raide et lourd de boue. On a mené vers lui une dizaine de prisonniers. Je fais aussi conduire les miens. L'électricien se met à hurler et se cramponne à moi, toute sa terreur revenue de la volée de balles tirées en plein corps, au commandement.

Parmi les prisonniers, un sous-officier, souffreteux, les joues et le menton salis de poils roux frisottants. Il baragouine quelques mots de français. Comme le colonel l'interroge, il le regarde, la tête basse, les prunelles remontées jusqu'à être cachées sous la broussaille de ses sourcils, et répond :

« Oui, monsieur.

— Pas monsieur ! Colonel ! »

Cela est dit d'une voix sèche, avec un regard droit. Le Boche semble cinglé d'un coup d'étrivières. Il se redresse, bras au corps, épaules effacées, poitrine sortie ; et sa culotte mouillée plaque contre ses fesses de chat maigre.

Le capitaine Renaud est là. Il se tourne vers moi et dit :

« Je crois que je n'aurai plus besoin de vous maintenant. Vous pouvez disposer. Essayez de retrouver votre capitaine et le reste de votre compagnie. »

Nous nous sommes à peine mis en marche que des balles chantent. Et tout aussitôt, c'est une fusillade nombreuse dont le crépitement soudain emplit la plaine.

« Ils remettent ça, mon lieutenant », me dit Chabeau.

Là-bas, sur la gauche, une ligne de tirailleurs, vingt et quelques hommes, semble-t-il, ce qui reste d'une section. Ils marchent, le fusil à la main, courbés sous les balles, à grands pas rapides. Devant eux, un officier maigre, barbu, d'allure jeune. N'est-ce point Porchon ?

J'oblique vers lui, à toute allure. Oui, c'est Porchon. Il m'a vu, il vient vers moi. Il a, en m'abordant, la question que j'allais lui poser :

« Sais-tu où est le capitaine ?

— Non. Tu le cherches ?

— Toi aussi ? Allons ensemble, mon vieux. »

Et nous voilà partis, nos hommes derrière nous, en tirailleurs, pendant que les balles sifflent et claquent.

Ayant tourné la tête, par hasard, je vois un officier assis au milieu d'un champ, à même la terre détrempée. Il agite le bras vers nous. J'ai l'impression qu'il nous hèle, mais la fusillade déchaînée empêche sa voix de nous atteindre. Je fais quelques enjambées en courant, et soudain je reconnais le colonel. Alors je crie à Porchon, à plein gosier :

« C'est le colo ! Je vais voir... Prends mes hommes en attendant !... Tu entends ?... »

Il secoue deux ou trois fois la tête, de haut en bas, et repart de la même allure rapide, marchant résolument vers le sommet de la crête au delà de laquelle on sent la mêlée.

Je salue le colonel et me présente. Je dis :

« Sous-lieutenant de réserve. »

Il sourit et, regardant une flaque dont une balle vient de faire gicler l'eau boueuse :

« Réserve, active ; est-ce que les balles distinguent ? »

Puis il me dévisage longuement, comme s'il voulait d'un coup peser ce que je vaux, et m'explique, d'une voix nette, ce qu'il attend de moi :

« Je n'ai plus d'agents de liaison. Tous sont en mission ou hors de combat. Il faut que vous trouviez, le plus vite possible, le colonel de G... qui commande la brigade, et que vous lui demandiez, en mon nom, de faire donner tout de suite tout ce qu'il pourra du 132ᵉ. Dites-lui bien que nous sommes aux prises avec des effectifs énormes, que nos pertes sont extrêmement lourdes, et que je ne sais pas jusqu'à quel point mon régiment est désormais capable de tenir.

« Il doit être vers la cote 281, à un kilomètre au nord de Marats-la-Petite. Faites tout pour le trouver, ne perdez pas une minute, et insistez sans crainte sur l'urgence de renforts immédiats.

— Bien, mon colonel ! »

Je cours, pendant que les balles sifflent à mes oreilles et font jaillir la boue autour de mes jambes. A cette minute encore, je me sens soulevé, jeté en avant par une force qui n'est plus en moi : il faut trouver le commandant de la brigade, lui parler, provoquer l'ordre nécessaire. Je ne mesure pas le poids de ma responsabilité ; mais je la sens lourde, et l'ardente volonté de réussir me possède tout entier.

Courant déjà, j'ai vu le colonel recevoir une balle dans un bras. De l'autre bras, il m'a fait signe d'aller.

Courant au long d'une dure montée, j'ai traversé une zone infernale où des centaines de balles ronflaient et piaulaient au ras du sol, ou piquaient dans la terre avec un froissement bref.

Je suis passé, en courant. près d'un groupe d'hommes arrêtés au pied d'un arbre. Au milieu d'eux, adossé à l'arbre, un officier mourant. J'ai pu entrevoir, dans le bleu sombre des vêtements de drap large ouverts, la chemise tachée de sang clair. La tête du blessé s'abandonnait sur son épaule, et j'ai reconnu, ravagé, blêmi, éteint par l'agonie, le visage de mon commandant.

Mon cœur saute dans ma poitrine à grands bonds désordonnés ; je sens entre mes épaules un point douloureux, aux reins une brûlure aiguë. Et mes jambes ! A chaque minute, des crampes me raidissent brutalement les muscles des cuisses et des mollets, certaines si violentes qu'elles me jettent à terre et me tiennent un long moment tordu, haletant. Mes vêtements mouillés pèsent d'un poids fantastique, et qui croît sans cesse. Je sens jusqu'au bout de mes doigts les battements précipités de mes artères ; et l'étui de drap qui enveloppe mon sabre me fait éprouver, au creux de la main, une bizarre sensation de picotement, presque de morsure.

Je passe devant une cabane de cantonnier, en haut d'une côte, au bord d'une route. Derrière, une section de chasseurs à pied est massée. Elle se déploie en ligne de tirailleurs, et, d'une belle allure décidée, marche au feu.

La descente, bride abattue. Quelques chutes lourdes, à plat ventre dans la boue. Puis un talus, que je dégringole sur les fesses. En bas je crève une haie, et vais tomber, meurtri, au milieu de fantassins qui attendent là, debout, appuyés sur leurs fusils : des chasseurs à pied encore. Eux aussi se déploient, puis grimpent le talus, et marchent droit à la fusillade.

D'autres chasseurs à pied, groupés par sections. L'une après l'autre ces sections gagnent la crête, s'étirent là-haut en une ligne de silhouettes fines, et plongent soudain au plein tumulte de la bataille.

Une pente raide encore. Je me laisse glisser en bas, dans une avalanche de pierres et de cailloux. Je suis dans un ravin herbeux, très encaissé. Au fond, des soldats s'équipent, passent un bras dans la bretelle de leur sac, qu'ils lancent sur leur dos d'un vif coup d'épaule : encore des chasseurs.

Devant moi des sapins s'enlèvent sur le ciel blanc, lignes brutales, nuances sévères.

Je suis à bout. Mes paupières brûlantes se ferment malgré ma volonté raidie. La tentation naît en moi, m'envahit, de m'étendre à même l'herbe épaisse, de baigner mes membres fiévreux dans toute cette eau qui la fait si verte, toute cette eau dont la fraîcheur monte vers moi, déjà m'enveloppe. J'ai peur de céder... Allons !... Allons, marche !

Mais voici qu'un sifflement file et grandit ; et un 77 fusant éclate à quelques mètres de nous, au-dessus du ravin.

J'ai senti dans le dos un coup violent, en même temps que des balles de plomb criblaient la terre devant moi.

Les chasseurs courent, se collent à la pente. Il y en a un qui saute à cloche-pied : du sang coule de sa chaussure, au bout de sa jambe pliée.

« Comme vous êtes pâle ! me dit un sous-lieutenant qui arrive. Blessé ? »

Je réponds :

« Je crois que ça n'est rien. Les balles de shrapnell ont dû taper dans mon sac. »

On panse l'homme, dont le pied est traversé. Un autre, atteint en plein crâne, reste étendu là-bas dans l'herbe.

Les sifflements se précipitent. Les fusants éclatent sous nos yeux, avec des détonations brisantes, métalliques, dont la vibration grave se prolonge d'un bout à l'autre du ravin. A chaque éclatement, on voit des lambeaux d'acier voler lentement, tout noirs sur le ciel. Des paquets d'une fumée jaune, compacte, flottent longtemps, presque immobiles dans l'air calme, et vont s'accrocher aux branches des sapins qui les déchirent et les dispersent.

Je demande au sous-lieutenant des chasseurs :

« Savez-vous où est le colonel de G... ?

— Pas exactement, répond-il. Assez près d'ici, je pense. Mais le commandant va pouvoir vous renseigner avec précision. »

Grand, jeune, de mine franche et résolue, le commandant m'écoute exposer le but de ma mission. Et, lorsque j'ai terminé :

« Parfait, me dit-il. Vous trouverez le colonel derrière ces bois que vous voyez là-bas. C'est là du moins qu'il était il n'y a pas une heure. En passant, vous verrez du 132 dans des tranchées, sur cette pente. Et vous pourrez dire aux officiers que ce n'est pas le moment de se croiser les bras en fumant des pipes, et qu'ils sont des jean-foutre s'ils ne marchent pas. Allez, et bonne chance ! »

Je suis fourbu. La seule exaltation intérieure me soutient. Ce ravin est long. Cette côte est dure. Des hommes s'agitent là-haut et parlent. Avance donc !... Je m'appuie sur mon sabre ; je soulève l'un après l'autre mes pieds gonflés ; le dos me fait mal. Avance ! Il faut. Quelques minutes d'énergie et tu seras arrivé. Avance !... Je ne peux pas... La lumière manque. Ah ! malheureux !

Je me suis senti soulevé, porté par des bras solides. Un liquide poivré a brûlé ma bouche. Et j'ai tout de suite rouvert les yeux. Une voix, près de mon visage, demandait :

« Comment vous sentez-vous ? »

Je dis :

« Ça n'est rien. Fatigue. Pas dormi. Pas mangé. On s'est battu toute la nuit. Ça passe. »

Je suis au bord d'une tranchée couverte de paille pourrie. Un lieutenant est auprès de moi, quelques hommes un peu à l'écart. C'est le lieutenant qui vient de me parler ; c'est lui qui m'a fait boire l'eau-de-vie au goulot de son bidon.

Je regarde le col de sa capote, et je lis le chiffre du régiment que je cherche. Je crie :

« Ah ! vous voilà ! Tout le régiment est ici ? »

Il semble un peu ahuri :

« Eh ! bien oui, quoi ! Vous ne le saviez pas ?

— Non, parbleu ! puisque je viens de cavaler pendant une lieue pour vous trouver, et le colonel de G... On vous ignorait, aux avant-postes. Voilà des heures qu'on est tout seuls aux prises avec des masses de Boches. On a besoin de vous par là. Savez-vous où il est, le colonel de G... ?

— Dans ce bois, en avant des batteries que vous entendez tirer. Vous pourriez le voir d'ici. »

Il se lève, regarde un long moment, et dit :

« Il n'y est plus. Mais pas depuis longtemps. On vous dira sûrement là-bas de quel côté il est parti. »

Je le remercie, et lui demande, avant de le quitter :

« Encore un peu de gniôle, voulez-vous ? J'ai besoin d'un coup de fouet. »

J'avale une longue gorgée d'eau-de-vie rude, et je m'en vais, tout droit vers les 75 qui donnent de la gueule, avec ensemble, dans le bois.

J'arrive au milieu d'artilleurs littéralement soulevés de joie. Ils manœuvrent avec une vitesse, une précision, un entrain qui me frappent. A peine le temps d'apercevoir le petit obus que prolonge la douille de cuivre. Ça file devant les yeux comme une mince ligne rouge et jaune, qui tout de suite s'évanouit dans la culasse encore fumante du dernier départ. Et, la seconde d'après, le canon lance son paquet de mitraille avec un coup de gueule impérieux, dans la gloire de la flamme qui jaillit, de la fumée qui flotte comme un panache.

Les artilleurs se démènent, courent, sautent, gesticulent autour de leurs pièces. Beaucoup ont jeté bas leurs vestes et relevé au-dessus des coudes leurs manches de chemise. Tous s'amusent, blaguent, rient bruyamment. Avec des vêtements boueux, ma face lugubre, je me fais l'effet d'un hibou qui tomberait dans une bande de moineaux francs. Mais cette allégresse de tous peu à peu s'insinue en moi comme une contagion bienfaisante. J'ai l'impression qu'en ce moment même quelque chose se passe de très heureux, de très exaltant. Et je demande à un lieutenant, qui observe à la jumelle en frémissant de tout son corps :

« Ça va ? »

Il se tourne vers moi. La joie qui lui emplit la poitrine éclaire son visage. Il a un rire de bonheur exubérant :

« Si ça va ! Mais ils ne tiennent plus ! Ils foutent le camp comme des lapins ! »

Il rit encore :

« Ecoutez-les, nos 75 ! Pas redoublé ! Baoum ! Baoum ! C'est la conduite, ça ! De grands coups de bottes dans les fesses ! »

Un capitaine d'état-major, à pied, regarde les artilleurs endiablés, et rit lui aussi, et répète plusieurs fois, à voix très haute :

« Bon ! Bon ! »

Je me précipite vers lui. Je lui dis en quelques mots ce qui se passait, il y a une demi-heure, vers la Vauxmarie, la route d'Erize. Je lui dis les paroles de mon colonel blessé, ma course, ma joie d'arriver au but. Et j'ajoute :

« Je voudrais voir quand même le colonel de G... puisque c'est à lui qu'on m'a envoyé. »

Le capitaine me regarde longtemps avant de répondre, et, doucement :

« Allez vous reposer. On n'a plus besoin du 132. On n'a plus besoin de vous. C'est partie gagnée... Vous avez fait de belles choses. »

Et il m'apprend que mon régiment, retiré de la ligne de feu, se reconstitue un peu en arrière, au calme. Il me montre sur la carte le point de rassemblement et, me tendant sa main grande ouverte :

« Au revoir, lieutenant, me dit-il. Dormez bien, mangez bien, prenez des forces. Il va falloir être d'attaque pour courir aux semelles des Boches. »

Je demande, avec un battement de cœur :

« Alors, mon capitaine, c'est une grande victoire ?

— Je ne sais pas... pas encore. Mais sûrement oui, si tous les fantassins du front ont marché depuis dimanche comme ceux du corps d'armée. »

Une houle de joie me bouleverse, un élan très fort et très doux, fervent, religieux. Que ce soit vrai ! Que ce soit vrai ! L'effroyable tension nerveuse qui me tenait crispé depuis des heures a cassé tout d'un coup. Je me sens très petit, très faible, avec un grand désir de pleurer longuement, sans contrainte.

Derrière moi, les 75 alignés à la lisière du bois continuent leurs salves triomphantes. Mais le tapage qu'ils mènent me parvient étouffé, presque éteint, comme si ma tête était enveloppée d'ouate épaisse, molle et tiède. Sous mes pieds, le sol moussu, couvert d'aiguilles de sapin humides, se fait élastique, accueillant, facile à la marche. Et je vais, à pas tranquilles, oublieux des récentes angoisses, tous mes sens morts aux choses qui m'entourent.

Présents, réels, avec un beau sourire de tendresse confiante, les visages d'êtres chéris ont surgi devant ma vision intérieure. Je me sens protégé, réchauffé, calmé par eux qui m'accompagnent. J'écoute en moi leurs voix familières, graves, un peu solennelles, si douces pourtant, et qui me disent :

« Aie foi. C'est en ce moment, c'est au long des minutes cruelles que tu gagnes de nous revoir. »

Je retrouve le régiment dans un pré, à côté d'un ponceau de pierre qui enjambe un ru gonflé d'eau. Porchon est là, le capitaine Rive aussi. Je n'ai plus que vingt et un hommes, des soixante-dix avec qui j'ai commencé la bataille du 6.

De la 5ᵉ compagnie, de la 6ᵉ, ne restent que quelques survivants, une quinzaine de la 5ᵉ, un peu plus de la 6ᵉ. Plus un seul officier. Ils étaient cette nuit en avant de nous. Les ténèbres, la bourrasque, la pluie ont permis aux Boches de tourner leurs tranchées, repérées pendant la journée par les grands oiseaux à croix noires. Ce fut un massacre à l'arme blanche, la dégoûtante besogne d'assassins qui surinent dans le dos.

Ces Boches étaient du 13ᵉ corps d'armée, la plupart wurtembergeois. On les avait soûlés d'alcool et d'éther : les prisonniers l'ont avoué. Ils s'attendaient à être fusillés : leurs chefs avaient osé, pour raidir encore leur courage, leur affirmer cette vilenie. Beaucoup avaient dans leurs sacs des pastilles incendiaires ; plusieurs de mes hommes m'ont affirmé en avoir vu qui prenaient feu de la tête aux pieds lorsqu'une balle les atteignait, et continuaient à flamber comme des torches.

Marche à travers des champs inondés, ou par des chemins de terre dont les ornières reflètent le ciel pâle. Je suis en queue de la compagnie, avec le capitaine qui va de son grand pas lent, rythmé au choc contre les cailloux de son inséparable « pic ». Deux prisonniers marchent à côté de nous.

Halte à la lisière d'un petit bois en pente, au sol caillouteux. Sur les feuilles mortes du dernier automne, de place en place, luisent quelques feuilles d'un jaune pâle que la tourmente nocturne a détachées des branches.

De compagnie à compagnie, les hommes se reconnaissent, s'interpellent, se félicitent avec de grands rires d'en avoir « réchappé ». Assis derrière les faisceaux, fangeux, harassés, ils mangent, ce qu'ils peuvent. Ceux qui ont su garder, au fond de leur sac, une boîte de singe, sont rois. D'autres rôdent à leur abord, torturés d'une convoitise qui allume leurs yeux, malades du désir de quémander, et n'osant pas. Privilégiés aussi ceux qui ont pu trouver au fond des sacs allemands les réserves de petits biscuits carrés, friables et vaguement sucrés. Beaucoup s'égaillent dans les champs, reviennent avec des carottes, des raves terreuses qu'ils viennent d'arracher. Ils les pèlent avec leurs couteaux de poche, et mordent à même à coups de dents voraces.

Nuit glaciale et morose. Je glisse continuellement sur le terrain en pente. Les cailloux sur lesquels je suis couché font mal comme autant de blessures. Un souci me hante : celui de mon bidon, perdu par un homme qui devait me le rapporter plein d'eau, et que je n'ai plus revu. Je regrette d'avoir persécuté Porchon parce qu'il a laissé son sabre dans la paille de sa tranchée, à la Vaux-marie, alors que j'ai sauvé le mien. J'ai mon sabre, j'ai mon képi, j'ai mon sac. Mais je n'ai plus mon bidon. Je pense, en m'endormant, aux quelques gouttes d'eau tiédie que j'ai bues le soir de Sommaisne, et qui ont coulé comme un baume le long de mon gosier aride ; je pense à la gorgée d'eau-de-vie avalée le matin même, et qui a fouaillé ma force déclinante... Plus de bidon ! C'est un malheur.

Vendredi, 11 septembre.

« Debout ! Sac au dos ! »

On part. Une dizaine de fusants éclatent derrière nous, pas loin. Il y a autant d'eau qu'hier dans les champs, des flaques, des mares qui s'étalent, et de minuscules canaux parallèles au fond des sillons droits.

Encore des bois, un chemin perdu sous les feuilles denses, d'un vert avivé par la pluie. Des fossés comblés d'herbe drue, de ronces emmêlées qui poussent des rejets jusqu'au milieu du chemin. Des trilles, des roulades, des pépiements sortent des frondaisons. Parfois, un merle noir s'envole devant nous, filant si bas qu'il pourrait toucher la terre de ses pattes, et soulevant les feuilles au vent de ses ailes. Au-dessus de nos têtes, une grande trouée bleue, limpide et profonde, attire le regard et le caresse. Douceur et paix.

Lorsque nous sortons des bois, tout est redevenu gris et navrant. Nous pataugeons dans un pré marécageux où des canons et des caissons s'alignent, encroûtés de boue jusqu'à la hauteur des moyeux et mouchetés d'éclaboussures. Des entrailles de moutons, des peaux visqueuses s'affaissent dans les flaques en petits tas ronds. Des ossements épars, qui gardent attachés des fragments de chair blanchâtre, délavée, donnent à cette plaine un aspect de charnier. Une route la traverse, luisante d'eau qui stagne, bordée d'arbres tristes, à perte de vue. Et sur cette platitude pèsent des nuages bas, aux formes lâches, de grandes traînées de pluie qui rampent l'une vers l'autre, s'accouplent, se confondent, finissant par voiler tout le bleu qui brillait à travers les feuilles et nous faire prisonniers d'un ciel uniformément terne, humide et froid.

Nous sommes auprès de Rosnes, un village au bord de la route. J'évoque les maisons qui ne furent peut-être pas bombardées, les granges où il y a du foin, du foin moelleux, odorant et tiède, dans lequel il ferait si bon s'enfouir.

Mais nous laissons Rosnes derrière nous, gravissons lentement, en pleines terres, une pente raide, pour arriver sur un plateau que couvrent au loin de hautes herbes vivaces. Les souffles de l'air passent sur elles en ondes rapides et frissonnantes ; on croirait un étang dont le vent d'automne horripile la surface frileuse.

Réunion des officiers autour du capitaine Renaud. C'est lui qui, à Gercourt, avait réparti dans les compagnies les hommes de notre détachement. Le voici maintenant chef de corps, puisque le colonel est blessé, le chef du premier bataillon blessé aussi, ceux du deuxième et du troisième tués.

Le capitaine Renaud nous parle de sa voix sèche. Il nous félicite, nous dit qu'il compte sur nous tous : nous sommes fatigués, mais il faut réagir, plastronner devant les hommes, pour qu'ils ne faiblissent point si notre rude vie continue, pour qu'en voyant notre entrain et notre gaieté quand même ils n'éprouvent pas la tentation de se plaindre.

Mon capitaine devient mon chef de bataillon, Porchon, officier d'active, mon commandant de compagnie. Je suis content, parce que chaque jour qui passait nous a rapprochés l'un de l'autre. Je le sais aujourd'hui très franc, ambitieux sur toutes choses de se montrer juste avec indulgence, brave avec simplicité. Et puis, j'aime sa belle humeur, son rire facile, son ardeur à vivre. Etre gai, savoir l'être au plus âcre des souffrances du corps, le rester lorsque la dévastation et la mort frappent durement auprès de vous, tenir bon à ces assauts constants que mènent contre le cœur tous les sens surexcités, c'est pour le chef un rude devoir, et sacré. Je ne veux point fermer mes sens pour rendre ma tâche plus facile. Je veux répondre à toutes les sollicitations du monde prodigieux où je me suis trouvé jeté, ne jamais esquiver les chocs quand ils devraient me démolir, et garder malgré tout, si je puis, cette belle humeur bienfaisante vers laquelle je m'efforce comme à la conquête d'une vertu. Porchon m'y aidera.

Nous allons ensemble déterminer l'emplacement des tranchées que la compagnie doit creuser. Les hommes se mettent au travail avec les grands outils de parc. Les pioches détachent de lourdes mottes de terre brune. La pluie tombe. Mais la besogne est facile. Des chansons se répondent, des lazzi se croisent : car on vient d'appeler les hommes de corvée aux distributions.

Ils sont descendus vers Seigneulles, le village qui est tout près, dans le creux. De là-haut, nous apercevons les voitures régimentaires qui s'appuient aux clôtures des jardins. Plus loin, émergeant du trou, révélant seule le groupe des maisons, la flèche du clocher.

Et voici que bientôt fument au bord du chemin les foyers des cuisines. Nous mangerons ce soir de la viande cuite, des pommes de terre chaudes. Nous aurons de la paille pour dormir, un toit pour nous abriter de la pluie et du vent. Qu'importe demain, puisque ce soir la vie est bonne !

Samedi, 12 septembre.

Sommeil opaque, sans un rêve. Je m'éveille dans la position que j'avais hier au moment où j'ai sombré, d'un seul coup. La paille m'enveloppe d'une bonne tiédeur, un peu moite parce que l'eau qui imbibait mes vêtements s'est évaporée pendant la nuit. Je vois au-dessus de moi les poutres énormes de la charpente, à quoi pendent des toiles d'araignée poussiéreuses ; et j'ai une stupeur à découvrir cette toiture amie, au lieu des feuilles ou du plein ciel accoutumés. La pluie frappe les tuiles avec un bruit menu. Je l'aime ainsi, et je jouis plus intensément, à constater son opiniâtreté, d'avoir dormi, d'avoir eu chaud malgré elle.

Elle prend sa revanche au cours de la journée. Car nous grimpons encore sur le plateau, et continuons à creuser la tranchée commencée la veille. Depuis, elle s'est emplie de boue délayée. Mais des sapeurs mineurs aident nos fantassins, et grâce à eux nous ne sommes pas trop mouillés : ils se sont hâtés de construire un toit épais de rondins et de mottes entassées.

Longues pauses nonchalantes, tout animées de bavardages. Les épisodes de l'attaque de nuit ressuscitent, reprennent une vie ardente et sauvage aux paroles frustes et directes de ceux qui en furent les héros.

Nous sommes au repos pour la journée. Mais nous ne descendrons au village que ce soir à quatre heures. Alors, avec des piquets fourchus, de longues branches solides, des bottes de paille, nous dressons contre la pluie des abris hâtifs. Les gouttes volent obliquement, fouettées par le vent d'ouest. Les hommes se plient en chien de fusil, se collent aux gerbes dressées le long desquelles l'eau ruisselle. Beaucoup s'endorment. Lorsqu'ils s'éveillent, après une courte sieste, les brins de paille ont imprimé dans leurs joues des sillons rouges qui semblent des cicatrices.

Le plateau, avec toutes ces huttes de chaume qui ont poussé en moins d'une heure, a maintenant l'aspect d'un campement de nomades. Le « pic » du capitaine, planté droit en terre à côté d'une hutte plus haute, marque le poste de commandement. Lui doit être dessous, mais on ne le voit pas, ni ses agents de liaison. De rares silhouettes surgissent parfois sur l'étendue déserte sans parvenir à l'animer. La pluie les brouille, en fait de vagues choses falotes, sans couleur, presque sans forme. Elles s'effacent peu à peu, disparaissent sans que l'œil ait saisi les phases de leur évanouissement. Elles étaient là tout à l'heure ; elles n'y sont plus ; il n'y a que le plateau noyé, qui tend son échine à la douche, et sur quoi nos paillotes font comme d'étranges et malsaines boursouflures.

Pendant une éclairicie, Porchon m'apparaît, soudain dressé ; il tient à la main un couvercle de bouthéon, dans lequel il y a quelque chose qui fume. Il me le tend avec un sourire un peu fat, et dit :

« Fine compagnie, la nôtre ! Tout le stock pour nous ! Hume ça, mon vieux, et emplis tes narines avant d'avaler. »

Stupeur : ce qu'il y a dans son couvercle, ce que je bois, c'est du cacao ! Je crois que depuis le départ du dépôt rien ne m'a donné aussi intense l'impression de la sécurité, de la paix. Est-ce qu'en guerre on déguste, au déjeuner matinal, du cacao bouillant ? Mon étonnement dure encore après que j'ai bu la dernière goutte. Je lui demande :

« Où as-tu trouvé ça ? »

Sans répondre, il tire de ses poches une fiole de cognac, un saucisson, deux pots de confitures de Bar-le-Duc. Ces confitures coupent l'effet qu'il préparait. Je lui dis :

« Parbleu ! C'est un épicier ambulant qui est venu de Bar. »

Et comme j'évoque, tout à coup, ceux que j'ai vus sur les routes de mon pays, j'ajoute au hasard, mais sur un ton d'absolue certitude :

« Il avait une petite voiture avec des rideaux de toile cirée noire, et son cheval portait des grelots au collier. »

Les yeux de Porchon s'écarquillent, et j'ai un sourire de suffisance à constater ainsi ma perspicacité.

Au village, le soir. Je vais d'un pas léger vers la grange où ma section cantonne. Sur la place, devant une maison que rien ne distingue des voisines, un groupe de soldats bruyants. Ils se poussent les uns les autres, tendant le cou vers un placard grand comme les deux mains qu'on vient de coller sur le mur. Je m'approche, en badaud consciencieux. Je n'éprouve d'ailleurs qu'une curiosité nonchalante.

Mais, dès la première ligne, un mot m'entre dans les yeux, me donne au cœur un choc violent. Je ne vois que lui ; il n'y a que lui en moi ; mon imagination débridée en fait tout de suite quelque chose de merveilleux, d'immense, de surhumain : « Victoire ! »

Il chante à mes oreilles, ce mot, il résonne large, il éclate comme une fanfare : « Victoire ! » Des frissons courts passent sur ma peau, un enthousiasme me soulève, tellement fort que j'éprouve un malaise physique, la souffrance de sentir ma poitrine trop étroite pour l'émotion qui vit en elle.

« *La retraite des première, deuxième et troisième armées allemandes s'accentue devant notre gauche et notre centre. A son tour, la quatrième armée ennemie commence à se replier au nord de Vitry et de Sermaize.* »

Alors, c'est cela ! Nous avons fait tête partout ! Nous avons accroché, mordu, blessé ! Oh ! qu'il coule, ce sang boche, jusqu'à ce que toute leur force se soit en allée d'eux !...

Je comprends, à présent, je vois simple et clair. Cette retraite déprimante des premiers jours de septembre, ces étapes hébétées dans la chaleur desséchante de l'air, au long des routes poussiéreuses, elles n'étaient pas la fuite d'une armée bousculée, et qui s'avoue vaincue. Reculade, oui ; mais pas à pas, mais jusqu'ici, au terme que les chefs avaient marqué, pas plus loin !

Et je lis, à côté du bulletin de victoire, la proclamation que le généralissime avait lancée aux troupes la veille de la grande bataille :

« *Le moment n'est plus de regarder en arrière... Attaquer, refouler l'ennemi...* »

C'est cela, j'avais senti cela, et mes hommes, et nous tous à qui l'on n'avait rien dit.

« *Se faire tuer sur place plutôt que de reculer.* »

Personne ne nous a lu ces mots, à Condé, à l'heure de notre volte-face vers le nord. Mais nous les avions en nous. Sans savoir que de ces jours poignants dépendait « *le salut du Pays* », nous avions fait dans la joie tout le sacrifice.

Depuis, la guerre s'est gorgée de sang jeune jusque dans ses profondeurs, à la place où nous avions chargé nos fusils et dressé nos baïonnettes. Mais leurs obus énormes n'ont pas abattu le mur fragile ; et, lorsqu'après l'avalanche d'acier qu'elles poussaient devant elles les hordes casquées sont venues déferler à son pied, leurs élans têtus, leurs coups de boutoir renouvelés cinq jours avec une fureur désespérée n'ont pu ouvrir la brèche qu'elles y avaient voulue !

Aujourd'hui, à la Vauxmarie, des équipes de sapeurs ramassent les Allemands tombés là aussi dru que les épis d'un champ. Elles

les chargent par dizaines sur de grands tombereaux qui s'acheminent vers des fosses, creusées larges et profondes, en secouant aux cahots des ornières leur fardeau de chair morte. Lorsqu'ils sont arrivés au bord des trous béants, on les fait basculer en arrière et verser là-dedans les grappes de cadavres, qui roulent au fond avec d'affreux gestes ballants. Et la terre de France recouvre les habits verdâtres, les faces décomposées dont les yeux ne la verront plus, les grosses bottes pesantes qui plus jamais ne la meurtriront de leurs clous de fer.

Voilà ce que nous a raconté un sapeur qui arrive de là-bas, et qui garde encore au fond des yeux l'horreur de ce qu'il y a vu.

C'est devant cette mairie de village au toit bas, les yeux fixés sur ces quatre lignes dactylographiées par un scribe d'état-major, que j'ai éprouvé à défaillir une des émotions les plus bouleversantes qui puissent étreindre un cœur d'homme.

J'ai retraversé le groupe des soldats, qui continuaient à se pousser pour lire. J'ai regardé, en passant auprès d'eux, ceux qui se trouvaient sur ma route : ils avaient tous des visages terreux, aux joues creuses envahies de barbe ; leurs capotes gardaient les traces de la poussière des routes, de la boue des champs, de l'eau du ciel ; le cuir de leurs chaussures et de leurs guêtres avait pris à la longue une couleur sombre et terne ; des reprises grossières marquaient leurs vêtements aux genoux et aux coudes ; et de leurs manches râpées sortaient leurs mains durcies et sales. La plupart semblaient las infiniment, et misérables.

Pourtant, c'étaient eux qui venaient de se battre avec une énergie plus qu'humaine, eux qui s'étaient montrés plus forts que les balles et les baïonnettes allemandes ; c'étaient eux les vainqueurs ! Et j'aurais voulu dire à chacun l'élan de chaude affection qui me poussait vers tous, soldats qui méritaient maintenant l'admiration et le respect du monde, pour s'être sacrifiés sans crier leur sacrifice, sans comprendre même la grandeur de leur héroïsme.

Demain, peut-être, il faudra reprendre le sac, les lourdes cartouchières qui meurtrissent les épaules, marcher des heures malgré les pieds qui enflent et brûlent, coucher au revers des fossés pleins d'eau, manger au hasard des ravitaillements, avoir faim quelquefois, avoir soif, avoir froid. Ils partiront, et parmi eux ne s'en trouvera pas un pour se plaindre et maudire notre vie. Et quand viendra l'heure de se battre encore, ils auront le même geste vif pour épauler leur fusil, la même souplesse pour bondir entre deux rafales de mitraille, la même ténacité pour briser les assauts de l'ennemi.

Car en eux vit une force d'âme qui ne faiblira point, que la certitude de la victoire va grandir au contraire, et qui toujours aura raison de la fatigue des corps. O vous tous, mes amis, nous ferons mieux encore, n'est-ce pas, que ce que nous avons fait ?

Mais des cris s'élèvent à la sortie du village. Des hommes grimpent à toutes jambes vers le sommet du plateau. Il y a là-haut une forte troupe massée, un demi-bataillon peut-être. Les capotes bleues et les pantalons rouges se détachent en teintes vives ; les plats de campement, les bouthéons, les gamelles brillent malgré la lumière pauvre. Tout cela est propre, astiqué, battant neuf. Ce sont les renforts qui viennent d'arriver.

Heureux hommes, qui rallient le front au moment d'une victoire, qui ne connaîtront pas le supplice d'une retraite sans lutte et qu'on ne s'explique pas ! Le souvenir des tranchées de Cuisy, du large champ de tir ensoleillé où les repères s'échelonnaient jusqu'à l'extrême portée de nos armes, n'a guère cessé de m'obséder pendant les jours d'avant Sommaisne. Il a fallu partir, sans comprendre pourquoi nous partions. Heureux hommes, certes, qui vont faire leurs premières armes dans l'ivresse de la poursuite, sans avoir à souffrir d'abord le poids de cet accablement !

V

DERRIÈRE L'ARMÉE DU KRONPRINZ

Dimanche, 13 septembre.

« Nous allons probablement quitter Seigneulles aujourd'hui », m'a dit tout à l'heure le capitaine Rive. « Souhaitons que nos étapes soient longues. »

Je le souhaite, mon capitaine. Mais pourquoi diable ai-je tant mangé pendant toute la journée d'hier ? Ils étaient frais, les œufs que m'a trouvés le fourrier de la 5e et que j'ai gobés crus en y faisant deux trous d'épingle ; croustillantes, les frites cueillies à la louche dans les marmites des mitrailleurs ; tendre et rôti à point, le poulet dont le capitaine m'a offert une aile; dodu, le lapin que mes cuistots ont fait mijoter à petit feu derrière le mur de notre grange. Mais hélas ! Quelle nuit j'ai passée !

La paille me piquait les mains, la figure, les pieds à travers mes chaussettes ; il me semblait qu'elle était brûlante, et je souhaitais la fraîcheur des draps lisses. Mon estomac pesait comme une énorme balle de plomb. Parfois, une danse étrange l'agitait. Aux rares minutes où je m'assoupissais, des cauchemars peuplaient la nuit : réveils brusques, haut-le-corps qui me précipitaient la tête contre les douves de la cuve gigantesque derrière laquelle j'avais fait mon trou dans la paille.

Pas de plainte, puisque c'est ma faute. Je ne suis pas mort de cette indigestion. Il n'y paraîtra plus demain.

Je trempe mon nez dans la cuvette exiguë que nous a prêtée, à Porchon et à moi, le docteur du village. Je ne sais dans quelle cuvette il se lave, ce petit docteur aimable ; mais celle-ci, vraiment, est ridicule. Il nous faudrait des baquets d'eau chaude pour dissoudre la crasse accumulée depuis une semaine ; nous avons quelques gouttes d'eau froide au fond d'un pot grand comme un dé à coudre, et c'est dans une soucoupe que nous faisons nos ablutions.

Heureusement, mon ordonnance vient d'apporter un seau de campement plein jusqu'aux bords. Je barbote mon saoul, sans souci des éclaboussures généreuses que je projette sur le parquet. Cette fraîcheur dissipe les malaises nocturnes. Je me sens mieux. Je suis content.

Départ midi. Ma section est rassemblée devant la grange, tous les hommes sac au dos, l'arme au pied. Manque personne. Je les regarde : ils ont brossé leurs vêtements, lavé leur peau, rasé leur barbe. Plus de poussière sur les équipements ni sur les chaussures. Des têtes droites, des yeux clairs : bonne allure. Ça va.

On attend ; c'est le silence qui précède immédiatement le départ. Et dans ce silence, quelque part au loin, des coups de fusil retentissent tout à coup, qui se multiplient, deviennent fusillade crépitante. Qu'est-ce que c'est ? En voilà une blague ! Depuis avant-hier, nous n'entendions même plus les éclatements des marmites.

« Mon lieutenant ! mon lieutenant ! Voyez-le ! »

Tous les nez se lèvent ; les regards cherchent le point du ciel que l'homme montre de son doigt tendu. Je l'ai, le *Taube :* tout petit, net et fin dans un coin du ciel sans nuages, il vient sur nous d'un vol droit. Nous connaissons tous, à présent, sa silhouette. Et lorsque, avertis par le ronflement du moteur, nous découvrons soudain l'avion à peine visible encore, notre hésitation n'est pas longue avant que nous ayons prononcé : « boche » ou « français ».

Evidemment, celui-ci est boche. On doit tirer sur lui de Rosnes ou de Marats-la-Grande. Pour nous, il est trop loin ; nous ne pouvons que suivre la chasse des yeux. Mais tous nos hommes frémissent du désir de tirer aussi.

D'une section voisine, tout à coup, un cri part :

« Il y est ! »

Peut-être, en effet, l'avion a-t-il oscillé un peu. Il n'en faut pas davantage pour que tous crient leur plaisir et sautent de joie comme des enfants. Moi, je suis sûr qu' « il n'y est pas ». Il vire, tout bonnement. En virant, il s'incline sur un côté, reste penché lorsqu'il disparaît derrière le toit de la grange. Cela suffit : tous sont convaincus qu'il tombe, qu'il va s'écraser sur le sol, là-bas vers le nord. Et je le leur laisse croire.

En avant ! La marche est lente, par les champs dont la terre est lourde encore ; mais il n'y a plus de flaques d'eau, et les pieds ne mouillent pas. Devant nous, la 8e étire ses rangs, se disloque, nous empêtre. Chaque fois que nous passons près d'un verger, des hommes s'arrêtent, secouent les arbres, emplissent leurs musettes de pommes et de quetsches.

Marats-la-Grande. Des batteries montées en sortent, et par les chaumes grimpent vers la route. Les artilleurs vocifèrent et frappent leurs chevaux exténués pour qu'ils donnent le rude coup de collier. Pauvres bêtes ! Maigres, les côtes en saillie, les flancs mis à vif par le harnais, la tête énorme et penchée vers la terre, elles se raidissent, soufflent avec bruit, et leurs grands yeux ternes souillés de chassie semblent dire la souffrance résignée.

Une tombe : deux branches liées en croix. Sur la branche transversale, on a fait au couteau une large entaille qui met à vif le cœur du bois ; une main qui s'est appliquée a écrit là-dessus, au crayon, le nom du soldat dont le corps est étendu à même la terre, dans ses seuls vêtements de combat ; au-dessous, le numéro du régiment, celui de la compagnie, et la date de la mort, 9 septembre.

Quatre jours !... Les parents ne savent pas.

Encore des tombes. Elles ne sont point alignées, ni même groupées. Elles jalonnent, à des intervalles irréguliers, le chemin que nous suivons, dans un bas-fond aux herbes fraîches semé d'arbres encore feuillus. On voit surgir du sol toutes ces petites croix frustes, dont presque toutes gardent accroché un képi rouge. Les hommes, sans s'arrêter, lisent à haute voix les inscriptions identiques : 8 septembre, 9 septembre, 10 septembre...

En voici une que ne marquent point les deux branches croisées. Un piquet, dont le bois est gravé au fer rouge, apprend à ceux qui passent le nom du mort ; et, sur la terre fraîchement remuée, des pierres juxtaposées dessinent une grande croix blanche. Ainsi couchée, elle semble protéger mieux et de plus près celui qui est étendu là.

Tombes hâtives, creusées avec les mêmes petits outils qui creusent les tranchées de combat, je vous souhaiterais plus profondes et jalouses. Les corps que vous cachez soulèvent doucement la surface des champs. La pluie a dû les mouiller ces jours et ces nuits. Du moins fait-il calme sur vous. L'ennemi s'éloigne ; il ne reviendra plus.

Encore quelques minutes de marche, et nous arrivons dans une plaine nue que trouent des entonnoirs de marmites. Le soleil décline ; sa lumière coule, oblique et dorée. Des chevaux morts, pattes raides croisant leurs sabots contre la terre ou se dressant toutes droites vers le ciel. La poussée des entrailles en décomposition ballonne leurs flancs ; un liquide visqueux a coulé par les coins de leur bouche, et leurs dents apparaissent, longues et jaunes ; leurs yeux bleuâtres mollissent et se dissolvent. Ils font mal à voir, et dégoûtent.

Halte ! Nous sommes devant une ligne de tranchées couvertes de paille. C'est par ici que je suis tombé le matin du 10 ; les hommes qui m'ont relevé s'abritaient sous un toit de paille pareil à celui-ci. Une chaleur animale est restée dans ces trous : ceux qui les occupaient ont dû partir depuis bien peu d'heures.

Repos, avant de s'allonger pour dormir. On mange ; les confitures de Bar sortent des musettes. Par la plaine, les hommes grouillent. J'en vois qui traînent derrière eux d'infâmes édredons rouges semant leurs plumes, d'autres des bouts de toile cirée ramassés Dieu sait où ; d'autres déploient des couvertures maculées, que des trous crèvent. Des cyclistes passent, plus sveltes que nous avec leurs vareuses courtes, leurs culottes serrées au genou, les bandes de drap qui dessinent leurs mollets. Ils ont accroché à leur ceinturon des bidons boches, ovales et bombés, recouverts d'un étui de même couleur que les uniformes souvent entrevus. Je les envie, moi qui n'ai plus mon bidon depuis l'affaire mémorable. J'ai reconnu l'homme de la 5ᵉ à qui je l'avais confié ; il a su faire l'âne, et je n'ai pu que regretter en me promettant d'aviser.

« Rassemblement ! » Un ordre vient d'arriver : nous allons plus loin.

Avant de partir, j'ai ramassé un éclat d'obus contre lequel mon pied a cogné : long de cinquante centimètres, large de quinze, des arêtes coupantes, des dents de scie, des pointes aiguës. Je considère l'affreuse chose qui pèse à mon bras. Quel énorme obus l'a projetée, rapide et ronflante, faisant se courber les têtes sous son vol ? Cet éclat est de ceux qui tranchent net un bras ou une jambe, arrachent une tête, coupent un homme en deux par le milieu du corps. Et je pense, à le tenir ainsi, lourd et froid, entre mes mains, à un pauvre petit cycliste de bataillon qui fut tué près de nous dans le bois de Septsarges, une jambe décollée à hauteur de la hanche et le bas-ventre broyé.

Vers le nord, sur une route large : des arbres, de la fraîcheur. La nuit vient. Et soudain, dans l'ombre grise, des ruines se lèvent : nous sommes à Erize-la-Petite.

L'entrée du village, à peine plus qu'un hameau, était obstruée de voitures, de charrues, de grands râteaux à foin qu'on a tirés sur les côtés. Silencieux, nous passons devant les masures effondrées. Plus rien que des pans de murs, des cheminées tordues restées debout sur la dévastation des foyers. Des poutres carbonisées ont roulé jusqu'au milieu de la chaussée ; une grande faucheuse mécanique dresse son timon cassé, comme un moignon.

Le régiment défile dans le soir morne ; nos pas sonnent lugubrement et violent cette détresse. Tout à l'heure, quand la dernière section aura disparu au sommet de la côte, le village retombera à la nuit froide et muette, et la paix sera sur les maisons mortes.

Une dernière fois, je me retourne et regarde. J'emplis mes yeux de cette vision désolée ; puis je reprends la marche machinale, la poitrine serrée, triste aux larmes, et la mort en mon cœur.

Une autre route, qui longe la ligne de Rembercourt à la Vaux-marie et Beauzée. Dans les fossés, des cadavres s'accroupissent ou s'étalent. Rarement un seul, presque toujours deux ou trois, collés les uns contre les autres comme s'ils voulaient se réchauffer. La lumière mourante révèle les capotes bleues et les pantalons rouges : des Français, des Français, rien que des Français. Allègement à découvrir quelques Boches : ils n'ont pas eu le temps de les cacher, ceux-là.

Nuit noire. Nous ne voyons plus les cadavres, mais ils sont là toujours, au fond des fossés, sur les talus, sur le remblai de la voie. On les devine dans l'obscurité. Si l'on se penche, ils apparaissent en tas confus. Surtout, on les sent : l'odeur épouvantable épaissit l'air nocturne. Des souffles humides passent sur nous en traînant avec mollesse, imprègnent nos narines, nos poumons. Il semble que pénètre en nous quelque chose de leur pourriture.

Pas une parole dans les rangs ; le bruit de l'innombrable piétinement qui me précède et qui me suit ; des toux brèves, des crachements. Il doit faire froid. Pourtant ma tête et mes mains sont brûlantes, et malgré moi mes pas m'entraînent vers la droite, vers la fraîcheur de l'Aire qui coule au long de la route et que révèle une buée livide stagnant sous les arbres noirs.

Deuxnouds-devant-Beauzée. Nous passons devant les voitures à vivres. Lueurs de lanternes qui oscillent ; on entrevoit une face barbue, la lame d'un couteau de boucher au bout d'un avant-bras nu, des quartiers de viande, les boutons d'une capote. La lanterne danse, s'éloigne ; il n'y a plus rien que des formes confuses, qui bougent.

Mais bientôt des flammes brillent au pied des maisons. Les cuisiniers se penchent vers elles, leurs visages éclairés en force, rudes et colorés ; et des ombres gigantesques gesticulent sur les murs.

Nous popotons chez une bergère dont l'homme est au feu. Hier au soir, elle servait des officiers allemands.

« Voyez, messieurs », dit-elle, « ils en ont laissé ».

Et elle nous montre un plat dans lequel se sont figés des restes de choucroute. Elle s'empresse, taille de longues tartines de pain frais (du pain frais !) en appuyant la miche sur son ventre en saillie, verse en nos verres le cidre qu'elle vient d'apporter de sa cave, dans une cruche de grès haute de deux pieds.

« Mais êtes-vous bien sûrs, demande-t-elle, qu'i's n's'en reviendront point ? »

Hop ! au lit ! De grandes poussées dans la porte de la grange que des hommes ont déjà barricadée, et qui tient bon.

« Pannechon ! Pannechon ! Saute, mon vieux ! »

Pannechon, c'est mon ordonnance. Je l'entends piétiner le foin, buter contre des dormeurs qui grognent. Puis la porte s'ouvre avec un long geignement. Bouh !... Quelle odeur ! Ça sent le petit-lait, le rat, la sueur des aisselles. C'est aigre et fade, ça lève le cœur. Qu'est-ce qui pue à ce point-là ?

Et tout à coup un souvenir déjà ancien surgit en moi, que cette odeur réveille : je revois la chambre de l' « assistant » boche, au lycée Lakanal. J'allais quelquefois y passer une demi-heure, pour assouplir mon allemand scolaire. C'était pendant un été torride ; il retirait son veston, se mettait à l'aise. Et, lorsque je poussais la porte, cette même puanteur m'emplissait le nez, me prenait à la gorge. Lui souriait, la moitié de son visage bouffi derrière ses lunettes à monture d'écaille, me parlait de sa voix grasse et rentrée :

« *Mon Ongle Penchamin !* Fin, fin ; et si rebrésentatifement français ! »

Je reculais ma chaise jusqu'à pousser le mur du dos et finissais toujours par dire :

« Allons dans le parc, voulez-vous ? Nous y respirerons mieux qu'ici. »

Voilà ! Il va falloir dormir dans cette odeur de Boches, s'étendre sur ce foin dans lequel ils se sont vautrés. Bah !... Puisque c'est une reprise de possession !

« Pannechon ! Qu'est-ce que c'est que ça ? »

J'ai saisi un coin du drap qui émergeait de la litière. Je tire, et j'amène à moi un ample manteau verdâtre, à col rouge.

« Flanque-moi ça dehors ! »

Je m'allonge, déploie sur moi ma capote, ferme les yeux. Bon ! Qu'est-ce qui m'entre dans le flanc ? J'enfonce ma main sous le foin, heurte une chose anguleuse et dure. Un déblaiement hâtif met au jour un coffret de toilette en bois verni, sale camelote, avec une glace au fond du couvercle.

« Pannechon, flanque-moi ça dehors ! »

Ah ! non ! encore une trouvaille ! Une boîte de « pâte à faire briller l'acier ». Heureusement, c'est la dernière. Je rabats sur mes yeux ma calotte de campagne. Je m'étire en bâillant. On a chaud, on est bien, on va « en écraser ». A demain, les Boches !

Lundi, 14 Septembre.

Il pleut. L'étape sera pénible, sous ce ciel pâle et triste. Je me résigne à être mouillé toute la journée.

C'est un dur effort, lorsqu'on sait, comme nous, l'accroissement de souffrances que la pluie apporte avec elle : les vêtements lourds ; le froid qui pénètre avec l'eau ; le cuir des chaussures durci ; les pantalons qui plaquent contre les jambes et entravent la marche ; le linge au fond du sac, le précieux linge propre qui délasse dès qu'on l'a sur la peau, irrémédiablement sali, transformé peu à peu en un paquet innommable sur lequel des papiers, des boîtes de conserves ont bavé leur teinture ; la boue qui jaillit, souillant le visage et les mains ; l'arrivée barbotante ; la nuit d'insuffisant repos, sous la capote qui transpire et glace au lieu de réchauffer ; tout le corps raidi, les articulations sans souplesse, douloureuses ; et le départ, avec les chaussures de bois qui meurtrissent les pieds comme des brodequins de torture. Dur effort, la résignation !

Comme hier, nous marchons entre deux files de cadavres français. Ils semblent habillés de neuf, tellement la pluie a coulé sur eux. Une semaine, peut-être, que ces hommes sont tombés. Leur chair en décomposition a gonflé démesurément. Ils ont des jambes, des bras énormes et courts, et le drap de leurs vêtements se tend à craquer sur leurs corps boursouflés. Des lignards, puis des coloniaux. Tout à l'heure, nos morts cachaient leur face contre la terre ; ceux-ci ont été adossés au talus, tournés vers la route comme pour nous regarder passer. Ils ont des visages noirs, de grosses lèvres tuméfiées. Beaucoup, parmi nos hommes, les prennent pour des nègres et disent : « Tiens, des turcos ! »

Je me rappelle surtout un de ces pauvres morts assis au bord de la route. C'était un capitaine de la coloniale. On l'avait accroupi dans l'herbe, en pliant de force ses jambes sous lui ; mais l'une d'elles, peu à peu, s'était dépliée, et l'on eût dit que le cadavre la lançait en avant, comme s'il eût dansé un pas désordonné. Il avait le torse renversé légèrement, la figure en plein vers la route, les yeux grands ouverts et sans regard. Mais ce que je remarquai le plus, ce fut sa moustache, une moustache blonde, frisée, légère et charmante. La bouche, au-dessous, n'était plus que deux bourrelets de chair violâtre ; et c'était affreusement triste, cette blonde moustache de joli garçon sur cette face noire décomposée.

Allons ! Lève la tête et serre les poings ! Je m'en veux de l'accablement à quoi j'ai cédé une minute. Il faut les regarder, ces morts, et leur demander la force de haïr. Puisque les Boches, avant de fuir, les ont traînés jusqu'au bord de la route, puisqu'ils ont voulu cette mise en scène, nous ferons payer cher le macabre défi qu'ils nous lancent ! Rage impuissante et maladroite, celle qui fait lever la colère en nos cœurs, et le besoin de la vengeance, au lieu de l'épouvante qu'elle souhaitait inspirer.

Et d'ailleurs, à chaque pas maintenant se trahit leur défaite : des casques bossués, percés par nos balles, crevés ou lacérés par nos éclats d'obus ; des baïonnettes rouillées, des cartouchières béantes, pleines encore de chargeurs. A gauche de la route, dans les champs, des caissons éventrés, des avant-trains en miettes, et des chevaux mutilés, en tas. Dans le fossé, un affût de mitrailleuse fracassé; on voit l'entonnoir de l'obus, qui est tombé là, un 75. Elle devait être en bel état, la mitrailleuse qui tirait sur cet affût! Et les mitrailleurs ? Dans un trou! Des bandes de cartouches, en grosse toile blanche, traînent leurs spirales dans les flaques.

Nous ramassons des bottes pleines d'eau de pluie. Ceux qui les portaient, où sont-ils ? Dans un trou aussi, ceux-là ! Et soudain des croix, avec des inscriptions allemandes.

Les voici donc, les Otto, les Friedrich, les Karl et les Hermann !

Chaque croix porte quatre, cinq et jusqu'à six noms. On était pressé ; on les a fourrés dans la terre par paquets.

Une croix plus haute que les autres semble se jeter au-devant de nous ; celle-là ne porte que trois mots, gravés en lourdes capitales :

ZWEI DEUTSCHE KRIEGER

Un défi encore ? Et après ? Qui est-ce qui les a tués, vos « deux guerriers allemands » ?

Sur la chaussée détrempée, des journaux gisent, des cartes postales, des lettres. Je ramasse une photographie au dos de laquelle une femme a écrit des lignes serrées. Je lis : « Mon Pierre, il y a bien longtemps que nous n'avons eu de tes nouvelles, et me voici très inquiète. Mais je pense que bientôt vous aurez d'autres victoires, et que je te verrai revenir glorieux à Toelz. Quelle fête alors pour tous !... » Et plus loin : « Le petit a grandi ; il devient fort. Tu n'imagines pas comme il est mignon. Ne reviens pas dans trop longtemps, car alors il ne ne reconnaîtrait plus. »

Oui, c'est triste. Mais à qui la faute ? Pense à nos morts de tout à l'heure, au capitaine jeté presque en travers de la route. Qu'a-t-il fait, de quoi eût-il été capable, ce Pierre, ce Boche dont la photographie montre le front bas, les yeux froids, la mâchoire lourde, et qui appuie sa main énorme au dossier du fauteuil sur lequel est assise, souriante et nulle, sa femme ? La pitié, à cette heure, serait une lâcheté. Menons dur, et le plus dur possible, puisqu'enfin il faut qu'on en finisse !

Saint-André. Sur un tertre, à la sortie du village, les vestiges d'un poste de secours s'entassent pêle-mêle. Un fouillis de sacs, en peau de vache couverte de poils roussâtres, tous béants, vidés des provisions qui pouvaient s'emporter ; des baïonnettes dans leur fourreau noir, des cartouchières décousues, des casques sans pointe, du linge déchiré, maculé de boue et de sang, des enveloppes de pansements, par centaines, des monceaux d'ouate que mouille la pluie et qui font s'épandre autour d'eux de petites mares teintées de rouge. Les grands arbres plantés sur le tertre semblent se pencher vers ce chaos triste, et les gouttes d'eau qui coulent de leurs branches tombent avec un bruit doux et continu.

Nous passons devant Souilly. Des maisons muettes, mais que les obus n'ont point démolies : mélancolie de l'abandon, presque aussi poignante que le désespoir des ruines.

Grand'halte sous la pluie, et cantonnement à Sivry-la-Perche, dans une grange à portes vertes qui est comme toutes celles de la Meuse : l'aire battue, autour de laquelle on aligne les fusils debout, avec les équipements accrochés aux quillons ; le grenier qui la domine tout autour, gorgé de paille et de foin, et dont la profondeur se dérobe dans les ténèbres.

15-17 septembre.

Encore une étape, le camp retranché de Verdun traversé dans toute sa largeur. C'est à Thierville que nous sommes le plus près de la citadelle. Sous un ciel de pluie traversé d'éclaircies nettes, Verdun s'étale, avec ses casernes couvertes de tuiles neuves, les hangars blancs du champ d'aviation, et les tours de la cathédrale dressées au-dessus des maisons et des arbres.

Des villages grouillants de troupes. On s'interpelle au passage. Des hommes courent aux fontaines publiques dont l'eau s'épand dans une auge de pierre, avalent un quart à longues gorgées, emplissent leur bidon. Sérénité à sentir peser le mien à mon côté, un bidon boche que Pannechon m'a apporté hier et que j'ai suspendu à mon ceinturon.

La Meuse. Puis Bras, Vachérauville. Trois semaines seulement que je suis passé là ! Est-ce possible ? J'ai peine à m'en convaincre : tant de sensations intenses et neuves, et les dangers courus, et toute cette vie insoupçonnée ! Bouleversement autour de moi, en moi. Trois semaines, et me voici devenu un soldat.

Nous cantonnons à Louvemont, un village plus fangeux que tous les villages fangeux où nous avons passé jusqu'alors. Des batteries lourdes, derrière nous, tirent à intervalles réguliers ; les gros obus ronflent sur nos têtes.

Ce matin, nous avons quitté le village. On nous a mis, en ligne de sections par quatre, au flanc d'un ravin caillouteux, parmi des acacias nains.

Je m'étais assis près de Porchon, tellement abruti et las que je tombais, de temps en temps, contre son épaule. Il me semblait que j'avais la cervelle en bouillie et je souffrais cruellement de mon impuissance à penser. Une seule impression me possédait, lancinante : la poursuite avait cessé ; les Boches s'étaient arrêtés, quelque part près d'ici, et il allait falloir se battre, dans cette débâcle du corps et du cœur. Je me sentais infiniment seul, glissant chaque minute un peu plus vers une désespérance dont rien ne viendrait me sauver : pas une lettre des miens depuis le départ, pas un mot d'affection, rien ! Eux, là-bas, que savaient-ils de moi ? Avaient-ils reçu les cartes griffonnées en hâte, entre deux bombardements, pendant une halte au bord d'une route, ou le soir, dans une grange, à la chandelle ? Ils ne savaient pas sur quel coin de terre me chercher. Je m'étais battu, et ils ne savaient pas ce que la bataille avait fait de moi. L'anxiété les tenaillait, eux, au long des jours interminables. Et moi...

Nous devions, ce soir-là, prendre les avant-postes à la lisière du bois des Caures, et j'allais passer deux atroces journées de souffrance et de découragement, deux journées dont je veux que le souvenir me soit une arme contre les épreuves à venir, puisque la force m'est restée alors de tenir quand même, et de ne point me renoncer.

Samedi, 19 septembre.

Quarante heures que nous sommes dans un fossé plein d'eau. Le toit de branches, tressé en hâte sur nos têtes et calfeutré de quelques brins de paille, a été transpercé en un instant par l'ondée furieuse. Depuis, c'est un ruissellement continu autour de nous et sur nous.

Immobiles, serrés les uns contre les autres en des attitudes tourmentées et raidies, nous grelottons sans rien nous dire. Nos vêtements glacent notre chair ; nos képis mouillés collent à nos crânes et serrent nos tempes d'une étreinte continue, douloureuse. Nous tenons à hauteur des chevilles nos jambes repliées contre nous ; mais il arrive souvent que nos doigts engourdis se dénouent et que nos pieds glissent au ruisseau fangeux qu'est le fond du fossé. Nos sacs ont roulé là-dedans et les pans de nos capotes y traînent.

Le moindre geste fait mal ; si je voulais me lever, je ne pourrais pas. Tout à l'heure l'adjudant Roux a essayé : il a crié d'abord, tellement fut vive la souffrance de ses genoux et de ses reins ; et puis il est retombé sur nous, s'est laissé glisser au creux marqué dans la boue par son corps, et a repris la posture en boule dans laquelle l'ankylose l'avait raidi.

Tout ce qui s'est passé depuis deux jours m'apparaît pâle et voilé. C'est comme si j'avais vécu dans une atmosphère engourdie, dolente et fade. Je me rappelle que nous sommes restés longtemps dissimulés dans un fourré. Ma section était auprès des chevaux du bataillon, qu'on avait attachés ensemble et qui cassaient des branches à chaque fois qu'ils bougeaient. Il devait pleuvoir déjà.

Oui, certainement, il pleuvait : j'ai gardé dans les oreilles le bruit des feuilles frémissantes à la chute des gouttes serrées. Et puis nous nous sommes mis en marche. Le soir inerte, insensiblement, prenait les bois et les champs. On voyait devant nous de minces colonnes d'infanteries, collées toutes noires au flanc d'une pente. Au-dessus d'elles, des shrapnells suspendaient leurs flocons. On ne les entendait point siffler ; ils éclataient avec un bruit flasque dont l'étendue n'était point troublée. Une ferme abandonnée, à notre gauche, étalait ses toits rugueux, écrasés contre la terre. Un cavalier allait vers elle, la tête cachée dans le col de son manteau ; et le trot de son cheval glissait, étrangement silencieux.

Nous avons passé une première nuit, en réserve, dans le fossé où nous sommes à présent. Nous étions cinq ou six en tas, penchés vers quelques pauvres morceaux de bois que nous avions essayé d'allumer et qui fumaient sans flamber. J'étais d'une gaieté fiévreuse et bavarde ; j'éprouvais la réalité morne de mon épuisement, et je me débattais pour ne point y enfoncer d'un coup, à corps perdu. Cela a duré longtemps, tellement outré que j'ai senti, parfois, une inquiétude chez ceux qui m'entouraient. Puis un moment est venu où mes plaisanteries malades furent autant d'insultes à la détresse de tous. Alors je me suis tu, et je me suis livré avec une complaisance lâche à la tristesse qui avait attendu son heure.

La pluie tombait sur les feuilles avec le même frémissement monotone. Le bois du foyer avait une plainte sifflante et douce. Je tenais mon regard obstinément attaché à la lueur mourante des braises, dont quelques-unes rougeoyaient encore sous les cendres.

Au matin, des coups de fusil ont claqué sur la ligne des avant-postes. Le capitaine m'y a envoyé avec deux sections de renfort. Nous avons marché, à la file, dans un layon mal frayé, glissant sur l'argile molle, tombant tous les dix pas, nous traînant à quatre pattes pour atteindre le haut d'un raidillon que j'aurais pu, sans la boue, escalader en deux sauts.

En arrivant, il a fallu s'abriter derrière des troncs d'arbres, parce que les balles criblaient la lisière. Il n'y avait point de tranchées ; les hommes s'étaient allongés au fossé, dans l'eau, et avaient mis leurs sacs devant eux.

La pluie ne cessait pas. Elle flottait sur les vastes labours où des noyers, de place en place, se serraient en groupes frissonnants. Deux vedettes allemandes, arrêtées en avant d'un bois face à celui que nous tenions, semblaient deux statues de pierre grise. Puis des sections rampantes sortirent du bois et s'avancèrent en plaine, ternes comme le sol et visibles à peine. Nous leur avons tué du monde et elles sont rentrées sous le couvert, en laissant au ciel libre de petites masses inertes.

Mais les balles ont continué à siffler. Parfois, un cri montait du fossé et un homme accourait vers nous, serrant sa poitrine à deux mains, ou regardant, avec de grands yeux effarés, le sang couler au bout de ses doigts. Enfin, le calme.

Nous sommes retournés à la réserve, emmenant un de mes caporaux qu'une balle avait atteint dans l'aine et traversé de part en part. Ce fut un dur trajet, par le chemin de boue. Le blessé geignait faiblement, les bras passés aux cous de deux camarades, la tête ballante, la face livide. Les porteurs glissaient, tombaient sur les genoux. Alors une plainte tremblante jaillissait, que j'entendais longtemps encore après qu'elle s'était tue.

Et ce fut une nuit pareille à la première, l'attente silencieuse et grelottante, les minutes longues comme des heures, l'appel au jour qui n'arrivait point. Je me suis assoupi peu à peu et mon corps a pesé, à l'abandon, sur un camarade. Il m'a secoué brutalement avec des paroles de colère : nous devenions méchants. Un peu plus tard, j'ai sursauté à une douleur vive ; j'avais roulé jusqu'au foyer presque éteint, et des tisons encore ardents venaient de me brûler la main. La pluie continuait à tomber.

A présent, il fait jour. Nous venons de manger des morceaux de viande froide, mouillée, affadie, aussi quelques pommes de terre vertes trouvées dans un champ et qui ont cuit un peu sous les cendres. On nous a annoncé la relève pour ce soir. Moi je ne l'espère plus. Je ne sais plus. Nous sommes là depuis un très long, très long temps. On nous a mis là ; on nous y a oubliés. Personne ne viendra. Personne ne pourra nous remplacer à la lisière de ce bois, dans ce fossé, sous cette pluie. Nous ne verrons plus de maisons avec les claires flambées dans l'âtre, plus de granges bien closes où le foin s'entasse et ne mouille jamais. Nous ne nous déshabillerons plus pour délasser nos corps et les délivrer de cette étreinte glacée. Et d'ailleurs, à quoi bon ? Mes vêtements englués de boue, les bandes molletières qui broient mes jambes, mes chaussures brûlées et raidies, les courroies de mon équipement, est-ce que tout cela maintenant ne fait pas partie de ma souffrance ? Cela colle à moi. L'eau, qui a pénétré jusqu'à ma peau d'abord, coule maintenant dans mes veines. Maintenant je suis une masse boueuse, et prise par l'eau, et qui a froid jusqu'au plus profond d'elle, froid comme la paille qui nous abritait et dont les brins s'agglutinent et pourrissent, froid comme les bois dont chaque feuille ruisselle et tremble, froid comme la terre des champs qui peu à peu se délaye et fond.

Hier, peut-être, il était temps encore. En partant hier, nous aurions pu nous défendre, nous ressaisir, réparer. Aujourd'hui, le mal a trop gagné. On ne peut pas réparer tout ce mal. Il est trop tard. Ça ne vaut même plus la peine d'espérer...

Dimanche, 20 septembre.

« Dis donc, vieux, quand tu auras fini de tirer à toi toute la couverture ! »

Voilà la troisième fois que Porchon me dit la même chose, depuis que nous nous sommes mit au lit. Je ne réponds pas. Je tâche de faire mon ronflement le plus égal, le plus « nature » possible.

« Hé, la bûche ! Je te demande quand tu auras fini de tirer à toi toute la couverture ? »

Il insiste, le misérable. Ça mérite un éclat. Il l'a :

« Ah ! non, tu m'embêtes à la fin ! Laisse-moi roupiller tranquille ! Reprends-la, ta couverture, roule-toi dedans, garde-la pour toi tout seul ; mais laisse-moi roupiller tranquille ! »

Porchon reste silencieux un instant ; puis, d'une voix déjà ensommeillée :

« Dis donc ?

— Quoi encore ?

— On est mieux que dans le bois d'Hautmont.

— Plutôt !

— On est mieux que dans la grange de Louvemont.

— Naturellement !... Dis, veux-tu, roupillons ! »

Deux minutes après, il ronfle. Moi, je ne peux pas me rendormir. Des images défilent, s'obstinent à me tenir éveillé.

Je revois tout, les deux journées d'affreux marasme, la relève sous la pluie cinglante, l'arrivée à Louvemont, un cloaque. J'étais allé dans le cantonnement de la section voisine, parce qu'il y avait en avant de la grange une pièce carrelée avec une cheminée. Des fagots flambaient en ronflant et craquant. Nous nous étions mis nus jusqu'à la ceinture, et la lueur chaude du brasier coulait sur les poitrines, les dos et les épaules. Assis sur une botte de paille, tendant ses mains ridées à la flamme, un vieux soldat à barbe blanche rêvait. J'allai à lui, je lui parlai :

« Eh bien ! Le Mesge ? On se sent revivre ?

— Oh ! oui, mon lieutenant. Mais ça a été dur, très dur... »

Pauvre vieux ! Il avait fait déjà la campagne de 70, comme engagé volontaire. Il s'était expatrié depuis. Il y avait trente ans qu'il était notaire en Californie, lorsque cette guerre a éclaté. Quand il a su la France attaquée encore, il a tout quitté ; il s'est engagé de nouveau, dans un régiment de combat, et il nous a rejoints dans les bois, à l'heure même où nous allions partir pour ces avant-postes de cauchemar : ce furent ses deux premières journées de front. Pauvre vieux ! Il a soixante-quatre ans.

La nuit d'après, Pannechon m'avait fait un lit de foin moelleux et profond, au moment où je partais pour la popote. Le repas fini, je regagnais la grange en chantant à mi-voix, jouissant à l'avance de la nuit tiède et reposante. J'entrai, en tâtonnant dans l'obscurité. Bon, voici l'échelle... Un, deux, trois pas ; ce doit être là. Et, en effet, je tenais l'étui de mon revolver, mon sac de toile ; j'avançais mes mains pour reconnaître le creux artistement arrondi, capitonné de toutes parts, lorsque j'ai touché quelque chose de ferme et de plein, une large surface unie, rugueuse un peu. En même temps, une voix sortait du foin et prononçait avec placidité :

« Eh ! l'ami, quand tu en auras assez, d'me p'loter l' derrière, faudra d'mander aut' chose ! »

Un de mes poilus, ayant trouvé la place accueillante, se l'était appropriée. Excuses bafouillantes et comiques après qu'il m'eût reconnu. Nous avons élargi le creux, puis dormi à côté l'un de l'autre, huit heures à la file.

Ce matin, le régiment a fait une étape facile, par Douaumont, Fleury, Eix, à travers une région montueuse et boisée, où les forts étalaient leurs levées de terre envahies d'herbes et laissaient entrevoir leurs coupoles écrasées. Nous avons traversé la ligne de Verdun à Conflans, marchant sur la poussière de charbon mouillée. Devant la maison du garde-barrière, en briques noircies par la fumée, des tournesols géants épanouissaient leurs corolles jaunes à cœur sombre, que la pluie avait faites plus éclatantes et royales. Nous croisions des escouades de territoriaux avec des outils sur l'épaule, des artilleurs de forteresse massifs, de lentes carrioles paysannes chargées de fourrage, de troncs d'arbres, de fûts de vin. Au bord des routes, des baraques de planches surgissaient, dont les portes s'ornaient d'écriteaux cloués : *Villa Joyeuse ; Château des Bons Enfants ; Villa Piccolo*. Il y avait même des écriteaux en vers, comme celui-ci :

La guerre n'est pas toujours moche,
On ne pleure jamais chez nous ;
On y boit souvent un bon coup.
Et l'on battra tous ces sales Boches.

Et nous sommes arrivés à Mulainville, où le fourrier a découvert une maison vide, pas encore trop sale, pas encore trop chambardée, parce que le propriétaire est mobilisé près d'ici et y passe de temps en temps. Justement, il est venu pendant que nous étions à table, un grand Meusien au visage coloré, au poil raide, énorme et lourd dans son manteau d'artilleur. Il nous a conduits lui-même, Porchon et moi, dans une chambre au parquet geignant, et, nous montrant un lit d'une hauteur immodérée, nous a dit :

« Vous coucherez ben là si vous voulez, mais j'peux point vous donner d'draps, là. »

Des draps ! Il en avait l'air tout penaud, ce brave homme d'artilleur. Des draps ! Nous n'y avons guère songé, tout à l'heure, lorsque nous avons escaladé notre couche en nous cramponnant aux rideaux. Des draps ! Est-ce qu'il regrette l'absence de draps, l'heureux ronfleur qui sue à mon côté, entre la couette et l'édredon ? C'est vrai qu'il fait chaud, trop chaud. Chaud dans le dos, chaud au ventre, chaud partout. Je suis mouillé de la tête aux pieds. C'est dans un bain que je m'endors.

Lundi, 21 septembre.

Le cycliste de la compagnie, un Parigot des Gobelins, m'éveille en braillant à mes oreilles :

« Est-ce que mon lieutenant veut déjeuner ? »

Il nous apporte deux bols de café noir, avec deux tranches de pain grillé, longues, dorées, croustillantes rien qu'à les voir.

Cette nuit d'étuve m'a considérablement abruti. J'ai le corps flasque, la langue épaisse, la peau du crâne agacée. Porchon ne peut même pas ouvrir les yeux ; son front se plisse ; il tire sur ses paupières avec application, mais elles battent, lourdes, et se referment.

Toute cette journée est molle, et mélancolique de cette mollesse. Je déambule par les rues boueuses, à pas traînants. Qu'est-ce que je vais faire ? Dans deux heures, nous allons manger. C'est une occupation. Mais d'ici là ?

D'ici là, je vais de porte en porte, quémandant un poulet, des confitures, du vin, « n'importe quoi, ce que vous aurez ». Je ne trouve que quelques oignons et une bouteille d'anisette « fantaisie », doucereuse et faiblarde, enlevée de haute lutte, au prix fort.

L'adjudant Roux, que je rencontre, m'offre un pernod. Un quart d'heure après, le commandant Renaud m'appelle, me fait entrer dans la maison où il popote avec le porte-drapeau. Encore un pernod... Je regagne notre chambre où je retrouve un Porchon ensommeillé, affaissé sur une chaise et les yeux dans le vide. Qu'est-ce que nous allons faire ?

« Un écarté, veux-tu ?

Il déplie le bout de journal qui enveloppe les cartes grasses, et nous nous mettons à jouer :

« Le roi !.... Passe... atout... atout... »

— Zut ! Qu'est-ce que tu veux faire avec des jeux pareils ?

— Le roi... atout... atout... »

J'ai une veine insolente. Porchon jette ses cartes et crie :

« Je ne marche plus ! Tu me dégoûtes... Et puis après tout, je m'en fous. Vivement ce soir qu'on se couche ! »

Moi aussi, je m'en fous ; moi aussi, je ne pense qu'à dormir. Une nuit comme la dernière, après nos rudes fatigues, ce n'est pas assez, ou c'est trop. Encore une, et nous aurons retrouvé notre entrain. Et nous l'aurons, cette nuit, et peut-être d'autres après : on nous a fait espérer quelques jours de repos, dans un cantonnement tranquille, sur la rive gauche de la Meuse.

Cinq heures du soir. Un ordre : « Il est probable que la 12ᵉ division d'infanterie fera mouvement cette nuit. Presser la soupe ; se tenir prêts à partir. »

Ça y est ! Il paraît qu'une division de réserve s'est laissée enfoncer à la trouée de Spada. Il faut aller boucher l'accroc : fini du repos attendu, presque promis !... Encore un effort vers la résignation, vers l'adhésion totale à tous les ordres qu'on nous donnera, quels qu'ils doivent être, le coup de reins qui remonte le sac dont le poids devient lourd aux épaules.

Départ huit heures. Longue étape nocturne. Nous traversons des villages : Châtillon-sous-les-Côtes, Watronville, Ronvaux. Tous sont pleins de soldats dont on sent la foule grouiller dans les ténèbres. De minces rais de lumière jaillissent par les fentes des vieilles portes de granges ; des flammes claires montent au pied des maisons, lèchent les marmites que surveillent des hommes accroupis.

« Où qu'on est ? » demandent les nôtres.

Des voix répondent :

« A Paname !

— Dans la Meuse !

— Si on te l'demande, tu diras qu'tu n'en sais rien ! »

Haudiomont encore. La nuit s'avance ; les feux des cuisines s'éteignent. De temps en temps, le vent fait surgir des braises une courte flamme qui sursaute, vacille et meurt.

Et nous entrons dans la forêt d'Amblonville, immense et noire.

La pâleur de la route s'étire entre les arbres qui la serrent de leurs masses énormes, semblent s'avancer au-devant les uns des autres, pour crouler sur nos têtes et nous écraser. Une oppression grandit en moi. Nous avons marché d'abord au sud-ouest, puis au sud-est ; maintenant, nous marchons de nouveau vers le sud-ouest. Il y a trois heures que nous sommes là-dedans. Je titube, je sombre dans une vase de plus en plus épaisse. A quand l'arrivée ?

Enfin le ciel gagne sur les arbres et la nuit s'éclaire peu à peu, en même temps que je respire plus large. Il n'y a pas de lune ; des étoiles innombrables et douces. Une sentinelle, à un carrefour, bat la semelle. On la questionne :

« Y a-t-il des Boches, par ici ? »

Elle répond :

« Paraît qu'oui. Même qu'y a des chances pour qu'on s'tamponne demain.

— Où qu' c'est, ici ?

— Ferme d'Amblonville.

— C'est loin encore, un patelin ?

— Mouilly, deux, trois kilomètres ; v's y tournez l'dos.

— Et allez donc !... Cochon d'métier !... Je m'fous au fossé !... I's veulent not'e peau. »

Les hommes ronchonnent. J'ai envie de ronchonner comme eux.

Arrêt brusque, piétinement sur place. Nous y sommes : Rupt-en-Woëvre. Le régiment forme les faisceaux dans un champ, au seuil du village. Je ne comprends rien à la situation : je m'oriente à peine. Il est deux heures du matin.

Nous sommes transis. Nous nous accotons dos à dos, Porchon et moi, tapant nos pieds l'un contre l'autre, en attendant le jour. Le froid monte le long des jambes et nous raidit. Impossible d'y tenir. Je fais les cent pas sur un chemin en pente que bordent des granges. De temps en temps, un homme entr'ouvre une porte et se faufile. Ma foi, tant pis ! Je me glisse, moi aussi, dans une grange : ils y sont déjà une trentaine. Je passe là une heure, deux peut-être, assis moitié sur un sac, moitié sur un troufion qui se secoue et grogne.

L'aube, blanche et froide. Nous allumons du feu et cherchons à nous réchauffer. Les inévitables patates charbonnent sous la braise.

VI

DANS LES BOIS

Mardi, 22 septembre.

Je commence quelques lettres, les doigts gourds, le nez mouillé :

« Je ne sais pas comment je vis ; mais à vrai dire, ma résistance m'étonne moi-même. Elle est étrange et merveilleuse, la facilité à s'adapter que je constate chaque jour chez les plus simples d'entre nous. Notre rude vie nous a façonnés, et pris pour tout le temps qu'elle durera. Il semble, à présent, que nous soyons nés pour faire la guerre, coucher dehors par n'importe quel temps, manger chaque fois qu'on trouve à manger, et tout ce qui se peut manger. Vous avez une nappe sur votre table ? Des cuillères, des fourchettes, toutes sortes de fourchettes, de verres, de tasses, et quoi encore ? Nous avons, nous, notre couteau de poche, notre quart, nos doigts. Et ça suffit... »

Interruption : une femme arrive, maigre et sale, qui pousse devant elle une fillette à cheveux jaunes dont les paupières rouge vif sont collées de chassie. Le Labousse, consulté, prescrit un collyre.

« Et qu'est-ce que j'vous dois, comme ça, monsieur le médecin ? demande la femme.

— Mais rien du tout, madame. »

Alors elle tire de dessous sa pèlerine une bouteille poussiéreuse et dit :

« Faut tout d'même ben que j'vous « récompinse ». N'y en a pus beaucoup, mais l'boirez ben. Il est bon ; oh ! mais oui là ! »

C'est du vin de Toul, piquant, grêle et d'alcool sec. Avec des fromages de tête de cochon, moulés en dôme dans un bol qu'on retourne sur un assiette, nous avons un déjeuner rare.

L'après-midi, départ pour les avant-postes. Nous dépassons une bande d'éclopés, sans armes, capotes ouvertes, presque tous soutenant leur marche d'un bâton. Parmi eux, je reconnais un camarade d'avant la guerre. Mouvement de plaisir, joie à parler de souvenirs communs. Voyant qu'il fait partie d'un des régiments qui ont molli à la poussée des Boches, je lui demande :

« Mais qu'est-ce que vous avez foutu ? »

Il a un grand geste las :

« Des masses d'infanterie ; une trombe d'obus ; pas de canons chez nous pour nous soutenir... Mon vieux, ne parlons pas de ça. »

Après la dernière nuit, qui fut glaciale, une journée de soleil brûlant. Pour remplacer les solides godillots que j'ai brûlés au bois des Caures, j'ai dû chausser de minces souliers dont le cuir rétrécit à mesure que mes pieds enflent : j'évite les cailloux.

A droite de la route, des prairies font une grande nappe fraîche, jusqu'à des hauteurs envahies d'arbres drus. Ils couvrent les sommets de leurs frondaisons exubérantes et semblent crouler jusqu'aux bas des pentes.

« Par un ! dans le fossé. »

C'est signe que nous entrons dans la zone battue par les canons allemands. On grimpe. On traverse un village, Mouilly, accroché au flanc d'une pente. Trous d'obus énormes dans les prés, autour desquels la terre soulevée s'est figée en lourdes vagues, et que ceignent d'une ceinture lâche des mottes brunes pareilles à des éclaboussures.

Des bois. Quelques shrapnells éclatent devant nous. Dans le fossé, une grande auto grise à lettres dorées, une roue arrachée, des marques de projectiles dans la tôle peinte : c'est une voiture d'un grand bazar de Leipzig.

Nous relevons un régiment de la division, aux abords de la route Mouilly-Saint-Rémy, à la lisière du bois. Il y a eu combat. Nos 75 font pleuvoir une dégelée de fusants, en barrage, à cinq cents mètres en avant de nous. Nous regardons cela, Porchon, moi, et les deux officiers que nous allons remplacer : deux crânes soldats, qui parlent avec simplicité de la bataille qu'ils viennent de vivre. L'un, grand, osseux, la peau tannée, des yeux noirs presque fiévreux sur un nez bossu, passe les consignes en mots brefs et précis. L'autre, petit, un peu bedonnant, des yeux rieurs, des joues roses, une barbe brune frisée, raconte des horreurs avec bonhomie, et nous prévient, « en bon camarade », que nous pourrions bien laisser là notre peau.

La pétarade des 75 nous casse la tête. Parfois un fusant boche siffle raide et cingle les arbres d'une volée de mitraille. Nous prenons place dans ce tumulte : je tiens avec ma section cent cinquante mètres à peu près du fossé de lisière, déjà plein de cadavres. Je dis à mes hommes :

« Débouclez les outils en vitesse, et creusez le plus que vous pourrez. »

La nuit tombe. Le froid devient vif. C'est l'heure où, la bataille finie, les blessés qu'on n'a pas encore relevés crient leur souffrance et leur détresse. Et ces appels, ces plaintes, ces gémissements sont un supplice pour tous ceux qui les entendent ; supplice cruel surtout aux combattants qu'une consigne rive à leur poste, qui voudraient courir vers les camarades pantelants, les panser, les réconforter, et qui ne le peuvent, et qui restent là sans bouger, le cœur serré, les nerfs malades, tressaillant aux appels éperdus que la nuit jette vers eux, sans trêve :

« A boire !

— Est-ce qu'on va me laisser mourir là ?

— Brancardiers !

— A boire !

— Ah !

— Brancardiers !... »

J'entends de mes soldats qui disent :

« Oui, qu'est-ce qu'ils foutent, les brancardiers ?

— Ils ne savent que se planquer, ces cochons-là !

— C'est comme les flics ; on n'les voit jamais quand on a besoin d'eux. »

Et devant nous la plaine entière engourdie d'ombre semble gémir de toutes ces plaies, qui saignent et ne sont point pansées.

Des voix douces, lasses d'avoir tant crié :

« Qu'est-ce que j'ai fait, moi, pour qu'on me fasse tuer à la guerre ?

— Maman ! Oh ! maman !

— Jeanne, petite Jeanne... Oh ! dis que tu m'entends, ma Jeanne ?

— J'ai soif... j'ai soif... j'ai soif.... j'ai soif !... »

Des voix révoltées, qui soufflettent et brûlent :

« Je ne veux pourtant pas crever là, bon Dieu !

— Les brancardiers, les brancardiers !... Brancardiers ! Ah ! salauds !

— Il n'y a donc pas de pitié pour ceux qui clamecent ! »

Un Allemand (il ne doit pas être à plus de vingt mètres) clame le même appel, interminablement :

« *Kamerad Franzose ! Kamerad ! Kamerad Franzose !* »

Et plus bas, suppliant :

« *Hilfe ! Hilfe !* »

Sa voix fléchit, se brise dans un chevrotement d'enfant qui pleure ; puis ses dents crissent atrocement ; puis il pousse à la nuit une plainte bestiale et longue, pareille à l'aboi désespéré d'un chien qui hurle vers la lune.

Affreuse, cette nuit. A chaque instant nous sautons sur pieds, Porchon et moi. Des coups de feu tout le temps. Et ce sacré froid !

Mercredi, 23 septembre.

On vient nous relever. Nous partons, marchant à travers bois dans une zone où les taillis ont été rasés et où l'on se voit de loin. De la rosée sur la mousse, du soleil à travers les branches.

Pendant une halte, sacs à terre, fusils dessus, des exclamations joyeuses dans ma section :

« Tiens ! Vauthier !

— Mince alors ! Raynaud !

— Sans blague... Beaurain !

— Pas possible ! Vous v'là déjà ? Et nous qu'on vous croyait salement amochés !... Quoi qu'vous avez fait ?... D'où qu'vous v'nez ? »

Les trois hommes se présentent à moi, me rendent compte qu'ils rejoignent à la date du jour. Je suis content, parce que tous les trois sont parmi mes meilleurs soldats, intelligents, dévoués et braves. Mais je m'aperçois soudain qu'ils ont les yeux gonflés, le visage blême et creux, et que Beaurain et Raynaud portent encore à la main un pansement sordide. Qu'est-ce cela signifie ?

« Voyons, Vauthier, dis-moi tout ce qui s'est passé. »

Alors, à phrases précipitées, haletantes, avec des gestes de colère et des sanglots secs qui jaillissent de sa poitrine sans qu'il puisse les réprimer, mon soldat me raconte leur sinistre aventure :

« Croyez-vous qu' c'est malheureux, dites, mon lieutenant ? Treize jours qu'on est blessés, et pas guéris, et renvoyés au feu comme ça, moi avec mon bras qui rend d' l'humeur encore, et Beaurain avec son doigt qui pourrit !... C'est à Rembercourt, la nuit, — vous vous rappelez ? — qu'on a été touchés. On s'est r'trouvés au poste de secours. On nous évacue ; bon. On arrive à Bar-le-Duc ; bon... Et c'est là, mon lieutenant, c'est là... Des majors, voilà qu'ils disent qu'on n'a pas de billet signé de not'e chef de section, comme quoi c'est des balles boches qui nous ont fait ça... Et qu'ils disent encore qu'on l'a fait exprès, qu'on est des mutilés volontaires, et des mauvais soldats, et des lâches. Hein, mon lieutenant ? Dites, mon lieutenant ?... Et ils nous ont fait passer au conseil, avec d'autres en tas, qu'il y avait là-d'dans des pas grand'chose, nous avec... C'est des gendarmes qui nous ont conduits. Et ils nous avaient mis les menottes, à nos mains qui saignaient ; je l' jure, qu'on nous a mis les menottes !... Moi, j' voulais causer d'abord, nous défendre. J'ai parlé d' vous, du capitaine ; j'ai dit qu'on d'mande, qu'on n'avait qu'à d'mander et qu'on saurait. Pourquoi qu'on n'a rien d'mandé ?... Et puis j'ai bien vu qu'il vaudrait mieux s' taire, parce que la colère venait et qu' j'aurais dit des mots qu'il fallait pas. Est-ce qu'ils y étaient, eux, cette nuit-là, à la pluie, au vent, qu'on n'y voyait pas seulement à la longueur du bras ? Qui c'est qui nous avait dit qu' fallait un billet signé ? Dites, mon lieutenant, qui c'est ?... Et ils nous ont répondu qu' nous aurions dû l' savoir ; et ils nous ont collé un an d' prison, à tous, les bons et les mauvais... Un an d' prison ! Est-ce pas, Beaurain, est-ce pas, Raynaud, qu' nous avons un an d' prison ? »

L'indignation m'empoigne et me secoue. Je leur parle doucement, à tous les trois, ne voulant pas leur dire jusqu'à quel point leur révolte est mienne désormais, mais souhaitant ardemment qu'ils sentent, mes pauvres braves ulcérés, combien leur confiance m'est précieuse et combien je suis près d'eux.

Nous regagnons Milly, revoyons l'auto grise au bord de la route. Un peu plus loin, les rangs s'écartent d'eux-mêmes pour ne point bousculer un cheval blessé. C'est une bête splendide, au poil noir brillant, aux formes musclées et fines. Des balles de fusant l'ont atteinte au poitrail et dans le haut d'une jambe de devant, qu'elles ont brisée ; du sang coule jusqu'au sabot et tache la poussière de la route ; des ondes de souffrance frémissent le long des flancs ; un tremblement continu agite la jambe fracassée. Et nous nous sentons remués comme par une agonie humaine devant ce bel animal debout et pantelant, qui est en train de mourir, et qui attache sur nous qui passons le regard émouvant et doux de ses grands yeux sombres.

Plus nous approchons du village, plus les blessés deviennent nombreux. Ils vont par groupes, cherchant l'herbe moins rugueuse à leurs pieds, l'ombre moins cuisante à leurs plaies. Quelques Boches mêlés aux nôtres : un géant blond, rose avec des yeux bleus, soutient un petit fantassin français, noir de peau et riche de poil, qui boitille et rit de toutes ses dents. Il crie à l'Allemand, avec un regard drôle vers nous :

« Est-ce pas, cochon, qu' t'es un bon cochon ? »

« Che gomprends. Gochon, pon gochon, che comprends. »

Et il sourit de toute sa face grasse et vermeille, heureux d'une familiarité dont la seule bienveillance lui importe à présent qu'il se sait sauvé.

Mouilly. On voit d'autres routes qui descendent des bois et par lesquelles, lentement, cahin-caha, des blessés et des blessés encore s'en reviennent au village. Les postes de secours, dans les granges, accumulent les linges et les tampons d'ouate sanglante qui débordent sur la chaussée ; les portes ouvertes nous jettent des hurlements brusques, et l'odeur de l'iodoforme nous prend aux narines.

Autour de l'église, dont les vitraux ont sauté aux explosions des obus, le petit cimetière étage ses tombes moussues, ses croix forgées que ronge la rouille. Des fosses fraîches ouvrent des entailles dont les parois gardent encore la trace vive des coups de pic. Et vers ces fosses des brancardiers s'acheminent, deux par deux, balançant, au rythme égal de leur marche, des civières, des claies, des échelles, sur quoi s'allongent, rigides sous la toile qui les cache, des cadavres.

Nous nous arrêtons près de la ferme d'Amblonville, dont les lourds bâtiments s'étalent au fond d'un cirque humide, verdoyant, sur lequel ils règnent. La route de Mouilly finit là : nous la voyons maintenant devant nous. Elle franchit un ruisseau sur un petit pont de pierre, à côté d'une mare dans laquelle se reflètent des arbres fins ; puis elle rampe, toute mince, à la lisière des bois, passe auprès d'un moulin à demi enfoui sous les feuilles, et s'accroche à la hauteur abrupte qui nous cache le village.

Un peu en arrière de la crête, des batteries de 75 en position tirent à coups très espacés, avarement. Plus bas, la masse des attelages, conducteurs, chevaux, avant-trains, bouge d'une continuelle agitation sur place, pareille aux remous qui montent du fond des fleuves.

Nous pouvons faire du feu. Les pommes de terre, sous les cendres chaudes, recommencent à dorer et noircir. Et nous mangeons, par habitude, en dépit des malaises variés, dyspepsie, entérite ou dysenterie, dont nous souffrons tous, peu ou prou, depuis un mois.

Deux aéros boches, l'après-midi, viennent rôder sur nous. Nos obus filent vers eux, comme de prodigieuses fusées d'artifice dont on ne verrait pas le sillage ; les flocons des éclatements, que pique un bref point d'or, les poursuivent, les cernent d'une théorie flottante et neigeuse. Mais ils continuent leur vol circulaire d'oiseaux de proie qui fouillent l'espace, et voient. Des éclats ronflent, tombent autour de nous, s'enfoncent dans le sol. Il y en a un qui tape sèchement, tout près. Le cycliste a un sursaut vif, puis regarde son pied et dit :

« Pas de bobo ! C'est ma semelle qu'est coupée. »

Il s'allonge dans l'herbe où il somnolait, agite sa main au-dessus de sa tête, vers les obus qui sifflent toujours, et crie :

« Eh ! là-haut, pas d'imprudences ! »

Après quoi, il étale son mouchoir sur ses yeux pour les abriter du soleil, ronchonne dessous, d'une voix lointaine et grave :

« Pour une paire de bath pompes que j'avais, la v'là foutue ! c'est à vous dégoûter d'marcher » ; — et prolonge un ronflement régulier, serein, magnifique.

Une heure plus tard, des marmites à fumée noire tombent sur la crête, du côté des batteries. On voit d'ici des chevaux minuscules qui se cabrent, des hommes qui courent, gros comme des insectes, et enfin toute la masse s'ébranle, s'étire en un seul ruban plat qui glisse très vite vers la gauche et disparaît sous les arbres. Les pièces sont restées en position.

Ce soir, la fin du jour est infiniment limpide et belle sur le vallon. Le ciel pâlit au zénith, et mes yeux cherchent sans se lasser la caresse ineffable du couchant, errant de l'émeraude froide et transparente aux ors qui s'échauffent jusqu'à l'ardeur flambante de l'horizon, sans rien perdre de leur fluidité.

Jeudi, 24 septembre.

La moitié de la compagnie a cantonné à la ferme. Le sort m'a favorisé, et j'ai dormi, en égoïste, quatre heures dans le foin. Nous étions, il est vrai, dans une grange immense où passaient des courants d'air glacés, et que le bruit d'un va-et-vient continuel, les clameurs de disputes à propos d'une place meilleure, d'un bidon disparu, d'un fusil substitué à un autre, ont faite inaccueillante et mal propice au sommeil. A l'aube nous sommes retournés sur le pré. L'attente a recommencé ; nous ne savons toujours rien.

Dix heures. Un ordre arrive : « Préparer la soupe, tout de suite, si l'on veut espérer la manger, et se tenir prêts à partir au premier signal. »

Les cuistots sont de mauvaise humeur, parce qu'ils ont touché aux distributions des haricots secs, qui résistent à la cuisson avec une opiniâtreté décourageante :

« Pas la peine de s'esquinter ! En v'là encore qu'on bouffera avec les ch'vaux de bois !

— A moins qu'les copains veulent becqueter des shrapnells ! »

Je dis à ceux de ma section :

« Faites toujours griller la viande. On la mangera en route si l'on est obligé de décamper. »

« Sac au dos ! » C'était prévu. Direction Mouilly, évidemment.

Chose extraordinaire, on n'entend aucun bruit de bataille, pas un coup de fusil, pas un éclatement de marmite. Pourtant, voici un sous-officier de chasseurs à cheval, agent de liaison au régiment, qui vient vers nous au petit trot, la tête enveloppée de bandes rougies. Il est un peu pâle, mais droit sur sa selle et souriant. On lui crie :

« Touché ? »

Il jette en passant :

« Un rien ! C't'un éclat qui m'a raboté l'crâne. »

Des questions le poursuivent :

« Dis, eh ! dis, l'homme au bourrin, c'est malsain par là ? »

Il répond, à demi retourné :

« Un peu, fiston ! Espère seulement cinq minutes, tu l'demanderas pour voir à tous les amochés qu'tu rencontreras à Mouilly. »

Dans le village, des officiers à brassard courent en gesticulant. Deux autos nous croisent, à toute allure, qui soulèvent la poussière en lourdes volutes.

Et des blessés se traînent, déséquipés, presque tous sans fusil, dépoitraillés, guenilleux, les cheveux collés de sueur, hâves et sanglants. Ils ont improvisé des écharpes avec des mouchoirs à carreaux, des serviettes, des manches de chemises ; ils marchent courbés, la tête dolente, tirés de côté par un bras qui pèse, par une épaule fracassée ; ils boitent, ils sautillent, ils tanguent entre deux bâtons, traînant derrière eux un pied inerte emmailloté de linges. Et nous voyons des visages dont les yeux seulement apparaissent, fiévreux et inquiets, tout le reste deviné mutilé sous les bandes de toile qui dissimulent ; des visages borgnes, barrés de pansements obliques qui laissent couler le sang le long de la joue et dans les poils de la barbe. Et voici deux grands blessés qu'on porte sur des brancards, la face cireuse, diminuée, les narines pincées, les paupières closes et meurtries, les mains exsangues crispées aux montants de la civière. Derrière eux, des gouttes larges marquent la poussière d'une trace régulière et sombre. Aux porteurs, les autres blessés demandent :

« L'ambulance ? Où qu'y a l'ambulance ?

— Où c'est-i' qu'on vous évacue ?

— Dis, grand, tu l'sais, toi, si y a des bagnoles ?

— Donne ton bidon, dis, donne-le !... »

Mes hommes, qui voient et entendent cela, s'énervent peu à peu. Ils disent :

« C'est nous qu'on y va, à présent. Ah ! malheur ! »

Des loustics plastronnent :

— Eh ! Binet, tu les as numérotés, tes abatis ?

— Ah ! ma mère, si tu voyais ton fils ?

Mais leur gaieté voulue ne trouve point d'écho. Le silence retombe ; un malaise grandit. Et soudain quelques fusants miaulent, hargneux, sur les bois.

« Par un ! dans le fossé. »

Nous frôlons les branches, nous nous empêtrons dans les ronces. L'herbe étouffe le bruit de notre marche, qui tout à l'heure sonnait clair sur la route.

« Couchez-vous ! »

Il est bien temps ! Ça vient de claquer juste sur nous. Des cailloux ont jailli ; j'ai perçu derrière moi deux cris presque simultanés ; mes oreilles tintent, une odeur âcre flotte.

« Mon lieutenant ! Ça y est, le baptême ! Regardez-moi ces deux jolis trous-là ! »

Je me retourne, et vois la bonne figure un peu anxieuse encore, joyeuse pourtant, d'un caporal qui a rejoint au dernier renfort. Il a débouclé son sac, tout en marchant, et me montre deux trous ronds qui ont percé le cadre, au sommet.

Et pendant ce temps Gaubert, un de mes hommes, félicite à la fois et gourmande son quart, bossué, troué, lamentable, mais qui, au fond de la musette, vient de protéger sa cuisse :

« Bravo, mon quart ! Bravo, c't'ami ! T'as pas voulu qu'Gaubert soye évacué ; t'as pris à sa place, t'es gentil... Mais dans quoi qu'tu veux qu'i' boive, à présent, Gaubert ? Dans quoi qu'tu veux qu'i' boive, hein ? J'te l'demande ! »

Et c'est Gaubert qui conclut pour son quart, en le remettant, pieusement, dans sa musette :

« I' boira à même son bidon, tiens, panouille ! »

Ecoutez ! Il me semble, à présent, que j'entends le bruit d'une fusillade. Cela donne l'impression d'être infiniment lointain ; mais ce doit être assez près de nous ; très près, peut-être ; c'est la crête, à droite, qui arrête le son. Porchon marche à côté de moi, précédant la section de tête. Je lui demande :

« Tu entends ?

— Quoi donc ?

— La fusillade.

— Non ! »

Comment est-ce possible qu'il n'entende pas ? A présent, je suis sûr de ne pas me tromper. Cette espèce de pétillement très faible et qui pourtant pique mes oreilles sans interruption, c'est la bataille acharnée vers laquelle nous marchons, et qui halète là, de l'autre côté de cette crête que nous allons franchir. Allons-y, dépêchons-nous. Il faut que nous nous y lancions, tout de suite, au plein tumulte, parmi les balles qui filent raide et qui frappent. C'est nécessaire. Car les blessés qui s'en venaient vers nous, d'autres, d'autres, d'autres encore, c'est comme si, rien qu'en se montrant, avec leurs plaies, avec leur sang, avec leur allure d'épuisement, avec leurs masques de souffrance, c'est comme s'ils avaient dit et répété à mes hommes :

« Voyez, c'est la bataille qui passe. Voyez ce qu'elle a fait de nous, voyez comme on en revient. Et il y en a des centaines et des centaines qui n'ont pas pu nous suivre, qui sont tombés, qui ont essayé de se relever, qui n'ont pas pu, et qui agonisent dans les bois, partout. Et il y en a des centaines et des centaines qui ont été frappés à mort, tout de suite, au front, au cœur, au ventre, qui ont roulé sur la mousse, et dont les cadavres encore chauds gisent dans les bois, partout. Vous les verrez, si vous y allez. Mais si vous y allez, les balles vous tueront, comme elles ont fait eux, ou elles vous blesseront, comme elles ont fait nous. N'y allez pas ! »

Et la bête vivante renâcle, frissonne, et recule.

« Porchon, regarde-les. »

J'ai dit cela tout bas. Tout bas aussi, il me répond :

« Mauvais ; nous aurons du mal tout à l'heure. »

C'est qu'en se retournant il a, du premier regard, aperçu toutes ces faces anxieuses, fripées d'angoisse, nouées de grimaces nerveuses, tous ces yeux agrandis et fiévreux d'une agonie morale.

Derrière nous, pourtant, ils marchent ; chaque pas qu'ils font les rapproche de ce coin de terre où l'on meurt aujourd'hui, et ils marchent. Ils vont entrer là-dedans, chacun avec son corps vivant ; et ce corps soulevé de terreur agira, fera les gestes de la bataille ; les yeux viseront, le doigt appuiera sur la détente du lebel ; et cela durera, aussi longtemps qu'il sera nécessaire, malgré les balles obstinées qui sifflent, miaulent, claquent sans arrêt, malgré l'affreux bruit mat qu'elles font lorsqu'elles frappent et s'enfoncent, — un bruit qui fait tourner la tête et qui semble dire : « Tiens, regarde ! » Et ils regarderont ; ils verront le camarade s'affaisser ; ils se diront : « Tout à l'heure, peut-être, ce sera moi ; dans une heure, dans une minute, pendant cette seconde qui passe, ce sera moi. » Et ils auront peur dans toute leur chair. Ils auront peur, c'est certain, c'est fatal ; mais, ayant peur, ils resteront.

Ligne de sections par quatre, sous bois, gravissant la pente. Je réagis mal contre l'inquiétude que m'inspire la nervosité des soldats. J'ai confiance en eux, en moi ; mais je redoute, malgré que j'en aie, quelque chose d'impossible à prévoir, l'affolement, la panique, est-ce que je sais ? Comme nous montons lentement ! Mes artères battent, ma tête s'échauffe.

Ah !...

Violente, claquante, frénétique, la fusillade a jailli vers nous comme nous arrivions au sommet. Les hommes, d'un seul mouvement impulsif, se sont jetés à terre.

« Debout, nom d'un chien ! Regnard, Lauche, tous les gradés, vous n'avez pas honte ? Faites-les lever ! »

Nous ne sommes pas encore au feu meurtrier. Quelques balles seulement viennent nous chercher, et coupent des branches au-dessus de nous. Je dis, très haut :

« C'est bien compris ? Je veux que les gradés tiennent la main à ce que personne ne perde la ligne. Nous allons peut-être entrer au taillis, où l'on s'égare facilement. Il faut avoir l'œil partout. »

Là-bas, dans le layon que nous suivons, deux hommes ont surgi. Ils viennent vers nous, très vite, à une allure de fuite. Et petit à petit, je discerne leur face ensanglantée, que nul pansement ne cache et qu'ils vont montrer aux miens. Ils approchent ; les voici ; et le premier crie vers nous :

« Rangez-vous ! Y en a d'autres qui viennent derrière ! »

Il n'a plus de nez. A la place, un trou qui saigne, qui saigne...

Avec lui, un autre dont la mâchoire inférieure vient de sauter. Est-il possible qu'une seule balle ait fait cela ? La moitié inférieure du visage n'est plus qu'un morceau de chair rouge, molle, pendante, d'où le sang mêlé à la salive coule en filet visqueux. Et ce visage a deux yeux bleus d'enfant, qui arrêtent sur moi un lourd, un intolérable regard de détresse et de stupeur muette. Cela me bouleverse, pitié aux larmes, tristesse, puis colère démesurée contre ceux qui nous font la guerre, ceux par qui tout ce sang coule, ceux qui massacrent et mutilent.

« Rangez-vous ! Rangez-vous ! »

Livide, titubant, celui-ci tient à deux mains ses intestins, qui glissent de son ventre crevé et ballonnent la chemise rouge. Cet autre serre désespérément son bras, d'où le sang gicle à flots réguliers. Cet autre, qui courait, s'arrête, s'agenouille dos à l'ennemi, face à nous, et le pantalon grand ouvert, sans hâte, retire de ses testicules la balle qui l'a frappé, puis, de ses doigts gluants, la met dans son porte-monnaie.

Et il en arrive toujours, avec les mêmes yeux agrandis, la même démarche zigzagante et rapide, tous haletants, demi-fous, hallucinés par la crête qu'ils veulent dépasser vite, plus vite, pour sortir enfin de ce ravin où la mort siffle à travers les feuilles, pour s'affaler au calme, là-bas où l'on est pansé, où l'on est soigné, et, peut-être, sauvé.

« Tu occuperas avec ta section le fossé qui longe la tranchée de Calonne, me dit Porchon. Surveille notre gauche, la route, et le layon au-delà. C'est toi qui couvres le bataillon de ce côté. »

Je place mes hommes au milieu d'un vacarme effroyable. Il me faut crier à tue-tête pour que les sergents et les caporaux entendent les instructions que je leur donne. Derrière nous, une mitrailleuse française crache furieusement et balaye la route d'une trombe de balles. Nous sommes presque dans l'axe du tir, et les détonations se précipitent, si violentes et si drues qu'on n'entend plus qu'un fracas rageur, ahurissant, quelque chose comme un craquement formidable qui ne finirait point. Parfois, la pièce fauche, oblique un peu vers nous, et l'essaim mortel fouaille l'air, le déchiquette, nous en jette au visage des lambeaux tièdes.

En même temps, des balles allemandes filent à travers les feuilles, plus sournoises du mystère des taillis ; elles frappent sec dans les troncs des arbres, elles fracassent les grosses branches, hachent les petites, qui tombent sur nous, légères et lentes ; elles volent au-dessus de la route, au-devant des balles de la mitrailleuse, qu'elles semblent chercher, défier de leur voix mauvaise. On croirait un duel étrange, innombrable et sans merci, le duel de toutes ces petites choses dures et sifflantes qui passent, passent, claquent, tapent et ricochent avec des miaulements coléreux, là, devant nous, sur la route dont les cailloux éclatent, pulvérisés.

« Couchez-vous au fond du fossé ! Ne vous levez pas, bon Dieu ! »

En voilà deux qui viennent d'être touchés : le plus proche de moi, à genoux, vomit le sang et halète ; l'autre s'adosse à un arbre et délace une guêtre, à mains tremblantes, pour voir « où qu'c'est » et « comme c'est ».

Bruit de galopade dans le layon. C'est par ici ? Non, là-bas ! Ah ! les cochons ! Ils se sauvent !

« Bien Morand ! Bravo, petit ! Arrête-les ! Tiens bon ! »

Un de mes caporaux a bondi vers eux. Il en saisit un de chaque main, et il secoue, et il serre... Mais soudain, poussant un juron, il roule à terre, les doigts vides : d'autres fuyards viennent de se ruer, en tas ; ils l'ont bousculé sauvagement, renversé, piétiné ; puis, d'un saut, ils ont plongé dans le fourré.

Morand accourt vers moi, tout pâle, pleurant de rage :

« C'est-i' des hommes, ça, mon lieutenant ? Me casser la gueule pour fout'e le camp ! Ah ! cré Dieu ! »

Je lui demande :

« As-tu vu de quel régiment c'était ?

— Oui, mon lieutenant, du ...^{e}. Tenez ! Tenez ! En voilà d'autres ! Mais ceux-là, vous m'entendez, faudra qu'i's m'crèvent avant d'passer ! »

Et il court, il se campe devant eux, en plein layon, le fusil haut, si menaçant qu'il les arrête, les oblige à le suivre jusque sur notre ligne. Je leur dis :

« Savez-vous ce qu'on fait, aux lâches qui se débinent sous le feu ? »

L'un d'eux proteste :

« Mais, mon lieutenant, on s'débine pas ; on s'replie : c'est un ordre... Même que l'lieutenant est avec nous.

— Le lieutenant ? Où est-il, le lieutenant, menteur ?... »

C'est vrai, pourtant : débouchant du taillis à la tête d'un groupe de fuyards, je vois trotter l'officier vers l'arrière. Je crie vers eux. Ils sont trop loin... Et dans le même instant, il me faut courir au fossé, où ça va mal : mes hommes s'agitent, soulevés par la panique dont le souffle irrésistible menace de les rouler soudain. Une fureur me saisit. Je tire une balle de revolver en l'air, et je braille :

J'en ai d'autres pour ceux qui se sauvent ! Restez au fossé tant que je n'aurai pas dit de partir ! Restez au fossé ! Surveillez la route ! »

Malheur ! ce qu'ils voient par là, de l'autre côté de la route, ce sont des fuyards, des fuyards, toujours. Ils déboulent comme des lapins et filent d'un galop plié, avec des visages d'épouvante.

Un sous-officier, là-bas...

« Sergent ! Sergent ! »

L'homme se retourne ; ses yeux accrochent le petit trou noir que braque vers lui le canon de mon revolver. Les reins cassés, la face grimaçante, les yeux toujours rivés à ce petit trou noir, il prend son élan, franchit la route en deux bonds énormes, arrive à moi.

« Alors ? » lui dis-je.

D'une voix saccadée, le sergent m'explique que tout son bataillon se replie, par ordre, parce que les munitions manquent.

Vraiment ?... Eh bien ! nous en avons, nous, des munitions ! Et nous leur en donnerons. Et le sergent restera avec nous, et puis ces hommes, et puis ceux-là, et puis ceux-là, tas de... J'arrête tout ce qui passe. Je gueule, toujours furieux, jusqu'à l'aphonie complète. Quand la voix manque, je botte des fesses anonymes, direction le fossé.

Et ça finit par tenir à peu près, avec des frémissements, des à-coups, des ondes nerveuses qui passent vite. J'ai un sergent et deux caporaux qui font preuve d'une poigne solide : debout hors du fossé, ils me regardent, et, l'un après l'autre, me font signe que ça va. Alors, à plat ventre, je me glisse jusqu'à la route. La mitrailleuse ne tire plus de façon continue. De temps en temps elle lâche une bande de cartouches, puis se tait. Quelques balles allemandes ronflent, très bas, et vont faire sauter des cailloux un peu en arrière. La chaussée est déserte à perte de vue.

Et je profite de l'accalmie. Je passe derrière mes hommes. Je leur parle, à voix posée, toute ma colère enfin tombée. Maintenant ils se sont ressaisis ; je n'ai point de mal à reprendre possession d'eux tous.

« Mon lieutenant ! Mon lieutenant ! Ça recommence !

C'est Morand qui crie en accourant vers moi :

« Regardez-les, là-bas, dans le layon ! »

Il me montre la droite. Et en effet, tout de suite, je distingue deux Français qui sautent par-dessus le chemin, surgis des feuilles pour aussitôt disparaître dans les feuilles. Au même moment, une fusillade très proche et très violente se déchaîne. Un hurlement jaillit du fossé. Vauthier, auprès de moi, regarde et dit :

« C'est l'sergent Lauche. Il en a mauvaisement. I' griffe l'herbe. »

Un autre hurlement. Et Vauthier dit :

« C'est l'grand Brunet... Fini, lui. I'bouge pus. »

Une balle claque contre mon oreille et m'assourdit, des branches fracassées tombent sur nous, des miettes de terre nous éclaboussent. Cette fois, c'est sérieux.

Galops fous ; encore des paquets de fuyards qui nous arrivent dessus en trombe. Ces hommes puent la frousse contagieuse ; et tous halètent des bouts de phrases, des lambeaux de mots à peine articulés. Mais qu'est-ce qu'ils crient ? Ils ont le gosier noué, ça ne passe pas.

« Les Boches... Boches... tournent... perdus... »

Quoi, les Boches ? s'expliqueront-ils à la fin ?

« Eh ! bien voilà, mon lieutenant... »

Un caporal s'arrête, calmement. Celui-là n'a pas peur ; il me dit :

« Ceux qui se sont sauvés tout à l'heure, mon lieutenant, c'était moche. Cette fois, fallait. Les Boches arrivaient comme des rats, sortant de partout. Il y en a dans tous les fourrés ; les plus avancés ne sont pas à cinquante mètres d'ici. Mon lieutenant, je n'ai pas la berlue. Ce que je vous dis là, c'est vrai. N'y a plus de Français entre vous et eux. Et ils sont là... »

Eh ! mais, est-ce que tout de même ?... Leurs sacrées balles tapent en nombre autour de nous. Et soudain, leur ranz des vaches et leurs tambours grêles, tout près, tout près. C'est la charge !

« Tenez ! Là ! Là ! Vous les voyez, là ? » me crie un homme.

Oui, j'en ai vu deux au bout du layon, à genoux, et qui tiraient.

« Feu à répétition ! Dans le tas... Feu ! »

Les lebels crachent. Une odeur de poudre flotte sous les feuilles. Les sonneries allemandes s'énervent, les tambours vibrent aussi fort que crépite la fusillade. La mitrailleuse, derrière nous, pétarade à démolir son trépied.

« Les voilà ! les voilà !... »

Presque tous les nôtres crient à la fois, mais sans terreur, excités par le vacarme, par cette odeur de poudre qui grandit, par la vue des fantassins ennemis qui s'avancent en rangs compacts, à moins de cent mètres, et que nos balles couchent nombreux en travers du chemin. La bataille, au paroxysme, les enveloppe, les prend et les tient : il n'y aura plus de panique.

« Baïonnette au canon !

— Pas la peine encore, mon lieutenant ; faut s'en aller. »

Une voix essoufflée a dit cela derrière moi. Je me retourne. C'est Presle, mon agent de liaison. Il sue à grosses gouttes et respire en ouvrant la bouche. Une de ses cartouchières pend, détachée du ceinturon.

« C' t' une balle, me dit-il, qu'est passée là pendant que j'courais. Mais voilà : j'viens vous prévenir qu'on s'reporte en arrière de la crête, au-d'ssus d'la route de Saint-Rémy. C'est là qu'on va t'nir. Les aut'es compagnies sont parties. N'y a plus qu'nous. Faut faire vite. »

Faire vite ! C'est facile, à travers ces taillis épineux qui ligotent les jambes, giflent et balafrent !

« Morand ! Empêche-les d'aller dans le layon ! Ils vont se faire dégringoler ! Ils font cible là-dedans ! Personne dans le layon tant que nous n'aurons pas dépassé la crête ! »

Toujours la même chose, l'histoire des malheureux qui n'ont pas voulu crever la haie, à la Vauxmarie. On court mieux, dans le layon ; il n'y a pas d'épines qui déchirent, dans le layon ; mais on s'y fait tuer à coup sûr.

« Halte !... Demi-tour... En tirailleurs... Feu à volonté ! »

Chaque commandement porte. Ça rend : une section docile, intelligente, une belle section de bataille ! Mon sang bat à grands coups égaux. A présent je suis sûr de moi-même, tranquille, heureux. Et je remets dans son étui mon revolver épouvantail.

On n'entend plus les sonneries boches ; les mausers ne tirent plus qu'à coups espacés. Qu'est-ce qu'ils font, les Boches ? Il faut voir.

« Cessez le feu ! »

J'avance de quelques pas, debout, sans précaution. Je parie que ces cochons-là se coulent dans les fourrés, et qu'ils vont nous tomber dessus à vingt mètres. Je les sens cachés, nombreux et invisibles. Hé ! Hé ! invisibles... Pas tant que ça ! Je te vois, toi, rat vert, derrière ce gros arbre, et toi aussi, à gauche ; ton uniforme est plus terne que les feuilles. Attendez, mes gaillards, nous allons vous servir quelque chose ! Un signe du bras à Morand, que j'ai prévenu. Il accourt. Je lui montre le point repéré :

« Regarde là-bas, derrière ce gr... Ha !... Touché ! »

La voix de Morand bourdonne :

« Lieutenant... blessé.... mon lieutenant...

— Hein ? Quoi ?... Oui... »

Un projectile énorme m'est entré dans le ventre, en même temps qu'un trait jaune, brillant, rapide, filait devant mes yeux. Je suis tombé à genoux, plié en deux, les mains à l'estomac. Oh ! ça fait mal... Je ne peux plus respirer... Au ventre, c'est grave... Ma section, qu'est-ce qu'elle va faire ?... Au ventre. Mon Dieu, que je puisse revoir, au moins, tous ceux que je voulais revoir !... Ah ! l'air passe, maintenant. Ça va mieux. Où est-ce que ça a frappé ?

Je cours vers un arbre, pour m'asseoir, m'appuyer contre lui. Des hommes se précipitent, que je reconnais tous. L'un d'eux, Delval, veut me prendre sous les bras pour me soutenir. Mais je marche très bien tout seul ; mes jambes ne mollissent même pas ; je m'assieds sans peine. Je dis :

« Non, personne. Retournez sur la ligne ; je n'ai besoin de personne. »

Alors, ça n'est rien ? Quelle histoire ! C'est là, en plein ventre, un trou, si petit ! L'étoffe est lacérée sur les bords. Je fourre un doigt là-dedans ; je le retire : il y a un peu de sang, presque pas. Pourquoi pas plus ?

Tiens, mon ceinturon est coupé. Et le bouton qui devrait être là, où est-il passé ? Ma culotte est percée aussi. Ah ! voici où la balle a touché : une meurtrissure rouge foncé, la peau déchirée en surface, une goutte de sang qui perle... C'est ça, ta blessure mortelle ?

Je regarde mon ventre d'un air stupide ; mon doigt va et vient machinalement dans le trou de ma capote... Et soudain la clarté surgit, tout mon abrutissement dissipé d'un seul coup. Comment n'ai-je pas compris plus tôt ?

Cette chose jaune et brillante que j'ai vue filer devant mes yeux, mais c'était le bouton disparu que la balle a fait sauter ! Et si le bouton a jailli au lieu de m'entrer dans le corps avec la balle, c'est que mon ceinturon était dessous ! Sûrement c'est cela : le vernis du cuir s'est craquelé, en demi-cercles concentriques, à la place où le bouton appuyait.

Hein ? Si la balle n'avait pas tapé là, juste dans ce petit bouton ? Et si ton ceinturon n'avait pas été là, juste sous ce petit bouton ? Eh bien ! mon ami !

En attendant, mon ami, tu joues un personnage grotesque : un officier blessé qui n'est pas blessé, et qui contemple son ventre derrière un arbre, pendant que sa section... Hop ! à ta place !

C'est étonnant comme les Boches bougent peu ! Fatigués d'avancer ? Il a dû en dégringoler des masses pendant qu'ils montaient vers la crête. Pas fatigués de tirer, par exemple ! Quelle grêle ! Et nos lebels aussi toussent plus fort que jamais. A peine si l'on entend le crépitement des mausers et les sifflements de leurs balles.

Qui est-ce, là, qui se promène ? C'est le capitaine Rive, avec son éternel « pic » de Gibercy, paisible, les yeux partout, rassérénant. Il s'écrie en me voyant accourir :

« Comment ! Vous ? On vient de me dire que vous aviez reçu une balle dans le ventre !

— C'est vrai, mon capitaine ! Mais ça n'était rien pour cette fois ! Une veine ! »

Et je tombe au milieu de mes poilus, je prends leur tête :

« Allons-y, les enfants ! Ça n'est pas encore ceux-là qui nous auront ! Aux tas de fagots, là-bas ! »

Il y a des nôtres, un peu plus loin sur la droite, une longue ligne de tirailleurs, irrégulière mais continue. Les hommes ont profité merveilleusement de tous les abris : ils tirent à genoux, derrière les arbres, derrière les piles de fagots ; ils tirent couchés, derrière des buttes minuscules, au fond de trous creusés en grattant avec leurs pelles-pioches. Voilà de l'utilisation du terrain ! Voilà des hommes qui savent se battre !

Derrière eux, à quelques mètres, des officiers dirigent le tir et observent. Il y en a un qui circule, debout, de tirailleur en tirailleur, le nez à l'air et la pipe aux dents. Ah ! celui-là !... Et j'ai une émotion très douce à reconnaître le nez, la pipe et la barbe de Porchon.

J'ai collé ma troupe sur la gauche, prolongeant la ligne. Les lebels de ma section font chœur avec les voisins.

« Par salve... Joue... Feu ! »

Ça roule ; il y a des retardataires, qui lâchent le coup deux ou trois secondes après la décharge générale.

« Par salve... Joue... Feu ! »

Un seul craquement, et bref ; la rafale jaillit d'une même volée. Bon, cette fois.

« Feu de trois cartouches... Toujours 400... Feu ! »

Pas brillants, les tireurs boches ! Leurs balles s'égarent, trop haut, dans les branches, trop bas, loin devant nous. Et leurs trompettes ? Et leurs tambours ? Plus que molle leur charge, brisée, finie, morte !

« Cessez le feu ! »

Mes soldats entendent. Ils passent le commandement, ils ne tirent plus. Le fusil prêt, ils guettent le commandement nouveau.

« Feu de deux cartouches... »

Le mot vole le long de la ligne :

« Deux cartouches... deux cartouches... deux cartouches... »

C'est épatant ! C'est beau ! Dire que, tout à l'heure, j'ai eu envie de sauter sur la route, pendant que la mitrailleuse tirait, parce que je voulais défier mes hommes qui tremblaient, parce que j'avais peur d'une débâcle honteuse, parce que... est-ce que je sais maintenant ?... Ah ! mes poilus retrouvés ! Les fesses que j'ai bottées tout à l'heure... comme je regrette ! Chaque fois que mes regards rencontrent ceux d'un de mes soldats, c'est de la confiance et de l'affection qui s'échangent. C'est cela seulement qui est vrai ! La colère, là-bas, près de la route, les menaces, les gestes rudes, c'était... c'était un malentendu !

« N'est-ce pas, Michaut, c'est oublié, le coup de semelle ? »

Un bon rire spontané :

« Ah ! mon lieutenant ! Pensez-vous ! »

La fusillade se calme peu à peu. Nous-mêmes, nous ne tirons presque plus. Il vaut mieux, d'ailleurs, car nous avons brûlé des masses de cartouches : les étuis de cuivre jonchent le sol derrière les tas de fagots.

Il doit être tard. Le soir vient. Une lassitude, à cette heure, plane sur les bois et sur nous. Le besoin du repos naît, et peu à peu s'affirme. Car des vides ont grandi dans nos rangs, que le calme seulement nous permettra de connaître et de sentir. Voici venu le moment où il faut que les vivants se retrouvent et se comptent, pour reprendre mieux possession les uns des autres, pour se serrer plus fort les uns contre les autres, se lier plus étroitement de toutes les récentes absences.

Et l'ordre de quitter les bois nous arrive, normal, salutaire, à l'heure où nous l'attendions. Nous avons brisé l'élan des Boches ; nous avons tué des centaines des leurs, décimé, dispersé, démoralisé leurs puissants bataillons d'attaque. Ils n'avanceront plus ce soir : notre tâche du jour est finie.

Et lentement, silencieusement, par les bois où s'alanguit la paix du crépuscule d'automne, nous regagnons la route de Mouilly, l'humide vallon, la ferme d'Amblonville.

Dans la nuit transparente et fraîche, les sections bourdonnantes de voix se groupent, s'alignent, les compagnies se reconstituent, toutes minces, de nouveau mutilées.

Mon pauvre bataillon ! Ce combat encore lui a été lourd. La 5e, qui fut anéantie voilà deux semaines, aux tranchées de la Vauxmarie, cette fois encore a cruellement souffert.

Autour de moi, j'ai su très vite ceux qui manquaient : Lauche, mon sergent, le seul qui m'était resté depuis la Vauxmarie, — la Vauxmarie toujours ! — je l'avais vu, comme avait dit Vauthier, griffer l'herbe du fossé ; je savais déjà. Pour le grand Brunet aussi, et pour quelques autres frappés à côté de moi. Mais lorsque j'ai demandé aux caporaux l'appel de leurs escouades, des voix m'ont répondu qui n'étaient pas les leurs. Et chacun des « première classe » ou des anciens soldats qui se sont avancés a dit d'abord : « Caporal Regnard, blessé », ou « Caporal Henry, tué ». Et Morand ? pensais-je. « Caporal Morand, blessé », a prononcé la voix d'un ancien. « Est-ce grave ? — Je ne pense pas, mon lieutenant ; une balle dans le bras comme on allait aux tas de fagots. »

Alors, plus un sergent ? Plus un caporal ? Alors toutes ces escouades dont chacune, jour après jour, resserre entre les siens tant de liens rudes et chaleureux, les voici donc privées du chef qui surveille en camarade, qui soutient aux heures difficiles de sa constante présence ! Je les connaissais si bien, ceux que je perds aujourd'hui ! Ils me comprenaient à demi-mot ; la volonté les soutenait de ne jamais marchander leur peine, acceptant la tâche entière et l'accomplissant du mieux qu'ils pouvaient, toujours.

D'autres viendront. Quels seront-ils ? Et lorsque je les connaîtrai aussi, ces nouveaux venus, lorsque eux-mêmes connaîtront leurs hommes, ils seront frappés à leur tour, et ils disparaîtront, ou moi, ou nos soldats. Rien qui dure, rien que nos efforts puissent faire nôtre même jusqu'à demain ! Fatigue des recommencements, tristesse des passages que clôt un adieu, toute notre vie que la mort assiège, la mort qui surgit soudain au tournant d'une heure, et qui saccage en aveugle, effroyablement.

Misérables entre tous, ceux qui gardaient au fond du cœur des affections moins éphémères ! Près de moi des sanglots montent dans l'ombre, qu'une main étouffe à demi, et qui sans cesse recommencent, profonds, voilés, poignants pour ceux qui les écoutent. Je le vois, celui qui sanglote, assis là dans le fossé, courbé, tassé sur sa douleur. Et je sais pourquoi il sanglote. L'ayant entendu, tout à l'heure, je me suis approché de lui ; il m'a reconnu, et il m'a dit...

Il avait un frère, cet homme, soldat dans la demi-section qu'il commandait comme sergent. Ils s'étaient battus dans les bois, côte à côte. Et, presque au commencement de l'affaire, l'autre avait reçu une balle dans une jambe.

« Il saignait beaucoup, mon lieutenant ; je l'ai aidé à marcher un peu ; je voulais le panser. Et puis, on a donné l'ordre de se reformer en arrière, parce que les Boches avançaient trop nombreux. Je l'ai pris sous les bras, je le portais presque. Il y avait beaucoup de balles. Et voilà que tout d'un coup, c'est comme s'il s'était jeté en avant, ou comme s'il avait buté dans une souche. Il n'avait rien dit, mais il y en avait une qui venait de le traverser. Alors il m'a pesé de tout son poids ; et, en tournant la tête vers lui, je l'ai vu tout blanc, avec de grands yeux. Il me reconnaissait, voyez-vous, et il m'a dit : « Jean, mon petit Jean, laisse-moi, et va-t'en. » Etait-ce possible, cette chose-là ? Je l'ai pris sur mon dos, tout lourd qu'il était. Je n'avançais pas vite, et pourtant je lui faisais mal. Il s'abandonnait, il criait presque à chaque pas que je faisais, et il me répétait toujours : « Va-t'en, Jean ; laisse-moi, Jean. » Et j'allais, moi, j'allais quand même, voyant les dernières capotes bleues disparaître là-haut, pendant que les Boches approchaient derrière nous à les entendre remuer les feuilles. A un moment j'ai senti la fatigue, je suis tombé sur les genoux ; et lui, il a glissé par terre, à côté de moi. Et il m'a dit une dernière fois : « Laisse-moi. Il ne faut pas te faire tuer à cause de moi, Jean... qu'il en reste un, au moins. » Alors, n'est-ce pas, je me suis penché sur lui, je lui ai pris la tête, et je l'ai embrassé, dans les balles, parce que les Boches nous avaient vus et qu'ils tiraient ; et puis... je lui ai dit adieu... et puis... je suis parti... et... et je l'ai laissé là, lui... à mourir par terre... au milieu de ces sauvages... »

Je viens de raconter à Porchon. Tous deux nous l'écoutons qui continue de sangloter.

Dans le champ derrière nous, des hommes marchent. On entend

un bruit de feuilles qu'on froisse, de racines qu'on arrache et qui craquent, de mottes qui tombent : ils déterrent des raves. C'est vrai, nous n'avons pas mangé.

Il fait froid. Nous grelottons. Nous ne disons rien.

Brusquement, dans le plein silence, un coup de canon retentit. D'autres répondent, à droite, à gauche, partout. Et derrière toutes les crêtes, des batteries se mettent à tirer. Des lueurs crues raient l'obscurité. Les hommes qui somnolaient se soulèvent, inquiets, se mettent debout, d'instinct se rapprochent des faisceaux. Déjà des bruits courent. On murmure que les Boches ont attaqué avec des renforts, à la nuit noire, qu'ils avancent très vite, que l'artillerie essaye de les arrêter par un tir de barrage, et que nous allons contre-attaquer.

Contre-attaquer ! Après une journée comme celle-ci, meurtrière, épuisante, lorsque toute l'exaltation des hommes est tombée, qu'ils ne sentent plus que les courbatures de leurs membres et le vide de leur estomac ! Contre-attaquer dans cette obscurité, avec des troupes désorganisées, privées de cadres, disloquées !

Mais les minutes passent sans qu'aucun ordre nous arrive. Et peu à peu la réflexion me convainc que j'ai ridiculement accepté pour une réalité probable ce qui n'était qu'une rumeur vague, née de quelques mots lancés par un affolé au moment où retentissaient les premiers coups de canon.

Il y a deux jours, lorsque nous sommes partis pour les avant-postes, nous sommes passés à travers bois pour gagner la lisière. Le soleil était encore haut dans le ciel ; et, malgré la clarté diurne, les sections se sont dispersées, mêlées à travers les taillis épais. Ces mêmes taillis, il faudrait que les Boches les traversent, en pleines ténèbres, s'ils attaquaient. Alors un quart d'heure suffirait pour que le désarroi les ballotte, que les hallucinations se multiplient parmi eux, qu'ils se fusillent les uns les autres. Et ils le savent.

Notre artillerie a tiré pour parfaire notre besogne, à nous les fantassins, pour battre les routes que l'ennemi devait suivre dans sa retraite, pour l'empêcher de s'organiser en tel point qu'on lui veut interdire : j'ai été stupide.

Et comme, au cri de « Rassemblement ! » qui vient de retentir, les hommes, tout bas, recommencent à grogner, je me montre et j'élève la voix :

« Ne racontez donc pas de bêtises ! Vous ne savez rien de rien et vous rouspétez déjà. »

Ils se taisent. Ils marchent à pas pesants, derrière moi. Je sens leur fatigue à travers la mienne. Nous avons faim, nous avons besoin de dormir. Dès qu'on s'arrête, ce sont des chutes lourdes au revers des fossés.

Nous traversons Mouilly, nous tournons vers la droite, par une route encore inconnue. Un ruisseau, des ombres qui se penchent sur l'eau, un clapotement de pieds dans la boue liquide. La route monte, s'enfonce au cœur des bois pleins de menaces. Mais nous faisons halte à la lisière.

C'est là que nous allons attendre le jour, en réserve d'avant-postes. Pour moi, je dois assurer la liaison avec une compagnie du 132e, dont je trouverai des éléments en avant de nous, sur la route. Deux hommes partent, reviennent au bout d'un long temps : ils n'ont vu personne ; ils affirment qu'il n'y a personne devant nous.

Contre-ordre : « Debout ! » Nous redescendons vers Mouilly. On devine des lumières derrière les volets clos. Je frappe à une porte, on m'ouvre : toute la compagnie envoyée aux avant-postes est là, dans le village ! Où est le phénomène qui la commande ? Je le cherche, de masure en masure, et le découvre enfin. Il mange un poulet rôti, et il m'invite. Ah ! ça, par exemple !... Mais c'est L... !

« Eh bien ! mon vieux, tu peux te vanter d'avoir un fier culot ! C'est comme ça, chez vous, les avant-postes ? »

Il n'empêche que cette rencontre me réjouit : encore un camarade d'avant-guerre, gaillard jovial, « qui ne s'en fait pas » et le prouve. Les renseignements que je lui donne, — personne aux issues du village, pas de petit poste sur la route, pas même une sentinelle, — le laissent rêveur trois secondes à peine. Il constate simplement :

« J'avais donné des ordres. On n'aura pas exécuté. Je vais aviser. »

Et il recommence à manger son poulet, à coups de dents solides, l'air heureux, bien portant, admirable vraiment à force de sérénité. Bon garçon, mais étrange commandant de compagnie !

L'ayant quitté, je traverse le village au pas de course, et rattrape mes hommes au moment où la colonne s'arrête sur la route déjà familière qui mène à la ferme d'Amblonville. Les voitures à vivres sont là, qui nous attendent. De grands feux s'allument, flambent clair et haut. Tout autour, des hommes accroupis tendent leurs mains vers la chaleur, et regardant avec des yeux mornes les marmites enfumées suspendues en plein brasier, se rôtissent le visage, le ventre et les jambes, pendant que leur dos gèle au froid noir. Et nous mangeons, enfin, des biftecks graisseux qui brûlent les doigts; nous buvons le jus, sans sucre, mais bouillant, et dont la bonne chaleur coule dans tout notre corps comme une onde vivifiante. On n'a plus si mal. Peut-être va-t-on pouvoir dormir un peu. Je viens de regarder ma montre : elle marque une heure et demie. On s'allonge par terre, on se colle à ses vêtements. Que les nuits sont glaciales, fin septembre ! Mais les paupières se ferment sur la vision dernière des feux brillant pour le bivouac. Et le sommeil vient, doucement engourdisseur, bienfaisant à notre lassitude, apaisant au tumulte de nos cœurs, et mérité...

« Debout ! » On ne dort pas, cette nuit ; cette nuit, on marche. Les jambes ont l'habitude ; on les suit. Voici une côte; on grimpe; c'est dur. Voici des champs ; la terre est friable ; il y a des trous ; on trébuche, on tombe rudement, de tout son poids qu'augmente le poids du sac et de l'équipement.

Où allons-nous ? Personne ne sait.

Immenses, ces champs... Nous errons, à l'aventure. Les rangs se brouillent, on marche en tas, en troupeau, un troupeau de bêtes de misère. A droite ; à gauche ; droit devant nous. Les jambes ont l'habitude. Il n'y a plus de champs cultivés : une lande, avec des genêts, des petits sapins, des broussailles ; puis les bois épais. On suit la lisière, une lisière capricieuse, longtemps. On arrive au bord d'une route. On s'arrête. C'est là. Et tous les hommes s'écroulent, assommés. Le sommeil empoigne tous ces corps fourbus et transis.

Des masses noires éparses. Un grand silence ; parfois des ronflements qui montent.

VII

LES ARMÉES SE TERRENT

Vendredi, 25 septembre.

Où sommes-nous ? Nous avons passé les dernières heures de la nuit sur un plateau qui s'étale derrière nous, pauvre, à demi rongé par la forêt. Devant, au delà de la route, il y a quelques champs, un creux, puis encore la forêt. Vers l'ouest, c'est Mouilly, Rupt, la vallée de la Meuse, le calme loin de l'ennemi. Vers l'est, à la sortie des bois, c'est la fin des « Hauts », les derniers contreforts qui s'avancent au seuil de la plaine et la commandent, puis la Woëvre marécageuse, Fresnes, Marchéville, Sceaux, Champlon.

Ils sont là-bas, quelque part, tapis au pied des collines et guettant la minute favorable où ils pourront se ruer à l'assaut. Vers le sud aussi, ce sont eux : ils ont pris Hattonchâtel, Saint-Maurice ; ils se sont lancés à travers les futaies et les taillis. Ils tiennent Saint-Rémy, Vaux-les-Palameix. Hier, ils ont avancé jusqu'à presque atteindre la route de Saint-Rémy à Mouilly.

Où sont-ils ce matin ? Et quel est notre rôle à nous ? On ne nous a rien dit, comme d'habitude.

Pourquoi ce parti pris de silence ? On nous ordonne : « Allez là. » Et nous y allons. On nous ordonne : « Attaquez. » Et nous attaquons. Pendant la bataille, du moins, on sait qu'on se bat. Mais après ? Bien souvent c'est la fusillade toute proche, les obus dégringolant en avalanche qui disent l'imminence de la mêlée. Et lorsqu'une fois on s'est battu, des mouvements recommencent, des marches errantes, avance, recul, des haltes, des formations, des manœuvres qu'on cherche à s'expliquer, et que généralement on ne s'explique pas. Alors on éprouve l'impression d'être dédaigné, de n'obtenir nulle gratitude pour le sacrifice consenti ; on se dit : « Qu'est-ce que nous sommes ? Des Français à qui leur pays a demandé de le défendre, ou simplement des brutes de combat ? »

Aux jours de la retraite, avant la Marne, on nous a laissé croire que nous allions embarquer à Bar-le-Duc, pour nous rendre à Paris où des troubles menaçaient d'éclater. Des capitaines répétaient cette bourde, parce qu'au moins elle expliquait nos étapes vers le sud, parce qu'elle leur était une clarté. Ils l'avaient accueillie aussitôt, ayant besoin de savoir et de croire.

Une fois, une seule, on nous a parlé : c'était le matin du 6 septembre. Le capitaine nous a réunis, et rapidement, en quelques mots, il a esquissé la situation des armées en présence et nous a exposé ce que nous allions faire. Rien de plus. Il ne nous a pas révélé quelle bataille décisive allait s'engager ce jour-là ; lui-même ne le savait pas. Et pourtant, ce fut assez : une lumière était en nous. On nous demandait quelque chose ; on nous disait : « Voilà ce qu'il faut que vous fassiez ; nous comptons sur vous. » Et c'était bien.

Mais hier, quand nous avons quitté le bivouac près de la ferme, nous avons marché à l'inconnu, dans l'angoisse trouble de ce qui allait se passer. On nous lançait en pleine tourmente à une heure difficile entre toutes, l'ennemi avançant avec une résolution forcenée, nos troupes perdant du terrain, lâchant pied jusqu'à laisser libre la route de Verdun. Toute la science des états-majors ne pouvait plus rien là contre. Nous arrivions, nous luttions, nous tenions, ou nous étions bousculés à notre tour. Dès lors nous étions tout. Dès lors il était juste, il était raisonnable de nous dire combien lourde, mais combien exaltante était notre tâche.

Nos soldats sont incapables de se résigner à ignorer. Lorsqu'on leur donne un ordre que rien n'explique à leur jugement, ils obéissent, mais en grognant. Ils disent : « On se fout de nous. » Ils disent encore, en lançant leur sac sur leurs épaules, d'un mouvement hargneux : « Marche, esclave ! » Et ce n'est pas risible.

Assurément, il y a des choses qu'il est utile de cacher aux combattants. Il y en a d'autres qu'on pourrait, qu'on devrait donc leur révéler. L'incertitude complète énerve leur courage. On les y laisse, trop souvent, comme à plaisir.

Ce matin, nos hommes vont et viennent, courant sur la route, les mains dans les poches, et tapant des semelles contre la chaussée pour réchauffer leurs pieds engourdis.

Elles sont une détente et une gaîté, ces courses dans le matin vif. Bientôt des causeurs s'asseyent en rond dans l'herbe, et des éclats de rire coupent les conversations. Naturellement on parle du dernier combat, et, comme toujours après que le danger est passé, on blague.

Ce fut hier la journée des balles fantaisistes. Un caporal exhibe son portefeuille bourré à craquer, dans lequel tous les papiers ont été lacérés.

« Ça m'a tapé un de ces coups ! dit-il ; j'ai bien cru que j'étais bon. Mon cœur n'en battait plus. Et puis, comme j'étais toujours debout, je m'suis tâté, j'ai trouvé l' trou, et j'ai senti l' portefeuille dessous. Ah ! là là ! quelle ouvrage ! Pour de l'ouvrage, c'était d'la belle. Mais c' qu'a l' plus pris, c'est ma bourgeoise : coupée en deux par le travers ! »

Et de l'amas de ses paperasses, il sort une photographie de femme que balafre une longue déchirure. Ce sont alors des rires sonores, des plaisanteries lancées à pleine voix :

« Tu peux dire que t'es galant, mon salaud ! Faire zigouiller ta légitime pour te ramener avec bonne mine !

— Dis donc, v'là un Boche qu'a fait mouche. Ça t'laisse froid ? »

Et le caporal répond, en remettant la photographie dans son portefeuille :

« T'en fais pas ! L' modèle est à l'abri. J' suis plus tranquille pour lui qu'pour moi. »

Un autre fait passer à la ronde deux cartouches qu'une balle allemande a tordues et coupées à demi. Presle, geignant d'attention, la langue tirée d'un pouce, recoud sa cartouchière avec un mince fil noir qu'il a quadruplé, et qui vrille obstinément. J'entends une voix qui dit :

« C'est l'lieutenant qu'a eu d'la veine. J'y ai vu sa capote ; c'est à n'point comprendre. »

Tout à l'heure, j'ai montré à Porchon l'ecchymose violacée sur mon ventre. Il a convenu que maintenant je détenais sur lui ce qu'il appelle « le record de la mort frôlée ». Depuis la nuit de la Vauxmarie, il avait sur moi l'avantage. Déjà, le matin du 9, pendant que nous traversions la plaine découverte pour atteindre nos emplacements d'avant-postes, une balle l'avait atteint au côté gauche. Elle avait crevé sa musette, coupé dans tout son diamètre le couvercle d'une boîte de singe ; et il l'avait retrouvée dans sa culotte, échouée, pointe tordue, le long de sa jambe, après lui avoir brûlé la fesse. Puis, en pleine mêlée nocturne, voyant un soldat qui courait vers l'arrière de nos lignes, il l'avait empoigné rudement par le bras en criant : « Veux-tu faire face, tout de suite ! » Alors l'autre, un grand escogriffe casqué, avait fait un saut en arrière en croisant sa baïonnette. Et Porchon eût été infailliblement transpercé, si Courret, un caporal de la compagnie, n'eût abattu l'Allemand d'une balle tirée à bout portant.

Le soleil déjà haut chauffe doucement le plateau. Vers dix heures, venant du ravin en arrière mieux défilé aux vues de l'ennemi, les cuistots apparaissent. Ils s'en viennent placidement, balançant au bout de leurs bras les seaux et les « bouthéons », ou portant, à deux, un chapelet de plats suspendus à un bâton.

« Si nous mangions maintenant avec les sections ? dis-je à Porchon.

— Pas la peine, répond-il. Le cycliste a touché pour nous en même temps que pour le capitaine. Il va nous apporter ça tout à l'heure. »

Nous attendons une heure, deux heures, l'estomac tiraillé, regardant toujours vers le ravin où le reste du bataillon fait la pause auprès des feux. Là-bas, il y a pour nous du bœuf, du riz, du bouillon qu'il serait bon d'avaler brûlant. Ça n'est pas loin, un kilomètre à peine ; et c'est trop loin, puisqu'on nous a placés au bord de cette route et que nous n'en pouvons bouger.

« Quand je pense, s'écrie Porchon, que cet animal de cycliste est en train de ronfler à l'ombre des arbres, sur la mousse, le ventre bien garni et la conscience tranquille !

A ce moment, Le Mesge, le vieil engagé volontaire, s'avance vers nous ; il porte la main à son képi et dit de sa voix grave et lente :

« Que mes lieutenants m'excusent. Mais j'ai entendu malgré moi, et cru comprendre qu'ils n'avaient pas mangé. Alors, comme je m'étais muni d'une grosse provision de chocolat avant de partir pour le front, je serais réellement très heureux...

— Non, non, Le Mesge ; il faut le garder. Vous savez bien que vous n'en aurez jamais trop. »

Mais il insiste, avec une telle cordialité, une telle sincérité dans son désir de nous obliger que nous finissons par acceper la moitié du chocolat qu'il nous offre. Et nous croquons chacun notre morceau à coups de dents menus, inquiets de le voir décroître quand même, et retardant le plus possible l'engloutissement de la dernière miette. Et, quand c'est fini :

« As-tu du tabac ? me demande Porchon.

— Encore un peu. Mais plus de feuilles. »

Alors, Le Mesge appelle :

« Gabriel ! »

Et le petit Butrel se précipite vers nous.

« Tu as des feuilles ? dit Le Mesge. Fais passer le cahier. »

Butrel tire de sa poche une trousse à boutons, déroule lentement le lacet de cuir qui l'enroule, et en sort un « bloc » presque intact, tout un trésor qu'il nous tend avec un sourire de ses yeux bleus, de ses lèvres minces et glabres. Et il faut bien encore que nous acceptions.

« Je sais où en trouver, nous dit Butrel. J'ai des bons copains chez les artilleurs de la cote 372. Ils se ravitaillent comme ils veulent.

— Mais si nous restons longtemps aux avant-postes ? Si nous ne voyons plus les artilleurs ?

— Ne vous en occupez pas, répond-il. Quand j'n'aurai plus d'feuilles, je chiquerai ; ou bien j'me f'rai une pipe. Prenez c'que vous voudrez, et d'une pa'ce que ça me fait plaisir, et d'deux pa'ce que ça fait plaisir à grand-père. »

Le vieux Le Mesge hoche la tête, sourit à Butrel, puis, se tournant vers nous :

« Dire qu'il est comme ça avec moi depuis que je suis arrivé ! Et qu'hier, dans le bois, c'est lui qui m'a sauvé la vie ! Il tirait tout debout dans le layon sur les Boches qui nous poursuivaient, pour que j'aie le temps de gagner la crête. Et il en a descendu, vous savez, pendant les cinq minutes que ça a duré... »

Butrel hausse les épaules et chantonne. Assis par terre auprès de nous, il roule une cigarette de ses doigts jaunis par la nicotine.

Un admirable petit soldat résolu, ce Butrel. Ancien légionnaire, intelligent, il est le débrouillard-né. Serviable seulement à ceux qui lui plaisent, et ceux qui lui plaisent sont rares ; mais pour ceux-là, il se ferait tuer. Les autres le respectent ou le craignent. Les plus fortes caboches de la compagnie, les « costauds » qui se taillent large part et règnent sur les coteries d'escouades n'oseraient braver ce petit homme grêle dont la tête leur arrive aux épaules. Ceux qui l'ont essayé, les premiers jours, ont eu peur à voir le regard de ses yeux bleus noircir soudain, et n'ont pu en soutenir la dureté.

Butrel, lui, n'a peur de personne. Au feu, il devient splendide. Calme quoi qu'il arrive, il est heureux ; blagueur sans fanfaronnade, il se promène parmi les balles comme nage un poisson dans l'eau. On ne l'a jamais vu s'abriter. Si l'on creuse une tranchée, il creuse comme ses camarades, il fait « son boulot » ; mais on devine que cette besogne lui déplaît. Il aime l'imprévu, les aventures. Il lui a plu hier de jouer à se faire tuer pour sauver « grand-père », parce qu'il avait décidé que grand-père était « un pote », mais aussi parce qu'il était excitant de tirer comme à la cible sur les Boches qui couraient dans le layon. Et que chacun de ces Boches fût armé d'un fusil automatique aussi précis que son lebel, Butrel s'en moquait, pourvu qu'il s'amusât.

Il regrette ses guerres d'Afrique, les combats à un contre cinq où l'on faisait tête de partout à la nuée des cavaliers tourbillonnant comme des guêpes, où les deux 75 qu'on avait débouchaient à zéro leurs obus à mitraille, qui entraient comme des socs dans l'épaisseur des tribus rebelles ; et aussi les nuits de bivouac sous la tente, les grandes nuits laiteuses d'étoiles, délicieusement énervantes de toutes les embûches qui rôdent ; et les heures de faction où les yeux scrutent la terre noire, dans la hantise et l'espoir de découvrir tout à coup des corps silencieux qui rampent, avec un couteau dans les dents.

La guerre que nous faisons, nos combats contre un ennemi invisible, les obus qu'on se lance les uns sur les autres par-dessus des lieues de pays, cela lui pèse, et sans doute lui semble méprisable.

S'il est vrai, comme on le dit depuis quelques jours et surtout depuis ce matin, que nous allons nous terrer en face des Boches qui se terrent, que nous allons stagner, pendant des semaines peut-être, en nous guettant de tranchée à tranchée, Butrel se gâtera, ou il sera malade, à moins que... Diable d'homme ! Il trouvera quand même le moyen de satisfaire son goût du danger, de se distraire en nous étonnant encore et en forçant notre admiration.

Car il ne peut pas être de vie assez uniforme pour abaisser Butrel à la commune mesure, assez aveulissante pour éteindre l'ardeur qui flambe en lui, et qui fait de ce petit soldat au mince visage blafard, aux membres grêles, un magnifique guerrier d'épopée.

A l'approche du soir, les hommes se dispersent par les champs, en quête de paille pour avoir chaud cette nuit. Ils partent à pas légers, dévalant vers les bois par les chaumes semés de javelles. Ils reviennent à pas lourds, pliant sous le faix des gerbes énormes dont les épis, derrière eux, traînent à terre comme une chevelure. On entend, lorsqu'ils passent, un froissement doux qui les suit.

Mais, à la nuit noire, des appels retentissent sur le bivouac endormi ; des ordres brefs nous mettent sur pied, et les sections se groupent, paresseusement, dans la torpeur du premier sommeil : tout le bataillon descend vers Mouilly, où nous allons cantonner.

Quelle heure est-il ? Dix heures déjà. Et nous devons avoir repris nos emplacements avant l'aube ! Mais nous allons entrer dans une maison, allumer du feu dans l'âtre, nous étendre, peut-être, sur un matelas, nous pelotonner sous un édredon de plume. Peut-être aussi pourrons-nous retirer nos souliers ; et mes souliers, mes étroits souliers que je n'ai pu encore remplacer, me font si mal ! Avoir chaud, coucher deséquipé, les orteils libres dans les chaussettes ! Cela ne durera guère, mais nous nous dépêcherons de dormir.

Nous voici au village. Une rumeur l'emplit, un fourmillement l'anime : voitures à vivres, fourgons qu'assiègent des ombres, dans ce clair-obscur étrange et vigoureux que créent les lanternes dansantes.

Le fourrier nous appelle, nous guide au long d'un couloir enténébré :

« A gauche, tournez à gauche ! Je tiens la porte. »

Il frotte une allumette, enflamme la mèche d'un morceau de bougie, et dit, élevant son lumignon :

« Voilà ! Vous êtes chez vous. »

Notre chez-nous de ce soir ! Ce qui fut un foyer ! A présent un taudis sans âme où campent des nomades malpropres, le temps seulement de réchauffer leur corps, et qui s'en vont, indifférents, sans que rien de leur cœur soit resté entre ces vieux murs.

Bientôt l'invasion s'étale dans notre demeure. Les hommes de corvée ont porté là les vivres qu'on va distribuer aux sections. Par terre, sur une toile de tente, le café, le sucre, le riz font de petits tas réguliers. Fillot, le caporal d'ordinaire, sans capote, sans veste, sa chemise crasseuse entr'ouverte sur une poitrine blanche et musclée, appelle les sections l'une après l'autre. Aux hommes qui s'avancent, il désigne un des tas, d'un imperceptible mouvement de l'index. Les réclamations ne l'émeuvent plus.

« Ça d'sucre ! Ben y a pas gras ! L'tas d' la troisième est presque l'doub'e.

— Cinq hommes de plus à la troisième, répond le caporal. Si t'es pas content, va t' plaindre au ministre. L'compte y est. »

Et pendant ce temps, Martin, le mineur du Nord, découpe un quartier de bœuf qu'on a posé sur une table. Il ne dispose pour cette besogne que de son couteau de poche, un couteau à cran d'arrêt, de lame solide, qu'il a depuis la Vauxmarie. Martin proclame qu'il lui a été donné par un prisonnier bon zigue, que c'est une fameuse marchandise, et qu'il n'est pas un couteau à la compagnie « pour débiter une pièce ed bœuf » comme fait ce couteau boche manié par lui, Martin.

Mais Martin est un virtuose du dépeçage. Il se collette avec l'énorme paquet de bidoche, taille en plein muscle à longs coups droits, s'acharne contre un tendon qui résiste, arquant les épaules, serrant les mâchoires, aplatissant encore son plat museau de putois, jouant de la lame avec une frénésie rageuse, geignant, postillonnant et sacrant. Et lorsque enfin l'obstacle est vaincu, Martin pousse un long soupir, se retourne, plisse ses yeux et dilate sa bouche ravagée dans un sourire dévié par sa chique, lance sur le parquet, avec un sifflement de langue, un jet de salive brune, et prononce d'une voix attendrie, une voix de vainqueur magnanime qui, la lutte finie, veut oublier l'âpreté du corps à corps :

« Sacrée viandasse ! »

Dans la cheminée, des sarments craquent et crépitent ; la flamme monte, lèche la plaque du contre-cœur. Les hommes de corvée sont partis, il ne reste plus avec nous que les agents de liaison et les ordonnances. Pannechon surveille le plat et la marmite, retourne à la pointe du couteau les morceaux de viande qui fument et grésillent. Presle essuie la table ensanglantée à coups de torchon circulaires. Les autres, assis par terre, dos au mur et genoux au menton, fument leur brûle-gueule en crachant.

Soupe au riz, grillades, riz au gras, jus bouillant ; le seul dîner valait le voyage à Mouilly. Et nous avons un lit ! Avec le matelas et l'édredon ! Nous entrons dans cette tiédeur. Par terre, nos quatre souliers vides bâillent de la tige avec des allures avachies. Enfouie dans un monceau de paille amenée de la grange à brassées, « la liaison » s'est endormie et nous berce de ses ronflements confondus. Et nous nous endormons à notre tour, repus, le corps à l'aise, les pieds dégainés, dans une puissante odeur de graillon, de tabac et de bête humaine.

Samedi, 26 septembre.

Sous les grands arbres, en arrière du plateau. Une autre compagnie du bataillon nous remplace aux abords de la route. Matinée fraîche et limpide où sonnent des éclats de voix, des rires. Les cuistots se sont installés près de nous, à la lisière ; ils préparent la soupe du matin. Autour de chaque foyer, des hommes assis, attentifs et graves, tendent à la flamme des tranches de boule qu'ils ont piquées au bout d'une branchette.

Les rôties ! Friandise et délectation du soldat en campagne ! Dorées, rousses, brunissantes, elles croustillent sous les dents ; elles s'effritent, légères ; elles s'engloutissent comme d'elles-mêmes. Dès qu'un feu brille quelque part, les amateurs affluent, s'asseyent en rond, et regardent avec le même sérieux touchant, au bout de leur couteau ou d'une badine pointue, le pain blanchâtre prendre peu à peu une belle couleur chaude, comme s'il reflétait la flamme et gardait en lui quelque chose de son rayonnement. Les uns taillent des tranches minces, pour que la rôtie tout entière s'émiette et croque aux coups de dents ; les autres des tranches épaisses, pour qu'entre deux pellicules sèches, pareilles à la carapace d'un beignet, subsiste une mie onctueuse et brûlante, un peu humide encore, telle qu'en ont les pains fumants que le boulanger retire de son four.

Le jus avalé, nous nous sommes assis, Porchon et moi, au pied d'un platane énorme, le dos contre le fût lisse, les fesses entre deux racines moussues. Nous avons coupé une grosse branche de merisier, et nous essayons de fabriquer une pipe. « Nécessité mère d'industrie », voire de l'industrie des pipes. Encore y faut-il quelque habileté.

Bernardet, le cuistot, a réussi un chef-d'œuvre : tuyau percé droit et tirant bien, fourneau profond à paroi lisse. Même, il a sculpté dans le bois une face camarde, avec d'énormes yeux à fleur de tête, et une barbe effilée, agressive, lancée en avant comme une proue.

Porchon, à force d'application volontaire (il est écarlate et ses veines saillent sur son front), obtient des résultats non décisifs, mais encourageants : son morceau de bois s'évide, se creuse, prend décidément figure de pipe.

Moi, j'ai déjà fait éclater deux ébauches, en me donnant lâchement pour excuse que le bois de merisier est dur et que mon couteau ne coupe pas.

Non lassé malgré mes échecs, je commence une nouvelle tentative, lorsqu'un sifflement accourt vers nous, brisé net par le fracas de trois marmites explosant à la fois : trop court ! D'autres sifflent, passent sur nous ; et trois panaches de fumée noire surgissent du sol éventré, cent mètres derrière, hors du bois : trop long ! Encore la stridence d'une rafale. C'est moins brutal : elles vont loin. Nous les voyons éclater sur la droite, déracinant quelques petits sapins qui sautent en l'air avec les mottes de terre et les éclats. En avant ; en arrière ; à droite. C'est fatidique. Nous nous levons, mettons sac au dos, et marchons vers la gauche, sans hâte, à travers les taillis.

Nous sommes maintenant hors de la « fourchette », tranquilles, presque amusés. On dirait que les artilleurs boches s'efforcent de faire tomber leurs derniers obus dans les entonnoirs qu'ont creusés les premiers. Ils doivent tirer sans but, pour consommer une quantité de munitions réglementaire : il suffit d'attendre qu'ils aient fini.

Cinq heures du soir. Nous sommes partis pour les avant-postes.

Nous marchons dans un layon très droit, une bande d'humus noir entre la jonchée des feuilles mortes et les nappes de mousse envahissantes. Les fourrés s'épaississent et s'enveloppent d'une pénombre glauque. Le soleil déclinant est juste derrière nous. Sa lumière coule sur notre file en marche et laisse des reflets d'or aux gamelles juchées en haut des sacs. Les têtes alignées montent et s'abaissent aux rythmes des pas inégaux.

Nous nous taisons. Nos pieds ne font aucun bruit sur cette terre moite dans quoi chaque clou laisse son empreinte. Parfois un pépiement timide se risque au travers du silence. Mais un 75, soudain, crève l'espace de sa détonation hargneuse ; et bientôt toutes les pièces tapies dans l'épaisseur des bois entonnent un chœur brutal, précipité, dont la clameur nous environne. Chaque coup se détache à toute volée, d'une violence, semble-t-il, à disloquer le canon qui le lance ; puis une vibration chantante se prolonge de vallon en vallon, très loin, peu à peu s'affaiblissant, jusqu'à se perdre dans l'essor d'une nouvelle salve. Tout ce bruit, à la longue, engourdit de sa monotonie. On ne sursaute plus aux abois des « départs ». On n'a plus dans la tête que cette espèce de mélopée interminable, qui décroît, rebondit, décroît encore puis rebondit, et finalement se fond en une rumeur immense et triste, épandue sur la terre comme une marée.

Le soir gagne. Nous approchons de la lisière. Au bord du chemin gisent des sacs crevés, des fourreaux de baïonnettes brisés. Un peu plus loin, des loques ensanglantées s'étalent sur la mousse, quelques chemises, une ceinture de flanelle, la doublure lacérée d'une veste. Plus loin encore, un cadavre apparaît, étendu de son long et la face contre la terre.

Des entonnoirs d'obus jalonnent le layon, à des intervalles presque réguliers; d'énormes racines broyées montrent leurs blessures pâles. Puis les trous d'obus se groupent, presque tous encore dans le layon, vestiges d'un tir percutant admirablement précis.

Nous nous arrêtons un peu avant d'avoir atteint la lisière, dans une clairière où quelques arbres géants attirent le regard vers les hauteurs, là où leur tête se perd dans le ciel apâli.

Il flotte une odeur de cadavres, qui par instants se fait plus lourde. A quelques pas de notre guitoune, un mort est resté assis contre un tas de fagots, dans une attitude de détente et de paix. Cet homme mangeait lorsqu'un obus l'a tué net ; il tient encore à la main une petite fourchette d'étain, son visage cireux ne trahit nulle angoisse ; à ses pieds, une boîte de singe ouverte, et une assiette de fer battu, comme je me rappelle en avoir vu, à la communale, dans le panier où les écoliers des métairies éloignées mettaient leur déjeuner, et qui portent tout autour, en relief, les lettres de l'alphabet et les chiffres.

Légère et perméable au froid, notre guitoune. Deux piquets fourchus supportant un rondin en guise de maîtresse poutre, d'autres rondins coupés au hasard, tors, inégaux, s'appuyant du bout à cette maîtresse poutre, et cela fait une maison : à peu près la charpente d'un toit posée à même le sol, et laissant voir le ciel par des interstices déconcertants. Pourtant, on a entrepris de calfeutrer cette hutte ; des mottes de gazon s'empilent, compactes, jusqu'à un demi-mètre de haut ; nous serions abrités si ce revêtement d'humus montait jusqu'au sommet.

Ce sera notre tâche de demain. Ce soir il est trop tard : voici qu'il va faire nuit. Il n'y a plus, avant de dormir, qu'à manger notre « repas froid », une tranche de boule, et le morceau de viande qu'on retire de la musette, saupoudré d'une poussière de pain desséché.

Dimanche 27 septembre

J'ai résolu d'aller voir l'adjudant, que je dois relever à la tombée du jour. Je quitte notre clairière, vers midi, emmenant avec moi un agent de liaison.

Il fait le même temps qu'hier. La brume froide de l'aube peu à peu s'est évaporée, des gouttelettes pures scintillent à l'infini sous le ruissellement de la lumière.

Oh ! oh ! tout doux... Il fait rudement clair par ici ! Je ne croyais pas la lisière si proche. Du fossé deux têtes ont émergé ; une main qui s'agitait de haut en bas, très vite, a modéré d'un coup mon allure. Courbé, rampant à demi, je gagne la ligne des tirailleurs. Une voix joyeuse et contenue m'y accueille :

— Vous v'là, mon lieutenant ! C'est assez pépère, ici ; mais faut pas qu'on s'montre, à cause des *skrapnells*... Vous cherchez l'adjudant ? T'nez, l'est là, avec Gendre et Lebret.

— Merci, Lormerin. Alors, il n'y a pas eu de casse, cette nuit ?

— Pensez-vous ! I's n'ont seulement point bougé... Dix, quinze mètres à droite, vous l'trouverez. »

J'en parcours bien cinquante avant d'arriver, marchant sur des pieds, me glissant avec des contorsions entre les soldats blottis au fossé. Enfin j'aperçois Gendre et Lebret. Gendre, qui me voit le premier, me dit en me montrant un homme étendu :

« N'lui d'mandez pas d'vous faire place. Il est mort. Y a qu'à l'enjamber. »

Puis il se penche vers le fond du fossé :

« Mon adjudant ! C'est l' lieutenant qu'est là. »

Un grognement sort de terre ; une masse de paille informe bouge, se soulève, et la tête de l'adjudant apparaît, trouant la jonchée des épis. Il semble malade, l'adjudant. La maigreur de ses joues s'est encore accusée ; une meurtrissure brune envahit ses paupières ; une sale teinte livide transparaît sous le hâle de sa face.

« Eh bien ! quoi, Roux, ça ne va pas ?

— Moi ? Je suis à bout, c'est clair. Moulu de partout, la poitrine défoncée... »

Il se lève en geignant, les mains appuyées sur les reins, s'assied sur le bord du fossé, à une place que dissimule un buisson.

« Venez vous asseoir près de moi ; je vais vous montrer. »

Devant nous s'étend une plaine en friche que ferme, au delà d'une vallée, une ligne de hauteurs sévères. Le village, Saint-Rémy, est sans doute dans la vallée, mais on ne le voit pas d'ici, seulement une ou deux fermes isolées. A gauche, les bois font un saillant prononcé qui arrête le regard. Un petit bois de sapins très dense a poussé juste au milieu de la plaine, où il écrase une tache de couleur lourde, vert opaque, étonnamment franche dans le jaune bâtard des entours.

« Il n'est pas occupé », me dit l'adjudant. « Une patrouille l'a fouillé cette nuit : tranquille de ce côté. D'ici là-bas, ça fait six à sept cents mètres. Les Boches doivent tenir tout juste les abords du patelin ; on peut bien compter quinze cents mètres d'eux à nous. On aurait donc tout le temps de voir venir s'il leur prenait fantaisie d'attaquer... Ça ne fait rien, ces sapins-là m'embêtent. On ne fera pas mal d'y envoyer quelques lascars toutes les nuits, si l'on veut éviter que ceux d'en face s'y coulent en douceur et nous tombent un matin sur le poil. »

Il lève l'index à un coup de fusil très sec, parti des lignes ennemies et suivi, à une seconde à peine, d'une autre détonation plus faible et comme plus lointaine, un écho.

« Un loufoque, dit-il, qui s'amuse depuis qu'il fait jour. Toutes les dix minutes, il envoie quatre balles vers quatre points de notre ligne. La deuxième va siffler par ici. »

Et aussitôt le coup de fusil du Boche claque. L'écho renvoie la détonation atténuée, en même temps qu'un son aigu file très haut dans l'air calme.

« Vous voyez qu'il est piqué », dit l'adjudant. « Il doit tirer sur les alouettes. Mais j'ai quelque chose d'autrement sérieux à vous signaler. Suivez-moi bien : la corne droite du bois de sapins... Vous l'avez ?... Bon. Trois doigts encore à droite, un gros buisson en boule avec quelques broussailles en avant, deux arbres isolés un peu en arrière. C'est vu ?.... Bon. Eh bien ! prenez vos jumelles, observez. Ça vous dira probablement quelque chose. »

En un instant, je tiens le buisson dans le champ, très lumineux, de mes jumelles. Je distingue facilement le dessus des feuilles, brillant et foncé, du dessous pâle et mat.

« Vous devez voir », reprend Roux, « dans la partie gauche du buisson, une espèce d'échancrure ; c'est là qu'il faut guetter. »

Il ne s'est pas encore tu que j'ai aperçu, exactement dans l'échancrure qu'il désigne, une tête coiffée d'un béret plat. Elle a surgi très vite, et disparu plus vite encore en plongeant derrière les feuilles. J'ai dit : « Ah ! » et me suis retourné vers lui, qui rit silencieusement.

« Vous l'avez vu ? » s'écrie-t-il. « Ou plutôt vous en avez vu un... Ils sont deux cachés là-dedans. Depuis ce matin que je les ai repérés, c'est comme si je les connaissais ; en tout cas, je sais à quoi m'en tenir sur leurs manigances. Celui qui s'est montré, c'est le guetteur. L'autre est assis par terre, à côté d'un téléphone de campagne. Tout ce ce que le guetteur glane en furetant des yeux est transmis *illico*. Ce soir, le téléphoniste prendra sa petite boîte sous le bras, roulera le fil sur sa bobine, et le tour sera joué. Vous pourrez envoyer au nid cette nuit : les vilains merles n'y seront plus.

— Mais pourquoi, lui dis-je, ne flanquez-vous pas une salve dans le buisson ? C'est un peu raide, de laisser ces mouchards fricoter leur cuisine à votre nez !

— Pourquoi ? Affaire d'appréciation. Si je faisais tirer sur ces deux Boches, les balles de fusants grêleraient sur nous dans les cinq minutes, et j'aurais sûrement des blessés et des tués. J'aime mieux tenir mon monde bien caché, bien tranquille, et rigoler en dedans à penser que l'autre, là-bas, se démanche le cou avec la frousse de recevoir une balle, sans découvrir un bout de capote bleue. Après tout, si vous êtes ici demain et si le buisson est toujours habité, vous ferez tirer si vous voulez ; peut-être que vous aurez raison. Aujourd'hui, je suis malade ; et avec votre permission je choisis la tranquillité.

— Soit, lui dis-je, à condition que pas un de vos hommes ne bouge aussi longtemps qu'il fera clair. Défense de fumer, bien entendu.

— J'en sais quelque chose », dit l'adjudant avec mélancolie. « Si je pouvais en griller quelques-unes, j'engourdirais mon cafard. Ping !... Pang ! Vous l'entendez, l'autre idiot qui recommence ? Allons, à ce soir, n'est-ce pas ? Je me rentre dans ma paille. »

Un percutant qui éclate dans la clairière marque mon arrivée à la guitoune. Le fourrier, de l'intérieur, me crie :

« Au moins, mon lieutenant, vous vous faites annoncer ! »

Et il tend le dos au sifflement d'une bordée qui s'annonce copieuse. Un fracas effroyable, des éclats qui strident et glapissent, qui volent devant la porte avec un « frrt » désagréable.

« Oh ! oh ! » dit Porchon. « C'est du 105, ça. On nous sert bien. »

Encore une avalanche derrière nous. Une volée d'éclats vient taper raide contre les rondins ; puis on entend un craquement prolongé, un froissement dans les hautes branches, et la chute d'un arbre qui s'abat.

Il nous faut subir un bombardement en règle. Les obus s'acharnent, crèvent les taillis, éventrent le sol et mettent à nu le terreau noir. Ils tonitruent à travers la clairière, s'éloignent, reviennent souffler sur nous, lacèrent des arbres entiers, projettent très haut des mottes énormes, bouleversent et empuantissent le hallier. Mais ils frappent à tort et à travers, comme à tâtons. Et ainsi leur colère, qui devrait être terrible, en vient à nous paraître, dans sa violence même, dérisoire.

Enfin, après qu'un dernier projectile, s'écrasant loin, a renvoyé vers nous un vol de frelons sans force, les bois retombent au silence absolu. Ce sont quelques secondes inertes, pendant lesquelles la crispation des muscles fait mal et que rythment à coups pesants les battements du sang dans les artères. Puis des têtes se lèvent par-ci par-là ; et bientôt tous les hommes s'asseyent, débouclent leur sac en riant, se mettent debout, s'étirent, s'ébrouent : c'est fini.

La nuit m'a surpris dans le layon pendant que j'allais avec mes poilus relever l'adjudant : une nuit totale sous les branches, une nuit dont l'obscurité semble palpable, et dans laquelle les yeux se fatiguent vainement à chercher autre chose que du noir. Une muraille nous entoure, qui se déplace à chaque pas qu'on fait. On tend les bras, inconsciemment, pour la toucher ; mais on ne la touche jamais, car elle recule et se dérobe aussitôt qu'on avance les doigts. Toujours hors d'atteinte, elle reste là, tout près, qui nous emprisonne.

J'arrête mes hommes près de la lisière. Les ténèbres y sont moins compactes. Du côté de la plaine, l'espace existe. Des formes de buissons qui s'estompent vaguement délivrent le regard et le reposent.

Je saute dans le fossé, où j'aperçois, en me baissant, un homme étendu. Je lui mets une main sur l'épaule : il ne bouge pas. Je le secoue, incline mon visage, touche le sien. Oh !... Une peau visqueuse, glacée, sur une chair molle. C'est un cadavre. Quel pincement au cœur ! Je l'enjambe, fais quelques pas en appelant doucement. Enfin des voix répondent à la mienne. Je marche vers elles, mes pieds froissent de la paille, je devine près de moi des mouvements invisibles : je suis au milieu des vivants.

« Quelle section ? dis-je.

— Troisième, mon lieutenant.

— Un homme avec moi pour me conduire à l'adjudant.

— Présent ! Letertre.

— Ça va. Sortons du fossé, ou nous n'en finirons jamais. »

Pendant que nous marchons, giflés par des paquets de feuilles, griffés par des branches épineuses, Letertre me demande :

« Vous n'avez pas buté sur un mort, avant d' nous trouver ?... Si ? Eh bien ! c'est not' premier point d' repère. Faut faire carrément un à-droite et compter trente à trente-cinq pas... On arrive à une chemise que nous avons étalée par terre : c'est l' deuxième point d' repère, et ça veut dire qu'i' faut tourner à peu près d'un d'mi à gauche. A c' t'endroit-là, la lisière avance ; si on marchait droit d'vant soi, on s'enfoncerait dans l' bois et on la perdrait. Tenez, v'là la ch'mise. Vous la voyez ? »

A nos pieds se révèle une tache indécise, une sorte de lueur stagnante. Letertre reprend :

« Vous m'suivez toujours, mon lieutenant ? Vingt-cinq pas d'affilée ; nous allons tomber sur un aut'e cadavre. C'est presque la fin, à condition qu'on r'prenne la droite ; y a pas dix mètres avant les copains d'la deuxième escouade. Le jour, n'est-ce pas, ça va tout seul ; on n'a qu'à marcher. Mais si on n' prenait point toutes ces précautions à la nuit, on s' perdrait cent fois dans c'te sacrée grande garce de forêt... Où c'est qu'il est, çui-là ? Ah ! je l'ai ! Détournez-vous pour ne pas marcher d'ssus... Et maintenant, mon lieutenant, on y est. Vous n'avez plus besoin d'moi ?... Bonsoir, mon lieutenant. »

L'adjudant est toujours enfoui dans sa paille. Le fidèle Lebret, qui cuisine sa popote et ne le quitte jamais, a déployé sur lui une couverture blanche trouvée au fond d'un placard, à Mouilly. J'en aperçois la pâleur dans le fossé.

« Ça m'épate que vous ayez réussi à me repérer », dit Roux. « J'ai eu tort de ne pas vous expliquer tous ces trucs pour garder la bonne direction, quand vous êtes venu tantôt. Mais j'étais mal fichu, je n'y ai pas songé. D'ailleurs, vous savez, je ne vous attendais plus. »

Il grelotte de froid et de fièvre, le malheureux. Ses dents s'entrechoquent pendant qu'il parle.

« Faites équiper vos hommes, lui dis-je ; je vais aller chercher les miens tout de suite. Mais avec la meilleure volonté du monde, je ne les placerai pas en cinq minutes. »

De la même voix chevrotante qu'accompagne le claquement des dents, il répond :

« J'aimerais autant que vous attendiez le petit jour. La nuit s'avance, mes dispositions sont prises, et après tout une place vaut l'autre. J'aime mieux rester ici encore quelques heures que de débrouiller la pagaille impossible à éviter si on risque la relève. Mes poilus sont sûrement du même avis.

— Moi aussi, vous savez. Mais c'était votre tour de passer en réserve.

— Bah ! le secteur est tranquille. Les Boches ne sortiront pas de leurs trous. Pristi ! Quelle nuit ! Il fait plus noir que dans la gueule d'un loup... Alors, à demain, mon lieutenant ?

— A demain, Roux, un peu avant l'aube. »

Lundi, 28 septembre.

Et ce matin, avant l'aube, tout le bataillon a été relevé. Nous nous sommes retirés jusqu'à la dernière ligne, à un kilomètre en arrière.

Si près des Boches encore, ce ne peut être le vrai repos ; en cas d'attaque nous subirions le premier choc avec les camarades des avant-postes. Demi-repos pourtant, et tel quel très appréciable. Cachés en pleine forêt, nous sommes invisibles même aux avions ; liberté d'aller et de venir, de flâner hors de la tranchée ; nous n'y redescendrons qu'en cas d'alerte.

Sifflotant, les mains dans mes poches, je vais jusqu'au carrefour voisin. Le capitaine Rive est là, fumant les sempiternelles cigarettes qu'il roule en des feuilles invraisemblablement longues. Il me montre un Allemand mort allongé sur l'herbe du bas-côté. On a recouvert son visage d'un mouchoir, et plié près de lui sa capote. Sa tunique déboutonnée s'entr'ouvre sur une chemise sanglante. Ses mains très blanches s'abandonnent, souples encore et presque vivantes ; elles viennent de se dénouer après les crispations dernières de l'agonie, ce ne sont pas les mains rigides de ceux que la vie a quittés depuis des heures.

« Il vient de mourir ? dis-je au capitaine ?

— Il y a cinq minutes, répond-il. On l'a trouvé dans les bois, on le portait ici au moment où nous arrivions. Il était tombé depuis trois jours, dans un assaut. Trois jours et trois nuits entre les lignes ! Il mourait de froid et d'inanition bien plus que de ses blessures, lorsqu'une de nos patrouilles l'a recueilli au petit jour. Un grand beau gaillard, n'est-ce pas ?

Oui, et de mise soignée. Le drap de l'uniforme est moins grossier que le drap de troupe. La culotte est ajustée aux genoux, les bottes de cuir fauve dessinent les jambes vigoureuses.

« Un officier ? dis-je.

— Lieutenant de réserve, probablement commandant de compagnie. Mais je n'ai eu ni le temps, ni le désir de l'interroger. Il avait demandé, en français, un officier parlant l'allemand. On est venu me chercher. Quand je suis arrivé, il était étendu au revers du fossé, les yeux virant, les lèvres bleues, moribond déjà mais entièrement lucide. Il m'a confié des papiers personnels, des lettres, et m'a prié de les faire parvenir aux siens en les prévenant de sa mort, par l'intermédiaire de la Croix-Rouge. Il m'a dicté leur adresse, m'a remercié ; et puis il a laissé aller sa tête et il est mort, sans un soupir : un homme. »

Je regagne ma tranchée, perdu dans une songerie triste. La forêt, en sa dernière et splendide luxuriance, a cessé d'exister à mes yeux. Voici la tranchée, un étroit fossé aux parois de terre verticales. Des dormeurs sont vautrés au fond... On creuse, chez nous. On creuse aussi là-bas, dans le camp des reîtres casqués, plus encore et mieux que chez nous.

Je les ai vus travailler, ces remueurs de terre. Au bord du vallon de Cuisy, j'ai observé pendant des heures, à la jumelle, des équipes de terrassiers maniant le pic et la pelle avec un entrain qui ne mollissait jamais. Dès qu'ils peuvent s'arrêter, les Boches font des trous et se fourrent dedans. S'ils avancent, ils se retranchent pour assurer le gain acquis. S'ils reculent, ils se retranchent pour tenir mieux aux poussées des assauts.

Et je vois, face à nos lignes, ces retranchements peu à peu s'étirer, escalader les collines, plonger au fond des vallées, ramper à travers les plaines, fossés profonds avec leurs parapets s'étalant au ras du sol, avec leurs fils de fer ronces tressant des réseaux barbelés en avant des mitrailleuses embusquées à leur créneau.

Nous les avons arrêtés, puis refoulés. A présent, les deux armées reprennent haleine. Pantelants de leur récente défaite, trop las désormais pour foncer à pleine force et tenter à nouveau de nous passer sur le corps, ils vont s'accrocher au sol de France qu'ils occupent encore.

Ingénieusement, méthodiquement, ils vont accumuler sous nos pas les obstacles. Ils ne laisseront rien au hasard : chaque mètre du front qu'ils tiennent pointera, braqué vers nous, un canon de fusil ; des mitrailleuses dans chaque blockhaus, des canons derrière chaque crête. Il n'y aura pas de vide, pas de point faible. Des Flandres à l'Alsace, de la mer du Nord à l'inviolable frontière suisse, un fort immense va naître, qu'il nous faudra démolir si nous voulons passer.

Quand passerons-nous ? Voici octobre, et bientôt les brouillards, les pluies. Si nous voulons durer, il faudra que nous creusions, nous aussi, que nous apprenions à nous abriter sous des toits de branches serrées, de mottes grasses imbriquées comme des tuiles sur quoi l'eau glisse sans s'infiltrer. Il faudra que nous sachions attendre sans lassitude, au long des journées grises, au long des nuits de veille qui ne finissent jamais.

Cela surtout sera dur. Lorsqu'on a faim, on serre sa ceinture d'un cran, on écrit des lettres, on rêve. Lorsqu'on a froid, on allume une flambée, on bat la semelle, on souffle sur ses doigts. Mais lorsque le cœur s'engloutit peu à peu en des marécages de tristesse, lorsque la souffrance ne vient pas des choses, mais de nous, lorsqu'elle est nous-même tout entier, quel recours ? A quoi se cramponner pour échapper à cet enlisement ? On voit, lorsque l'hiver commence, des fins de jours si lugubres !...

Deux obus qui éclatent volatilisent ma songerie. Un homme me tombe sur le dos, en criant : « Merde ! » C'est le présent qui m'empoigne, sans phrases. Vers le carrefour, des chevaux hennissent avec épouvante, des conducteurs jurent et font claquer leur fouet. Puis deux voitures grises apparaissent, virent sur deux roues en rasant le fossé, les hommes cinglant à tour de bras leurs bêtes, et s'enfoncent dans le bois avec un roulement de ferraille qu'accompagne le martèlement sonore des sabots sur la route. Ce sont nos vivres qui se sauvent au galop.

« Tout le monde dans la tranchée ! »

On ne les entend pas venir, ces fusants. Je regardais un de mes poilus qui bourrait sa pipe lorsque deux autres ont explosé sur nous : le sifflement, la grimace de l'homme et le plongeon qu'il a fait, la grêle des balles dans les branches, tout s'est confondu en une seule impression d'attaque imprévisible et méchante. C'est trop rapide, le réflexe qu'on a pour se protéger se déclenche trop tard. L'obus qui a sifflé de loin n'atteint pas. Mais celui qui tombe sans dire gare, celui-là est dangereux et effraye ; les mains restent fébriles longtemps encore après l'explosion.

Ah çà ! En aurions-nous pour la journée ? Toutes les dix minutes à peu près, deux fusants nous arrosent. Un peu plus tard, c'est une couple de percutants qui piquent du nez en faisant jaillir la terre. Toujours du 77. Du tir direct, comme au fusil, insupportable. Il faut qu'on nous bombarde de bien près pour que les obus arrivent à une vitesse pareille : je parierais qu'elles sont dans Saint-Rémy, ces deux sales petites pièces jumelles ! On les repérerait, de nos avant-postes, au premier tir. Puis, grâce à une liaison convenablement articulée, on les démolirait ou on les musellerait, en moins d'une demi-heure. Mais... je sais bien qu'elles vont aboyer jusqu'à ce que les artilleurs boches soient fatigués. Nous allons garder dans la peau cette écharde, rester jusqu'au soir les genoux au menton sans pouvoir muser sous les arbres.

Nous sommes abrutis lorsque la nuit arrive ; le dos rompu, les jambes raides. Des pierres pointues font saillie partout. L'étui de mon revolver m'entre dans les côtes, mon bidon dans la hanche, un genou de Porchon dans l'estomac. Quelle posture prendre ? Quel creux trouver ? Sortir de la tranchée pour s'étendre sur les feuilles mortes ? Le froid pénètre jusqu'aux moelles et vous tient éveillé.

Une à une, j'arrache de leur gangue quelques pierres revêches à l'excès. Je les lance, au jugé, par-dessus le parapet, allonge les bras par-dessus mon équipement que j'ai tassé dans mon giron, et m'endors, serrant mon « barda » sur mon cœur.

Mardi, 29 septembre.

Les deux sales petits canons nous ont encore cherché noise tout le jour. Mais ce soir nous venons d'évacuer le coin où tombaient leurs obus. Mouilly est déjà derrière nous.

Voici le Moulin-Bas, le ruisseau envahi de joncs, la mare aux arbres grêles et la grande ferme aux toits de tuiles, près du carrefour. Un couchant rose et froid, la fin d'une belle journée d'automne. Les lignes des hauteurs se précisent sur un ciel sans ardeur, qui s'éteint peu à peu, d'une agonie très douce. Au bout de la route, le clocher de Rupt enlève sa silhouette effilée ; et des 75 au repos dans un champ semblent des jouets délicats et soignés.

Halte au seuil du village. Des commandements passent :

« Rectifiez la tenue... L'arme au pied... »

Quelques hommes ricanent. Devant moi, en queue de la compagnie que nous suivons, un petit blond aux joues cramoisies, dont les bandes molletières déroulées empaquettent les souliers, tape sa pipe à coups légers contre la crosse de son fusil, crache une dernière fois et gouaille :

« Ça y est ! C'est d'main qu'on signe la paix. On répète la rentrée au quartier. Tendez les bretelles ! Levez la tête ! Regardez l'horloge ! Ah ! sans blague... on est en guerre ! »

L'apparition du chef de corps, à cheval, coupe net le soliloque. Pas content, le commandant :

« Aucune allure... Démarche lourde... Rien de militaire... »

Pas cadencé, l'arme sur l'épaule droite, nous entrons dans la terre promise. A chaque coin de rue une compagnie déboîte, accélère l'allure vers son cantonnement.

Cantonnement « pépère », disent les hommes. Les granges sont vastes et bien closes, gorgées de foin. La boutique de la charcutière qui vend les fromages de tête de cochon, ces fromages caparaçonnés d'une gelée d'or et si moelleux à la bouche, est au milieu de notre domaine. Et vingt mètres au-delà de la dernière maison, l'eau du ruisseau s'épand en une nappe tranquille, coulant imperceptiblement, juste assez pour ne point croupir, et dans laquelle ce sera plaisir de décrasser un peu de linge.

Nous sommes installés, les fusils s'alignent autour de l'aire, quand l'adjudant de bataillon Carrichon montre à notre porte sa barbe hirsute et sa pipe : il y a maldonne ; il faut déménager. Adieu, la charcutière ! Adieu, le Rupt !

Cette fois, nous sommes près d'une scierie. Des billes de bois, des planches débitées s'empilent hors des hangars. Ordre de placer à proximité une sentinelle, baïonnette au canon, pour aider les cuistots à combattre la tentation, mon Dieu bien explicable, de brûler à plein feu les réserves de l'usine.

« Alors, me dit Porchon, on se mobilise ? »

C'est l'habituelle chasse aux victuailles. Il y faut du flair, pour repérer les coins intéressants ; de la diplomatie, pour persuader ces paysans retors et vaincre leurs hésitations. Car ils hésitent toujours et ne lâchent pas volontiers leur bien, dans l'espoir où ils sont qu'un autre acheteur va survenir, qui leur offrira davantage.

On se renseigne entre camarades, sans jalousie :

« Là-bas, dans cette venelle, la troisième maison à gauche, il y a une vieille qui vend des œufs. »

Allons voir. Et la vieille, l'horrible, sèche comme un paquet de sarments, édentée, crasseuse, des mèches de cheveux gris dans les yeux, lève les bras au ciel et prend la sainte Vierge à témoin qu'elle n'a rien, mais rien du tout, là... Alors on dit un prix, un gros prix. C'est magique : les bras éplorés retombent ; la voix glapissante baisse d'une octave ; puis la mégère glisse à pas feutrés le long du couloir jonché de crottes de poules, courbe son grand corps en passant sous une porte basse, émerge avec précaution, cachant on ne sait quoi dans le creux de son tablier. Et quand elle est tout contre vous, six œufs à la file apparaissent dans ses doigts maigres, laiteux sur sa peau terreuse. Elle vous les coule, tièdes encore, dans les mains, au fond des poches ; et elle dit tout bas, de sa bouche aux gencives nues :

« N'faut point en causer, surtout. J'en aurai p't'être d'aut's pour vous, quand mes gélines les auront faits. Mais n'faut point en causer. Oh ! mais non là. »

Porchon a trouvé des confitures de prunes. Des confitures ?... Une marmelade de quetsches sans sucre.

« J'ai payé cette mixture sept sous le quart, me dit-il. Les cochons qui la vendaient en avaient sur leur comptoir deux grandes bassines de cuivre toutes pleines. Quart par quart, elles se sont vidées en une demi-heure. »

Les voleurs ! Cela nous promet de beaux jours.

Nous dînons chez une vieille Alsacienne, toute petite, rose et ratatinée, coiffée d'un bonnet rond très blanc, si blanc que jamais encore, dans la Meuse, je n'en ai vu d'aussi gaiement joli. Un carrelage de briques lavé de frais, net et rouge comme la peau d'un visage après des ablutions d'eau froide ; des meubles qui luisent, comme luit sur notre table la toile cirée brune.

Le dîner achevé, dans un coin, j'essaie une ribambelle de godillots que le cycliste a « levés » je ne sais où. Le choix est ardu : ceux-ci sont trop larges, ceux-là sont trop longs, d'autres sont déjà usés, d'autres révèlent une entaille sournoise cachée le long d'une couture. Je jette enfin mon dévolu sur une paire de souliers à semelles débordantes, carrés, cloutés de neuf, et dont le cycliste m'a dit :

« J'vous les garantis six mois sans ressemelage, mon lieutenant. I's vous mèneront au bout de la campagne, pour sûr ! »

Je réponds : « Amen. »

Et nous sortons, Porchon et moi, bras dessus bras dessous.

La nuit n'est pas très obscure. Une brume pâle dort sur les prés. Une ligne de saules onduleuse dessine au-dessus d'elle le cours du ruisseau qu'elle voile.

« Où me mènes-tu ? demande Porchon.

— Attends un peu ; tu vas le savoir. »

Nous marchons silencieusement. Parfois nos pieds s'enfoncent dans des cendres cotonneuses et réveillent quelques braises assoupies.

« Point de direction, la maison isolée, dis-je. Il y a un escalier avec une rampe de fer. Cramponne-toi, mon vieux, tu vas voir ce que tu vas voir. »

Et je gravis en trois sauts les marches de pierre, je frappe à la porte ; des voix d'enfants piaillent, un pas sonne sur le plancher, et la porte, en s'ouvrant, nous enveloppe d'une bouffée d'air tiède.

Nous sommes dans une cuisine enfumée, qu'une seule chandelle posée sur la table éclaire à peine. Des chaussettes suspendues le long d'un fil de fer, des langes, des mouchoirs à carreaux sèchent au-dessus d'un fourneau. De-ci, de-là, quelques chaises bancales s'égarent, toutes encombrées de choses hétéroclites, une cuvette, un pantalon, une pile d'assiettes sales. On écrase sous ses semelles des choses molles, des débris de nourriture sans doute, ou quelque chique crachée là.

L'hôte, un homme jeune encore, malingre, squelettique, le visage blafard, la moustache et les cheveux d'un blond éteint, nous offre sa main d'un geste las, une main de tuberculeux qui fuit sous l'étreinte. On en sent à peine les os ; on a l'impression que ce sont des cartilages ; et, lorsqu'une fois on l'a lâchée, la moiteur vous en reste collée à la peau.

« On vous attendait, dit l'homme. Ma femme vous a préparé ça dans l'coin là, contre les sacs de son. »

Et la femme, blonde aussi, mais pansue, boursouflée, quitte sa chaise proche du fourneau, secoue trois ou quatre mioches pendus après elle et va chercher la chandelle qui continue à baver sur la table.

On y voit clair. Le long de la muraille plâtrée qui s'écaille, des sacs sont alignés, sur deux côtés. Contre ces sacs, la matrone a fait une litière de paille toute fraîche, abondante, et partout d'égale épaisseur. Sur la litière elle a mis un matelas de plumes, un traversin, des couvertures, et des draps.

Cette fois nous avons des draps, un vrai lit, un lit complet. Nous allons nous fourrer entre deux draps, déshabillés, en chemise, rien qu'avec nos chemises sur le corps. Je regarde Porchon du coin de l'œil. Il a une bonne figure attendrie. Et soudain il se tourne vers moi, met la main sur mon épaule, et, me regardant bien en face, à larges yeux affectueux, il dit :

« Chameau ! »

Notre coucher, ce soir-là, fut une belle chose. Dévêtus en un tour de main, nous avons plongé aux profondeurs de notre lit. Tout de suite il nous a pris, de la tête aux pieds, d'un enveloppement total et doux. Et puis à notre tour, petit à petit, en détail, nous avons pris possession de lui. Notre surprise ne finissait pas : à chaque seconde c'était un ébahissement nouveau ; nous avions beau chercher, de toute notre peau, un contact qui fût rude ou blessât, il n'était pas un coin qui ne fût souplesse et tiédeur. Nos corps, qui se rappelaient toutes les pierres des champs, toutes les souches qui crèvent le sol dans les bois, et l'humidité grasse des labours, et l'âpre sécheresse des chaumes, nos corps meurtris, les nuits de bivouac, par les courroies de l'équipement, par les chaussures, par le sac bosselé, par tout notre harnachement de nomades sans abri, nos corps à présent ne pouvaient s'habituer assez vite à tant de volupté reconquise en une fois. Et nous riions aux éclats ; nous disions notre enthousiasme en phrases burlesques, en plaisanteries énormes, dont chacune provoquait à nouveau des rires qui n'avaient pas de fin. Et l'homme blond riait de nous voir rire, et sa femme riait, et les gosses riaient : il y avait du rire plein ce taudis.

Puis la femme est sortie doucement. Lorsqu'elle est revenue, elle ramenait avec elle cinq ou six villageoises d'alentour. Et toutes ces femmes nous regardaient rire, dans notre grabat ; et elles s'ébaubissaient en chœur de ce spectacle phénoménal : deux pauvres diables de qui la mort n'avait pas encore voulu, deux soldats de la grande guerre qui s'étaient battus souvent, qui avaient souffert beaucoup, et qui déliraient de bonheur, et qui riaient à la vie de toute leur jeunesse, parce qu'ils couchaient, ce soir-là, dans un lit.

Mercredi, 30 septembre.

Quelle gaîté, ce matin, sur le vallon d'Amblonville ! Un soleil tempéré, un ciel intensément bleu, avec quelques petits nuages blancs qui flânent. Près de moi, à flanc de pente, mes hommes creusent une tranchée. Je les ai fait monter presque au sommet, là où l'argile laisse place au calcaire. Leur tâche est facile ; les pics détachent de grandes plaques de pierre tendre, qui adhèrent à peine les unes aux autres et se délitent d'une seule pesée.

Tout en bas, dans un pré, au bord d'un ruisseau, les cuistots ont allumé leurs feux. Autour des marmites, que couronne une fumée légère, c'est un fourmillement de petits bonshommes bleus et rouges. Mais tout cela est si nettement éclairé qu'en fixant mon attention, tour à tour, sur chaque détail de l'ensemble, je puis nommer tous ces pygmées.

A quelques mètres du ruisseau, car les seaux de toile sont lourds quand ils sont pleins jusqu'aux bords, Lebret tient ses assises. L'adjudant est accroupi près de la flamme, et Gendre, déséquipé, en veste courte, monte un équilibre en force et marche sur les mains.

Au milieu du pré, je vois très bien les cuistots de ma section. Celui qui, à quatre pattes, souffle sur le bois vert et disparaît à demi dans la fumée, c'est Pinard, barbu entre les barbus de la compagnie, Pinard qui grogne toujours et qui toujours travaille comme quatre. Et cet autre, le courtaud qui se penche vers les plats avec sollicitude, c'est Fillot, le caporal d'ordinaire, surveillant quelque fin morceau, un rognon ou une cervelle, mis à part selon le rite avant la distribution aux sections.

Plus à droite, de l'autre côté d'un chemin qui descend de notre colline et qui va rejoindre la route, le capitaine Rive, assis sur un tronc d'arbre, dessine on ne sait quoi par terre avec la pointe de son « pic » en causant avec le docteur qui se tient debout près de lui. Derrière eux, une charrue renversée rouille au milieu d'un labour.

J'ai soigneusement aiguisé mon crayon, et, m'appuyant sur mon liseur comme sur un pupitre, je griffonne en hâte quelques bouts de lettres. Deux mots seulement : « Bonne santé ; bon espoir. » Je ne veux pas me laisser aller à dire ce que j'ai dans le cœur. Et quand je le dirais ? Quand je répéterais, encore et encore : « Ecrivez-moi. Je n'ai rien de vous depuis que je me bats. Je me sens seul, et c'est très dur... » Ils m'écrivent chaque jour, je le sais. Pourquoi les décevoir, les peiner ? Il faut attendre, attendre, en m'efforçant de garder intacte la confiance dont j'ai besoin, et qui jusqu'à cette heure ne m'a jamais abandonné. Et mon crayon court, rapide, redisant les mots banals qui pourtant sont les mots attendus : « Bonne santé ; bon espoir. »

J'ai fini ; ma main s'arrête. Mais la tristesse que je viens de taire demeure en moi et peu à peu grandit, en même temps que le dangereux désir de l'épuiser tout entière.

Je me suis levé ; j'ai descendu la pente en courant, en franchissant les talus d'un saut. Et je vais de cuisine en cuisine, interrogeant, bavardant, regardant au fond des plats.

« Mon lieutenant ! Mon lieutenant ! »

Presle surgit, essoufflé comme s'il m'avait poursuivi.

« C'est vous que j'cherche... Y a un cycliste qui vient d's'amener du patelin. On vous d'mande au bureau d'l'officier-payeur. »

Chez l'officier-payeur ? C'est vrai, le mois finit aujourd'hui.

Je suis content que l'occasion me soit donnée de cette promenade solitaire. Je vais sur la route à pas rapides, m'amusant à suivre les vols courts des alouettes qui picorent le crottin. Elles me laissent approcher, assez près pour que je distingue leur œil noir, leurs pattes fines et la huppe qui les coiffe. Puis elles s'aplatissent, gonflant leurs plumes, toutes rondes, et s'enlèvent d'un vif coup d'ailes au moment où je vais les atteindre. Elles ne vont pas loin : légères, elles descendent au milieu d'un champ, se juchent à la crête d'un sillon ; la tête de côté, elles m'observent. Et, lorsqu'elles me jugent assez loin, elles revolent tout droit vers la route, se posent, dans un sautillement élastique, juste à la place d'où je les ai chassées, et recommencent à fouiller du bec les crottes sèches.

Il est midi lorsque, ma solde en poche, je sors de chez l'officier-payeur. Ma promenade m'a donné faim. Mais la perspective de retourner au vallon pour y manger, déjà refroidies, les traditionnelles grillades enfouies aux profondeurs du « riz au gras » grumeleux, ne m'inspire aucun enthousiasme. Je voudrais déguster à mon aise un mets délicat, un mets vraiment savoureux et rare. Ma liberté de ce matin, l'indépendance relative dont je ne jouirai plus que de rares instants ont en soi quelque chose d'assez singulièrement précieux pour que j'aie le désir de les mettre à profit, de les matérialiser par un acte également singulier, grâce auquel je sentirai mieux ce prix. Et puisque m'est venu cet appétit de fines nourritures, je vais essayer de faire, tout seul, un déjeuner exceptionnel.

J'ai eu de la chance. Une maison blanche, à la façade ensoleillée, m'a tout de suite attiré. Près du seuil, sur un banc de bois, un vieux se chauffait dans la claire lumière. Nous nous sommes entendus sans peine. Il m'a fait entrer dans une cuisine très propre ; et, sur une flambée de sarments, sa bru a fait cuire une omelette au lard que je n'oublierai jamais. Puis, montant sur une chaise, elle a décroché du plafond un jambon fumé qu'elle a entamé pour moi.

Je mangeais avec gloutonnerie. J'avais à portée de ma main une miche de pain frais dont je me taillais, souvent, de larges tranches. Et le vieux, souvent aussi, emplissait mon verre de vin de Toul, rosé, pétillant et sec. Le jambon rutilait sur mon assiette ; et devant moi, près de mon verre où se jouaient des bulles, des confitures de mirabelles, dans un pot de grès, semblaient de l'or translucide.

Quand j'eus fait au vif du jambon une entaille généreuse, quand j'eus vidé à moitié le pot de confitures, je bourrai ma pipe et l'allumai avec une espèce d'orgueil : c'était moi qui venais de faire un déjeuner pareil. Les yeux mi-clos, je regardais la fumée bleue monter lentement vers les solives, engourdi de bien-être physique, évoquant avec acuité les camarades, là-bas, dans le vallon. avec leurs fades grillades et leur riz au gras figé. Et tout mon être se noyait dans une satisfaction immense, à quoi se mêlait, la faisant perverse, un remords.

Jeudi, 1er octobre.

Nous avons eu une surprise, hier soir, en rentrant au cantonnement : la musique régimentaire, sur la place du village, a joué à pleins cuivres des pas redoublés et des valses lentes. Nous débouclions nos sacs à la porte des granges lorsque retentirent les premiers flonflons. Moins d'une minute après, le premier « bruit » prenait son vol : le centre allemand était enfoncé. Encore une minute, nous avions fait quatre-vingt mille prisonniers. Lorsque j'arrivai sur la place, les Russes entraient à Berlin. Une commère, devant la scierie, m'annonça en grand mystère « que Guillaume était mort d'un coup de sang, mais qu'on ne le dirait que demain. »

Renseignements pris, il apparaît maintenant que ce concert n'a célébré nulle joie nationale, mais qu'il trahit, chez notre commandant, un souci. La décision quotidienne, qu'on me remet ce matin au départ, achève de me désabuser. J'y lis que « l'allure du régiment est lourde », qu'elle « se ressent des séjours prolongés dans des régions boisées où l'homme a trop de tendances à revenir à l'état de nature », et qu' « il faut, de toute nécessité, retourner progressivement à une vie plus saine ». Et donc une saine ration de musique, pas redoublés et valses lentes, a réendormi en nous l'ancestrale sauvagerie qu'y avait réveillée la guerre.

Et ce matin, au petit jour, nous avons quitté le village pour bientôt nous replonger, hélas ! au cœur de ces régions boisées où l'homme devient un loup pour l'homme.

Il y a du brouillard ; la tête du bataillon disparaît dans cette épaisseur blanche. Amblonville, Mouilly, puis un ravin à pic. On s'arrête. Sur une pente où nous sommes, des arbustes vivaces, des noisetiers, des merisiers, des chênes nains. Au fond du ravin, un lac d'herbe restée drue malgré l'automne, où des trous d'obus serrés font comme de minuscules archipels. Sur la pente opposée, un bois de sapins clairsemés.

Le brouillard s'est dissipé : le ciel prodigue sa lumière. Distraitement, je regarde quelques-uns des nôtres qui flânent en face, parmi les sapins. Il y en a trois, assis, qui jouent aux cartes en fumant. Deux autres, debout derrière eux, suivent le jeu et commentent les coups. Et un peu plus haut, volontairement à l'écart sans doute, un homme à plat ventre, la tête dans ses mains, s'absorbe dans une lecture en pliant alternativement les jambes, d'un mouvement lent et machinal.

Je regardais, et j'ai vu cette chose dans toute sa brutale horreur : un percutant a franchi la crête, nous a frôlés de si près qu'il nous a semblé sentir son glissement sur notre peau, et il est allé tomber en plein dans le groupe paisible des joueurs de cartes. Nous les avons entendus crier. Puis nous en avons vu deux qui se sauvaient avec des gestes fous. Une fumée noire se traînait aux lèvres de l'entonnoir. Elle y a stagné longtemps, ne s'est effilochée que peu à peu, lambeau par lambeau. Quand enfin elle eut disparu toute, un buste se révéla qu'enveloppaient des loques sanglantes et qui pendait, accroché aux branches d'un sapin. Par terre, un blessé gisait près des jambes de son camarade; et il appelait en se tordant les bras. Les brancardiers ont couru de toute leur vitesse.

Maintenant les voici revenir vers le fond du ravin, portant le blessé sur une civière ; derrière eux un sillage courbe les hautes herbes. Et pendant qu'ils gagnent la route, d'autres qui sont restés là creusent une fosse à la place même où l'obus a frappé. Quelques minutes, ils ont fini : point n'est besoin d'un grand trou pour recevoir ces morceaux d'homme. Je les vois descendre de l'arbre l'affreux débris, le mettre au fond du trou, puis les jambes ; et la terre retombe, à lourdes pelletées.

Deux branches en croix, un nom, une date. Comme c'est simple ! Quand nous serons partis, demain, dans quelques jours, d'autres soldats viendront, comme nous insouciants sous la perpétuelle menace de mort. Et peut-être qu'auprès de cette tombe creusée par un obus, des joueurs s'assoiront en cercle sur la mousse, et jetteront leurs cartes, avec des rires, dans la fumée bleue des pipes.

Vendredi, 2 octobre.

Envoyé à Mouilly, tout seul. Je suis chargé de tenir la main à la propreté du village, de veiller à l'enfouissement des détritus, de débusquer les fricoteurs cachés dans les maisons.

J'ai accompli en conscience cette triple mission de cantonnier, de boueux et d'agent de police. J'ai constitué des équipes, attribué à chacune un secteur, mesuré à chacune sa tâche. J'ai lancé des patrouilles, et j'ai déambulé moi-même par les rues.

Les résultats sont magnifiques. Les os, les boîtes à singe vides, les fonds de plats ignobles, tout a disparu sous terre. On a épousseté la chaussée avec des balais de genêt. Le village n'a jamais été aussi net, même avant la guerre. On sent qu'une sollicitude l'a transformé. Et les toits effondrés, les brèches ouvertes dans les murs en apparaissent moins désolants.

Au lavoir, une dizaine de soldats agenouillés côte à côte, penchés vers l'eau savonneuse, nettoient leur linge avec une application muette.

« Ho ! Pannechon ! Ça avance ? »

Pannechon sursaute. Toujours à genoux, s'appuyant des deux mains sur la planche inclinée, il tourne la tête et me voit.

« Oui, mon lieutenant. J' n'ai plus que c' gilet d' flanelle à faire propre. J'ai tout mis sécher à la maison, dans l' placard qu'est derrière la ch'minée. »

« La maison », c'est celle qui nous abrita la nuit dernière. En veine d'assainissement, j'y ai fait laver la vaisselle empilée sur les chaises et le lit, essuyer la huche empoussiérée, gratter avec un morceau de verre la table maculée. J'ai repoussé à fond les tiroirs qui béaient, rangé sur les planches de l'armoire, du mieux que j'ai pu, des chemises de toile rude qu'on n'avait pas encore chapardées, une redingote, une robe verte, quelques foulards de coton. Pannechon, lorsqu'il est rentré, a tendu un drap devant la fenêtre. Ainsi on ne voit pas les châssis sans vitres ni les trous d'obus dans les prés.

Maintenant que, la porte fermée, je suis seul avec lui et Viollet, un brave garçon taciturne et dévoué, je n'éprouve plus la navrante impression qui toujours me serre le cœur au spectacle des demeures violées. Celle-ci, pour un temps, s'est close à l'intrusion des passants. Elle se recueille, au calme. Je veux que ce calme ne soit point troublé. Assis devant la table, fumant ma pipe, j'écris, je note des souvenirs. Ma plume trotte ; ma pipe tire bien. De temps en temps, un coup de canon assourdi fait vibrer les murs et pousse à l'intérieur de la chambre le drap qui bouche la fenêtre. Je l'entends à peine. Mais les craquements du bois qui brûle dans l'âtre attirent mon attention, la retiennent. J'aime ce pétillement du feu, et l'ascension dansante des flammes. Pannechon et Viollet, assis près des chenets, se font vis-à-vis sous la hotte de la cheminée. Pannechon a embouché le long tube de fer que terminent deux branches recourbées en forme de lyre, et, les joues gonflées, souffle à pleins poumons sur les bûches. Viollet, avec la lame de son couteau, recouvre quelques oignons de cendres brûlantes. Le jour décroît. Les choses s'assoupissent peu à peu dans le crépuscule paisible. Les canons se taisent. Il semble que le balancier de l'horloge comtoise va reprendre vie, et doucement se remettre à rythmer, dans sa gaine, les secondes sans fièvre.

Tout à coup, Pannechon bondit, repousse sa chaise qui se renverse avec fracas. Il se précipite dans la pièce voisine. Il crie :

« Le feu ! Y a le feu ! »

Nous courons, nous nous heurtons tous trois au passage de la porte. Une fumée âcre nous enveloppe. Nous hoquetons, toussons et pleurons.

« La pompe ! Un seau de campement ! Hop ! »

La pompe crache, le seau s'emplit ; des cataractes ruissellent sur l'incendie. La fumée tord des volutes épaisses ; des sifflements s'éveillent chaque fois que les paquets d'eau s'écrasent. Nous toussons à en vomir.

— Hardi ! Hardi ! »

La pompe halète, crache de travers. Nous pataugeons dans une mare noirâtre, nous écrasons mutuellement les pieds. Mais peu à peu les volutes de fumée s'amincissent, l'air devient respirable, nos yeux sèchent. Je dis à Pannechon :

« Va chercher la chandelle à côté, qu'on se rende compte. »

L'enquête est brève : il n'y a point de maçonnerie derrière la plaque de la cheminée. Cette plaque, à l'opposé, formait le fond d'un placard à portes de bois où l'on mettait le linge à sécher. Elle est disjointe : des flammes ont passé par les interstices et mis le feu aux portes du placard. Alors... le linge qui était là-dedans ? Est-ce un désastre ?

Pannechon rit ; Pannechon est content :

« Ah ! mon lieutenant ! J' peux dire que j'ai eu du nez ! J'venais d'l'enlever, not'e linge, quante ça a pris ! Tout était sec, fin sec... A part une vieille paire de chaussettes encore mouillées, qu'j'avais laissées... T'nez, les v'là : un p'tit bout d'charbon. C'est elles qui fumaient comme ça, pardi, avec deux ou trois chiffons qu'on avait oubliés dans l' fond de c' foutu truc-là. »

Samedi, 3 octobre.

Des lettres ! Quarante à la fois ! Et le vaguemestre m'en annonce d'autres !

Je me suis plongé dans cette manne. J'ai lu, lu voracement, jusqu'à en être ivre. Je prenais au hasard dans le tas, je frottais mes doigts au papier, déchirais les enveloppes d'un coup sec, et toutes les lignes m'entraient ensemble dans les yeux : que c'est vite lu, quarante lettres !

Je les relis, lentement, ligne à ligne, comme on boit à petites gorgées une liqueur capiteuse dont la saveur ne blase point le palais. Mais je ne subis plus ma lecture. Tout à l'heure, une houle m'emportait. Maintenant, je veux choisir.

Et de toutes ces lettres je ne garde que quelques-unes. Mais de celles-là, les plus courageuses, chaque mot m'est une joie ou une force. Elles sont celles que j'attendais, que j'appelais. Elles sont à moi, elles me restent. Je les retrouverai à chaque appel, tout de suite, après avoir appelé si longtemps en vain. Désormais, avec elles et par elles, je suis sûr de moi-même.

Nous sommes depuis l'aube dans le ravin aux pentes abruptes, dont le fond herbeux est si doux à l'œil. Il fait beau. Une batterie allemande bombarde un point que nous ne voyons pas. Ses obus filent au-dessus de nous, très haut, avec un chantonnement bizarre qui accompagne comme en sourdine l'habituel froissement dont l'air gémit au passage des lourdes choses.

Et les anciens plaisantent, parce que des recrues qui viennent de rejoindre lèvent la tête d'un mouvement brusque, et cherchent des yeux, longtemps, l'obus qui ronronne là-haut.

« All's éclatent pas, leurs marmites. On nous l'a dit.

— Ah ! la ! la ! penses-tu...

— Tais-toi, ballot ! Tu veux leur faire peur. »

Et c'est un homme de bon sens qui conclut :

« Laissez-les dire et attendez d'voir. Ça n's'ra pas long. »

Certes, car nous partons pour les avant-postes, au bois Loclont. Une marche d'approche qui est un plaisir. Pas de canonnade ; des coups de fusil claquant on ne sait où, très clair, sans qu'on entende siffler une balle. Nous nous suivons, à la queue leu leu, dans un de ces chemins moites où la lumière se teinte de vert en coulant à travers les feuilles. Porchon s'amuse à lâcher à l'improviste les branches flexibles qui l'obstruent, pour qu'elles me giflent au passage. D'un saut je suis à son côté, hors d'atteinte.

« Tu as vu, lui dis-je, le capitaine Maignan ? Il est revenu avec une joue encore enflée. Sa plaie n'est pas cicatrisée, il garde une compresse dessus.

— Oui, je l'ai vu. En voilà un qui n'exploite pas ses blessures !

— Dis donc, et ces renforts... Bonne impression ?

— Oui... Oui. »

Porchon me répond d'une voix molle. Il semble préoccupé.

« Voyons, lui dis-je, qu'est-ce qui t'inquiète ?

— Trop de gradés, je trouve, dans ces contingents nouveaux ; presque rien que des sergents et des caporaux. Que vaudront-ils au feu ? Si peu avare qu'on soit de sa peine, on ne peut pas être partout à la fois. Et c'est naturellement quand tu maintiendras la gauche que la droite lâchera, si elle doit lâcher... Je regrette bien que Roux ait été évacué.

— L'adjudant est évacué ?

— Oui, d'avant-hier. Et probablement pour longtemps. Il était vidé à fond. C'est un bon chef de section perdu. »

Deux coups de canon presque simultanés, très violents, nous font sursauter. Ce sont deux départs ; mais à coup sûr ce n'est pas du 75 qui a tiré, ni du 105. Où sont les pièces ? On ne les voit pas. A trente mètres devant nous, des artilleurs vont et viennent. Nous approchons, et soudain, presque sous notre nez, j'aperçois deux canons noirs, d'aspect fruste, admirablement dissimulés sous une jonchée de branches menues. Au même moment, une double détonation éclate, formidable, abrutissante. L'air m'a comme souffleté, mes oreilles tintent douloureusement. Un artilleur me crie en riant :

« Eh bien ! mon lieutenant, vous les avez entendus, nos 90 ? »

Ah ! parfait, c'est du 90. Un de mes hommes commente avec aigreur :

« Belle saloperie ! En voilà des mecs qui installent, avec leurs machines à bouzin ! »

Nous sommes en plein couvert. Tous se taisent, en proie à l'impression particulière que cause le voisinage du Boche. Que ces bois sont épais ! Sous les grands arbres, qui étalent leurs rameaux à vingt mètres du sol, les taillis s'ébouriffent en un fouillis exubérant. Ils débordent par-dessus le chemin, se lancent au vide, s'agrippent branche à branche. Flexibles et drues, toutes ces branches ont l'air de pousser sous nos pas. Il faut les écarter de la main, sans cesse. Des ronces griffues tendent leurs lacets et font perdre l'équilibre.

A droite, à gauche, si profond que puisse fouiller le regard, du vert, rien que du vert : verte la mousse, d'un vert frais, velouté ; verte l'écorce des vieux arbres, d'un vert malsain de moisissures ; vertes les feuilles innombrables qui miroitent et changent de nuance aux caprices de la lumière et des souffles qui passent ; vertes aussi les premières feuilles que l'automne a touchées, celles qui penchent, prêtes à se détacher, celles qui déjà ont glissé à terre et dont l'or pâle semble vivre encore d'une flamme verte qui va s'éteindre.

Et je lève la tête, en marchant, pour chercher des yeux le bleu du ciel, du plein ciel que je sais là-haut, splendide et serein sur le frémissement des bois, derrière l'impitoyable lacis des branches.

Nous sommes presque tombés dans les tranchées. Brusquement, elles se sont ouvertes devant nous. Des hommes ont montré leur tête au ras du sol, puis se sont hissés hors du fossé profond en s'aidant de leurs fusils. Et la relève s'est faite au plein jour, très vite et sans bruit.

Ce sont de bonnes tranchées, creusées droit dans le calcaire, avec des parapets très bas étayés de clayonnages. Un toit de feuilles les couvre, qui rejoint presque le parapet, ménageant seulement une étroite embrasure par laquelle nos hommes peuvent voir, tout en restant dissimulés.

Ils ne verront pas loin : le champ de tir s'étend jusqu'à six mètres de nos fusils, dix mètres là où il est le plus large. Dans cette zone, c'est un enchevêtrement inextricable d'arbustes coupés. Au delà les fourrés recommencent, aussi épais que derrière nous, plus redoutables de tous les Allemands qui s'y cachent.

Pourtant, si dérisoires que soient ces abatis, je leur sais gré de l'étendue qu'ils nous rendent. Grâce à eux, je puis voir où nous sommes : le terrain descend d'une pente assez rapide, pendant une centaine de mètres, puis remonte loin, jusqu'à une crête qui ferme l'horizon, à un kilomètre à peu près.

Sur ce versant, les taillis étalent leur pullulement, dominés par les grands arbres qui se haussent d'un jet au-dessus de cette cohue moutonnante, pour épanouir leur tête au libre espace. Le soleil qui décline épand une nappe de rayons fauves qui font plus rousses les feuilles des hautes branches. Et tandis qu'oppresse ma poitrine l'odeur grasse des bois qui touchent la terre, des bois glauques qui plongent leurs racines à même l'humus noir, mes yeux ne se lassent point, avant que la nuit éteigne les couleurs, de contempler les bois qui touchent le ciel, les bois légers qui frémissent à la lumière et que fait splendides, au crépuscule, ce ruissellement d'or automnal.

Dimanche, 4 octobre.

Porchon est rasséréné. Pendant que nous piquons à la pointe de nos couteaux, dans la même boîte peinte en bleu, des pelotes de singe, il émet des considérations apaisantes :

« Quand nous sommes arrivés ici hier, mon vieux, je t'avoue que j'ai eu froid dans le dos. C'était un coupe-gorge, ce coin-là. Mais je me suis promené, j'ai fait la connaissance de tout le secteur ; et au retour, j'étais aussi tranquille que j'avais été inquiet. Tu as essayé d'avancer dans le fourré ?

— Oui.

— Et tu as été loin ?

— J'ai renoncé à avancer au bout de quelques pas.

— Naturellement. Dans ces conditions, je n'ai eu qu'à m'en tenir aux consignes : faire garder les layons et envoyer des patrouilles de temps en temps... Alors, qu'est-ce que tu veux, je nous souhaite seulement une nuit aussi calme que la dernière, une journée de beau temps comme celle-ci, et le retour au patelin pour dîner,

Le pat'lin de mon rêve où je couch' dans un lit.

« Fais pas attention, j'ai le génie de l'improvisation. En attendant, vieux, mes petites prévisions nous mènent en douceur jusqu'au 8. Après comme après. Mais c'est déjà une belle chose, conviens-en, d'avoir quatre jours devant soi.

— Touche du bois ! lui dis-je, malheureux ! Nous n'y sommes pas encore, dans notre lit. »

L'arrivée d'un caporal-fourrier interrompt notre bavardage : il faut qu'un de nous deux aille tout de suite au poste de commandement du bataillon pour y recevoir des instructions.

Et me voilà parti, derrière l'agent de liaison qui me montre le chemin.

Le poste de commandement est à un carrefour presque spacieux. Une allée forestière le coupe de sa perspective. Comme le soleil, à cette heure, se trouve juste au-dessus d'elle, on dirait une avenue éclatante frayée d'un coup au cœur de la forêt. La compagnie de réserve est là ; mais pas un soldat ne se montre. Lorsqu'on est tout près, on aperçoit des têtes qui bougent au ras d'un fossé, dans l'ombre d'un toit de branches pareil au nôtre, là-bas. Et malgré moi, je me demande quelle folie pousse ces malheureux à se tapir au fond d'un trou, quand ils pourraient surgir d'un bond dans la tiède clarté qui me baigne, où je chemine librement, seul à prendre ma part d'une joie qu'ils semblent dédaigner.

Nous nous sommes trouvés réunis, quelques camarades et moi, à l'entrée de la hutte à claire-voie sous laquelle le capitaine Rive, malade, était couché. On redoutait une attaque allemande. En conséquence, telles dispositions seraient prises avant la nuit. J'ai noté sur mon carnet de poche, paragraphe par paragraphe ; et, après quelques recommandations d'ordre général, nous sommes partis chacun de notre côté.

J'approchais de nos tranchées, musant dans le layon, regardant les ronds de soleil trembler sur la mousse, lorsqu'un son étrange m'a cloué sur place. C'était un chant léger, aérien, transparent comme le ciel d'où ses ondes venaient vibrer jusqu'à nous. Il avait des ailes, ce chant ; il planait très haut, bien plus haut que le faîte des grands arbres, plus haut que les trilles de l'alouette. Il y avait des moments où il semblait s'éloigner, faiblissant, perceptible à peine ; puis il reprenait, plus net, toujours limpide et presque immatériel. Un souffle de vent s'enfla, courut sur les feuillages ; et avec lui volèrent jusqu'à nous, très vite avant de s'être dispersés à l'étendue, quelques tintements bien détachés qui firent battre mon cœur à coups violents : c'étaient les cloches d'un village qui sonnaient.

Et je restai là, immobile, écoutant la chanson des cloches éparse sur ces bois où des hommes s'épiaient les uns les autres, jour et nuit, et cherchaient à s'entre-tuer.

Pas de tristesse pourtant. La chanson des cloches n'est pas triste. Des hauteurs du ciel où elle sonne, elle s'épand largement sur la terre et sur les hommes. Les Allemands, dans leurs tranchées, l'entendent comme nous l'entendons. Mais elle ne dit pas, à eux, les mêmes choses qu'elle dit à nous.

A nous, elle dit :

« Espérez. Je suis, tout près de vous, la voix de tous les foyers que vous avez quittés. A chacun de vous j'apporte l'image du coin de sol où son cœur est resté. Je suis, contre votre cœur, le cœur du pays qui bat. Confiance à jamais en vous, confiance et force à jamais. Je rythme la vie immortelle de la Patrie ! »

A eux, elle dit :

« Insensés, qui croyiez que la France pouvait mourir ! Ecoutez-moi : sur la petite église dont les vitraux en miettes jonchent les dalles, le clocher est resté debout. C'est lui qui m'envoie vers vous, allègre et moqueuse. Je vis... Je vis... Quoi que vous ayez fait, je vis. Quoi que vous fassiez, je vivrai ! »

La nuit. Tout à l'heure des lettres me sont venues. Une des enveloppes m'apportait un chagrin. Je sais maintenant qu'un ami que j'avais est tombé sur un champ de bataille.

Et j'accueille la nuit. Je l'aime de toute son obscurité. Et aussi de son silence. Près de moi, parfois, un mouvement furtif révèle que des hommes sont là, qui veillent. Rien d'autre. Pas de fusillade, même lointaine. Les yeux ouverts dans l'ombre, j'évoque avec ferveur le visage vivant de mon ami. Je le retrouve, avec son front volontaire, ses yeux clairs au loyal regard, et sa bouche un peu dédaigneuse sous la moustache coupée droit.

Une torpeur m'engourdit, mes tempes bourdonnent. C'est comme une sorte de murmure, très bas, très flou. J'écoute ce bourdonnement du sang où je retrouve une voix vivante, avec son timbre, sa gravité un peu chantante. Elle monte dans l'ombre qui m'enveloppe et m'isole, du fond du passé ranimé.

« Mon lieutenant ? »

C'est un appel rauque, à quoi je sursaute.

— Qu'est-ce qu'il y a ?

— Vous entendez, sur la gauche, cette fusillade ? »

Fusillade ?... C'est vrai, le bois, la nuit, les avant-postes, l'attaque dont on nous a parlé... Des sensations m'envahissent, impétueuses : quelques étoiles brillent à travers les feuilles, il fait froid, une branche craque ; et, quelque part à notre gauche, un roulement continu soulève et prolonge un écho d'un bout à l'autre du ravin. Est-ce qu'on se bat, à côté de nous ? Est-ce l'attaque ?

Je sors de la tranchée ; puis, à pas lents, je vais d'un bout à l'autre de la ligne. Mes hommes sont tous debout, attentifs, le fusil appuyé déjà sur le parapet ; les gradés sont à leur place ; nous sommes prêts.

Alors, en tâtonnant, je m'engage dans l'étroit passage ménagé parmi les abatis, vers l'avant. Le layon est au bout. Je compte mes pas, huit, dix ; voici le gros hêtre qui en marque l'entrée. Peu à peu, mes yeux s'accoutument aux ténèbres ; je marche avec certitude, presque vite. Je dois être arrivé. Doucement, je siffle entre mes dents ; un sifflement semblable me répond, et aussitôt une silhouette noire surgit dans le layon en même temps que luit, fugitif, l'éclat froid d'une baïonnette : les sentinelles aussi font bonne garde.

« Rien devant nous, Chabeau ?

— Rien, mon lieutenant.

— Avec qui es-tu ?

— Avec Gilon.

— C'est bien. Ouvrez l'œil et l'oreille, mais ne tirez pas, surtout, parce qu'une feuille aura bougé. Rappelle-toi qu'il y a des fils de fer devant vous. On y a pendu des boîtes à singe avec des cailloux dedans. Un seul Boche empêtré dans les fils, ça ferait un joli raffut. Ne vous frappez pas non plus si vous entendez une pétarade à droite ou à gauche, et surveillez votre coin de toutes vos forces. Compris ?

— Compris, mon lieutenant. »

Je vais le quitter, lorsqu'un coup de feu part derrière nous, à moins de vingt mètres : nous avons vu la flamme qui a jailli. Une seconde après, un autre claque ; puis c'est le fracas d'une rafale, et des balles sifflent à courte distance.

« Mon lieutenant ? Vous avez entendu ? »

Un cri a vibré, très loin, venant de la droite ; et, comme s'il s'était élancé vers nous, il a vibré encore, tout près, d'une force poignante et tragique :

« Aux armes ! »

Les tranchées françaises, d'un bout à l'autre, s'illuminent de lueurs brèves. Un crépitement déchire la nuit, des branches sautent, fracassées par les balles. Nous nous sommes jetés à plat ventre. Heureusement, les nôtres tirent très haut : la pente du terrain nous sauve. Nous rampons péniblement à travers l'échevèlement des ronces. Chabeau et Gilon sont si près que j'entends, malgré la fusillade, le bruit de leur respiration. Souvent une balle nous frôle en piaulant ; mais presque toutes franchissent le ravin et vont frapper sur l'autre versant.

« Faut crier, mon lieutenant, me dit Chabeau.

— Non ! Non ! Suivez-moi. »

Je me rappelle qu'entre deux éléments de tranchées un intervalle existe où l'on n'a pas creusé, où il n'y a personne.

C'est vers lui que je me dirige, toujours rampant, toujours suivi de mes deux hommes. Je scrute âprement les ténèbres. Les jets de feu que crachent les fusils me guident. Ils brillent sur une même ligne, qu'interrompt une large trouée immuablement obscure. Nous sommes juste en face d'elle : plus de balles autour de nous ; elles ronflent en trombe de chaque côté, bruyantes mais inoffensives. Chabeau souffle contre mon oreille :

« J' crois qu'y a du bon, à c't'heure, mon lieutenant. Mais vingt dieux, on a eu chaud !

— Plutôt, lui dis-je. Mais ça n'est pas fini. Pourvu qu'un affolé ne nous fasse pas une sale blague, en nous voyant arriver du côté boche ! »

Et les deux me répondent en chœur :

« Ah ! oui... Pourvu ! »

Je reprends :

« Attendez-moi là, sans bouger. Je vais d'abord y aller seul. Quand j'aurai prévenu, je reviendrai vous chercher. »

Allons-y ! Je me lève, délibérément ; et, de toute ma vitesse, je me précipite vers l'espace muet qui bée au tumulte des tranchées.

Comme c'était facile ! Le son des coups de fusil a changé brusquement. Quand je me suis levé, je l'entendais très sec, presque aigu ; maintenant il retentit plus mat, plus gros. Il a suffi de quelques sauts pour me porter en arrière des tireurs. Mais les deux autres ? Mes deux pauvres types à plat ventre dans les abatis ? Les secondes sont lourdes.

« Mon lieutenant ? C'est vous, mon lieutenant ? »

Un homme très grand s'élance vers moi, m'aborde, me regarde et s'écrie :

« Ah ! vrai, ça m'enlève un poids de vous voir ! Vous n'avez rien, surtout ? Je me disais bien que vous ne pouviez pas être touché. J'ai tenu bon, personne n'a tiré autour de moi, et j'étais en face du layon. Mais nom d'un chien, ce que le temps me durait ! »

C'est le sergent Souesme, un de chez nous. J'ai de la chance.

« Ecoutez, Souesme, restez là. Gilon et Chabeau sont encore en avant des tranchées. Je vais les chercher. »

Un instant plus tard, je suis au milieu de ma section avec les deux hommes et le sergent. Souesme m'a dit vrai : la droite des miens, où il était, n'a pas tiré un coup de fusil. Mais plus à droite, dans la tranchée voisine, les détonations ne cessent pas. C'est une fusillade désordonnée, haletante, qui trahit l'affolement des hommes. Et ma demi-section de gauche, aussi, mène un vacarme ridicule.

Je suis furieux. Rien d'énervant comme ces paniques soudaines qui soufflent en ouragan, la nuit, sur les lignes d'avant-postes, et qui embrasent d'un coup des kilomètres de tranchées. Qu'est-ce qui s'est passé ? Personne ne sait. Cet appel aux armes, tout à l'heure, qui l'a crié, et d'une telle voix que nous l'avons tous entendu ? Pourquoi « aux armes » ? Qui a commandé le feu ? Personne n'a commandé, personne n'a crié, personne ne sait, personne ne comprend.

Et tout le monde tire. Chaque soldat voit ses deux voisins qui épaulent leur fusil et pressent la détente : il a la tête pleine du bruit que font à ses oreilles tous les lebels de la tranchée. Il ne voit rien d'autre, il n'entend rien d'autre ; et il tire, comme ses voisins. Il tire devant lui, n'importe où. Toutes ses idées coulent à la débâcle. A-t-il peur ? Même pas. Il ne sait plus où il est. Il a conscience, seulement, que tout le monde tire autour de lui, qu'il se meut dans le bruit ; et il agit comme il voit agir, en automate : il manœuvre la culasse, épaule, presse la détente, et recommence ; il fait sa part de bruit.

« Quand ça s'est déclenché dans l'autre demi-section, me dit Souesme, j'ai mis le cap tout de suite. Mais j'avais beau crier, je n'arrivais à calmer que les deux types qui me touchaient. Dès que j'allais à une autre place, ça recommençait à la place que je venais d'abandonner. Les cabots, les anciens, les bleus, tout ça brûlait des cartouches à qui mieux mieux. J'ai vu un caporal qui s'était assis au fond de la tranchée, le dos tourné à l'ennemi, et qui tirait par-dessus sa tête, derrière lui, en levant son flingue à bout de bras : dans la lune ! C'est dégoûtant de perdre la boule comme ça !... Et pourquoi, bon Dieu, pourquoi ? Parce que deux ou trois pruneaux boches avaient tapé dans le parapet ! Pas étonnant qu'ils s'énervent, les

Boches ! Nous les avons assez cherchés... Clac ! Voilà les balles qui rappliquent en masse... Clac ! Et allez donc ! Sont-ils contents, maintenant, les affolés ? Ils sont servis... tas de veaux ! »

De fait, les Allemands nous répondent vigoureusement. Mais leur tir vaut le nôtre : aussi aveugle, aussi peu efficace. Presque toutes leurs balles passent sur nous, droit vers la crête. Elles doivent claquer, à la réserve, bien plus dru que par ici. De temps en temps seulement, il y en a une qui hache les feuilles de notre toit, ou qui fait éclater une pierre devant nos yeux.

Je suis allé me placer à la gauche de ma section, au milieu des hommes qui continuaient à tirer. J'en ai secoué rudement quelques-uns, des gradés surtout, et j'ai commandé des feux par salve, d'une force à m'égosiller. A chaque commandement nouveau, la salve gagnait, ma voix portait plus loin : je reprenais petit à petit ma section. Et quand j'eus l'impression de l'avoir toute en main, après qu'une dernière salve eut déferlé, d'une même bordée compacte, je vociférai un « Cessez le feu ! » qui courut, de bouche en bouche d'un bout à l'autre de la tranchée. Et ce fut le calme, enfin.

Calme presque subit. Au moment même où il se faisait parmi nous, j'entendais les salves des tranchées voisines. Puis des commandements nous parvinrent, distincts ; et le silence s'étala.

Les Boches, eux aussi, avaient cessé toute fusillade. Deux ou trois balles filèrent bien au-dessus des arbres, tirées on ne savait d'où, avec un chant aigu et pur qui décrut à l'infini.

Nous recommencions à voir : devant nous, plus proches encore, semblait-il, qu'aux premières heures de la nuit, les taillis se serraient sur eux-mêmes comme pour nous cacher quelque chose. Nos yeux s'écarquillaient sur cette houle noire, où des formes naissaient qui tout de suite se dissolvaient au chaos.

Le silence durait, si dense que je le sentais s'engouffrer dans mes oreilles, comme l'eau s'engouffre dans les vannes d'un étang. J'écoutais la nuit, pourtant, avec âpreté. Les bois, maintenant que faisait trêve l'agitation sauvage des hommes, reprenaient peu à peu leur vie propre. Des frôlements couraient sur les feuilles mortes, rampaient au travers des ronces. Une petite chose ronde, soudain, se profila sur le parapet, grimpa le long d'un piquet, disparut dans les branches du toit : c'était une souris ou un mulot en quête de miettes.

Par intervalles, des souffles de vent éveillaient un immense frémissement. Ils venaient du nord, derrière nous, presque lents. Un froid sec, lorsqu'ils nous atteignaient, nous mordait la peau. Puis ils passaient, et leurs ondes frissonnantes se propageaient à la cime des arbres, très loin. Nous nous sentions perdus, environnés de menaces imprécises, si faibles que la venue d'un péril véritable nous trouverait sûrement désarmés. Une bestiole trottina dans le fourré. Un homme dit :

« Y a des Boches là-dedans. »

Et un autre :

« Pour qu'i's s'taisent comme ça, faut qu'ces salauds manigancent quéqu'chose. I's s'amènent un par un ; i's mettront l'temps qu'i' faudra ; et quand i's s'ront en nombre, i's nous sauteront d'sus tout d'un coup. Nous s'rons faits. »

Un autre, à mon côté, m'empoigna le bras d'un geste impulsif, et, très bas :

« En v'là deux, là, tout près, dans l'buisson. Oh ! j'les vois. I's ont des casques ; i's sont l'un cont'e l'aut'e, presque d'bout. Oh ! mon lieutenant, faut tirer. »

Au moment où j'allais répondre, quelqu'un remua derrière moi. Un homme était là, penché vers la tranchée :

« Le lieutenant ? Où qu'est le lieutenant ?

— Je suis là, dis-je. Qu'est-ce que tu veux ?

— Ah ! mon lieutenant, on y restera tous c'te nuit. L'bois est plein d'Boches. On en voit d'not' côté, cachés en arrière des abatis, pas à dix mètres de nous, sûr, pas à dix mètres ! Faut tirer...

— Non ! Retourne à ta place, tout de suite ! Je défends de tirer ! On ne tirera qu'à mon commandement. »

Mais un autre encore se précipita. Je le reconnus : c'était Boulier, un de mes bons, un solide paysan, de tête froide, qui faisait campagne depuis les premiers jours. Il sauta dans la tranchée, près de moi, et, très calme :

« Mon lieutenant, j'ai repéré deux Boches qui nous guettent. I's sont cachés derrière el gros hêtre, à l'entrée du layon. Par là, y a des copains qu'en voient des mille ; i's ont les foies, alors i's s'gourent. Mais les deux que j'vous dis, c'est positif. T'nez, r'gardez. »

Malgré moi, je regardai. Boulier continuait à parler, dans un chuchotement :

« Derrière le hêtre, pas ailleurs. Y en a un qu'est plus grand qu'l'aut'e, ou c'est p't' êt' que l'aut'e se baisse. D'temps en temps, l'grand s'penche, comme s'i' tendait l'cou pour ergarder. L'aut' bouge pas. Ah ! du vice !... I's n'ont plein la peau, du vice ! »

Je regardais toujours, intensément, le hêtre que me montrait Boulier. J'écoutais les mots qu'il prononçait sans fièvre, si près de moi que je sentais sur mon visage la tiédeur de son haleine :

« Bon ! l'aut'e a grouillé un tantinet, disait-il ; l' grand a dû lui causer. I's'est baissé. Bon ! L' voilà qui se r'lève. Ah ! les chameaux ! »

Mes yeux, à fixer l'ombre, se lassaient. Des lueurs dansèrent, capricieuses ; des cercles tournoyants fulgurèrent, m'éblouirent. Je fermai les paupières. Et, quand je les rouvris, je vis, derrière le hêtre, deux formes humaines immobiles, pliées à demi dans une attitude de guet. Je me secouai, je regardai mes mains, puis les clayonnages du parapet, que je touchai, puis, brusquement, le hêtre. Je ne vis plus rien que des branches et des feuilles.

« Il n'y a pas de Boches, dis-je à Boulier. Tu as perdu la tête toi aussi. »

Et je sortis de la tranchée. L'homme me rappelait :

« N'y allez pas ! Vous allez vous faire zigouiller ! »

Au premier pas, je butai contre la tige d'un arbuste, je chancelai, faillis tomber. Quand j'eus repris mon aplomb, je vis encore, à la même place, les deux Allemands à l'affût. Et dans le même instant, je fus certain, d'une conviction impérieuse, qu'eux aussi venaient de me voir.

Alors la peur sauta sur moi. Ce fut comme si mon cœur s'était vidé de tout son sang. Ma chair se glaça, frémit d'une horripilation rêche et douloureuse. Je me raidis désespérément, pour ne pas crier, pour ne pas fuir : ce fut un spasme de volonté dont la secousse enfonça mes ongles dans mes paumes. J'armai mon revolver et continuai à avancer. Mais au lieu de marcher sans hâte, dans une complète possession de moi, je fonçai droit, d'un élan aveugle et fou.

L'enveloppement des frondaisons m'arrêta. Rien n'avait remué. Je me retournai : le hêtre était là, si près que ses racines bosselaient la terre sous mes semelles. Je promenai mes doigts sur l'écorce rugueuse, piétinai avec une espèce de fureur à la place où l'hallucination avait surgi. Je pénétrai dans le layon, fouaillai les branches à droite et à gauche. La même rage me soulevait. Il n'y avait rien ! rien ! Et moi, qui parmi tous ces hommes étais le chef, moi à qui, cette nuit, la garde était confiée d'une parcelle de ce front derrière quoi le pays pouvait vivre, j'avais presque défailli d'une terreur imbécile ! J'en étais, maintenant, à me réjouir de l'obscurité, parce que, grâce à elle, mes soldats n'avaient pas vu. parce qu'ils ne sauraient pas. Quand je revins à la tranchée, Boulier, par-dessus le parapet, me tendit la main. Je sautai près de lui. Je ne lui dis rien.

Quelques minutes passèrent. Une salve partit des lignes adverses, et la fusillade reprit.

Les Boches, cette fois, tiraient plus bas. A chaque instant des balles s'enfonçaient autour de nous, frappant sec. J'entendis un de mes caporaux jurer, parce qu'une d'elles venait de briser la hausse de son arme. Je m'étais ressaisi. Je contrôlais l'une par l'autre, lucidement, les sensations qui m'assaillaient.

Surtout, j'écoutais le crépitement des fusils ennemis. Il résonnait avec netteté, face à nous exactement. Mais une grande distance l'atténuait. Je me rappelais la ruée de la Vauxmarie, les coups de feu tirés à trente mètres, puis à dix, puis à bout portant. Ce n'était pas cela. J'étais sûr, à présent, que les Allemands n'avaient pas quitté leurs tranchées, et qu'ils ne les quitteraient pas. De l'autre côté du ravin, cachés dans un fossé pareil à celui-ci, derrière des abatis pareils, ils tremblaient à tous les bruits qui rôdent sous les feuilles. Cette nuit dans les bois était la même pour tous les hommes : les Boches, autant que nous, avaient peur.

Un trait de feu, devant nous, raya le ciel, monta d'une ascension rapide et droite. Tout au bout s'épanouit une grosse étoile resplendissante. Si crue était la lueur dont elle nous inonda que l'ombre de chaque branchette, de chaque feuille se projeta d'une touche vive sur le tuf du parados, sur nos visages et sur nos mains : les Allemands venaient de lancer une fusée éclairante.

L'étoile vagua, majestueuse, un long moment encore. Un coup de vent la fit dériver ; elle se mit à descendre, lasse, clignotante, enfin s'éteignit en sombrant. Et l'obscurité fut plus épaisse.

Des tranchées ennemies, la fusillade avait jailli avec une violence décuplée, aussitôt qu'avait irradié la lumière de la fusée. Maintenant que de nouveau le regard s'engluait aux ténèbres, cette violence ne décroissait pas. Les claquements des balles, alentour, se multipliaient ; des ricochets, de temps en temps, stridaient. D'autres fusées montèrent, s'épanouirent ; chaque fois qu'éclosait une des éblouissantes étoiles, je voyais un rang d'hommes qui se serraient les uns contre les autres et qui, le cou tendu, suivaient des yeux la course de l'astre fabuleux.

Une balle, derrière moi, heurta un objet de métal, sans doute quelque vieux bidon jeté là. Le son qu'elle fit sonna si bizarrement que mon attention fut prise d'un coup. J'écoutai le bruit des balles, leur vol sifflant, leur choc mat contre les troncs des arbres, le coup de fouet cinglant de celles qui s'écrasaient loin, vers les tranchées de la réserve, la plainte longue et cristalline de celles qui passaient plus haut encore, franchissaient la crête et s'en allaient, perdues.

Des pas s'entendirent, qui approchaient. Quelqu'un venait, d'une démarche égale, à travers cette grêle redoutable. J'aperçus l'homme : il suivait la ligne des tranchées. De temps en temps, je le voyais s'arrêter, se pencher un peu, comme s'il adressait la parole à ceux qui étaient là, terrés à l'abri des balles. Puis il se redressait et continuait sa route, en écartant les ronces d'un bâton qu'il avait à la main. Il traversa ainsi, de la même allure posée, le terrain hérissé de souches qui nous séparait de la section voisine. Quand il fut à quelques mètres, il sembla hésiter, regarda autour de lui ; et soudain, sur un ton d'appel, je l'entendis lancer mon nom.

« Par ici ! dis-je. Tu m'entends ? Guide-toi à ma voix. »

Et Porchon, s'asseyant sur le parados, les jambes pendantes au vide, le haut du corps à découvert, m'offrit sa main et dit :

« Bonsoir, vieux. »

Il resta longtemps, blaguant, avec des rires, les transes de ses hommes, qui n'avaient pas cessé depuis le coucher du soleil :

« Tu sais, Timmer le sourd, il en a vu quatre cents d'un tas. Je l'ai pris par le bras et l'ai emmené jusqu'à la lisière. Il se débattait comme un possédé. Il a fallu que je le lâche : il aurait hurlé. J'ai avancé tout seul ; et ce sacré Timmer a dit, oui mon vieux : « Mon lieutenant, vous marchez dessus ! »

Sa voix baissa lorsqu'il m'apprit qu'une sentinelle avait été blessée par ses camarades, à leurs premiers coups de feu. Il se remit à rire pour raconter l'histoire d'un sergent qui, l'ayant vu se promener sur le parapet au plus fort de la fusillade, s'était traité de salaud et de manche, avait sauté hors de la tranchée en jurant qu'il resterait là jusqu'au jour. Ç'avait été toute une histoire pour l'amener à redescendre : il ne voulait pas en démordre. Il me confia encore qu'il était inquiet du manque de cartouches, et qu'il en avait fait demander au chef de bataillon.

« Continue à ne pas tirer, ajouta-t-il, tant qu'il n'y aura pas urgence. Je crois qu'une forte patrouille boche est descendue dans le ravin tout à l'heure, au moment des fusées. Elle est rentrée maintenant : Butrel a été voir par là. Ils ne bougeront plus d'ici la fin de la nuit. Cette pétarade ne veut rien dire. Laissons passer. »

D'un rétablissement souple, il fut debout. Je le vis s'éloigner vers la gauche, s'arrêter plusieurs fois encore et s'asseoir pour causer plus aisément. Les hommes, dès qu'ils l'apercevaient, se disaient l'un à l'autre : « C'est l' lieutenant Porchon. » Ainsi l'annonce de sa venue le précédait, redonnait à tous confiance et calme, de sorte que sa seule approche était un bienfait.

Lorsqu'il revint, il descendit dans la tranchée, s'accota entre Boulier et moi.

« Ouf ! dit-il. C'était plutôt vilain. Je crois que j'ai eu raison de faire un tour. Deux heures et demie du matin. Ça se tire. »

Boulier, tout à coup, s'exclama :

« Ah ! mon lieutenant, c' que vous avez fait là ! Y avait tant d' chances que vous soyez touché ! Et ça aurait été d'not' faute, à nous...

— A chacun son rôle, répondit Porchon. Si j'avais été toi, Boulier, je n'aurais pas risqué ma peau. Réfléchis, tu comprendras. »

Puis, riant encore, de ce rire de vingt ans qu'il avait jusque dans le fort des mêlées, il me frappa sur l'épaule et dit :

— C'est aujourd'hui le 5, jour de relève. Ou je me trompe fort, ou nous coucherons ce soir dans notre lit. A bientôt, vieux, je me rentre. »

Il me serra la main, nous quitta.

Boulier, près de moi, s'était levé. Appuyé des deux avant-bras sur le bord de la tranchée, il le regardait s'enfoncer dans les ténèbres. Et il répétait tout bas, sans fin :

« Ah ! lui !... Ah ! lui !... »

Une émotion intense le serrait à la gorge, lui faisait une voix assourdie dont le timbre voilé remuait le cœur, profondément.

« Ah ! lui !... Ah ! lui ! »

Et c'était tout ce qu'il pouvait dire.

VIII

ACCOUTUMANCE

5-8 octobre.

Lentes, des silhouettes se dressent. Des visages, dans l'indécise clarté, surgissent : un frémissement de vie secoue l'engourdissement nocturne. Et la forêt, où des chants d'oiseaux s'éveillent parmi les frondaisons, se vide enfin des ombres monstrueuses dont la longue nuit nous avait assiégés.

Debout dans la tranchée, les hommes s'étirent, bâillent bruyamment : c'est leur toilette du matin. Et, cela fait, toujours debout, les mains plongées au fond des poches, tapant à petits coups, l'une contre l'autre, les tranches de leurs semelles « pour faire descendre le sang dans les pieds », ils surveillent des yeux le layon par où les cuisiniers doivent monter. Celui qui est en face, et dont les yeux enfilent la trouée, les annonce, de très loin, qui viennent :

« Les v'là, les gars ! »

Alors les visages s'éclairent. On sort les quarts des musettes, les couteaux des poches. Et lorsqu'on a taillé, au plus pansu des boules, des tranches de pain démesurées, on attend, sans plus rien dire, l'apparition des hommes portant le jus.

Ils débouchent, la barbe dorée de Pinard à leur tête.

« Un quart, mon lieutenant ? »

Accroupi au bord de la tranchée, son seau de toile posé devant lui, il plonge mon quart dans le liquide brun, le retourne d'un expert mouvement de poignet, et me le tend, plein jusqu'aux bords :

« Il était bouillant, dit-il, quand nous sommes partis du ravin. A présent il est comme froid. Mais qu'est-ce que vous voulez, faut tout d'même pas nous d'mander d'servir chaud dans la tranchée, avec des cuisines qui sont à pus d'trois kilomètres ! On fait c'qu'on peut ; on n'peut pas l'impossible. »

Je bois, presque d'une haleine, l'amère décoction.

« Il est bon.

— N'est-ce pas qu'i' s'laisse boire ? Mais i' s'rait encore bien meilleur, si s'ment on touchait c'qui faut d'sucre aux voitures. Hier soir, parole, j'aurais mis dans l'creux d'ma main tout l'tas d'la section. On n'est pas raisonnable avec nous. »

Il se relève, empoigne de la main gauche l'anse de son seau et, tenant de la droite le quart qui lui sert de mesure, commence la distribution aux hommes. Il va de l'un à l'autre, légèrement courbé pour y mieux voir dans la pénombre, qu'épand sur nous le toit de branches. Devant chacun il s'arrête, s'assied sur ses mollets en s'assurant au sol, du bout carré de ses souliers, un appui solide. Et quand il a vidé son quart, en secouant jusqu'à la dernière goutte, dans le quart qu'on lui tend, il colle ses paumes à ses cuisses, en signe de repos, et s'offre à l'interview.

« Quoi d'neuf ? demande l'homme.

— On est r'levé c'soir.

— Alors c'est vrai ?

— Puisque j'te l'dis.

— Où qu'on va ?

— On r'tourne à Rupt.

— Sans blague ?

— Puisque j'te l'dis.

— Comment qu'tu l'sais ?

— De quoi ?... Il est bon, çui-là ! J'te l'dis, c'est tout ! Tu verras toujours si je l'savais pas. »

Les autres cuistots, cependant, ont terminé leur besogne. Le tas de boules rousses, qu'avaient épandues sur la mousse le sac de toile qu'elles bossuaient, peu à peu a décru, disparu. Et Brémond, le premier par l'autorité après Pinard, ayant découpé en parts égales les grillades qui restaient au fond des plats, vient de distribuer « le rabiot de barbaque ».

Les hommes, dans la tranchée, se taisent. Ils mangent.

Assis sur leurs sacs, le dos appuyé au parapet, ils coupent d'énormes bouchées de viande en maintenant la tranche, du pouce, contre leur quignon de pain. Plusieurs, qui n'ont pas de couteau, saisissent à pleins doigts le morceau de bœuf graisseux et le déchiquettent des dents. Lorsqu'un tendon résiste, ils ont, pour arracher le lambeau de chair, une brève torsion du cou, un mouvement sec de toute la tête pareil à ceux des bêtes carnassières. On n'entend plus que le bruit des mâchoires, parfois le tintement d'un quart qui heurte une pierre, et devant nous, quelque part sous les feuilles, le coup de gosier d'un pinson qui salue la lumière.

Soudain, claire dans l'atmosphère matinale, la détonation d'un mauser claque. La balle file, très haut sur nos têtes. Un homme dit :

« Grouillez-vous, la cuistance ! Pinard a montré son bouc : vous êtes repérés. »

Un autre coup de fusil retentit, un peu sur la gauche ; puis un autre à droite ; puis, presque simultanément, deux autres en face de nous. Et les balles, cette fois, piaulent.

Maintenant qu'il fait plein jour, les tireurs boches sont à leur poste. Cachés au plus touffu des arbres, à califourchon sur quelque maîtresse branche, ils fouillent les bois du regard. Les yeux aux verres de leurs jumelles, ils épient le passage soudain, en une éclaircie propice à la visée, d'une capote bleue à boutons de cuivre, la tache vive d'un pantalon rouge. Dès qu'un taillis, un buisson, un fossé comblé de fougères leur semblent cacher une chose vivante, ils tirent. A chaque instant, comme d'une lanière méchante, les claquements de leurs fusils cinglent le silence de l'automne.

Les cuistots, sans hâte, rassemblent les campements, les seaux de toile, les bouthéons. Pondérés, méticuleux, ils savent le prix des choses, et qu'un plat qu'on égare se remplace moins aisément qu'un homme qui tombe.

« Au revoir, les poteaux ! dit Pinard. Et à c'soir. »

Puis, à ses hommes :

« Tout y est, vous aut'es ? En avant ! »

Ils s'enfoncent dans le layon. Des voix les suivent :

« Vous tâcherez d'nous mijoter quéqu' chose de *maous !*

— Qu'ça s'tienne bien, surtout, avec beaucoup d'patates autour ! »

Les hommes, heureux, rient de se regarder l'un l'autre.

« Ah ! dis donc, si on va s'taper la cerise !

— Et pagnoter dans du bon foin !

— Tu vois, p'tit, faut pas qu'on s' plaigne. Y a pas toujours que d'la misère. Y a d'bons moments... »

C'est sans doute un pauvre bonheur que celui que nous attendons : un peu de tiédeur à notre chair, un peu de calme à nos cœurs. Mais seulement de l'attendre nous sommes transfigurés. Nous nous sentons légers, soulevés d'une reconnaissance sans objet. Et des larmes me viennent aux yeux, simplement parce qu'un de mes hommes, à mi-voix et comme à lui-même, redit les mots qu'il a dits tout à l'heure :

« Faut pas qu'on s'plaigne. Y a d'bons moments... »

Relève tranquille, bien avant la tombée de la nuit. Les Boches ne se sont aperçus de rien. Nous sommes sortis de la zone dangereuse, marchant en file indienne dans un layon que les branches voilaient d'une voûte épaisse et fraîche, si basse que nous la frôlions de la tête. Nous ne voyions que le pullulement des feuilles et la ligne des fusils oscillant au-dessus des képis. Puis, brusquement, nous avons été enveloppés d'une lumière transparente, rendus d'un coup à l'espace libre, sous un ciel d'émeraude fluide qu'un peu d'or diffus, déjà, tiédissait au couchant.

Alors nous nous sommes replacés en colonne par quatre, et mieux groupés ainsi, côte à côte entre camarades, bavardant avec des rires, nous avons fait à la lisière de la forêt une promenade paisible et gaie.

Une brise un peu piquante se levait à l'approche du soir : notre marche en était plus alerte. Des ombres longues nous suivaient. On entendait derrière nous, du côté des tranchées que nous venions de quitter, la détonation sèche des mausers, que doublait un écho atténué.

Maintenant, c'est la pause. Nous nous sommes arrêtés à l'entrée d'une large allée qui s'enfonce sous les arbres, à perte de vue. Je me suis allongé dans l'herbe, à côté de Pannechon qui aiguise contre un silex la lame de son couteau.

Une herbe épaisse et souple. Je ne sais quelle mollesse m'envahit peu à peu. Je n'entends même plus le crissement de l'acier contre la terre, ni les rires des hommes, ni les coups de fusil lointains. Allongé sur le dos, une cigarette aux doigts, je ne vois que le ciel où mon regard se perd.

L'heure est limpide, recueillie, apaisante. Je veux laisser pénétrer en moi, ce soir, la douceur et le calme épars, accepter de bonne volonté les plus infimes, les plus humbles parcelles de bonheur humain.

« Mon lieutenant ?

— Qu'est-ce qu'il y a, Pannechon ?

— Faudra-t-i' que j'vous porte vot'e cantine dans la même maison qu'la dernière fois ?

— Oui, Pannechon, dans la même maison. »

Notre maison ! Les feux des cuisines alentour, les grumes équarries et les planches empilées en tas réguliers ! L'escalier à rampe de fer, la chambre où flottent des odeurs grasses et, dans l'angle du mur plâtré, contre les sacs de son bien alignés, profonde, moelleuse, notre paillasse !

« Debout, fainéant ! On s'en va. »

Au-dessus de ma tête, penché vers moi, je découvre soudain le visage rieur de Porchon, son menton barbu, son grand nez, ses yeux clairs. Il se campe devant moi et, me tendant sa main grande ouverte :

« Empoigne, dit-il, et soulève tes soixante-cinq kilos. »

Un coup de sifflet. En avant, marche !

« Regarde-moi cette allée, dit Porchon. Elle est droite, accueillante et belle ! Le château est au bout, tout droit. J'ai donné mes ordres et envoyé mes gens... Qu'est-ce qu'ils font encore, ceux-là ? Barré, Michaut, à votre place tout de suite ! Je défends qu'on quitte les rangs... Qu'est-ce que tu veux, Barré ? »

L'homme, dont les yeux levés vers nous ont une amusante expression de malice et de prière, nous offre une poignée de noisettes qu'il vient de cueillir :

« Les dernières de l'année, mon lieutenant. Vous n'allez pas m'les r'fuser. All' sortent toutes seules du capuchon. »

Nous marchons sans hâte, d'un pas de flânerie, droit vers le soleil qui décline. Une profusion de rayons fauves, qui prolongent leur essor tout au long de la spacieuse allée, viennent nous frapper en face et dorer les visages d'un hâle de lumière.

« Cette mousse ! dit Porchon. C'est doux au pied. On glisse. On se laisse aller. Tu te rappelles les routes dures, blanches de poussière, et les mares d'ombre, au pied des arbres, qu'on regardait,

regardait, en se retournant longtemps ?... Bon ! Qu'est-ce qu'ils crient encore derrière ? »

Vers la queue de la compagnie, des exclamations s'élèvent :

« Appuyez à gauche ! Appuyez à gauche ! »

A peine avons-nous eu le temps de laisser le passage libre qu'un cavalier nous frôle, nous dépasse, les sabots du cheval retombant sans bruit sur la mousse, le craquement léger des cuirs neufs vite atténué par la distance.

« Hé ! Là ! Bonjour ! » crie Porchon.

Prêtre se retourne, s'arrête, nous attend. Et il promène sa main, doucement, sur le cou lustré de la bête, dont les flancs frémissent, dont les naseaux palpitent et fument.

« Je ne vous avais pas vus, dit-il quand nous le rejoignons. J'étais tout à la joie de trotter sous les branches, à peu près gris. Tout à l'heure, pendant la marche, mon cheval dansait sous moi. Je n'ai pas pu résister : je lui ai lâché la bride et j'ai laissé ma compagnie derrière. Elle suit la vôtre. »

Il pique des deux et s'éloigne au grand trot, baissant la tête à chaque instant, d'un plongeon vif, pour éviter les branches au passage. Et les fers du cheval, polis d'avoir foulé tant de mousse, accrochent nos regards, alternativement, à leur arc luisant qui semble d'argent fin.

« Le veinard ! dit Porchon. Ça y est, tu vois, le voilà seul... »

Nous marchons sans plus rien dire. Les taillis, devenus moins denses, laissent entrevoir au-dessus de l'allée de grands morceaux de ciel, d'un rose pâli. Les voix des hommes, dans l'espace froid, résonnent.

« Ecoute-les, dis-je à Porchon. Eux aussi, à leur manière, tentent de secouer leur servitude. C'est la faute de l'heure. »

Et l'un d'eux s'écrie :

« Chouette balade ! »

Mais un autre, d'un ton bourru :

« C'est pas vrai ! Vous êtes trop d'hommes. »

On le hue :

« Non ! C'te fine gueule !

— Parfaitement, vous m'dégoûtez ! C'sentier-là, c'est-i' un sentier à s'promener des centaines de poilus, avec un fusil su' l'épaule et des kilos d'cartouches su' l'râble ?... Quand j'me dis, si c'était pas c'te guerre, que j'pourrais bagoter dans un bois comme celui-là, rien qu'à deux... c'est plus fort que moi, ça m'retourne... Tiens, v'là l'patelin, j'le sens... Bouffer chaud, coucher au sec. Et rien d'pus au programme, Messieurs. »

A la popote, chez la vieille Alsacienne. Voilà deux heures que nous sommes au village. Mais je garde, aussi vive qu'à la première minute, l'impression de notre arrivée.

Nous avions atteint la lisière à l'improviste. L'allée forestière cessait brusquement, et la foule d'arbres pressés sur la hauteur s'arrêtait sur une même ligne au bord de la crête abrupte, comme si l'abîme les eût effrayés. Devant nous, le vide ; un ciel immense, limpide, qui déconcertait le regard.

En bas, juste au-dessous de nous, la brume du soir flottait sur la vallée, laissant vaguement transparaître, entre les têtes rondes des saules, la pâleur mate du ruisseau et le vert des prés dans l'ombre. Dans l'ombre aussi, un peu plus loin, les maisons du village, basses, serrant leurs toits plats les uns contre les autres. On distinguait l'aire de la place, la maçonnerie pompeuse de la mairie toute neuve érigée en son milieu. Sous l'humble et vieille église, haussant son clocher fin par-dessus le massif toit d'ardoises, plongeait encore sa flèche dans le soleil.

Enorme, juste au ras des hauteurs qui fermaient là-bas la vallée, il incendiait la frange noire des bois. Il descendait lentement, arc d'or rouge, carène naufrageant ; puis, d'un seul coup, il sombra.

Mais les maisons, en bas, une à une, éclairaient leurs fenêtres. Et les feux des cuisines, alignés le long du ruisseau laissaient monter vers nous, toutes droites dans l'air immobile, des colonnes de fumée blanches.

« Mon capitaine, dit Presle, vous prendrez bien une goutte de mirabelle dans vot'e café ? Et vous aussi, mon lieutenant ? »

Presle, qui fut longtemps mon agent de liaison, s'est révélé depuis peu cuisinier remarquable. Cuisinier, pas cuistot : il ne travaille pas pour les sections.

Debout derrière le capitaine, il débouche la bouteille et se penche, prêt à verser. Mais son geste ébauché s'arrête court. Il reste là, comme pétrifié en plein mouvement, le corps plié, la bouteille d'une main, le bouchon de l'autre, les yeux absents, l'oreille tendue vers le dehors.

« Eh bien ! Presle, qu'est-ce qui te prend ?

— 'Coutez voir... Bon Dieu ! Pas d'erreur : ça canarde vachement, là-bas. »

Porchon, assis près de la fenêtre, l'ouvre en un tour de main, pousse les volets. Ils vont claquer contre le mur ; et aussitôt, violent et dense, le crépitement d'une fusillade s'élance dans la chambre.

Un air glacial nous mord la peau tandis qu'il frappe nos oreilles ; nos yeux butent au rectangle noir qui vient de béer au mur. Le gel, la nuit, les coups de feu, c'est la sensation brutale de la guerre qui nous envahit soudain, qui nous empoigne et nous met debout, tous ensemble, autour de la table délaissée.

« M'est avis, dit Presle, qu'i' va y avoir exercice de nuit... »

Un moment passe. Porchon referme la fenêtre. Un à un nous nous rasseyons devant nos verres de jus refroidi. Un silence pèse, au milieu duquel, soudain, la voix de Porchon secoue étrangement notre torpeur :

« Combien de temps, dit-il, depuis la dernière fois que nous nous sommes vraiment battus ?

— Onze jours.

— Onze jours ? Alors nous seront alertés. »

Le silence retombe sur notre attente. Presle a rempli nos verres de café bouillant, que nous buvons à gorgées espacées, fumant toujours, entre temps, cigarettes après cigarettes. Il est rare que nos regards se croisent. Nous avons tous des yeux lointains, noyés de songe. En ma tête passent des choses vagues, idées ébauchées, images confuses, dont le reflet transparaît dans les prunelles des autres : le long sommeil, le repos, fini tout cela, en allé... Marche sous bois dans les ténèbres, l'inconnu, les choses hostiles, les premières balles qui sifflent, les hommes qui tombent dans l'ombre, les blessés perdus qui appellent, la guerre, le destin, l'inéluctable ; le peu de chose que nous sommes, soldats parmi des millions de soldats...

« Vieux, dit Porchon, m'appelant de la porte, amène-toi. Je ne sais pas si je me trompe, mais on dirait qu'il y a du bon. »

Je le rejoins. Et tous deux, pour mieux entendre, nous faisons quelques pas vers l'angle de la maison. C'est la dernière du village. Après l'avoir dépassée, nous n'avons plus devant nous que le ruisseau, un peu plus loin la pente abrupte que nous avons descendue ce soir.

Le bruit de la fusillade vient de là-haut. Il crépite, très dense toujours, mais parfois traversé d'accalmies.

« Ça vient du bois Loclont, dit Porchon. Nous y étions il y a vingt-quatre heures. Et nous avons tiré en masse, à l'aveuglette ; les Boches aussi... Ça doit être une pétarade du même genre... »

Très haut dans le ciel, au-dessus des bois noirs qui couronnent la rude colline, une lueur vibre, blafarde, pareille aux lents éclairs dont s'illuminent les nuits chaudes.

« Les fusées, dit-il. Ils n'y voient goutte, et ils s'énervent... Tu reconnais ?

— Tais-toi. Je crois que c'est la fin. »

Nous écoutons, retenant nos souffles, le corps tendu vers les tranchées lointaines. Une paix immense s'éploie sur la vallée. Devant nous, l'eau du ruisseau glisse le long des roseaux avec un friselis très doux. La fusillade s'est tue. On entend seulement, parfois, une petite détonation isolée, grêle et nue, ou quelques-unes qui éclosent à la file, avec un bruit sautillant et las.

Nous revenons sur nos pas, ralliant la maison. Dans la lumière de la porte se dresse, haute et robuste, la silhouette du capitaine Rive.

« Eh bien, la jeunesse ? C'est fini ?... Nous pouvons aller nous coucher. »

Nous coucher ! Quel allégement ! Nous gardons une attitude digne. Mais à voir de quels gestes vifs Porchon boucle son ceinturon, coiffe son képi, je sens en lui la même effervescence de joie qui me soulève tout entier.

« Bonsoir, mon capitaine.

— Bonsoir ! »

Ce n'est pas Rive qui a répondu. Quelqu'un vient d'entrer, qui s'avance en nous tendant la main. Nous reconnaissons alors la face maigre, les paupières sombres, la longue moustache du capitaine M... qui commande le premier bataillon. Il s'assied, nous regarde l'un après l'autre, et sourit pâlement :

— Vous avez l'air épaté, dit-il. Ne vous frappez pas. Je viens seulement vous demander l'hospitalité pour cette nuit.

— Comment ! Vous n'êtes pas logé ?

— Non ; et je suis probablement le seul officier de mon bataillon. J'avais un lit... dans une trop belle chambre. On m'a tout barboté pour je ne sais quelle huile. »

Un frisson froid me parcourt l'échine : Porchon, mon ami, Porchon, mon pauvre vieux, ni cette nuit, ni la nuit suivante, j'en ai peur...

« Franchement, poursuit le capitaine, ça m'agace de penser que des coquins de sous-lieutenants vont roupiller entre deux toiles pendant que moi...

— Evidemment », murmure Porchon.

Il a dit ce mot d'une voix neutre, avec un flegme si parfait qu'un rire me frémit dans la gorge. Un bout d'allumette aux doigts, il élargit sur la toile cirée une petite flaque de café.

« Après tout, reprend l'officier, peu importe la question de galons. A vingt-cinq ans, je n'aurais pas fait tant d'affaires ! Aujourd'hui, j'en ai cinquante-trois. »

Je regarde Porchon : il a levé la tête et lâché le bout d'allumette. Lui aussi me regarde, et ses yeux me sont transparents. Il va parler, ou moi, ou tous les deux.

Mais Rive, providentiellement, nous devance :

« Attendez, M... Je crois bien avoir remarqué qu'il y a deux matelas à mon lit. Presle va nous dire ça tout de suite. »

Et Presle, après une courte incursion dans la chambre :

« Y a deux matelas, mon capitaine.

— Eh bien, ça va tout seul ! Je vous en offre un, M... Notre hôtesse est une annexée comme moi. Elle ne trouvera pas mauvais que je lui emprunte une paire de draps supplémentaire. Dans cinq minutes, vous aurez un lit très convenable, quoique sans sommier. Acceptez-le pour cette nuit. Vous trouverez mieux, demain, pour la prochaine. »

Notre lit à nous n'a pas, non plus, de sommier. Porchon me le fait constater après que nous sommes enfin rentrés dans notre cuisine, pendant que nous nous déshabillons à la lueur d'une chandelle posée sur le coin du fourneau :

« Tu vois, ça n'est qu'une paillasse, une vulgaire et miteuse paillasse.

— Mais très épaisse, dis-je, en me glissant sous les couvertures. Dépêche-toi d'éteindre la chandelle. Il est tard. »

Pieds nus, il marche vers le fourneau, ses gros orteils dressés, précautionneux, vers le plafond, souffle notre lumignon et dit, quelque part dans l'obscurité :

« Le capitaine a un matelas. Tout compte fait, il est verni. »

***

La lumière du jour, traversant mes paupières, m'a fait ouvrir les yeux. Jour bien terne pourtant : je ne vois, par la fenêtre, qu'un morceau de ciel gris, que font plus sale encore les vitres ignoblement poussiéreuses. Au-dessus de ma tête, quelques mouches engourdies se traînent au plafond culotté, parmi des myriades de cadavres agglutinés en essaims desséchés.

Une porte, derrière nous, s'ouvre doucement, et le long de notre paillasse glissent les savates informes de l'hôtesse. De mon coin, je dis :

« Bonjour, Madame.

— Alors, vous v'là donc réveillé ? Et comme ça, vous avez fait un bon somme ?

— Un très bon somme. Quelle heure est-il ?

— L'est sept heures et demie, dame ; bientôt huit heures... I' dort bien, votre ami, pour sûr. »

Porchon, le nez contre son épaule, les joues congestionnées, tout le corps inerte et lourd, reste terrassé par un sommeil de plomb. « Il va me bénir, me dis-je, si je l'éveille. Mais quoi, il le faut bien ! Nous devrions être déjà debout. » Et trois ou quatre claques vigoureuses s'abattent contre son épaule.

« Allez, grande flemme, lève-toi : il est huit heures. »

Je n'obtiens qu'un regard trouble et un mot :

« Merci. »

La conscience lui est revenue. Je lui empoigne le bras, le secoue à le démantibuler :

« Il est huit heures, tu entends ? Huit heures ! »

Placide à me désespérer, il exhale, dans un soupir de bien-être :

« M'en fous.

— Tant que tu voudras... Mais rappelle-toi le pitaine d'hier soir... Veux-tu parier qu'il s'est mobilisé à l'aube et qu'il va nous pincer au gîte ? »

Je ne croyais pas si bien dire : des semelles cloutées ont grincé, dehors, sur les marches de pierre ; la porte, heurtée de deux coups légers, s'est ouverte presque aussitôt ; et sur le seuil vient d'apparaître, très grand, très maigre, les pointes de ses moustaches dépassant, de chaque côté, son visage noyé d'ombre, le capitaine M... lui-même.

« Bonjour, dit-il. Il n'y a personne ? »

Porchon et moi, d'un geste instinctif, avons relevé nos couvertures sur nos têtes. Immobiles et cois, nous nous sentons doucement étouffer.

« Personne ici ? »

Invisibles toujours, très bas, très bas, nous soufflons :

— Dis, c'est idiot de se cacher comme ça.

— On se montre ?

— Une... Deux... Hop ! »

Nos deux têtes, ensemble, émergent de la literie bouleversée. Le capitaine, à l'apparition brusque de ces quatre yeux braqués sur lui, sursaute d'abord ; puis, nous examinant avec attention, il a un sourire de brave homme, un bon sourire goguenard et indulgent, qui dissipe tout de suite notre gêne et fait que nous sourions aussi.

Silencieux, nous nous habillons. M... s'est assis. Il nous regarde lacer nos souliers et rouler nos bandes molletières.

« Ne vous pressez pas, vous savez ; je vous laisse tout le temps. Bien entendu, vous ferez votre toilette ici, et vous y laisserez vos cantines jusqu'à ce que vous ayez trouvé un logement. »

Il s'interrompt, parce que viennent d'entrer, attirés hors de leur chambre par le bruit des voix, l'homme blond et sa femme.

« Eh là ! dit l'homme. Vous v'là donc trois, à c't'heure ?

— C'est-à-dire... voici le capitaine qui couchera ce soir à notre place. Nous, nous sommes obligés de partir. »

Un subit afflux de sang colore ses joues blêmes :

« Oh ! mais non, là ! s'écrie-t-il. Je n'veux point d'ça, pour sûr ! Vous, j'vous connais. C'monsieur, je l'connais point. J'vous logerai vous, ou j'logerai personne. On n'peut point m'forcer. »

Et la femme, toisant le capitaine d'un regard hostile, fait chorus :

« On ne peut point nous forcer, non là ! »

Alors, spontanément, avec un grand désir de réussir, nous plaidons la cause de celui qui nous expulse :

« Il est si simple, vous verrez, content de rien, pas encombrant, généreux, bon pour ses hommes ! Et il adore les enfants, vous verrez... »

La résistance du couple mollit. Autour du capitaine, assis, les mioches rôdent, curieux et familiers. Le plus jeune, une petite boule de graisse qui roule plutôt qu'elle ne marche, est tombé en arrêt devant les galons d'or qui brillent sur la manche de la vareuse ; il les touche, du bout de l'index, tandis que sa frimousse malpropre s'immobilise en une expression d'extase.

« Alors ? C'est entendu, n'est-ce pas ? »

Une demi-heure plus tard, lavés, rasés, peignés, nous prenons congé, tapotons les joues des enfants, serrons la main cartilagineuse de l'hôte, la main boursouflée de l'hôtesse, la main sèche du capitaine.

« Au revoir, nous dit ce dernier. Débrouillards comme vous l'êtes, vous trouverez bien une chambre quelque part. Vous avez été très gentils. »

Contents de nous et le cœur plus léger, il n'est pas en notre pouvoir, pourtant, de partir sans regrets. Tous les deux, sur le seuil, nous nous retournons pour voir une dernière fois la sordide cuisine où nous avions si chaud la nuit, le fourneau avec son tuyau coudé, les chaussettes suspendues au long du fil de fer, les sacs de son debout sur deux rangs, dans un angle, étayant de leurs flancs rebondis la mollesse inoubliable de la paillasse maintenant perdue.

« Et où donc qu'vous allez comme ça ? demande l'homme.

— Mais nulle part... Nous n'en savons rien.

— Ah bien ! Ah bien ! Mais je n'veux point ça, moi ! Vous allez m'suivre : j'vas vous montrer où qu'vous coucherez à nuit. »

Il nous précède à travers le village, et s'arrête devant une maisonnette blanche qui fait le coin de deux rues :

« C'est chez l'coiffeur, dit-il. Il est à Verdun pour l'instant. Mais il est brave, et i' n'dira rien qu'vous preniez la p'tite chambre du fond. Une seconde... C'est moi qu'a la clef. »

Une clef énorme, qui grince dans la serrure d'une porte cintrée donnant sur le jardin. Nous pénétrons dans un couloir glacial. Puis notre guide, ayant ouvert une autre porte, s'efface pour nous laisser passer :

« C'est là, dit-il.

— Mazette ! » s'exclame Porchon.

Nous sommes dans une petite chambre claire : des murs badigeonnés de chaux, d'une blancheur crue, ornés de chromos religieux aux teintes naïves et criardes. Au milieu d'une commode luisante, sous un globe de verre à chenille écarlate, une Vierge de plâtre peint effleure de ses pieds nus un nuage constellé d'or. Et devant nous, en pleine clarté, le lit meusien très haut, avec ses rideaux d'indienne à roses jaunes imprimées sur fond rouge, attire et retient nos regards. Porchon s'en approche, en éprouve de la main l'élasticité, sourit, et dit :

« Ça peut aller. »

Revenant vers la maison de l'Alsacienne pour la popote du soir, j'ai remarqué un attroupement devant une porte fermée. Intrigué, j'ai regardé, juste à temps pour voir la porte s'ouvrir et une gaillarde blonde, aux yeux hardis, au corsage généreux, se camper sur le seuil et gesticuler vers les hommes comme si elle les eût harangués.

Apercevant Brémond, un de mes cuistots, qui joue des coudes pour se donner de l'air :

« Qu'est-ce que c'est donc ? lui dis-je.

— Ah ! mon lieutenant, c'est du pinard qui vient d'arriver. Et paraît qu'y en a pas beaucoup. Alors on en met, pour avoir sa p'tite part. »

Ce disant, d'une habile torsion du buste, il met à profit un remous qui le pousse jusqu'aux premières places.

« A présent, j'en aurai ! me crie-t-il. Dommage que c't'enfant-là n'veut pas en donner p'us d'un litre à chacun. »

Par-dessus le brouhaha des voix mêlées, celle de la fille glapit, suraiguë :

« Vingt sous ! C'est vingt sous !... Poussez pas comme ça, voyons ! Poussez pas, ou j' ferme la porte ! »

Un client mécontent proteste avec véhémence :

« Eh là ! sans blague ! Pas d'bêtises ! Il en reste au fond d'la mesure.

— Mais puisque vot'e bidon est plein ras l'goulot !

— Ben, v'là mon quart. Mettez-y l'fond. »

Brémond, près de la porte, s'époumonne vers l'intérieur :

« Eh ! Fillot ! Quoi qu'tu fricotes là-dedans ?... Tu vas pas bientôt sortir ?

— Voilà ! Voilà ! » répond Fillot qui surgit derrière la vendeuse.

Veste déboutonnée malgré le froid piquant, chemise ouverte sur sa poitrine large et blanche, il montre à bout de bras des cahiers de papier à cigarettes, deux énormes poignées multicolores que ses doigts ont peine à contenir :

« Des feuilles ! Des feuilles pour en rouler ! Ceux qui n'en veulent, à vos numéros ! J'ai travaillé pour les copains ! »

Il se dégage et gagne le milieu de la rue, suivi d'une dizaine de poilus qui l'entourent dès qu'il s'arrête. Quelques mots entendus par hasard font que je me retourne brusquement.

« Tu les auras, tes dix sous ! dit un homme. Mais c'est pas honnête, j'te dis, d'profiter comme ça ! »

Une colère me soulève. Je fais irruption au milieu du groupe et, m'adressant à l'homme qui vient de parler :

« J'ai bien compris ? Fillot t'a vendu un cahier de feuilles dix sous ?

— Oui, mon lieutenant ! »

Je regarde Fillot : il est cramoisi, et ses yeux évitent les miens :

« Combien aviez-vous payé chaque cahier ? »

Avec effort, et très bas :

« Trois sous, mon lieutenant.

— Rendez-lui sept sous immédiatement. Et dépêchez-vous de rembourser les autres. S'il y en a qui sont déjà partis, vous vous arrangerez pour les retrouver. »

Puis, le tirant à l'écart, j'ajoute quelques mots très secs sur la fragilité des galons mal portés.

Emu encore de l'incident, préoccupé, vaguement triste, je chemine les yeux à terre, et vais donner du nez contre un poilu en armes.

« Tiens ! Déjà équipé ? Pourquoi ?

— On est alertés, mon lieutenant.

— Alertés... Tout le régiment ?

— L' premier bâton seulement, on dit.

— Direction ?

— D'abord, ferme d'Amblonville. Après, j'sais pas. »

Devant les portes des granges, les sections se forment en ligne. Des sergents font l'appel, leur carnet de contrôle à la main.

Au moment où j'arrive à la maison de l'Alsacienne, je vois Porchon qui flâne près du ruisseau, fumant sa pipe. Je lui crie de loin :

« Du nouveau ! Le premier bataillon est alerté !

— Mais alors, s'écrie-t-il en courant à ma rencontre, mais alors M... s'en va ? Déménage ?

— Et après ?

— On retrouve la paillasse !

— Qu'est-ce que ça fait, puisqu'on a mieux... Tu m'entends ? Tu tombes de la lune ? »

Il réfléchit, songeur, suivant des yeux la fumée de sa pipe.

« C'est vrai, dit-il, la chambre du coiffeur... Mieux, oui, c'est vrai : propre, tranquille et tout. Ça ne fait rien, on a ses faiblesses, ses habitudes ou ses amours... Alors, dis, la paillasse, on la garde ? »

***

Depuis une heure nous avons quitté Rupt pour aller prendre les secondes lignes. Nous avons revu les longs bâtiments d'Amblonville, marché presque jusqu'à Mouilly sur lequel tombaient les marmites. Elles s'en venaient d'un vol léger, et soudain s'écroulaient avec un éclatement gras.

Maintenant nous nous acheminons vers le plateau, par un ravin défilé qui s'enfonce au cœur des « Hauts ». Un chemin d'humus brun foncé, sous une jonchée de feuilles mortes, entre des nappes de mousse à peine jaunissantes et vivifiées d'eaux courantes. A chaque instant des ruisselets nous barrent la route. Des sources suintent, dont nous entendons le bruissement. Et sur nos têtes, invisibles dans le feuillage, des myriades d'oiseaux, merles qui sifflent, ramiers qui roucoulent, passereaux qui pépient ou modulent des trilles, font plus ardent leur chant à l'approche du crépuscule.

On grimpe le versant du ravin en se faufilant à travers les bouleaux et les hêtres ; on peine un peu, échine basse et cou tendu, pour atteindre le haut de la rude montée. Enfin la pente se fait plus douce ; et nous débouchons sur le faîte.

« Tu reconnais cette lande ? me dit Porchon. C'est ici que nous sommes venus dans la nuit du 24 au 25 septembre, après notre combat sous bois... Ça avait chauffé.

— Un peu, oui.

— Bah ! Nous en avons vu d'autres : nous sommes de vieux guerriers. En aurons-nous, des souvenirs ! »

Nous venons d'arriver à un semis de jeunes sapins. Les tranchées s'étirent à l'abri de ce maigre couvert, discontinues, irrégulières et baroques. Travail bâclé. On se rend compte, au premier coup d'œil, qu'elles furent creusées trop vite, hors de la pression de l'ennemi et sans souci du combat possible. Nous les trouvons vides d'occupants, mais gorgées d'une paille fraîche et merveilleusement abondante.

« Mon lieutenant, me dit Pannechon, r'gardez, là-bas au-d'sus des arbres. I's n'doivent plus voir grand'chose à c't'heure : v'là qu'i's la descendent. »

Pannechon a une paire d'yeux éminemment fureteurs et aigus. De son doigt tendu, il me montre devant nous, vers le Sud, quelque chose qu'il vient de découvrir :

« Dépêchez-vous ! All' baisse ; all' va s'cacher.

— Ah ! Je l'ai. »

Oblique et gonflée, presque noire sur le ciel cendré, une « saucisse » descend lentement. Elle oscille une seconde encore, et disparaît derrière la crête.

« Coucou ! » dit Pannechon.

Mais aussitôt, avec un haussement d'épaules :

« Sale outil ! Va falloir rester planqué d'main, toute la journée... Quand même, mon lieutenant, c'est pas normal, la vie qu'on a : être obligés d'attendre la nuit pour pisser d'bout ! »

***

Les clous des semelles de Porchon, en frottant contre les clous de mes semelles, m'ont éveillé. La tranchée est si étroite que nous avons dû, pour dormir, nous étendre l'un vis-à-vis de l'autre, ses pieds touchant les miens. Soulevant la paille, nous en émergeons à mi-corps, les jambes encore enfouies dans la profonde litière.

« Bonjour, vieux !

— Bonjour, vieux !

— Bien dormi ?

— Idéalement. Bout du nez gelé, mais le corps tiède.

— Beau temps, ce matin. Regarde le ciel derrière toi. »

Je m'agenouille, me retourne, et longtemps m'oublie à contempler le ciel rose, d'un rose qui floconne graduellement et pâlit jusqu'à se muer en un bleu délicat, fluide et frais. Les dernières étoiles s'y perdent comme des gouttes d'eau dans un lac pur.

« Mais regarde aussi vers le Sud, au-dessus des bois : les Boches déroulent déjà les amarres de leur saucisse... Dire qu'il faudra crier tout le jour pour empêcher nos hommes de bouger !

— Elle me rappelle, lui dis-je, le téléphoniste de la petite batterie de Saint-Rémy, son béret plat juste au ras du buisson... »

Un bâillement bruyant, qui commence en basse creuse et s'achève en sifflement de gorge, nous avertit que Pannechon est éveillé. S'étant levé, il scrute les lointains de ses yeux vifs ; et soudain :

« Mais, mon lieutenant, c'est pas *la* saucisse, c'est *les* saucisses que faut dire. Y a celle d'hier, et puis y en a une aut'e plus loin, un peu su'la droite. All' voudrait bien s'moufler, mais rien à faire. »

Debout devant moi, toujours furetant des yeux, il laisse paraître sur son visage, une stupeur scandalisée :

« Mince alors ! On peut bien s' cacher : y a des abrutis qu'ont allumé du feu là-bas. »

Du feu ? Qui a eu ce toupet ?... D'un saut je suis hors de la tranchée, déjà courant à toute allure vers la lisière proche du bois. C'est de là que montent, au-dessus des taillis, d'épaisses fumées d'un blanc sale. Je m'engouffre dans le premier layon et, dix mètres plus loin, je tombe en plein dans une paisible assemblée de cuistots.

Les uns, accroupis, les joues gonflées comme des outres, soufflent sur les foyers qu'ils viennent d'allumer. D'autres, près des feux qui flambent déjà, pèlent des pommes de terre dont la pulpe apparaît, jaune pâle, entre leurs doigts, tandis que des lanières de peau allongent peu à peu leurs spirales. D'autres enfin, assis en cercle, une toile cirée sordide déployée sur leurs genoux, oublient la guerre et ses misères dans les charmes d'une manille à quatre.

Ma brutale irruption déconcerte ces gens calmes :

« Eteignez-moi ça tout de suite ! Allez ! Zo ! A coups de pied !

— Mais, mon lieutenant, le riz !

— Mais les frites !

— Le jus !... Les biftecks !...

— Tout de suite ! je vous dis, tout de suite ! Vous voulez faire amocher les copains ? Oui ?... Vous vous en foutez, vous : vous n'êtes pas là pour deux jours ! »

Bougons, mais dociles, ils s'exécutent, étouffent les flammes sous des mottes de terre, des poignées de feuilles pourries.

« Alors, où faut qu'on aille à c't'heure ?

— Dans le ravin en arrière, parbleu ! Tout au fond, comme on vous l'a dit ! Mais c'était loin, n'est-ce pas ? Ça montait ?... »

Pendant ce temps Pannechon, qui m'a suivi, fourre son nez dans les plats et les bouthéons, critique, s'informe, s'extasie :

« Ben, mon vieux ! Sont baths, ces frites-là. »

Il en saisit une du bout des doigts, négligemment, et l'avale :

« Pis fameuses. »

Deux autres, prestement cueillies, sont englouties avec le même naturel.

« Dis donc, i's sont nourris, ceux d'ta section !

— Penses-tu ! répond le cuistot. Tu crois tout d'même pas qu'c'est pour la section, ces frites-là ?... Ces frites-là, c'est pour Narcisse. Et Narcisse, tu saisis, c'est moi qui t'cause.

— Et c'te colle-là, quoi qu'c'est ?

— Tu l'vois pas ?... Du bon riz au gras. Ça tient au corps et ça réchauffe... Y a rien d'tel pour la tranchée.

— Quand même, il est guère beau, ton riz. Tu parles d'un mastic ! Et les bouts d'viande que y a d'dans ! On dirait des cailloux, tellement qu'i's sont desséchés.

— T'en fais pas, y aura deux p'tits « bistecks » qui s'ront tendres et bien juteux. Vise-moi c'te barbaque, si c'est beau ! Saisie en d'sus et rose en d'dans... Sans m'vanter, quand j'veux, j'sais y faire.

— Et dis donc, ces biftecks-là, i's sont aussi pour Narcisse ?

— Natureliche ! Et c'est bien l'moins ! Nous on trime, on s'donne du mal. Alors, hein ?...

— T'as raison, fiston ! » dit Pannechon.

Mais pendant que nous revenons, il fouille dans une des vastes poches cousues aux pans de sa capote, en sort une tranche de viande énorme dont le jus dégouline sur ses doigts, et, souriant comme il sait sourire, des paupières et des narines :

« J'y ai tout d'même gentiment chauffé un d'ses biftecks, à c't'andouille. Moi aussi, j'suis pour la justice : et ça m'outrait qu'i' s'soigne si bien, rapport au riz cochonné des copains... J'mangerai l'bifteck à leur santé. »

Quatre heures. Allongés sur notre paille, fumant des pipes, le corps inerte et l'esprit paresseux, nous n'avons fait que sentir la lente coulée des minutes.

« Encore un jour de tiré, sans casse.

— Oui, dit Porchon, malgré les cuistots de ce matin et leurs sacrés feux de bois vert, les saucisses n'auront rien vu.

Il parle encore qu'un obus siffle, passe sur nous bas et raide pour éclater à vingt mètres en arrière, hargneusement. Des pierres, des mottes de terre nous tombent en grêle sur le dos, pendant que les éclats ronflent et que la fusée, quelque part en l'air, bourdonne.

« Y en a d'autres ! s'écrie Pannechon. Une, deux, trois... boum ! »

Par doubles rafales de trois, les obus foncent, nous frôlent avec des sifflements de faux qui s'achèvent en explosions brisantes, quelques mètres plus loin. Rien ne bouge sur le plateau. Mes yeux, lorsque je me lève, ne voient rien qu'une lande dénudée, des herbes roussies, des genêts, de minuscules sapins. N'étaient ces corps accroupis qui touchent le mien, ces dos tendus que soulève insensiblement le rythme des respirations vivantes, je pourrais me croire seul dans l'étendue de cette friche mélancolique où d'étranges fumées jaunes, de place en place, éclosent. Mais deux cents hommes sont là, sans abri qu'un étroit fossé au fond duquel ils se sont tapis, d'un geste habituel, pour « attendre que ça passe » ; deux cents hommes qui sentent, qui raisonnent, et qui savent tous ce que serait l'éclatement, sur notre tranchée, d'un seul de ces percutants que les Boches nous envoient par dizaines. Pourtant, si leurs cœurs battent plus vite, ils se sont assez aguerris pour chasser les images trop vives, pour « blaguer », si leur blague les y aide.

« I's sont rien râleux, les Boches ! C'est qu'du 77 qu'i's nous servent.

— Qui c'est, l'cochon qui lance des boules puantes ?

— Eh poteau, t'entends pas l'canon ? C'est-i' qu'y a la fête ? »

Parfois un obus arrive sournoisement, sans qu'on l'ait entendu siffler. Et celui-là explose à quelques pas, si brutalement que l'air nous soufflette et que le sol, contre nos corps, oscille. Alors une voix qui sort de dessous un sac demande :

« Pas de bobo par là ? »

Et une autre voix, pareillement sous un sac, répond :

« Penses-tu ! Y a pas d'danger : leurs artiflots, c'est des pieds ! »

De temps en temps je regarde ma montre : Quatre heures vingt-cinq... Quatre heures et demie : il y a une demi-heure que les Boches nous bombardent... Quatre heures trois quarts... Deux obus l'un derrière l'autre, à quatre ou cinq mètres de nos têtes, s'enfoncent dans la terre grasse qui semble les happer. Ils n'éclatent pas.

Cinq heures... Les rafales se suivent toujours. La lumière commence à décroître ; et nous éprouvons tous, à mesure que les lignes se fondent dans la grisaille du crépuscule, un besoin de libre mouvement qui, à la longue, nous énerve :

« I's vont pas bientôt nous fout'e la paix ? Ça fait l'compte !

— S'i's n'se sont pas calmés dans cinq minutes, tant pis, j'sors quand même ! »

Enfin, les explosions font trêve. On entend des froissements de paille, des murmures de propos à voix basse, un bâillement, une toux lointaine. Personne ne sort : on est trop las.

Nuit noire. Je m'endormais, enfoui dans ma paille, lorsque le crépitement d'une fusillade m'a mis debout. Porchon, près de moi, écoute aussi ; et tout le long de la tranchée, des ombres vagues vont se dressant.

C'est devant nous, dans les bois lourds de ténèbres, une rage désordonnée de coups de feu. Le son se répercute dans les vallons de la forêt. Il monte, emplit l'espace, accourt, galope sur le plateau. Si vive est l'impression d'être dans la fusillade même qu'il me semble, éparse dans l'air, sentir l'âcre odeur de la poudre.

« Bah ! dit Porchon. C'est encore le bois Loclont : on s'y engueule de loin, à coups de lebels et de mausers ; mais on n'en vient jamais aux mains... N'empêche : on est plus près qu'à Rupt. »

Déjà, là-bas, les longs traits des fusées raient le ciel ; et très haut s'épanouissent les éblouissantes étoiles dont la lueur verte vient mourir jusqu'à nous.

Silencieux, nos hommes regardent. Une détonation soudaine, nette, impérieuse, fait passer parmi eux un frémissement. Trois autres s'enlèvent à la file avec la même vigueur allègre, et de petits obus rageurs, sifflant pointu, jettent par-dessus nous leurs trajectoires rigides. Des rires d'enthousiasme les saluent :

« Ah ! vieux, pour péter comme ça, y a que l'soixante-quinze !

— S'i's y en mettent, les p'tits frères !

— « Ta gueule ! » qu'i's vont dire aux Boches.

— Mince alors ! Qu'est-ce qu'on leur passe !... A présent, v'là les gros qui toussent. »

Au delà de la route, au pied de la crête boisée, des pièces de 120 tonnent sans discontinuer. Nous voyons d'ici les jets de flammes qui sortent des canons ; puis nous entendons les déflagrations puissantes des gargousses. Et toujours, derrière le plateau, la pétarade des soixante-quinze.

« Mon lieutenant, me dit Pannechon, v'là quéqu' chose qui s'amène ; ça doit être un type à cheval. »

Et en effet on voit sortir de l'ombre une masse mouvante et silencieuse qui grandit, se matérialise. Le sol mou de la lande étouffe le bruit des sabots. Mais quand cela s'arrête, devant nous, on entend l'ébrouement du cheval et l'on voit se dresser sur le ciel la silhouette du cavalier, appesantie par le lourd manteau.

« Où qu'tu vas ? » demande un des nôtres.

L'artilleur, alors, d'une voix hésitante :

« C'est-y des biffins ?

— Bien sûr, quoi ! On veut pas t'bouffer. »

Nous le voyons mettre pied à terre. Je sors de la tranchée et m'avance à sa rencontre :

« Que cherchez-vous ?

— Y a un malheur d'arrivé chez nous... On v'nait juste ed mettre en batterie quand les fusées ont d'mandé l'barrage. Et alors, v'là qu'au premier coup d'la pièce ed droite, l'obus, un obus ed 120, nous éclate en sortant du canon, en pleine gueule. Ça fait qu'y a un copain qu'a pris un éclat dans l'buffet... C'est pas d'chance, un truc pareil. C'est-y qu'l'obus était mal débouché, ou quoi ?

— Bon ! lui dis-je. Vous voulez un major ?

— Ben oui... Tiens ! v'là Berthier qui m'cherche : c'est sa voix. »

Un appel vient de retentir, non loin de nous :

« Sevin ! Ho ! Sevin !

— Ho ! Par ici ! Quoi qu'y a ?

L'autre cavalier, comme Sevin tout à l'heure, sort de l'ombre et s'érige sur le ciel.

« Y a que l'copain, là-bas, i' vient d'finir... Suffit maintenant qu'on aye un brancard. On l'port'ra nous-mêmes à Mouilly. »

Et ils s'en vont, à pied, tirant leurs chevaux derrière eux, comme en laisse, vers le ravin où sont nos brancardiers et où je leur ai dit d'aller. Ils s'en vont, massifs et frustes dans leurs grands manteaux à pèlerine, de leur pas lourdement botté. Je les entends, un moment encore, se parler l'un à l'autre, à mots lents qu'ils prononcent sur eux-mêmes, pensant tout haut :

« Qué misère !

— C'qui faut qu'on voye ! »

Puis leurs voix se perdent dans l'éloignement, en même temps que, dans la nuit, leurs ombres.

Vendredi, 9 octobre.

Porchon m'apporte une nouvelle. Le caporal-fourrier, lorsqu'il est venu confirmer la relève pour ce soir, lui a confié que nous allions changer de secteur. Et Porchon fredonne :

Nous n'irons plus au bois,
Nous en avons soupé.

« Constate, s'écrie-t-il, que mon talent d'improvisateur est plus en forme que jamais. Pour être chantée, d'ailleurs, cette phrase n'en est pas moins l'expression juste de ma pensée. Les bois m'embêtent : on y étouffe. Parle-moi, à la bonne heure, d'être accrochés au flanc d'une pente avec, devant les yeux, la crête qu'il va falloir enlever ! Ça excite, au moins ! C'est limpide ! Il paraît qu'on nous promet de beaux jours, là-bas : les sapes, la guerre de mines, l'assaut !

— Est-ce loin d'ici ? demandé-je.

— Non, pas très. Quelques kilomètres plus à l'est. C'est, juste à la limite des « Hauts », un petit patelin dans une vallée. J'en aime le nom, parce qu'il sonne clair et franc. On aimerait se battre là.

— Mais ce nom ? dis-je.

— Les Eparges. »

LIVRE II

NUITS DE GUERRE

A la mémoire
de
JEAN BOUVYER
JEAN CASAMAJOR
PIERRE HERMAND
LÉON RIGAL
normaliens.

I

D'UNE TRANCHÉE A L'AUTRE

9-13 octobre.

Ce nouveau secteur des Eparges annoncé hier par Porchon, ce n'est pas encore pour maintenant. Nous marchons vers les premières lignes dans les bois de Saint-Rémy, par un layon déjà suivi deux fois : le 22 septembre, quelques heures seulement après notre arrivée en cette région des « Hauts », et le 26, après le combat sanglant du 24.

Alors c'était l'inconnu, la fièvre des engagements incessants. Les blessés, entre les lignes, gémissaient. On butait contre des morts tombés en travers des chemins ; et c'était parmi des cadavres que les vivants, la nuit, veillaient. Aujourd'hui, les trous d'obus et les arbres mutilés restent les seuls témoins de ces luttes.

Dans la pénombre grandissante, mes hommes occupent la tranchée de lisière. Pendant qu'ils s'installent et débouclent leurs sacs, sans bruit, pendant que les troupes relevées se massent sous le couvert à proximité du layon, le chef de section que je remplace me passe les consignes. C'est un adjudant, court et trapu, sanguin, un bouc noir au menton. Il me chuchote dans le nez, très bas, des paroles à peine perceptibles :

« Ce qu'il faut... c'est du silence ; un silence ab-so-lu. C'est à croire, mon lieutenant, que les Boches d'en face sont des sorciers : tout ce qui se dit sur notre ligne, mais là, tout, il l'entendent comme s'ils nous touchaient

— Allons donc ! Je connais le coin. Ils sont à plus d'un kilomètre.

— Chut ! Pas si fort ! Ils ont des appareils qui captent et amplifient les bruits. Une feuille qui bouge, je suis sûr qu'ils l'entendent !... Ah ! ces gens-là sont forts !

— Est-ce tout ? lui dis-je. Qu'est-ce qui s'est passé ces derniers jours ?

— Pas d'attaque. Mais du bombardement : fusants et percutants. On a commencé à couvrir la tranchée pour abriter les hommes contre les balles des fusants. Vous, vous avez une petite guitoune très bien. J'ai fait boucher avec de la paille et de la terre les interstices entre les rondins, pour qu'on puisse y allumer une bougie. Vous verrez : c'est épatant. »

Après qu'il a emmené ses hommes et que j'ai fait, parmi les miens, la ronde accoutumée, je prends possession, avec mon ordonnance Pannechon, de la guitoune tant vantée. Nous devons, pour y entrer, nous mettre à quatre pattes. Une fois que nous y sommes entrés, nous ne pouvons nous redresser qu'à peine. Mais l'air, au fond de ce trou, s'imprègne d'une humidité vaguement tiède, moins pénétrante que la brume glacée du dehors.

« Ah ! mon lieutenant, me dit Pannechon, c'qu'i' fait noir ! Si on allumait la bougie, pour voir ? »

Une allumette flambe, qui lui tire le visage hors des ténèbres, en modèle les traits, tout à coup, en reliefs cireux et en creux d'ombre brutale. La flamme de la bougie pétille, s'anime, illumine violemment l'abri.

« Ben vrai ! s'écrie-t-il. J'ai jamais vu une chandelle éclairer comme ça ! S'i' y a seulement une fente à la cagna, on doit nous r'pérer d'une lieue.

— Attends, je vais voir. »

A peine ai-je fait deux ou trois pas que des épines m'égratignent le visage et que des ronces me ligotent les jambes. La nuit, autour de moi, roule des ténèbres monstrueuses. Paralysé, aveugle, je me débats parmi les hautes broussailles, toujours giflé, griffé, butant contre des souches sournoises. Mais la voix de Pannechon, soudain, me rassérène :

— Vous voyez rien ?

— C'est le cas de le dire !

— Mon lieutenant ?

— Qu'est-ce que c'est encore ?

— Du monde qui vient par le layon. I's sont tout près... I's ont l'air perdu.

Déjà, j'entends les arrivants qui parlent entre eux à voix basse.

« Qui va là ?

— Sous-officier du génie et quatre hommes.

— J'suis avec eux, dit Pannechon. I's ont un machin rond, comme un gros tambour ; i's disent que c'est un protecteur. »

Une glissade au fond de la tranchée, un rétablissement sur le parados, et je suis au milieu du groupe :

« Le sous-officier ?

— Présent !

— Votre mission ?

— Installer à la lisière un projecteur de campagne en prévision d'une attaque ennemie. Désignez l'emplacement, mon lieutenant ; je suis à votre disposition. »

Ensemble, nous choisissons un point où la tranchée s'incurve un peu, à quelques mètres de mon abri. Deux sapeurs, tenant leur pic tout près du fer et tapant à petits coups, évident le parapet pour que la grosse lentille mobile puisse jouer librement sur son axe. Deux autres, en ahanant, descendent le pesant engin. Quelques manipulations mystérieuses pour moi, dans les entrailles de la chose, et le sergent me dit :

« Voilà, mon lieutenant, nous sommes prêts. En cas d'alerte, sur un ordre de vous, j'illumine. »

Depuis un bon moment déjà, j'ai réintégré la guitoune, lorsque Pannechon, à son tour, s'insinue à l'intérieur. Ses joues remontent vers ses sourcils jusqu'à lui fermer les yeux : signe, chez lui, d'un contentement extrême :

« Ah ! mon lieutenant, y a pus besoin d'se faire de bile, à présent ! J'viens d'leur causer, aux sapeurs... Vous voyez not'e bougie, s'pas ? Et la lumière qu'elle donne dans la nuit ? Eh bien ! leur truc, quand i' s'allume, il éclaire à lui seul comme au moins mille bougies en tas ! Pus d' mille bougies, vous vous rendez compte ?

« Alors, une supposition qu'les Boches attaquent : i's s'amènent en douceur, en profitant de c'qu'i' fait noir ; bon. Tout d'un coup, y a d'nos patrouilles qui les voient ; bon. Alors, au lieu d'tirer, i's radinent, et i's nous préviennent... Vous comprenez ?

— Très bien, oui. Et après ?

— Pendant c'temps-là, les Boches continuent d'avancer. Comme rien n'bouge, i's s'disent : « Les Frantsouzes roupillent. » Et i's sont contents.

« Mais nous aut'es, les Frantsouzes, on les laisse s'approcher. On n's'en fait pas ; on les attend peinards. L'type du génie est là, en place derrière sa manivelle, et vous à côté d'lui à r'garder c'que font les Boches. Et alors, quante vous pensez qu'i's sont à bonne portée d'nos flingues, vous n'avez qu'à lui toucher l'épaule, au type du génie. Là-d'ssus... toc ! V'là les mille bougies qui s'allument, d'un seul coup ! Vous voyez ça d'ici ? C'te surprise !... Par devant nous, i' fait clair comme en plein soleil ; mais où qu'nous sommes, et c'est pas l'pus bath, i' fait noir comme dans un trou d'taupe. Alors, qu'est-ce qui s'passe ?

— Voyons, Pannechon, qu'est-ce qui se passe ?

— Les Boches sont tellement épatés qu'i's en tombent tout d'suite sur le cul. Alors, comment qu'on en profite ! On t'les descend comme à la foire, un par cartouche... Une supposition, maintenant, qu'i's s'o'stinent et qu'i's veulent avancer quand même... Qu'est-ce qui s'passe ?

— Dis vite, Pannechon.

— Eh bien ! l'type du génie, un type qui connaît la manœuvre, i' leur fout sa lumière dans les yeux, v'lan... Ça les rend comme aveugles. I's dansent là-d'dans, paraît, comme des moucherons d'vant une lanterne. Et alors, ça d'vient du billard ! On les déglingue les uns sur les autres, tant qu'ça peut, jusqu'à c'que ceux qui restent mettent les cannes ! Vous parlez d'se marrer, mon lieutenant ! S'ils s'amenaient... J'en rigole d'avance ! »

Mais toute la nuit s'écoule sans que Pannechon puisse vivre ce rêve. Chaque fois que je sors et parcours la tranchée, mes poilus, qui somnolent et grelottent, disent quand je passe :

« Rien n'bouge, mon lieutenant. »

Toute la plaine, en avant des bois, demeure silencieuse, écrasée par le ciel opaque, engourdie, comme morte.

De deux heures en deux heures, à peu près, les chefs de patrouilles qui rentrent viennent me rendre compte : ils ont marché longtemps à travers la plaine vide ; ils ont fouillé le boqueteau de sapins qui la barre en son milieu. Ils y ont constaté la présence d'un petit poste français, envoyé là-bas par le lieutenant qui commande la 6e.

Un peu avant l'aube, au moment où, lassé, je m'assoupis dans notre abri, quelques coups de fusil partent de nos lignes, très près. Aussitôt riposte une salve aiguë de mausers. Je me précipite : tout est redevenu calme et muet. Ce doit être un homme énervé par la longue veille, la tête malade et les yeux troubles, qui a tiré sur des touffes de genêts.

***

Lorsque j'ouvre les yeux, un bruit étrange et doux me surprend. On sent autour de nous un frémissement immense et continu, comme si la forêt entière frissonnait.

« Qu'est-ce qu'on entend, Pannechon ?

— Ah ! mon lieutenant, c'est la pluie. »

Mes vêtements, sur moi, sont lourds et raides. En m'asseyant, je touche de la main, derrière mon dos, le parapet : je le sens très froid, d'un froid visqueux et pénétrant. Je grelotte de la tête aux pieds. Et voici qu'une longue quinte me secoue, qui me déchire la poitrine, fait perler la sueur à mon front et me laisse haletant et brisé. Pannechon s'est approché de moi ; il me regarde de ses bons yeux dévoués.

« Ça n'va pas, c'matin, mon lieutenant ?

— Bah ! Une bronchite qui passera vite. Ça n'est rien.

— C'qui vous faudrait, voyez-vous, c'est du chaud. Au lieu de ça... L'jus est si froid quand il arrive qu'i' vous gèle le d'dans des tripes. Et si la flotte continue à tomber, on va pouvoir bientôt s'baigner. »

Le ruissellement de la pluie ne cesse pas. Les arbres laissent pendre leur feuillage comme une chevelure mouillée ; et de chaque branche coulent des gouttes pressées qui s'écrasent sur la jonchée des feuilles. Lorsqu'on les foule aux pieds, on les sent gorgées d'eau, déjà pourries. Au fond de la tranchée s'étalent des mares bourbeuses où mes poilus vont pataugeant, lamentables et résignés. Braves types ! Ils ont de pauvres visages, pâles de froid. Ils fourrent leur tête dans leurs épaules, comme font des moineaux dans leurs plumes. Et quand je passe, ils m'accueillent tous du même bonjour familier qu'une plaisanterie, souvent, accompagne. Ils disent :

« Y a d'la viande boche qui mouille. Ça m'plaît.

— Chouette ! Mes poux s'enrhument ; ils vont clamecer. »

La guitoune où je rentre est pleine de frôlement mouillés, bientôt d'un clapotement triste. Nous nous sommes tapis au fond, poursuivis et atteints par des gouttières impitoyables. Nous regardons, à terre, des flaques d'eau qui peu à peu grandissent et qui luisent vaguement dans l'ombre.

« J'entame une boîte de singe, mon lieutenant ? Ça passera l'temps.

— Tu la mangeras tout seul, Pannechon. Je n'ai pas faim.

— Allons, faut vous faire une raison ! Tenez, c'te boîte, la rouge, a' n'sentira pas la colle à pneus... »

Son couteau à la main, il sursaute :

« De quoi ? C'est pas la pluie qui siffle ? »

Il passe la tête par l'ouverture, juste au moment où nous arrive, assourdi par l'épaisse ondée, le bruit d'une salve d'éclatements.

« Tu as vu où c'est tombé ?

— Oui, mon lieutenant. Su' l' petit bois au milieu de la plaine. Des fusants. I's ont éclaté rudement bas, ras les sapins... Aïe ! En v'là d'aut'es... Six d'un coup !

— Toujours à la même place ?

— Toujours su' les sapins... Oh ! mon lieutenant, v'nez voir ! Vite ! »

Il est sorti, me faisant place.

« R'gardez, s'i's font vinaigre ! »

Une dizaine de fantassins français ont surgi hors du bois bombardé. Ils courent, sombres sur la grisaille des chaumes, vers la lisière de la forêt. Et les obus les suivent. Les fusants suspendent au-dessus d'eux de gros flocons gris, ronds et mous ; les percutants crèvent sur leurs talons, dégageant à volutes pressées une ignoble fumée jaune, qui rampe longtemps et semble coller à la boue.

Pourquoi diable, me dis-je, la 6e n'a-t-elle pas fait rentrer ce petit poste avant le jour ? C'est exposer des hommes pour rien, puisque nous avons, d'ici même, un champ de vision d'un kilomètre !... Et Pannechon s'écrie, cependant :

« Avec ça, j'nous vois pas blancs. V'là les aut'es qu'arrivent à la lisière, à deux cents mètres su' not'e gauche. I's vont nous faire déguster. »

Les batteries allemandes, en effet, allongent leur tir. Les fusants viennent miauler devant nous : la boue gicle sous la volée des balles. Deux, qui claquent à la cime des arbres, cinglent les branches d'une grêle brutale.

« C'était pas assez d'la flotte, dit un homme. Viens, Azor. »

Et, d'un coup d'épaule résigné, il remonte son sac sur sa nuque.

Les explosions se suivent toujours, violentes, mais sans écho qui les prolonge. L'air épaissi d'humidité les étouffe. De temps en temps, pourtant, un fusant claque si près qu'une vibration tintante fait sonner longuement nos oreilles ; ou bien un percutant siffle bref, pique à dix mètres de la tranchée ; et il projette en explosant d'énormes paquets de boue qui viennent retomber sur nous, sur les parapets, sur les sacs.

Nous sommes rentrés. Pannechon, à mon côté, demeure étrangement immobile. Il a croisé ses mains par-dessus ses genoux. Son dos se voûte, tout son corps se tasse sur lui-même. Il rêvasse, si profondément absorbé que les éclatements les plus proches font à peine cligner ses paupières.

« Eh bien ! Pannechon, à quoi penses-tu ?

— A not'e combat du 22 août, mon lieutenant. J'me rappelle

tout comme si c'était hier... On était dans l' fossé d'une route, bien r'pérés, bien canardés. On s'faisait p'tit, mais ça n'empêchait pas. D'temps en temps y en avait un d'nous qui criait, un qui culbutait sans rien dire. On diminuait comme à vue d'œil.

« De l'aut'e côté d'la route, y avait une espèce de carrière. L'sergent a dit :

« — Faut traverser tout d'suite. Y en a qui tomberont en passant, mais pas tant qu'si on reste ici. Suivez-moi, les gars ! »

« Il a fait un saut d'l'aut'e côté, et il est arrivé à la carrière. Alors on s'est lancé derrière lui, un d'abord, un aut'e, encore un aut'e. On f'sait vite. Ces putains d'balles miaulaient en r'bondissant su' les cailloux... Moi, j'ai passé dans les premiers ; et avec les aut'es qu'étaient passés aussi, on r'gardait les copains qui s'lançaient à leur tour entre les giclées d'mitrailleuses.

« Et y en a beaucoup qui n'sont pas arrivés : l'caporal Hersant, qui saute en l'air comme un chevreuil, qui r'tombe d'une masse, en plein dans une gerbe, et qui r'çoit des balles et des balles dans son cadavre qu'on n'pouvait même pas tirer à nous. Et Tramet, un rigolo, toujours en train, toujours obligeant, qu't'out l'monde gobait à la section. Comme on voyait qu'il hésitait, on y a crié :

« — Allez, Tramet ! C'est l'moment. Hop ! »

« — J'y vas », qu'i' répond.

« Et i's'lance... Il était quasiment sur nous, l'pus mauvais passé, quand on l'a vu ramener ses mains au corps et tomber... Il était couché dans l'herbe, p't'être à trois mètres ; et i' s'plaignait tout bas, en gardant ses yeux fermés... Et puis i'les a rouverts, et i' nous a r'gardés, comme si i' nous r'connaissait. Alors Vauthier y a demandé :

« — Où qu't'en as, mon pauv'e vieux ?

« — Dans l'soufflet », qu'il a dit.

« Et il a r'fermé ses yeux ; et il a r'commencé à s'plaindre... On l'entendait, on l'voyait là... On pouvait rien. Peu à peu il a fini d'geindre ; i' s'est mis à râler en crachant d'la salive rose, à enfoncer ses ongles dans l'herbe en ouvrant et en fermant ses mains, sans s'arrêter. D'temps en temps, on l'entendait crier un mot, qui v'nait d'loin, du fond d'sa poitrine et qui lui soulevait l'corps en passant. On n'saisissait pas bien ; y en avait qui d'mandaient : « Qu'est-ce qu'i' dit ?... » Et c'est Vauthier qu'a distingué l'premier, et qu'a fait : « I' dit : maman. »

Pannechon se tait, hoche la tête d'un mouvement doux et lent. Une volée de 105 stride dehors. Les explosions toutes proches font trembler l'abri sur nous. Pannechon hausse les épaules :

« Aujourd'hui, la guerre, c'est ça : d'la flotte qui tombe, des obus qui sifflent, et la vie au fond d'un trou, sans bouger. Pis qu'ça : sans rien voir. Au mois d'août, au moins, on voyait... V'là l'soir qui vient ; on dirait que l'ciel est plein d'suie. Dans une heure, ça s'ra la nuit noire. On n'aura plus d'obus ; mais faudra veiller jusqu'au jour, crainte que les Boches nous prennent en traîtres.

« Les Boches ? Où c'est qu'i's sont ? Par là. Quéque part. D'vant nous. Partout... Cachés dans la terre... Nous aussi... Et ça peut durer des mois.

Au-dessus de nos têtes, contre les rondins du toit, le choc d'un bâton résonne.

« Eh bien ! quoi ? Vous êtes morts là-dedans ?

— Pas encore, mon vieux. Entre. »

Porchon rampe sur les mains, sur les genoux, retombe assis à mon côté.

« Du nouveau ?

— Sensationnel ! Le capitaine vient de me dépêcher un agent de liaison, pour m'apprendre que les Boches avaient bombardé la lisière.

— Ah ! oui ?

— Ce n'est pas tout : à ce bombardement a succédé un calme que notre chef juge inquiétant. La nuit s'annonce obscure, propice aux surprises. En conséquence, ordre de redoubler de vigilance.

— Mes dispositions restent les mêmes : sentinelles avancées et patrouilles de surveillance. Ça va ?

— D'autant mieux que personnellement je ne crois pas à une attaque. »

Pannechon, sans y être invité, donne son avis :

« Alors, ça s'ra tant pire, mon lieutenant. Moi j'ai bonne envie de r'voir les Boches au bout d'mon flingue. C'est l'moment ou jamais, puisqu'on a des types du génie pour éclairer l'but à volonté. A propos, j'pense qu'i's n'vont pas tarder à s' ramener, avec leur truc ?

— C'est vrai, me dit Porchon. J'ai oublié de te prévenir : tu ne verras pas les sapeurs ce soir. Ils balayent leur projecteur de secteur en secteur. Ingénieux, s'pas ?... Mon vieux, bonsoir. Je te souhaite une bonne nuit. S'il y a du grabuge, je serai là. »

Longtemps, au fond de notre hutte, nous écoutons sans rien entendre. Demi-éveillé, demi-somnolent, je grelotte de tous mes membres. De la terre s'exhale une humidité glacée. La nuit se traîne. De loin en loin, au plein du silence, quelques détonations sursautent. Chaque fois je sors de la guitoune, et je parcours, d'un bout à l'autre, ma tranchée : des hommes pelotonnés qui ronflent dans les flaques d'eau, pendant que d'autres veillent, debout, leur fusil à la main, en s'appuyant des fesses au parados. Ils disent, lorsqu'ils m'ont reconnu :

« Fait friot, mon lieutenant.

— Ça va. On gèle, mais on est tranquille. »

Et je retrouve l'abri bourbeux, le corps en boule de Pannechon, sa respiration dans l'ombre... Des quintes m'éveillent, me jettent sur mon séant, opiniâtres et douloureuses. Souvent, à la lueur d'une allumette, je regarde l'heure à ma montre : ses aiguilles vont leur cours, si lentes que je la crois arrêtée. Mais elle marche : j'entends contre mon oreille son tic tac menu, régulier, exaspérant. Encore une quinte. Une allumette. Pannechon a remué un peu... Ah ! dormir comme lui ! Dormir...

***

« Eh bien ! mon lieutenant, vous avez roupillé tout d'même ? V'là encore une nuit d'tirée.

— Comment ! La nuit est finie ?

— Dame oui. C'est l'petit jour ; pas bien franc, mais l'petit jour. »

Pannechon, soudain, éclate de rire : un gloussement saccadé qui sort de sa bouche large ouverte.

« Qu'est-ce qui te prend ?

— C'est tout à l'heure, pendant que vous dormiez... Vous en avez envoyé, des bobards !

— J'ai rêvé tout haut ?

— Un peu, oui ! Bobards et engueulades. Une averse !

— Bon, dégage, ou sors devant moi : j'ai envie de respirer un peu. »

A peine sommes-nous dehors que Pannechon, me regardant, s'exclame :

« Oh ! mon lieutenant, pour sûr vous êtes malade. Vous en avez une tête !

— Une tête ? Quelle tête ?

— Ben, enflée, pis toute jaune. Vous faudrait une glace pour voir ça... »

Le sergent Souesme s'approche, salue, et, dès le premier regard :

« Vous avez mauvaise mine, mon lieutenant... Vous feriez bien de vous soigner.

— Me soigner ! Vous en avez de bonnes ! Me voyez-vous allant à la visite ? Mais toute la section me suivrait ! »

Je les quitte et gagne le layon, pour y marcher un peu et réagir contre la faiblesse, trop réelle, qui me fait trembler les genoux. De la terre feutrée de feuilles mortes une buée monte, qui s'étale et flotte sous les branches. Mes chaussures, bientôt, ruissellent. La clarté du jour grandit. Quelques oiseaux, par-ci par-là, risquent une note ténue en secouant leurs plumes mouillées. Et voici que passe sur moi, indécise encore et frileuse, une coulée de soleil tombée du ciel entre deux nuages.

« Hé ! Bonjour ! Vous n'entrez pas ? »

La voix m'a semblé sortir de terre. Je regarde. Je ne vois personne.

« Qui appelle ? »

Un éclat de rire, et la voix reprend :

« C'est moi, Prêtre. Par ici, à gauche. »

Au bord du layon, une tête apparaît au niveau du sol, émergeant d'un trou d'ombre au fond duquel rougeoie une lueur. Puis le buste surgit, engoncé dans la pèlerine d'un manteau de cavalerie. Alors seulement je reconnais le lieutenant Prêtre, qui commande notre 6ᵉ. Il me tend la main :

« Attention, les marches glissent ; mais c'est sec à l'intérieur... Qu'est-ce que vous dites de ce palais ? »

Je suis dans une espèce de fosse rectangulaire, taillée à coups de pic au vif du calcaire. Sur un des côtés, une banquette de terre s'allonge, garnie d'une litière de feuilles et d'épaisses couvertures de laine.

« Allongez-vous là-dessus, me dit Prêtre, et chauffez-vous. Le jus sera prêt dans un instant. »

Je tends mes mains vers le feu qui brille au fond de l'abri, dans l'âtre fruste et déjà noir de suie. Debout contre la paroi, près de la flamme, des morceaux de bois vert sèchent peu à peu, suant des gouttes abondantes qu'on voit bouillir un instant, puis se transformer en boursouflures blanchâtres, qui bientôt crèvent et se flétrissent. Un bouthéon, posé sur les braises ardentes dont le rayonnement me cuit la face, prend au brasier des tons rutilants. Un cuistot à barbiche dorée, accroupi au-dessus de ma couche, tendant le bras, reculant son visage, remue avec une branchette la mixture brune qui emplit cette marmite et dont affleure l'écume tumultueuse : l'odeur aromatique du café s'exhale, s'épand, émeut nos narines.

« N'ajoute plus de bois, Vergne, dit Prêtre ; ou ne mets que du bois bien sec. Il fait très clair maintenant : il ne faut pas que la fumée monte. »

Et, s'adressant à moi :

« Vous n'aviez rien vu en passant ?

— Non, rien. J'aurais filé tout droit si vous ne m'aviez pas appelé.

— Alors convenez que cette guitoune est une belle chose : invisible, tiède, confortable, et presque à l'épreuve de la pluie : je n'ai reçu cette nuit que quelques gouttes sur la figure.

— Je conviens, Prêtre : votre guitoune est une belle chose. Et de bon augure. Car d'autres naîtront, je l'espère, où nos hommes et nous-mêmes trouverons chaleur et repos entre les heures de faction ou de quart. Grâce à vous, j'entrevois des jours faciles et des nuits supportables. J'ai envie de vous embrasser. »

Prêtre sourit et, me montrant de la main la flamme qui brille dans l'âtre :

« Le plus beau, n'est-ce pas ? c'est le feu. Hier, pendant le déluge, je regardais flamber les bûches, et je jouissais intensément d'être à l'abri, d'avoir chaud, et d'entendre autour de moi le ruissellement de l'ondée sur les feuilles. C'eût été le bonheur parfait, si je n'avais pensé à mes hommes qui recevaient l'averse sur le dos. J'en ai fait venir quelques-uns, en regrettant de ne pouvoir les appeler tous. »

« Mon lieutenant, dit Vergne, le jus est prêt. »

Il m'en présente un quart tout plein, un beau quart d'aluminium, à peine bosselé. Pivotant sur mon séant, je m'assieds, les jambes pendantes, sur le rebord de la couche. Prêtre vient s'asseoir à mon côté ; et tous deux, lentement, dévotieusement, nous dégustons à petites gorgées le jus bouillant et capiteux.

« Il est bon ? demande Vergne.

— Epatant. »

Pour une fois, c'est la vérité. Ce n'est point l'habituelle décoction, pâle, plate, d'arrière-goût aigrelet, ni la purée noirâtre du cuistot qui a voulu trop bien faire. Le brasier me grille le visage. Je me retourne et tends mon dos vers l'âtre, en ramenant mes épaules vers ma poitrine, pour que ma capote plaque bien contre mes omoplates. Une vapeur s'exhale du drap mouillé. Une bonne chaleur égale le traverse, me pénètre délicieusement.

« Encore un quart, mon lieutenant ?

— Je crois bien ! »

Tant de bien-être m'amollit. Un besoin de sommeil invincible fait battre mes paupières. Ma tête fléchit, bascule, me réveille...

« Au revoir, Prêtre. Il faut que je me sauve. Dans cinq minutes, il ne serait plus temps.

— Allons, je ne vous retiens pas. Mais vous êtes invité une fois pour toutes. Dernier tuyau : nous sommes en ligne pour trois jours encore. »

Lorsque je gravis les marches de terre, les derniers nuages achèvent de se déchiqueter. Il fait soleil. Des gouttes d'eau scintillent aux basses branches. Je vais, quand il me semble, tout à coup, percevoir quelque part une sorte de piétinement ouaté. Peu à peu, cela se précise ; la terre, sous mes semelles, s'émeut d'un frémissement obscur, et que je connais bien : grâce à lui, je sais déjà qu'une troupe est en marche vers la lisière du bois, au moment où j'aperçois, au milieu du layon, la première capote bleue.

C'est celle d'un officier, qui s'avance en tête de la file. Adossé à un arbre, je le regarde venir : il marche à petits pas ponctuels, en balançant, de chaque côté de son corps dodu, des bras courts. Son uniforme est net, les cuirs neufs de son équipement reluisent. Un nouveau ?... Il n'est plus qu'à quelques pas : il a une large face, grasse et rose, une barbe blonde taillée près des joues. Il me sourit ; il me fait signe... Mais qui est-ce ?

« Bonjour, mon vieux.

— Ah ! par exemple ! C'est Dangon ! Bien guéri alors ?

— Comme tu vois.

— Mais quand as-tu rejoint ?

— Il y huit jours déjà, le 3. Ça n'a pas traîné : une balle dans le bras le 6 septembre, à Sommaisne. Evacuation, chemin de fer, hôpital, chemin de fer, famille, dépôt, encore chemin de fer : en trois semaines et quelques jours, tout était bâclé. J'ai repris ma place à la 5ᵉ juste pour le bois Loclont.

— Et je te retrouve dans le bois de Saint-Rémy...

— Où nous venons vous relever.

— Ça, c'est gentil... Attendez-moi quelques instants ; je vais chercher quelqu'un qui placera tes hommes, et je suis à toi. »

Deux minutes plus tard, je reviens avec Souesme, après avoir fait passer, le long de ma ligne, l'ordre de se préparer rapidement et sans bruit. Pendant que Souesme emmène le détachement, je guide le camarade vers un buisson que je connais et par-dessus lequel, sans être vu, on découvre toute la plaine.

« Mon vieux, voici les consignes...

— Une seconde, je te prie, interrompt Dangon. »

Posément, il déboutonne le haut de sa capote, fouille dans une poche intérieure, en sort un calepin à couverture de toile, un crayon.

« Je t'écoute, dit-il. Mais procédons par ordre. Nous disons : Consignes de jour... »

Pendant tout le temps que je parle, il note avec ponctualité, m'arrêtant, à fréquentes reprises, pour me faire répéter une phrase mal entendue, me demander une précision, m'inviter à parler moins vite.

« Paragraphe 2. Consignes de nuit. »

Je dicte, avec une complaisance amusée, regardant sa main grasse aller et venir sur la feuille.

« Distributions... Cuisines... »

Les paragraphes succèdent aux paragraphes. J'ai l'impression, à considérer ce petit homme déjà ventripotent, d'avoir devant moi quelque clerc de notaire ou d'avoué affublé d'un uniforme. Mais sa courte personne, en ce lieu et à cette heure, prend je ne sais quel air d'assurance solide, qui donne confiance et fait qu'on ne sourit pas. Ayant achevé de noter, il relit d'un bout à l'autre, puis :

« Tu ne vois rien d'autre ?

— Non. »

Il ferme le calepin, glisse le crayon dans l'étui cousu à la couverture, replace le tout dans sa poche, boutonne sa capote, et, me tendant la main :

« Au revoir ; à un de ces jours, au cantonnement.

— C'est ça. Et bonne chance.

— Bah ! Tout ira comme sur des roulettes. »

Avant de m'éloigner, je le vois, de sa démarche égale, parcourir la ligne d'un bout à l'autre, se pencher, parler à ses hommes, et s'arrêter de place en place pour observer la plaine, le bois de sapins qui la barre, et là-bas, au delà des chaumes, la vallée brumeuse où se cache le village et que sillonnent, face aux nôtres, les retranchements de l'ennemi.

« Direction, tranchée de Calonne, m'a dit Porchon. Nous devons y attendre des ordres ; ça ne présage pas le cantonnement. »

Au long de la grande route forestière où nous venons de parvenir, des abris ont été creusés, recouverts de grosses branches juxtaposées, puis de branches minces entrelacées, puis de pierres plates et de sable. Les hommes les considèrent avec un intérêt sans fard :

« C'est maous, dis donc, ces cagnas !

— Pour que les éclats nous y trouvent, c'est midi.

— J'me d'mande même si un 77 qui percuterait juste dessus... »

Et ils plongent l'un après l'autre, disparaissent tous, comme engloutis.

Mais un quart d'heure plus tard, tous sont dehors, allant, venant le long des abris, à travers les abatis qui jonchent les abords de la route. La forêt, sur l'un des côtés, a été largement rasée. Quelques arbres seulement, surtout des hêtres au fût lisse, restent debout parmi le hérissement des souches saignantes. Mais le clair soleil qui ruisselle fait qu'on ne perçoit plus la mélancolie de cette hécatombe. Les ramures fines s'enlèvent légèrement sur la transparence du ciel ; et les capotes bleues, les pantalons rouges mettent le rehaut de leurs teintes franches sur la rousseur ternie des feuilles mortes.

Porchon, du plus loin qu'il me voit, me hèle :

« Va chercher ton quart en vitesse, ton assiette, tous tes accessoires de gueule. On va déjeuner. »

Assis sur le bord du fossé, nous taillons, à l'avance, d'épaisses et longues tranches de pain. Porchon surveille la route, s'agite.

« J'ai faim, moi ! Qu'est-ce que fiche donc Gervais ?

— Qui ça, Gervais ?

— Un sergent du dernier renfort, un phénomène. D'ailleurs, tu vas aprécier : je le vois qui s'amène, suivi du fidèle Penny.

— Qui ça, Penny ?

— Autre phénomène. Tiens, regarde-moi ces binettes. »

Grave, cérémonieux, un homme au large front, aux yeux bruns très vifs dans un visage figé, s'avance vers nous, tenant dans sa main droite, comme il tiendrait un sceptre, une cuiller d'étain. Il est suivi d'un petit homme en veste courte, dont la chemise à moitié sortie du pantalon retombe sur le ventre en flasque bourrelet, et qui tient à distance de son corps un seul plat noir et graisseux. Ils s'arrêtent ensemble devant nous ; et Gervais, l'homme à la cuiller, se retournant vers le petit cuistot, lui dit d'une extraordinaire voix de nez :

« Vous suivez, Eugène ?... Approchez. »

Il le tire par la manche et l'immobilise brusquement :

« Messieurs, je vous présente Penny, pour moi Eugène, parce qu'il est mon *alter ego*. Eugène était emballeur dans le quartier du Marais lorsque la guerre éclata. Il était, de naissance, heureusement doué. J'eus le mérite de m'en apercevoir, — *margaritam reperi,* — et, d'emballeur, je le muai en cuistot.

« Je vous laisse, Messieurs, le plaisir d'apprécier nos talents conjugués : voici deux de nos créations, que la pénurie de matériel nous a malheureusement contraints de mêler en un seul récipient... Eugène, présentez le plat. »

Le petit homme fait un pas en avant. Gervais me tend la cuiller d'étain :

« Veuillez vous servir, mon lieutenant. »

Du riz au gras aggloméré en lourd mastic, j'arrache deux ou trois petits cubes de viande racornie et noirâtre.

« *Bœuf minute* », dit Gervais.

Puis une cuillerée de riz, détachée d'un coup de poignet, tombe d'un seul bloc au fond de mon assiette. Et Gervais annonce :

« *Riz princesse.* A-moins que vous ne le préfériez *brésilienne ;* ou encore *à l'impératrice.* Il ne tient qu'à vous, mon lieutenant : les trois sont le même. »

Porchon, à qui Penny, souriant toujours, présente le plat, se sert distraitement, et crible l'aluminium de son assiette d'une grêle de bœuf minute. Alors, Gervais, avec une moue réprobatrice, la main sur l'épaule du cuistot :

« Assez, maintenant... Sauvez ce plat, Eugène.

— Oh ! mais dites, vous exagérez ! Je prends ce qu'il me plaît, sergent ! »

Gervais s'incline, et marmonne entre ses dents :

« *Quoniam ego nominor leo.* »

A peine nous ont-ils quittés que Porchon, me regardant, s'esclaffe :

« J'ai manqué d'esprit de repartie ! Où, mon latin ?... Quel être, hein ? Pitre incorrigible, mais tu sais, très bon type. Et l'autre ! Le fidèle Penny ! Je t'en prie, croque-moi ces allures. »

Tous deux, sergent et cuistot, ont repris leur promenade à travers les broussailles, le sergent le premier, cuiller en main, le petit cuistot roux le suivant à pas menus et négligeant maintenant, dans sa hâte, d'écarter de son ventre le bœuf minute et le riz princesse : de sorte que le plat lui frotte sur l'estomac et macule de suie, entre sa veste qui remonte et son pantalon qui s'affaisse, sa chemise.

Midi passé. La soupe et le jus avalés, c'est l'heure des parlotes animées. Assis sur la mousse, fumant nos pipes, nous jouissons de l'accalmie. Tous les sous-offs ont les joues colorées des digestions paisibles : le jus, aujourd'hui, était chaud, corsé d'une forte ration de gniole.

« La guerre ici, dit Souesme, ça irait. Une bonne cagna solidement couverte, quelques bottes de paille fraîche au fond, tout autour la forêt qui invite aux balades...

— Chacun ses goûts, répond le fourrier Putteman. Je préfère mon café-restaurant à Chatou. Sois tranquille : je le retrouverai bientôt.

— Oh ! bientôt...

— Dans un mois.

— Tu rigoles !

— Dans un mois, je vous dis ! Et je suis prêt à le parier... Contre toi, Souesme, si tu veux... Combien sommes-nous ? »

Il parcourt le cercle du regard.

« Neuf... Eh bien ! si la guerre n'est pas finie le 11 novembre, à la Saint-Martin, je vous donne rendez-vous chez moi, au *Café des Capucines*, et j'offre une tournée d'extra-dry. Si elle est finie, le rendez-vous tient, mais c'est Souesme qui paie... Ça colle, Souesme ?

— Si ça colle ! Mais j'ai gagné !

— Je voudrais bien pourtant que tu perdes, Souesme », dit, de sa voix grave et douce, le sergent Bernard.

Bernard a de beaux yeux, aux prunelles brunes pailletées d'or, aux cils soyeux. Il nous a rejoints quelques jours seulement avant notre combat du 24 septembre, et il y a été magnifique de courage et de sang-froid, sous la fusillade enragée qui hachait les branches des taillis. Mais pendant les périodes de calme, il reste de longues heures immobile, le regard vague, abîmé dans une songerie profonde et douloureuse. Il m'a dit un soir, à Mouilly, qu'il s'était marié trois mois avant la guerre, qu'il avait laissé sa femme malade, et qu'il la savait enceinte.

Depuis que le fourrier a parlé, il ne le quitte pas des yeux, les prunelles illuminées d'espoir.

« Qu'est-ce qui te fait dire que la guerre sera finie dans un mois ? Tu as l'air sûr de toi. Tu sais quelque chose ! Qu'est-ce que tu sais ? »

L'autre rit de toutes ses dents, très blanches dans sa barbe noire.

« Moi ? Mais je n'en sais rien, cette blague ! Qui est-ce qui sait, d'abord ? Personne.

— Alors pourquoi as-tu dit ça ?

— Histoire de causer, tout bonnement... Allons, t'en fais pas, Bernard : on n'meurt qu'une fois. »

Bernard ne répond pas. Il a croisé ses mains par-dessus ses

genoux, laissé sa tête pencher vers sa poitrine. Le même songe triste revient voiler ses yeux.

« Mon lieutenant ! »

C'est Presle, mon agent de liaison.

« Eh bien ?

— Eh bien, on r'pique aux avant-postes. L'lieutenant Porchon nous a emmenés r'connaître, et i' m'envoie en d'vant pour vous dire de faire équiper la compagnie. »

L'ordre de rassemblement, « colonne par un dans le fossé de gauche », se propage en quelques secondes d'un bout à l'autre des abris. Les hommes se mettent debout, bouclent leur ceinturon, empoignent leur fusil, et traversent la route à pas nonchalants.

« Pas longue, hein, not'e villégiature ?

— En avant, et en silence. »

Je n'entends plus, derrière moi, que le froissement des herbes frôlées par toutes ces jambes, et parfois le craquement d'une ronce arrachée.

Porchon m'attend, debout à l'entrée d'un layon.

« Par ici ; et fais doucement : je t'emmène vers des Boches qui sont mauvais coucheurs. »

Chemin faisant, à voix très basse, il me renseigne :

« Nous ferons la relève à quatre pattes. Tout à l'heure je ne me méfiais pas, ni les agents de liaison : nous nous sommes fait drôlement saluer. »

« A terre ! Les têtes sous les sacs ! »

Dans les buissons, contre les hêtres, au beau milieu du sentier, tous les hommes se sont jetés à plat ventre : l'obus a percuté en même temps qu'il sifflait, et l'essaim des éclats ronfle au vide ou crible durement les troncs d'arbres.

« Gare ! »

Autour de nous, encadrant le layon, les percutants dégringolent par séries de trois ou de six. Ils foncent, trouent l'épaisseur des branches, et s'abattent d'un tel poids que nous nous sentons étonnamment petits, vulnérables comme si nous étions nus. Je me suis allongé contre un frêne, le nez près d'une racine énorme qui se tord puissamment avant de plonger sous la mousse. J'en palpe les rugosités, m'ingénie à y graver de l'ongle, patiemment, un cercle parfait. Et j'arrive, au bout de quelques minutes, à m'absorber si complètement que les souffles stridents et les éclatements des obus me laissent calme, presque détaché.

A présent, ils passent plus haut et cherchent la route en arrière.

Comme nous allons nous relever, deux fantassins surgissent devant nous, deux blessés qui viennent de l'avant. L'un a tout un côté du visage ruisselant de sang. Une plaie béante, au-dessus de l'orbite, lui bouche l'œil d'un gros caillot sombre. L'autre se traîne avec des grimaces de souffrance, s'appuyant du bras droit sur un bâton, entourant du bras gauche le cou de son camarade. Nous nous écartons pour leur faire place. De brèves paroles s'échangent au passage :

« Eclats d'obus ?

— Oui, tous les deux.

— L'œil n'est pas touché, au moins ?

— Ah ! j'sais pas.

— Et toi ?

— Moi, j'en ai une douzaine dans les guibolles. J'ai encore eu d'la veine que l'plus fort soye passé entre les deux... Tu peux r'garder l'pan d'ma capote : c'est d'la dentelle. »

Nous arrivons au bout du layon. Il débouche dans une vaste éclaircie que dominent, de leur feuillage dru encore, de grands hêtres aux troncs droits. Porchon, du doigt, m'indique quelque chose :

« Vois-tu, là-bas, ce gars qui trotte ? C'est l'agent de liaison qui vient te chercher. Prends modèle pour la marche d'approche. »

L'homme s'avance, plié en deux, tout le buste horizontal. Il gagne très vite, vers notre droite, une ligne de buissons qui tendent comme un écran entre les Allemands et nous. Il l'atteint, se redresse, prend sa course et, en quelques secondes, nous rejoint.

C'est un fourrier très jeune, avec une bonne face luisante parsemée de quelques poils noirs. Une paire de lunettes énormes lui fait de gros yeux naïfs, ronds comme le bout de son nez, comme ses joues pleines, comme son menton ponctué d'une fossette.

A travers la clairière, des coups de feu claquent violemment. Il est rare que dix secondes s'écoulent sans que l'air en soit flagellé ; et chaque détonation s'amplifie en un bruit bizarre, qui fait songer au crépitement d'une pluie d'orage sur les feuilles.

« Vous me suivez, mon lieutenant ?

— Allez-y ! »

Mes hommes derrière moi, qui suis le fourrier, nous nous portons, le long des buissons, vers la clairière. Tous ont leur fusil à la main comme dans la marche en tirailleurs. La forêt resplendit de teintes fauves. Des rayons éclatants se glissent à travers les branches et font dans l'ombre du fourré comme des lagunes de clarté.

« Halte ! Tous couchés. Souesme, prenez le commandement. »

J'ai résolu d'aller seul reconnaître la tranchée que je dois occuper, pour y porter mes hommes, ensuite, d'une marche plus sûre d'elle-même. Penché vers le sol, à grandes foulées, je suis le fourrier qui trotte devant moi. Tout le haut de son corps m'est invisible ; ses mains entr'ouvertes rament de chaque côté de ses jambes, et le pan de sa capote relevée bat ses jarrets à chacun de ses pas. De temps en temps il se retourne. Alors sa tête ronde à lunettes m'apparaît à hauteur de ses hanches, aux deux tiers éclipsée par sa musette gonflée, semblable à une lune bien portante en son premier quartier.

Les coups de fusil claquent toujours avec la même sonorité grêlante et mouillée. Mais pas une balle ne siffle autour de nous.

« Attention, mon lieutenant ! »

L'homme a sauté dans le fond d'un fossé tout à coup béant sous nos pas. Je l'y rejoins. Nous reprenons haleine.

« Une ancienne tranchée, me dit-il. Nous allons en voir quelques autres avant d'arriver à la bonne.

— Vous avez avancé, par ici ?

— Un peu, oui. Je serais d'ailleurs étonné si vous n'aviez pas, vous aussi, à faire un bond.

— Un bond ?

— Façon de parler. Ça consiste à progresser, la nuit, d'une cinquantaine de mètres, jusqu'à une tranchée amorcée par le génie. On l'occupe ; on la renforce ; et, quand elle est solide, on l'abandonne pour « bondir » encore.

— Les Boches sont donc très loin ?

— Je ne sais pas. On cherche le contact. »

Il franchit, d'un saut rapide, le parapet qui s'effrite ; puis, à plat ventre, sa tête près de la mienne, il avertit :

« Faites vite jusqu'à ce buisson ; le coin est repéré, et surveillé. »

Quelques minutes encore nous louvoyons ainsi à travers un dédale de tranchées abandonnées. Elles ont mis à nu, sous l'humus, les entrailles pierreuses de la terre. La clairière bronzée de feuilles mortes en est tout entière tailladée, comme de grandes cicatrices livides.

Enfin des têtes apparaissent, parmi les ronces, et des canons de fusil noirs appuyés contre un parapet.

« C'est là ?

— Oui, mon lieutenant. »

En sens inverse, je refais le chemin parcouru, et retrouve mes poilus à la place où je les avais laissés, tous allongés contre leurs sacs, immobiles et patients.

« Rien d'extraordinaire, Souesme ?

— Rien, mon lieutenant. On vous attendait. »

J'indique, à voix basse, la marche à suivre, recommande la rapidité, le silence, et le calme quoi qu'il arrive.

« En avant derrière moi ! Comme un seul homme ! »

Nous traversons la clairière d'un élan, dans un chuintement de feuilles soulevées. Voici la première tranchée :

« Par-dessus ! Hop ! On ne s'arrête pas. »

Seconde tranchée. En haletant, derrière moi, un homme demande :

« C'est-y là ?... L'sac est lourd... »

C'est vrai. Les pauvres ! Ils sont chargés comme des mulets ; et je trotte, moi, je trotte.

« Dedans ! Repos une minute, mais assis au fond. »

Ils sautent l'un après l'autre, pesamment. Ils respirent, la bouche ouverte, l'haleine courte. Et c'est pendant que nous sommes là, invisibles et protégés, qu'une fusillade violente s'allume le long des lignes ennemies. Les coups de feu, cette fois, se confondent : le bruit sec des détonations se double d'une résonance énorme, continue, qui emplit le sous-bois d'un vacarme assourdissant.

« Qu'est-ce que vous voyez, mon lieutenant ?

— Rien encore. »

J'empoigne une grosse racine qui rampe sur le parapet, et me hisse, d'une traction, au dehors :

« Ah !... cette fois, je vois. C'est une section qui s'est fait repérer. »

A cinquante mètres vers notre gauche, une tranchée s'étire, dont je distingue très bien la griffure, soulignée par la blancheur des pierres de déblai. Au lieu de l'appuyer au taillis, on l'a creusée un peu en avant : de sorte que les nôtres, pour y parvenir, doivent franchir à découvert une zone de terrain broussailleux. D'instant en instant, une capote bleue surgit hors du couvert, accueillie aussitôt par une salve. J'ai à peine eu le temps d'apercevoir l'homme en pleine course, sautant, le fusil à la main, par-dessus des souches invisibles, qu'il a déjà atteint la tranchée, glissé au fond, disparu. Aussitôt un autre jaillit, d'un élan qui semble un défi, galope, bondit, plonge soudain.

Et sans cesse, sous mes yeux, les petits fantassins bleus et rouges, vifs, résolus, se lancent ainsi sous les rafales. Les Allemands sont loin, sans doute, et leur tir hasardeux n'a encore atteint personne. Mais il est si violent, et si crâne est l'allure des nôtres, qu'un enthousiasme me soulève et que j'ai envie d'applaudir.

« Alors, mon lieutenant ? »

J'avais presque oublié ma section. Et n'est-ce pas, justement, puisque les Boches regardent ailleurs, l'occasion attendue pour la porter d'une haleine jusqu'à nos emplacements ?

« Dehors tous ensemble ! Et au trot ! »

C'est un envol, un essor bruyant.

« Allons ! Du calme. »

Qu'est-ce qu'ils ont aujourd'hui ? Je les entends rire derrière moi.

Encore dix mètres, nous y serons. J'aperçois déjà des morceaux de parapet, des gamelles sur des sacs.

« Aïe ! » dit Pannechon.

Une balle vient de claquer entre nos deux têtes, et nous en avons été, l'un et l'autre, désagréablement giflés.

« I's nous ont vus ?

— Probable. »

Heureusement, la tranchée est là. Pannechon y saute, juste sur les pieds d'un occupant.

« Nous v'là ! dit-il.

— C'est pas une raison pour écraser mes oignons.

— Ça va bien ! Où qu'est ton lieutenant ?

— Là, sous l'toit d'feuilles. »

C'est un grand sous-officier blond, à large carrure.

« J'espère, lui dis-je, que vous aurez une relève tranquille. Ce plein jour est bien choisi. »

Ils sont partis. La fusillade s'allonge, cherchant les layons d'arrière-lignes. Une balle, soudain, frappe sur le parapet, avec un claquement dur qui nous fait sonner les tympans. Un caporal, debout près de nous, en a plié sur ses jarrets avec une grimace d'angoisse. Pannechon, riant aux éclats, le montre du doigt aux autres :

« Ah ! l'caporal !... T'as vu l'plongeon ? »

J'appelle l'homme :

« Comte !

— Mon lieutenant ?

— Vous avez rejoint avec le dernier renfort ?

— Oui, mon lieutenant.

— Et c'est la première fois que vous entendez claquer une balle ?

— Oui, mon lieutenant. J'les connaissais quand elles sifflent, mais j'pensais pas qu'elles claquaient si fort.

— Sale bruit, hein ?... La première fois, tout le monde salue... Tout le monde sans exception... N'est-ce pas, Pannechon ? »

Il hésite une seconde à peine, sourit avec une contrition comique :

« C'est la faute à Vauthier, à Viollet. I's prennent pas d'gniole. Alors, à la Calonne, i's ont vidé leur quart dans l'mien... M'en voulez pas, mon lieut'nant : ça m'gêne. Et vous non plus, caporal : j'ai eu tort. »

La nuit est venue, très vite, après un crépuscule rouge et froid. Devant moi la tranchée s'éploie, presque vide : j'ai dû mettre à la disposition d'un officier du génie une corvée pour aider ses sapeurs. Ils abattent des arbres en avant des lignes.

Je suis perclus. Le froid a gagné mes jambes et mes bras, puis tout mon corps. Il pénètre partout, colle à la peau comme une ventouse. Au-dessus de moi, très haut, je discerne confusément la ramure de deux grands hêtres qui sont derrière notre tranchée. Des nuées fuligineuses semblent courir au travers. Elles passent, chassées par la brise, d'un vol rapide et soutenu, ne laissant transparaître que de petites taches de clarté qui sont peut-être des étoiles.

Et mes yeux suivent le flux monotone, la ronde hallucinante des nuées. Parfois elles s'amoncellent en houles noires, qui galopent comme un troupeau. Il y a des moments où elles me semblent arrêter brusquement leur course, se suspendre au-dessus de ma tête. Mais cette halte ne les apaise point : elles flottent, elles ondulent, elles se tordent. Et sur leurs remous tourmentés, ce sont les branches de deux grands hêtres qui glissent et dérivent à leur tour, comme si les arbres de la forêt s'en allaient avec le vent, loin ailleurs, on ne sait où.

« Tu es là, Pannechon ?

— Oui, mon lieutenant. Pas moyen d'dormir tellement qu'i' fait froid. J'ai les mains sans connaissance.

— Moi les pieds, le droit surtout. »

Ai-je même un pied droit ? Je le soulève, si je le veux, mais comme je soulèverais un pied mort, ou qui ne m'appartiendrait pas. Si je le frappe de mon poing fermé, je ne sens rien, absolument rien.

On parlait l'autre jour, à la popote, de pieds gelés, de pieds noirs et pourris que les chirurgiens devaient amputer... Est-ce donc cela ?... Mon pied droit serait-il gelé ?

⁂

Les bois frissonnent, sous la brume du petit jour. Les branches des deux hêtres laissent tomber de grosses gouttes qui s'écrasent sur notre peau ou qui roulent, scintillantes, sur le drap de nos capotes. Mais du ciel blanc rayonne une clarté douce, qui blondit peu à peu et filtre à travers les feuillages.

Une joie afflue en moi, d'avoir pressenti la splendeur de la journée qui commence. Je me lève et m'étire longuement, en me dressant sur le bout des souliers.

La détonation d'un mauser, le choc mat de la balle qui s'enfonce dans un tronc d'arbre, me rappellent que le parapet est bas et que les Boches, dans cette forêt, postent des tireurs dans les branches. Longtemps, le bruit du coup de feu se répercute à travers la clairière, s'amplifie, décroît et meurt. Mes hommes qui sommeillaient, allongés sur la terre, bougent, grognent, bâillent à pleine mâchoires, et finalement se pelotonnent en calant leur tête sur leur sac, d'un geste qui affirme leur résolution de dormir quand même. Mais les coups de fusil s'obstinent, de plus en plus nombreux, sonores. Des voix furieuses les honnissent :

« C'est malheureux, d'avoir affaire à des vaches pareilles !

— I's roupillent donc jamais, les Boches ? »

Un cri soudain les met debout. Pas un de nous qui ne l'ait entendu, dans le même temps qu'un coup de feu.

« Doit y avoir quelqu'un d'touché.

— Où ça ?

— Pas loin.

— R'gardez ! C'est un gars d'la 8e. I' va passer... »

Le blessé se dirige vers nous, la tête penchée sur son épaule dans une attitude de souffrance. Une minute a suffi à lui ravager le visage. La chair de ses joues a molli presque instantanément. Un pli dur se creuse entre ses sourcils, la fièvre monte dans ses yeux bleus. Il parle, le premier. Il a besoin de dire la chose tout de suite, comme pour en mieux prendre conscience.

« Hein, mon lieutenant, croyez-vous qu'i's ont du crime ?... En sentinelle derrière un arbre gros comme trois bon'hommes... J'ai juste laissé passer un abatis, et i's m'l'ont cueilli au vol, dzing ! Mon flingue en a tombé du coup.

— Tu es pansé ?

— J'ai foutu mon paquet su' l'trou. Où qu'est l'major ?... Oh ! Ça fait mal...

— Attends. »

Vaille que vaille, avec une serviette prise dans mon sac, j'improvise une écharpe qui maintient le long du corps le bras blessé.

« Là ! Ça va mieux ?

— Oui, mon lieutenant. J'vous r'mercie... Quand même, dites, c'est des fumiers, les Boches. »

D'impitoyables guerriers, certes. Quelle joie sauvage a-t-il dû avoir au cœur, le tireur à béret gris embusqué sous les feuilles, lorsqu'il a vu tomber le fusil du Français ?

Lointaines, les détonations de nos batteries tressautent. Un frôlement doux vient vers nous, un ronron puissant qui peu à peu s'impatiente. Les énormes projectiles nous dépassent, et, s'abattant de toute leur masse, bouleversent le sol et l'éventrent, profondément : des fumées noires flottent par la clairière et laissent aux troncs pâles des hêtres des lambeaux pareils à des guenilles.

Un éclatement beaucoup plus proche, un peu en avant et à gauche, nous surprend. Un homme s'inquiète :

« I's la perdent, nos artiflots. Un peu plus court, i's nous tiraient dedans. »

Nouveau sifflement, strident, rageur. Le fracas d'une marmite nous emplit les oreilles en même temps que surgit, à volutes abondantes, un panache de fumée rousse. Du coup, l'homme semble rassuré :

« C'est donc qu'c'est les Boches ?

— Un peu, oui.

— Ça s'comprend. On les cherche, on les trouve. »

Parfois un craquement colossal prolonge l'explosion d'un obus. Puis c'est un frémissement des cimes, un crépitement de branches qui cassent : et l'on voit un des géants restés debout par la clairière s'incliner lentement vers le sol, accélérer sa chute et s'abattre de toute sa hauteur, dans un gémissement d'air fouetté. Et lorsque enfin il est tombé en travers des taillis écrasés, immense cadavre allongé dans les herbes, il semble qu'un remous énorme se creuse à la place même où s'épanouissait sa ramure, un remous dans quoi tourbillonnent des myriades de choses légères, plumes, brindilles, feuilles d'or pâle ou de cuivre, pêle-méle dans un nuage de poussière dont parvient jusqu'à nous l'âcre senteur de tan.

« Tiens ! V'là Presle », annonce Pannechon.

A pas tranquilles et se cinglant les fesses, en marchant, d'une badine, l'agent de liaison s'achemine vers ma tranchée :

« Une petite commission, mon lieutenant. Paraît qu'le 3e bâton va faire un bond en avant. Nous, on bouge pas ; not'e consigne est d'veiller au grain.

— C'est pour quelle heure ?

— Trois heures : ça fait dans dix minutes.

— Le lieutenant Porchon va bien ?

— Comme moi-même, pour le moment. Mais y a une marmite qui nous a donné chaud t't à l'heure : not'e gourbi en a presque sauté. Drôle de cage à lapins ! Vous êtes rudement mieux ici. »

Un peu après trois heures, une fusillade s'allume sur notre gauche. En ondes serrées, elle fait refluer jusqu'à nous le crépitement du combat d'infanterie. Après un sursaut hargneux, subitement, c'est le calme. A peine, de loin en loin, quelques claquements de mausers. Les canons, des deux côtés, se sont tus...

Un homme, atteint légèrement d'un éclat d'obus au poignet, est venu passer près de nous, s'étant perdu. Il était du 3e bataillon. Il m'a appris que le « bond » avait réussi, sans pertes, mais que le bombardement de l'après-midi leur avait blessé du monde : dix-sept hommes touchés, m'a-t-il dit, rien qu'à la 9e.

Et le soir vient, dont le froid nous enveloppe et nous prend. Cette nuit encore, ma tranchée est presque vide : le génie a prélevé la moitié de mes hommes. Ils sont partis vers l'avant, et ils abattent des arbres, comme hier. Sommes-nous seuls, Pannechon et moi, dans ce fossé aux rudes parois ? Nous nous sommes assis l'un en face de l'autre, et nous battons la semelle, sans fin, à petits coups amortis pour éviter de faire crier les clous de nos souliers. N'était le bruissement léger des feuilles, la forêt tout entière serait muette. L'air immobile, comme assoupi, nous baigne de sa froidure égale et pénétrante.

« Tape plus fort du pied gauche, Pannechon : mon pied droit recommence à ficher le camp.

— Ça va d'travers, mon lieutenant. Faut compter : Une, deux... Une, deux... Vous entendez les copains taper dans les arbres ? »

Les cognées sonnent, à grands chocs rythmiques, en avant de nos tranchées.

« Mince ! dit Pannechon. Ce bouzin qu'ils font ! Ça va nous attirer quéqu' chose. »

Lamentable et doux, le hululement d'un oiseau nocturne s'élance, plane au cœur des ténèbres. Et voici que là-bas, vers les tranchées allemandes, un bruit inconnu retentit, une sorte de déclic puissant. Aussitôt une lueur m'éblouit, une explosion assourdissante me frappe le visage d'un flot d'air brûlant. Devant nous, d'autres flammes surgissent, fulgurantes, et le fracas des projectiles qui éclatent ébranle rudement l'étendue. Une galopade, alors, froisse longuement les feuilles mortes, foule les nappes de mousse d'un martèlement assourdi. Soudain, sur le bord de la tranchée, des ombres se silhouettent, l'espace d'un clin d'œil ; et c'est une avalanche de corps roulant pêle-mêle au fond, parmi des pierres, des mottes de terre et des morceaux entiers de parapet.

« T'as vu ça ?

— Qu'est-ce qu'i's nous ont balancé, les vaches !

— Y a des blessés ?

— Deux sapeurs, que j'crois. »

L'effervescence, peu à peu, s'apaise. L'officier du génie, debout hors de la tranchée, dit tranquillement :

« Allons, dehors ! C'est fini maintenant. Au travail ! »

Sans un mot, ils sortent, l'un après l'autre, et s'acheminent à la file vers les arbres déjà blessés qu'il faut, cette nuit, jeter à terre. Pannechon me dit :

« C'était pas des obus, ça, mon lieutenant ? On n'a pas entendu l'canon péter.

— C'étaient des bombes de mortiers, Pannechon. »

Les cognées s'abattent de nouveau, sans hâte, régulièrement. Puis elle se taisent. On entend le grand hêtre craquer longuement, de tout son bois vivant, et s'abattre en fouettant l'air qui frémit jusqu'à nous de sa chute.

« Ecoutez ! mon lieutenant. »

Pannechon m'a saisi le bras. Tout son corps se tend vers la nuit. Et de là-bas s'élance encore le hululement triste d'une chouette. Les doigts qui m'étreignent se crispent. Pannechon exhale, à pleines entrailles :

« Oh !... Merde ! »

Car il vient de comprendre, comme moi, que ce cri n'est pas celui d'une bête des bois ; qu'il est sorti d'une poitrine d'homme pour appeler la mort sur les hommes.

Les flammes brusques des bombes nous éblouissent encore ; de minces éclats passent en gerbe sur nous, avec le bourdonnement de gros insectes nocturnes. Longtemps après, dans le silence revenu, une branche blessée casse tout à coup, puis glisse à la terre, légèrement, dans le froissement soyeux de toutes ses feuilles.

« Voilà ! dit Pannechon. Si on reste ici encore un mois, les bombes et les cognées auront foutu la forêt par terre... Des arbres pareils, si ça n'fait pas deuil !... En m'sure, mon lieutenant : Une... deux ! »

Battant la semelle, au fond de notre trou, nous entendons,

chaque fois que nous reprenons haleine, la retombée robuste des haches : les camarades, sous la menace des bombes, ont repris et poursuivent leur besogne.

« Ecoutons-les, Pannechon.

— Oui, mon lieutenant. »

Nous restons immobiles ; nous ne sentons plus le froid ; nous sommes avec les nôtres qui travaillent dans la nuit dangereuse.

« Hein, Pannechon, ce sont de rudes gars ?

— Et puis des vrais hommes, mon lieutenant.

— Des vrais hommes ?

— Comme je vous dis : c'est une idée qui m'vient rapport aux Boches. Eux aut'es, les casqu' à pointe, c'est pas des vrais hommes. A preuve qu'ils fouillent la terre comme des taupes, qu'i's grimpent dans les arbres comme des singes, qu'i's gueulent la nuit comme des z'hiboux. Total : i's font la guerre comme des cochons. »

⁂

Les claquements des mausers, rituellement, annoncent le retour du jour. Le ciel s'est obscurci de nuages bas. Les ramures s'y dessinent avec une précision terne et froide. On dirait que l'espace s'est fermé.

Des obus éclatent comme la veille, des bombes qu'on n'entend point siffler. Souvent un projectile français percute en pleine course contre un arbre énorme, qu'il casse net ou lacère de longues plaies. Alors une grêle d'éclats ronfle et crépite autour de nous.

Deux fois de suite un 155 explose ainsi et nous arrose d'une pluie d'acier. Des hommes bougonnent :

« Assez ! Ça fait l'compte ! »

Un officier de la 8ᵉ passe en courant devant ma tranchée. Je l'interpelle :

« Hé ! Ravaud ! Où files-tu d'un train pareil ?

— Rouspéter, parbleu ! Les artilleurs se foutent de nous ! Voilà deux fois que j'envoie prévenir ; c'est comme si je chantais. Je vais moi-même au poste de commandement, et je fais du barouf jusqu'à ce que nos canons nous foutent la paix ! »

Rouge de fureur, il gagne le layon à grandes enjambées, en balançant furieusement les bras. Mes hommes approuvent :

« T'as vu l' lieutenant, si i' r'sautait ?

— J'sais pas, mais m'semble que y a d'quoi !

— Surtout qu'on sait pas quand on s'débine... »

Le vent se lève, haut dans le ciel. Les cimes des arbres penchent sous son effort, se redressent lorsqu'il mollit un peu, puis de nouveau lentement s'inclinent. Cela fait au-dessus de nous un immense balancement qu'accompagne une vaste rumeur, profonde et mélancolique.

Les heures passent. Les nuages s'abaissent encore, épandant prématurément une pénombre crépusculaire. Les lampes, maintenant, s'allument au village ; les âtres rayonnent des grandes flambées joyeuses, qui dansent autour de la marmite où ronronne la soupe du soir. Et je regarde Pannechon, qui mastique animalement des bouchées de pain moisi, et qui racle le fond d'une boîte de singe vide pour recueillir, sur la lame de son couteau, des vestiges de graisse rance ou quelques fibres de bœuf bouilli. Le menton sur les genoux, je m'engourdis lentement, à bout de patience, de pensée...

« Mon lieutenant ? »

Quelle gaieté dans cet appel !

« C'est toi, Vauthier ?

— Bonne nouvelle, mon lieutenant ! On est relevé.

— A quelle heure ?

— Six heures. L'commandant d'compagnie vient r'connaître. »

C'est une reconnaissance menée bon train. Je guide l'officier d'un élément de tranchée à un autre et le renseigne chemin faisant, mon corps redevenu léger, ma tête lucide. Mes hommes, lorsque nous passons, s'effacent d'un mouvement preste ; dès que nous sommes passés, ils préparent leur sac, remettent d'aplomb leur équipement, relacent leurs guêtres droites et serrées.

« Alors ça y est ?

— Oui, mon vieux, ça y est !

— Et où qu'on va ?

— On l'verra bien. Que ça soye n'importe où, on y s'ra aussi bien qu'ici. »

L'officier parti pour chercher ses hommes, je suis revenu sous mon toit de branches ; j'ai préparé mon sac, moi aussi ; et, m'étant assis près de Pannechon, j'attends.

La bise souffle toujours sur la forêt. Les arbres entre-choquent leurs ramures. Des gouttes de pluie commencent à tomber, d'instant en instant plus serrées. Parfois un coup de vent fouette l'averse, la fait cinglante ; et l'on entend alors le tintement des gamelles vides.

« Quelle heure qu'il est, mon lieutenant ?

— Sept heures passées.

— I's attigent, les camarades.

— C'est qu'i' fait noir, aussi. »

Tellement, que toute une compagnie s'est massée derrière notre tranchée sans que nous y ayons rien vu. Un murmure de voix chuchotantes nous a seul avertis, et mis debout, presque tous ensemble.

« C'est eux ?

— Pas trop tôt ! »

Des pierres roulent sous les fortes semelles, des sacs heurtent le sol, des bidons sonnent contre une pierre.

La grande ombre de Vauthier se penche vers moi, et j'entends sa voix vivante :

« Ça s'ra dur de r'joindre la Calonne, mon lieutenant. Jamais j'ai vu une nuit aussi épaisse. »

Autour de nous, des hommes invisibles chuchotent des paroles qui peuplent étrangement les ténèbres :

« Bon Dieu ! Qu'i' fait noir !

— Pourvu qu'on aille pas s' perdre...

— Et s'en aller droit chez les Boches. »

Les caporaux, dans l'ombre, font l'appel. Des voix s'éveillent, l'une après l'autre, dont les timbres connus évoquent tous en moi des visages. Je vois mes hommes, je vois leurs yeux grands ouverts sur la nuit, et cherchant ma silhouette.

« Première escouade, manque personne.

— Deuxième, personne...

— Donne-moi la main, Vauthier. Pannechon, empoigne mon sabre. Rolland, vous tiendrez Pannechon par le pan de sa capote, vos hommes derrière vous se tenant tous de la même façon. Ordre normal, 1, 2, 3, 4 ; les caporaux en tête de leur escouade. Souesme, vous vous mettrez en queue de la section... En avant, Vauthier, très doucement. »

Chaque pas que nous faisons nous livre davantage aux ténèbres. Nous sentons leur contact ; elles coulent entre nos doigts ; elles refluent, semble-t-il, de chaque côté de nos poitrines, comme de l'eau fendue par une étrave. Cela n'en finit pas. Dans ma main, la main de Vauthier se crispe, trahissant les efforts qu'il fait pour ne pas perdre la route ; et son bras libre tâtonne dans l'ombre, devant lui, pareil à l'antenne d'un insecte aveugle. De temps en temps il s'arrête, hésitant. Alors Pannechon bute contre mes jambes, et je sens dans mon dos, à travers lui, la longue poussée de toute la file.

« V'là l'layon, mon lieutenant. On est sauvé. »

Au sortir des broussailles et des buissons épars, la sente nous accueille. Nous respirons, à deviner devant nous cette longue saignée d'air libre. Sous nos pieds, le sol est élastique et net. Le bruissement des feuilles mortes nous avertit chaque fois que nous dévions, ou bien, en plein visage, la gifle souple d'une branche.

« J'me tromperai pus, mon lieutenant. J'ai des yeux au bout des doigts d'pied.

— Ne va pas trop vite quand même, que personne ne lâche.

— Pus d'danger maintenant : v'là la Calonne. »

Une route large, et dure, et droite ! Nous pouvons libérer nos bras, aller et venir sans angoisse. Au-dessus de nos têtes, le ciel apparaît confusément entre les cimes noires des arbres, et noir lui-même, d'un noir de poix. Sur la route, c'est un grouillement de formes noires au-dessus desquelles monte une rumeur, — voix qui chuchotent, toux qu'on étouffe derrière une main, — ou le bruit craquant et mouillé des cailloux sous les clous des souliers.

Un corps me heurte, deux mains s'agrippent à ma capote.

« Dis, vieux...

— Quoi ?

— Tu sais pas où qu'y a la cabane de cantonnier ? J'ai sorti y a pas une minute. J'peux pus la r'trouver.

— Qui es-tu ?

— J'suis téléphoniste au ...e. C'est là qu'on a not'e poste. Faut que j'rentre... »

Mes yeux, à la longue, se sont accoutumés à l'obscurité monstrueuse. J'y discerne vaguement le contour anguleux d'un mur.

« La voilà, ta cabane ! Donne ta main. »

Je guide les doigts de l'homme, lui fais toucher le crépi rugueux. Puis, en tâtonnant, je trouve le loquet de la porte. Et, comme je l'ouvre d'une pesée, un flot de clarté jaune jaillit sur la route, faisant surgir soudain, étrangement réelles et précises, des faces pâles aux yeux clignotants, des gamelles où s'allument des reflets sous une poussière diamantine de gouttelettes. La porte s'est refermée très vite. L'énorme nuit, de nouveau pèse sur nos épaules.

« En avant ! direction Mouilly. »

« Halte au carrefour ! Et à la soupe ! »

La cohue bourdonne. Des appels vibrent. Dans mon assiette que je lui tends, un cuistot qui doit être Pinard fait tomber d'un bouthéon des morceaux de nourriture.

« C'est du bouilli, mon lieutenant ; et des patates. J'vois pas c'que j'vous donne, mais tout est bon. »

Porchon m'a retrouvé sur le bord de la route. Nous avons posé nos assiettes entre nos jambes allongées. Nous les cherchons de nos mains sales, palpons ce qui s'y agglutine : la viande est plus lisse au toucher, plus résistante ; les pommes de terre, farineuses, s'écroulent entre nos doigts quand nous les portons à nos lèvres.

« As-tu encore un peu de pain ? Une bouchée de mie seulement : je voudrais torcher mon assiette.

— Non, plus une miette. Arrache une poignée d'herbe et fais-en un bouchon. »

Une demi-heure plus tard, enfin, nous atteignons les maisons de Mouilly.

II

NOTRE PATELIN : MONT-SOUS-LES-CÔTES

14-16 octobre.

Sur un plateau désertique, au nord-est de Mouilly. Le village est derrière nous, invisible au fond de la vallée. A notre droite passe la route par laquelle on y descend, une route raboteuse qui court sur le plateau, venant des Eparges à travers bois. Quelques tombes la dominent, les unes dressant leurs croix parmi les rudes épines, les autres éparses dans un chaume pelé, souillé de gravats, de ferrailles et de détritus.

Nous nous sommes assis, Porchon et moi, sur la terre nue, au seuil de notre abri du jour ; un étrange abri, fait d'une porte de grange posée sur trois volets. On n'y peut entrer qu'à plat ventre ou sur le dos ; on n'y peut séjourner qu'à plat ventre ou sur le dos. Nous avons fui cette boîte, préférant à sa tiédeur obscure la lumière triste, mais libre, du plateau.

De temps à autre, quelque part dans la vallée, une batterie de 120 tonne d'une seule de ses pièces, dont nous entendons filer l'obus avec un glissement cahoté. Et du fond de la tranchée, près de nous, un refrain de café-concert s'échappe, interrompu d'éclats de rire.

Soudain, brutale et proche, une salve déchire l'air tranquille du matin. Le refrain s'est tu. Des têtes apparaissent au ras du sol, des têtes aux yeux étonnés dont le regard interroge. Porchon me dit :

« C'est cela, hein ?

— Oui... Tu es tout pâle.

— Toi aussi. »

Un énorme silence s'abat sur nous. Quelques secondes passent, solennelles, interminables. Et toute grêle, toute nue, dans l'air immobile, la détonation d'un revolver crève, comme une bulle à la surface d'un étang.

« Oh ! dit Porchon. Le coup de grâce. »

On vient de fusiller un des nôtres.

« Encore une cigarette !

— Tu vois bien. »

Nous puisons dans le même paquet, un gros paquet d'une livre où le tabac se conserve frais longtemps.

— C'est trop, mon lieutenant, intervient Pannechon. V'là deux heures que vous n'arrêtez pas d'tousser. Et cinq jours que ça vous tient. Au lieu d'en allumer encore une, vous feriez mieux d'aller voir le major.

— Pannechon, mêle-toi de ce qui te regarde. Et toi, vieux, donne-moi du feu. »

Porchon, tranquillement, roule la mèche d'amadou, remet son briquet dans sa poche.

« Non, mon vieux, Pannechon a raison. Consulte le toubib ; et s'il y a quelque chose à faire, fais-le.

— C'est un ordre ?

— C'est un ordre. Descends à Mouilly, et va au poste de secours. »

Après tout, l'occasion est bonne de me dégourdir les jambes. Je passe parmi les tombes, en détournant mes pas, souvent, pour ne point fouler les renflements légers qui les soulèvent. Puis, entre deux buissons d'épine, je me laisse glisser jusqu'à la route.

Les premières maisons du village aussitôt m'apparaissent, avec leurs toits de tuiles en pente douce, leurs murs salis de longues traînées noires par les fumées des cuisines en plein vent. Des feux brillent à leur pied, entre les pierres plates des foyers. Et les cuistots s'empressent alentour, remuent la soupe dans les marmites avec de minces baguettes, pèlent des pommes de terre, des carottes, tournent avec frénésie la manivelle des moulins à café.

Au moment où je passe sur la place, devant la grange qu'occupe le poste de police, un clairon en sort, embouche son instrument et, tête haute, lance par trois fois une note longue et traînante, le « coup de langue » qui signale un aéroplane boche. Des sous-offs se hâtent par les rues, houspillant les hommes qui tardent à se cacher :

« Dépêchons ! Dépêchons ! »

Sans hâte, ils pénètrent dans les profonds couloirs ; et sous le cintre des portes leurs têtes curieuses apparaissent, qui cherchent au ciel l'avion ennemi :

« Je l'ai ! Il est sur la côte de Senoux.

— Pas d'chichis, quoi ! C'est qu'un « taube ».

Le village tout entier semble désert. Au-dessus de lui, très haut, le boche plane. Mais il ne verra que des rues mortes. Nos obus montent vers lui avec un long sifflement ; et tout autour de ses ailes grises, les flocons des éclatements éclosent.

« Ça y est ! I' s'débine. »

Un dernier virage, et l'avion pique droit vers ses lignes, mettant sur les nuées pâles les deux traits de son double plan. Par les rues, de nouveau, c'est le grouillement gai des capotes bleues et des pantalons rouges.

« Psst, là-bas ! Infirmier !

— Mon lieutenant ?

— Où est le poste de secours ?

— Passé l'église, sur la route d'Amblonville. Y a l'fanion au-d'sus d'la porte. »

Aux deux coups légers dont je heurte l'huis, une voix tonitruante, roulant les r, répond de l'intérieur :

« Entrrez ! »

Mes yeux, d'abord, ne distinguent que des formes confuses. Des draps de toile, tendus devant la fenêtre, ne laissent filtrer qu'une lumière jaunâtre. La fumée des cigarettes et des pipes, amoncelée depuis des heures dans cette cambuse, enveloppe les choses d'une grisaille engourdie que traversent des remous pâteux. Son odeur vous saute à la gorge, affadie par des relents d'iode et d'éther. Un arôme de chocolat s'y mêle, par bouffées.

« Une chaise, mon lieutenant ?... L'major est en haut. J'vais voir. »

Pendant que les souliers de l'homme font geindre les marches de bois, je regarde à travers la fumée. Une longue table à toile cirée tient le milieu de la pièce. Des verres y sont épars, où s'épaississent des restes de café bourbeux ; un paquet de tabac crevé s'affaisse au milieu, perdant ses entrailles.

Deux infirmiers, attablés du ventre et des coudes, dépoitraillés, la bouffarde aux dents, les joues enflammées, abattent des cartes sordides avec des coups de poing qui font, chaque fois, tinter les verres et sauter le tabac hors du paquet éventré.

« J't'annonce une quatrième au roi !

— J'la bouffe : j'en ai cinq !

— Quatorze de femmes !

— Ça vaut rien : j'ai leurs hommes. Quinte et quatorze, quatre-vingt-dix ! »

A côté d'eux, serein au milieu du tumulte, la pointe de sa langue léchant sa moustache, un gros garçon à cheveux noirs copie sur un bout de papier, avec un crayon d'aniline, un dessin sur carte postale dont j'aperçois les vives enluminures. Deux autres, absents comme lui, écrivent des lettres aux lignes serrées, en trempant leurs plumes, tour à tour, dans la même petite bouteille d'encre. Ils sont trois, en manches de chemise, autour du fourneau bourré au rouge, qui surveillent un ragoût mijotant. Un quatrième, accroupi devant la grille chauffée à blanc, fait dorer à la pointe d'un couteau une rôtie monumentale.

De plus belle, les joueurs de piquet beuglent, tapent du poing. Un gaillard au torse nu s'ébroue sous le jet de la pompe, se claque à grands bras les épaules, les pectoraux. Et derrière moi, du fond d'une alcôve, un geignement monte, recommence, devient un brame douloureux :

« Ouh ! Oulla ! Oulla mon ventre !... »

Par l'entrebâillement des rideaux, on aperçoit un corps débraillé, un fond de pantalon rouge dont la boucle de cuivre pend, une chemise sale à petits carreaux noirs.

Enfin le pas de mon messager sonne dans l'escalier de bois. La porte s'ouvre, me délivre.

« Vous pouvez v'nir, mon lieutenant. »

Le Labousse m'attend dans une petite chambre nue. Il m'ausculte longuement, se relève :

« Oui, vous avez de la bronchite. C'est à soigner.

— Qu'est-ce que vous allez me donner ?

— Rien. »

Comme je ris, il rit lui aussi :

— Attendez ! Rien de ce que je voudrais vous donner. Mais vous ne partirez pas les mains vides. »

Il déchire une corne de journal, y verse une poudre d'un brun jaunâtre qu'il mêle à de petits blocs noirs.

« Voilà. Vous prendrez ça en deux ou trois fois, dans un peu d'eau.

— Qu'est-ce que c'est ?

— De l'ipéca et de la réglisse. Possible que ça vous fasse du bien. »

Une seule pincée m'a suffi. Ma bouche en demeure terreuse. Revenu dans le chaume, près de notre abri au toit bas, je regarde les camarades manger, engloutir.

« Alors quoi, dit Porchon, pas une bouchée ?

— Non, mon vieux. Mon estomac est sur ses gardes.

— Allons, mon lieutenant, vous prendrez bien un p'tit bout d'mon gâteau : je l'ai soigné. »

Bernardet, qui fait la cuisine de nos sous-offs, aux jours de repos, vient d'apporter un gâteau de riz démesuré, couché sur un linge presque propre dans une longue corbeille d'osier.

« Tenez, rien qu'ça, une lichette. »

Il est infect, son « gâteau », gonflé d'une eau puisée au ruisseau et qui sent encore la vase. Et Bernardet, croyant bien faire, l'a saupoudré d'une farine sale, si abondante qu'elle a séché en croûte écailleuse.

« Qu'est-ce que tu as mis là-dessus ?

— D'la farine de seigle... Pourquoi ?

— J'aurais juré de l'ipéca. »

La pluie. Une marée de gouttelettes courant sur le sol comme un nuage. Le ciel s'est affaissé, noyant les champs, les chaumes frissonnants. Dans la tranchée devenue silencieuse, on ne voit plus que des dos immobiles, arrondis sous le froid mouillé.

C'est du fond de cette brume, après longtemps, qu'émerge la silhouette de Presle.

« Mon lieutenant ? Des nouvelles ! »

Il devient un personnage, Presle. Depuis quatre ou cinq jours, il est cycliste du bataillon.

« Eh bien ?

— Départ cinq heures, les quatre compagnies. Y a l'cantonnement au bout d'l'étape.

— Et où va-t-on ?

— A Mont-sous-les-Côtes. »

Porchon déploie sa carte d'état-major :

« Mont... Mont... Voilà. Fichtre ! Nous sommes fadés : douze maisons de chaque côté d'une route. Et sais-tu, Presle, où va l'autre régiment de la brigade ?

— A Mesnil, qu'on dit.

— Je l'aurais parié, rien qu'à voir la carte. Mesnil, au moins, ça figure ! C'est un patelin ! Nous, on nous colle dans un hameau. Ah ! notre brigadier fait belle part à son ancien régiment.

— Mon vieux, si nous attendions, pour nous plaindre, d'avoir vu de quoi il retourne ? Approche un peu ta carte... Bon. Remarque, maintenant, que Mont est plus loin des lignes.

— Peuh ! Un petit kilomètre. Les 105 et les 150 s'en moquent bien.

— Entendu. Mais constate que Mesnil s'allonge du nord au sud, et que les batteries boches le battent ainsi d'enfilade. Mont, au contraire, est parallèle aux lignes, et blotti dans un pli des côtes. Nous y serons, je crois, à l'abri des obus.

— Ainsi soit-il. »

Nous sommes partis. A travers le plateau dénudé, notre longue troupe marche sur la route bossuée, défoncée par les convois. Dans le soir, je distingue encore le visage de nos hommes et les détails de leur équipement. Quelle détresse dans ces loques fatiguées, sillonnées de coutures malhabiles, blanchies d'usure, crevées d'accrocs, ravaudées de pièces bariolées ! Devant moi Bernardet, l'homme au gâteau de riz, montre sous sa capote un mince pantalon de drap noir ; et il porte roulé sur son sac un veston de même drap, verni de graisse, dont il s'affuble dès qu'on allume les feux. A mon côté, Martin, le mineur du Nord, s'est cravaté d'un tour de cou en laine frisée, blanche parure de fillette paysanne. Toute une escouade exhibe les mêmes bandes molletières, d'un vert bourru et criard, coupées sans doute dans la longueur d'une vieille couverture. Les clous des souliers se sont usés sur les cailloux de toutes les routes, les talons tournent, les semelles bâillent. Et les pattelettes des sacs, peu à peu racornies, se recroquevillent sur les bords.

Il n'y a guère plus de deux mois que ces hommes sont partis, vêtus de rouge, de bleu vifs et sanglés de cuirs brillants. Deux mois ! Combien restent, aujourd'hui, de ceux du premier départ ? Leur peau s'est hâlée, tannée, durcie ; elle colle à leurs pommettes, qui saillent sous les orbites où s'est terni l'éclat des yeux.

Et pourtant, je ne puis accueillir l'impression d'épuisement que suggère l'aspect de cette foule minable. Sous la détresse des étoffes déteintes, des cuirs brûlés, je sens une force qui dure. Ils vont, ces hommes, à grands pas souples, balançant leur bras gauche d'un geste long, qui rythme puissamment leur allure. Leur main droite se noue, près de l'épaule, à la bretelle de leur fusil ; et le poids des cartouches, avec celui du sac, fait saillir en cordes les muscles de leur cou. Bien armés, le corps durci, les yeux redevenus calmes pour avoir reflété trop d'horreurs, ils vont leur marche, sûrs d'eux désormais, que la fin de l'étape soit la grange tiède et pleine de foin, ou la tranchée boueuse que cherchent les obus, ou le combat crépitant qui fauche les hommes par rangées.

Nous entrons dans les bois, tournons à gauche, vers le Nord, sur une route large qui s'allonge, toute droite entre les futaies. Beaucoup l'ont déjà reconnue :

« Dis, c'est-i' pas la Calonne ?
— Ça m'en a l'air.
— Mais c'est pas les Boches, là où qu'on va c'soir ?
— I's sont d'l'aut'e côté, poteau ! On veut pus les voir ; on a soupé d'leur gueule. »

Il fait nuit. La route mouillée brunit sous les arbres. De loin en loin, sur les bas-côtés, des flaques luisent au fond des ornières creusées par les roues des caissons.

« Halte. »

On fait la pause à un carrefour, près d'une cabane de cantonnier. Une sentinelle est là, détachée par un poste voisin. Une lanterne posée à ses pieds éclaire ses jambes, le bas de sa capote.

« Dis, l'ami ?... Tu connais, par ici ?
— Probable.
— Où qu'on est, alors, pour l'instant ?
— Aux Trois-Jurés, qu'i's appellent.
— Et Mont, tu connais aussi ?
— Oui, j'connais.
— C'est-i' loin ?
— Guère avec deux kilomètres.
— C'est-i' pépère ?
— Tout d'même. Le patelin n'est pas conséquent, mais y a des granges en suffisance. »

Nous repartons, marchant vers le Nord-Est. La nuit, soudain, se fait plus vaste. Les bois cessent ; la route dévale ; nous sentons devant nous une plaine immense et molle, où s'avancent comme des caps les derniers contreforts des « Hauts ».

Encore un carrefour, près d'un bouquet de sapins noirs. Les fourriers des compagnies nous y attendent et nous guident. Des ombres fourmillent dans la nuit. Une rumeur vivante nous entoure, annonçant l'approche d'un village plein de troupes.

« Appuyez à droite. »

Des caissons tressautent, dans un fracas de ferraille. A notre côté, nous dominant du haut de leurs montures, des artilleurs passent, énormes dans leurs manteaux à pèlerine. La boue des ornières, soulevée en gerbes par les roues, nous enveloppe les jambes de pesantes éclaboussures. Parfois un long remous qui parcourt les deux files à la fois les fait se froisser l'une à l'autre, pousse la croupe des chevaux ou la botte des artilleurs contre l'épaule des fantassins. Alors c'est un feu roulant d'invectives :

« Tu peux pas faire attention, grande brute !

— T'as qu'à t'garer, si tu n'veux pas prendre !

— Ça va bien, j'vas y s'couer les puces, à ton bourrin ! »

Et l'on entend des claques qui s'abattent à toute volée sur la croupe des bêtes, ou des coups de poing qui sonnent sur leurs côtes comme sur les douves d'une futaille.

A l'entrée du village, des voitures régimentaires, serrées les unes contre les autres, accrochées par leurs moyeux, nous barrent complètement la route. Dans les ténèbres, les conducteurs jurent, exhortent leurs chevaux avec des clappements de langue. C'est un grand bruit d'essieux qui grincent, de sabots qui clapotent dans les flaques et de souffles forts, haletants. Nous nous glissons le long d'un petit mur, et brusquement nous débouchons dans l'unique rue du village.

Une rue très large, que bordent des maisons basses écrasées sous des toits plats. Nous croisons des chevaux encore, que des artilleurs mènent à l'abreuvoir. Les hommes chaussés de grosses bottes, les bêtes à demi harnachées vont du même pas pesant et las ; et des chaînes pendantes tintent doucement lorsqu'ils passent. Des granges s'ouvrent, où plongent des sections ; des allumettes brillent dans la nuit, dont la flamme soulève une tempête :

« Eteignez ça, bon Dieu !

— On est vu, ici, tas d'croquants !

— Bouclez les lourdes, au moins, avant d'illuminer ! »

Geignantes, les hautes portes se ferment sur les lumières. Le brouhaha, peu à peu, s'apaise. Des ombres isolées errent le long des murs, officiers cherchant leur popote ou leur gîte.

Le fourrier m'a donné des renseignements si vagues que je tâtonne en vain le long des profonds couloirs. Je pousse des portes, pénètre dans des pièces obscures où le froid s'engouffre par les fenêtres sans vitres. Je frotte des allumettes, dont la lueur révèle des murs nus, des lits démolis aux matelas crevés.

De guerre lasse, je rejoins la popote. Tous les convives m'y ont devancé. J'aperçois devant moi un comptoir, des balances à plateaux de cuivre. Sur des rayons, jusqu'aux solives trapues, s'alignent des boîtes de gâteaux secs, des fioles d'encre cachetées de cire, s'empilent des plaques de chocolat, des paquets de chicorée miroitants. Et plus loin, sur un dressoir, des litres de sirop, des bouteilles de liqueurs, côte à côte au garde-à-vous, bombent leurs étiquettes éclatantes.

On est bien, dans cette vieille boutique campagnarde. Un feu de bourrées pétille sous la hotte de l'immense cheminée. Sur notre table fume un plat de macaroni, onctueux rien qu'à le voir, et que nous rend délicieux à l'avance la nausée des biftecks grillés et du singe. Surtout, nos verres sont pleins jusqu'aux bords d'un vin rose et limpide, dont la seule couleur est une gaieté.

Le dîner s'achève dans un bien-être paisible. Nous allongeons nos jambes sous la table et fumons des cigares somptueux, dont l'officier d'approvisionnement nous a procuré toute une boîte.

« On va se coucher, dit le capitaine Rive. Bonne nuit, messieurs. »

Je sors avec Porchon, dans la nuit humide.

« Brr ! dit-il. Heureusement que le pieu n'est pas loin. Où loges-tu ?

— Nulle part. C'est-à-dire chez toi.

— Bon. C'est en face. »

Au bruit que fait la porte en s'ouvrant, une vieille femme, accroupie sous le manteau de la cheminée, sursaute, tourne les yeux vers nous. Il n'y a, dans la chambre, d'autre lumière que la lueur des tisons : elle éclaire à peine la dalle du foyer, les hauts chenets de fer forgé, et les mains osseuses de la vieille nouées à ses genoux pointus.

« N'avez-vous point d'bougie ? dit-elle. C'est que j'veux point vous en fournir, savez.

— Une seconde, Madame, le temps de fouiller dans mon sac. »

Elle nous suit vers le pied du lit, près duquel Porchon a jeté pêle-mêle son *barda*. Elle nous suit vers la table, d'un pas glissant et silencieux. Pendant que j'allume la bougie, elle surveille tous mes gestes avec une méfiante insistance.

« Voilà. »

La flamme brille, nous révèle son visage coupant, des cheveux gris tirés sur un crâne étroit, de petits yeux noirs et durs, un nez mince sur une bouche sans lèvres.

« Alors, dit-elle, c'est vous qui logez chez moi ?... Tous les deux ? L'homme qu'est v'nu tantôt n'm'a parlé qu'd'un.

— Il s'est trompé, vous voyez.

— C'est qu'deux, ça va m'faire du tracas. Vous avez les pieds sales, pour sûr. »

Elle nous toise, pousse un long soupir, et soudain :

« C'est-y vrai, au moins, qu'vous êtes chefs ?

— Oui, c'est vrai.

— En c'cas, faudra m'défendre cont'e tous ces hommes qu'on a mis dans ma grange. Sainte Vierge ! I's vont m'en faire du dégât !

Pourquoi qu'on m'en a tant mis ? J'suis une pauv'e femme, pourtant, j'suis pas riche ; et j'suis toute seule, puisqu'on m'a pris mon fi pour la guerre...

— Elle nous barbe, me dit tout bas Porchon. Je tombe de sommeil, moi. »

La vieille est retournée s'asseoir sur sa chaise basse, au coin de l'âtre. Son corps maigre, replié dans cette pose accroupie, rabougri comme un vieil arbre, demeure étonnamment immobile ; mais ses petits yeux noirs attachent sur nous, obstinément, leur regard dur.

« Prends la camoufle, me dit Porchon, et porte-la sur la table de nuit, qu'on sache où on jette ses frusques... Tu as vu la vieille sorcière ? Quel œil ! »

Je le précède, élevant la bougie. Et soudain, tous les deux ensemble, nous nous arrêtons court :

« Bigre !

— Ça, alors ! »

Sans transition, le parquet brut de la salle devient brillant et uni comme une glace. La flamme du lumignon y plonge son reflet vacillant ; si nous nous penchions davantage, nous pourrions y voir nos visages. Le lit, dans l'angle, nous montre son édredon rouge, nous attire, nous invite, nous appelle. Mais nous restons l'un et l'autre au seuil de cette petite chambre brusquement révélée, intimidés, émus comme au seuil d'un sanctuaire. Nos regards s'abaissent sur nos vêtements crottés, sur nos souliers énormes et gluants de boue encore fraîche, puis se croisent et se consultent :

« Eh bien ?

— Eh bien ? »

Oui, sans doute, nous étions, il y a quelques heures, au fond d'une tranchée fangeuse, vautrés sur de la paille pourrie. Hommes terreux des tranchées, nous avons traversé, pourtant, bien des villages, pénétré dans bien des maisons, dormi, déjà, sur bien des lits... Mais quelles maisons ? Bouleversées, souillées, envahies. Mais quels lits ? Ecrasés par des corps recrus qui s'y laissaient tomber au soir d'une longue étape, maculés par des godillots qu'on était trop las pour arracher... « Vous avez les pieds sales », a dit la vieille, et de quel ton ! Comme elle avait raison de le dire, et de ce ton ! En vérité, c'est une honte de traîner des souliers comme les nôtres, cloutés, ferrés, ignoblement boueux. Et je les portais légèrement, je ne sentais même plus leur poids ! Ils m'humilient, maintenant, ils pèsent de toute leur gangue d'argile... Tant de propreté méticuleuse, tant de soins patients et jaloux, tant de fierté, peut-être, transfigurent ce coin d'humble demeure paysanne ! Et nous irions abîmer tout cela, d'un seul coup, rien qu'en posant nos semelles sur ce miroir ?

« Quoi ! dit Porchon. Qu'est-ce que tu fais ? »

J'ai posé la bougie par terre, me suis assis auprès ; et très vite, impatiemment, je déroule mes bandes molletières. Porchon a compris ; il s'assied près de moi, déroule ses bandes avec une hâte égale à la sienne. Nous avons allongé nos jambes vers le fond de la salle, tournant le dos au parquet ciré. Ainsi placés, nous voyons notre vieille hôtesse, toujours accroupie près des chenets, ses longues mains sur ses genoux, sa face maigre qu'éclairent les tisons.

« Dis, vieux, on laisse ses bandes ici ? Elles ne sont pas encore sèches. »

A grand effort, nous arrachons nos souliers raidis ; puis, les tenant à la main, nou nous relevons ; et doucement, à tout petits pas, heureux de sentir, à travers nos chaussettes, la fraîcheur lisse du parquet, nous nous acheminons vers le lit entr'ouvert.

« Zut ! » crie Porchon.

Un bloc de boue sèche, détaché d'une semelle, s'est pulvérisé en tombant. Il est déjà à quatre pattes, et, les mains à plat devant lui, souffle à pleines joues sur les débris épars. Je regarde la vieille femme : ses paupières se plissent imperceptiblement ; les rides profondes qui tirent sa bouche peu à peu semblent s'effacer ; et quelque chose comme une lueur, l'espace d'un clin d'œil, glisse sur son aride visage. Cette fois, j'en suis sûr, elle a souri.

⁂

Il fait grand jour, quand je m'éveille le lendemain. Je demeure étalé sur le dos, les yeux au plafond, engourdi d'un bien-être absolu. Un bruit léger, qui recommence, attire enfin mon attention. Cela tinte faiblement, je ne sais où, vers le fond de la maison. On dirait le bruit d'une chaîne qui frotte sur le bord d'une mangeoire.

« Madame ! Madame ! »

L'hôtesse, qui versait de l'eau dans un chaudron, pose son seau, vient vers notre lit.

— Vous avez une vache ici ?

— Ça s'peut bien, dame ! »

Ses petits yeux fuient les miens. Entre ses pommettes blêmes, son nez coupant est rouge de froid.

« Mais oui, vous avez une vache ; et vous venez de la soigner. Il y aura du lait pour nous, n'est-ce pas ?

— Oh ! mais, c'est qu'je l'vends.

— Nous l'achèterons.

— Mais c'est qu'on me l'paie bien, cinq sous le litre... des fois six.

— Nous vous en offrons sept, huit si vous voulez.

— Huit sous ! Ah ! dame, comme ça... J'm'arrangerai pour vous contenter. Faut s'obliger sur terre, pas vrai ? »

Je me retourne alors, secoue le bras de Porchon endormi.

Une fois de plus, le rire me gagne au spectacle de son réveil : un réveil coupé de grognements, interrompu de dégringolades au fond d'un gouffre de sommeil.

« Debout ! Debout !

— Bon, ça suffit... Toi-même, qu'est-ce que tu attends ?

— Moi ? Je me recouche tout juste... J'ai cavalé depuis l'aurore. Et j'en ai trouvé, des choses...

— On peut savoir ?

— Du lait pour notre déjeuner. Et d'une !

— C'est appréciable, dit Porchon. Et de deux ?

— Et de deux ?... »

Mes yeux, errant au plafond en quête d'inspiration, découvrent tout à coup deux énormes jambons fumés suspendus à la maîtresse poutre.

« Et de deux : du jambon pour nos musettes, quand nous remonterons en ligne. Pleine chair, fumé, tendre, fondant...

— Compliments. Et de trois ?

— Et de trois ?... Tu le sauras plus tard : c'est une surprise. Levons-nous, allons voir le patelin. »

Mont est un petit village meusien, dont les maisons plates s'accolent entre des granges, sous leurs toits de tuile à pente douce. La rue est large, entre deux trottoirs plus larges qu'elle, encombrés des traditionnels monceaux de fumier qui croulent des portes au ruisseau. De rares volailles efflanquées fouillent alentour, de la patte et du bec. Plus de basse-cour caquetante et claironnante. Plus de carrioles paysannes. Quelques sombres voitures militaires devant l'église au clocher carré, sous un grand orme dépouillé. On ne rencontre, chemin faisant, que des soldats au visage rude. La vie rustique s'en est allée d'ici. La guerre a pris sa place ; elle règne.

Nous avons appris à l'oublier. Souvent un coup de canon tonne quelque part, une marmite éclate au loin, sourdement ; ou bien une batterie de 75, en position derrière une crête proche, expédie une salve tapageuse, à toute volée. On entend même, pour peu qu'on prête l'oreille, le pétillement des fusils.

C'est qu'il n'y a, de Mont aux lignes allemandes, pas plus de cinq kilomètres. Cinq kilomètres ou cent lieues ? Nous n'en savons rien, nous ne voulons plus le savoir. Notre vie est toute de calme oublieux, d'activité paisible, de menus incidents qui peuplent la monotonie des heures.

J'ai trouvé chez de pauvres gens, au haut du village, au fond d'une ruelle, des confitures de mirabelles en bouteilles, et des girolles conservées. J'ai rejoint notre hôtesse dans l'étable au moment où elle trayait sa vache et ramené, pour notre chocolat du soir, deux litres d'un lait tiède encore, écumeux et riche de crème. Après quoi, résolument, j'ai sollicité une tranche de jambon ; et je l'ai obtenue contre une boule de pain, une bougie, et une pièce de vingt sous neuve dont la clarté a dissipé, comme le soleil un brouillard, les hésitations dernières de la vieille.

« Si vous aviez aussi...

— Et quoi donc, Seigneur ?

— Du vin.

— Eh là ! Eh là ! Du vin ! Qu'est-ce que vous dites donc là ?

— Mais si, une vieille bouteille de derrière les fagots. Vous avez une vigne sur la côte.

— Mon pauv'e monsieur ! C'est des menteries pour sûr. On a voulu m' faire tort : y a du mauvais monde ici. »

Content de moi quand même, fier de mes conquêtes difficiles, j'ai étalé mes victuailles sur la table, pour impressionner Porchon lorsqu'il rentrera. Au coin de l'âtre immense, sur des braises ardentes que j'ai retirées du foyer et mises en tas, comme j'ai vu faire à nos cuisiniers, le chocolat bout dans une petite marmite de fonte à trois pieds. A chaque instant je soulève le couvercle, pour en humer l'arôme onctueux.

Porchon, en rentrant à la nuit, m'a vu ainsi, penché vers les braises. Il s'est arrêté dès le seuil, a joint les mains comme en extase :

« Oh ! Ne bouge pas ! Tu es beau, tu me plais... Un bonnet ruché sur le crâne, un tablier noué sur le ventre... Non, ta moustache ne me gêne pas : ma cuisinière était barbue. »

La popote, ce soir, est bruyante. Les nouvelles s'y précipitent : décidément, nous changeons de secteur. Les lignes que nous allons tenir sont en effet au flanc d'une pente, sur le versant d'un ravin, près des Eparges. Cette fois la chose est sûre, il s'agit d'une affectation définitive.

Il paraît que notre premier bataillon a donné là fin septembre, pendant que nous nous battions dans le bois de Saint-Rémy. Maignan, sur la foi du grand Sève, de la 1re, raconte l'aventure d'un cycliste endormi un soir sur la crête, à côté de sa machine. A son réveil, au petit jour, il a vu, couchés autour de lui, des hommes en uniforme gris vert, coiffés d'un béret à bord rouge. Alors il s'est levé, et il a descendu la pente, tranquillement, avec sa bécane sur l'épaule.

« Taisez-vous donc, Maignan ! lance soudain le capitaine Rive. Une légende comme il en naît tous les jours, à la pelle ! Comme celle de la source entre les lignes, vers Vaux-les-Palameix, où deux corvées d'eau ennemies se trouvent nez à nez, un matin. Sur quoi Français et Boches font leurs petites provisions, échangent un sourire et s'en vont ; à moins qu'ils ne mettent bas la veste et ne se tombent sur le poil. Au choix.

« L'essentiel, c'est que l'histoire paraisse piquante et produise son petit effet. La guerre ? Mais c'est souvent très drôle ! Vous vous en faites à l'arrière ? Regardez-nous, nous qui la faisons : toujours le sourire, malgré les balles et les marmites. Ecoutez plutôt... Et voilà l'histoire du cycliste, ou celle des deux corvées d'eau, ou celle du jus dégusté de compagnie par deux petits postes ennemis, les Boches ayant fourni le café, les Français le sucre et les rôties... Vous approuvez ça, vous Maignan ?... Pour ne rien dire des avantageux, des collectionneurs de prouesses, des cuistots d'épopée à l'usage de l'arrière !

— Montez-vous, montez-vous, dit Maignan. C'est bien de l'humeur, cher ami, pour des incidents anodins qui ont pu, remarquez, arriver...

— Vous y tenez, mousquetaire que vous êtes ! Et après ?... A Cons-la-Granville, je vous ai vu lever votre képi à la première balle qui vous sifflait près des oreilles. A Sommaisne, vous étiez debout sur la ligne de vos tirailleurs, et vous vous amusiez, au nez des Boches, à rompre de votre doigt ganté le filet de fumée qui montait de votre pipe. Une balle, cette fois, vous a fendu la joue ; la prochaine fois, une autre vous cassera la tête... Sacrédié ! quand vos hommes sont couchés, contentez-vous donc de rester à genoux !

« Mon pauvre ami, notre guerre à nous manque d'élégance. Nous ne sommes plus des d'Auteroche, mais de simples braves gens qui essaient de faire leur devoir, leur pénible devoir de chaque jour et de chaque heure. Est-il si dur de risquer sa vie en pleine fièvre d'une bataille ? Ce qui l'est, affreusement parfois, ce qu'il faut admirer d'abord, c'est l'offrande sans cesse consentie par les meilleurs d'entre nous : moins celle de leur vie, Maignan, que celle de leur obscure souffrance... Ne dites rien : vous êtes aussi de ces hommes-là. »

Le capitaine Maignan sourit dans sa barbe blonde et, de sa voix douce :

« Si nous allions nous coucher, Messieurs ? Il est tard, et nous sommes menacés d'une alerte, pour changer. »

Dès que nous sommes dans la rue noire, pataugeant à travers les ruisseaux :

« Une alerte ! Une alerte ! dis-je en bougonnant. Mais c'est de la persécution ! Une alerte ? Ah ! non, la paix !

— Eh bien ! Eh bien ! sourit Porchon. C'est comme ça, misérable, que tu offres ton obscure souffrance ?... Est-ce que je rouspète, moi ?

— Je t'admire donc. Tu es admirable. »

Il me saisit le bras dans l'ombre et se penche contre mon oreille :

« Penses-tu ! On n'aura pas d'alerte. »

⁂

Et le lendemain, en effet, nous sommes encore à Mont-sous-les-Côtes. Nous nous sommes installés, l'après-midi, chacun à un bout de table, et nous écrivons des lettres. Nous sommes tranquilles. Une lumière blanche coule de la fenêtre devant laquelle, parfois, passe une ombre en même temps que sonne un pas. Tout à coup, perçant la muraille, un cri suraigu retentit. Puis une plainte nous parvient, bouleversante :

« Mon pauvre enfant ! Mon pauvre enfant ! »

Nous nous regardons. Nos cœurs battent.

« Son fils, n'est-ce pas ?

— Il serait tué ? »

Un élan. Nous découvrons notre vieille hôtesse écroulée sur des marches de pierre, derrière une petite porte basse. Une clarté lugubre, tombée d'un soupirail, s'englue aux parois d'une crypte où dorment deux fûts accolés.

Nous l'avons relevée doucement, ramenée, gémissante, dans la salle. Sa voix usée nous prenait aux entrailles.

« Oh ! c'malheur ! Oh ! mon pauvre enfant ?... Qu'est-ce qu'i'va dire, Seigneur, quand i' r'viendra ? »

Nous nous sommes regardés encore, interloqués, mais le cœur plus léger.

Elle, cependant, continuait de parler, avec une abondance geignarde qui peu à peu se faisait véhémente, une volubilité pénible, tellement outrée qu'on eût pu croire à une parodie :

« Mon véin, les brigands ! Tout mon véin... J'avais même pas tourné la clef : j'le croyais pas, qu'i's pourraient faire ça tant vite... J'ai porté la marmite au cochon ; et eux, pendant qu'j'étais dans l'toit... I's m'ont tout pris, Seigneur ! Il était là, su' les marches, il y est plus... Mon pauvre enfant ! Qu'est-ce qu'i' va dire, quand i' r'viendra, que j'pourrai même pas lui offrir un verre de véin pour le fêter ? Neuf bouteilles, y en avait ! Du si bon véin ! J'l'aurais vendu si cher ! Quarante sous la bouteille, oui là ! Neuf bouteilles ! Dix-huit francs ! Oh ! c'malheur ! »

Elle allait. Ses yeux s'allumaient, luisants d'une colère méchante :

« Faut qu'on les prenne ! Faut qu'i's me l'payent ! Et qu'on leur fasse du mal s'i's n' peuvent point l'payer. »

Porchon a coupé court, assez roide :

« On les prendra. Ils seront punis. Votre vin vous sera payé. »

Nous sommes sortis. Trois ombres, à cet instant, ont glissé vers le fond du couloir, aussitôt disparues du côté des jardins. Et quand, un peu plus tard, après un tour à nos sections, nous sommes rentrés à la maison, nous avons surpris dans la salle trois soldats entourant la vieille et lui parlant de tout près à voix basse.

Ils ont achevé d'un trait un petit verre de mirabelle, et ils ont disparu dans l'instant, avec la même prestesse chaloupante que les ombres du couloir : un garçon mince, roulé dans un chandail blanc à grosses mailles ; un gorille blond, aux joues frottées de reflets roux ; un autre dont j'ai vu seulement l'encolure sanguine et massive, et la patte gauche, énorme, qui a tiré la porte sur leurs dos.

Une toux discrète, alors, a résonné vers la fenêtre, puis un rire gloussant bien connu. Pannechon, une bande molletière déroulée sur une main, une brosse suspendue à l'autre, a cligné des yeux vers la vieille. Il a fait trois pas jusqu'à nous et chuchoté du coin des lèvres :

« C'que j'ai pu entendre, ma mère !... I's y ont payé son vin, sacrifice ! chapardé par des inconnus : pas d'histoires, motus et discrétion... Elle a compris ? Elle a pas compris ? En tout cas, elle a palpé. »

Il regardait les petits verres vides, la bouteille déjà rebouchée. Brusquement il a haussé la voix, comme s'il eût attesté le monde :

— La Justice !... Où qu'est la Justice? Y avait un honnête homme ici. C'est l'seul qu'on n'a pas invité ! »

III

LE RAVIN DES EPARGES

17-19 octobre.

Est-ce un cataclysme ? Mon lit, sous mon corps, oscille comme une barque. Toute la chambre est pleine de ténèbres. Qu'est-ce qui se passe ? Suis-je éveillé ? Il me semble : je suis à Mont ; je suis couché ; j'avais chaud...

« Mon lieutenant ? 'l est deux heures et demie du matin. »

Qui est-ce qui parle ? Et que diable veut-il que ça me fasse, celui qui parle, qu'il soit deux heures et demie du matin ?

« Mon lieutenant ? Vous savez qu'la compagnie s'équipe ? J'vous rappelle que l'départ est à trois heures. »

Le départ ?... Misère et malheur ! C'est Pannechon qui secoue notre lit, Pannechon qui vient nous avertir que le moment est arrivé d'endosser les rudes vêtements de marche, de boucler l'équipement, de nous enfoncer dans la nuit. Que ne suis-je simple poilu, pour m'accorder, à mes risques et périls, cinq minutes seulement de retard ! Dans l'ombre, à mon côté, Porchon s'étire et bâille.

« Quelle vie ! » lui dis-je.

Sans répondre, il se penche sur moi et, m'écrasant de tout son buste, il cherche à tâtons ses vêtements. Une allumette craque. La flamme de la bougie nous entre dans les yeux. J'ai l'estomac meurtri de tiraillements, les doigts gonflés, la langue râpeuse.

« Hein, vieux ? Quelle vie ! »

Il ne dit rien, enjambe mon corps. La tête dodelinante, malade autant que moi de ce réveil brutal, il s'habille, sans prendre garde aux bâillements démesurés qui sans cesse lui distendent la mâchoire. Allons, debout !

En quelques minutes, nous sommes équipés l'un et l'autre. Sac au dos, revolver et jumelle au ceinturon, musettes gonflées nous battant la hanche, nous sortons dans le village.

La nuit est trouble, l'air chargé d'une humidité grasse. Au fond des granges, dont les portes s'entrouvrent en grinçant, des bougies tremblotent, piquées sur des baïonnettes nues. On voit des hommes debout sur l'aire qui bouclent leur sac, puis l'assurent, d'une petite secousse des épaules ; d'autres, la bouche pleine, mordent encore à coups de dents solides dans une tranche de boule trempée de café ; beaucoup, déjà dehors, se cherchent dans la nuit, s'interpellent, se retrouvent et se groupent :

« Héha ! Où qu'est la treizième ?

— Treizième escouade, par ici.

— C'est toi, Chabeau ?

— Oui !

— Ça colle ! »

Dès le départ, une effervescence joyeuse anime les sections. Cela tient à l'attrait de l'inconnu, à l'espoir de vivre, enfin, des heures neuves :

« C'est loin, où qu'on s' précipite ?

— J'en sais rien. Mais j'sais qu'on change.

— Dis, on va leur montrer l'cent-six, aux Boches de par là.

— Cent-six, « régiment d'acier » ! »

Et voici qu'en sourdine une voix fredonne notre vieille chanson de marche :

« Quand on ira,
Qu'on trouvera
Des ennemis à notre taille... »

L'alerte couplet règle nos pas à sa cadence. D'autres voix s'éveillent, scandant les syllabes du refrain :

« Pas d'tabac, pas d'papier :
Pas moyen d'fumer !
Pas d'chaussettes, pas d'souliers :
Pas moyen d'marcher ! »

La compagnie entière marche du même pas vif. Et tous les hommes, bientôt, chanteraient à pleine poitrine, si nous ne devions, malgré nous, imposer l'absolu silence.

Ils se sont tus. La route plate, allongée sur la plaine, s'enfonce dans la nuit brumeuse. Une fange liquide la couvre ; mais nous sentons au-dessous d'elle la chaussée pierreuse, jetée comme une digue à travers les terres détrempées. On entrevoit, de chaque côté, d'immenses étendues d'argiles ; des mares d'eau stagnante dorment dans chaque pli du sol, pareilles, sur les champs noirs, à des plaques d'argent dépoli.

« Boum ! Tu peux pas avertir, ballot, quand tu t'arrêtes ? »

Il y a eu un à-coup inattendu, qui a poussé les rangs les uns sur les autres et brutalement immobilisé la colonne. C'est l'entrée d'un village. Sur le mur blafard d'un pignon se profile l'ombre de la sentinelle qui vient de nous arrêter.

« C'est bien Bonzée, ici ?

— Oui. Bonzée : un trou à marmites. »

La rue s'étale, creusée en son milieu par le lit d'un gros ruisseau où les nuées du ciel répètent leur fuite. Les maisons reculent dans les ténèbres. Une étrange bicoque carrée, coiffée d'un toit pointu, monte la garde sur la berge plate.

« Attention ! »

Les trous d'obus se multiplient. A chaque instant, les rangs s'entrouvrent ou dévient, pour contourner un de ces entonnoirs réguliers, forés dans la chaussée comme par un poinçon d'acier. Il y en a cinq, groupés au milieu du ponceau de pierre sur lequel nous franchissons le ruisseau. Le fourrier, qui marche à mon côté, les considère et dit :

« Voilà qui s'appelle faire mouche. J'aimerais autant qu' les distributions passent ailleurs... Qu'est-ce que c'est que ce fleuve-là ?

— Le Longeau, dit Porchon. Et cette colline, devant nous, c'est la côte des Hures. »

La route rampe au pied de hauteurs rudes, qui dominent la Woëvre, pareilles à des bastions avancés. Une brume vient mourir à leurs flancs, qui flotte au loin, laiteuse et trouble, sur toute la plaine.

C'est l'heure glaciale qui précède le petit jour. La côte des Hures grandit, nous écrase de sa masse puissante. J'éprouve, de plus en plus vive, l'impression si particulière qui naît de l'approche des lignes. Et pourtant la nuit demeure immuablement silencieuse : deux fois seulement nous avons perçu la détonation atténuée d'une pièce lourde, venue de très loin, du fond de la plaine.

Les Hures, maintenant, sont derrière nous. Une colline plus basse, aux formes molles, glisse jusqu'au seuil d'un village dont nous côtoyons les lisières. Dans la lumière louche de l'aube, on entrevoit des toits crevés qui profilent leur carcasse sur le ciel.

« Trésauvaux », dit Porchon.

Nous avons quitté la route pour suivre à travers les terres une piste à peine frayée. Une boue épaisse, visqueuse, tenace, s'englue à nos semelles, nous fait bientôt des pieds énormes dont le poids entrave notre marche. Nous allons à pas circonspects, appréhendant, chaque fois que nous déplaçons une jambe, la glissade brusque et la dégringolade. Et souvent, en effet, l'un de nous s'effondre soudain : sa chute claque sur la boue comme une gifle.

On entrevoit des champs incultes, où pourrissent des feuilles de betteraves et des fanes de pommes de terre. La boue a pris toutes choses, peu à peu ; elle a enseveli toute verdure, toute joie des yeux, que rebutent également la couleur du sol et la couleur du ciel, l'une d'un brun ocreux et sale, l'autre d'un gris terne et pesant que nulle blancheur n'allège ni n'éclaire.

« Ah ! Des arbres ! »

Nous arrivons à la lisière d'un boqueteau. Des noisetiers, des coudriers, des chênes nains, des acacias, des épines aux dards noirs y mêlent leurs pousses serrées, encore feuillues malgré l'automne. Et de grands hêtres à l'écorce livide dressent très haut pardessus ces pygmées leurs larges têtes doucement bruissantes. Je ne puis m'empêcher, lorsque nous atteignons les premières pousses, d'arracher quelques feuilles encore vertes, pour en palper des doigts la fraîcheur.

« Hélas ! dit Porchon ; j'avais rêvé d'espace et, face à nous, de tranchées ennemies bien visibles, nous barrant loyalement la route... Au lieu de ça, regarde : des taillis, un ravin à pic, et l'horizon bouché à longueur de bras. Les Boches sont là-dedans. Cherche et trouve, si tu peux. »

Une sente escarpée plonge dans l'épaisseur des arbustes. Nous glissons à chaque pas sur le terreau gras, dont la surface se délaye. N'étaient les branches qui s'offrent à nos mains tendues, nous ne pourrions rester debout. Les feuilles mortes, au bord du chemin, s'agglutinent en paquets fangeux. Dans le fond du ravin, des sources ruissellent de toutes parts, nous environnent d'un bruissement perfide.

« Larnaude, déboîtez, dit Porchon. Votre section reste ici, en réserve. Je monte là-haut reconnaître l'emplacement des trois autres. Abritez vos hommes en attendant mon retour.

— Mais où les abriter, mon lieutenant ?

— Dans les abris, parbleu !

— Mais où sont les abris ?

— Les abris ? Ils sont là, devant vous ! Ils vous crèvent les yeux ! »

Le sergent Larnaude semble déçu. Il considère avec stupeur un fossé où des flaques d'eau croupissent, sous des branches cassées au hasard, jetées pêle-mêle sur quelques baliveaux étayés de piquets fourchus.

« Le fait est, me dit Porchon, qu'on aurait pu choisir pour y loger des hommes, et des hommes qu'on maintient en réserve, un emplacement moins malsain que cet égout collecteur. Je pense, puisqu'on grimpe, que ce sera moins vaseux chez toi. »

La pente est raide, et nous peinons à la gravir. Malgré les clous dont nos semelles sont garnies, le bout de nos souliers ne mord pas dans ce sol inconsistant. Nous tombons sans cesse sur les genoux, sur les mains : la boue claque comme une gélatine. Nous montons pourtant, raidissant nos jarrets, nous hissant à la force des bras. Un arbuste, de temps en temps, se brise avec un long craquement sous une traction trop appuyée ; et cela fait, dans le calme engourdi du bois, un bruit presque monstrueux, dont l'écho prolongé précipite les battements de nos cœurs. Mais ce calme persiste : on n'entend pas un coup de feu.

« Halte. »

Nous y voilà. Des hommes qui reposaient, roulés dans des couvertures, se sont assis à notre approche. Ils ont tous le visage creux, les yeux cernés et meurtris, les joues salies de barbe et de terre. Pâles de froid, ils grelottent en bouclant leur sac. Pour se mettre debout, ils prennent appui sur leur fusil. Puis, la bouche ronde, se balançant d'une jambe sur l'autre, ils soufflent sur le bout de leurs doigts.

« Le chef de section ?

— Présent. »

C'est un adjudant, velu, aux yeux noirs sous d'épais sourcils.

« Nous n'avons que des tranchées de section, mon lieutenant. Et encore, des tranchées... »

Ce ne sont que des parapets. Devant un clayonnage fixé au sol par des piquets, on a empilé des mottes d'argile ; on a jeté, pardessus, le fragile toit de feuilles que nos séjours dans les bois nous ont rendu familier : c'est tout. La pente est si abrupte qu'il a été impossible de creuser. On a dû se contenter de dresser ce mur vertical pour se protéger des balles. Derrière nous, c'est le vide, le dévalement des arbres vers le bourbier de la réserve. L'adjudant reprend :

« Nous sommes ici section de droite. La compagnie voisine est à quatre cents mètres par là. Comme vous voyez, ça fait un beau trou.

— Plutôt ! Mais il doit y avoir entre vous un petit poste de liaison ? Qui le fournit ? Cette compagnie ? La nôtre ?

— Ah ! diable !... Je ne sais pas. »

Autrement dit, il n'y a pas de petit poste : de sorte qu'un bataillon boche pourrait franchir nos lignes, de nuit, sans que l'alarme soit donnée. Et alors, une fois derrière nous... Ces bois, décidément, sont sinistres.

Mais l'adjudant, soudain, se frappe le front :

« A propos de petit poste, j'*oubliais* de vous dire, mon lieutenant, que nous détachons une escouade à quarante ou cinquante mètres plus haut... »

« Il est pur », souffle Pannechon à mon oreille.

Il n'y a pas de temps à perdre. Ayant désigné l'escouade qui montera en poste avancé, je précède les hommes, qui gravissent en file indienne le raidillon frayé dans le taillis. C'est toujours, à nos pieds, la même glaise compacte, à peine moins visqueuse qu'en bas. Au-dessus de nos têtes, des pans de ciel pâle transparaissent entre les hautes branches. La lisière ne doit plus être loin.

« Halte. »

Le petit poste est là, derrière un mince parapet. Les hommes nous attendaient, équipés déjà. Pendant la brève relève, quelques paroles s'échangent, chuchotées d'une escouade à l'autre :

« Bombardement ?

— Les Boches, guère; mais faut s'méfier des obus français : quand i's tapent là-haut, les éclats r'viennent.

— Fusillade ?

— Ça n'compte pas.

— I's sont loin, ceux d'en face ?

— Y a des fois qu'on voit leurs sentinelles. »

Ces derniers mots me frappent. Cédant à une brusque impulsion, je me mets à monter, d'arbre en arbre, vers la lisière.

Je parcours une dizaine de mètres, jusqu'à un hêtre énorme derrière lequel je me dissimule un instant. Il semble que la pente s'adoucisse un peu plus haut, vers une ligne de petits sapins qui bordent le bois d'une frange sombre. Au delà c'est le sommet, l'étendue sous le ciel libre.

Un seul pas de côté... A trente mètres, adossé au tronc blanc d'un bouleau, un homme rêvasse, le regard vague et les mains dans ses poches. Il est grand, chaussé de bottes engluées de boue, coiffé d'un béret à bande rouge enfoncé jusqu'au col relevé du manteau gris-vert qui l'enveloppe. Son nez est écarlate sous des yeux d'un bleu mouillé ; sa bouche m'apparaît comme saignante sous le blond fade de sa moustache. Il s'ennuie, il somnole, il ne me voit pas... Et doucement je me glisse derrière le gros hêtre, en éprouvant la joie bizarre de n'avoir pas eu de fusil.

Journée très calme. Il est déjà trois heures après-midi, et nous n'avons entendu, depuis l'aube, qu'un seul claquement de mauser. Voici venues les heures redoutées, où les pensées décourageantes se lèvent des bas-fonds de l'âme. Mes hommes bâillent, ou dorment, ou s'engourdissent en d'interminables et vides songeries.

« Fait pas gai, mon lieutenant.

— Pas gai, Pannechon.

— Combien d' temps qu' la guerre va durer, si on reste comme ça face à face, à s'tremper les fesses dans la boue ? Faudrait pourtant qu'on aille voir par là !

— Sois tranquille, on ira.

— Ben oui. Mais quand ?

— Je ne sais pas.

— Vous n'savez pas ? Alors vous êtes comme nous ?

— Absolument. »

Pannechon me regarde d'un air éberlué, hoche la tête, un temps, et dit :

« C'est pourtant vrai. Ya des choses qu'on n'comprend pas, voyez-vous, faute d'y avoir pensé une fois... Et puis un jour, comme par hasard...

Il s'absorbe dans une méditation ardue, qui rapproche ses sourcils et les fronce en bourrelets.

« Qu'est-ce que j'disais, mon lieutenant ?

— Tu disais : « Et puis un jour, comme par hasard... »

— Ah ! oui. Eh bien... Mince ! Y en a un, par là, qui siffle comme un sansonnet. Vous entendez ? »

C'est fini. La girouette a tourné. Je ne saurai jamais quelles pensées, dans la tête de Pannechon, s'efforçaient, ce jour-là, vers la lumière. Et d'ailleurs, le tapage que mène le siffleur réclame une intervention immédiate :

« Qui est-ce qui siffle, là-bas ?

— C'est moi, Pinet, mon lieutenant. Je m'distrais. J'm'offre un p'tit concert.

— Et les Boches, tu les oublies ?

— Ma foi oui. Pas d'marmites ; pas d'pruneaux : pas d'Boches. Mais la nuit s'ra pas drôle, dans c'mouillé !

— Plains-toi, dit Pannechon. C'était bon y a huit jours, quand on était tout nu. A présent on est riche, on craint rien. On peut-y avoir froid avec des pageots comme çui-là ? »

Il montre la couverture roulée sur son sac. Il la contemple, lui sourit, la caresse de sa main arrondie :

« C'est doux ; c'est chaud, ça donne du cœur rien qu'à r'garder... Vous m'croirez si vous voulez, mon lieutenant, mais quand on était au patelin, i' m'tardait qu'on r'pique aux avant-postes, rien qu'pour avoir le plaisir de m'rouler là-d'dans. C'qu'on peut être ballot, des fois ! »

Une joie, ces couvertures que nous venons de toucher. Leur laine brune, d'où s'exhale encore une odeur de naphtaline, suggère des idées paisibles : la caserne, la chambrée aux grands murs badigeonnés de chaux crue, et les couchettes étroites où l'on se glisse les soirs d'hiver, les couchettes dont l'étreinte est si tiède, les « pageots » !

« Tiens, dit Pannechon. V'là Vauthier. »

Vauthier, de sa main gantée de boue fraîche, me tend un papier moucheté d'éclaboussures jaunâtres :

« Excusez-moi, mon lieutenant, j'm'ai foutu par terre tout l'long du ch'min. »

Je déploie le billet. Et je lis, en même temps d'ailleurs que Pannechon dont le cou s'allonge par-dessus mon épaule :

En communication aux sections. — A 8 *heures* 45, *nos* 90 *percutants exécuteront un tir de destruction sur les mitrailleuses allemandes. Par mesure de précaution, faire descendre les escouades d'en haut pendant toute la durée du tir* (*trente minutes*).

« C'est bon, Vauthier. Tu diras au lieutenant Porchon que ce sera fait. »

Dix minutes plus tard, mon petit poste est rentré. Je regarde ma montre, curieux de voir bientôt ce que peut être ce *tir de destruction.*

L'heure fixée passe. Un souffle strident déchire l'air, et dans le fond du ravin, aussitôt, une explosion éclate comme un tonnerre, faisant jaillir jusqu'à nous un essaim d'éclats bourdonnants.

« Mon lieutenant, me dit Pannechon, est-ce que les Boches auraient posté leurs mitrailleuses par là ? »

Les trajectoires sifflent à tort et à travers. Tous les obus, à toute vitesse, viennent buter contre le versant, derrière nous. Les éclatements se succèdent, les vols de frelons, les chutes flasques de mottes soulevées, les craquements d'arbres blessés. Nous vivons une demi-heure de malaise, révoltés à sentir notre impuissance contre ce tir désordonné, regrettant l'absence de parados, et souriant malgré nous, chaque fois que nous nous regardons, aux facéties dangereuses des projectiles.

Le silence retombe. Des feuilles tournoient, larges, jaunes, qui vont se coller à la boue ; quelques-unes, effleurant une nappe de mousse, volettent une seconde avant de s'assoupir ; d'autres, déjà brunes, frôlent au passage les branches de notre toit avec un froissement sec et léger. Dans le soir grandissant, elles glissent, les feuilles qui tombent, comme de gros flocons noirs. Et lorsque la nuit nous submerge, il arrive encore que je sente, silencieuse, se poser sur ma main nue quelqu'une de ces larges larmes que pleurent les bois au déclin de l'année.

Une nuit monstrueuse. Elle m'a surpris en plein couvert, alors que je redescendais vers la tranchée après une ronde à mes petits postes. Et j'ai affronté de nouveau la lutte contre l'obscurité, qui emprisonne et paralyse. J'ai tâtonné interminablement, buté dans des troncs d'arbres, chancelé contre de grosses racines tendues en travers de mes pas. Je suis tombé, maintes et maintes fois, dans la boue visqueuse, si découragé par instants que je restais longtemps les deux mains dans cette glu froide, jusqu'à ce qu'un sursaut d'énergie rageuse me remît debout, d'une secousse. La pente du terrain, qui fatalement me guidait vers les nôtres, m'a enfin ramené au gîte. Alors, avec une confiance heureuse, je me suis roulé dans ma couverture en tournant, debout, plusieurs fois sur moi-même ; et je me suis allongé sur une litière de feuilles, dans l'enveloppement rugueux et chaud de la laine.

Maintenant je suis seul dans le coin de la tranchée. Pannechon est parti avec une corvée de quelques hommes, qui est allée vers le village des Eparges pour chercher dans les granges ce qu'il y reste de paille. Je ne peux pas dormir : la pensée de cette corvée m'obsède. Rentrera-t-elle ? Et quand ?... La nuit, la boue, les trous d'obus pleins d'eau jusqu'aux bords, les ruisseaux qui coulent dans le ravin, les taillis qui s'ébouriffent sur les pentes, autant d'embûches tapies au long de son chemin.

Et voici la pluie. Une pluie opiniâtre, qui semble se mêler aux ténèbres. Pelotonné sous ma couverture, tout le corps baigné d'une tiédeur mouillée, je sommeille par à-coups, tandis que des images fantasques, étrangement nettes et vives dans le noir, poursuivent leur ronde sous mes paupières. Ma main, risquée hors de la couverture, tâtonne à mon côté : elle ne touche qu'une litière spongieuse, trempée d'eau. Pannechon n'est pas rentré ; toute la corvée s'est égarée peut-être. Mon inquiétude ne cesse de grandir.

Et cependant bien du temps a passé. Chaque fois que je m'éveille, j'éprouve à de subtils indices, à la pâleur accrue de la nuit, à la torpeur de l'atmosphère, au silence qui pèse sur les bois, que le jour bientôt va sourdre de l'horizon.

Enfin, après des heures, tandis que je m'assoupis, une poussée contre mon dos, un froissement de feuilles écrasées, perçus comme du fond d'un brouillard, me remettent au cœur, avant même que j'aie repris conscience, une obscure sérénité.

« Mon lieutenant ? C'est bien vous, mon lieutenant ? Dites-moi qu'c'est vous, j'vous en prie...

— Pannechon !

— Oui, mon lieutenant, c'est Pannechon... Ah ! c'te nuit ! Ah ! c'trafic !... Alors me v'là, mon lieutenant... J'suis rentré ; c'est vous qu'est là ; c'est les copains qui sont couchés tout l'long ; c'est la 7e, toute la 7e que j'retrouve !... Ah ! mon lieutenant, j'suis content ! J'suis content !... Pour un peu j'en pleurerais encore ! »

Il secoue sa capote avec la frénésie d'un chien qui sort de l'eau ; des gouttelettes m'arrosent la figure, et j'entends, près de ma tête, le pataugis de ses pieds dans la boue.

« Les autres sont là, n'est-ce pas ?

— Non, mon lieutenant, j'suis tout seul.

— Comment ! »

Je me soulève, m'appuie sur un coude et, rejetant ma couverture, je me tourne vers Pannechon. A quatre pattes, il étale sur les feuilles pourries quelques poignées de paille couleur de terre. Cette même couleur de terre enduit ses chaussures, ses guêtres, son pantalon, sa capote jusqu'à la ceinture ; ses mains sont couvertes d'une croûte jaune que des cassures brisent aux plis des phalanges ; l'eau ruisselle de son képi, perle au bout de son nez, roule le long de ses joues maculées ; et de grosses gouttes glissent sous sa cravate, délavant la teinture qui marque son cou d'une ligne bleue. Son visage est pâle sous les éclaboussures de fange, et du sang a coulé sur son front.

« Mon pauvre vieux ! »

Il me regarde, de ses bons yeux qui sourient :

« Vous pouvez l'dire, mon lieutenant. Des coups d'temps comme çui-là, c'est à vous faire tomber idiot ou enragé. J'ai passé toute la nuit à ramasser des bûches ; j'm'ai cogné dans tous les arbres ; j'ai nagé dans les trous d'marmites : et dame, quand on a d'la sueur plein la peau, ça saisit ; sans compter qu'c'est pas facile d'en sortir, tellement qu'c'est mou su' les bords. Y a surtout un trou d'150, ah ! la la ! j'ai cru qu' j'en toucherais pas l'fond : tout d'bout d'dans, j'avais d'la gadoue jusque sous les bras. A un moment, j'étais tellement vanné, dégoûté d'tout, qu'j'ai eu envie de m'laisser couler à même ; et une fois que j'm'ai eu arraché, ça m'a fait un si drôle d'effet d'me r'trouver su' mes deux pattes que j'ai pas pu m'empêcher d'chialer ; mais vous savez, chialer à plein, comme un veau... Et c'est là qu'j'ai perdu ma paille.

« Enfin, mon lieutenant, c'est fini. J'vous ai r'trouvé ; me v'là ; j'suis chez moi ; l'jour s'amène ; j'suis content.

— Mais les autres ?

— Vous en faites par pour eux, allez ! I's ont pas voulu m'suivre ; i's ont voulu faire les mariolles : ça leur coûtera d'traîner dans l'bois une heure de plus. Et puis v'là qu'i' fait clair ; on n'va pas tarder à les voir. »

Des troncs d'arbres pâles se dressent dans la lumière naissante. Pannechon a ouvert une boîte de singe, et, tout en mangeant, il surveille des yeux la passée qui descend vers le ravin :

« Avant d'dormir, faut qu'je r'prenne des forces. J'ai mon ventre qu'a crié toute la nuit... Bon ! Qu'est-ce que j'vous disais ? V'là Biloray. Et Gerbeau ! Et Grondin !... Bonjour les potes ! Alors quoi, vous vouliez déserter ?

— Y a longtemps qu't'es là ? dit Biloray.

— Moi ? Quat'e cinq heures, pour le moins. J'ai les yeux tout gros d'avoir dormi. Alors, comme ça, vous vous êtes amusés en route ?

— Ah ! ça va bien ! dit Biloray.

— Ta gueule ! » prononce Gerbeau.

Et tous les deux, puis Grondin, puis les autres qui les suivent, se laissent tomber, d'une chute infiniment lasse, contre le parapet glaiseux. Ils s'affaissent à la place même où ils se sont arrêtés, le corps mou comme leurs vêtements boueux, pareils, en l'abandon de tous leurs muscles, à de grosses mottes d'argile mouillée. Tout de suite leur tête se renverse ; et ils s'endorment, le souffle rude, la bouche ouverte, les chairs fripées, gardant sur leur visage, jusqu'au profond de leur sommeil, un air d'indicible épuisement.

***

« Butrel !

— Mon lieutenant ?

— Veux-tu faire une patrouille ? »

Butrel me regarde bien en face, de ses yeux bleus très clairs :

« Ça dépend.

— Et de quoi ?

— J'veux d'abord savoir qui vous allez m'donner.

— Un seul homme : Beaurain.

— Bon. Ça va... Mais j'veux savoir encore si c'est intéressant. Vous m'connaissez : je n'travaille bien que quand j'm'amuse.

— Alors tu travailleras bien. Ecoute : Beaurain et toi, vous allez grimper là-haut, plus haut que nos escouades détachées, jusqu'à ce que vous ayez repéré les petits postes boches. Comprends-moi bien : je ne vous demande pas de partir à la chasse. Je veux seulement que vous me donniez l'emplacement exact de ces petits postes et, si possible, la distance qui les sépare des nôtres. Le mieux serait qu'il ne soit pas tiré un coup de fusil.

— C'est moche, dit Butrel.

— Epatant, au contraire ! C'est autrement calé de ramper jusque sous leur nez sans même faire craquer une branche, que de vous planquer contre un arbre pour descendre chacun le vôtre, quitte à vous cavaler après sans avoir pu rien observer.

— Ça, mon lieutenant, c'est vrai.

— D'ailleurs, je ne fais que te transmettre un ordre. C'est le commandant lui-même qui t'a désigné. »

Butrel esquisse juste un sourire. Flatté d'avoir été choisi, il tient pourtant à montrer qu'il s'en moque.

« Alors, mon lieutenant, quand est-ce qu'on part ?

— Tout de suite. Prévenez vous-mêmes en passant le petit poste du haut. J'envoie Raynaud avertir celui de droite, pour le cas où vous seriez obligés de rentrer par là. »

Il écrase contre sa semelle le bout de cigarette qui ne quitte jamais sa lèvre, passe sous son menton la jugulaire de son képi, saisit son fusil d'un geste vif et, l'assurant sous son bras, pousse les cartouches, une à une, dans le magasin.

« Psst ! Beaurain ! Tu y es ? »

Beaurain se lève avec lenteur, le visage placide comme d'habitude. Son corps ramassé, tout en muscles, la souplesse tranquille de son allure, la seule étreinte de sa main large autour du fût de son lebel suffiraient à me donner confiance, si je ne savais dès longtemps son courage et sa fermeté.

Butrel devant, Beaurain derrière, ils s'en vont. Nos yeux les suivent. Les bois, autour de nous, se taisent. Nous n'osons remuer, ni tousser, ni parler, tellement le moindre bruit résonne haut dans le silence. Ils pénètrent dans ce silence, s'y enfoncent, y disparaissent.

Je ne peux plus savoir depuis quel temps ils sont partis. Une heure ?... Quelques minutes ? Il me semble que ma tête est creuse et sonore. J'appréhende le choc du moindre bruit, comme si mon crâne en devait vibrer, ainsi qu'une cloche au choc du battant.

Et tout à coup, dans le calme absolu de l'espace, un coup de feu claque, si brutal que j'ai dû mordre ma lèvre pour contenir un cri involontaire. Un sursaut a couru sur les échines des hommes. Ils se regardent les uns les autres pendant que s'amplifie, d'un bout à l'autre du ravin, la résonance éclatante qui décuple sous bois la détonation des fusils.

« C'est Butrel qu'a tiré, dit Pannechon. Sûrement... »

Le crépitement de quelques mausers lui coupe un instant la parole. Une balle siffle en l'air, très haut ; puis une autre, qui vient de ricocher, passe en ronflant à quelques mètres. Le silence nous enveloppe de nouveau, submergeant la futaie, les taillis, les buissons, toutes ces branches et ces feuilles immobiles.

« Ah !... dit Pannechon.

— Tu vois ?

— Oui, mon lieutenant, Butrel. I' n's'en fait pas ; i' roule déjà une cigarette... Oh ! ça va. Y a Beaurain derrière. »

Je quitte aussitôt la tranchée, pour monter au-devant des deux hommes. Butrel m'aperçoit, ses lèvres minces ont un franc sourire.

« Eh bien ?

— Voilà, mon lieutenant... Une seconde, s'i' vous plaît, qu'j'allume ma sèche... Là, j'suis à vous. Alors on est monté, Beaurain à gauche et moi à droite, en gardant un œil l'un sur l'autre. On a compté nos pas à partir des tranchées du haut : soixante des miens, allongés à quatre-vingts centimètres, jusqu'au premier Boche que j'ai vu. D'nos p'tits postes à ceux d'en face, j'annonce soixante-dix mètres et j'suis sûr que j'me trompe pas d'cinq. C'est bien ça, Beaurain ?

— Oui.

— Bon, tu m'plais ; tu gâches pas ta salive... Mon lieutenant, i's n'ont pas d' tranchée continue à la lisière, rien qu'des trous d'sentinelles alignés, sous des p'tits sapins qui bordent le bois. Si y a une tranchée, elle est en plaine... J'ai bien eu envie d'y aller voir ; mais en plein jour, sans blague, y a pas plan. »

Butrel parle d'une voix au timbre presque enfantin, au débit égal et lent. Ses doigts, qui roulent déjà une nouvelle cigarette, n'ont même pas ce tremblement léger qui trahit, chez les forts, le trouble intérieur qu'ils dominent.

« Mais ce Boche que tu as vu ? Ces coups de fusil que nous avons entendus ? »

Un sourire reparaît sur l'étroit et dur visage :

« Ben oui ! Y en avait un qu'était sorti d'son trou. I' r'mettait sa culotte, justement, quand i' m'a vu. Mais j'vous jure que j'aurais pas tiré, si c't'idiot-là n'avait pas sauté sur son flingue... En somme, je l'ai pas zigouillé ; c'est lui qui s'est suicidé.

— Tu l'as...

— Un peu ! Vous pensez pas qu'j'allais l'louper à quinze mètres ?... Comme ça, n'est-ce pas, tout l'monde est content : vous, vous avez vos renseignements ; moi, j'ai mon Boche ; et la patrouille rentre au complet... A vot'e service pour la prochaine. »

Le crépuscule de ce jour est morne, stagnant. De temps en temps, une salve brusque jaillit vers nous, de la lisière. Les Boches restent nerveux depuis qu'il ont vu, tout à l'heure, à quelques pas de leurs lignes, surgir nos deux patrouilleurs. Nous leur savons gré d'être ainsi, après le calme et le silence d'hier dont le mystère nous déprimait. Nous savons maintenant qu'ils sont là, qu'ils redoutent une surprise et qu'ils ont peur de nous.

Rasant la crête, de grêles 77 vont percuter dans le fond du ravin. Nos 155 leur répliquent avec une pesanteur brutale. Le soir embrume les taillis. L'explosion d'un dernier obus roule comme un tonnerre d'un versant à l'autre versant ; puis une grêle d'acier crible les arbres de proche en proche, faisant courir à travers bois une cascade de claquements qui évoque tout à fait un martèlement de sabots sur une route. A bout de vol, un éclat qui tombe de haut vient s'enfoncer dans les mottes du parapet. Et le silence enfin s'étale avec la nuit.

L'air humide, mû par de faibles souffles, semble couler sur notre face et sur nos mains. Une senteur d'eau croupie et d'humus monte vers nous du bas-fond marécageux.

Les Boches se taisent : ils doivent dormir. Un silence d'anéantissement écrase ma tranchée : les miens dorment. Les bois eux-mêmes, autour de nous, reposent. Mais dans le temps où je m'endors aussi, un frémissement qui court dans les hautes feuilles me fait blottir ma tête sous un coin de ma couverture, dans un geste d'instinctive défense contre l'ennemi dont nul obstacle n'arrête le glissement perfide, et dont ce frais bruissement frissonnant sur les cimes annonce le venue redoutée : la pluie.

***

J'ai pu dormir, malgré la pluie. De temps en temps, une gouttière qui venait de trouver passage tombait à gouttes pressées sur mon front et m'éveillait. Alors je rentrais le cou dans mes épaules et me déplaçais, sans me lever, d'une lente torsion des reins. Ou bien une sentinelle, relevée d'une minute, titubait dans les ténèbres, glissait sur la pente boueuse et venait choir, en grognant et jurant, contre le toit de branches tressées qui crevait au choc de son corps. Alors, levé, j'appelais l'homme, le guidais à mi-voix vers le passage, jusqu'à ce que je sentisse sa main durcie de terre toucher la mienne et s'y agripper tout à coup.

L'aube de ce jour est plus limpide, et grâce à elle plus gai, plus alerte le réveil de mes soldats. Les cuistots sont montés. Le jus était chaud, bien sucré.

« Même le brichton qui s'achète une conduite : i' moisit pus, i' d'vient tendre, on touche des boules qui sont que d'y a huit jours !

— Avec la r'lève demain matin. Eh ! Charles, demain à c't' heure-ci, où qu'on s'ra ?

— A Mont, poteau !

— C'est ça, dit Vauthier, à moins qu'on soye à Berlin. »

Il vient d'apparaître au bout du layon, et se dirige vers moi au pas élastique de ses longues jambes.

« Eh ! grand, y a du nouveau ?

— On signe la paix ? »

Mais Vauthier passe sans plus desserrer les lèvres, la main gauche dans sa poche, le bras droit balançant un bâton, quelque branche de noisetier coupée au taillis, et qui, dépouillée de son écorce, apparaît d'une pâleur blanche et crue chaque fois qu'elle pique la boue et que la main de l'homme s'y affermit.

« Mon lieutenant, c'est un billet pour vous. C'coup-ci, j'l'ai mis dans ma poche : il est propre. »

Je ne puis en croire mes yeux, tant l'ordre qui m'est signifié là m'apparaît saugrenu. Sur le papier quadrillé, tiède encore de la chaleur du messager, une seule ligne, tracée au crayon d'une écriture que je ne connais pas :

« *Attaquer, et retourner les tranchées allemandes avant midi.* »

« Ce n'est pas le lieutenant Porchon qui m'envoie ça, Vauthier ?

— Si, mon lieutenant. Mais ça vient d'plus loin.

— Du bataillon ?

— Encore plus loin. »

Je sais à quoi m'en tenir : le renseignement fourni par la patrouille d'hier a fait du chemin en vingt-quatre heures ! Il nous revient aujourd'hui, interprété par une imagination audacieuse, et mué d'olympienne manière en cet ordre écrit d'une concision définitive : *Attaquer, et retourner les tranchées allemandes avant midi.*

« Allô ?

— C'est toi, mon vieux ? J'allais t'envoyer chercher. »

Porchon s'assied sur un coin de ma couverture, et me regarde, un moment, avec une flamme d'ironique gaieté au fond des yeux. Je lui tends le billet :

« Eh bien ! Qu'est-ce que tu en dis ?

— Qu'est-ce que tu veux que j'en dise ? C'est un ordre, et un ordre écrit.

— Mission de la 5e, à gauche, et de la 8e, à droite ?

— On a pensé que j'étais assez grand pour me renseigner moi-même.

— Combien d'hommes, pour cette offensive ?

— Trois sections en ligne, de trente fusils chacune ; et trente fusils en réserve... Les petites unités sont plus souples, plus manœuvrières.

— Notre objectif, précisément ?

— Les tranchées allemandes. Ça ne limite ni mon initiative, ni, éventuellement, mon action. Avec un peu de chance, je fais éclater le front et dicte l'armistice à Berlin.

— Tu sais l'heure qu'il est ?

— Dix heures. Encore deux heures : délai raisonnable... Donne-toi la peine de compter un peu : il résulte, n'est-ce pas, des renseignements transmis, que les petits postes boches sont à soixante-dix mètres des nôtres ? Calcule une demi-heure pour monter là-haut : ça fait 140 mètres à l'heure ; rien d'excessif, même compte tenu de la raideur des pentes, du mauvais état des layons et de l'épaisseur du fourré. Reste une heure et demie pour mettre les Boches en fuite, déblayer la place, nous installer, et remuer la terre comme il convient. C'est trop de temps, puisque nous avons des outils.

— Ah bon ! Des outils de parc ?

— Penses-tu ! De bons petits outils portatifs, qui détachent deux cailloux à la fois et soulèvent trois pincées de déblai, mais qu'on manie, tant ils sont légers, sans essoufflement ni fatigue... »

Il devient soudain sérieux, s'isole dans une rêverie triste. Puis, secouant brusquement la tête :

« Que veux-tu, dit-il, c'est un ordre. Pas d'outils, pas de gabions, pas de réseaux Brun, pas même une mitrailleuse ; à peine une centaine de fusils, et juste de cartouches ce que les hommes en portent sur eux. Mais un ordre d'attaque est un ordre d'attaque. J'attaquerai donc, le moins stupidement que je pourrai. Ecoute-moi. »

Et posément, il m'expose le plan qu'il a conçu, s'interrompant souvent pour appeler mon avis, d'un « qu'est-ce que tu en penses ? » jeté à la fin d'une phrase, ou d'un simple regard appuyé sur le mien.

« Alors, tu m'as bien compris ?

— Parfaitement.

— Je peux déclencher ?

— A Dieu vat ! »

Ce fut d'abord une partie de plaisir. De notre gauche, pendant que les camarades montaient vers la lisière, quelques détonations cinglantes partaient, une d'abord, une autre, puis cinq ou six ensemble dont le vif crépitement faisait croire au début d'une fusillade de bataille. Mais le calme se rétablissait vite ; et nous démarrions à notre tour, en ligne de tirailleurs, les fusils à la main et les outils au ceinturon.

Vingt mètres plus haut que nos tranchées avancées, des balles, sifflant à nos oreilles, nous collaient contre un talus envahi de ronces vivaces. Je commandais là un feu de quelques cartouches ; et nous repartions, au pas, déployés comme à la manœuvre, sans qu'un coup de fusil fût désormais tiré contre nous.

La lisière, maintenant, nous apparaît. Abrité par un dernier talus, je puis voir distinctement les petits sapins que Butrel m'a signalés hier, et que j'ai aperçus moi-même le matin de la relève. Je vais lever le bras pour déclencher le dernier bond, lorsqu'un bruit de brindilles écrasées, derrière nous, suspend mon geste déjà ébauché.

« Eh bien ! mais, dit une voix douce, c'est de l'excellente besogne ! Nous voici en haut, les mains dans nos poches ; il ne nous reste qu'à allumer nos pipes. »

Le capitaine Maignan, dans un sourire, montre ses petites dents blanches sous la soie blonde de sa moustache. Il est enveloppé tout entier d'une gandourah d'un brun fauve, qui descend jusque sur ses bottes et dont il maintient les plis, devant lui, d'une main fine gantée de cuir.

« Vous repartiez, n'est-ce pas ?

— Oui, mon capitaine.

— Je ne vous dis même pas bonne chance, les Boches viennent de se trotter. Vous ne trouverez personne dans leurs trous... »

J'escalade le talus, le bras haut :

« Souesme ?... Hop ! »

Un coup de feu encore claque vers notre gauche, à peine entendu dans le bruit martelé de notre élan. Nous courons parmi les sapins, sur un sol jonché d'aiguilles, à la fois spongieux et glissant. Une clarté vive nous environne, venue d'en haut, du ciel dégagé.

« Couchez-vous !... Souesme, Liège, faites-moi avancer ces hommes-là !... Deux mètres plus haut ! Oui... Pas tant sur la gauche ! En ligne droite !... Et qu'on creuse vite ! Deux hommes dans chaque trou boche. Tout le monde à la besogne. Je ne veux pas voir un flemmard, pas un empoté : tu entends, Richomme ? C'est compris, Petitbru ?... Il faut qu'on m'ait relié tout ça dans une heure et demie. »

J'ai sauté moi-même dans un trou de sentinelle allemande, un trou rectangulaire, profond d'un mètre vingt, avec une banquette pour s'asseoir et un parapet marqué d'une encoche, pour poser l'arme. Les parois en sont nettement tranchées dans l'argile sèche, douce au toucher comme du savon. Des empreintes de clous restent imprimées au fond ; dans un angle, un bout de cigarette doré, qui luit doucement, achève de se consumer en exhalant un fil de fumée bleue. Autour de moi, le fer des outils gratte la terre avec un bruit tintant et hâtif. Parfois un choc plus mat retentit au heurt d'une racine ; on voit alors l'homme s'agenouiller, puis s'acharner, du tranchant de sa pelle-pioche, contre le bois fibreux et dur.

« Hé ! là-bas ! Voulez-vous vous baisser ! Passer plus bas ! Plus bas, je vous dis ! »

L'homme saute derrière le talus, réapparaît bientôt entre deux petits sapins. Je reconnais alors Porchon, les yeux brillants, le visage épanoui.

« Bon, dit-il, je me fais engueuler. Tu as raison, d'ailleurs... Ça va par ici ?

— Très bien. Et là-bas ?

— Epatamment. Nous sommes partout à la lisière. Pas un tué ; pas un blessé ; rien que des égratignures d'épines. Et des trophées ! Des bérets, des bidons pleins de kirsch, des boîtes d'anchois fumés, des cigarettes et des cigares, de gros cigares noirs qui vous emportent le palais ; tous les chiqueurs de la compagnie en ont la bouche pleine. Et toi, qu'est-ce que tu annonces ?

— Moi ? Pas de cigares, pas d'anchois ; mais un peu mieux... »

Je lui tends une liasse de papiers, fragments de journaux, cartes postales amollies d'eau, bouts de lettres qui se déchirent aux plis. Il les décolle du bout des doigts, les étale sur sa cuisse, les examine avec un intérêt grandissant :

« Oh ! mais... Dis donc, c'est palpitant, tout ça ! Division, régiment, bataillon... Effectifs, commandements, relèves... Ah ! Par exemple !

— Quoi donc ?

— Ces cochons-là reçoivent des colis de chez eux ! Lis-moi ça, sur cette carte rose : « Nous t'avons envoyé hier un petit paquet, des chaussettes et du jambon fumé. Tante Thérèse t'a envoyé aussi un petit paquet. Tu ne nous dis pas si tu les reçois. Nous t'envoyons régulièrement chaque semaine deux petits paquets, sans compter ceux de tante Thérèse et d'Hermann Bausch ; cela doit te faire au moins trois petits paquets par semaine. »

« *Zwei Packetschen ! Drei Packetschen !*... Ça ne m'étonne plus, maintenant, les anchois, les cigares, les cigarettes à bout doré. Et dire que j'attribuais toutes ces délicatesses à la munificence de l'intendance boche, en maudissant la nôtre dans mon cœur !... As-tu un bout de ficelle ? Fais passer... Mets ton doigt sur le nœud. Merci. Vauthier !... Tu vas me porter ça tout de suite au poste de commandement du bataillon. Marche vite, et fais attention : nous ne serions plus camarades si tu perdais ce que je te confie là... »

Les pelles-pioches, les pelles-bêches continuent de tinter sans relâche. De temps en temps, un homme, toujours à genoux, redresse son buste, cambre les reins, essuie du dos de la main la sueur qui perle à son front. Un mince parapet, déjà, rampe d'un trou à l'autre, étirant une bande de terre fraîche dont l'humidité avive la couleur jaune.

Il y a plus d'une demi-heure que nous sommes là, et les tranchées allemandes, devant nous, demeurent étrangement silencieuses. Lorsque je me lève pour regarder vers la lisière du bois, j'entrevois des champs dénudés, qui montent en pente douce vers le bord du ciel blanc. La ligne d'horizon, toute proche face à nous, ne révèle rien de suspect. Mais des deux côtés, à une centaine de mètres, l'argile m'apparaît remuée en profondeur, soulevée comme par l'échine d'une énorme taupe qui aurait foui à fleur de terre.

« Oh ! mon lieutenant, vous avez vu ?

— Chut ! Pannechon. »

Par-dessus le parapet de la tranchée allemande, celle de gauche, la pointe d'un casque vient d'apparaître, puis une tête au teint vif, moustache courte et monocle à l'œil.

« Tire !

— Trop tard, mon lieutenant. »

L'officier est rentré dans son trou, verticalement, d'un geste d'automate.

« Dépêchons ! »

Je suis sûr que les Boches nous préparent quelque chose. Ces deux tranchées qui s'avancent sur nos flancs abritent sans aucun doute une activité inquiétante.

« Dépêchons ! Dépêchons ! »

Cette terre est veinée de racines, que les minuscules outils portatifs ne tranchent qu'au prix de longs efforts. Beaucoup d'hommes ont posé près d'eux leurs képis, et de leur crâne, de leur nuque en sueur, une buée s'exhale qui monte dans l'air froid.

« Tous couchés ! A plat ventre ! »

La rafale nous a surpris, heureusement tirée trop court. Les balles ont frappé devant nous, égrenant à cadence pressée leur bruit aigre et nous projetant des miettes de terre au visage.

« Au premier talus tout de suite ! Ne laissez pas les outils ! »

Une seconde gerbe, en éventail, crible les sapins. Des branches coupées jaillissent, éparpillant leurs aiguilles comme les touffes de poils d'un gibier cinglé de plombs. Devant nous, à la place même où nous étions, une mitrailleuse, à toute vitessse, pulvérise les quelques mottes de terre si patiemment et péniblement alignées. A chaque instant, des balles à trajectoire plus longue passent en miaulant à quelques pouces de nos têtes ; et elles vont frapper derrière nous dans le tronc de quelque hêtre dont l'écorce s'étoile d'une blessure blanche.

« Au talus plus bas ! Sans courir. »

Sur la gauche, une autre mitrailleuse commence à dévider ses bandes, fouillant la lisière et rasant la pente. Des balles cette fois ronflent sur nous, piquant l'argile alentour et nous éclaboussant d'aiguilles mortes.

« Porchon ! Porchon ! Par ici ! »

Il arrive près de nous, essoufflé ; et tout de suite, à mots rapides :

« Vous êtes là ? Bon. Pas de pertes ?

— Non. Et là-bas ?

— Vennecy est tué, à la 4e. Son corps est dans les ronces, là-haut. Gaudry et Vidal ont essayé de le ramener ; je ne sais pas comment ils n'ont pas été tués aussi.

— Vite ! Couche-toi ! »

Tous deux à plat ventre, pendant qu'une trombe sifflante cingle l'air au-dessus de nous, nous échangeons un même regard ; et il me dit, à voix basse, de sorte à n'être entendu que de moi :

« Pauvre Vennecy ! Encore un des nôtres, et des meilleurs, qui s'en va... Pourquoi, cette fois ? »

La mitrailleuse pivote, la rafale passe et s'éloigne vers la droite.

Des hommes étirent leurs bras, ou, s'asseyant, allongent leurs jambes raidies. Pannechon, lui, s'est mis debout d'une secousse des reins, et il surveille, d'un regard aigu et mauvais, les abords immédiats du bois. Il tressaille, il se fige tout entier, dans une immobilité de chien d'arrêt, le cou tendu, la narine frémissante. Puis doucement, très doucement, sans que sa tête ni son buste bougent d'une ligne, il soulève, fait basculer son arme. Et quand elle est enfin pointée, la plaque de couche rivée à son épaule et la crosse frôlant sa joue, il clôt sa paupière gauche et retrousse sa lèvre sur ses dents, en un sourire âpre et cruel.

« Je l'ai ! »

L'exclamation du tireur a sonné en fanfare, dès la détonation du fusil. Mais plus haut qu'elle encore un cri a retenti vers la lisière du bois, un hurlement bestial et rauque dont la force m'a pris aux entrailles.

« Dans l'ventre, mon lieutenant ! Il est foutu, l'nez dans la gadouille !... Oh ! Bougez pas. »

Une seconde fois, Pannechon épaule. Mais avant qu'il ait tiré, une détonation part de nos lignes, à gauche ; puis une autre, aiguë, hargneuse, riposte dans la même seconde ; et deux cris, les deux cris confondus de deux hommes blessés ensemble, se prolongent affreusement dans la pénombre du sous-bois.

« L'Boche y est, mon lieutenant ! Si l'nôtre est tué, il est payé... Oh ! la barbe ! »

Pannechon a plongé près de moi, couché par l'essor vif des balles. Elles passent à la file dans une poursuite zézayante. Puis à gauche, puis à droite, d'autres mitrailleuses parlent, dont le tir bat les taillis. Elles étalent sur les pentes un réseau serré de trajectoires, qui tantôt s'éloignent jusqu'à ce qu'on n'entende plus qu'une sorte de tapotement chétif, tantôt reviennent sur nous jusqu'à nous claquer aux oreilles. Alors elles nous collent à la terre sous leur enveloppement flexible, cinglant comme la lanière d'un fouet.

« J'voudrais bien savoir, mon lieutenant, qui c'est d'chez nous qui vient d'être touché.

— Je vais voir, me dit Porchon en se levant. Je te retrouve à nos anciennes tranchées avancées. Cette nuit sera encore très noire, et les Boches deviennent mordants : en cas d'attaque de leur part, la pagaille est certaine si nous n'avons pas de point d'appui. A tout à l'heure. »

Le soir brunit, amoncelant les ombres. Nous descendons par le layon, en file indienne. La boue mollit et glisse de plus en plus ;

un brouillard flotte au fond du ravin, dont nous apercevons, entre les arbres noirs, la pâleur dormante pareille à la surface d'un lac.

« Halte ! Toutes les escouades en ligne... Souesme, Liège, faites serrer : il faut que tout le monde trouve place derrière le parapet... Et du silence ! »

Ils s'assoient dans les flaques d'eau, se relèvent, se bousculent avec des disputes à voix basse :

« Prends-la, ta place ! J'veux pas t'contrarier pour un peu d'flotte : y en a partout.

— Baisse ton flingue, andouille ! C'est qu'i' vous crèverait un œil, c'pied-là ! »

Mais un bruit de pas sur la boue fait se tourner les têtes vers le sentier qui vient d'en-bas. Et Viollet, l'agent de liaison de la 4e, apparaît sur la pente, précédant deux hommes qui portent un brancard.

Tous les trois s'arrêtent près de nous. Des feuilles mortes presque aussitôt bruissent, des branches craquent, et Porchon, tête baissée derrière ses bras, débouche d'un fourré d'épines juste au-dessus de ma tranchée. Je le hèle :

« Hé ! Par ici !

— Ah ! Vous êtes en place ? Les brancardiers sont là ?

— Les voici. L'homme n'est que blessé ? Qui est-ce-?

— C'est Dangon, le lieutenant de la 5e.

— Grave ?

— Je ne pense pas : une balle dans le haut de la cuisse. Il va être ici dans un instant. J'ai coupé à travers les arbres pour lui laisser le layon libre. »

Tête nue, capote déboutonnée, les bras passés au cou de deux hommes, tout son corps affaissé pesant à leurs épaules, Dangon tâte la boue d'un seul pied, tandis que l'autre pend au bout de la jambe déguêtrée. M'ayant aperçu, il me dit, avec un regard vers sa cuisse :

« Hein ? Crois-tu que c'est la guigne ? Douze jours de front avant ma blessure du 6 septembre ; seize jours avant celle-ci : je suis incapable de durer.

— Comment est-ce arrivé ?

— En observant à la lisière. Un Boche, que je ne voyais pas, m'a cueilli à la seconde même où j'en voyais tomber un autre sous la balle d'un de mes hommes.

— Tu souffres ?

— Assez. »

Tout en parlant, il s'est allongé sur la civière, a soulevé des deux mains sa jambe blessée, par d'insensibles mouvements des reins cherchant la place où reposer le mieux. Puis, comme les deux brancardiers se penchent pour l'enlever, il les arrête, d'un geste de sa main droite :

« Une minute, je vous prie... Mon cher, veux-tu te charger de faire parvenir ceci à mon ordonnance ? »

Il roule sur son flanc gauche, laissant voir sa souffrance à de brèves grimaces qui contractent sa bouche, fouille dans sa poche, en sort un porte-monnaie dont il ouvre, sans hâte, le compartiment à fermoir. Et me tendant, du bout des doigts, une pièce d'or :

« Tu n'oublieras pas, n'est-ce pas ?

— Sois tranquille.

— Mon vieux, lui dit Porchon, il faut filer avant la nuit. On ne sait pas ce qui peut arriver. Ecoute les Boches. »

Toute la lisière du bois crépite ; et vers la plaine, à notre gauche, la fusillade s'allume de proche en proche, comme un incendie poussé par le vent.

« Tu as raison », dit Dangon.

Mais ce n'est qu'après avoir reglissé le porte-monnaie dans sa poche, ramené sur lui, méticuleusement les pans de sa capote, qu'il fait signe aux brancardiers de le soulever. Alors les deux hommes, deux grands gaillards à large nuque, empoignent en se baissant les montants de la civière, et se redressent ensemble, d'un même mouvement souple et fort.

« Ça va comme ça, mon lieutenant ?

— Oui. En avant... »

A très petits pas glissants, avec des flexions du buste et des bras pour atténuer les secousses, ils s'engagent dans la sente escarpée. Ils s'arrêtent, aux durs passages, pour affermir la prise de leurs mains. Lorsqu'un talus fuit sous leurs pas et les attire vers la chute, ils s'agenouillent dans la boue, l'un devant l'autre : et le brancard, entre eux, semble glisser à fleur de terre comme une barque au fil d'un ruisseau. Bientôt, derrière les feuilles, au fond de l'obscurité qui gagne, les épaules du dernier porteur disparaissent. Et nous sommes seuls, derrière le fragile parapet.

Autour de moi, des corps bougent, des voix chuchotent :

« Quelle heure, Charles ?

— Cinq et demie.

— En c'cas, y a qu'à serrer sa ceinture. On verra pas les cuistots ce soir.

Les coups de feu claquent sans relâche. Des balles viennent frapper devant nous, à chocs étouffés et brutaux. Les hommes alors, sans rien dire, se baissent un peu plus derrière le parapet, attirent leur fusil de la main.

« Saletés d'moulins à café ! » grogne Pannechon.

J'ai senti son corps se mettre en boule, sous le vent des rafales dont les mitrailleuses boches se sont mises à arroser la pente. Un piquet du toit, sectionné tout près de nous, nous aveugle.

« Taille une fourche avec ton couteau, Pannechon !

— Comment ? J'entends rien... rien du tout. »

Il bat des coudes en signe d'impuissance. Un vacarme continu roule en torrent vers le fond du ravin et rebondit sur la pente opposée. J'arrondis mes mains autour de ma bouche et vocifère contre son oreille :

« Prends ton couteau et taille une branche en fourche ! Il faut relever le toit ! Qu'on puisse épauler !... Tu as entendu ?

— Oui ! »

Soudain, comme les détonations nous jaillissent en plein visage, un corps lancé à toute vitesse, environné de choses volumineuses et sonnantes, puis un autre, puis un troisième, viennent s'abattre au milieu de nous.

« De quoi ? En v'là des sauvages !

— Vous êtes pas tués, non ? »

Mais une voix essoufflée proteste avec bonhomie :

« Charriez toujours, mes enfants ; j'ai pas d'rancune.

— Pinard !

— Oui, mes enfants, Pinard. Et pis Brémond et Bernardet. On est des types à culot, nous aut'es ! On n'a pas canné pour porter la croûte aux copains !... Ceux qu'ont la dent, à vos numéros ! »

A quatre pattes et poussant ses plats devant lui, Pinard, cuiller en main, va d'un homme à un autre et distribue à chacun sa pitance. Toutes les fois qu'une balle claque sur le parapet, il la salue sans vergogne, profondément.

« Tu comprends, j'aime pas les histoires ; c'est pas mon métier d'me fout'e des coups. Et puis quoi qu'tu d'viendrais, fiston, si les Boches me f'saient du mal ?... »

Des myriades de balles ronflent, le bois s'emplit du fracas multiplié des détonations : Pinard court presque, lance ses biftecks à la volée, précipite les cuillerées de riz au fond des gamelles qu'on lui tend et, se retournant, sans s'arrêter :

« Héha ! Brémond, Bernardet, grouillez-vous, emballez ! On déménage !... Ah ! sans blague, Brémond, tu vas pas installer une revue d'détail ? T'as un sac à distributions ? Fiche tout d'dans ; on f'ra l'compte en arrivant. »

Et tous les trois, au pas gymnastique, s'élancent dans le layon, glissent sur la boue, patinent, trébuchent, s'accrochent aux branches, tombent, se relèvent et repartent, bientôt disparus dans la nuit.

Maintenant la fusillade crépite sur toute la longueur des lignes ennemies. Dans ma tranchée, à chaque instant, des hommes se soulèvent, s'agenouillent, changent de posture, dans un besoin de mouvement énervé. Un bruit de déclic soudain m'inquiète : un de mes soldats au moins a fait jouer la culasse de son arme.

« Vous v'là parti, mon lieutenant ?

— Je vais faire une ronde, Pannechon. »

La nuit est complète lorsque enfin, à peu près rassuré, je reviens auprès de lui. Aussi lourdes que la veille, les ténèbres nous collent aux yeux. Mais cette nuit, elles palpitent tout entières du fracas de la fusillade.

« I's viennent par la droite, mon lieutenant. I's veulent nous tourner.

— Pannechon, une fois pour toutes, fais-moi le plaisir de te taire. Tu n'y comprends rien : c'est la 8e que tu entends. »

Mais je sais que Pannechon a raison. Ces coups de feu aigus qui se multiplient sur notre droite, ce sont les Boches qui les tirent, de la lisière du bois ; et le son, d'instant en instant, en devient plus menaçant. C'est au point, bientôt, que la protection m'apparaît vaine du parapet contre lequel nous sommes blottis : sans doute il masque nos poitrines, mais il ne peut faire que nos deux flancs ne soient nus. Et les Boches avancent ; et nous ne pouvons ni ne voulons bouger. Qu'ils progressent encore sur les pentes, seulement un peu, leurs balles nous frapperont sans obstacle.

« I's viennent aussi par la gauche, mon lieutenant ; i's vont s'rejoindre dans l'fond, su' l'dos des copains d'la réserve ! Oh ! mon lieutenant, vous allez voir : not'e section d'en bas va nous tirer dans les reins... Prisonniers ! Zigouillés ! On est gentil.

— Tais-toi !... Tu es complètement fou. »

Prisonniers ! Est-ce que c'est possible ?... Mais que font donc les hommes de la 8e ? Ont-ils reculé ? Alors nous allons être pris... Envoyer vers eux un agent de liaison ? C'est absurde : la corvée de paille, hier, s'est perdue dans le bois endormi, prisonnière de la seule nuit.

Le jour viendra ; il fera clair encore. Mais qu'importe, à cette heure, le retour de la lumière ? Cette nuit commence à peine, et déjà les colonnes d'assaut allemandes nous étreignent : elles avancent par des layons du bois ; elles avancent par les routes de la plaine ; elles cherchent, à droite, le fond du ravin ; elles vont y pénétrer, à gauche, dès qu'elles auront enfoncé la mince ligne de défense tendue au seuil de la Woëvre... Et voici qu'elles l'ont enfoncée. Elles obliquent vers le Montgirmont. Je les entends. Elles nous tournent : des coups de feu, déjà, résonnent presque derrière nous, dont les claquements aigres nous disent assez qu'ils sont boches... Et cette 8e, là-bas, qui persiste à se taire !

Pannechon, contre moi, remue ; puis, lentement, entre ses dents et pour lui-même, il parle :

« Oh ! c'te pagaille ! Ça y est, pardi ! J'm'ai pas trompé : on est fait. C'est pas autrement qu'ça arrive... Attends seulement une minute, t'auras les balles de la 2e section dans les fesses. »

Sa détresse même, son égarement provoquent en moi une réaction bienfaisante. Je raisonne, je reprends confiance. J'évoque ceux qui veillent derrière nous. Du fond de leurs abris pleins d'eau, je le sais, toutes leurs pensées nous rejoignent dans la nuit. Et Porchon est au milieu d'eux, lui que je sais capable, pour l'avoir si fort admiré, de contraindre à la maîtrise de soi une compagnie de deux cents hommes qu'une panique nocturne affolait.

« Souesme ?

— Mon lieutenant ? »

Nous crions pour nous entendre, dans le vacarme qui nous assourdit.

« Vous allez tirer par salves !

— Par salves, bon.

— Vous ferez viser haut, vers la droite.

— Vers la droite, compris.

— Faites vite. Je vais prévenir Liège et je reviens. »

Le sergent Liège m'écoute silencieusement. Mais au moment où je le quitte, il fait un pas derrière moi, me rappelle :

« Mon lieutenant ?

— Quoi donc ?

— Est-ce que... est-ce que c'est réellement « une affaire », cette fusillade ?

— Il me semble, oui !

— Une affaire... sérieuse ?

— Elle peut le devenir.

— Ah ! bien ! Ah ! bien, dit Liège. Tant mieux ! Je suis du dernier renfort, moi. C'est ma première... Je voudrais montrer à mes hommes, vous comprenez ?... Qu'ils peuvent vraiment compter sur moi. »

Aux commandements que je vocifère, le fracas d'une salve répond autour de moi ; puis une autre salve roule, plus sourde, à notre gauche, tirée par les hommes de Liège. Et de minute en minute, désormais, une double salve part de ma tranchée, illuminant les feuilles sous nos yeux, tandis qu'une trombe de balles fauche le sous-bois, très loin.

Tout à coup, Pannechon bondit, en un élan si vif que le bout de son fusil heurte le toit d'un choc sec.

« Ah !... » dit-il.

C'est une exclamation interminable, prolongée jusqu'à bout de souffle, une vigoureuse détente physique par quoi s'exhale enfin l'angoisse dont le poids lui serrait la poitrine.

« Vous avez entendu, mon lieutenant ? »

Il ne me laisse pas le temps de répondre. Les mots se bousculent à ses lèvres :

« La 8e ! La fine 8e ! J'ai distingué les salves, deux fois. Y a pas qu'nous pour tirer dans l'bois ! Et i's n'ont pas r'culé, vous savez ! I's sont à not'e hauteur ; j'ai entendu, j'me trompe pas. »

Et comme je pose ma main sur son bras :

« J'me trompe pas, que j'vous dis ! Les Boches n'avanceront plus à droite ; j'en suis sûr... Tenez !... Vous avez entendu, c'te fois ? »

J'ai entendu. Et d'un seul coup, toute l'exubérance de Pannechon est passée en moi.

« Ah ! mon lieutenant, on r'vit ! » s'écrie-t-il.

Et c'est bien, en effet, la chaleur même de la vie qui reflue dans mon corps aux battements de mes artères. Je me sens léger incroyablement, maître de moi, de l'événement.

« Par salves... Joue... Feu ! »

La rafale est brève, nette, triomphante. Et là-bas, en écho, les fusils de la 8e nous répondent. Pannechon exulte :

« Bravo les potes ! Hein ? mon lieutenant, c'est quelqu'un, leur capitaine ? Tout à la douce, sans s'épater. Ah ! Il est là ! »

Comme muselés par notre feu, les Allemands, devant nous, se taisent. A notre droite, vers le plateau entrevu quelques heures auparavant, la nuit s'éploie, silencieuse et vaste. On n'entend plus à présent que le crépitement atténué des mitrailleuses de la plaine, et parfois les détonations assourdies de fusils français, qui doivent être ceux de notre 6e. Mes hommes s'étirent, se lèvent, détendent leurs jambes ankylosées.

« P't-êt'e qu'on va pouvoir dormir », hasarde Richomme.

— Et quoi encore ? gouaille Biloray. Tu veux un lit, pendant qu'tu y es ? Ça t'suffit pas qu'on soye tranquille ? »

Je reconnais la voix lente de Boulier :

« Si seulement c'était vrai, qu'on soye tranquille. Tu les entends pas qui r'commencent, ces cochons ? »

Des coups de vent froids, venus de l'Est, jettent vers nous des détonations nombreuses, irrégulières, qui semblent claquer déjà près. Leur trame se resserre avec une effrayante vitesse, ferme l'espace, à notre gauche, comme d'un vaste filet qui de la Woëvre rampe vers la colline, couvre son flanc et gagne vers nous, sans cesse, d'un mouvement égal et puissant. Serrés les uns contre les autres, nous écoutons avec âpreté le tumulte de ce drame invisible dont notre vie est l'enjeu, et auquel nous assistons en condamnés, rivés à ce fossé bourbeux comme si des cordes nous ligotaient.

Un demi-silence passe, qui me révèle l'immobilité poignante de mes hommes. Ces masses noires, ces petits tas d'ombre figée, ce sont eux. La fusillade se rapproche. Le ravin s'emplit d'un fracas de tempête, les coups de feu claquent dans la plaine, sur le versant, sous les arbres du bois ; ils résonnent si près, par instants, que je m'étonne de ne pas voir, dans l'ombre, les lueurs que crachent les fusils. Et mes hommes toujours prostrés, anéantis ? Allons, debout ! Encore une ronde...

Courbé sous l'entrelacs des branches, heurtant à chaque instant les piquets qui le soutiennent, je marche au long d'une tranchée qu'on dirait pleine de cadavres. Il en est que je foule aux pieds, dans les ténèbres, sans qu'une exclamation ni un geste trahisse qu'ils sont vivants. D'autres se dressent dans un sursaut dès que ma main effleure leur épaule ; et ceux-là crient d'une voix changée, telle qu'on l'a au sortir des rêves :

« Hon ! Qu'est-ce que c'est ? »

Je réponds, m'efforçant de rire :

« Eh bien ! quoi, Transon, c'est moi...

« Que fiches-tu là, Petitbru, le nez dans la boue ?

— Mais, mon lieutenant, dit Petitbru, vous n'les entendez donc pas ? Les v'là derrière. J'attends qu'i's soient là : qu'est-ce que vous voulez qu'on fasse, dans tout c'noir ? »

Et presque tous sont comme lui. Murés dans les ténèbres, collés au parapet fangeux, épuisés par une trop longue tension nerveuse, ils sont hantés par des idées fixes : la capture ou la mort par les balles. Et ils attendent, inertes, la tête cachée derrière leurs bras.

Une branche craque, presque à mes pieds. Une grande ombre surgit devant moi, en même temps que monte vers nous l'appel hésitant d'un homme égaré :

« Y a-t-il de la 7e par ici ? »

Je me lève d'un saut, tends la main :

« C'est toi, Porchon ?

— Oui. Oh !... mon vieux. »

Il tombe auprès de moi. Son épaule, appuyée à la mienne, se soulève au rythme pressé de sa respiration.

« J'ai voulu me rendre compte, dit-il. Je suis parti... Je ne savais pas... Je ne peux pas croire que je suis avec toi. »

Je serre sa main, chaude et moite de sueur sous une couche de boue froide qui s'écrase.

« Tu es tombé, n'est-ce pas ?

— Dix fois, cinquante. Je ne sais plus ; je ne sais plus rien. »

Et d'une voix lente, comme alourdie de souvenirs :

« Ecoute : tout ce qu'on a vu, tout... Cette nuit est pire. »

Il a un tressaillement profond ; puis une toux rauque le secoue, si violente qu'elle l'oblige à rester plié, les deux mains à la poitrine.

« J'ai la fièvre, dit-il ; ça ne va pas... Mon pauvre vieux, qu'est-ce que nous allons devenir ? »

Je voudrais parler ; je ne peux pas. Je serre plus fort, fraternellement, sa main brûlante. Autour de nous la nuit amoncelle ses ténèbres, toutes crépitantes de coups de feu. Nous tenons nos yeux fermés ; nous ne voulons plus écouter. A quoi bon chercher d'où ils partent, puisqu'ils flagellent chaque parcelle de l'ombre, devant nous, sur nos flancs, derrière nous, partout ? Assis l'un contre l'autre, silencieux parmi nos hommes prostrés, nous attendons, comme eux, comme attendait tout à l'heure Petitbru allongé dans une flaque de boue. Je revois sa forme immobile, et je l'entends redire, de sa voix molle d'épuisement : « J'attends, mon lieutenant, j'attends qu'i's soient là... Qu'est-ce que vous voulez qu'on fasse, dans tout c'noir ? »

Un souffle de vent passe, vif et froid. Portés par lui, d'étranges cris nous parviennent, de rauques appels pareils à des abois.

« Hein ? » dit Porchon.

Il m'a saisi le bras, se penche vers moi :

« Les Boches ?

— Oui, je crois. »

Un coup de feu cingle les ténèbres, puis quelques autres claquent dans le vent, si nets et forts qu'on les croirait tirés à bout portant.

« Ha ! ha ! dit Porchon, ils y viennent ? Eh bien ! ils vont voir ! »

Il se lève, se dresse de toute sa taille ; et, plus haut que l'immense vacarme, sa voix tonne, vigoureuse, ardente :

« Baïonnette au canon ! »

Et la nuit, aussitôt, s'anime d'un frisson vivant. Des silhouettes surgissent, serrées les unes contre les autres, confondues jusqu'à ne plus former qu'une masse longue et puissante semblable à un mur. On entend, de proche en proche, le froissement clair des lames d'acier arrachées des fourreaux, le tintement des poignées qui heurtent les embouchoirs. Porchon a un beau rire d'orgueil :

« Tous ! me dit-il ; je les ai tous ! »

Et il crie vers les hommes debout :

« Alors, quoi, vous dormiez, paresseux ? Vous voilà réveillés ? Gare les Boches ! »

Toute la force de nos hommes, toute cette force soudain et magnifiquement révélée, nous possède et nous exalte. Maintenant, d'une attention soutenue, lucide, nous écoutons la fusillade, son épaisseur, ses sursauts, ses trous.

« Plus rien vers la droite, n'est-ce pas ?

— Non, plus rien.

— Devant nous ?

— Ça vient de loin, de leurs tranchées.

— Toujours sérieux à gauche ?

— Il semble ; mais la 6e tient le coup.

— Alors derrière, dans le ravin ?

— Des isolés ; quelque patrouille qui s'est faufilée par un trou. Elle va rentrer, ou elle sera prise.

— Mais alors ?... »

La nuit s'allège. Nous respirons, étonnés et joyeux d'y voir si clair, tout à coup, dans le pêle-mêle de sensations qui nous étouffait tout à l'heure.

« On est bête », dit Porchon. Puis, à pleine voix :

« Remettez la baïonnette ! »

Un long cliquetis court sur la ligne. Les hommes reprennent leur immobilité. Mais nous sentons qu'elle n'est plus la même, que leur force reste en éveil pour avoir pris conscience d'elle-même.

« J'crois bien qu'i's s'débinent », dit Gerbeau.

La fusillade, en effet, décroît nettement vers la gauche, de plus en plus lointaine et coupée de longues pauses. Elle meurt avec des soubresauts violents, comme ceux d'un animal blessé. Le vent, cependant, a cessé de glisser dans les branches ; les grands hêtres sommeillent, et les taillis lourds de ténèbres. Il bruine.

Porchon, m'ayant serré la main, a disparu vers le layon. J'écoute, un instant, le bruit de ses pas dans la boue, le froissement des feuilles qu'il frôle. Et je m'achemine enfin vers le coin de tranchée où m'attend Pannechon, sur la litière spongieuse que nous allons partager. Il devine mon approche, m'appelle :

« Par ici, mon lieutenant, un peu plus haut. Gare au gros piquet qu'avance : j'm'ai cogné d'dans y a deux minutes... Prenez ma main. V'là vot'e couverture. Asseyez-vous... Mieux qu'ça, voyons ! »

Une pluie fine fait ruisseler les feuilles ; une froidure pénétrante nous transit.

« Bon ! dit Pannechon, v'là aut'e chose à présent. J'suis gelé, j'ai mal partout : j'ai envie d'me laisser crever.

— Qu'est-ce que tu dis ?

— La vérité, mon lieutenant, j'vous jure. C'est trop d'maux pour les mêmes, aussi ! Quante c'est pus les balles, c'est la boue, c'est la flotte, c'est l'manque de dormir ou d'manger, toujours du mal : ça fatigue à force, vous savez. Moi j'suis au bout, j'ai pus d'courage.

— Tu dis ça... Demain tu n'y penseras plus.

— Vous croyez ? Eh bien ! moi j'vous dis qu'j'en ai marre, qu'j'aime mieux n'pus vivre du tout que d'revoir une nuit comme celle-là. On en reste marqué ; on n'en guérira p't-êt'e jamais... Pus d'plaisir, pus d'gaîté, pus d'bon temps. C'est comme si on était d'venu vieux, tout d'un coup... »

Il se met à genoux, roule sa couverture sous ses bras, se couche :

« Vous n'me croyez pas, mon lieutenant ? Eh bien quand i' f'ra clair, demain, vous r'garderez ceux d'la section ; et vous l'verrez bien dans leurs yeux si ça s'montre pas, qu'ils sont vieux. »

Sa voix est changée, dure, mauvaise : une voix que je ne connais pas. Du coin sombre où il s'est caché, plus sourde et plus âpre à la fois, elle murmure dans la nuit pesante :

« On la connaît, maint'nant, la guerre... »

***

Je frotte mes paupières, des deux poings. Elles sont lourdes : deux couvercles de plomb qui retombent sur mes yeux, sans cesse...

« Mon lieutenant ! Mon lieutenant !

— Hein ?... Mais c'est Vauthier ! »

Dans la pénombre de l'ombre, l'agent de liaison m'apparaît, accroupi, la tête penchée vers moi. Je fais un bond.

« La relève ?

— Oui, mon lieutenant. Elle est là. »

Sapristi de sapristi !... J'ai dormi.

« Tu as prévenu les sergents ?

— Que oui ! Tout l'monde s'équipe déjà. »

Pannechon, debout, le dos courbé sous l'auvent de feuilles, boucle son sac en bâillant. Il fait un pas pour sortir, titube et se cramponne à la tige d'un noisetier.

« Mince alors ! Si j'en écrasais ! Mes guibolles, c'est d'la flanelle. »

Notre marche est pénible, par le sentier à pic. L'argile détrempée est plus glissante que du verglas. Mais nous descendons vite, nous faufilant à travers les troncs d'arbres, éveillant à notre passage un bruissement continu de feuilles mortes. Nous pataugeons dans les ruisseaux d'en bas, nous hissons sur la contre-pente, tiraillés par le poids des sacs, avec le cou de collier des bêtes de somme.

« Halte ! Repos une minute ! »

A la lisière du bois, au pied du Montgirmont affaissé, nos hommes se groupent et reprennent haleine. Ils se taisent, épuisés à fond. Quelques-uns, le fusil dressé dans leur dos, appuient leur sac sur le bout du canon pour soulager leurs épaules. Ils ont, bientôt, de bizarres oscillations de tout le corps, un balancement très lent coupé de brusques sursauts : ils dorment.

« En avant ! »

L'argile de ces champs colle à nos semelles, enveloppe nos souliers, peu à peu, d'une gangue énorme qui nous retient au sol. Mais des balles, sifflant par-dessus le ravin, viennent claquer autour de nous, faisant jaillir la boue des flaques. Notre allure s'accélère, les sections s'étirent par les mornes friches, louvoyant à travers les trous d'obus emplis d'eau croupissante. Les bois, derrière nous, dressent toujours leur masse lourde, toute noire à cette heure sur le ciel blanchâtre. On croirait qu'ils nous suivent, tant nous obsèdent encore les affres de la nuit passée. A notre droite, le Montgirmont étale ses pentes désolées, où des lignes d'arbres rabougris grelottent. A notre gauche, la crête chauve des Eparges s'estompe dans une poussière d'eau. Et les deux collines maussades, les bois sombres, le ciel bas sur nos têtes, sous nos pieds la glaise tenace, toute cette tristesse des choses nous envahit, nous oppresse, ne laisse plus en nous que la fade sensation d'une lassitude inguérissable.

« Tiens ! dit Vauthier, une route. »

Les clous des talons sonnent sur les cailloux. Les hommes, à grands coups de pieds lancés dans le vide, détachent les mottes de boue collées à leurs semelles.

« A toi celle-là ! » crie Gaubert.

Un énorme paquet gluant s'envole du bout de son soulier, passe très haut par-dessus les têtes, et va s'aplatir pesamment sur la gamelle de Compain.

« Touche ! » dit Gaubert.

Et toute l'escouade éclate de rire.

Nous venons d'entrer dans une vallée ou flotte une brume d'un gris très doux. Elle dérive sur les prés, vers le Sud, roulant ses masses cotonneuses entre les hauteurs boisées dont les crêtes émergent dans une fine lumière d'argent. Nous longeons des vergers clos de treillages ; des maisons apparaissent, maisons meusiennes aux toits de tuiles plats.

« Chic ! Un patelin !... C'est ça, les Eparges ?

— Pas tellement amoché : l'clocher est resté d'bout.

— Dis, t'as vu l'capitaine Rive ? Il était cont'e la p'tite croix en pierre. I' buvait du lait ; un grand bol plein.

— C'est bon, du lait. »

Pannechon, devant moi, marche d'un pas relevé. Sa tête vire, ses yeux furètent. Le voici qui s'arrête court. Qu'est-ce qu'il a repéré ? En une seconde, il a fait glisser le long de son bras la bretelle de son fusil, a jeté l'arme aux mains de Vauthier. Je le vois maintenant qui secoue avec frénésie un petit arbre tors, et tend le dos sous une grêle de fruits violets.

« Eh ! grand, fais passer ta musette ! Y en a ! Y en a ! »

Les hommes quittent les rangs, se précipitent vers les quetschiers plantés au bord de la route. Bientôt, au tronc de chaque arbre, il y a un soldat qui se cramponne des deux mains, et secoue, et fait pleuvoir les prunes sur les reins des camarades agenouillés. Les musettes se gonflent, les gamelles débordent; et lorsque les hommes se relèvent, les vastes poches cousues aux basques de leurs capotes viennent battre leurs jarrets à grands coups.

« A vos places ! Biloray, Transon ! C'est assez !

Ils rejoignent, des poignées de quetsches aux mains, les joues bosselées, les yeux éclaircis de gaieté.

« Tu comprends, dit Compain à son voisin Gerbeau, faut pas qu'on aille trop fort. V'là les nuages qui lèvent et l'brouillard qui tourne en eau. On voit d'loin ; et y a des Boches, là-bas. »

Gerbeau s'esclaffe :

« Y a des Boches ? Et après ? Tu vas pas nous faire peur, j'suppose ?... »

Nous abordons l'autre versant de la vallée. Un chemin encaissé nous accueille. Les hommes, au moment de s'engager entre les hauts talus, se retournent presque tous pour jeter un dernier regard vers les crêtes ennemies : elles s'allongent par delà le Longeau bordé de saules, dominant les maisons des Eparges aplaties au milieu des prés. Les talus s'élèvent encore ; nous sommes entre eux, maintenant, comme des perdreaux au creux d'un sillon. Le ciel dégagé recule au-dessus de nous ; et devant nous la forêt d'Amblonville offre le sûr refuge de sa hêtraie.

« Si on chantait ? propose Pinet. A toi Rolland, la voix d'or !

— On peut, mon lieutenant ? demande Rolland.

— On peut.

Et Rolland, rejetant son képi sur sa nuque, entonne à pleins poumons la chanson du *Beau Meunier :*

Là-haut sur la colline
Y a un joli moulin.

Mais le bruit d'un trot précipité retentit. Une voix s'écrie, entrecoupée par l'essoufflement :

« J'vas-t-y rattraper... nom d'un nom ?... En v'là une allure !.. Hé ! Vauthier !... Aboule mon flingue... grande quille ! »

Pannechon surgit à mon côté, les joues enflammées, les yeux pétillants, les cheveux envolés sous le képi de travers. Une musette pleine de quetsches rebondit sur son ventre ; une autre sautille sur ses fesses ; sa bouche trop pleine laisse couler par le coin des lèvres deux filets de jus sirupeux.

« Fameuses, les prunes ! mon lieutenant. On dirait du miel... Mais c'qu'i's allongent, les copains !

— C'est qu'ils savent où nous allons.

— A la Calonne ?

— Oui, au carrefour.

— Oh ! bath ! Y a des cagnas pleines de paille sèche ! On n'se lèvera qu'pour la soupe. Et alors qu'est-ce qu'on s'enverra ! Du bouillon chaud, du vrai bœuf en place de singe, des patates en place de riz, et aussi... d'vinez ! »

Le visage de Pannechon rayonne d'une gaieté enfantine. Il me regarde en dessous, les yeux bridés de petites rides cocasses.

« Des confitures !

— Non ? »

Je n'ai pas voulu le décevoir. J'ai haussé les sourcils, écarquillé les yeux dans une expression d'ébahissement bien jouée.

« Si mon lieutenant ! Des confitures de prunes ! Des pleins *bouteillons !* Et si y a du sucre aux distribes, oh ! alors, alors !... »

J'ai eu cette fois un sourire qui l'a intrigué tout à coup.

« Pourquoi qu'vous riez comme ça, mon lieutenant ?

— Je me disais, Pannechon, que tu avais changé d'avis.

— Pourquoi qu'vous vous disiez ça, mon lieutenant ?

— Eh bien, voyons... La nuit dernière ? »

Il rougit et, penaud, se gratte la tempe du bout de l'index. Un long moment, il va sans desserrer les lèvres, le regard perdu devant lui. Un faux pas le jette contre moi, l'arrache net à sa rêverie. Il se remet d'aplomb, me regarde.

— Oui, c'est vrai : j'ai changé d'avis. Voulez-vous que j'vous explique ?... Mais faut m'promettre avant de n'point causer, pa'ce qu'alors j'essayerais même pas : vous m'feriez dire encore c'que j'veux pas. C'est promis ?

— C'est promis.

— Eh bien, la guerre, voyez-vous, c'est pas si simple qu'on aurait cru d'abord. Y a d'tout, dans la guerre. Y a du bon, et y a du mauvais. Y a surtout du mauvais, mais y a des fois du bon. Seulement... Vous m'écoutez bien ?

— Mais oui, je t'écoute.

— Seulement l'mauvais, à la guerre, c'est du mauvais d'première, du terrible. Alors voilà : entre deux sales moments, exemple entre un coup d'chien et deux nuits sous la flotte, v'là un p'tit peu d'bon qui s'glisse, un rien d'bonheur qui montre le bout d'son nez... Mais, mon lieutenant, vous savez aussi bien qu'moi c'qui s'passe ! On l'a pas sitôt vu qu'on court à lui, qu'on s'jette dessus.... Ah ! Personne n'est difficile chez nous. Qu'est-ce que ça fait, qu'on soye content de rien, pourvu d'abord qu'on soye content ?

— Mais Pannechon, c'est là justement un des secrets de notre force : avec de toutes petites joies, nous savons faire du bonheur.

— Vous dites bien ça, mon lieutenant. Alors, quand on a eu mal jusqu'à descendre au fond d'son courage, comme des fois, comme la nuit dernière, suffit d'une miette de joie pour nous r'donner goût à la vie. Est-ce qu'on a tellement d'force qu'on aye le droit d'la gaspiller ? On n'est qu'des hommes, n'est-ce pas, mon lieutenant ? »

IV

LE CARREFOUR DE CALONNE

20-21 octobre.

« Peux-tu te persuader, dit Porchon, que la fusillade de cette nuit ne nous ait tué que Vennecy ?... J'ai bien cru, presque jusqu'au jour, que je laisserais là-bas la moitié de mes hommes.

— Petitbru, à ma section, disait : tous.

— Et tous reviennent !... C'est à peine concevable. »

Un arrêt bloque la colonne. Les sections piétinent sur place, tassées les unes contre les autres. Le brouhaha des voix, au-dessus d'elles, s'enfle peu à peu.

« Bonjour, jeunes gens.

— Bonjour, Prêtre. Ça va ?

— Oui, on respire.

— Et Marnier ?

Le lieutenant hausse doucement les épaules. Son regard, sec à l'ordinaire, s'embrume.

« Marnier ? Nous l'avons laissé là-bas...

— Tué ?

— Une balle en plein front. Les Boches avançaient dans le noir. Lui cherchait à voir, la tête haussée par-dessus le parapet. Et il est tombé sur ses hommes, sans même avoir poussé un cri.

— Son corps ?

— Nous l'avons, puisqu'on a tenu. Il aura du moins un cercueil. »

Un ordre brusque nous sépare. Et la marche reprend, sous la pluie persistante. Les pieds pataugent sur la route liquéfiée d'où émergent des bosses caillouteuses, pareilles aux flancs des bêtes noyées que charrient les fleuves en crue. Sur les souliers, les guêtres, les pantalons, la boue qui jaillit met un badigeon pâteux. Les pans de capotes se frangent du même enduit jaunâtre et battent les mollets, à chaque pas, de leur pesanteur gluante.

« La 7e s'arrête là, mon lieutenant. »

Presle indique de la main une longue tranchée-abri, que la chaussée coupe en deux. Des feuillages détrempés la couvrent. Sur la paille éparse au fond, des gouttières pressées tombent et ruissellent.

« T'as vu ça ? » dit Pinet.

Gerbeau, la bouche amère et les joues tremblotantes, bégaye :

« Ça...a va guérir mes rhu...humatisses. »

Et Butrel, l'ancien légionnaire, plus blême encore que de coutume, ses prunelles bleues soudain noircies, lance son sac à la volée sur la litière de fumier :

« Ah ! mocherie ! Malade ou pas malade, demain matin j'aurai les fièvres. »

La cagna de Davril étale à fleur de terre un toit de pierres plates, des calcaires dont la blancheur inscrit un îlot de clarté sur l'immensité brune des feuilles mortes. Déjà, dans leurs interstices, quelques graminées ont poussé, de chétives herbes folles, tendrement vertes sous les grands arbres nus.

« Allons, entrez ! invite Davril. C'est l'intérieur qu'il faut voir. »

Nous nous courbons derrière lui, frottant nos manches aux parois de l'escalier, quatre marches raides entaillées à pic, en vigueur. Davril me prend par le bras :

« Assieds-toi là, à gauche, sur la paille. On peut tenir quatre là-dedans, et à l'aise, pourvu qu'on se place astucieusement... Tu y es ? Pousse-toi un peu : je te rejoins. »

L'épaisse litière bruit sous l'affalement de tous ses membres. Dans la fumée, à hauteur de ma tête, je vois son visage d'enfant, au teint rose ombré de duvet blond, que virilise à peine le nez robuste, busqué du haut et ponctué d'éphélides.

« Toi, Porchon, tu as une bille de bois pour t'asseoir ; un siège épatant. Ne tourne pas comme ça, voyons ! Tu butes dedans.

— Mais on n'y voit rien, chez toi ! »

Une épaisse fumée blanche monte mollement contre les parois, vers un trou ménagé entre les rondins et les pierres. Des coups de vent la rabattent sur nous, qui suffoquons et larmoyons. Enfin des pétillements crépitent. L'âtre fumeux s'emplit d'une lueur diffuse. Une courte flamme, soudain dardée, s'épanouit d'un seul coup, si haute et resplendissante que l'abri tout entier rayonne de sa chaude clarté.

« Pristi ! s'exclame Porchon. C'est bon tout de même !

— Alors, Ravaud ne viendra pas ? demande Davril.

— Non, mon vieux ; il est malade. Son peloton est sur la Calonne, direction Verdun. J'en arrive : tranchées vaseuses, pleines de feuilles pourries. Il grelottait, couché au fond.

— Et il a refusé de venir se chauffer ?

— Obstinément.

— Mais c'est une mule !

— Bah ! Il avait envie d'être seul : une crise de noir. Le cafard règne beaucoup, depuis quinze jours. »

De gros souliers, dehors, raclent les marches. Une silhouette bouche la porte, et dans la lumière du feu le visage du cuisinier Sylvandre apparaît, gras et mou sous la peau brune. L'échine courbée, il écarquille les paupières sur ses étranges prunelles, veloutées et vides de regard, et il tortille la double touffe de poils noirs que sépare, au milieu du menton, l'entaille d'une fossette profonde.

« Le dîner est prêt ?

— Ça va y être.

— Le menu ?

— Pépère, mon lieutenant ! Du faux-filet, quéqu'chose de délicat, d'la viande que j'aurais pas hésité à payer trente sous la livre, quante j'étais à mon compte...

— Et après ?

— Des nouilles. Pas des coquilles, hein ! Des fines. Et j'ai râpé d'sus un bon quart de gruyère... Laissez faire, avec moi vous s'rez bien nourri. »

Il se retourne pour sortir ; et, dans le temps qu'il passe sous la porte, il nous montre, sous sa courte veste, un revers énorme et plein sur quoi se tend à craquer le drap rouge de son pantalon.

Il fait tiède, à présent, dans la maison de notre camarade. Au bout des radicelles mises à nu par le pic, des gouttes d'eau tremblent, diamantines.

« V'là l'rôti, annonce Sylvandre. J'ai piqué des p'tits bouts d'lard dedans, pour qu'i' soye moins sec : c'est l'danger, avec c'te viande-là. »

Davril, près de moi, s'est mis à l'aise : il a retiré ses brodequins de marche, au cuir raidi par l'eau et la boue, et sorti de son sac des chaussons de feutre noir.

« Voyez-moi ça, dit-il avec son sourire d'enfant. Si ça peut être souple et chaud !... »

Il s'interrompt, s'empourpre jusqu'au bout des oreilles :

« Oui, je suis plutôt mufle... Ça s'explique : j'arrive de l'arrière... Et j'ai été un petit peu oublié.

— Surtout, vieux, tu n'as pas tout connu. Sans reproche... Tu as été amoché à Sommaisne, n'est-ce pas, le 6 septembre ? Tu n'as donc pas vu Rembercourt, la Vauxmarie, ni le bois d'Haumont, ni le Loclont, ni le reste, les marmitages, la flotte, la gadoue, les boules moisies et les raves crues... Alors tu ne peux pas savoir ce que pèse, certains soirs, la masse de ces souvenirs... Et puis surtout, lorsqu'ils reviennent, ils ne sont jamais, jamais seuls : les regrets pèsent avec eux. Alors on est vaincu d'avance. Il n'y a qu'une chose à faire : se cacher, comme s'est caché Ravaud tout à l'heure, et puis s'efforcer de dormir, en souhaitant d'être libre au réveil. »

— Crois-tu donc, me répond Davril, que je n'ai rien soupçonné de ces choses ? Mille détails, que vous ne perceviez plus pour vous être habitués à eux, me donnaient, à moi, un choc au cœur : le dos voûté d'un homme que j'avais connu droit et fort ; le regard que je surprenais, vers mes vêtements neufs, d'un pauvre diable qui grelottait dans sa capote élimée par l'usure... Depuis six jours que je vous ai rejoints, j'ai honte de tout le bien-être dont j'ai joui ces dernières semaines ; et je l'avais gagné, pourtant, par une blessure reçue au combat !... Mon excuse, c'est de vous être revenu en hâte, de reprendre à peine guéri ma vraie place au milieu de vous, dans le rang...

« Et je n'ai pas besoin de vous dire, ajoute Davril avec un affectueux sourire, que je suis bien content de vous avoir retrouvés. »

Il s'est à peine tu qu'un tintamarre de chaudronnerie attire nos yeux vers le seuil. La voix de Sylvandre, geignarde et comique, retentit dans les ténèbres du dehors :

« Ah ! mince !... Ah ! bon sang !... Ah ! c'gadin ! »

Nous l'entendons qui se relève, ronchonnant :

« Où qu'il est, c' bouteillon ? Où qu'il est, c't enfant d' cochon ? »

Lamentable, il nous appelle à l'aide :

« Sortez-moi de d'là, dites... J'ai tombé. J'ai perdu les nouilles ! »

A la lueur d'une bougie nous l'avons découvert, coincé dans l'escalier trop étroit pour sa corpulence. Le bouthéon, échoué sur le flanc, laissait couler sur le terreau la blancheur molle des nouilles au gruyère.

« Veine ! a crié Sylvandre. Il est pas tombé cul sur tête ! »

En un clin d'œil, d'un revers de main décisif, il a raflé la gluante tartine, l'a refoulée dans l'ustensile qu'il a brandi triomphalement vers nous :

« Aux nouilles ! Aux nouilles ! Y a rien d'perdu ! »

⁂

« Mande pardon, mon lieutenant ; on est si serré là-d'dans qu'on sait pus où poser ses grolles. »

C'est Chapelle, l'agent de liaison, qui vient de se lever, et qui, dans l'ombre, a marché sur moi. Je l'entends qui secoue la claie dont notre porte est bouchée, cherchant à l'arracher pour sortir. Elle cède tout d'un coup, et par l'ouverture béante la lumière du jour afflue, blanche et froide, dans la hutte. Des corps bougent sous les couvertures ; et des têtes, l'une après l'autre, émergent.

« Bonjour, mon lieutenant ! »

Voici le franc visage de Vauthier. Ses grands yeux bruns sourient et sa bouche presque imberbe, où s'entrevoit l'éclat sain des dents.

« Bonjour, mon lieutenant ! »

Voici la barbe noire et crépue de Putteman, le fourrier ; et le toupet jaune de Viollet ; et le nez rouge de Raynaud.

« Bonjour, toi ! »

Le dernier, Porchon ouvre les yeux. Il s'assied d'une secousse, allonge le bras pour saisir son képi accroché au-dessus de sa tête, s'en coiffe, et, relevant sur ses oreilles le col de sa capote :

« On sort ? »

Une humidité glaciale flotte dans l'air. Il traîne à fleur de terre un brouillard fin, exhalé des feuilles détrempées sur quoi bruit doucement la pluie lente qui coule des arbres. Tous les hommes, déjà, ont quitté la tranchée-abri ; on voit leurs capotes sombres errer entre les troncs des hêtres.

Pannechon, m'apercevant de loin, accourt à ma rencontre. Il a les paupières bouffies de mauvais sommeil ; des brins de paille restent accrochés aux franges de son cache-nez.

« Bien dormi, à la compagnie ?

— Ah ! mon lieutenant, j'mentirais si j'vous disais oui. On a mouillé. Y a des malades...

— Qui donc ?

— Ben, Giraudoux. Il a toussé creux toute la nuit. L'major a dit qu'il avait une mauvaise bronchite... Pour Gillet, paraît qu'i' craint la typhoïde... Et y a aussi Butrel... T'nez, justement, v'là les brancardiers qui l'sortent. »

Sur la toile bise de la civière, le mince visage de Butrel semble avoir maigri encore. La peau colle aux pommettes, uniformément jaune, sauf aux paupières où s'écrase une épaisse teinte bistre.

« Vous me r'gardez, mon lieutenant, dit-il. Voulez-vous parier que j'devine c'que vous pensez ?... Vous vous rappelez qu'j'ai roussé, en arrivant ici hier. Alors vous vous dites : « Cette vieille frappe de Butrel a fait cinq ans à la Légion ; et les combines, elle les a toutes dans sa musette... Alors vous pensez que j'me suis maquillé pâle et qu'j'ai d'mandé un billet pour Nice... »

Il serre les mâchoires pour réprimer un frisson. Et, avec un sourire exténué :

« Faut pas, mon lieutenant. Ça m'dégoûterait qu'vous pensiez ça. J'vous donne ma parole que si j'ai la gueule jaune, y a pas d'acide picrique dans le coup... Vous m'croyez, hein ? »

Je serre sa main, qu'il a sortie pour me la tendre de l'enveloppement des couvertures.

« Avant d'partir, mon lieutenant, j'voulais encore vous dire que j'me laisserai pas évacuer. J'attendrai au poste de s'cours que l'accès soye fini, sept ou huit jours pour le plus... Après, vous me r'verrez, sans rab. »

Les porteurs n'ont pas atteint la route que j'entends la voix de Porchon, me hélant au seuil du gourbi :

« Amène-toi, vite !... Ordre venu du régiment : fais équiper tes hommes tout de suite. Rassemble-les où tu voudras, sous les arbres. Et une heure d'école de section, maniement d'armes et formations, en attendant la soupe.

— Non ?

— Une heure. Je t'ai transmis l'ordre. »

J'ai donc fait équiper mes hommes. Ils s'alignent, devant moi. Ils me regardent. Qu'est-ce qu'ils pensent ?

« Fixe ! »

Où sommes-nous ? Là-bas pourtant sont les Eparges, où nous étions hier, dans un bois. Les coups de feu claquaient, crépitaient ; les balles ronflaient, sifflaient, frappaient. Cela a duré toute la nuit, dans les ténèbres gluantes. Et puis il a plu, des heures, sur nos reins.

« A genou !... »

« Debout ! »

On se plaint, là-bas. On me parle.

« Qu'est-ce que tu dis, Gerbeau ?

— J'peux... j'peux pus, mon lieutenant.

— C'est bon. Va te reposer. »

Il s'en va, plié en deux, soulevant ses pieds rhumatisants comme s'ils étaient chaussés de plomb.

« Garde à vous ! »

Un sursaut mou passe dans les rangs. Mes hommes, de nouveau, tous mes hommes me regardent.

« L'arme sur l'épaule... oite ! »

Les fusils, au-dessus des têtes, oscillent et penchent. Des souvenirs de caserne hantent ma mémoire, des vociférations de chien de quartier : Au temps, ça ne vaut rien !... Voir un éclair !... Péter les bretelles !...

Nous faisons du maniement d'armes. Il y en a pour une heure.

Mais moi, qui commande cela, comment pourrais-je ne pas voir, au fond de tous ces yeux, un muet et poignant reproche ? Comme ils sont las ! Leurs corps fléchissent, s'affaissent. Il semble que la terre les attire, les appelle irrésistiblement. Les Eparges, la nuit, les balles, la pluie, la boue, la longue veille... Tant de fatigues !

Encore trois quarts d'heure d'exercice.

« Montre-moi tes mains », dit Porchon.

Je les lui tends, les paumes en dessus.

« C'est bien ce que je pensais : dégoûtantes... Retourne. »

J'obéis, docile et amusé.

« Ces ongles ! Ces ongles ! Mais tu devrais rougir ! »

Où diable veut-il en venir ? Et quel est l'effet qu'il prépare ? Je cherche des yeux ses mains, à lui, m'aperçois qu'il les tient cachées dans ses poches ; et je m'écrie :

« Tu t'es lavé ?

— Mon vieux, tu as mis le temps à t'en apercevoir. J'aurais cru que ça se voyait davantage. Tiens ! »

Ses mains apparaissent, ensemble, d'un rouge frais qui sent encore l'eau froide.

« Les pattes, le museau, le crâne, les dents, les abatis ! J'ai tout brossé, rincé, décrassé ! Je renais, mon vieux, je renais !

— Mais comment ?...

— Ne cherche pas : j'arrive de Mouilly. Tu connais le chemin, n'est-ce pas ? Alors... »

J'ai bondi dans la cagna, arraché de mon sac une serviette, roulé dedans, pêle-mêle, les débris d'une trousse de toilette ; et, quelques secondes plus tard, je trotte vers le village familier.

Déjà la lisière ? J'ai marché d'un bon train. Je reconnais à droite, parsemée de sapins rabougris, la triste lande que les 77 éclaboussent chaque jour. A gauche, par delà des champs inclinés où pourrissent on ne sait quels vestiges de récoltes, la côte de Senoux étire son roide profil, adouci par la houle des bois.

Les souvenirs se lèvent sous chacun de mes pas. Cette tranchée vide, au bord de la route, nous l'avons occupée après une longue marche incertaine, exténuante, dans la nuit du 24 au 25 septembre. Nous venions de nous battre, et nos têtes bourdonnaient encore d'un rude vacarme.

Et ces tombes ! Voici celle des trois artilleurs, spacieuse, bordée de pierres blanches, jonchée de rameaux de houx. Et voici celle des fantassins, toute petite, évoquant, sous l'étroite levée d'humus, la forme du corps replié sur lui-même, écrasé peu à peu par la poussée des terres. Il en est dont l'humble croix a disparu, déjà : on l'avait faite de deux branches cassées, assemblées comme on avait pu, avec un clou arraché du soulier, un brin d'osier, une ficelle... Cela ne tenait pas ; le clou a rouillé et le bois s'est fendu ; la pluie est tombée si longtemps que le lien pourri a cédé. Il n'y a plus de croix. Et c'est le mois dernier, seulement le mois dernier, que la guerre a touché ces campagnes !

La lumière est charmante aujourd'hui, légère, fluide. Les ornières de la route, encore pleines d'eau de pluie, font devant moi de longs traits de clarté. Blanches, au-dessus de l'horizon proche, des fumées montent, qui annoncent le village caché au pli de la vallée. Bientôt j'aperçois le coq du clocher, puis le capuchon de zinc du toit. Enfin la route plonge brusquement et je vois Mouilly à mes pieds.

Les maisons blanches, les maisons bleues détachent leurs couleurs sur le vert jauni des prés. Quelques brèches noires ouvertes dans les murs, quelques trous béants dans les tuiles rappellent, malgré qu'on en ait, les rafales d'obus qui ont croulé sur ces demeures. Mais la fine transparence de l'air pose comme un oubli sur ces mutilations des choses. On les voit encore ; elles ne saignent plus ; il semble que le village, comme un blessé pansé, ne souffre plus.

Et la vie des hommes y fourmille, à cette heure où pas un avion ne rôde. Sur la place, au long des rues, des pygmées rouges et bleus vont et viennent, se croisent, s'abordent, forment des groupes qui bientôt se disloquent. Une escouade de corvée passe, alignant ses quatre rangs minces où scintille le métal des « campements ». Je ne puis m'attarder: ma montre marque trois heures déjà. Je croise, dans le village, beaucoup de soldats inconnus. Ils s'interpellent avec l'accent chantant des gars de Provence. Les voici devenus, jour à jour, les hôtes familiers des maisons meusiennes. Leurs yeux noirs, leur peau ensoleillée n'étonnent plus sous ce ciel frileux.

« Alors, vous aussi, mon lieutenant ? »

Souesme, familier, m'interpelle au passage. Il remonte du lavoir, avec un détachement d'une vingtaine d'hommes. Et je rencontre encore Gervais, Bernard, escortant chacun une petite troupe de poilus frais lavés, la serviette sous le bras ou pendant à demi hors de la poche du pantalon.

Voici, à gauche, la route de Saint-Rémy. C'est par là qu'est *la* maison, celle dont Pannechon et Viollet furent un jour les ménagères, celle où je passai avec eux, il y a maintenant trois semaines, tout un après-midi de paix.

Je la vois de loin, façade blanche entre deux façades grises. Un trou d'obus, devant elle, a fait sauter un pan de route ; mais le mur est resté debout, solide, égratigné à peine. La grange est ouverte. J'entrevois au passage, dans la pénombre, la croupe baie d'un cheval; un autre, tourné vers la route, montre ses naseaux blancs et ses grands yeux d'un noir très doux. Je pousse la porte. Je suis chez moi.

Pas seul. Deux chasseurs se sont levés à mon entrée. Ils me saluent, leur pipe dans la main gauche.

« Bon ! bon ! ne vous occupez pas... Je connais. »

La table ronde est là, devant moi ; plus loin, dans le coin à droite, le lit aux rideaux d'indienne rouge ; au pied du lit, la huche brillante de cuivres. Mais quel désordre ! La couette boueuse a glissé sur le plancher, la paillasse aplatie s'affaisse jusqu'au cadre du lit. Sur la table, des piles de plats graisseux, d'assiettes souillées trônent sur un peuple de verres suspects, bruns de marc de café ou cerclés de violet par le vin pâteux des distributions. Des croûtes de pain traînent à terre, grises de poussière, des mégots innombrables parmi des fonds de pipe écrasés... Pannechon, mon vieux Pannechon, que dirais-tu, si tu voyais comme ils ont « cochonné » ta maison !

« Ça n'est pas bien propre, mon lieutenant, me dit un des chasseurs. Mais que voulez-vous ! Il vient trop de monde ici. »

Il se tient devant moi, petit, blond et fin.

« Y a une douzaine de cuistots là derrière. Et des gensses du Midi, guère soigneux...

— Et alors ? chante une voix ; tu lui bourres le crâne, au lieutenant ? »

Au seuil de la porte basse qui donne accès vers la pièce voisine, quelqu'un vient d'apparaître, courbant la tête sous le cintre : un gaillard à la face de forban, tannée, recuite, où brûlent d'ardents yeux noirs sous la terrible barre des sourcils. Le chasseur fluet s'est retourné. Les mains au fond des poches, l'air à la fois cordial et goguenard, il toise d'en bas le géant.

« Ho ! Labeille ! Tu écoutes aux portes, il paraît ?

— Et alors ? redit l'autre. Pour qui me prends-tu ? Je venais surveiller ma tammbouille, fa-ce d'ail ! »

La main protégée d'un chiffon, il décroche la lourde marmite d'un tout petit effort d'épaule et, soulevant le couvercle, il inspecte de près, avec une attention profonde, l'écume grise où crèvent des bulles. Cependant, il me prend à témoin :

« C'est vrai, aussi, mon lieutenant ! Ces gonzes, figurez-vous, parce qu'ils ont un bourringne entre les guibôlles, les voilà qui ont tout invannté ! Ils ont des bôttes bieng cirées ; ils sont gras et rozes ; ils senntent bong ! Et le povre fantasseigne qui a tout le mal de la guerre, ils l'écrrasent !... Au lieu qu'ils devraient se mettre à genoux devant lui et lui balanncer l'encensoir ! »

Il continue longtemps, s'essouffle, appelle enfin toute la cuistance à la rescousse. Mais le chasseur prend les devants, franchit d'un saut la porte basse et plonge au cœur du parti adverse.

Pendant que je pompe à tour de bras, j'entends le tumulte de la discussion, des éclats de voix, des *millédious !* assenés à la fin des phrases, des coups de poing sur le bois des tables ; puis, presque sans transition, des rires, des invectives cordiales : « Ah ! le drolle !... Ah ! le coquingne !... » Et le chasseur réapparaît, les yeux pétillants de gaîté. Une voix traînante et placide l'accueille :

« Alors, brigadier ? »

C'est l'autre chasseur qui nous rappelle sa présence. Pendant tout le temps qu'a duré la scène, il est resté planté près de la porte, engoncé dans son gros manteau bleu, si rigoureusement immobile que nous n'avions pris garde à lui plus qu'à la table ou aux chaises.

« Alors quoi ?

— C'est tout c'que vous aviez à m'dire ?

— Mais oui ! Mais oui ! En selle tout de suite ! Tu devrais être déjà revenu !... Aller à la Calonne, remettre ton pli et rentrer, tu en as pour trois quarts d'heure au plus. Allume ! »

Je n'ai pas, cependant, gaspillé les minutes. J'ai pompé un plein seau d'eau, que j'ai tiédie, en y versant une casserolée bouillante. Les pieds nus dans une grande bassine, le torse nu, le crâne écumeux de mousse blanche, le poing armé d'une brosse dure, je me frictionne avec une frénésie redoutable pour mon épiderme.

« C'est agréable, mon lieutenant, de se laver son saoul ?

— Je vous crois ! Encore plus quand on a perdu l'habitude.

— Tellement ?

— Vous le savez bien.

— Oh ! nous, ça n'est pas la même chose. Voilà un mois que nous cantonnons à Sommedieue... Le copain et moi, nous sommes de service pour la première fois. »

Je considère cet homme avec stupeur. Même, une seconde, je doute s'il m'a menti.

« Toutes ces tranchées une fois creusées, reprend-il, nos reconnaissances n'étaient plus de saison. Et nos chevaux !... Beaucoup crevés, ceux qui restaient fourbus. Alors on les a mis au vert... et nous avec.

— A Sommedieue dites-vous ? Combien d'habitants dans ce patelin-là ? Deux cents ? Trois cents ?

— Pensez-vous ! Douze à quatorze. Des boutiques, des épiceries, deux coiffeurs, des débits à la dizaine, un paradis ! Tout à la douce, on y a pris ses habitudes. Aujourd'hui, ceux de l'escadron qui ne couchent pas chaque nuit dans un pieu méritent de ne pas y coucher de leur vie ; et il y en a qui ne couchent pas seuls, vous pouvez m'en croire... Le colo le sait bien d'ailleurs, et même il n'en est pas peu fier... En attendant, on fait du lard, on s'arrange pour être en forme le jour où vous les aurez enfoncés. Mais ce jour-là !... »

J'ai pris sur moi et tâché de sourire, ne voulant pas que cet homme pût me soupçonner d'être envieux. Mais son récit m'a bouleversé. Ses joues roses m'agacent, son bonnet de police désinvolte, ses houseaux vierges de boue. En cet instant, je mesure les rancunes des pauvres.

« Tout de même, lui dis-je, ne racontez pas trop vos bonnes fortunes aux fantassins. Rappelez-vous le grand cuistot d'à côté.

— Cet homme-là ? Mais c'est un agneau ! Et les autres du pareil au même. Vous avez entendu ce qu'ils me cassaient, tout à l'heure ?... Eh bien ! en cinq minutes je les ai tous retournés. Rien qu'en disant la vérité : « Qui a toute la peine de la guerre ? — Le fantassin. — Qui souffre, risque, écope le plus ? — Le fantassin, le fantassin ! » Et voilà : ils étaient contents. Comme dit l'autre, je leur avais balancé l'encensoir... Et de bon cœur, mon lieutenant, je vous jure. »

Il me sourit, avec une gentillesse que l'on sent spontanée et sincère. Les joues fraîches, son calot incliné coiffant crânement ses cheveux blonds, il est et je le trouve charmant, le jeune brigadier de chasseurs.

« Mé v'là ! » dit l'estafette qui rentre.

Elle va droit à la cheminée, et tend vers la flambée ses deux mains entr'ouvertes. Sur son dos, son manteau fume à la chaleur de l'âtre; et la joie du bon gîte retrouvé peu à peu épanouit sa face.

« Si on m' donnait un poulet rôti, dit cet homme, ça n' s'rait sûrement pas lui qui m' boufferait. »

Il rit tout seul, à fond de gorge :

« Dame ! V'là tantôt l' quart avant cinq heures. I' fait déjà brun dehors. »

C'est vrai, le soir descend. Il assombrit l'herbe des prés, éclaboussés de trous d'obus pareils à de gros pâtés d'encre. Il faut rentrer, rallier en hâte le carrefour, nos huttes de branches et de terre... Adieu, la maison de Mouilly !

Une bise aigre frôle l'échine du plateau, où les chaumes se hérissent comme si la terre frissonnait. A travers l'espace désert, la route file à perte de vue, trouée de flaques pâles où s'attarde la lumière. Je me hâte, oppressé par tant de solitude. Les clous de mes souliers, parfois, crissent contre un caillou.

« Bonsoir ! Tu rentres ? »

J'ai sursauté à l'apparition brusque d'un homme que je n'avais pas entendu approcher. Un reste de jour me laisse reconnaître son visage anguleux, ses yeux durs et saillants, sa moustache d'un roux éteint.

« Bonsoir, Ravaud. D'où sors-tu ?

— Moi ? J'étais là, dans le champ. Je t'ai vu au moment où tu venais de passer. Alors j'ai couru, pour faire route avec toi.

— Et que faisais-tu, dans ce champ ?

— Je peux bien te le dire : je regardais les tombes. »

Il secoue brusquement la tête :

« Parlons d'autre chose, veux-tu ? J'en ai assez, de cafarder depuis huit jours !

— Alors, ça dure ?

— Toujours.

— Viens dîner chez Davril tout à l'heure...

— Non. Pas encore. »

Nous marchons côte à côte, sans rien dire. Une faible lueur rôde encore au bas du ciel. Le plateau est noir, à l'infini.

« Vois ! » me dit Ravaud.

Il a posé une main sur mon épaule, et son bras étendu me montre, près de nous, debout sur le bord du fossé, la haute silhouette d'une croix : celle qui garde la tombe des artilleurs.

Nous nous sommes arrêtés. La voix sourde et lointaine, il parle :

« Encore une !... Là-haut, dans le champ, à peine a-t-on quitté la route qu'on bute contre elles à chaque pas. On n'ose plus marcher, ni avancer, ni reculer. Tout à l'heure, dans la nuit qui venait, il y a eu un moment où j'ai cru que la surface du champ remuait... Allons-nous-en. »

Nous reprenons notre marche, accélérant nos pas pour échapper plus vite à l'angoisse qui nous étreint le cœur. Au profond du ciel encore clair, les premières étoiles apparues scintillent déjà d'un éclat vif.

« Il fera encore froid cette nuit, dit Ravaud ; mais la prochaine journée sera belle. N'est-ce pas ta compagnie qui va demain aux Eparges ?

— C'est la 7e, oui. Mais nous sommes détachés au village, pas au ravin. Sais-tu...

— Sais-tu quoi ?

— Non, rien. »

Un silence passe, alourdi de nos deux songeries. Et soudain, faisant écho à mes pensées, la voix de mon compagnon murmure :

« On a enterré Marnier à Mesnil, hier soir. »

Je dis seulement :

« Je me doutais que ce serait là », tant il me semble naturel que ses premiers mots aient été pour répondre à la question que j'avais tue.

Il s'est arrêté de nouveau, m'a pris le bras, m'a regardé au fond des yeux :

« As-tu jamais songé aux autres morts, ceux que nous n'avons pas connus, tous les morts de tous les régiments ? Le nôtre, rien que le nôtre, en a semé des centaines sur ses pas. Partout où nous passions, les petites croix se levaient derrière nous, les deux branches avec le képi rouge accroché. Nous ne savions même pas combien nous en laissions : nous marchions... Et dans le même temps d'autres régiments marchaient, des centaines de régiments dont chacun laissait derrière lui des centaines et des centaines de morts. Conçois-tu cela ? Cette multitude ? On n'ose même pas imaginer... Et il y a encore tous ceux que les guimbardes ont cahotés par les routes, saignant sur leur litière de paille, ceux que les fourgons à croix rouge ont emmenés vers toutes les villes de France, les morts des ambulances et les morts des hôpitaux. Encore des croix, des foules de croix serrées à l'alignement dans l'enclos des cimetières militaires. »

La voix, tout à l'heure contenue, d'instant en instant est devenue plus forte, puis de nouveau s'est affaissée :

« Mais j'entrevois, dit-elle, un malheur pire que ces massacres... Peut-être, ces malheureux seront-ils très vite oubliés... Tais-toi, écoute : ils seront les morts du début, ceux de 14. Il y en aura tellement d'autres ! Et sur ces entassements de morts, on ne verra que les derniers tombés, pas les squelettes qui seront dessous... Qui sait, même ? Puisque la guerre, décidément, s'accroche au monde comme un chancre, qui sait si ne viendra un temps où le monde aura pris l'habitude de continuer à vivre avec cette saleté sur lui ? Les choses iraient leur train, comprends-tu, la guerre étant là, tolérée, acceptée. Et ce serait le train normal des choses que les hommes jeunes fussent condamnés à mort. »

Il se tait. Nous entrons en forêt. Je distingue à peine sa silhouette...

« Mon mal, vois-tu, a été de comprendre un peu plus tôt que beaucoup d'autres, que cette guerre allait durer, durer... C'est entré en moi comme un choc, si brutal que j'ai été tout de suite démoli... Mais ça passera. Je me reprendrai. »

Les cimes des arbres, au-dessus de nos têtes, se balancent avec douceur ; les étoiles luisent à travers les ramilles. Nous entendons devant nous, sur la route, le pas égal d'une sentinelle.

« Halte-là ! »

L'homme nous reconnaît, nous passons. Autour de nous, c'est toujours la forêt, la rumeur des grands hêtres secoués. Mais des fumées errent sous la futaie, blanches et parfois rougies par un sursaut de flamme. A les voir, un sentiment chaud nous pénètre, une obscure sécurité : nous ne sommes plus seuls ; le bivouac nous accueille, dont nous sentons la vie éparse dans la nuit. Des hommes passent, ombres chinoises sur les fumées. Un brasier, près du fossé, flamboie sous un coup de vent : et des visages rudement éclairés, clignant des yeux à la vive lumière, regardent vers la route obscure où viennent de sonner nos pas.

A mon tour, je le prends par le bras, serrant un peu l'étreinte de mes doigts :

« Reste avec moi... Viens dîner chez Davril. »

Et il me suit.

Le feu ronfle dans la cagna où Davril et Porchon nous attendent. Il règne là une bonne chaleur sèche, la paille craque lorsqu'on se couche dessus.

« Ma foi, s'écrie Davril, vous direz ce que vous voudrez. Mon pied blessé me faisait mal ; alors j'ai mis les fameux chaussons. J'en ai même une seconde paire à la disposition de qui voudra. »

Il est plus jeune, plus exubérant que jamais. Comme il fouille vivement dans son sac, il en sort un calot bleu de ciel, orné d'une grenade jaune.

« Hein, Porchon ? Tu reconnais ? »

C'est le calot de Saint-Cyr, que tous deux portaient trois mois plus tôt, à l'Ecole. Mais à les voir ainsi l'un près de l'autre, Porchon avec sa face maigre et barbue, ses yeux calmes, la pondération de ses gestes, Davril avec sa lèvre imberbe, ses joues roses, ses yeux brillants de rire sous le bord du calot bleu, on croirait voir un vétéran mûri au feu de vingt combats près d'un enfant de troupe à peine baptisé de mitraille.

« Sylvandre ! Sylvandre !

— Voilà, mon lieutenant ! »

Le bœuf aux carottes fume, le vin rutile aux goulots des bidons.

« Qui veut les chaussons ? propose Davril.

— Personne, voyons ! Ravaud gîte trop loin ; et nous deux, cette nuit à quatre heures, nous partons pour les Eparges.

— Alors, qui veut coucher ici, les pieds au feu ?

— Personne non plus, pour les mêmes raisons.

— Elles ne valent rien, vos raisons ! Vous devez partir à quatre heures ? Eh bien, dites à vos ordonnances, ou à la sentinelle du poste, de venir vous éveiller à trois et demie... Sylvandre !

— C'est pour le jus, mon lieutenant ?

— Non. Saute aux emplacements de la 7e, demande Pannechon à la première escouade, et dis-lui...

— Mon vieux, tu perds ton temps... Apporte le jus, Sylvandre.

— Et dis-lui, reprend Davril, de s'amener ici au trot. »

Nos quatre pipes fument comme des cratères. Capotes ouvertes, tant l'atmosphère est douce, nous nous sommes allongés côte à côte. Devant mes yeux les flammes montent, onduleuses. Si je lève un peu la tête je vois, à leur dansante clarté, les rondins parallèles de la charpente : pas une goutte d'eau ne perle à leurs nodosités ; le repos sous ce toit ne serait pas troublé, comme chez nous, par le ruissellement des gouttières. Voyons l'heure ? Sept et demie. Jusqu'à trois heures et demie du matin, cela ferait huit heures de paisible sommeil.

Tout mon corps, à l'abandon, s'enfonce et marque sa forme dans l'épaisseur de la paille. Mes vêtements sont souples sur moi. Seules, mes bandes molletières restent hostiles, cartonnées qu'elles sont de plaques de boue ; et aussi mes souliers racornis, devenus en séchant plus durs que du bois.

« Vous êtes là, mon lieutenant ? »

Pannechon, les paupières plissées, fouille l'abri du regard.

« D'où sors-tu, toi ?

— Vous n' m'avez pas d'mandé ?... Eh ! Sylvandre, écoute un peu. »

Il l'empoigne par la manche et le tire à la lumière :

« C'est c' suiffard, s'écrie-t-il, qu'est v'nu m' bousculer juste au moment que j' m'endormais : « Faut qu' tu viennes tout d' suite. » Et il avait couru, oui ! On aurait dit un soufflet crevé.

— Enfin... Enfin..., proteste Sylvandre.

— Oui, ma vieille ! Tu f'rais une belle enseigne de charcutier. Essaye un peu de r'commencer : tu voiras si j' fais fondre ton lard ! »

Le gros cuistot, médusé, hasarde vers nous un regard de détresse.

« C'est moi qui t'ai envoyé chercher, Pannechon, intervient enfin Davril. Ton lieutenant couche dans ma cagna. On compte sur toi, cette nuit, pour venir le réveiller.

— Bien, mon lieutenant. A quelle heure ?

— Trois et demie. »

Je me lève, tends la main à Davril :

« Au revoir, vieux ; nous rentrons.

— Enfin, mon lieutenant, s'écrie Pannechon, qu'est-ce que ça veut dire, à la fin ?.... Vous n' voulez pas coucher ici ?

— Mais non.

— Eh bien, vous avez tort ! »

C'est lancé d'un ton péremptoire ; et aussitôt les arguments pleuvent :

« Dans une guitoune pareille ! Avec un feu comme çui-là ! D'la paille comme celle-là ! Et vous croyez êt'e raisonnable ? »

Insensiblement, il me repousse vers la litière.

« Asseyez-vous toujours ; là !... Mettez-vous c' sac sous la tête : là !... Vous êtes pourtant bien comme ça ! Qu'est-ce qui vous gêne ? Ça vous ennuie de m' faire courir cette nuit ? Mais c'est rien ! Pour deux cents mètres... Enlevez vos godasses : a' sont raides... Bougez pus... Dormez tranquille : j' viendrai vous réveiller à trois heures et demie.

— Sans faute, hein ?

— Dormez tranquille, j' vous dis ! Bonsoir et bonne nuit, mon lieutenant.

— Bonsoir, Pannechon. Alors Davril...

— Oui ?

— Donne tes chaussons. »

V

LE VILLAGE ABANDONNÉ

22 octobre.

J'ouvre les yeux. Une inquiétude sournoise glisse sur moi comme un courant d'air froid. La flamme d'une allumette me jette aux yeux le cadran de ma montre, les chiffres, les aiguilles d'acier bleu « quatre heures », dit la petite ; moins deux minutes », précise la grande.

« Davril ! Davril ! Où est la bougie ? »

Elle a dû tomber dans la paille. Il faut chercher, tâtonner, retourner Davril endormi. Ah ! enfin, la voici sous mes doigts... Et je m'habille, fébrile, tapant furieusement du talon pour obliger mes pieds à entrer dans mes souliers raidis. Un lacet casse, je passe outre. Je roule mes bandes molletières à grands tours, comme des cordes, enfile mon équipement, d'un seul paquet battant la hanche, souffle la bougie et me rue dans l'escalier.

« Ah ! l'animal ! l'animal ! »

Le sourire de Pannechon m'obsède.

« Dormez tranquille, j'vous dis ! » Oui, tranquille !

V'lan ! Dans quoi ai-je buté ? Cela a roulé, en sonnant la ferraille. Un bouthéon ?... C'en est un. Et voici une boule de pain ; et voici... qu'est-ce que c'est que ça ?... Du bœuf, un lourd morceau de bœuf, cuit dans son jus et refroidi... Le bouthéon d'une main, le bœuf de l'autre, la boule de pain dans ma musette, je prends ma course vers les Eparges.

Le bivouac de la 7e est sur mon chemin. Au passage, silence absolu : ni brouhaha de voix, ni bruit de pas sur la route. Des feux abandonnés clignotent comme des yeux las.

« L'animal ! L'animal ! »

Je trotte à en perdre le souffle. Le bouthéon virevolte autour de son anse, la boule de pain saute dans ma musette, et le bœuf caparaçonné de graisse figée, s'obstine à vouloir fuir ma main. Ma colère s'accroche à lui : j'enfonce mes ongles dans sa rondeur visqueuse ; il se venge, et jute comme une éponge.

« Une, deux ! Une, deux ! »

La route est longue ; la compagnie est loin ; la nuit me semble de plus en plus chaude.

« Halte-là ! »

Fusil dressé, une sentinelle me barre le passage. Miséricorde ! Je n'ai pas le mot !... Mais je paie d'audace :

« Dis, tu n'as pas vu une compagnie descendre ?

— Elle est passée il y a un quart d'heure. »

Un quart d'heure ! Je suis joli !

« Une, deux ! Une, deux ! »

La route devient mauvaise. Je trébuche dans les ornières. Les yeux embués de sueur et d'eau, je m'engouffre à plein corps dans la ramure d'un arbre tombé. Un saut par-dessus le tronc, et de nouveau pas gymnastique. Les bois se clairsèment ; dégringolent vers le fond d'un vallon. Loin, vers la vallée du Longeau, la lueur d'un coup de canon vibre et pâlit le ciel une seconde ; puis la détonation bouscule lourdement le silence.

Je réfléchis, toujours trottant : « un quart d'heure », a dit l'autre. Mais les minutes semblent longues, lorsqu'on est de faction la nuit. Et puis cet arbre tombé sur la chaussée a dû freiner la marche de la colonne. Certainement je gagne sur elle, et vite.

« Halte-là ! »

Encore une sentinelle, surgie au seuil d'une carrière. On en a donc fourré partout ?... Et le mot ! Ce mot que je persiste à ignorer !... Mais l'homme s'approche et dit, avant que j'aie ouvert la bouche :

« Tu y a mis l' temps ! Tes copains sont dans la descente. Allez, calte ! Tu t' raboutonneras en route. »

Les arbres s'éloignent, découvrant le ciel profond et froid d'avant l'aube, où chacune des étoiles semble seule. Et devant moi, bientôt, une masse mouvante noircit la route ; puis des fusils mettent sur le ciel leur ligne grêle ; et je distingue, enfin, l'ondulation heurtée des képis.

Alors, très digne, l'allure dégagée, je marche au flanc de la colonne, à pas allongés pour rejoindre la tête. Les hommes chargés, attentifs à éviter les chutes ou somnolents, ne se retournent même pas lorsque je les frôle.

« Pannechon ! »

Une claque sur l'épaule prête à l'apostrophe toute la vigueur que je n'ai pu mettre dans ma voix.

« Mon lieutenant ?

— Ecoute ici un peu. »

Je le tire à l'écart, dans un champ. Et l'entretien s'engage, pendant que nous marchons sur la terre molle, entre des fossés de drainage que nous franchissons d'un saut.

« Alors, c'est comme ça que tu es venu m'éveiller ?

— Oui, mon lieutenant.

— Comment, oui ?

— Du moment que j' vous avais promis d' venir, c'était sûr que j' viendrais. Et j'suis venu ! Et à trois heures et demie recta.

— Alors ?... Explique, je ne comprends plus.

— C'est pourtant simple : j'ai entré dans l'abri. Comme vous étiez deux au fond, pour pas m' tromper j'ai allumé une souffrante. Et alors, mon lieutenant, j' vous ai vu : vous étiez sous vos couvertures, avec juste un bout d' nez qui passait ; et vous en écrasiez si fort, vous aviez l'air tellement benaise que j' me suis arrêté du coup : j'vous r'gardais, j'osais pus bouger... Ça fait que j' suis parti à r'culons, tout doucement, su' la pointe des pieds. J' pensais qu' vous finiriez bien par vous réveiller tout seul, qu' vous étiez assez grand pour rejoindre. Et crainte que vous manquiez de rien, j' vous ai mis en haut d' l'escalier, bien en vue sur un bouteillon, une boule de pain avec un morceau d' barbaque.

— Mais enfin...

— J'ai-t-y pas bien fait ? »

Que répondre ? Nous arrivons aux abords du village ; il faut s'occuper de placer nos hommes. J'expliquerai à Pannechon plus tard.

« Première section ! Au carrefour. La tranchée-abri est le long de la route, sous les pruniers. Défense d'en bouger : on est vu de Combres et du *piton.* »

Un sergent nous attendait là, posté par la 6e que nous venons relever. A la lisière des prés brumeux, on entrevoit un petit calvaire de pierre auprès d'un arbre trois fois haut comme lui. Face à la croix, la rue des Eparges s'ouvre largement, entre deux rangées de maisons plates.

« Le poste de commandement est au milieu du patelin, mon lieutenant ; près de l'église. »

Nous pénétrons dans le village, derrière le sergent. Le sol que nous foulons est feutré du fumier éparpillé par les obus. Gonflé d'eau, il étouffe le bruit de nos pas. Mais souvent une grande tuile mince, arrachée d'un toit et tombée dans cette jonchée, se brise avec un craquement net sous la pesée d'une semelle.

« Attention ! Rue barrée ! »

Des herses, des charrues, de grands râteaux à deux roues, grêles comme des faucheux, des ridelles de guimbardes, une tapissière à tablier de cuir, un tarare au flanc crevé, des échelles, des brouettes, tout un bric-à-brac d'instruments agricoles et de véhicules, cassés, disloqués, fracassés, s'entasse et s'enchevêtre devant nous, barrant le passage d'un mur à l'autre. Des fils de fer, autour de ce chaos, rampent et se nouent, hérissés d'ardillon.

« Oblique à gauche, dit le sergent. Y a un passage derrière une bagnole. Faut aller doucement, un par un, et faire attention aux barbelés. »

Les hommes se pressent comme les moutons d'un troupeau. Chaque fois que l'un d'eux se glisse derrière la voiture, on entend frotter sa manche contre le crépi du mur.

Entre deux nappes de fumier, une bande de terrain caillouteux sinue comme un ruisseau. Nous la suivons, dans un long bruit de pas qui semble nous suivre en planant. Sur les côtés, des fantômes de maisons reculent dans le brouillard. Les façades closes, sans regard, semblent vouloir nous dérober le mystère des foyers désertés. Mais tout à coup une brèche s'ouvre, brutale, sur un écroulement de moellons blancs ; et l'on découvre en passant le bouleversement d'une chambre au parquet béant, le lit effondré parmi les plâtras, des éclats de meubles fracassés, et, sur cette dévastation, le flottement rouge d'un grand rideau qui palpite aux souffles de l'air. La brume sent la cendre froide ; il y flotte, par instants, la fade pestilence des cadavres.

« Halte ! C'est ici : la maison du coin. »

Dans la cuisine, le lieutenant Prêtre nous attend.

« Asseyez-vous. Vos quarts sont pleins. »

Nos coudes sur la table, tandis qu'autour de nous les hommes de la liaison s'équipent dans la pénombre, nous l'interrogeons entre chaque gorgée.

« Tranquilles, hier ?

— A peu près. Quelques obus par-ci par-là, dont une dizaine sur le village. Les artilleurs ne nous ont guère gênés. Les fantassins, par exemple, c'est une autre affaire.

— Ah ! ah !

— Ils tirent du matin au soir. Tout ce qui se montre est salué. Ils tuent les vaches, les porcs et les chevaux errants. Vous pourrez voir quand il fera grand jour : il y a des charognes un peu partout.

— Alors, impossible de circuler ?

— Si, mais en se méfiant. Je vous signale deux points d'où ils surveillent nos lignes : le *piton*, cet espèce de renflement qui boursoufle la hauteur des Eparges, et le bois de sapins qui domine Combres. Quand on est seul, on peut se dissimuler facilement contre les murs des maisons... Au revoir, et bonne chance pour la journée. »

Nous l'accompagnons sur la porte. A quelques pas, l'église banale étale son flanc nu et son toit d'ardoises mouillées. Un cri, au-dessus de nous, perce l'air, un grincement aigre pareil à celui d'une girouette rouillée. Deux grandes ailes brunes glissent dans la blancheur du brouillard. Elles ont un seul battement, long et puissant comme un coup de rames : et l'oiseau disparaît, sans bruit, entre deux lames des abat-son.

« C'est la chouette du clocher, dit un homme. All' rentre comme ça dormir tous les matins. A' s' fout d' la guerre... All' a d' la veine. »

Nous sommes revenus dans la cuisine, où la bougie achève de fondre sur la table. Sa mèche charbonne, s'affaisse soudain en grésillant dans la coulée de suif fondu. On voit alors une pâle clarté de suaire blanchir au cadre de la fenêtre, à travers le drap qui la bouche. Ses plis crasseux pendent, immobiles. Y aurait-il encore des vitres aux châssis ?... Il y en a, presque glauques d'humidité, que je découvre en écartant un pan de toile. Mais, le front collé à elles, je peux voir à travers cette buée d'aquarium. Et je vois des fumiers encore, des ruisseaux de purin qui coulent vers la chaussée, une hotte crevée appuyée contre un tonneau. En face, de l'autre côté de la rue, un monceau de pierres calcinées, de poutres noires, de fers tordus et de cendres est tout ce qui reste d'une maison. Par-delà l'énorme brèche, une longue pente s'éploie, semée d'arbres fruitiers, coupée de haies.

Et tandis que je suis des yeux les onduleuses traînées du brouillard sur les champs, tout près de moi un pas martèle la route, s'amortit sur la paille mouillée contre le mur de la maison. Presque aussitôt une forme géante jette son ombre devant la fenêtre. Et soudain, contre le carreau, à quelques pouces de mon visage, une tête apparaît, la longue tête d'un vieux cheval, grise avec un mufle noir. L'animal, un instant, appuie sur moi son regard vague et triste. Je vois ses yeux, d'un bleu sombre et usé sous une bordure de cils blancs. Une vapeur sort de ses naseaux, se condense aux vitres et les brouille. Et la grosse tête osseuse recule derrière l'écran de buée, peu à peu s'efface, disparaît...

« Toujours planté là ? me crie Porchon.

— Quoi ! Il n'y a pas si longtemps.

— Pas si longtemps ! Voilà plus d'un quart d'heure que je suis sorti : tu ne t'en es même pas aperçu !

— Tu es sorti ? D'où viens-tu ?

— Je suis allé voir le capitaine Sautelet, qui commande le secteur.

— Et tu comptes rester, désormais ?

— Au moins un bon moment.

— En ce cas je sors à mon tour.

— Et où vas-tu ?

— Je n'en sais rien. Voir le village. »

Au bruit de mes pas sur les pierres, une galopade s'effarouche, une grêle de petits sabots tambourinant la chaussée, dans une cacophonie de grognements entremêlés de cris pointus : derrière moi une bande de gorets maigres, aux ventres croûteux de fange, file bride abattue tout le long de la rue, larges oreilles secouées et petites queues dansantes.

Après qu'ils ont disparu à l'orée du village, je me trouve étrangement perdu parmi les carcasses des maisons. Le silence est tel, autour de moi, que le seul bruit de mes talons éveille d'infinis échos. Je me suis mis à chantonner tout bas, seulement pour m'entendre moi-même, pour me sentir un peu moins seul dans ce village vidé de toute sa vie, formidablement silencieux dans la lumière brumeuse du matin.

« Eh ! là-bas ! »

J'ai sursauté à la violence de l'appel et pensé immédiatement : « Il n'y a qu'un fou, pour brailler pareillement dans un pareil endroit. » Mais tout de suite je repère la silhouette du capitaine Sautelet, debout au milieu de la rue, les bras agités en ailes de moulin à vent. Et je me précipite vers lui, dans la terreur de ne courir pas assez vite pour éviter un second hurlement.

« Mon capitaine !

— Ah ! bon, c'est vous ? J'ai cru que c'était un homme qui vadrouillait. Croyez-vous ! Ces bougres-là !... »

Ça y est. Voilà Sautelet lancé. Je ne sais pas quelles cordes vocales cet homme cache dans son gosier : les mots qui lui jaillissent de la bouche sont des prodiges de bruit. Mais leur sonorité est d'un métal impur et fêlé, à croire que les mots, au passage, s'éraillent aux poils de sa moustache, raides comme les dents d'un peigne de cardeur.

« Croyez-vous ! Ces bougres-là ! Ils font leur tour du propriétaire ! Ils fouinent partout ; ils défoncent les placards ; ils retournent les tiroirs ! Ils chapardent, quoi !... Eh bien ! que j'en prenne un, moi, à chaparder ! Je vous jure que je lui en ferai passer l'envie, au moins jusqu'à l'an prochain !... Qu'est-ce que vous regardez par derrière ? Vous pensez que nous sommes vus ? C'est bien possible, le brouillard se lève ; alors prenons par les vergers. »

Nous enjambons un pan de mur, et nous sommes dans une maison. Un seul des pignons est resté debout, sillonné de lézardes profondes et profilant sur le ciel frais sa crête noircie par les flammes. Nous marchons à travers un chaos gris rougeâtre, dans une épaisseur de cendres soyeuses comme un duvet. Nos pieds heurtent des choses dures, des pierres ou des ferrailles ensevelies sous ces flocons d'incendie. Et l'odeur piquante et froide, déjà respirée ce matin, se lève plus intense à chacun de nos pas.

Juste comme nous émergeons, par une brèche, à l'étendue apaisée des jardins, un coup de feu claque et file au ras des toits. Puis une tuile, derrière nous, saute au choc d'une deuxième balle.

« Hein ? dit le capitaine. Ils ne peuvent pas nous avoir vus : nous sommes on ne peut mieux défilés. Alors, qu'est-ce diable qu'ils canardent ?

— Tenez ! Là-bas ! »

Entre la route de Mouilly et nous, une vache noire et blanche court à travers champs, d'un galop fou. Elle franchit les haies, s'arrête net, fait quelques pas incertains, et brusquement repart, fonçant tête baissée contre le vide. Et chaque fois qu'elle s'arrête, des coups de fusil claquent dans l'air calme.

« Triste jeu, dites ?

— Je ne trouve pas. Les Boches font la guerre. »

Un meuglement douloureux se lève, répondant au coup de fouet d'une balle : la vache trotte vers le ravin de Sonvaux, avec de grands efforts de l'encolure, une patte de derrière ballante et morte. Elle s'arrête encore, fait demi-tour, revient vers les jardins... Et cette fois une salve la jette par terre, les flancs tumultueux et le mufle un instant soulevé. Mais bientôt la houle des flancs s'apaise, et la tête retombe, pesamment.

Soudain, Sautelet, avec chaleur :

« Ça me fait plaisir de voir un type comme vous ! J'aime bien les jeunes gens qui remuent. Moi-même, je suis un homme qui remue ! Je suis actif, comprenez-vous ! Toute la journée je me balade dans le secteur. On me trouve partout, aux tranchées, aux abris, dans les jardins, dans les maisons ! Je ne peux pas rester sur une chaise, avachi au coin du feu ! Il faut que je me dépense, j'ai ça dans le sang !... Et puis, hein ? C'est notre métier. »

Par-dessus le toit de la tranchée-abri, sous les pruniers, des têtes viennent de surgir, dont les yeux étonnés cherchent le point de l'espace d'où s'élance la voix phénoménale. Le capitaine les aperçoit, fait trois pas de charge en criant :

« Voulez-vous bien vous cacher ! »

Et les têtes disparaissent, en un plongeon précipité. Après quoi Sautelet, gaîment :

« Ce sont vos hommes ? Bon ! Je vous laisse à eux... Braves bougres, hein ? Vous êtes content d'eux ?

— Très.

— Moi aussi... Braves bougres !... Au revoir. »

Les braves bougres, pour l'heure, se gavent de quetsches. Leurs gamelles sont pleines de ces belles prunes ovales, dont les premiers froids ont ridé un peu la peau violette et givrée.

« Elles sont bonnes, Lardin ?

— A point, mon lieutenant. Goûtez ça. »

A peine les a-t-on dans la bouche, qu'elles éclatent, pulpe onctueuse, gonflée de jus frais et sucré.

— Dites, mon lieutenant ?... offre Chabeau. On va vous en emplir une musette à emporter... Par exemple, j' vous d'manderai d' vider la musette et d' me la renvoyer tout d' suite : on n'est jamais tranquille quand on a du barda qui voyage.

Un vol d'obus, à ce moment, frôle l'air. L'éclatement sonne grave, en coup de gong assourdi.

« Où c'est ?...

— Su' l' Bois-Haut. On voit la fumée. »

Un panache blanc dépasse la crête, juste à la lisière des hêtres, semblable lui-même à un arbre irréel tordu par on ne sait quels souffles. Les lambeaux n'en sont pas dispersés que d'autres obus ronronnent, comme en flânant, et vont s'écraser à bout de course, un peu partout aux abords du village.

« Y en a un dans l' ruisseau ! T'as vu l'eau jaillir ?

— Et un aut'e sur un toit ! J'ai entendu les tuiles qui grêlaient.

— Avec ça, i's vont bien en s'mer quat'e cinq par ici... »

Mais le silence revient et se prolonge, irrégulièrement piqué par les détonations aigres des fusils.

Je quitte mes hommes, nanti d'une musette pleine de prunes que Chabeau m'a mise à l'épaule, rassuré par l'affirmation réitérée que Vauthier la lui rapporterait, « sitôt vide ». Et je rejoins la maison proche de l'église, d'une marche preste qui rase les murs et qui s'accélère au passage des éclaircies.

« Bonjour ! Le déjeuner est prêt ? Ma promenade m'a donné faim.

— Pas la mienne, dit Porchon.

— Malade ?

— Rien moins... Une rencontre qui m'a coupé l'appétit.

— Des morts ?

— Une morte.

— Non ?

— Si. Tout à l'heure, dans une cave, une vieille femme accroupie au fond, contre la voûte. Sa tête se trouvait juste dans la clarté du soupirail : une peau grise collée au crâne et aux mâchoires, des lanières de cheveux blancs jaunis, le nez en lame, les deux trous des orbites... J'étais tout seul quand je l'ai découverte. J'ai été gelé ; je le suis encore.

— Je comprends. Et... elle y est toujours ?

— J'ai prévenu les infirmiers. Il y en a deux qui sont partis, emportant un sac de chaux. »

« Tu repars ?

— Naturellement.

— Toi, tu vas finir par te faire moucher. Les Boches n'ont pas cessé de tirailler depuis que le brouillard a disparu.

— Bah ! Je tiens la bonne méthode : tant que tu ne vois, entre deux maisons ou par-dessus un toit, ni le piton ni les sapins de Combres, tu es paré.

— Admettons... Fais comme tu voudras. »

Fort de cette autorisation, je passe le seuil de la maison. Il flotte dans l'air comme un souvenir du brouillard, à cette heure tout blond de soleil. Les sapins de Combres, aperçus d'un clin d'œil à travers une charpente crevée, ont des tons d'un bleu velouté. Les hêtres du Bois-Haut éploient sur le ciel clair leurs têtes brunes, nimbées de lumière poudroyante.

Où aller ? Un regret m'attriste, de ne pouvoir errer librement par les cimes, la peau fouettée d'air vif et le regard volant, d'essor en essor, au long des amples horizons. Mais nous sommes le peuple du front, d'un pays où le jour et l'espace, ces deux joies de vivre, se sont faits les complices de la mort.

Où aller ? Laquelle, entre toutes ces ruines, me dira le mieux la vie paisible du village, celle que la guerre en a chassée ?

Mes pas m'ont conduit jusqu'aux marches de l'église. La porte de bois massif, sous un fronton triangulaire, est restée entrebâillée. Je pousse un des battants qui résiste à mon effort, ne cède que peu à peu, par courtes saccades grinçantes ; et je pénètre dans la nef.

Une blancheur vive aussitôt frappe mes yeux, une inondation de clarté tombée d'en haut par toutes les brèches de la toiture, par les verrières brisées, par un trou d'obus énorme qui bée au large du ciel. Les dalles ruissellent de cette clarté, les murs en sont éclaboussés. En dépit des statues peintes, du chemin de Croix enluminé d'outremer et de vermillon, l'église est vide et nue. L'autel de bois a été défoncé par une poutre tombée du toit, troué par des éclats d'acier. On cherche en vain le tabernacle : il n'y en a plus. Il ne reste, sur les marches du chœur, que quelques planches criblées de mitraille parmi une poussière de moellons. Plus de stalles, plus de chaises : les dalles nues sous l'implacable lumière. Je n'aperçois, en me penchant vers elles, que des taches brunes pareilles à des morsures de rouille, qui sont des traces de sang séché.

Ainsi des blessés furent étendus là, dont les plaintes emplirent l'église mutilée. Le sang des hommes y a coulé, de blessures qu'avait ouvertes la méchanceté des hommes. Des agonisants y ont lamenté leur passion. Mais cette clameur pantelante s'est perdue au vide de la nef, d'où la Guerre a aussi chassé Dieu.

Par le trou d'obus, là-haut, l'averse de soleil continue de ruisseler. Des moineaux pépiants, surgis tout à coup, volettent autour de moi avec un ronflement d'ailes, disparaissent par une brèche, reviennent, me frôlent, légers et bruyants. Mais tandis que je suis des yeux les caprices de leur vol, un fracas retentit au dehors, ébranle les murs comme d'un coup de bélier. Un fragment de verre, détaché d'un vitrail, se brise sur le sol avec un tintement clair ; et l'église entière frémit comme la membrure d'un navire : un obus vient encore de tomber.

Près ? Très près ? Nous sommes tous ainsi : nous voulons voir, les murs nous oppressent. J'enjambe, près de la porte, des matelas, des morceaux d'ouate souillés de sang sec, des enveloppes de toile grise fendues d'un coup de lame pour en arracher les pansements.

A peine suis-je dehors qu'un sifflement raide passe sur moi ; l'explosion tonne un peu plus loin, dans la direction du calvaire.

« Hep ! vieux ! Par ici... »

« Bon ! J'y... »

Celui-là m'a coupé la parole, tombé à vingt mètres de nous, juste sur la chaussée. Porchon a un geste de main agacé, comme pour imposer silence à un bavard. Et, quand le roulement des échos s'est éteint :

« J'allais te chercher pour te dire où nous sommes. J'ai suivi la consigne donnée pour le cas de bombardement : nous attendons que ça finisse sous une voûte de cave... Je te précède ; c'est à deux pas. »

Nous passons devant deux bâtiments plus hauts que les maisons voisines : des fenêtres encadrées de pierres de taille, une manière de perron rehaussé de marches.

« La mairie, dit Porchon ; et l'école... Toutes deux à l'ombre de l'église ; et toutes trois sous les marmites : l'Union Sacrée. »

De minute en minute les obus arrivent, par couples. Certains ont une explosion prolongée, amplifiée de résonances superposées qui se gonflent comme les vagues d'un flux ; d'autres, qui frappent sur les routes, se brisent avec un son vibrant et grave ; d'autres, qui s'enfoncent dans les fumiers, éclatent sourdement, lâchent leur charge d'explosifs comme une cartouche mouillée qui fait long feu.

« C'est ici, au bas de l'escalier. »

Les marches disjointes descendent sous une voûte de maçonnerie grossière, aux parois luisantes de salpêtre. Le jour y dévale en ondes molles qui vont mourir aux ténèbres du fond. Des visages, des mains sortent de l'ombre en hardies clartés d'eau-forte.

« Par ici, mon lieutenant, appelle le fourrier. Y a des chaises.

— Moi, dit Bernardet, j'suis assis sur un tonneau, avec Viollet. On est pas mal, mais c'est dommage qu'i' soye plein d'vide.

— T'es sûr ? demande Chapelle.

— J'l'ai sondé par la bonde avec un bout d'osier. Je l'ai r'tiré sec comme de l'amadou.

— Mon vieux, conclut Pannechon, tu pourras faire pareil à tous les fûts d'toutes les caves. Y a eu des clients avant nous... I's t'ont au moins laissé les douves pour faire du feu sous tes marmites. »

Au dehors, cependant, les obus ne cessent de frapper. On les entend à peine éclater, mais la terre frémit à leurs chocs.

« Boum ! Il est pas loin, çui-là !... Ouye ! Et çui-là ! »

La voûte, cette fois, a tremblé sur nos épaules. Des tuiles, des lattes, des éclats de pierre, projetés par les deux explosions, grêlent sec sur les ardoises de l'église, sur la terre battue de la place, jusque sur les marches de l'escalier.

« Ça fait rien, reprend Bernardet, j'donnerais gros pour être ailleurs. »

Il reste anxieux, la tête dans les épaules. Chapelle, assis en face de lui sur le fond d'une corbeille d'osier, le regarde fixement, de ses yeux verts allumés de malice. La persistance de cet examen gêne Bernardet, de plus en plus.

— Quoi qu'tu m'regardes ? dit-il soudain.

— Moi, j'te r'garde ?... Je r'garde la voûte.

Il lève le nez, considère longuement les pierres vertes, puis se met à hocher la tête, la lèvre grossie d'une moue.

« Y a pas trente centimètres d'épaisseur au milieu ; avec ça, pus guère de mortier...

— Alors ? crie Bernardet, impulsivement.

— Ben, c'est clair. Un p'tit 105 bien placé, on aura tous not'e compte, mon pauv'e vieux !... Fais pas une gueule comme ça, voyons ! Qu'on y passe aujourd'hui ou d'main...

— C'est égal, remarque Viollet. Explique ça : j'aime encore mieux êt'e bombardé dans une tranchée découverte. »

C'est le sentiment même que j'éprouvais tout à l'heure, dans l'église, et qui renaît en moi, plus intense. La clarté de la porte m'attire. Advienne que pourra : je sors.

Juste comme j'émerge au soleil, un sifflement fond sur moi, brisé aussitôt qu'entendu par une explosion assourdissante qui frappe ma nuque comme d'un coup de poing. L'obus est tombé derrière l'école, dans un jardin. Je me suis collé au mur, pendant que des cailloux et des mottes de terre, projetés par-dessus le toit, dégringolaient en trombe devant mes yeux. Puis le vol tournoyant de la fusée ronfle très haut, frôle le clocher et s'enfonce au lointain du ciel.

Je fais trois pas dans un couloir, marchant vers les jardins pour y chercher l'entonnoir fumant. Mais une porte m'arrête net, qui s'ouvre sur une salle claire où s'alignent de petites tables. Une classe ! Les rangées de bambins attentifs, les « piots » meusiens à têtes rondes suivant des yeux, au tableau noir, la leçon du maître ! « Ecrivez : Problème... » Mon regard accompagne le leur. Le tableau est toujours à sa place, portant encore quelques lignes blanches, tracées à la craie d'une écriture bien moulée :

Un marchand a vendu 8 *m* 50 *de drap* 102 *francs. Il a gagné* 0 *fr* 75 *par mètre. Quel était le prix d'achat du mètre ?*

Et, m'étant retourné, j'embrasse d'un coup d'œil la grande salle pleine de soleil où se perdent les petites tables. Il en manque, qui furent arrachées avec les lames du parquet, et que des soldats ont brûlées. Le silence, la solitude sont les mêmes que dans l'église. Pas de moineaux, mais une seule grosse mouche verte, qui vrombit et tournoie au plafond.

Le couloir donne sur une courette irrégulière, où des blocs de pierre, des barreaux de fer rugueux de rouille disparaissent à demi sous la montée des herbes folles. Des livres achèvent d'y pourrir au contact mouillé du terreau. J'en ramasse quelques-uns dont la couverture de carton, molle d'humidité, laisse aux doigts des traces poisseuses, rouges ou noires, vertes ou bleues, de vernis et de colle dissous : une *Morale à l'école ;* un *Précis d'histoire de France ;* une *Année préparatoire de grammaire...*

Pendant que j'en feuillette les pages, un coup de fusil cingle mes oreilles, tiré droit du piton vers le verger voisin. Et j'entends aussitôt un bruit rythmique et sourd, comme d'un trot sur la terre molle. Puis des branches fines cassent en grésillant ; et devant moi, entre deux arbustes, le vieux cheval gris apparaît.

Il s'est arrêté court dès qu'il m'a vu. Il reste là, immobile sur ses pattes enflées, les naseaux battants, une oreille pointée vers moi, l'autre tendue en arrière, du côté où sifflaient les balles. Mais bientôt son col s'incline au poids de sa grosse tête et, le mufle à ras de terre, la lèvre longue, il se met à tondre l'herbe.

« On est amis, n'est-ce pas ? »

Je caresse le flanc décharné, la peau tiède tendue sur les cercles de la carcasse.

« Tu saignes, mon pauvre vieux ? Est-ce qu'ils t'auraient touché ? »

Un filet vermeil sinue au poitrail, glisse le long de la patte gauche, jusqu'au genou. Cela coule d'un petit sillon sombre, près de l'épaule, creusé au passage par la pointe d'une balle.

« Eh bien ! tu l'as échappé belle ! C'est idiot de se promener comme ça au nez des Boches ! »

Le vieux cheval a soulevé la tête, dressé l'oreille comme s'il m'écoutait. Mais ses naseaux s'ouvrent tout grands et ses jambes se mettent à trembler : un obus siffle au loin, franchit la vallée en ronronnant, et plante une colonne de fumée jaune au-dessous du Bois-Haut, à mi-pente. Lorsque le roulement de l'explosion passe sur nous, la pauvre bête, d'un saut maladroit, fait volte-face pour fuir. Plus agile qu'elle, je lui ai barré la route de mes deux bras étendus : elle recule peu à peu devant moi, la tête rejetée en arrière, ses sabots faisant rouler les pierres. Quand je la vois calmée, retombée à sa placidité, je cours glaner dans une grange quelques poignées de foin perdues aux coins de l'aire. Je reviens. Il est toujours là, broutant à petits coups de lèvres.

« Tiens, mon bonhomme, c'est pour toi. Mais il faut venir chercher ça de l'autre côté des maisons. Si tu restes par ici, tu vas retourner dans les champs ; et ils te tueront. »

Les grands yeux troubles me regardent, voilés parfois d'un lent clignement. Il flotte dans leur eau profonde un infini de stupeur triste.

« Oui, je comprends : tu es un vieux cheval très las. L'abri que te donnaient tes maîtres, chaque soir, en récompense de ton labeur du jour, tu ne l'as plus, ni le râtelier plein de foin, ni la musette gonflée d'avoine. Tu es devenu si maigre que tes os crèvent ta peau. Tu as eu si peur, tant de fois, que tes genoux ne cessent de trembler. Et cela dure. Et qu'à la fin ceux de là-bas te tuent, cela, n'est-ce pas, t'est bien égal ?... »

Pourtant, je lui ai mis ma brassée de foin sous le nez. Il la renifle, retrousse sa lèvre. Alors, doucement, je l'attire vers le couloir. Il bute contre les marches du seuil, se décide et gravit les degrés. Pas à pas, ses gros sabots se plaquent sur les dalles, emplissent de bruit le couloir sonore. Suivant toujours cette provende qui le fuit, il traverse la place, la rue, et pénètre dans une grange dont un long rayon fauve tranche la nuit.

« Mange, à présent. »

Le mufle humide effleure ma main. Les longs brins d'herbes sèches, cueillis au bout des dents, glissent d'un trait entre mes doigts. Et les grosses mâchoires commencent à broyer, lentement, d'un frottement appuyé de meules.

Il grêle des obus, encore, par le village. On entend leurs vols glisser dans le ciel, un ciel pâli, léger et profond. Les éclatements craquent et roulent dans l'air assoupi du soir. Par intervalles, une batterie de 75 cachée derrière le Montgirmont détache ses quatre coups avec une vigueur sèche.

La rue s'allonge, déserte à perte de regard, violette d'ombres, coupée de bandes de soleil déroulées aux intervalles des maisons. Il fait froid, déjà, sur la place de l'église. L'ombre monte à l'assaut du clocher et lèche les lames des abat-son. Elle doit venir de très loin, glissant en nappes immenses du faîte des grandes collines qui se dressent à l'occident.

« Vous dormez, là-dedans ?

— Que non, mon lieutenant !

— Où es-tu donc ? »

Bernardet se lève, à deux pas de moi, sous la voûte ténébreuse de la cave.

« Tout seul ?

— Ben oui ! La liaison est rentrée à la cuistance, et l' lieutenant Porchon est parti faire un tour aux sections. Moi j' suis resté. Tant qu' ça tombe encore, j' suis aussi bien ici qu'ailleurs. Et puis... j'avais une lettre à écrire.

— Diable ! Mais tu n'y vois pas clair !

— Que si ! Tout près d' la porte, y a encore du jour... Justement, faut que j' profite du dernier. »

Il s'assied par terre au bas de l'escalier, une jambe allongée, l'autre pliée vers son menton. Et il se met à écrire, la feuille appuyée sur sa cuisse.

Tout un côté de son visage est noyé d'ombre ; son profil s'indique en touches de lumière pâle, incliné vers la blancheur du papier. Un crayon minuscule disparaît entre ses gros doigts. Il le porte à sa bouche, en mouille la pointe de salive et trace quelques lignes à dur effort, lettre après lettre, tout le corps noué d'attention. Puis il relève la tête et, les yeux devant lui, rongeant ses ongles, il médite... Un obus qui fracasse le toit d'une maison, pas loin, lui fait serrer les poings et lancer son crayon contre terre.

« Voilà ! Voilà ! Qu'est-ce que y a moyen d' fout'e ?... Chaque fois que j' vais trouver, paf ! v'là une marmite qui m' vide la tête. J' la finirai jamais, c'te lettre !... Alle est trop difficile, aussi !

— Difficile ?

— Ah ! mon lieutenant, c'est pas une lettre comme d'habitude. Si j' vous disais... Et puis tenez, la v'là. »

Il me la met sous les yeux, d'un geste à la fois résolu et timide :

« Vous pouvez la lire. C'est exprès. »

« Ma Chere Catherine,

« S'est pour te dire que sa va toujour tant qu'a peu prèt et on et pas trop bien tous les jours rapport que l'hivert et pouri et les marmite que les Boche nous envoie. Et j'espere que tu te fais pas trop de bile et ta santé est bone et la petite aussi ; et sûrement que tout sa s'arrangera. Mais voila se que je voulai te dire et qu'il faut que tu réfléchisse ladessus s'est sérieu... »

La lettre s'arrête brusquement, sur un trait en balafre qui gaufre le papier mince.

« Ainsi, dit Bernardet, juste au moment qu' j'arrivais au difficile et que j' commençais à voir clair, y a c'te marmite... Pourtant, y a pas, faut que j' l'écrive ! Ou alors c'était pas la peine que j' promette au lieutenant Porchon.

— Au lieutenant Porchon ?

— C'est tout à l'heure, quante vous étiez pas là. La liaison était partie un peu après vous, j'étais resté tout seul avec lui. Alors on a causé nous deux... Justement j'allais commencer un bout d' lettre.

« — Alors comme ça, que l' lieutenant m'a dit, voilà qu't'écris chez toi ?

« — Mais oui, mon lieutenant, à ma femme.

« — T'es marié ? qu'i' continue.

« Là-d'sus, vous comprenez, j'rigole. J'lui dis qu'on est seulement ensemble ; mais réguliers ; qu'on a même un gosse...

« — Ah ! dit l'lieutenant, t'as un gosse ?

« — Oui, mon lieutenant.

« — Un garçon, une fille ?

« — Une fille.

« — Et quel âge qu'elle a, c't'enfant ?

« — Deux ans tout juste el quinze de c' mois.

« — Et elle est mignonne, hein ?

« — Ah ! mon lieutenant !...

« Quand i' m' dit ça, me v'là parti. Ses yeux, ses ch'veux, ses magnes gentilles, son parler qui commence... Enfin tout. I' m'écoutait sans ouvrir la bouche ; i' m' laissait filer, filer, en faisant oui, des fois, avec son menton. Tant qu'à la fin, comme i' s' taisait toujours, j'ai pas pu m'empêcher d'lui dire :

« — A quoi qu'vous pensez, mon lieutenant ?

« — Mon vieux, qu'i' m'a répondu, pour aimer ta fille, j'suis bien tranquille que t'aimes ta fille... Et tu l'as r'connue, c'te p'tite, depuis deux ans ?

« — Pour parler franchement, mon lieutenant, non.

« — Ah ! qu'i' fait ; et qu'est-ce qui t'en a empêché ?

« I' m'avait rien r'proché, n'est-ce pas ? Malgré ça j'étais mal à mon aise. J'aurais bien voulu y expliquer, mais rien n'venait.

Comprenez ça ! C'était comme si j'avais senti qu'i' pensait d'avance avec moi : « T'es pourtant un honnête homme ? Tu caches pas des mauvaises pensées ? Alors ?... »

« Pourtant, l'idée m'est v'nue qu'l'Etat leur payait la location, pareil que pour les gens mariés. Et ça, je l'ai dit au lieutenant.

« — Bon, qu'i' fait ; et si t'es tué ?

« Ça alors !... Ça m'a foutu un coup. J'en ai resté idiot un moment, à répéter : « Si j' suis tué... Si j' suis tué... »

« — Tu sais pourtant que c' malheur-là peut nous arriver à tous, à toi comme à moi, aujourd'hui ou d'main... T'as donc jamais pensé à ça ?

« Et i' m'a parlé du courage, qu'est pas seulement celui du combat ; des lois, qu'étaient comme elles étaient et que j' pouvais pas changer. J'ai p't-êt'e pas saisi tous ses mots, mais dans l' fond, je l'ai bien compris. Ça fait que quand il est parti, j'étais décidé à écrire.

« Et puis voilà... Y a toutes ces idées qui m'trottaient dans la cervelle, qui s'mélangeaient, l'mariage, la paternité, la pension aux veuves, la mauvaise blessure ; et y a toutes ces marmites qui m'empêchaient d'les démêler : « Ecoute-nous. Suffirait d'une... » J'ai peiné d'bonne volonté pour arriver à rien du tout. Et c'est cause qu'à présent j'me sens un gros poids sur le cœur... Faudrait qu' j'écrive. Ça me l'ôterait... Et dire que j'peux pas, mon lieutenant ! J'peux pas !... J'peux pas !... J'suis un pauv'e couillon. »

Bernardet, les coudes aux genoux, serrant ses tempes de ses deux paumes, secoue la tête avec accablement. Sur son visage noyé d'ombre, je devine deux larmes qui roulent.

« Allons ! Allons !... Veux-tu qu'on essaie, tous les deux ?

— Si j' veux ! Ah ! merci, mon lieutenant !... Mais on n'y voit pus. Attendez : j'ai un bout d' chandelle dans ma poche... Et mon crayon qu' j'ai j'té tout à l'heure ! C'est malin, ça, encore !

— Prends le mien. »

Bernardet, ayant allumé la chandelle, l'a fichée entre deux pierres de la voûte, derrière lui. Ainsi elle éclaire en plein la feuille de papier qu'il appuie sur sa jambe pliée, comme tout à l'heure.

« On y va, mon lieutenant ?

— Oui... Veux-tu me relire ce que tu as écrit ? »

Il lit, d'une voix ânonnante, comme en ont les enfants qui récitent une leçon :

« Ma chère Catherine, c'est pour te dire que ça va toujours tant qu'à peu près... »

Et quand il en a terminé :

« On va l' refaire, hein ? c' commencement...
— Non, mon vieux.
— A cause ?
— A cause qu'il est bien comme il est. »

VI

UNE RELÈVE

23 octobre.

« Rassemblement place de l'Eglise... Toute la compagnie ici dans un quart d'heure. »

Dans la cuisine où flotte une poussière dense, exhalée de la paille et des matelas jetés à terre, des hommes bougent, en formes vagues soudain dressées. La nuit pousse par la fenêtre, à travers les draps en écran, une fadeur de marécage. Traînantes, des semelles raclent le plancher ; et les agents de liaison, l'un après l'autre, gagnent la porte.

Nous les suivons. L'espace est trouble. Derrière le clocher noir, des lambeaux de nuées glissent sur un fond de ciel cuivré. L'humidité dont l'air est chargé fait plus aigre encore l'odeur de cendres froides qui rôde à tous les coins du village.

« Voilà quelqu'un, je crois. »

Des pas rapides battent la chaussée, sonnent avec force entre les alignements de décombres.

« Hep ! Par ici... C'est toi, Gendre ?... Tu rentres ?
— Oui, j' rentre. Mais c'est aut'e chose que l' capitaine Sautelet m'envoie vous dire, rapport à la r'lève.
— Bon ! Qu'est-ce qu'il y a de cassé ?
— Eh bien, y a qu'on n' peut pas partir tous ensemble au ravin : les deux sections d' seconde ligne s'en vont tout d' suite ; mais les deux aut'es, faut qu'elles attendent avant d' calter qu'on vienne les r'lever d'abord.
— Mais qui doit venir les relever ?
— C'est des sections du 132, qu'est en ligne justement au ravin. Quante les nôtres les auront r'levées aux tranchées, elles rappliqueront ici au patelin, et alors seulement les nôtres pourront s'en aller aux tranchées.

— Quel mic-mac !... Mais dis donc, Porchon, il faut qu'un de nous reste ici ? »

Déjà, devant l'église, les deux sections qui vont partir animent la place d'un grouillement silencieux. Porchon prend leur tête, les emmène. Leurs rangs s'éloignent vers le calvaire. Et je me retrouve seul parmi les carcasses des maisons, avec au cœur, tout à coup, une sensation poignante d'abandon.

Je me secoue : Qu'est-ce que ça veut dire ?... Un pressentiment ? Cette blague !... Et puis, vraiment, quel danger ? Nous prendrons le pas de course, passerons le pont sur le Longeau... Mais après ? Après le pont, ce sont des prés, qui s'étalent jusqu'au pied de la colline. Deux sections là-dessus, les capotes bleues, les pantalons rouges tranchant sur l'herbe verte, en plein jour !... Bah ! Nous en avons vu d'autres ! Et puis les Boches sont loin ; et puis nous irons vite ; et puis il faut passer ; et puis... zut !

La nuit, peu à peu, se dilue. Les nuées qui courent à travers le ciel, fumeuses et sales lorsqu'elles frôlent les hauteurs de l'ouest, s'éclairent progressivement au-dessus de la vallée. Les souffles qui les chassent n'effleurent même pas la terre, encore écrasée de ténèbres. On dirait que l'orient les attire, où la pâleur rosissante de l'aube hésite au bord de l'horizon.

« Qui va là ? »

Une silhouette grandit, approche d'une marche vive. J'entrevois une barbe blonde, puis les yeux clairs du capitaine Desoignes, qui depuis ce matin commande le secteur.

« Je vous cherchais, dit-il. C'est vous qui devez emmener au ravin les deux sections de la 7e ?

— Oui, mon capitaine.

— Vous venez ? Je voudrais reconnaître. »

Pour moi, vraiment, ce n'est plus la peine. Toute ma journée d'hier n'a été qu'une reconnaissance. Ce n'est qu'une occasion de revoir les maisons du Longeau, le piton jaune qui se boursoufle au ras des toits, les prés scintillants de rosée où de grandes flaques jettent un éclair d'acier.

Penchés entre deux murs verdis, nous regardons au-delà, bordant le pied de la colline, un talus planté de quetschiers, cavé d'encoches d'où surgeonnent des fumées. On voit s'affairer alentour les cuisiniers du premier bataillon.

« Rien de plus simple, mon capitaine : c'est droit vers eux qu'il faudra courir.

— Vous n'avez pas le choix... Tout de même, hein ?... Ça fait trois cents mètres.

— A peu près. Nous n'y pouvons rien. »

Devant l'église, deux hommes nous attendaient.

« Lieutenant Mothes, dit l'un ; commandant la 6e compagnie du 132.

— Sous-lieutenant Tastet, dit l'autre.

— Vos sections sont arrivées ?

— Deux seulement. Les autres sont restées au ravin. Elles y attendent les vôtres pour en partir et nous rejoindre ici.

— Charmant petit jeu ! s'exclame le sous-lieutenant. Heureusement que les Boches roupillent tard ! Pas une balle !... Et vous n'en aurez pas non plus.

— Savoir...

— Voulez-vous parier ? Deux bouteilles de champagne ! Nous trouverons bien le moyen de les boire ! »

Le sous-lieutenant Tastet parle avec un entrain juvénile, qui séduit. Il me regarde, le visage éclairé de rire. Et tout à coup, presque ensemble, nous nous écrions :

« Vous n'étiez pas à l'école de Joinville, en mai 1912 ?

— Si, parbleu !... Tu y étais ! Nous y étions ! C'est épatant comme on se retrouve ! »

Tastet rit encore, à pleine gorge. Une barbe de huit jours hérisse sur ses joues une brousse de poils raides, couleur d'épis mûrs. Tous ses mouvements ont une prestesse, une vivacité souple qui sont une joie des yeux : dès l'abord, et de plus en plus, on l'aime de vivre avec alacrité.

« Ah ! Ça fait rien ! Je suis content de te retrouver !

— Moi aussi », dis-je, très sincère.

L'arrivée de Chapelle, sac au dos, fait diversion :

« Mon lieutenant, les deux sections, all's sont rassemblées.

— Au revoir, mon vieux, dit Tastet. Pas une balle, tu verras ça !... Ah ! dis donc, et le champagne ? C'est tenu ?

— C'est tenu. »

J'ai pris la tête de la petite troupe et la guide sur la route de Combres, le long des maisons. Derrière moi, c'est un bruit confus de paille piétinée, de cuirs qui craquent et d'haleines rudes.

Voici le Longeau, déjà. L'eau est bleue. Les reflets des saules s'y renversent, immobiles.

« Point de direction, la maison grise à deux fenêtres.

— Vu ! »

Une galopade de troupeau ; un tintamarre de baïonnettes dansantes, de bidons, de cartouchières. Je ne quitte pas des yeux le piton, apparu brusquement devant nous, dans la nette lumière du matin, par-dessus les toits des maisons. Une seconde... deux secondes... Le piton a disparu derrière les tuiles. Et pas une balle ! Tastet a gagné son pari.

Pas encore. Il y a les prés, de l'autre côté, ces grands prés bêtes, plats comme un tapis de billard.

« Par deux, derrière moi... Halte... Serrez. »

Mes cent hommes sont là, tassés dans une venelle, entre deux murailles suintantes. Derrière cet angle, le piton reste caché. Quand j'aurai fait un pas, je le verrai, jaune et boursouflé, à sa place. Quand j'en aurai fait dix, les sapins de Combres surgiront à ma droite, piquant le ciel de leur dentelure aiguë. Sous les sapins, des Boches ; sur le piton, des Boches. Les fumées montent, là-bas, dans les branches des pruniers...

« En avant ! »

Ça y est. Le geste est fait. Les cent hommes, à ma suite, ont quitté l'abri des murs. Ils trottent sur les prés ras, en plein soleil, le piton devant eux et les sapins de Combres à leur droite.

Il me semble que mes oreilles se creusent. J'attends le premier coup de feu. Mes yeux sautent d'une colline à l'autre : ils ne voient rien qu'une butte de glaise informe, un bois de sapins suspendu sur la vallée. Autour des fumées bleues, près du talus bordé de quetschiers, les silhouettes des cuistots ont des lenteurs de flânerie. Je les regarde grandir, prendre couleur... Et tout à coup, à mes pieds, un vacarme d'eau battue m'arrête court. Au même moment, j'entends derrière moi la voix de Chabeau qui me crie :

« Pas par là ! Pas par là ! »

Je suis au milieu d'une mare, les deux jambes enfoncées dans la vase, jusqu'aux mollets. D'un effort violent, j'arrache mes souliers de cette gangue, reviens sur mes pas, oblique à gauche afin de contourner l'immense flaque, furieux contre moi-même pour cette inattention ridicule.

« Cette fois, me dis-je, les balles vont siffler. S'il y a de la casse, ce sera de ta faute, imbécile ! »

Les mottes de gazon semblent flotter sur un étang. Je sautille de l'une à l'autre comme sur les pierres d'un gué. Elles frémissent sous mon poids, propageant très loin des ondes circulaires. Derrière moi, mes hommes pataugent à l'aventure. Ils tiennent leur lebel par le canon et s'en servent comme point d'appui ; mais souvent la crosse de l'arme glisse sur une motte et disparaît, happée jusqu'au mécanisme. Beaucoup, embourbés des deux pieds, se débattent comme des mouches collées à la glu d'un papier. J'en vois qui, pour se débarrasser de leur fusil, le piquent devant eux dans l'argile, puis, saisissant leur cuisse à deux mains, tirent et se déhanchent pour libérer leurs jambes captives. D'autres, qui s'agitent dans les flaques, soulèvent des gerbes d'eau où du soleil s'accroche et brille.

Je ronchonne, à mi-voix :

« C'est joli ! C'est réussi ! Au beau milieu du pré ! Je ne pouvais pas mieux choisir ! »

Autour de moi, c'est un grand bruit de boue claquée, d'eau jaillissante. Chaque fois qu'une jambe sort d'un trou, cela fait une détonation gluante, comme un énorme clappement de lèvres.

« Eh bien, mon yeutenant ? Ça vaut, not'e balade ? »

Compain arrive à ma hauteur, en essuyant à sa capote sa main gauche ruisselante de boue. Il me montre un large rire qui distend sa bouche aux dents grises, puis me dépasse, à longues enjambées glissantes : et ses oreilles sans ourlet, soudain traversées de lumière, rient encore, toutes roses, derrière sa tête.

« Par ici ! C'est solide ! Tenez ! »

Il vient de se retourner. Il agite son fusil au bout de son bras levé, et il danse une gigue sauvage, affirmant à coups de talons la solidité du terrain.

« En avant ! Droit sur Compain ! »

Les autres ont vu le geste de ma main, se rallient. Leur grouillement s'étire vers la terre ferme.

« Au talus, maintenant ! Tout droit.

— Pas b'soin d' courir, mon lieutenant, dit Chabeau. I's n' veulent pas tirer, pardi ! »

Au même moment, un coup de feu part des sapins de Combres. Un seul. Quelques têtes se sont retournées ; mais la plupart n'ont même pas cillé... Richomme, dans un soupir, avoue la cause de leur indifférence :

« I's peuvent y aller, maintenant ! On est garé ! »

En effet, les branches des pruniers accrochés au faîte du talus tendent un écran qui monte à chaque pas que nous faisons. Il efface sous son gribouillis d'abord les pentes fauves de Combres, puis la crête d'un noir bleuté, puis le col, enfin la butte pâteuse qui, la seconde d'avant, soulevait à nos yeux l'échine de la colline. Les hommes s'arrêtent près du talus. Ils arrachent des poignées d'herbe mouillée, en frottant leurs mains engluées de boue fraîche. Et cependant les caporaux, à coups d'appels, reprennent possession de leurs escouades respectives.

« Cerfeuil ! Où qu'est Cerfeuil ?...

— Ho ! Cerfeuil !

— Tenez, là-bas, visez-le ! »

Des rires roulent en ouragan. Des mains se tendent, montrant une espèce de boule, un paquet de vêtements qui s'agite au milieu du pré.

« Tu parles d'un bide !

— Hardi, la Bombonne !

— Jamais d'la vie i' pourra s'arracher !

— I'va s'faire moucher, l'pauv'e gros !

— Penses-tu ! Les balles, a' s'noyeraient dans sa graisse. »

Mais un nouveau coup de feu glace les rires. Cerfeuil, enlisé jusqu'aux genoux, le bas de sa capote trop longue baignant déjà dans le bourbier, s'épuise en élans furieux de l'encolure et des épaules. Alors Butrel s'avance vers moi :

« J'vas l'pêcher, mon lieutenant ?... »

Des acclamations lui coupent la parole, qui saluent la délivrance de Cerfeuil : une dernière convulsion l'a jeté à la terre ferme ; il arrive en trottinant, le ventre secoué, le sac de travers, le fusil dansant à l'épaule. Et, comme les boutons qui tenaient relevés les coins de sa capote ont craqué à ses soubresauts, les pans du vêtement rabattus flottent autour de ses jambes comme une jupe.

« Tu vas voir, dit Grondin ; i'va s'prendre les pieds dans ses cottes et s'fout'e par terre avant d'arriver.

— Non !

— Si !

— Ça y est !

— Dis, t'as vu ? Il a r'bondi comme du caoutchouc ! »

Cerfeuil se relève, nous rejoint. La sueur lui coule à travers le visage, brouille ses yeux et trempe ses moustaches, qu'il assèche du plat de sa langue.

« Tu parles d'un biseness », dit-il.

Et ses joues gonflées de rire brillent d'un luisant gras, comme si elles étaient ointes de vaseline fondue.

« Colonne par quatre ! »

Nous reprenons notre marche, suivant le talus. Au-dessus des bouthéons logés au creux des niches, des vapeurs montent, qui apportent aux narines une puissante odeur de haricots et de choux. Mes hommes reniflent au passage et affirment, sans fausse honte, de mélancoliques convoitises :

— Nous aut'es, on se l'accroche.

— Même de jus, qu'on s'est bombé c'matin !

— Ça vous empêchait toujours pas d'courir, goguenarde un cuisinier.

— Hé, dis ! Tu veux y aller, là où qu'on d'vient ? C'est pas sur toi qu'i's ont tiré, les Boches ! »

— C'est sur vous, p't-êt'e ?

— Non, c'est sur un moigniau !

— C'est pas sur vous, j'te dis !

— A cause ?

— Ecoute, te fâche pas. J'vas t'dire... »

Il nous accompagne, un instant, sautant d'un rang à un autre pour répondre aux questions qu'on lui jette.

« J'vas t'dire : les Boches, j'sais pas c'qu'i's ont d'puis qué'ques jours ; mais i's tirent pas, ou si peu que rien. Y a juste un piqué en haut d' la grande butte, tu sais, la crête que y a des sapins ?... y a juste lui qui balance un coup d'flingue, par-ci par-là, histoire de s'entret'nir la main.

— Et sur quoi qu'i' tire ?

— Sur rien. En l'air. Mais i' s'arrête jamais, ni jour ni nuit. Nous aut'es, on l'appelle *Ernest ;* d'aut'es fois, on l'appelle *le fou d'Combres.*

— Et d'après toi, c'est pas sur nous qu'il a tiré ? Ni sur la Bombonne non plus ?

— Pisque j'te dis qu'i' tire en l'air ! I'vise jamais ! I' joue tout seul.

— Il est louf, quoi !

— Oh ! Attends ! Dis pas ça trop vite ! Moi, j' t'ai répété c' qu'on jaspine... Mais j'ai mes idées, que j' pourrais dire.

— Ah !

— Oui, mais j' la boucle.

— Dis tout d' même...

— Ben voilà : y a pus de Boches ed'vant nous ! »

Si le cuistot escomptait un effet, il l'a. Les exclamations grêlent : « Sans blague ?... Tu cherres !... Non, vrai, tu crois ?

— Voui, y en a pus. Ou pus qu'un : juste Ernest. Les aut'es, i's ont mis les voiles. Mais crainte qu'on s'en aperçoive, i's ont laissé un volontaire là-haut, avec un grand tas d'cartouches ; et i's y ont dit d'faire péter son flingue, souvent, pour nous faire croire qu'i's étaient toujours là. Mais bientôt, il aura pus d'cartouches, Ernest. Et alors, tu voiras : i'f'ra comme ses copains, i' s' barrera dans son cochon d' pays.

— Mais dis donc, à c' compte-là, on n'aurait plus pour longtemps, d' la guerre ?

— Espère seulement, fils, et rappelle-toi de c' que j' te dis : y a deux mois, Guillaume croyait qu'i' nous boufferait à la croque au sel. Mais depuis, y a eu la Marne : bec de gaz ! De c' jour-là, il a compris qu' c'était loupé. Et à c' t' heure i' rappelle ses Boches, en douce, pour causer tranquillement d' la paix.

« Aussi laisse faire : ceux qui vivront encore quinze jours, ceux-là, i's s' s'ront tirés d' la guerre... A r'voir, et bonne chance ! »

Il retourne, en courant, vers ses marmites. Les nôtres marchent, silencieux, rêvant de paix prochaine, les yeux brillants d'avoir eu au cœur, un instant, la chaude joie du retour évoqué. Mais la boue pèse aux souliers. Des coups de feu claquent à notre droite, sur le versant ennemi ; et, quand nous nous enfonçons dans le bois, parmi les épines noires et les acacias jaunis, les yeux se sont éteints et les visages assombris.

« Et voilà, dit Pannechon. Y a trois jours, on était ici. Aujourd'hui, on nous y ramène... Et c'est toute not'e guerre d'à présent : quante c'est fini, faut r'commencer. »

VII

DÉFENSE DE TIRER

23-25 octobre.

Le secteur, cette fois, semble calme. Depuis deux heures que nous sommes en ligne, pas une balle n'a sifflé sur nos tranchées. Un soleil sans ardeur glisse au long de la pente. Par-dessus le parapet de mottes, on aperçoit, entre les sapins qui bordent la lisière, la montée broussailleuse du plateau.

Nous avons grimpé plus haut qu'au précédent séjour. J'ai installé deux de mes escouades en poste avancé, à une centaine de mètres au-dessus des sections. Notre mission n'est que de surveillance : nous ne devons tirer que si les Allemands nous attaquent.

« On s' barbe, mon lieutenant, me dit Pannechon. »

Il bâille en renversant la tête et montre ses dents de jeune chien, blanches autour du palais rose.

« Fait un temps d' flemme ; je m' sens cossard. »

Il bâille encore, à n'en plus finir.

« Rien d'étonnant... Quoi qu'on fout tout l' long du jour ? Rien,

rien, rien. Quante on s' réveille, on attend d' becqueter ; quante on a becqueté, on pense à r'commencer. L' temps vous dure à force qu'il est vide. Des fois, on écrit aux vieux : ça distrait ; mais faut pas abuser, crainte du cafard ; et puis on n' peut pas tout leur dire... Alors on reroupille, on ouvre un œil quante ça bombarde, les deux quante les cuistots s'amènent ; et puis on roupille encore... On vit pas seulement à moitié, on d'vient tout mou... Et quoi qu'on y peut ? Juste dalle !... »

Le bruissement d'un pas sur les feuilles mortes l'interrompt. Il lève le nez, hasarde un coup d'œil :

« C'est une sentinelle qui descend... C'est Biloray ! Hé ! La Fouine ! Par ici ! »

Le museau futé de Biloray apparaît entre deux arbustes. Son regard croise le mien, s'allume.

« Tant mieux qu' vous êtes pas en bas, mon lieutenant. J' suis content d' vous parler tout d' suite.

— Du neuf ?

— Un peu ! »

Son corps souple glisse par-dessus le parapet, qu'il effleure à peine des reins, au passage.

« Ben vous savez, dit-il, tout c' qu'i's nous ont raconté, ceux du 132 : qu'on voyait les Boches nez à nez, qu'i's travaillaient à découvert à cinquante mètres devant nous, qu'y avait même de leurs gradés avec eux... Ben c'est vrai !

— Qu'est-ce que tu nous chantes là ? Qu'est-ce qu'ils vous ont raconté, ceux du 132 ?

— Comment ! Leur adjudant vous a pas dit, en partant ?... Mais les bon'hommes nous ont parlé que d'ça !

« Tout l' temps qu'on est resté en ligne, qu'i's nous ont dit, les Boches ont pas arrêté d' piocher à la lisière. Nos sentinelles les voyaient s' balader en liberté, tout d'bout, la pipe au bec et l'air de s' payer not'e gueule... Dame ! On nous avait défendu d' tirer ! »

— Et ce matin ?

— Encore ! Quante j'ai pris la faction avec Grondin, y avait rien. Et puis tout d'un coup, y en avait une vingtaine su' l' chantier. Et j' te pioche ! Et j' te pelle ! Et j' te fume la bouffarde ! C'est tout juste si i's chantent pas... Et y a l' père Noël qui les surveille.

— Le père Noël ?

— Un officier boche que les copains nous ont passé en consigne, à la r'lève. Un grand birbe avec une barbe blanche et des joues d' lardon toutes roses ; ça fait qu'on sait pas si il est vieux ou jeune : c'est marrant !... Oui, mais quante j'ai vu ça, j'ai laissé Grondin en faction derrière son arbre, et j'ai descendu vous prévenir.

— C'est bon. Je te suis. »

Nous gravissons la pente, aussi vite que nous le permettent les ronces qui rampent à fleur de terre, toutes frémissantes de feuilles mortes prisonnières.

« Psst !... Grondin ! »

L'homme, collé à un tronc gris, se retourne. A la question muette que lui posent nos yeux, il fait « oui », de la tête.

« Mettez-vous tout d'bout, mon lieutenant, juste comme je suis. On va s'asseoir cont'e les racines, nous deux, pour que vous puissiez r'garder plus à l'aise...

— Qu'est-ce qu'on entend ?

— C'est eux. »

Des tintements légers sonnent sur le plateau, tantôt à peine perceptibles, tantôt si clairs qu'il semble que les pioches s'abattent à quelques mètres de nous, juste à la lisière du bois. Je me suis dressé le long du hêtre ; et, m'appuyant des deux mains à l'écorce, j'avance la tête, doucement, doucement... »

« Vous pouvez y aller d'confiance, mon lieutenant. I's savent qu'on est là, soyez sûr ! »

J'ai bien entendu ces paroles de Grondin, mais comme s'il les avait prononcées de l'autre côté d'un mur. Car je viens d'être jeté ailleurs, comme bousculé par mon premier regard ; quelques sapins à contre-jour, noirs sur un fond de ciel éclatant ; un étincellement de flaques d'eau parmi les mottes brunes des champs ; une ligne jaune de terre remuée ; et le long de cette ligne, entre les sapins sombres et la limpidité du ciel, un grouillement d'hommes vêtus de gris.

Je les vois là, devant moi. Si, au lieu de m'arrêter contre cet arbre, j'avais continué à marcher, une trentaine d'enjambées m'auraient porté au milieu d'eux. Ils travaillent : le fer des pics luit, par instants, sur des têtes à bérets plats. Des pelletées de déblai jaillissent du sol, glissent et s'éboulent le long du parapet de la tranchée qu'ils creusent. Elle est encore peu profonde, un mètre à peine ; chaque fois qu'un terrassier se redresse pour reprendre haleine, tout son buste émerge du sol, et ses mains apparaissent, croisées à hauteur de poitrine sur le manche de son outil.

Grondin et Biloray se sont levés à mes côtés, hardiment, et regardent, les yeux agrandis.

« Ça fait rien, chuchotent-ils, ça, c'est neuf ! »

Derrière la tranchée boche, un homme marche à pas indolents, la tête basse et les mains dans le dos. Les manches de sa capote ont de larges revers, et le vêtement serré du haut, sanglé à la taille par une courroie fauve, s'évase dans le bas à longs plis raides.

« C'est lui ! L' père Noël », souffle Grondin.

L'Allemand, arrivé au bout du chantier, a fait volte-face ; et il revient vers nous, disparaissant parfois derrière un sapin, puis nous montrant, plus nets à chaque éclaircie, les traits gras de son visage, ses joues roses et sa barbe fleuve, d'un blond si pâle qu'elle semble blanche.

« Bon ! En v'là un aut'e qui s'amène.

— Et les v'là qui causent tous les deux !

— Vous croyez pas, mon lieutenant ? Si les bérets s'arrêtaient d'piocher, on entendrait d'ici leur baragouin, aux deux casques.

— Dis, Grondin, çui qui vient d's'amener, ça s'rait pas Résurrection ?

— Je l'pense.

— Ah ! ça, m'écrié-je, vous les connaissez donc tous ?

— Pas encore, mais ça viendra. Çui-là, l'petit rouge, on l'avait pas encore vu. Mais à c'que les copains nous ont dit, on suppose que c'est Résurrection... Un nom qu'i's y ont donné, pa'ce que du temps qu'on pouvait tirer, i's ont cru l'avoir dégonflé deux ou trois fois : mais l'lendemain matin on le r'voyait toujours, avec sa gueule de viande crue, son carreau su' l'œil et sa moustache en balai d'gogues.

— Vise, dit Grondin ; i's s'en vont.

— Ah ! mince !... Où qu'i's sont passés ?

— Ils ont dû sauter dans un boyau.

— Mais on les aurait vus ! Au lieu d'ça, rien. I's ont fondu tout d'un coup, d'vant nos yeux. Enfin !... Enfin ! »

Grondin, les bras pendants et la bouche entr'ouverte, continue de fixer la place où se tenaient les officiers allemands. Puis il secoue la tête et dit, sentencieux :

« Tout ça, c'est surnaturel. »

Mais Biloray cligne de l'œil et sourit :

« T'en fais pas ! C'est des gars comme nous : à présent qu'leurs gradés sont partis, i's font la pause. »

On n'entend plus les chocs des pics mordant le sol, ni le froissement des pelletées de terre. Au-dessus du parapet, des hommes blonds surgissent un à un. On les voit jusqu'à la ceinture. Ils sont tous coiffés du béret plat à bande rouge, vêtus de tuniques verdâtres maculées de glaise ; trois sont en manches de chemise ; il y en a un dont le nez minuscule est flanqué de lunettes énormes, lourdement cerclées d'écaille.

« Ah! dis, çui-là! »

Grondin signale un colosse roux qui vient de s'asseoir, d'un bond, sur le parados. Cet homme fouille dans sa poche, en sort une blague en tricot rouge, puis une pipe qu'il se met à bourrer. La flamme d'une allumette tremble au bout de ses doigts, falote dans le plein jour ; et rythmiquement des bouffées de fumée nimbent sa tête, bleuâtres et lentes à se dissoudre.

« Ah ! dis, et çui-là ! »

En voici un second, venu de plus loin à gauche, et qui flâne dans le chaume. Ses demi-bottes sont gainées d'argile ; sa tunique ouverte découvre une chemise de cotonnade à raies roses ; il fume aussi, une cigarette grosse comme le pouce.

« Alors quoi, tous ? »

Les Allemands, l'un après l'autre, sortent de leur tranchée. Ils appuient leurs mains sur le rebord, et s'enlèvent d'une détente des jambes et des reins. Ils vont et viennent, à pas de promenade. Presque tous fument ; quelques-uns mangent. Une fraîche clarté de soleil les enveloppe. Elle se tamise sur nous d'ombres fines, frissonnante un peu du frémissement des branches. Un tout petit oiseau, couleur de feuilles mortes, fait bruire à nos pieds les broussailles sèches, volette quelques pas plus loin, disparaît sous un paquet de ronces. Mais on entend toujours son cri monotone, une même note plaintive, au timbre aigu et rouillé.

« Qui c'est qui monte ?

— C'est Pannechon, qu'on dirait... »

Je l'accueille mal :

« Est-ce que je t'ai appelé ?

— Non, mon lieutenant... Quand même, dites, rien qu'une minute ! Rien qu'un coup d'œil ?... J'vous en prie... »

Il se hausse sur la pointe des pieds, parvient à voir par-dessus mon épaule.

« Aïe ! ma mère ! C'est rien d'dire qu'i's sont culottés ! Ah ! non, mon lieutenant, laissez-moi ! On voit ça qu'une fois dans sa vie !... Mais i's vont v'nir, ces enfants d'cochons ! I's vont v'nir nous d'mander du tabac ! Et on tire pas ! On les laisse faire !... Ah ! Sans blague ! »

Il a pris sa posture d'affût, le cou tendu, les sourcils froncés. Soudain, il a un grognement étrange, un cri guttural que retiennent ses lèvres serrées.

« Tu t'rouves mal ? demande Biloray.

— R'garde voir... Là... Oui, là, juste au-d'sus, à gauche du sapin qu'a une branche cassée... Tu l'as ? Et toi, Grondin ? Et vous, mon lieutenant ?... Pourquoi qu'i' r'tire sa capote ?... Et qu'i' déboutonne ses bretelles ?

— Sans charrier, dit Grondin, i' va fort. »

Pannechon, à ce coup, ne se possède plus.

« Fumier ! Pourriture ! Mal élevé ! Faut-il qu'on soye malheureux, pour êt'e forcé d'voir un cul d'Boche à nu !

— Tu n'es pas obligé de regarder.

— J'peux pas m'en empêcher : ça m'hypnotise... C'te cible ! Un enfant d'six mois f'rait mouche !... Mon lieutenant, dites, rien qu'une balle, une 'tite balle pour le torcher ?...

— Défense de tirer, Pannechon.

— Ah ! c'te guerre ! gémit-il. On aura tout vu, tout supporté ! Pourquoi c'te défense de tirer ? A quoi qu'ça rime ? C'est-i' pa'ce qu'i's nous foutent la paix ? On l' sait bien, pardi, pourquoi qu'i's nous la foutent ! I's piochent, i's creusent, i's ont besoin d'êt'e tranquilles. Et nous aut'es, pauv'es pochetées, on marche. On dit : « Ces Boches, tout d'même, c'est pas des mauvais bougres. » Oui ! Ça va ! En attendant !... Dans deux trois jours, quand i's s'ront installés à la lisière, dans la bonne tranchée qu'on leur aura laissé creuser, i's nous serviront un p'tit concert aux pommes. Bon Frantsouze, tu les entendras, les pruneaux ! Et alors, tu chialeras, tu diras : « Les Boches, c'est des crapules. » Mais tu diras pas : « Moi, j'suis une andouille. »

« D'abord, mon lieutenant, ceux qui nous ont défendu d'tirer, est-ce qu'i's sont v'nus s'rend'e compte sur place ? Pensez-vous ? C'est toujours pareil : ceux qui savent pas, c'est juste ceux-là qui commandent. »

Toujours pareil, en effet. Toujours le même dogmatisme raide, la même fate confiance en soi, le même refus de se soumettre aux faits.

Redescendu à la tranchée d'escouade, assis sur une litière de feuilles mortes et m'appuyant contre mon liseur de mica, je rédige une note sur une feuille de carnet. Je dis ce que je viens de voir : les travaux des Boches à la lisière, leur tranchée approfondie d'heure en heure, la menace pour nous de cet ouvrage avancé, qui battra toute la pente et rendra le sous-bois intenable. Et je sollicite, sur un ton pressant, l'autorisation de tirer... Voilà. C'est fini. Quelques lignes sur un papier ; ma signature au bas ; mon grade ; sous-lieutenant... Bah ! Autant en emporte le vent.

« Raynaud ?... Pour le lieutenant Porchon, tout de suite. »

Porchon va lire cette note et la transmettre au bataillon. Du bataillon, elle sera transmise au régiment. Après ?... Je ne la suis pas au-delà. A quoi bon ? Là-bas, à Mesnil, plus loin encore, à Rupt, on sait mieux que nous ce qui se passe au ravin des Eparges. On a des plans, dressés à grand renfort de tire-lignes et de curvimètres, où des méandres rouges figurent les tranchées et les boyaux ennemis, et de petits ronds verts les arbres des bois. On a des plans, et des idées à quoi l'on tient. Vieilles idées, idées solides, et qui ont ceci d'admirable que le réel doit accepter leur loi sous peine de n'être plus qu'un mythe... Ma pauvre petite note ! Pâle reflet d'un réel qui n'est pas orthodoxe, et à quoi l'or de mon unique galon ne saurait redonner la vie !... Résigne-toi, chef de section ! « Becquette et roupille, comme dit Pannechon, et laisse-toi casser la gueule sans avoir cherché à comprendre. »

Calme plat. Ni balles, ni marmites. A chaque relève de sentinelles, des hommes qui descendent signalent la même activité des Boches : leurs équipes se relaient là-haut, la ligne jaune du parapet s'alourdit, on ne voit plus dépasser que les têtes des travailleurs, puis seulement les coiffes de leurs bérets, puis rien. Mais les pelletées de terre qui jaillissent du sol témoignent qu'ils creusent toujours.

Il va faire nuit. Les cuistots sont passés. Les premières étoiles clignotent à travers les branches. Une torpeur grandissante enveloppe le bois :

« Pus qu'deux jours demain matin, mon lieutenant. Ça peut !... Mais savez-vous où qu'on ira, en partant d'ici ?

— A Mont, je pense.

— C'est bien mon avis... Et vous r'tournerez chez la vieille ?

— Je pense aussi.

— Ben, c'est tant pis. C'te rombière-là, j' peux pas l'encaisser !

— Tu as encore sa mirabelle sur le cœur...

— J' vous jure que non, proteste Pannechon. C'est sa bouillotte qui me r'vient pas... Vous devriez chercher logis ailleurs.

— On verra, peut-être...

— Faut dire ça mieux, mon lieutenant ! R'marquez un peu : ça va être la première fois d'puis l' début qu'on va r'tourner au même patelin d'où qu'on était monté aux lignes. On y r'trouvera les mêmes maisons, les mêmes granges, les mêmes civils, les mêmes habitudes, pour tout dire... Et faut pas s'y tromper : c'te vie-là va durer longtemps. Les bavards ont beau nous bourrer l' crâne avec leurs histoires de paix, répéter qu' les Boches en ont plein l' train et qu'on s'battra plus l' 7 du mois prochain...

— Qui a dit ça ?

— Un sergent du 132, à la r'lève ; le n'veu d'un député, paraît : v'là un mec, avec ses tinettes, qu'a rendu idiots la moitié d' nos bon'hommes !... Mais c'est pas l'affaire, mon lieutenant. Dans la vie qu'on va m'ner maintenant, ces trois jours dans un patelin où i' n' tombe pas une marmite, ça s'ra la vraie pause du bon Dieu. Alors, croyez-moi, les galvaudez pas. Cherchez-moi une maison pépère, chez des braves gens comme y en a. Et occupez-vous dès c' coup-ci, en commençant par me laisser tomber c'te vieille poison, qui vous fait mal à la r'garder, et qui vous supporte seulement pa'ce qu'all' peut pas vous fout'e dehors. On dit qu' la nuit porte conseil : vous s'rez p't-êt'e décidé d'main matin. »

A peine a-t-il achevé qu'une ligne de courtes flammes raie la nuit, et que déferle sur la pente le fracas roulant d'une salve.

« C'est-i' qu' ça r'commencerait ? murmure Pannechon, tout contre moi.

— Mais non ! Mais non ! »

Et pourtant, en moi comme en lui, cette salve vient de cingler les souvenirs de notre dernière nuit d'avant-postes, ici même. Il y a quatre jours de cela ; et déjà nous avions oublié, tant on oublie vite à la guerre. Mais en cette minute, il me semble que je n'ai jamais quitté ce bois noir, où la fusillade crépitait.

« Les vaches ! » grogne Pannechon.

Un vol de balles nous courbe sous son sifflement, bref comme celui d'une faux.

« Les vaches ! répète-t-il. I's tirent de tout près. I's sont dans la tranchée qu'on leur a vu creuser... Hein ? Qu'est-ce que j' vous ai dit tantôt ? »

Près de moi, dans l'agglutinement des ténèbres, la peur secoue les hommes qui dormaient, les fait se dresser en sursauts de bêtes inquiètes.

« Mon lieutenant ?

— Qui va là ?

— Sergent Souesme... Est-ce qu'il faut tirer ?

— Non. Que les hommes veillent, simplement.

— Bien. »

J'entends ses semelles écraser la boue. Puis la salve que je guettais déchire la nuit. Il m'a semblé, comme elle jaillissait, percevoir l'aboi d'un commandement.

« Pannechon ! Crois-tu qu'ils soient nombreux ?

— Sûr que non.

— Une quinzaine ?

— Qué'qu' chose comme ça. Mais c' qu'i' a d' bon, c'est qu'i's bougent pas : signe que y a pas d'attaque dans l'air. »

Entre chaque secousse de bruit, on retrouve le sommeil de l'espace. Les lignes françaises, les lignes allemandes demeurent pareillement silencieuses. Chaque vivant pourrait se croire seul, dans le coin de tranchée où il se tient blotti.

« Encore une ! Ça part toujours du même endroit... Mais quoi qu'i's veulent ? j'me l' demande ! »

Peut-être provoquer une riposte, nous amener à dévoiler ainsi l'emplacement exact des postes avancés qu'ils soupçonnent. Peut-être nous tenir en respect et couvrir les équipes qui continuent de piocher, tout près. Une chose est certaine : ils n'attaqueront pas. Dès lors taisons-nous, puisque aussi bien nous avons ordre de nous taire.

Je compte trois salves encore. La dernière se disloque, s'éteint sur un coup de feu retardataire, brusquement jailli, comme une flamme d'un foyer mourant. La tranchée obscure a cessé de frémir ; il monte d'elle des respirations tranquilles, alenties de sommeil : la paix est sur le bois, pour toute la nuit.

***

« Alors quoi, c'est la pause ?

— Pas d' factions ; pas d'corvées...

— Des copains pour veiller sur nous... »

Assis serrés derrière le parapet, mes hommes bavardent, pour tuer le temps. Nous sommes descendus aux tranchées de soutien, à mi-pente, remplacés là-haut dès l'aube par les camarades de la deuxième section. Porchon est monté avec eux. Je l'attends.

« Quelle heure, mon lieutenant ?

— Huit heures.

— Seulement ?... Bon Dieu qu' c'est long ! »

Consigne : ne rien faire. Ne pas bouger ; ne pas se lever ; ne pas parler haut... S'ennuyer.

On s'ennuie. On fume des pipes ; on somnole ; on digère. J'en arrive à vouloir m'ennuyer, à recreuser mon ennui par besoin de me sentir vivre. Je n'attends rien, n'espère ni ne redoute rien : je m'ennuie.

« Une place pour moi ? »

C'est Porchon qui arrive de là-haut, gourdin au poing, et qui sollicite un coin de litière. Il allonge ses jambes glaiseuses et, de toute sa mâchoire, il bâille.

« On s'ennuie, dit-il.

— Oui.

— J'arrive de là-haut.

— Je le vois bien.

— C'est vrai... Tu as du tabac ?

— Voilà. »

Il entreprend de bourrer sa pipe, s'interrompt, une pincée de tabac aux doigts :

« Tu ne m'as pas demandé ce que j'avais vu.

— Je m'en doute.

— Rien que tu ne saches, en effet : des Boches qui piochaient.

— Toujours défense de tirer ?

— Toujours.

— Alors, quoi faire ?

— Un rapport.

— Encore ?

— Dame ! »

Avec un soin presque rituel, il coiffe sa pipe d'un bout d'enveloppe déchirée, choque le silex de son briquet, dont il promène la mèche incandescente sur toute la surface du papier. Ayant achevé, il fume à grosses bouffées, l'embouchure de corne au coin de la bouche, les lèvres serrées.

« C'est tout ce que tu me dis ?

— Qu'est-ce que tu veux que je te dise ? J'ai la tête vide ; je me sens idiot.

— Comme moi. »

Il s'en va, soulevant à chaque pas les feuilles mortes. Je voudrais le rappeler, tant je me sens le cœur écrasé de solitude. Contre mes jambes, le corps de Pannechon, endormi, effondré sous sa couverture, fait un tas brun, couleur de boue. Si je pouvais dormir comme lui, glisser à cette inconscience, cesser d'être pendant que du temps mourra !... Mais je n'ai pas sommeil. Non loin, quelqu'un chantonne, pour lui tout seul. A deux pas de moi, Pinet taille un lacet dans une rognure de cuir. Peut-être, si j'écrivais ?... Mais je ne le désire pas. Vouloir écrire, ne serait-ce pas, déjà, être sauf ?

Machinalement, j'ai détaché une motte du parapet, un bloc d'argile grasse où mes doigts creusent des empreintes si nettes que les fins sillons de la peau y laissent visible leur labyrinthe. Je la pétris, la roule entre mes paumes : une vraie glaise à modeler... Et pourquoi pas ? Essayons de ce portrait.

Sous mes doigts, la terre malléable prend forme, peu à peu. J'éloigne l'ébauche à bout de bras, la fais tourner, l'examine avec des clins d'yeux d'expert. Je suis content, me l'affirme à voix haute !

« Pas mal du tout ! »

C'est passionnant, ce modelage. La glaise happe un peu trop aux doigts, mais elle est ductile et souple.

« Aâââh !... » dit Pannechon qui s'éveille.

Il rejette sa couverture et s'assied, les jambes encore empaquetées. Ses yeux limbés de sommeil vaguent à l'aventure, peu à peu redeviennent vivants.

« Quelle heure qu'il est, mon lieutenant ?... Tiens ! Qu'est-ce que vous faites là ?

— Regarde.

— Ah ! mince ! Résurrection !

— Il est ressemblant, n'est-ce pas ?

— Craché !... Mais vous y avez bouché un œil !

— C'est son monocle. »

Il s'est rapproché, en progressant sur les fesses, considère de près la figurine et s'extasie :

« Y a pas ! Tout y est : la moustache, les trous du nez, même la jugulaire du casque ! Et tout en terre !... Mais c'est la pointe, surtout !... »

Il en approche un doigt, timidement, le retire :

« J'ai envie d'y toucher, mais j' l'abîmerais. Vous y avez rien mis d'dans pour la faire tenir ?

— Rien du tout.

— Ben c'est calé ! Mais dites, vous pourriez faire aut'e chose ?... Une aut'e tête ?... Vous pourriez faire Guillaume ?

— Bien sûr !

— Faites-le, pour voir ? »

La transformation est rapide : quelques ravines à travers le visage, le nez plus long, la bouche plus âpre, et deux moustaches à angle droit, qui vont crever les deux yeux.

« Voilà.

— Ah ! Pour le coup ! Hé ! Raynaud, vise la gueule à Guillaume !... Mais montrez donc, mon lieutenant ! Faut qu' les copains voyent ça, tout d' même ! Attendez ! j' vas l' fiche su' l' grand piquet, au coin d' la tranchée. »

Sitôt dit, sitôt fait ; l'effigie du kaiser s'érige à la pointe du pieu.

Et Pannechon convie la section à partager son enthousiasme :

« Hein, Pinet, ça t'la coupe ?... Et toi, Chabeau, qu'est-ce t'en penses ?... Compain ! Ben quoi, Compain ! Il est sourd, c' manche-là !

— C' qu'y a ? fait Compain, qui dormait.

— T'as pas vu Guillaume ?

— Où ça ?

— Su' l' pieu, là. »

Compain allonge le cou, pousse un grognement, se lève d'un bond :

« Salaud ! Crapule ! Buveur de sang !

— Arrête ! crie Pannechon. Arrête ! »

Mais les doigts de Compain se sont fermés sur mon chef-d'œuvre, se sont crispés avec une vigueur vengeresse. J'ai vu la pointe du casque s'aplatir, la glaise jaillir en mastic pâteux entre les phalanges de l'homme. Levant le bras, il le déclenche d'un geste sec, précipite à ses pieds on ne sait quelle petite chose informe, sur laquelle il crache, et qu'il rend à la terre d'un coup de talon justicier.

« Ça t'apprendra », dit-il.

Et il regagne son coin de tranchée, à pas égaux, sans daigner même se retourner.

Incident clos. Les minutes stagnent. Je regarde le soleil glisser à travers les branches et s'empourprer en déclinant. Une marmite éclate, loin vers la droite, dans le village probablement ; plus loin encore une fusillade pétille, qu'on n'entend plus dès que le vent souffle : le bois Loclont est nerveux, comme chaque soir.

« Allons, mon lieutenant, bonsoir.

— Bonsoir, Pannechon... Qu'est-ce qui s'est passé aujourd'hui ?

— Rien.

— Qu'est-ce qui va se passer cette nuit ?

— Encore rien. »

***

Grand brouhaha, ce matin, aux tranchées d'en haut. Gaubert, qui s'était isolé derrière le tronc d'un hêtre, est remonté très vite ; et il a donné l'alarme, pendant qu'il enfilait fiévreusement les manches de sa capote :

« Des galons, mon vieux ! Des galons ! Y a l' commandant, et puis un artieur, et puis un du génie : i's sont cinq ou six tout dorés.

— I's viennent ?

— J' comprends ! I's m' suivaient... Acré ! Les v' là. »

Dans le chemin en pente, des képis viennent d'apparaître, qui montent vers nous en file, puis des visages dans l'ombre des visières. Comme le premier se lève vers nous, jaune avec de durs yeux noirs, je reconnais le commandant Renaud, notre chef de corps.

« Bonjour, dit-il. Rien de nouveau ?

— Mon commandant, ces deux derniers jours, les Boches ont creusé une tranchée à la lisière du bois, près des sapinettes. Nous n'avons pas pu les en empêcher : il nous était défendu de tirer.

— C'est bien. Continuez ! »

Il a dit cela d'un ton sec, ayant senti le reproche implicite. Mais il redevient aussitôt cordial et bon enfant :

« Patientez quelques heures, allons ! La consigne sera vite levée. »

Je pense : « Il sera bien temps ! »

Je pense aussi : « Ces gens parlent trop fort. Maignan, qui sait à quoi s'en tenir, devrait bien le leur faire comprendre. » Mais le capitaine de la 8e n'en est pas à une imprudence près.

— Vous venez, Séaussau ? dit le commandant à l'artilleur. Il faut grimper encore plus haut. Et vous aussi, Frick ?... Maignan, nous vous suivons. »

Le groupe s'éloigne, signalé à distance par le képi de l'artilleur et le miroitement de ses bottes.

« Etat-major ? dis-je à Porchon.

— Ça se voit ! Les vrais sont plus ternes. N'est-ce pas, Frick ? »

Le lieutenant Frick, resté près de nous, semble peu désireux de suivre la brillante reconnaissance.

« Des blagues ! dit-il. Ils vont chercher un emplacement pour des crapouillots.

— Crapouillots ? Qu'est-ce que c'est que ça ?

— Des mortiers de tranchées. Un essai qu'on veut faire par ici, contre un blockhaus mystérieux.

— Avec assaut d'infanterie à la clef ?

— Plus que probable.

— Mais vous, qui êtes du génie ?

— On parle de miner.

— Racontez !

— Tout à l'heure. Maintenant, il faut que je me grouille. »

Il se sauve, escaladant la pente à foulées vigoureuses. Toute la section est en effervescence. Cette visite inattendue, avec d'ardentes curiosités, a éveillé des inquiétudes. Beaucoup d'hommes se sont levés, cherchant à voir à travers les branches.

« J'crois que j'les ai !

— Laisse tomber. Ça nous r'garde pas.

— Non ? Alors tu t'figures que les huiles, ça s'dérange pour te dire bonjour ?... T'en fais pas, y a qué'qu'chose qui s'mijote.

— Moi j'ai entendu : i's veulent choper un blocausse.

— Comment q'tu dis ça ?

— Un blocausse.

— Quoiqu'c'est ?

— Ben, un blocausse ! Y a qu'les pédzouilles pour poser des questions pareilles !

— Moralité : on est bon encore un coup. »

Brusque, une volée de cinq ou six balles tranche les propos, en chute de couperet. Toutes les têtes se sont tournées vers la lisière où elle vient de crépiter. On écoute.

« Les v'là qui r'descendent ! »

Les uniformes bougent dans les éclaircies, avivés de taches écarlates. Ils approchent, obliquent vers le layon, s'éloignent en descendant la pente. Mais voici apparaître Frick, tête nue, brossant son képi de la manche.

« Alors, vous nous revenez seul ?

— Vous voyez. Les autres cavalent tout droit. Moi, je reste : j'ai du travail ici.

— Et qu'est-ce qui s'est passé là-haut ?

— D'abord que je m'asseye, hein ?... Regardez un peu mon képi. »

Il nous montre le manchon de toile bleue, coupé d'une longue déchirure, et deux trous dans le rebord du drap.

« Une balle ?

— Il semble ! J'ai été décoiffé d'autorité. Figurez-vous... Vous vous rappelez que j'étais resté à la traîne, et que j'étais parti en courant pour rattraper le gros ? J'ai rejoint au faîte, à quelques pas de la lisière. Ils s'étaient arrêtés là et se tortillaient le cou, à qui mieux mieux, pour essayer d'apercevoir ce blockhaus qu'ils veulent détruire. Ça ne les empêchait pas de clabauder.

« — Vous voyez, Séaussau ?

« — Pas très bien, mon commandant.

« — C'est vrai, Maignan ; les arbres gênent. »

« Alors l'autre, sans s'épater :

« — Il n'y a qu'à sortir du bois, mon commandant ! »

« Vous connaissez sa voix, hein ? Ce petit ton tranquille qui ferait d'une poule mouillée un coq ? Il est sorti du bois le premier, comme il serait sorti sur le pas de sa porte. Nous l'avons suivi, sans méfiance. Et tout d'un coup, bzim ! bzim !... entre nos têtes ! Mon képi a valsé à trois pas. Je l'ai ramassé, mais j'ai fait vite.

— Et les autres ?

— Rentrés sous bois avec ensemble. Sauf Maignan, qui gardait une jambe dehors et proposait de repiquer.

— Sans succès ?

— Plus souvent ! »

Frick sourit, de ses petits yeux bleus. Il caresse de la main sa barbe en pointe, drue et dorée ; et soudain, frappant sur sa poitrine bombée :

« Je tiens à ma peau, moi ! Si je la donne, j'entends qu'elle soit payée son prix... Et maintenant, hop ! Au travail.

— Vous allez loin ?

— A deux pas, chez les hommes de votre 3e section.

— Qu'est-ce que vous allez y faire ?

— Des trous dans la terre... On vous verra tantôt ?

— Sûrement. »

Nous le regardons qui s'en va, trapu, les épaules larges, marchant avec solidité sur la piste de boue glissante.

« Quel brave type ! dit Porchon.

— Il me plaît beaucoup.

— Pas épateur pour deux sous, mais un sang-froid et une bravoure... Un chic soldat. »

A son tour Porchon m'a quitté, redescendu aux tranchées d'en bas. Je me sens moins veule qu'hier. Les incidents du matin ont secoué notre apathie à tous. De la vie frémit autour de moi. Mes hommes se sont assis et s'occupent à de menues besognes. On ne voit plus, aujourd'hui, les formes inertes des dormeurs ensevelis sous leurs couvertures. Il fait un froid vif, qui fouette le sang et tient éveillé.

« Alors, mon lieutenant, c'est sûr qu'on est r'levé d'main ?

— Oui, demain... A moins d'imprévu.

— J' vous l' fais pas dire : i' va s' passer des choses.

— Tu est bien malin, Pannechon.

— Charriez toujours ; en attendant, v'là Vauthier qui s'amène.

— Un ordre ?

— Une note. »

Bon, ce n'est que cela : on m'avertit que nos quatre-vingt-dix percutants vont exécuter *un tir de destruction sur les mitrailleuses ennemies. En conséquence, faire redescendre...* Je connais la formule. Notre dernier séjour ici n'est pas encore si lointain que j'aie oublié ce qu'elle annonce : nous allons rire jaune.

En effet, un quart d'heure à peine écoulé, trois obus strident derrière nous, percutent avec ensemble dans le fond du ravin, et distribuent par tout le versant, avec une équité brutale, une grêle d'éclats ronflants.

« Y en a pour longtemps, mon lieutenant ?

— Vingt minutes.

— Alors ça peut !

— A condition qu'on s'fasse tout p'tit.

— Possible. Mais c'est tout d' même foutant d' penser qu' c'est nos artiflots qui nous balancent ça dans les reins ! »

On entend les branches craquer au passage des obus. En bas, des fumées grises se traînent contre la boue. Chaque explosion, suivie d'un glapissement prolongé, lance vers nous le bourdonnant essor des frelons.

« Pour peu qu'ces manches allongent leur tir, on déguste.

— Et ça vient !

— Oh ! Bon Dieu ! La 3e a dû prendre ! »

Deux éclatements ont craqué sur notre gauche, avec une violence inouïe : les obus, arrivant de plein fouet sur le versant, se sont pulvérisés au choc comme des pois fulminants contre un mur. Les éclats arrosent, tambourinent sec les troncs des hêtres.

« Et v'là la fumée, maintenant ; c'qu'elle peut puer !

— Ces veaux-là, mon vieux, ça leur suffit pas d'nous larder : i's nous emboucanent. »

J'ai tendu l'oreille vers la tranchée voisine, anxieux d'entendre un cri humain. Je n'ai rien perçu que les chutes des mottes de terre soulevées par les obus, et qui s'écrasaient une à une. Pourtant une inquiétude me reste, qui me met sur pied et me pousse vers la gauche, par le sentier de boue.

« Pas de mal ?

— Non, mon lieutenant. Rien qu'du vent. »

« A droite, halte ! » lance à mon passage une voix cordiale.

Je me retourne à l'apostrophe, et découvre à mes pieds le lieutenant Frick, à demi étendu sur une couche de terre fraîchement remuée.

« J'en ai soupé, du secteur ! déclare-t-il.

— Les obus ?

— Tout ! Ce matin, il s'en faut d'un poil de grenouille que j'aie le crâne percé. Ce soir, je prends dans le genou un moellon de cinq kilos, retombé de vingt mètres juste sur cette articulation sensible, quand il y avait tant de place à côté. Je ne sens plus ma jambe ; elle enfle.

— Pauvre !

— C'est ça, foutez-vous de moi.

— Je vous assure...

— Bon. Mais dites-moi ce que je suis venu faire ici ? On m'a demandé combien de temps il faudrait pour pousser un rameau jusque sous leur blockhaus. J'ai fait les forages avec la barre à mine : la terre est lourde ; il faudrait six semaines, au minimum.

— Vous êtes loin du compte prévu.

— Si loin, vous verrez ça, qu'on attaquera sans miner. »

Vers le soir, un fort vent d'ouest se met à souffler. Le balancement des cimes fait s'entrechoquer les branches, et les dernières feuilles arrachées tourbillonnent dans les éclaircies. L'air est si chargé d'eau qu'à chaque clin des paupières, on sent sur les yeux la fraîcheur des cils mouillés.

« V'là encore Vauthier, dit Pannechon. Je l'aime bien, c'grand ; mais quand on est en ligne, j'ai jamais d' plaisir à l' voir.

— J' t'ai entendu, dit Vauthier ; c'est pas la peine d'avoir les foies...

— La r'lève ?

— Demain matin... Et puis aut'e chose, mon lieutenant : si on voit des Boches, faut tirer. »

Le visage de Pannechon rayonne :

« Permission d' monter, mon lieutenant ? C'est Richomme et Gaubert qu'est d' faction ; faut leur dire.

— Va.

— Merci, mon lieutenant ! Arrive ici, toi. »

Il saisit son fusil, en fait jouer la culasse et rabat doucement le levier.

« V'là l' pruneau prêt ; s'agit pus que d' bien l' placer. T'en fais pas : j'en aurai un avant qu'on quitte d'ici. »

Quelques minutes plus tard, je le vois redescendre vers moi. Il marche lentement, les yeux à terre, son lebel balancé au bout du bras comme un inutile bâton. Parfois, il glisse des deux pieds, perd l'équilibre et tombe sur les reins. Il se relève sans dire un mot et recommence à descendre, la tête basse, le regard absent.

« Bredouille ?

— Si seulement j'en avais vu !... C'te permission d' tirer, pardi, c'est encore pour se fout'e de nous !... Et d'abord, j' bouge pus d'ici la r'lève. J'en ai marre ! Les Boches peuvent bien attaquer c'te nuit, dix régiments d'un coup : j' me grouille pas d'un centimètre. I's m' f'ront aux pattes ? Et après ! J' suis abreuvé d'humiliations. Je m' fous d' tout.

— En voilà assez, Pannechon !

— C'est vrai. J' me sens pus... Mais qu'est-ce que vous voulez, mon lieutenant, y a pas d' raisonnement qui tienne ! Quante j'étais là-haut, t't à l'heure, et que j' voyais à la lisière c'te tranchée toute neuve, avec un parapet bien aplani et un réseau d' barbelés maous par-devant... Enfin, tout d' même, y a pas à dire ! Les ceux qu'on aurait eus hier, avant-hier, on les aurait guéris d' l'envie d' mal faire ! Au lieu qu'aujourd'hui, i's n'attendent pus qu' l'occasion ; i's la guettent. Je l'ai bien senti, allez, derrière l'arbre qui m' cachait : si seulement j'avais montré ma tête, c'était moi qu'étais déglingué.

— Penses-tu ! Ils t'auraient raté.

— Des dattes ! I's ont c' qu'i' faut pour bien viser, eux ! »

Il se penche vers mon oreille, et souffle comme une confidence :

« Y a des créneaux blindés dans leur parapet. J' les ai vus. »

VIII

LA MAISON AUBRY

26-29 octobre.

Réveil gelé. La pluie, de huit heures, n'a pas fait trêve, noyant les bois, agglutinant les feuilles mortes et délayant la boue. Une aube livide glisse entre les fûts des hêtres dont l'écorce grise se marbre de suintements verdâtres. Dans les plis de ma couverture, des flaques d'eau bougeottent à chaque mouvement.

« Debout ! »

On s'étire, dans les vêtements raidis ; les genoux craquent, l'échine est si douloureuse qu'elle brûle.

« Du silence ! Et faisons vite. »

On entend les sections de relève qui pataugent en bas. Une lente file de soldats monte vers nous. Les hommes geignent sous la pesée des sacs. Leurs mains s'accrochent aux baliveaux ou rament à vide devant eux. Leurs genoux, à tous, ont les mêmes empâtements d'argile boueuse. Ils nous rejoignent, maussades, bientôt hargneux :

« C'est tout c' que vous avez foutu pendant vos trois jours ?

— Pareilles qu'on a laissé les tranchées, pareilles qu'on les r'trouve !

— Pas d'un coup d' pioche, qu'i's s' sont fendus ! »

Mais les nôtres se rebiffent :

« Quoi, c'est bien ça ? On avait bossé, la dernière fois ! Oui ! Mais quand on est r'venu, on s'est aperçu qu' vous vous les étiez roulées à not'e santé. Alors on a fait comme vous : on n'est pas vos nègres !

— Et puis ça va ! Vous pouvez ramener : on fout l'camp. »

Je la vois, la maisonnette blanche, la treille qui rampe contre le mur, le rideau rouge derrière les vitres !

Neuf jours que nous avons quitté la chambre au parquet luisant, où la fenêtre reflétait sa clarté. Et notre hôtesse ?... La voici sur le seuil, qui nous regarde approcher : elle essuie ses mains à son tablier de grosse toile, d'un geste que nous lui connaissons ; et son nez rouge, de loin, nous souhaite la bienvenue... Qu'est-ce qui lui prend ? Elle nous tourne le dos, et plonge dans son couloir, comme un rat dans son trou.

« Bonjour, madame ! Nous revoilà. Nous sommes contents.

— Oh ! mais pas nous, là ! » riposte une voix pointue.

La porte de la salle vient de s'entrebâiller, découvrant une petite femme sèche, dont l'attitude raidie manifeste éloquemment qu'elle nous voudrait voir au diable.

« C'est ma fille, explique la vieille. Elle revient tout juste d'Ancemont. Elle savait point qu'y avait tant d'hommes au pays ; ça l'aura tournée, bien sûr ! »

Les petits yeux ronds de la fille semblent ceux d'une poule en colère ; des gloussements lui échappent, faisant sauter sa pomme d'Adam entre des paquets de tendons. Son visage est le même que celui de sa mère, avec quelque chose de plus revêche encore : un front étroit sous les cheveux tirés trop raide, noués en un terne chignon pareil à une pelote de ficelle sale ; et des joues membraneuses, sous lesquelles on sent les canines.

« Rappelez-vous c' que j' vous ai dit, mon lieutenant, chuchote Pannechon.

— Va-t'en au bain, laisse-moi parler... Alors, Madame, vous n'allez pas nous mettre à la porte ? Non ?...

— Que si ! tranche la donzelle.

— C'est à vous que je m'adresse, Madame. Vous nous connaissez ; vous savez bien que...

— Oh ! mais là, faites point tant d'affaires, s'obstine l'autre. La fois d'avant j'étais point là. A matin, me v'là d' retour : y a pus d' place pour vous coucher, non ! »

Elle écarte ses bras, crispe ses mains sèches au chambranle pour nous barrer l'accès de la salle. Ses pupilles sont noires commes des gouttes d'encre, et ses mâchoires frémissent comme si elles allaient mordre.

« Voyons, Mélie, hasarde la vieille, on s'arrangera...

— Et qu'est-ce que j'aurai pour moi coucher ?

— On s'arrangera.

— Non ! »

Elle secoue la tête, muette désormais, les lèvres pincées, le front têtu.

« Alors, madame, c'est bien non ?

— Qué qu' vous voulez, elle est si propre... Elle craint à ses affaires, voyez-vous.

— C'est non ? »

Hésitante, la vieille femme nous regarde, regarde la Mélie, nous regarde encore ; elle tortille le cordon de son tablier ; elle se tait... Et tout à coup, dans le silence qui s'élargit, la voix de Pannechon éclate comme un pétard :

« Ça va bien ! Ça fait l' compte ! On n'en veut pas, d'abord, de vot'e canfouine ! Alle est pas assez propre pour nous !... Et puis vot'e fille, c'est pire qu'une Boche ! Et puis on l' croirait jamais qu 'vous avez un fils à la guerre ! Faudrait qu' partout où qu'i' passera i' soye reçu comme nous par sa mère ! Vous entendez ? Et faudrait qu'i' sache que c'est d' vot'e faute pour qu'i' puisse vous dire merci ! »

De ce coup la partie est jouée, perdue avec les honneurs.

« Mais de quoi te mêles-tu, diable de... ? »

Pannechon nous regarde en dessous, l'air faussement contrit, les yeux quêtant une indulgence qu'il se sait d'avance acquise :

« Vous êtes pas soulagé, mon lieutenant ? Vous respirez pas mieux ?

— Mais nous sommes à la rue, par ta faute !

— Vous y resterez pas longtemps. Y a qu'à chercher.

— Oui ! Voilà belle lurette que tous les coins sont pris !

— Ça reste à prouver... Faudrait voir... »

Nous déambulons tous les trois au milieu de la rue, distancés par une foule d'hommes en veste, aux flancs desquels dansent des bidons vides.

« Corvée d' pinard individuelle, monologue Pannechon. V'là déjà les civils qui s' sont mis à la page... Tiens, Sylvandre ! Quoi qu' tu veux, pleine lune ? »

Sylvandre, très digne, nous salue Porchon et moi :

« Je viens, dit-il, prendre vos ordres.

— Nos ordres ? Quels ordres ? Prépare le déjeuner, c'est tout.

— Mais où le préparer, mon lieutenant ?...

— Cette question ! A la popote. Tu n'y as pas retrouvé Presle et Lebret ?

— Que si, j' les ai r'trouvés ! Mais i's m'ont vidé.

— Et de quel droit ?

— C'est l' capitaine Rive qui leur avait dit comme ça qu' la popote était trop nombreuse pour la place qu'était trop p'tite : ça fait qu'il avait décidé de s' mettre à part avec le capitaine Maignan et l' docteur.

— Alors, dis-je à Porchon, nous aussi nous sommes vidés ?

— Ça m'en a l'air.

— Et ce n'est plus seulement un couchoir qu'il s'agit de dégoter...

— Mais une crèche.

— La vie est dure... Et toi, Pannechon, le malin, qui rigoles !

— Vous en faites donc pas, mon lieutenant !... Suivez plutôt mon doigt et ouvrez l'œil : vous voyez la maison, à l'entrée d' la venelle là-bas ?

— Je la vois.

— Allez-y toquer d' confiance. C'est des braves gens qui d'meurent là ; les Aubry, qu'on les appelle. T'nez, justement, v'là la mère et la fille qui s' montrent sur le pas d' leur porte. Profitez d' l'occase. Moi j' m'en vas : j' laisse la parole à vos galons. »

Il nous quitte en riant, revient vers nous et me glisse derrière sa main :

« Insistez auprès d' la fille : c'est une jeunesse ; ça a l' cœur tendre. »

Puis, à grands pas, il se dirige vers l'épicerie improvisée qu'assiègent les hommes aux bidons vides.

« Alors, Porchon ?...

— On y va ?

— Qui est-ce qui laïusse ?

— Allons toujours !

Nous ajustons les plis de nos capotes, lissons nos cheveux du plat de la main ; après quoi, le képi avantageux, nous allons droit vers les deux femmes. Elles nous regardent venir. Elles sont debout, côte à côte, au seuil de leur maison grande ouverte ; et leurs visages ont un sourire d'accueil, un franc sourire qui déjà nous étonne, habitués que nous sommes aux visages indifférents, clos de méfiance, plus rebutants au soldat qui passe que des paroles de refus.

« Madame Aubry ?

— C'est moi, dit la mère. Qu'est-ce que y a pour vot'e service ?

— Mon Dieu, Madame, nous voulions vous demander s'il vous serait possible de nous prêter un coin de votre cheminée... et une table.

— C'est pour vous manger ?

— Justement.

— Vous deux ?

— Nous deux... Et aussi quelques camarades.

— Combien qu'i's sont ?

— Voyons, me dit Porchon ; il y a toi et moi ; et puis Ravaud ; et puis Davril...

— Et puis c'est tout ! Alors, Madame, nous serons quatre.

— Oh ! En c'cas, y a bien moyen ! J'avais peur que la place manque, comprenez ! »

Elle nous dit cela comme si elle s'excusait. Elle nous regarde avec une bienveillance presque tendre, maternelle. Ses traits sont fins, sous des cheveux d'un blond terni restés très abondants et souples. Ses yeux bleus ont une douceur un peu triste ; et leurs prunelles pleines de lumière gardent à tout le visage, dont la chair pâle s'est fanée, une expression de jeunesse candide.

La fille, elle, n'est que jeunesse : plus petite un peu que sa mère, les cheveux plus brillants et plus bruns, elle a les mêmes yeux de lumière, aux iris larges, d'un bleu à la fois intense et limpide. La fraîcheur de son teint, d'un blanc un peu doré de hâle, enchante de sa pure perfection. Comme sa mère, elle sourit, entr'ouvrant ses lèvres vermeilles sur des incisives courtes, à l'émail net, et dont les deux plus grandes, en haut, s'écartent un peu l'une de l'autre.

« Alors, comme ça, vous entrez tout d' suite ?

— C'est que...

— Puisque vous nous avez accueillis si...

— Mon Dieu, dit-elle, cherchez donc point autour ! C'est p't-êt'e un lit qu' vous espérez ?

— Eh bien ! oui ! Un lit pour nous deux.

— Mes pauv'es enfants ! Croyez qu' ça m' fait peine de n' point pouvoir vous contenter ! Y a mon lit tout seul dans la salle. Derrière, on n'a rien qu'une tiote chambre, avec un lit pour le père et une alcôve pour la Thérèse. On a bonne volonté, mais c'est les moyens qui manquent. »

Nous balbutions, un peu tristes :

« Qu'est-ce que vous voulez, tant pis...

— Attends, maman », dit la Thérèse.

Elle parle bas à l'oreille de sa mère, qui doucement hoche la tête comme si elle approuvait d'avance. Nous les regardons, le cœur battant d'espoir. M'étant retourné vers Porchon, je souris de le voir qui hoche la tête lui aussi, répétant inconsciemment les gestes de Mme Aubry.

« Mon Dieu oui, dit enfin celle-ci. C'est une chose qui s'pourrait, des fois. Moi j'veux bien qu'tu leur en causes. »

Alors, timidement, avec des mots qui hésitent comme si elle craignait un refus, la jeune fille se risque à parler :

« Et comme ça, dit-elle, vous avez d'logis nulle part ?

— Hélas ! Mademoiselle.

— En c'cas, faut rester, là donc !

— Mais si vous n'avez pas de place...

— On vous en f'ra ! Vous prendrez l'lit du père, vous deux.

— Mais vous allez vous gêner ! Mais nous ne...

— Laissez donc : c'est pas difficile. On couchera dans la salle, nous deux maman, et l'père dormira dans l'alcôve... Y aura pas grand dérangement, allez !

— Ah ! écoutez, Mademoiselle...

— Vous allez pas dire non, tout d'même ! Si on vous offre, c'est d'bon cœur. Alors faut dire oui... Pas vrai, maman ?

— Mais i's n'demandent que ça, tu l'vois bien ! I's boudent à leur envie, ces deux bêtots d'hommes-là. »

Nous nous sentons vaincus d'avance, et tout de suite rions à notre défaite.

« Alors, c'est oui ?

— Mais bien sûr ! Et cent fois pour une !

— Et vous êtes gentille, Mademoiselle, mais gentille !... »

Le frais visage s'empourpre tout entier ; les paupières battent sur les prunelles bleues : Mademoiselle Thérèse, très décontenancée, saisit le bras de sa mère et cherche refuge à son épaule.

« Mais laissez donc... Mais n'en faut point... »

Et soudain relevant la tête, les joues toutes roses encore, mais les yeux brillants du clair sourire revenu :

« On doit bien ça, dit-elle, à des soldats. »

La porte s'est ouverte sans qu'on ait frappé, sous la poussée d'une main familière.

« Bonsoir, les femmes ! »

C'est le père qui vient d'entrer. De taille moyenne, le corps sec et sûr sous son uniforme vert de garde-forestier, il s'avance à la lumière de la lampe et jette son képi sur une chaise. Sa tête est énergique et mâle, petite sous une chevelure drue et sombre où brillent quelques rares poils blancs. Ses yeux gris, dont les sourcils touffus accentuent la pâleur, posent sur les choses et les gens un tranquille regard de force bienveillante. La moustache courte dégage la bouche très rouge, au ferme dessin ; et les seuls muscles des mâchoires, dont on voit les bosses remuer sous la peau, révèlent la sèche vigueur de la musculature entière.

« Tu vois, papa, dit la jeune fille : on a des invités chez nous. T'étais pas là. On a fait comme t'aurais fait.

— C'est bien », répond l'homme.

Madame Aubry, qui disposait le couvert sur la longue table, s'interrompt, des faisceaux de fourchettes aux mains.

« Pense voir ! dit-elle. Y en a deux, d'ces messieurs, qui sont juste de l'âge de not'e Paul : Monsieur Porchon et Monsieur Davril... Mais restez donc assis, voyons !... Vingt et un ans même pas, ces enfants !

— C'est bien », répète l'homme. Et il sourit.

« Que j'te dise : le facteur nous a porté une lettre tantôt... On lui a encore enlevé des morceaux d'os, à c'pauv'e piot.

— Où que t' l'as mise, sa lettre ? »

Elle retire de son corsage la feuille de papier mince, qu'elle déplie avant de la donner au père. On voit les gros doigts trembler un peu lorsqu'ils la saisissent. Les yeux gris suivent les lignes, pendant que les lèvres épellent les mots, tout bas. Et ce rude visage d'homme peu à peu s'éclaire, s'illumine d'une clarté profonde, qu'on sent être le rayonnement d'un cœur. Ayant achevé, le père nous regarde tous quatre, groupés près de la lampe, et qui le regardons.

« Le mien aussi, dit-il, c'est un biffin : un vrai soldat, pour sûr ! Et qui s'est battu comme vous. »

La mère, alors, soupire :

« I's me l'ont abîmé, pourtant... Mon Dieu, pourvu qu'sa figure reste pas marquée toute sa vie ! »

Davril demande :

« C'est une balle de shrapnell, n'est-ce pas, qu'il a reçue ?

— Oh ! mais oui ! La joue traversée, avec des morceaux d'os dans la chair... Mon Dieu, pensez !

— Il est dur, dit le garde. I' s' plaint pas.

— Tout d' même, i' souffre. Ça fait trois fois, pensez, qu'on lui en arrache tout à vif, de ces éclats d'os pointus. Et si loin d' nous, dans c' Midi perdu !... Oh ! mon Dieu, mon Dieu ! »

Et les yeux tristes, où tremblent des larmes, regardent ailleurs, par-delà le mur de la chambre, par-delà l'immensité nocturne, cherchant l'enfant que la guerre a pris et qu'elle a rejeté saignant, avec son pauvre visage fracassé, là-bas, là-bas, si loin mon Dieu !

« Eh bien ! dit le garde. Est-ce que t' pleures pas maintenant ? Et te v'là aussi, la bête de Thérèse, qui fais pareil ! Voulez-vous bien finir, vous deux ! On le r'verra not'e grand ! Est-ce qu'il est pas bien soigné, dans c't' hôpital ? D'mandez à ces messieurs pour voir : y en a d'aucuns, j' parie, qui donneraient gros pour être à sa place ! »

Et, comme nous approuvons des yeux :

« La bonne blessure, pas vrai, c'est la meilleure chance pour vous aut'es... Mais c'est des femmes ! Ça pleure sans savoir. »

« Le dîner est prêt », annonce Sylvandre.

Il tend à bout de bras une vaste soupière fumante, qu'il pose au centre de la table. Madame Aubry, une pile d'assiettes devant elle, nous sert à tour de rôle. L'abat-jour de la lampe jette sur les mains un flot de clarté blanche et, laissant les visages dans une pénombre douce, leur donne une expression de recueillement heureux. La chambre est tiède, d'une tiédeur intime, pénétrante, qui gagne les cœurs.

Le garde parle. Il dit sa journée de plein air, le matin mouillé, la claire après-midi, et la hêtraie lointaine dont ses vêtements ont gardé la senteur.

Nous l'écoutons, déjà oublieux. Puisque c'est la paix, ce soir, pour les soldats que nous sommes, il faut que ce soit toute la paix, et la sérénité des cœurs autant que le bien-être des corps. Serrons-nous davantage, et rapprochons nos têtes sous la lampe à la blanche clarté. Ce foyer s'est ouvert aux soldats qui passaient ; nous nous sommes blottis dans sa tiédeur. Et parce que ces braves gens nous ont fait place à leur table de famille, parce qu'ils nous ont parlé de leur fils, parce qu'ils ont été eux-mêmes, simplement, nous avons senti que nous n'étions plus seuls.

« Quelle heure donc qu'il est ? dit le garde. On cause, on cause, et on s'aperçoit pas que l' temps coule.

— Neuf heures ! » s'écrie Porchon.

Neuf heures !... Nous avons veillé jusqu'à neuf heures ! Nous en sommes stupéfaits, émus d'une sorte d'admiration. Mais on ne s'attarde pas : on se lève ; on se serre les mains.

« Bonsoir, Ravaud ; bonsoir, Davril. Bien logés, vous deux ?

— Une chic petite turne.

— Un plume épatant.

— Ça va, ça va ! »

Madame Aubry allume deux bougies. Elle va porter l'une d'elles dans notre chambre, sur une haute commode calée contre le pied du lit. Le garde la suit, et nous suivons le garde. La jeune fille est restée debout dans le cadre de la porte où sa mère bientôt l'a rejointe. Leurs deux silhouettes, une dernière fois, se penchent vers nous, sous le nimbe des cheveux traversés de lumière ; et leurs deux voix un peu chantantes s'unissent pour le souhait des soirs de paix :

« Bonne nuit ! »

« Qu'est-ce que tu caches dans cette boîte, Lardin ?

— J' cache rien, mon lieutenant ! C'est mes outils. Mirez-moi ça, si ça brille ! Rien qu' du neuf ! »

Lardin ouvre la boîte de carton rouge et fait miroiter à mes yeux l'étincellement des peignes d'aluminium, des ciseaux, des tondeuses et des rasoirs. A travers ses lorgnons, il appuie sur cette pacotille son regard myope ; et ses joues violettes de cardiaque s'épanouissent de béatitude.

« C'est l' chef, dit-il, qui vient d' me balancer ça, tout l'assortiment d'un coup. Et y avait un mois que j' pleurais pour... Une chose qui m'a fait marrer, par exemple, c'est qu'il a marqué ça sur ses comptes pour des p'tits pois en conserve. Mince de p'tits pois !... C'est tout d' même drôle, mon lieutenant, qu'on soye obligé d' cacher c't' acquisition comme une 'onte ! Quoi qu'y a d' onteux à s' rogner les tifs au lieu d' les garder en paquets, tout vermineux et gras d' pellicules ?

— Enfin, tu les as, tes outils. Tu es content ?

— Vous parlez !

— Toi qui craignais de perdre la main...

— On va s' la r'faire, mon lieutenant ! Sur toutes les têtes d' la compagnie !... Voulez-vous que j' vous rafraîchisse ? Vos ch'veux vous tombent dans les oreilles. »

Nous nous sommes installés derrière la chambre, dans une courette humide où les orties qui rongent le pied des murs semblent déteindre sur le crépi. Assis sur une chaise basse, les mains aux genoux, une serviette en bavoir sur la poitrine, j'abandonne mon chef aux mains expertes de Lardin. Les ciseaux voltigent, jettent à mes yeux des lueurs d'acier, cliquettent à mes oreilles comme de bruyantes mâchoires, qui brusquement s'abattent et mordent à pleine toison. De gros flocons châtains, lancés du coup de poignet professionnel, décrivent en l'air un orbe léger, puis vont coller au pavé gras.

« Ça va comme ça, mon lieutenant ? »

Lardin tient derrière moi un miroir de poche, qu'une pièce de cinq francs couvrirait tout entier.

« Diable ! Tu oublies la glace d'en face !

— C'est pourtant vrai, mon lieutenant ! L'habitude... Mais soyez tranquille : vos oreilles sont bien dégagées.

— Tu vas avoir fini ?

— Mais ça y est ! Donnez vot'e serviette, que j' la s'coue... Ah ! l' tour des oreilles, vous savez, ça m' connaît : j' vous arrondis ça chic, en vitesse, sans jamais buter d' la pointe à même la peau du client. Dans l' salon où que j' travaillais, y en avait pas un pour me faire la pige ; et on était sept ouvriers.

— Où ça, travaillais-tu ?

— Boul'vard Barbès... C'est comme pour le bombage, vous savez, par derrière ? J' vous faisais bouffer au fer tous les tifs à l'alignement, lisse et rond comme une boule vernie ; et puis en d'sous un coup d' rasoir bien enl'vé au bord, qui vous donnait la coiffure d'un bloc, comme une perruque. C'est coquet, mais faut d' l'entretien, pa'ce que les poils repoussent vite sur la nuque : si on les rase pas entre chaque coupe, l'effet est tout d' suite perdu. Le d'mi bombage, qu'est moins élégant, est peut-être plus pratique.

— Et le quart de bombage ?

— Ah ! mon lieutenant, ça n'existe pas. »

Lardin s'en va, sa boîte rouge sous le bras. Dans la courette où je suis resté seul, le jour décroît avec rapidité. Derrière moi, par la porte de la grange ouverte sur du noir, j'entends les poules glousser à fond de jabot et s'enlever d'un tumultueux battement d'ailes, l'une, puis l'autre, jusqu'au barreau d'échelle où elles jucheront cette nuit. Quelques gouttes de pluie m'effleurent. La froidure triste du soir glisse du ciel et monte des pavés.

« Eh bien, quoi donc ? Vous v'là tout seul dans c'te cour ? Il y fait guère bon, pourtant, à c't' heure ici. »

Mme Aubry, chaussée de pantoufles, est sortie du couloir sans que j'aie entendu ses pas.

« J' vas fermer la lucarne du grenier, dit-elle. Y a d' vot'e linge qui sèche là-haut, et j'ai peur que l' vent y chasse la pluille... Mais rentrez donc vous chauffer, voyons ! Y a pas d' bon sens à rester là. »

Ravaud et Porchon m'attendaient, assis sous le manteau de la cheminée. Sylvandre, accroupi à leurs pieds, son pantalon tendu à craquer sur son large râble, versait l'eau d'une écuelle, à mince filet, dans un chaudron où le ragoût du dîner se boursouflait de bulles troubles.

« Enfin, dit Ravaud. En voilà un ! Quand le diable y serait, nous finirons bien par être au complet. »

Des souliers ferrés sonnent, dehors, contre les marches du seuil.

« Cette fois, dit Porchon, c'est Davril.

— Non, c'est le garde. »

C'est lui, en effet, qui rentre comme chaque soir, après son travail du jour.

« Ça fait plaisir, dit-il, en s'approchant des bourrées flambantes. Mais les pauv'es gars des tranchées vont r'cevoir l'eau du ciel sur le dos.

— Il pleut donc ? demande Ravaud.

— Dame, ça commence. On l' voit d' reste à mon képi. Et vous savez, les nuages sont lourds : quand i's crèveront, c'est d' la grosse pluille qu'i's laisseront couler.

— J'ai bien fermé là-haut, toujours, » dit Madame Aubry qui rentre.

Dans cet instant, de petits sabots rapides claquent sur les dalles du corridor ; la porte résonne de deux coups légers, tandis que la voix de Mademoiselle Thérèse appelle :

« On m'ouvre ! J'ai plus un doigt pour lever l' loquet. »

Porchon se précipite, et nous derrière lui :

« Donnez-moi cette miche, mam'selle Thérèse.

— Et ces bouteilles, à moi !

— Et à moi tous ces paquets !

— Serrez pas celui-là trop fort, dit-elle en riant ; c'est du beurre. »

Elle a laissé glisser sa mante sur une chaise, nous a abandonné les fardeaux variés qui lui chargeaient les bras. Ses mains, à peine libérées, tapotent du bout des doigts ses cheveux que le vent a mêlés et que la pluie a collés sur son front.

« Eh bien, là ! dit-elle, quel vilain temps, donc ! Grand vent, grosse pluille, et la nuit si noire !... Oh ! Ces pauv'es hômmes qui sont dehors !

— A propos, remarque Ravaud, Davril n'est toujours pas rentré.

— Où est-il ?

— Sais pas. On ne l'a pas vu de la journée. »

Assis devant l'âtre, en demi-cercle, nous nous chauffons, en regardant l'onduleuse montée des flammes.

« Figure-toi, maman, dit la jeune fille, la Louise Mangin vendait l' beurre quat'e francs aux soldats.

— Le kilo, j' pense ?

— Oh ! Mais non ! La livre ! Mais j'ai dit qu' c'était pour nous, et j' l'ai eu à cinquante-cinq sous.

— Si c'est pas une misère, mon Dieu ! d'en voir qui s'enrichissent comme ça, en profitant sur des malheureux !

— Et tu sais, maman, y a pas qu'elle : les Colin montent toute une boutique d'épicerie. La Léonie vend du marc et d' la mirabelle, à six francs la bouteille...

— Trois fois c' que ça valait d'habitude, grogne le père. Du monde pareil, faudrait les mettre en prison.

— Et Davril ?

— Quoi, Davril ? Il n'est pas là, tu le vois bien ! Quand tu le répéteras encore !

— C'est qu' j'ai un rôti, dit Sylvandre. D'attendre comme ça, i' peine.

— Laissez-le peiner, Monsieur Sylvandre. Vous peinez pas, vous, Messieurs ? Vous êtes pas mal, ici chez vous ? »

Chez nous !... C'est vrai, nous sommes chez nous. Ce soir ressemble tant au dernier, et le soir de demain sera tellement le même, sans doute, que nous avons tous l'illusion d'avoir déjà vécu ici une longue suite de jours tranquilles. La danse légère des flammes et les dalles du foyer où rougeoie leur reflet ; la pierre d'évier massive, et le dressoir que les piles de vaisselle chargent de leur blancheur ; la table nette où le couvert est mis, sous la lampe à l'immobile clarté ; le lit profond aux rideaux d'indienne, la glace pâle près de la fenêtre, toutes ces choses, nous les savons là sans qu'il soit besoin désormais que nous les cherchions du regard : nous les avons faites nôtres, une fois pour toutes ; leur présence est aussi notre bien.

« Ecoutez donc, dit la jeune fille ; ça pleut rude, à présent, dehors. »

On se tait. On prête l'oreille. Et dans le silence qui s'est fait, on perçoit le grelottement de l'ondée sur les vitres. Elle ruisselle sur les toits, clapotante. Parfois un coup de vent la soulève, la jette en paquets contre les murs et fait hoqueter le gargouillis des gouttières.

« Cette fois... » dit tout à coup Ravaud.

Un doigt levé, la tête inclinée sur l'épaule, il écoute au dehors à travers la rumeur d'ouragan.

Déjà un pas vif et sonore retentit contre la façade ; et la seconde d'après Davril nous apparaît dans le cadre de la porte, la capote lourde de pluie, la visière de son képi ruisselante comme le bord d'un toit.

« Eh bien ! tu as pris quelque chose !

— Quelque chose ?... Quoi ?

— Il demande quoi ! Et la flotte, non ? »

On rit, on l'entoure, on le pousse vers la cheminée :

« Assieds-toi, mon vieux ; là, comme ça ! Et sèche un peu tes frusques avant de te mettre à table. »

Il se défend doucement :

« Mais non ! Mais non ! Ça n'est pas la peine...

— Parbleu ! Il ne pense qu'à manger, l'animal. Au lieu de nous dire gentiment, en bon copain, ce qu'il a fait toute la journée.

— M'en laissez-vous le temps ? Vous êtes là, tous autour de moi, à criailler , à me casser la tête.

— Eh bien ! c'est fini ! On se tait. On est tout ouïe.

— J'arrive de Verdun, commence Davril.

— De Verdun ? Verdun... la ville ?

— Naturellement.

— Tu es allé à Verdun ?

— Comme je vous dis.

— Alors, tu as vu des maisons ?... Des rues pavées ? Des magasins ?...

— Si peu !... Juste le temps de faire quelques courses.

— Non, voyez ça ! Cet air dégoûté !... Chiqué ! Chiqué !... Enlevez-le !

— Mes petits, ne vous fatiguez pas. Les magasins, les devantures de la rue Mazel, je vous jure que je m'en moquais bien... J'ai passé toute la journée à Jardin-Fontaine.

— Chez qui ?

— Avec qui ?

— Chez moi. Avec ma mère. »

Nous ne rions plus. Nous le regardons, saisis ; et nous sentons nous monter à la gorge une très puissante et très douce tristesse.

« Tu as de la chance », dit enfin Porchon.

Davril répond, la voix grave et lointaine :

« Oui ; j'ai de la chance. »

Et puis, de sentir contre lui notre émotion, il prend confiance, s'abandonne aux souvenirs :

« C'est ce matin, tout d'un coup... Je me suis décidé à demander l'autorisation au commandant. Je tremblais en lui parlant, j'avais peur que ce ne fût impossible... Mais il a été chic, vraiment chic.

« Cinq minutes après l'avoir quitté, je grimpais la côte au grand trot... La Calonne, le Rozellier, et puis, brusquement, la vallée, la Meuse gonflée, les prairies vertes au bord de l'eau, les casernes blanches, toute la ville étalée au pied de sa citadelle... Ah ! mes amis, quel coup !... Vous n'êtes pas de Verdun, vous. Mais s'il vous arrivait un de ces jours, juste en descendant des lignes, après deux heures de trot sur un bon cheval, de découvrir comme ça, devant vous...

— Dites, interrompt Ravaud, voulez-vous que nous nous mettions à table ?

Nous nous asseyons sans un mot. Les cuillers choquent le fond des assiettes. Vers l'âtre, on entend le couvercle de la marmite, soulevé par la vapeur, taper spasmodiquement contre le rebord de métal. Enfin, au bout d'un long temps, à mots qui hésitent, Porchon parle :

« Alors, toute cette journée, tu l'as passée... chez toi ? Près de ta mère ?

— Toute cette journée, oui.

— Et qu'est-ce que ça te fait de rentrer ?

— Je ne sais pas encore si je suis rentré. »

Lui, du moins, a gardé son refuge, et l'on sent, près de lui, palpiter encore une présence. Tandis que nous !... Quelle détresse, à cette heure, est la nôtre ! Et comme il a fallu que fût puissant en nos cœurs le besoin d'un foyer où nous asseoir enfin et reposer notre fatigue, pour que nous ait leurrés un temps la pauvre douceur de ce gîte hasardeux !

« Eh ! là ! s'écrie le garde. Qu'est-ce qui vous prend tous à présent ?... Et toi, la mère, à quoi que t' rêves encore ? Faut vous secouer, allons ! Ça vaut rien d' penser trop... Servez-nous, Monsieur Sylvandre. »

Par-dessus les têtes, Sylvandre passe un plat de terre émaillée où se ratatine un bloc de viande noire.

« Le v'là, tel que j'ai dit, brûlé. Mais j'y suis pour rien.

— Laisse donc, il est excellent, ce rôti !

— Et cette sauce ! »

On parle fort, tous ensemble. On dit n'importe quoi, sans essayer de s'écouter l'un l'autre. Et pourtant il n'est pas un de nous qui, dans le brouhaha, ne distingue la voix de Davril :

« Attendez ! J'ai apporté des choses. »

Nos yeux suivent avidement ses gestes, pendant qu'il plonge ses mains dans les grandes poches de sa capote.

« Ouye ! dit-il. Un malheur.

— Quoi ?

— Elles se sont écrasées, pardi ! Quand on fait du tape-cul avec des poires sous les fesses, les poires s'écrasent. Tenez, voyez ça : une compote.

— Des poires de chez toi ?

— Bien sûr... Mais j'ai aussi des sèches, des *Maryland*, des *Levant*, ce que j'ai pu trouver de mieux.

— Donne !

— Une seconde : elles sont dans le fond.

— Qu'est-ce que c'est que ça ?

— Un cache-nez.

— Et ça ?

— Un passe-montagne. On m'a bourré les profondes, au hasard, juste au moment du départ : je ne m'y reconnais plus... Oh ! là là !

— Quoi encore ?

— Autre malheur. Regardez. »

Il exhibe dans ses deux mains des boîtes de carton mauve, aplaties, disloquées, un affreux amalgame de papier jaune et de tabac poisseux, où s'entrevoient encore des tronçons de cigarettes.

« Je les avais mises avec les poires... Elles sont fichues, même pas bonnes à fumer dans la pipe... Me voilà très embêté.

— Bien de quoi !

— Mais si, voyons ! J'avais pensé à vous, moi, aujourd'hui ! J'étais si content d'apporter, pour vous, ces poires mûries dans mon jardin ! Elles étaient splendides, je vous jure... Et voilà : des poires à la nicotine ; des cigarettes au jus de poire... Une belle journée d'égoïste, en somme.

— Mon vieux, voyons, c'est ridicule.

— C'est d'un brave type, tu sais, d'avoir pensé à nous aujourd'hui ! »

Davril se rassérène et sourit. Mais voici qu'à présent un regret point en nous des friandises gâchées, perdues. Les haricots de l'ordinaire nous semblent plus durs, le café plus bourbeux, la fumée de nos pipes plus âcre.

« Quelle heure? demande quelqu'un.

— Huit heures et demie.

— On va dormir ? »

Nous nous sommes levés. Nous sommes tous debout autour de la table, lorsqu'un pas résonne dans le silence du couloir.

« Entrez !... C'est toi, Pannechon ? Qu'est-ce que tu veux ?

— Qué'que chose pour vous, mon lieutenant.

— Une lettre?

— Non, mon lieutenant ; c'est c' paquet.

— Un paquet ? D'où vient-il, ce paquet ? »

Pannechon me tend un petit ballot enveloppé de toile blanche, et m'explique :

« C'est arrivé pour vous chez l' vaguemestre. J'ai rencontré dans l' patelin l' sergent Souesme, qu'est d'jour, et qui vous l' portait... Vous voyez, ça vient droit d' l'arrière : y a vot'e adresse à l'encre, et des timbres collés su' l'étoffe. »

J'ai pris des mains de Pannechon le colis blanc, et j'ai reconnu tout de suite, brouillée à peine par la trame de l'étoffe, une écriture qui m'a donné un choc au cœur. L'enveloppe est de toile fine, cousue à points solides ; on sent au-dessous un papier fort, qui craque à la pression des doigts.

« Eh bien ! quoi, dit Porchon ; tu te décides ? »

Je sursaute : ils sont autour de moi, comme autour de Davril tout à l'heure, qui regardent mes mains, et dans mes mains la blancheur du paquet.

« Un couteau, quelqu'un ? »

Les coutures se rompent, la toile s'ouvre ; et tout à coup, à mes pieds, c'est une grêle de petites choses dures criblant le plancher, qui rebondissent, roulent et s'éparpillent à tous les coins de la chambre.

« Des pastilles ! »

Il y en a de noires, de mauves, de vertes. Elles coulent de l'angle éventré comme les grains d'un sac de blé. Elles ruissellent entre mes doigts, et chaque geste que je fais pour contenir leur fuite la précipite, au contraire, en cascade sonore.

Et le rire vient aux lèvres, en même temps que la joie aux yeux. Mademoiselle Thérèse bat des mains. Davril et Porchon crient « bravo ! ». Tous se bousculent, s'accroupissent et glanent. Je m'étais baissé. Ravaud, d'une bourrade, me remet debout :

« T'occupe pas ; continue l'inventaire.

— Et annonce à mesure : on t'écoute.

— Voilà !... D'abord des choses en laine, en laine bleue.

— Quoi ?

— Un passe-montagne... et puis un cache-nez.

— Comme les miens, tu vois, dit Davril.

— Des boîtes vertes : cigarettes anglaises. Ça, c'est pour vous. Fais circuler, Davril... Attendez ! Préférez-vous des cigares?

— Il y en a ?

— Des *Bock !* Attrape, Porchon !

— C'est tout ?

— Non. Encore une grande boîte, ronde.

— Avec quoi dedans ?

— Donnez-moi le temps de l'ouvrir ! Au fait, non, pas la peine ! Le couvercle annonce : *Truffettes exquises...* Ça, Mademoiselle Thérèse, ça vous regarde.

— Fini ?

— A peu près. Encore un plastron double, pour la poitrine et le dos... Bonne idée, ça ; la laine a l'air rudement douce et chaude... Et puis une lettre... Dites, voulez-vous vous asseoir ? Sucez des pastilles, croquez des truffettes, allumez des cigares... Moi, je vais lire. »

C'est bien la lettre que j'attendais. On l'a mise dans le colis « pour que je sache, pour que je comprenne : on avait appris par les journaux que des envois aux soldats du front étaient désormais permis... Alors on s'était hâté ; on avait envoyé quelques petites choses, sans trop choisir, pour arriver plus tôt. Plus tard on choisirait mieux : on aurait mes lettres, qui diraient mes désirs, mes besoins ; et d'autres colis viendraient... Est-ce que l'essentiel, cette première fois, n'était pas de me gâter vite ? J'avais dû être si seul, si souvent !... »

« Dis donc ? appelle Ravaud.

— Quoi ?

— Tu as oublié quelque chose.

— Où ?

— Là, sous le plastron. »

C'est une mince cordelette de laine blanche, une chaîne de points qui n'en finit plus.

« Qu'est-ce que ça peut bien être ? » demandent-ils.

Nous sommes perplexes. Je roule et déroule la souple lanière autour de mes doigts, sans comprendre. Mais une idée, tout à coup, me vient :

« Dans la lettre ! On doit m'expliquer... Je n'avais pas encore tout lu. »

Je tourne le dernier feuillet et quelques lignes accrochent mes yeux, tracées d'une grosse écriture d'enfant, irrégulière et laborieuse.

« Voilà ! Je sais...

— Alors ?

— Une toute petite cousine à moi... Elle a voulu me montrer comme elle sait bien écrire maintenant. Et puis elle a pensé que je devais avoir froid, « tout seul dans ma tranchée ». Alors elle a tricoté pour moi, en s'appliquant, de toutes ses forces et de tout son cœur.

— Oh ! la mignonne ! dit Mme Aubry. C'est qu'les points sont bien faits, ma foi ! Et comme elle en a tricoté beaucoup ! »

Le plus qu'elle a pu, je le vois bien : rattachés un à un, ardûment, comme l'une à l'autre les lettres alignées sur la feuille... « Et c'est rien que moi qui te l'envoie pour que tu aies bien chaud, et je t'envoie aussi un gros baiser. »

J'ai glissé la lettre dans ma poche, fermé les yeux, un instant, sur des images miennes. Et puis je les ai rouverts ; et je suis revenu aux êtres et aux choses d'alentour.

Le feu, dans l'âtre, mourait en braises sombres. L'air de la salle était dense et tiède, la fumée des cigares y mettait des mollesses d'enveloppements. Autour de la lampe, dont la flamme bleue et blanche se bombait comme un calice, les visages apparaissaient limpides, éclairés sans rudesse, et rajeunis aussi d'intérieure clarté. On parlait. Les mots qu'on prononçait étaient faciles, banals et doux.

« Je craignais, disait Ravaud, qu'après plusieurs jours de voyage le beurre des chocolats n'eût ranci. Eh bien, pas du tout !

— C'est si fondant ! » répondait la jeune fille.

Sylvandre, de son cigare, tirait d'énormes bouffées bleues, derrière lesquelles sa face grasse dépouillait son luisant et prenait une majesté truculente.

Davril, à un moment, m'a regardé. Il s'est approché de moi et m'a dit :

« Toi aussi, n'est-ce pas, tu es allé à Verdun ? »

A un autre moment, une houle de joie, soudaine et véhémente, m'a fait saisir Porchon à l'épaule et presque lui crier :

« Tu vois, les colis ! Ça y est maintenant ! Demain ce sera toi, les autres, tous ! »

Et quand, seuls dans notre chambre, nous nous sommes pris la main pour l'habituel bonsoir, il a serré la mienne très fort. Et c'est lui qui m'a dit, les yeux brillant de toute ma joie :

« Je suis content. »

⁂

Il était midi. Nous étions chez les Aubry et commencions de déjeuner, lorsque Pannechon est entré en trombe et nous a jeté, dès la porte, quelques mots entrecoupés :

« C'est bien vrai, hier, que l' 132 a attaqué, au ravin... Il était temps qu'on s' débine : bec de gaz pour les copains... Y a des voitures pleines de blessés. »

— Où ?

— On n'a pas vu les premières ; mais y en a une qu'est arrêtée au milieu d'la rue, tout près... Les civils leur donnent à boire. »

Nous nous précipitons dehors. Un frais soleil avive les teintes des façades et dore, devant les portes, les monceaux de fumier. Près de l'église, un attroupement grouille sur la chaussée. On distingue des jambes pantalonnées de rouge, et des camisoles blanches de femmes. Une petite vieille nous croise, toute pâle sous les coques noires de son bonnet.

Davril l'arrête :

« Bonsoir, Madame Gueusquin. Vous venez de *les* voir ? »

La vieille femme nous regarde, avec de grands yeux emplis d'effarement. Ses mains levées tremblotent, diaphanes dans le soleil :

« Les pauv'es gens ! Si ça n'fait pas pitié ! »

Nous approchons. On distingue entre les curieux une minable carriole attelée d'une rosse rougeâtre, pelée, qui laisse pendre le col et souffle, à naseaux béants, contre les cailloux. Entre les ridelles à claire-voie, des hommes s'entassent sur une litière de paille infecte, tous sans armes, les vêtements en désordre et cartonnés de boue sèche.

Le premier que je vois est à genoux, ses deux mains grises de crasse cramponnées à une traverse, le cou tendu et la face tournée vers le sol. Il relève la tête au bruit de nos pas et nous montre son visage nu. Ses yeux sont bleus, extraordinairement pâles dans le violet noir des paupières ; et leur intense lumière flambe sur un massacre : du sang poisse les deux joues, crevées de plaies rondes pareilles à des mûres écrasées ; les moustaches pendent comme des loques rouge sombre, et l'on aperçoit au-dessous, d'un rouge vif de sang frais, un vague trou qui est la bouche. Quelque chose bouge là-dedans, comme un caillot vivant ; et de toute cette bouillie un bégaiement s'échappe, convulsif.

Quelques femmes se sont approchées, à très petits pas hésitants.

Elles regardent cet homme ; leur visage à toutes a la même expression, pitoyable et dégoûtée. Et soudain elles crient, dans un grand recul d'horreur : le blessé vient d'avoir un haut-le-corps. Bâillonné par sa langue coupée, il a dû avaler une grosse gorgée de sang ; il a brusquement penché la tête par-dessus la ridelle ; et maintenant, immobile, la lèvre distendue et pendante, il regarde s'étirer vers la terre un long filet de bave rouge.

« Sale blessure, dit un homme. On n'peut pourtant pas y fout'e un pansement dans la bouche. Ça l'étoufferait.

— Ah ! Les vaches ! » crie un autre blessé.

C'est un chasseur à cheval, sans doute agent de liaison d'un bataillon. Il est à demi étendu, les jambes allongées au fond de la voiture, le dos appuyé contre un amoncellement de sacs. Ses sourcils sont noués par la souffrance et la colère ; et sur sa face rousse aux yeux gris, par instants, une larme roule, qu'il avale lorsqu'elle atteint sa bouche.

« Où qu't'es blessé, toi, l'chasseur ?

— Dans les reins.

— Un éclat ?

— Cinq, six ; ou plus... J'sais pas. »

Son visage se crispe ; ses poings se ferment ; ses jambes ont une détente rageuse.

« Ah ! les vaches ! »

Aussitôt une plainte longue et tremblée s'échappe d'un corps qu'on ne voit pas.

« Finis donc d' gigoter, l'cavalier ! Tu vois bien qu' tu lui fais mal ! »

C'est un adjudant qui parle, d'un ton paterne et bonhomme. Je lui demande :

« Il y a un blessé là-dessous ?

— Deux, mon lieutenant : salement touchés, dans l' ventre.

— Et vous ?

— Moi, j' me plains pas : une balle qui m'a traversé la cuisse ; mais j'ai l'os intaque.

— C'est hier ?

— Oui... »

Il s'est déjà retourné, appelé par des femmes que sa bonne humeur bavarde attire, plus que l'atroce bégaiement de l'homme à la langue coupée. Je le vois qui se penche vers elles et tend son quart à bout de bras.

« Et vous ? dis-je à un autre. Où êtes-vous touché ?

— Une balle dans un pied, mon lieutenant.

— Vous avez donc chargé à découvert ?

— Oui, mon lieutenant.

— Hors du bois ?

— Un peu plus loin que la lisière. »

L'homme, un caporal, me répond d'une voix mesurée, et fixe sur moi, à travers son lorgnon, un regard intelligent et calme.

« Mais voyons... qu'est-ce qui s'est passé ?

— Peu de chose. Un ordre : attaquez à quatre heures, devant vous. A quatre heures nous sommes montés. Les mitrailleuses boches ont tiré. Elles nous ont sonnés. C'est tout.

— Mais nos canons, avant quatre heures ?

— Silence... Ah ! pardon ! Quelques obus de 90, mais dans notre dos. Je dois reconnaître aussi qu'une vingtaine de 155 sont tombés sur le plateau, tous trop longs, et qu'une patrouille de trois hommes était montée, à l'aube, jusqu'à la lisière. »

Le caporal sourit en me disant cela. Evidemment, il n'est pas dupe. Mais la chance personnelle qu'il a eue, — la « bonne blessure », l'arrière tout à l'heure — émousse son indignation. Il poursuit, en essuyant les verres de son binocle à la corne d'un mouchoir sordide :

« Ce n'est pas aux copains, en tout cas, qu'on pourra reprocher quelque chose. Ils ont marché, et bien marché... Notre lieutenant, tenez ! Il a pris la cisaille à mains, et il est parti en avant, tout seul, pour couper leurs barbelés.

— A quatre heures de l'après-midi ? En plein jour ?

— Oui. Mais il y est resté : un paquet de balles dans la tête et les épaules... C'était un homme dans vos âges, un petit blond vif et solide. Au fait, vous avez dû le voir à une de nos relèves... Le lieutenant Tastet.

— Tastet ?

— Vous le connaissiez ?...

— Mais on va l'enterrer à l'arrière des lignes ? A Mesnil ? Ici peut-être ?

— On ne l'enterrera pas, mon lieutenant. Là où il est tombé, il faudra bien qu'il reste. Il pourrira là-haut, sur les fils de fer, avec sa cisaille dans les mains. »

A ce moment un hurlement terrible monte du fond de la voiture. Se soulevant sur les poignets, l'adjudant crie vers une maison que signale le fanion à croix rouge :

« Hé ! L'Royal Cambouis ! T'as fini ?

— Voilà ! Voilà ! »

Un vieux soldat du train, à trogne rouge et à grosse moustache grise, sort de la maison et trotte vers la voiture en raclant les cailloux de ses bottes.

« En v'là un feignant ! Quoi qu'tu foutais là, d'puis une heure ?

— C'est pas d' ma faute... C'est l' major...

— Ça va ! Prends ta mèche et fouette... »

L'homme s'est hissé sur le siège ; il touche sa bête et crie :

« Hue ! »

Alors la maigre rosse s'éveille et tire de l'encolure. La guimbarde s'ébranle dans un grincement cahoté, les roues tressautent sur la route bossuée. Et du tas saignant des blessés un long gémissement s'élève, soulevé parfois de cris brusques.

« Tu vois ? dis-je à Porchon.

— Notre assaut du 19... En plus corsé, donc en plus coûteux. »

Là-bas la triste carriole grimpe la côte, vacillante et secouée. Le vent porte encore jusqu'à nous la clameur pantelante des blessés, et les éclats de voix du chasseur qui hurle sans fin la même invective furibonde :

« Les vaches ! Les vaches ! »

On n'entend plus, bientôt, que cette voix. On l'entend encore après que la voiture a disparu au faîte du coteau. Elle résonne au vague de l'espace. Et l'on se demande qui elle flagelle.

Quand je suis revenu, le soir, à la maison, j'ai trouvé dans la chambre Pannechon qui bouclait ma cantine.

« Je m'grouille, mon lieutenant. Faut qu' le barda soye porté aux voitures avant la nuit... Vous savez l'heure de départ ?

— Non. Mais sans doute trois heures du matin, comme d'habitude.

— Ça m'étonnerait, dit Porchon, de la porte.

— Contre-ordre ?

— Oui... Mais tu sais, rien d'officiel encore. J'ai entendu des choses.

— Alors raconte !

— Il y a dix minutes de ça. J'étais allé rôder du côté de la boîte aux Colin : je savais que le bonhomme était parti se ravitailler à Verdun. Nous étions là, cinq ou six devant la porte, quand tout d'un coup, patatam, patatam !... un cavalier nous déboule dessus, saute à terre en jetant la bride au tampon qui suivait, et s'engouffre dans la maison.

— Au tampon ? Alors une huile ?

— Le commandant Renaud... qui se précipitait chez Rive. Car ça n'a pas traîné : trente secondes, et le commandant ressortait, le capitaine derrière lui. Tout de suite à cheval, les rênes en main. Mais avant de piquer des deux, une phrase jetée à haute et intelligible voix, évidemment pour que nous l'entendions :

« C'est bien compris, Rive ? Pas de relève cette nuit : le 132 n'a pas rempli sa *tâche ;* il reste au ravin jusqu'à nouvel ordre. »

« Là-dessus, hop ! les éperons, et démarrage au grand galop.

— Sa tâche, tu dis ? Eh bien ! ça promet !

— Quand tu t'en feras ! Pour le moment, on t'offre un jour de rab au patelin. Prends-le. Et ne pense pas au reste. « Pas chercher à comprendre ; pas s'en faire » : c'est la sagesse du soldat. »

⁂

Je me suis éveillé dans la nuit. Par la porte vitrée aux vantaux disjoints, l'humidité de la cour s'insinuait et collait à nos draps. Dans l'obscurité de la chambre, des choses blêmes flottaient vaguement.

Tout à coup Porchon, contre moi, a remué.

« Tu ne dors pas ?

— Non. Quelle heure est-il ?

— Une seconde, je regarde. »

Dans l'instant où l'allumette s'enflamme, un bruit fort et lointain fait doucement vibrer les vitres dans leurs châssis.

« Ils doivent canonner Bonzée... Mais dis donc ?

— Quoi ?

— Est-ce que ce n'est pas l'heure où nous y passerions, si la relève avait été normale ?... Que dit ta montre ?

— Trois et demie.

— C'est bien ça. Les salauds ! »

Profonds, voilés, les éclatements ébranlent obscurément les murs. Ils se succèdent, presque rythmés, comme les battements d'un pouls énorme. Nous nous tournons longtemps, dans la moiteur du lit, sans pouvoir nous rendormir. Au fond de son alcôve, nous entendons le garde qui s'agite, en proie comme nous à l'insomnie.

« Dites, les jeunes gens ?

— Monsieur Aubry ?

— Vous l'avez entendu, l' canon ?

— Oui.

— Qu'est-ce que ça veut dire ? C'est pas clair.

— Ils auront supposé des mouvements. Alors ils battent les passages.

— Et ça fait encore des pauv'es maisons d' démolies... »

Il pousse un long soupir, et l'on devine, au froissement de la paillasse, qu'il se met sur son séant.

— C'est une chance, tout d' même, que ça soye jamais tombé sur Mont ! Ça dégringole partout sur les villages autour, devant sur Mesnil, à gauche sur Bonzée, derrière sur Villers ; et ici, rien : qué'ques marmites sur le coteau, trois ou quatre dans l' bas, du côté d' la mairie ; et c'est tout... Pourvu qu' ça dure !

— Mais ça durera ! Vous êtes bien défilés, ici...

— Possible, oui. Mais c'est rapport aux femmes que je m' mets en souci. »

Quelques minutes encore, la conversation se prolonge, d'un lit à l'autre, dans les ténèbres. Le vent pousse la porte et fait craquer ses ais. Au faîte de la maison, une girouette tourne sur sa hampe, avec un grincement doux et triste.

« La Thérèse, tenez. V'là quinze jours qu'elle en maigrit ; elle a des joues comme si son sang avait tourné en eau ; un bruit de rien la fait sauter des coups, d'une pièce... C'est les nerfs qui la mènent, bien sûr. »

Il se tait un moment, pesamment se rejette sous ses couvertures.

« Les voir quitter d'ici les deux, ça s'rait triste, pourtant !... Enfin quoi dire ? Faut espérer qu'on aura chance jusqu'au bout. »

Sa voix s'éteint. Il ne bouge plus ; et bientôt sa respiration lente et rude révèle qu'il s'est endormi. Alors, tout bas, me tournant vers Porchon :

— Crois-tu vraiment que Mont soit à couvert ? Et qu'un obus...

— Ne pourrait pas, un de ces jours, dégringoler sur la maison ?... Mais dix ! Mais trente ! C'est une question de matériel. Quand ils voudront, comme ils voudront, les Boches écraseront le village à n'en pas laisser pierre sur pierre.

— Alors des morts, des femmes, des gosses ?...

— Tu sais bien qu'aux premières marmites les civils prendront la route...

— Alors, l'exode ? Les matelas empilés sur les voitures, les ballots gonflés de hardes, les meubles en tas, et derrière soi la maison qu'on abandonne et qu'on ne retrouvera plus... Rappelle-toi les premiers jours, toute cette misère en fuite par les routes, les deux vieux qui se sauvaient, à pied, une hotte sur le dos et des paniers au bras, pendant que, derrière eux, les marmites tonnaient sur Montfaucon...

— Oui, bien sûr... Mais on ne sait pas. Comme le père disait tout à l'heure, « faut espérer qu'ils auront chance jusqu'au bout ».

Trois heures plus tard, nous sommes debout. Le garde vient de partir, comme chaque matin dès l'aube, vers les coupes du Rozellier. Il fait froid; on a la peau gelée à travers la chemise; et nos vêtements, que nous prenons au dossier des chaises, pèsent à nos mains de toute la buée qui les imprègne.

Mais dès que nous passons dans la grande salle, au midi, la flambée brillante qui lèche la plaque de l'âtre, la bonne chaleur sèche où nous plongeons dissipent les idées grises et nous refont l'âme claire.

Quand nous sortons, un peu plus tard, de la grange où cantonnent nos hommes, un long rai de soleil, pâle encore, s'effile à l'accroc d'un nuage. Il souffle de la plaine un vent vif devant lequel les nuées pluvieuses glissent vers les croupes de l'ouest. A l'opposé, déjà, tout le ciel est d'un bleu frais et lavé, sur quoi la cime des Hures détache son hautain profil.

« Tiens ! Tiens ! dit Porchon, qui regarde la rue. Qu'est-ce que c'est que tous ces gens noirs?

— Du renfort pour Frick.

— Des sapeurs ?

— Mineurs : ça se voit... Et du Midi : ça s'entend. »

Parmi les groupes qui fraternisent, leurs voix chantantes se mêlent au parler lent des Champenois, au grasseyement des Parisiens.

Un grand gaillard à peau brune, le col écussonné de velours noir, se campe soudain devant nous et, les doigts au képi, se présente :

« Sous-lieutenant Noiret. »

Dès la poignée de main, on bavarde :

« Arrivés cette nuit ?

— Hier au soir, tard.

— De quel secteur ?

— De Grenoble.

— Ah bah ?

— Mon Dieu oui, c'est comme ça. Rien vu encore, rien fait : on débarque... On va travailler aux Eparges.

— Avec nous alors ?

— Vous êtes aux Eparges ?

— Dame !

— Tant mieux ! On se verra. On vivra la même vie.

— On recevra les mêmes marmites.

— Bien sûr !... Et on sera copains ?

— Nature. »

Côte à côte, nous remontons la rue. En haut, devant la maison des Aubry, une dizaine de sapeurs, autant de fantassins, debout contre un murtin de pierres croulantes, observent au loin, vers le bas-fond où se cache Mesnil. Le béret sur les yeux, les paupières entre-closes, les méridionaux scrutent les crêtes brunies par les bois. On en voit qui grimpent sur des tas de moellons et se haussent de toute leur taille pour mieux découvrir la plaine bleue, semée de villages blancs et de bouquets d'arbres violâtres parmi le luisant mat des eaux.

« T'entends ? » dit l'un d'eux tout à coup.

Des sifflements légers glissent dans les hauteurs de l'air. Leur vol doux semble s'attarder, se suspendre un instant, silencieux. Puis de vagues secousses ébranlent l'étendue, et le fracas d'éclatements presque simultanés déferle jusqu'à nous en ondes lourdes.

Les sapeurs ont sursauté. Ils regardent les fantassins, qui sourient, la mine indulgente.

« Vous les entendez, les marmites ?

— Alors, c'est... les obusses ?

— Un peu ! »

A travers le ciel limpide, les trajectoires filent nombreuses. Elles se poursuivent, s'entrecroisent dans le même bruit glissant, frôleur, brisé à chaque instant par l'écrasement des arrivées. Ceux du génie écoutent, les paupières un peu nerveuses, et bombant les épaules chaque fois qu'un souffle approche et se fait strident au passage.

« Ouh ! putain ! si ça siffle !

— Quand t'es auprès, voleur, ça doit te faire péter la tête ! »

Porchon, les ayant observés un long moment, tous gars solides, barbus, larges d'épaules, dit à notre compagnon :

« Ils se tiennent bien pour un début ! Dans huit jours, ils vaudront les nôtres.

— Vous croyez ? lance Noiret, d'une voix qui frémit un peu.

— Ce n'est pas vous qui en douterez, je pense ? »

Un hululement grave approche, passe sur nos têtes à grosse haleine, s'éloigne derrière en accélérant sa course. Quelques secondes, et les éclatements tonnent.

— Loin ? dit Noiret.

— Douze cents mètres : c'est Villers qui prend. Ils en veulent aux villages, ce matin, les artilleurs boches !... Tenez, ces sifflements qui viennent droit sur nous et qui cassent sec, au fond du val, c'est pour Mesnil. Ceux qui flânochent vers la gauche et que l'oreille perd avant la chute, c'est Bonzée qui déguste. Et ces coups de grosse caisse assourdis qu'on entend derrière les Hures signifient, clair comme le jour, marmitage de luxe à Trésauvaux... C'est épatant, tout de même, ce qu'on est tranquille ici !

— Pas pour longtemps, vieux.

— Oui, demain, en plein là-dedans... Bah ! Va donc ! Chacun son tour. »

LIVRE III

LA BOUE

A MON PÈRE

I

LES MAISONS MITRAILLÉES

30 octobre-1er novembre.

Trois heures du matin. Direction la Woëvre. La nuit est transparente et froide, l'espace immensément silencieux. Sous les étoiles déjà pâlissantes, au long de la route bleu cendré, le bataillon étire sa masse noire et rampe entre les labours. De loin en loin, lorsqu'on frôle un des arbres maigres qui jalonnent les bas-côtés, on entend une feuille sèche vibrer doucement au bout d'une branche.

On traverse Bonzée. Les granges sont closes sur le sommeil des soldats. Au milieu de la rue, le Longeau étalé coule à plat, sans bruit, comme un fleuve d'huile. Le ciel blanchit ; les étoiles, une à une, s'éteignent.

« A droite !

— Ça y est, pardi ! Trésauvaux d'abord ; et puis l' ravin... C'est nous qui vont prendre la suite, et r'mettre ça, quand i' f'ra jour. »

Mais après que la compagnie a dépassé la montagne des Hures, Porchon arrive, trottant, à ma hauteur :

« Halte sur la place de Trésauvaux, me dit-il. Les agents de liaison doivent y prendre les sections.

— On reste au patelin ?

— Les trois jours, à moins de contre-ordre. »

Les hommes du premier rang ont entendu. Un chuchotement parcourt les files. Et la colonne s'arrête d'elle-même, sans heurt ni bousculade, dès que la première section débouche sur la place déserte, au milieu des maisons mortes.

Alors un petit groupe d'hommes, enfoncé dans l'ombre d'une porte, se détache en bloc d'un mur et s'avance à notre rencontre.

« La compagnie d' gauche ! appelle une voix. Première section.

— Dégage tout de suite, me dit Porchon, qu'on ait achevé avant le jour. »

L'agent de liaison, chemin faisant, me prodigue les explications d'usage :

« Un filon qu' vous allez avoir, mon lieutenant ! La maison où que j' vous mène a seulement pas une pierre de tombée ; avec ça, jolie et conséquente... C'est un cogne retraité qui y habitait. Faut croire qu'il avait des sous : i' s'était fait construire qué'que chose de bourgeois.

— C'est au bout du village ?

— La dernière bâtisse ; ras la plaine. »

Après quelques minutes de marche, l'homme, brusquement, oblique à gauche et quitte la route. A grands coups de poing, il tambourine une porte de grange dont le jour crépusculaire permet déjà d'entrevoir la blancheur.

« Debout, là-d'dans ! V'là la r'lève. »

A travers les planches, on perçoit une rumeur dense, des appels, des froissements de paille, un cliquetis d'armes remuées. Enfin l'énorme vantail, lentement, tourne sur ses gonds ; et nous recevons au visage un flot d'air lourd, qui sent la sueur et le poussier.

« J' vous emmène, mon lieutenant ? L'adjudant m'a dit d' vous conduire tout d' suite, rapport aux consignes.

— Bon, j'y vais... Souesme, installez tout le monde. Je passerai dans un moment. »

On traverse une petite cour intérieure, dallée de briques, et que ferme, collé au flanc de la maison, un appentis couvert d'ardoises. C'est là que nous entrons, accueillis par l'adjudant.

« Les consignes. Vite : il va faire clair.

— Poste de commandement, ici. Toute la section dans la grange. Défense d'en sortir pendant le jour. En cas de bombardement prolongé, se réfugier dans la tranchée-abri creusée à proximité...

— Où ?

— Dans le jardin, contre la route de Fresnes... »

Pendant qu'il parle, des hommes s'affairent autour de nous, arriment les campements aux sacs, bottellent la paille de couchage contre le mur, torchent la table avec une loque. Accrochée au plafond, une vieille lampe à coupelle, en fer forgé, irradie sa lumière jaune et douce.

« J'ai fini, dit l'adjudant... Vous regardez notre lampe ? Une ferraille, mais qui nous économise la bougie. Y a un bidon d'huile cont'e le mur, pour la remplir ; mais surtout, veillez-y : si on la laisse se vider, le coton fumeronne, et ça pue. »

A peine a-t-il emmené ses hommes que le sergent Souesme paraît au seuil de l'appentis.

« Déjà installés ?

— Et pépère, mon lieutenant ! La grange est neuve, sans courants d'air, pleine de paille fraîche, plus grande d'un bon tiers que celle de Mont. Seulement...

— Quoi donc ?

— Il paraît que les balles y viennent taper, du bois de sapins où sont les Boches.

— Qu'est-ce que vous dites ? De quel bois parlez-vous ?

— Celui du ravin, mon lieutenant ; celui du haut, où Vennecy a été tué le 19, où les compagnies du 132 se sont fait démolir mardi... le bois des Eparges, quoi !

— Allons voir ça. »

Un jour pâle emplit maintenant le ciel et frôle, au ras du sol, la buée qui monte des prairies mouillées. Dans les planches massives de la porte, des taches sombres étoilent la peinture blanche. Des éclats superficiels ont sauté ; mais, si on regarde de près, on voit s'enfoncer au cœur du bois des trous ronds, creusés comme par une pointe d'acier.

« En effet, Souesme ; ce sont des balles.

— Et elles doivent traverser la grange.

— Tenez vos hommes massés sur la gauche, aussi bien de jour que de nuit... Et maintenant, appelez-moi Liège. Je vous emmène reconnaître. »

Nous marchons quelques pas, jusqu'à l'angle de la maison. Un écran est tendu là, fait de pieux et de branches tressées. Nous le longeons d'un bout à l'autre, franchissons d'un saut le fossé plein d'eau brune, et débouchons sur la route.

Il fait grand jour, mais un fin brouillard tendu sur les prés nous enveloppe jusqu'à la poitrine et nous cache sans gêner notre vue. Devant nous, au delà des prairies trouées d'entonnoirs innombrables, le Montgirmont soulève son échine de glaise rouge ; son flanc s'affaisse vers la plaine et démasque un éperon dur, lancé comme une étrave sur l'étendue glauque des marais.

« Tout de même, dit Souesme, c'est une riche position !... De ce côté, vue sur Trésauvaux. De l'autre, vue sur les Eparges...

— Mais sur toute la ligne des Hauts ! Sur la vallée du Langeau ; sur Mesnil qu'ils battent d'enfilade ; sur la lisière de Mont ; plus loin sur Villers ; plus loin encore, sans doute. sur Manheulles et Haudiomont !

— Faut dire pourtant qu' les hauteurs d'en face les gênent...

— Le Montgirmont ? Il ne cote pas 300. Ils voient largement pardessus.

— Mais les Hures ?

— Elles leur masquent juste Bonzée. Vous avez vu si ça les empêche de taper dedans !... Et puis les Hures se ramassent sur elles-mêmes. La colline des Eparges, haute comme elles, s'étend toute en longueur, les déborde des deux côtés...

— Ça oui, c'est vrai.

— Regardez ; nous sommes ici, à Trésauvaux, tout contre ce fameux Montgirmont ; nous sommes vus. Un isolé qui s'avancerait sur cette chaussée, vers Fresnes, ne dépasserait pas de vingt pas le calvaire que vous voyez là, au bord du pré : les moulins à café de là-haut lui auraient vite réglé son compte ! Tous les villages où sont nos troupes, Pintheville, Riaville, Fresnes, Champlon, ils les tiennent sous leurs jumelles et leurs télémètres. Un seul mouvement parmi leurs pierres, une fumée, et tout leur arsenal s'y met, mitrailleuses, fusants, marmites...

— Mais quoi y faire ? dit Liège.

— Se cacher.

— Toujours, alors ? Pourquoi ne pas grimper là-haut, leur rentrer dedans, les déloger ? »

Souesme me regarde, en riant de coin :

« Toujours le même, celui-là !... Essaye un peu, de grimper là-haut ! Une belle charge à la baïonnette ! Tu te casseras la gueule avant leurs fils de fer.

— Et si les Boches, en nous voyant leur cavaler dessus, bien en force, coude contre coude et l'air résolu, prennent peur et lâchent pied avant même le corps à corps ? »

Souesme, cette fois, rit à gorge déployée :

« Bon élève ! Voyez manuel ! Je parie qu'il l'a dans son sac et qu'il le relit tous les soirs... Mais, bougre d'enflé, tu veux donc nous suicider tous ! Ou si c'est la croix de fer que tu souhaites ?

— Enflé toi-même ! grogne Liège, vexé. Enfin, c'est vrai ! Sous prétexte que j'ai rejoint depuis les grands combats, tu ne rates pas une occasion de m'emboîter ! Puisque tu as tout vu, que tu sais tout, que tu as des idées plein la tête...

— Oui, j'en ai. C'est défendu, peut-être ?

— Alors laisses-en sortir un peu, qu'on en profite.

— Eh bien... commence Souesme. Je peux dire, mon lieutenant ? Ça n'est peut-être pas réglo, mais ça n'a rien d' malsain, je crois.

— Allez-y. »

Il se tourne vers Liège et poursuit :

— Si t'avais été là au mois d'août, en septembre ; si t'avais vu la r'traite, par exemple, ou encore le soir de Sommaisne, tous les coups durs où les fantassins boches nous ont forcés à reculer... On les valait pourtant, largement... Mais y avait leurs canons derrière eux. »

Il s'arrête un instant, les yeux ailleurs, fixés sur des visions qui se lèvent aussi en moi.

— Y a pas d'bravoure qui résiste à ça ! La Belgique, Maubeuge, Charleroi, la retraite, c'est leurs canons lourds qui ont tout fait : tu aurais cru un mur d'acier qui avançait, qui nous chassait devant lui, kilomètre par kilomètre, de l'aube à la nuit, tous les jours... Et quoi faire ? On avait nos pétoires, bien sûr ! Nos soixante-quinze, aussi... Mais voilà : ils étaient à trois lieues, les gros canons !

— Y avait d'quoi d'venir enragé, dit Liège.

— Oui, y avait d'quoi. Seulement... Et alors ?

— Ça y est, mon lieutenant ! »

A cadence vive, une mitrailleuse cachée dans les sapins égrène ses balles à notre adresse. On les entend qui s'enfoncent dans les mottes grasses, heureusement tirées trop court, d'une bonne dizaine de mètres.

« Derrière l'écran ! »

En quelques foulées, nous atteignons le rideau de branchages, glissons derrière en nous courbant. La mitrailleuse, aussitôt, se tait.

« Eh bien ! dit Liège, tu vois comme c'est drôle ?

— Bah !... L'essentiel, c'est qu'elles soient muselées au moment de notre attaque.

— Mais le moyen ?

— Décidément, t'as l'entendement un peu serré ! Suppose seulement qu'un obus leur éclate sous l'affût...

— Ça serait un hasard.

— Voilà, justement ! Tu y viens... Ça serait un hasard si tu les bombardais au compte-gouttes, un obus par-ci par-là. Mais si tu leur en balançais des mille et des mille, des p'tits, des moyens, des énormes, pendant des heures, à toute vitesse... Bon ! La voilà qui r'commence ! Mais tais-toi donc, bougre de saleté !

— Derrière le mur... »

Il court, sans pourtant s'interrompre :

« ... Si tu les alignais là-haut, les obus, en long, en large, à c' que les entonnoirs se touchent bord à bord, tu les aurais, les mitrailleuses ! »

Liège, incrédule, hoche la tête :

« Tant d'obus que ça, voyons ! Sur un seul point, oui, je n'dis pas... Mais sur tout le front !... Il en faudrait, des canons ! Ça en coûterait, des milliards ! »

Les joues de Souesme s'empourprent, à la montée d'une brusque colère :

« Nom de Dieu ! jure-t-il. Et la vie des hommes, qu'est-ce que tu en fais ? Alors, oui ? Faire massacrer des armées entières pour économiser des sous ?... Et quand on pense... »

Il s'arrête court, parce que la mitrailleuse vient d'allonger son tir et que des balles, en bruissant, hachent devant nous la haie de clayons.

« Allons, leur dis-je, il faut rentrer. »

Ils se glissent tous deux dans la grange. J'entends encore la voix de Souesme :

« ...Toute la colline sous nos obus... la fumée... la terre, les fusils, les bon'hommes... tout dinguer... »

La porte se referme d'elle-même, tombe sur sa voix. Me voici seul, dehors, près de la grange close.

Alors, machinalement, je reviens sur mes pas. Le reflet du soleil resplendit dans l'eau du fossé, traverse les prés d'un long scintillement où les trous d'obus accrochent des taches éblouissantes. Devant moi, la Woëvre s'enveloppe de brumes nacrées qui montent, légères, vers le ciel bleu pâle. Et comme je la contemple, sans plus regarder où je marche, le sol soudain manque sous mes pieds, et je me trouve assis dans la boue, le nez à deux pouces d'un rondin dont je considère l'épaisseur avec un effroi rétrospectif.

« Hé ? Quoi t'c'est ? » dit une voix qui sort de terre.

Je me laisse glisser plus avant, rabotant du dos des degrés. Mes yeux s'écarquillent sans rien voir. Tâtonnantes, mes mains heurtent des planches vermoulues, que des clous, de place en place, hérissent.

« Alors, min lieutenant, c'est comme cha qu'v's entrez dans l'tranchée ?

— Ah ! c'est toi, Martin ?... Où es-tu ?

— Ilà. »

J'entends ses pas qui approchent et distingue enfin sa silhouette, sa tête plate entre ses épaules rondes.

« Qu'est-ce que tu fais là, tout seul ? Pourquoi n'es-tu pas dans la grange, avec les autres ?

— Ecoutez, min lieutenant... »

Précipitant les mots et mêlant les syllabes, Martin se lance dans un discours confus. Je crois comprendre qu'il a surpris, à la relève, quelques phrases échangées entre sous-officiers : il y était question d'une tranchée-refuge, creusée sous terre, et boisée comme une galerie de mine.

« V's comprenez, min lieutenant... Gal'rie d'mine : j'ai v'lu vir.

— Et tu t'es faufilé ?

— En douce ! »

Il est debout, juste sous une fissure du revêtement. Sa face jaune au front bas me montre ses yeux gris, bridés d'un sourire qui les fait plus petits encore, et sa joue gauche que distend une chique démesurée.

« Une saloperie, c' tranchée ! Moche... Pas *ridder.* »

Martin, le plus qu'il peut, répudie son patois de « ch'Nord ». Les premiers temps, chaque fois qu'à la section un loustic le parodiait en riant, il se fâchait rouge et cognait. Depuis, il a cru plus habile d'accommoder sa langue au goût universel : sur tous autres, il a écouté les propos des Parisiens, ceux « de ch' Paname » ; il a épié leurs mots d'argot, les a fait siens, les a incorporés de force à son parler « chtimi ». Et son patient effort a fini par créer le plus déconcertant dialecte, et le plus savoureux qui soit.

« Quien ! Visez cha ! »

Il a sorti de sa poche un mètre à charnières. Il le déploie, s'accroupit, se relève. Le mètre virevolte entre ses mains. De temps en temps, un sifflement passe entre ses dents, et j'entends aussitôt le petit bruit net du jet de salive qui s'écrase sur le sol boueux.

« C't'usine !... C' feignants qu'ont salopé c'tranchée !... 'Coutez, min lieutenant, laissez-mi arranger l'cagna... J' trouv'rai ben d'bau assez pour coffrer tout. Si s'ment j'poisse une congnée dans l' maison, ça peut !

— Voyons, Martin ! Tu ne prétends pas, toi tout seul, en trois jours... Quatre hommes n'y suffiraient pas. »

L'abri-refuge, construit pour une section, a vingt mètres de longueur. A présent que mes yeux se sont adaptés à la demi-obscurité, je me rends compte qu'il fut construit au petit bonheur, sans souci aucun des matériaux ni de leur résistance. La masse couvrante, trop lourde, fait s'incurver les douves du plafonnement ; et les piquets d'étai, posés à même le sol amolli d'eau, y plongent comme dans une gélatine. Avant un mois, sans que les marmites y soient pour rien, toute cette grande fosse sera comble, les planches qu'effleure mon képi descendues où sont mes semelles, collées au sol à ce qu'un mulot ne puisse se faufiler dessous.

« Vous v'lez-t-y, min lieutenant ?

— Après tout, si ça t'amuse... Mais surtout, ne te montre pas : pense que tu ferais amocher des copains, si tu nous attirais des marmites.

— Va donc, min lieutenant ! Martin et un couillon, ç' fait deux. »

Il crache de plus belle, promène son mètre de madrier en madrier, sans plus se soucier de moi désormais que si j'étais à cent lieues de là. Il ne s'aperçoit même pas que je quitte l'abri. Le dernier regard que j'y plonge me le montre à genoux dans la boue, un coutelas ouvert aux doigts, qui sectionne délicatement une rondelle de tabac à chiquer, une « carotte neuve qu'a d' goût assez », source intarissable d'énergie, qui donne « de jus aux bras autant comme il en coule dans l' gueule ».

Tandis que j'errais à travers les vergers dévastés, une brusque curiosité m'a fait entrer dans le couloir d'une très vieille maison grise, qui touche la maison blanche où ma section est cachée. Les dalles polies suintaient, et aussi les murs écailleux que rongeaient à leur pied des plaques de lichens jaunes. A tout hasard, j'ai frappé à une porte, dont le bois vermoulu a molli sous mon doigt. Des pas traînants se sont approchés, des verrous ont grincé dans leur gâche, puis les pas se sont éloignés sans que la porte se soit ouverte... J'ai frappé de nouveau. Et cette fois une voix chevrotante a demandé :

« C'est-i' des soldats ?

— Oui, un soldat... On peut entrer ?

— Y a rien qui vous empêche. »

J'ai poussé la porte et j'ai vu, au fond d'une salle obscure, deux vieillards qui se chauffaient. Ils étaient assis l'un en face de l'autre, sous la hotte de la cheminée, l'homme et la femme pareillement ridés, voûtés, desséchés jusqu'aux os. Accroupis sur des chaises basses, en des postures identiques, le menton près des genoux et les bras tendus vers l'âtre, ils n'avaient de vivant que leurs mains tremblotantes, roses du reflet des braises, et leurs yeux d'un bleu usé, dont le regard me fixait entre leurs paupières sans cils.

« On peut s'asseoir ?

— A vot'e gré. »

J'ai approché un escabeau et j'ai pris place à côté d'eux.

« Beau temps, pour une fin d'octobre ?

— Bah ! dit le vieux. On n'en profite guère.

— Mais les soldats aiment le soleil !

— Mon Dieu, quand on est jeune, on n' craint guère la pluille.

— Vous croyez ça ?

— J'ai été jeune... J'ai vu la guerre... I' f'sait rude froid, allez, en 70 ! »

Il se penche un peu plus vers les tisons, et ses deux mains creusées se joignent bord à bord, comme s'il puisait l'eau d'une source.

« Un peu d' chaud ; ça fait du bien. »

Et silencieux, remuant à vide les mâchoires, il frotte l'une contre l'autre ses paumes sèches et calleuses.

Je n'ose plus rien dire. Je voudrais partir et ne puis m'y résoudre, retenu que je suis par le désir de vaincre doucement la froideur des deux vieillards, de gagner leur confiance pour qu'enfin leurs langues se dénouent, et qu'à travers leurs lents propos un peu de lumière m'apparaisse qui éclaire l'inconnu de leur vie.

« On vous a-t-i' déjà vu ? demande soudain la femme.

— Non : c'est la première fois que nous venons ici.

— Aussi je m' disais... Approchez voir un piot ; j'ai des si mauvais yeux... Encore, donc ! »

Quand je touche presque sa chaise, elle examine longtemps le col de ma capote, palpe du bout des doigts le chiffre brodé sur l'écusson.

« C'est pas l' même, dit-elle enfin. Vous êtes pas du 165 ? De Verdéun ?

— Non. Du 106. De Châlons.

— Ainsi, vous êtes pas du 165. C'est donc ça qu'on vous connaît point.

— Vous les connaissez bien, ceux du 165 ?

— Oh ! Pensez ! Y a si longtempes qu'i's sont ici !... Pas tous ; d'aucuns qu'étaient gentils... Y en avait.

— Y en avait, approuve le vieux.

— Un caporal... I' s'appelait Jean Ramades... I' v'nait souvent s'asseoir comme vous êtes là. I' nous f'sait compagnie, i' nous appelait grand-père et grand'mère... Il est mort.

— Tué ?

— Oh ! Mais oui !... Ça fait trois jours. A matin encore, y avait d' son sang sur la dalle : ici là, tenez. »

Elle allonge sa jambe sous sa cotte et frotte du bout de la savate, près du chenet, la pierre de l'âtre.

« On l'a porté chez vous, après ?

— Oh ! Mais non ! répond-elle. C'est entre nous deux, l' père et moi, qu' la balle est v'nue l' prendre.

— Entre nous deux, redit l'aïeul.

— Une balle ? Mais entrée par où ?

— Par la croisée, donc ! Il en passe tous les jours, qui tapent dans l' mur. On voit les trous, tenez, tout blancs là autour... Il était là, assis tranquille à sa coutume, qui s' chauffait en fumant sa pipe.

— I' la fumait pas, corrige l'homme, pisque c'est en l'allumant qu'il est mort !

— C'est vrai, i' v'nait d' la bourrer. Même qu'i' m'a dit en finissant : « Vous voyez, grand'mère, une bonne pipe comme en v'là une, y a pas une femme que j' changerais pour. Ça fatigue moins et ça n' trompe pas. » Manière de rire, comprenez !... Là-d'sus, le v'là qui s' baisse et qui cherche à même la cendre, avec ses doigts, un charbon encore rouge pour allumer son tabac... C'est à c' moment-là qu' les Prussiens ont tiré. On a entendu les balles taper sur le mur dehors, passer au droit d' la f'nêtre et continuer à taper plus loin... Ma foi, on en avait bien senti une ou deux ronfler pas loin, dans la salle, mais on y avait guère prêté r'marque... C'est rien qu'après qu'on s'est aperçu.

— C'est moi qui m'ai aperçu, dit le vieux.

— Oui, Monsieur, c'est lui. Tout d'un coup, je l'entends qui m'appelle : « Hé ! la Delphine ! — Quoi donc ? — Tu vois pas l' Jean ? — Qu'est-ce qu'i' fait, l' Jean — I' s' lève pus. » J'ai regardé, Monsieur, et je l'ai vu, toujours baissé sur sa chaise, plié en deux, comme un qui dort.

— Et il était ?...

— Attendez voir... Nous, on croyait d'abord qu'i' nous cherchait malice : ça y arrivait... L' père a donc quitté d' sa chaise et il l'a touché à l'épaule. Et alors il a glissé d' biais, et il tombé su' l' carreau, tout du long ; et à peine qu'il était tombé, la dalle était rouge de son sang... Vous comprenez, comme il avait pas bougé, tout c' sang y avait coulé dans un pli d' sa capote. C'est seulement quand l' père l'a poussé que c' pli s'est vidé, pareil une écuelle qu'on renverse... C'est pourtant mauvais, ces balles ! »

Le vieux, alors, levant l'index et sentencieux :

« Les obus, c'est franc ; mais les balles, c'est traître.

— Oh ! pour sûr ! Ça vient tout d'un coup, et ça vous aurait tué avant qu'on aye pu faire une tiote prière... La nuit, des fois, ça nous réveille : on vit pus. »

Elle parle d'une voix égale et basse, aussi peu vivante, en effet, que le regard de ses prunelles décolorées. Cette mort lugubre d'un soldat, elle l'a contée sans un frémissement, sans qu'une lueur d'émotion humaine ait animé un seul instant son visage où les rides, à travers la peau jaune, creusent leurs sillons gris de crasse.

« Mais pourquoi, vous qui le pouvez, ne quittez-vous pas ce village ? Il y en a tant d'autres, où les balles n'entrent pas dans les maisons, où vous pourriez dormir la nuit... Ici, à chaque instant, vous risquez d'être tués.

— Tués ? » dit l'homme.

Il me regarde, hostile, sa bouche sans lèvres déviée par un bizarre sourire.

« Oh ! que non ! répond-il enfin. Des morts pareilles, ça n'arrive qu'aux jeunes.

— Et quand même ! intervient la femme. On a cent soixante ans tous les deux ; on est né les deux à Trésauvaux ; on mourra ici les deux... »

Et brusquement, haussant hargneusement le ton :

« On s' laissera pas évacuer d' force, oh ! mais non ! C'est-i' pa'ce que vous êtes chef que vous auriez l' droit d' nous tourmenter ?... Mais on partira pas, vous entendez ! Jamais ! »

Son corps se tasse ; elle recroise ses mains sur ses genoux et, d'une petite voix gémissante :

« Pauv'es nous ! dit-elle. Pour un malheureux bien qu'on a gagné à si grand'peine, qu'on n' pourrait même pus l' garder, à c't' heure ! La maison, l' j'ardin, les terres, tout ça qu' faudrait abandonner, sans avoir pu en faire argent !...

Elle s'interrompt sur ce dernier mot, et lentement tourne sur sa chaise :

« Ecoutez donc... Puisque vous commandez des hommes, faut bien qu' vous les nourrissiez ? Comme on dit : « pus d' manger ; pus d'hommes ».

— Et qu'est-ce que vous voulez me vendre ?

— Mais voyez comme il est pressé !... C'est des porcs, là, des porcs gras, des belles bêtes ! On en a quat'e de reste sous l' toit... On vous cédera encore le plus gros, si ça vous agrée.

— Je peux les voir ?

— Oh ! mais oui ; tout d' suite ! »

Elle se lève avec une prestesse surprenante ; et, comme le vieux se lève aussi :

« Reste là, toi ; faut qu'y en ait un qui garde... Et tâche de t' tenir tranquille !

« C'est vrai, Monsieur », poursuit-elle, tandis qu'à sa suite je traverse l'humide couloir, « c'est pas volontiers que j' l'abandonne : quand il est tout seul, figurez-vous, l' feu l'attire ; il aime le chaud tellement qu'i' s' penche !... J'ai toujours peur qu'i' tombe dedans. »

Tout en parlant, elle patauge dans la boue du jardin, allonge ses maigres jambes, par-dessus des choux noirs de pourriture. Et ses savates lâches, qui collent au terreau gluant, découvrent à chaque pas, aux trous de ses bas de laine grise, la peau jaune de ses talons.

« C'est là, dit-elle. Approchez-vous. »

La porte entrebâillée de la soue pousse vers moi l'odeur aigre et pénétrante des bêtes. Je les entends qui mâchonnent leurs grognements, distingue vaguement la houle rose de leurs échines.

« Pas vrai qu'i's sont beaux ?

— Ils ont l'air maigre.

— Maigres ? Cherchez voir les pareils !

— Et combien ?

— Cent francs. J' peux pas moins.

— Quatre-vingts.

— Mon pauv'e Monsieur ! C'est pas raisonnable !

— J'en aurai de plus gros, quand je voudrai, à soixante-dix.

— Oh ! mon Dieu ! Et où donc ça ?

— A Mouilly, à Villers, partout.

— On vous en aurait-i' offert à c' prix-là ?

— Tous les jours.

— Et vous dites bien quatre-vingts francs ?... Mettez cent sous d' mieux, allons, puisque c'est même pas votre argent.

— Quatre-vingts, dernier prix... Comptant. »

Elle me regarde en coin, me devine résolu, se décide :

« Eh bien ! donnez...

— Nous sommes d'accord ?

— C'est que... c'est du papier, Monsieur, du nouveau, et j'aime point ça.

— Je n'ai rien d'autre.

— Pas un peu d'or ? La moitié d'or, ça s'rait juste... Ou seulement une tiote pièce de vingt francs.

— Pas une.

— Ni des anciens billets ?

— Non plus.

— Oh ! mon Dieu ! Qu'il est dur, c't' homme-là !... Et l'quel que vous choisissez, pour finir ?

— Celui-ci.

— Oh ! vous avez pas l'œil ; y a l'aut'e, là-bas, qu'est plus avantageux. »

Ce disant, elle me montre la plus chétive des quatre bêtes, un goret roussâtre, plat des flancs, la peau des cuisses flottant sur la chair.

« Non ! Non ! Celui-ci... S'pas, mon vieux ? »

Et le porc, toute la tête et le garrot hors du bouge, lève les oreilles, fixe sur moi le regard bleu de ses yeux minuscules, retrousse son groin et semble rire.

Dans l'instant où je traversais la cour intérieure de notre maison, secouant mes semelles sur les briques du carrelage avant d'entrer dans l'appentis, un bruit de chocs m'a soudain arrêté. Cela venait du premier étage. Quatre à quatre, j'ai grimpé l'escalier ; et aussitôt, par la porte ouverte d'une chambre, j'ai vu Pannechon aux prises avec une armoire monumentale qui tanguait sur ses quatre pieds et menaçait de basculer sur lui.

« Aïe ! Vous m'avez pincé, mon lieutenant.

— Je t'ai pincé ?

— Pas vous : l'armoire.

— Qu'est-ce que tu lui voulais, à cette armoire ?

— J'lui voulais rien, mon lieutenant.

— C'est pour ça que tu cherchais à la forcer ?... N'essaie pas de nier : je t'ai vu.

— Alors, pourquoi qu'vous m'questionnez ?

— Pour que tu avoues, et que tu m'expliques ?

— Justement... Vous avez occupé vot'e journée, vous ? Consignes, secteur, visite à la grange et aux postes... c'est vos affaires. Mais moi aussi, j'ai mes responsabilités ! Avez-vous seulement pensé qu' la journée s'avançait bon train, qu'on était ici pour trois nuits, dans une bath maison d' rentier, sans crainte d'alerte...

— Qu'est-ce que tu en sais ?

— Sans crainte d'alerte pour nous d'abord. Si les Boches attaquent cette nuit, on aura bien une demi-heure pour se frusquer d' la tête aux pieds... Vous pensiez pas dormir dans l'appentis, tout d' même, avec la liaison et l' fourrier.

— Mais si !

— Ah ! là ! là ! Et ici, non ?

— Je ne savais même pas que cette chambre existât.

— Et maintenant qu' vous savez qu'elle existât ?

— Je coucherai quand même dans l'appentis. »

Pannechon lève les bras au plafond, les laisse retomber à ses flancs :

« Ah ! mon lieutenant, vous mériteriez... Mais pendant qu' vous étiez à traîner, sans bon sens ni utilité, j' m'ai occupé, moi, d' mon côté ! J'ai cherché dans la maison, j'ai dégoté c'te piaule où nous sommes. Et j'ai bien vu tout d' suite qu'on l'avait habitée d'une relève à l'autre, sans répit : y avait su' l' parquet d' la boue fraîche, et l' jules plein à n' pas l' remuer. Et j'ai vu bien d'aut'es choses encore : le lit, l'armoire ; et dans l'armoire, par une fente, du linge blanc qui d'vait être des draps. Oui, mon lieutenant, des draps ! Et alors j'ai jubilé, à penser que j' vous installerais une cambuse tout c' qu'y a d' maous, avec un pageot pépère, un portemanteau pour accrocher vos fringues, une camoufle sur la table de nuit, bien présentée dans un bougeoir, avec des allumettes en cas d' besoin... Et j' vous aurais fait la surprise ! Au lieu d' ça...

— Ecoute, Pannechon....

— Non, mon lieutenant. J' veux rien écouter. C'est raté, n'en parlons plus.

— Alors, au revoir.

— C'est ça, mon lieutenant, au revoir. J'aime autant rester tout seul.

— Eh bien ! n'y compte pas, justement : j'entends quelqu'un dans l'escalier. »

Une marche craque, un glissement de pantoufles frôle la porte ; une petite femme très maigre se dresse sur le seuil et nous dévisage sans mot dire.

« Bonjour, Madame », salue Pannechon dans un sourire.

Bouche close, elle va droit à l'armoire, et de tout près, attentivement, examine les vantaux, la serrure.

« V'nez voir un peu là. »

Elle ne s'est même pas retournée ; mais elle a parlé si bref que Pannechon lui a obéi.

« C'est vous qu'avez abîmé mon armoire ?

— Moi ?

— Bien sûr, c'est vous ! J'étais pas loin ! Y a personne qu'a pu monter depuis l'officier qu'est là...

— J' dis pas qu' c'est pas moi... Et après ? »

Pannechon, résolument, fait tête en se croisant les bras. Déjà il s'est ressaisi ; et même un début de sourire frémit au coin de ses narines.

« Vous énervez pas, Madame. Tout c' que vous allez pouvoir dire, je l' sais. Mon lieutenant m'a déjà expliqué...

— Vot'e lieutenant !... Est-ce que c'est à lui, mon armoire ? Est-ce que c'est à lui, la maison ?

— C'est pas à vous non plus ; c'est à un gendarme.

— C'est à mon oncle ; et tant qu'il est pas là, c'est à moi... Et puis d'abord... Ah ! mais... Ah ! mais... »

Elle s'est mise à marcher par la chambre, en proie à une colère qui blêmit son visage et fait bégayer sa parole. Elle se retourne, vient droit à moi :

— Laissez-nous les deux, Monsieur ! Elle est pas à moi, l'armoire ? J'aurais pas l' droit d' causer, ici ?... Ah ! c'est comme ça ! Eh ben ! on va voir ! »

Elle me pousse presque sur le palier, referme la porte dans mon dos. J'entends, en descendant, glapir sa voix suraiguë, des pas précipités qui font geindre le plancher ; et aussitôt, en croyant à peine mes oreilles, un bruit de coups qui grêlent en avalanche.

J'ai failli remonter, pour jouir de l'étonnant spectacle. La discrétion l'a emporté. J'ai achevé de descendre, songeant :

« Il ne se laissera toujours pas tuer. »

La vieille lampe de fer, suspendue au-dessus de la table, brûle par ses trois becs à longues flammes jaunes et tranquilles. Tout l'appentis sent l'huile chaude et la fumée des pipes, âcre et douce.

« Vous voyez, me dit Souesme : comme la nuit venait, nous avons allumé le feu. Le bois est sec et ne fume pas... Vous vous asseyez ?

— Entre Liège et moi, dit Salle... Hé ! l' grand ! Tu sers ? »

Vauthier, à l'apostrophe, se retourne :

« Ça va ! T'es pressé qu'on y goûte, à ta soupe au lait et à ton omelette !

— Comment ! De la soupe au lait ? Une omelette ?

— Oui, mon lieutenant ; et des poires pour le dessert.

— Et qui a trouvé ces merveilles ?

— Mais c'est lui, l' cabot-fourrier ! Sacré Sallé ! C'est Dessalé qu' tu d'vrais t'appeler. »

Le jeune fourrier hausse les épaules :

« T'as trop d'esprit, grand ouistiti ; ça t' fera mourir. »

Il rougit comme un tendron, s'en excuse avec un sourire charmant :

« Ça vient comme ça ; on n'y peut rien. »

Vauthier alors, s'asseyant près de lui, lui allonge une cordiale bourrade :

« Laisse donc, ça prouve que t'as l' sang jeune... Mais comprends-tu, y a une chose qui m'ostine : nous, dans toutes les maisons où qu'on s' risque à montrer nos gueules, on nous vide. Tout l' temps qu' t'as été malade à Rupt, ça n'a pas décessé : la tringle.

On n'osait pas entrer nulle part, on avait l'air de mendiants qu'a honte... V'là qu' tu nous r'viens, et d'un seul coup c'est la nouba. Vous voulez du lait ? En v'là... Des œufs ? Pareil. C'est à n' pas croire !... Et pourtant, au fond, ça s'explique, y a qu'à te r'garder pour comprendre : t'as la figure d'une fille, des grands yeux qui rient tout l' temps, des joues fines et des dents bien rangées, si blanches qu'on dirait toujours que tu viens d' les laver... Alors tu plais, qu'est-ce que tu veux. Suffit qu' tu laisses tomber deux mots pour qu'on aye envie d' te dire oui. Total : tout c' que tu d'mandes, on te l' donne.

— On me l' vend, rectifie Sallé.

— Quand même, tu l' tiens ! »

Le dîner se prolonge, parmi les rires et les tintements des quarts. De temps en temps, la flamme d'une mèche qui se consume effleure en crépitant l'huile de la coupelle. Ou bien quelque chose claque, très durement, au dehors : c'est une balle qui s'écrase sur le mur ou fracasse une tuile du toit. Alors on écoute ; et dans l'immense nuit d'alentour, on entend l'égrénement sec d'une mitraillade, et très loin, dans la Woëvre, la pulsation profonde du canon.

« C'est fini, dit Vauthier. Ça pouvait. Aussi tu m'entends bien, Sallé : si tu t'avises de r'tomber malade...

— Bon, répond l'autre, on f'ra son possible. Pour l'instant, occupe-toi d' garer la table, qu'on fasse le lit. »

Tous accroupis, nous débottelons la paille dressée contre le mur. La litière, dans un long froissement, s'éparpille sur le carrelage.

« Une bath table, soliloque Vauthier, et qui s' plie : c'est bien commode.

— Un peu plus d'épaisseur, dit Liège. Y a pas besoin d'étaler si large. »

Et Sallé demande :

« C'est fini ? On peut souffler ? »

Enfoncé dans la paille, les paupières entrecloses déjà, je le vois qui se dresse sur la pointe des pieds, son visage d'adolescent illuminé de clartés vacillantes. Les trois flammes s'éteignent à son souffle. Sa silhouette, une seconde profilée sur le rougeoiement de l'âtre, plonge dans l'ombre épaisse, s'évanouit.

⁂

Je n'étais pas encore tout à fait éveillé, le lendemain, qu'une impression d'agacement vague sourdait en moi et m'intriguait.

« A peu près dormi, mon lieutenant ? »

C'est Souesme, debout, qui me salue.

« Admirablement. Et vous ?

— Tout d' même, oui... A part le boucan.

— Le boucan ?

— Ben, ces balles qui tapaient dans les murs...

— Pas entendu.

— Ni celles qui ont enfilé le couloir ?

— Non plus.

— Ni les marmites qui...

— Rien, je vous dis !

— Alors bravo, mon lieutenant ! Moi, à un moment, je me suis même levé : toutes ces balles crépitaient si dur que je finissais par me sentir... impressionné. Sans blague. On aurait juré des cailloux qui rappliquaient raide sur les tuiles. Il a fallu que je sorte pour me rendre compte qu'elles venaient de loin, du bois de sapins là-haut... Comment expliquez-vous ça ? Une fois dehors, tout redevenait normal : des coups de fusil secs, mais bien à leur place et faisant leur petit bouzin ordinaire. J'écoutais deux minutes, je rgardais les étoiles, — quelles étoiles ! le ciel en était dévoré, — et je rentrais sous le plafond du corridor. Et alors, tout de suite, à trois mètres au-dessus de moi, les gros cailloux tambourinaient ; j'entendais les tuiles sauter, les lattes voler en éclats, les chevrons se fendre... C'est drôle, quand même... Vous écouterez cette nuit. »

Le pied sur le bord d'une chaise, il ajuste ses bandes molletières.

« Vous voyez, j'ai adopté les bandes droites. J'ai eu du mal, à cause des renversés. Mais une fois qu'on a pigé le truc, ça va tout seul. Et si vous saviez c' que la jambe peut être bien maintenue là-dedans !... Les cintrées n'existent pas, à côté. »

Il se redresse, un peu rouge, et remarque :

« On n'a pas encore vu Pannechon. Qu'est-ce qu'il fiche, à sept heures passées ? »

J'ai compris : ce vague malaise de tout à l'heure, cette mauvaise humeur sans objet... Le farceur ! Disparu depuis la veille, exactement depuis l'instant où là-haut, dans la chambre à l'armoire, je l'ai laissé aux prises avec l'irascible Meusienne.

« Mais nous sommes seuls, ici, dis-je à Souesme. Savez-vous où ont filé les autres ?

— A la cuisine, mon lieutenant. Et j'ai mission de vous y conduire... Oui, pour le chocolat. »

Il pousse la porte sur une lumière blonde, réverbérée par le dallage du couloir et vivante de poussières en suspens.

« A droite, mon lieutenant.

— Merci. Mais il suffit d'entendre. »

Une rumeur emplit la grande salle claire, où vingt hommes au moins se bousculent. Tout au fond, à travers un grouillement de jambes, rutile un brasier gigantesque.

Mon arrivée a jeté un froid. Un silence tombe, se prolonge. Je reconnais la voix de Fillot qui enchaîne, sans assurance :

« Allez, Gron, empoigne la barbaque. Toi, Chaffard, les p'tits vivres... Et caltez ! »

Ils s'en vont, un à un, emportant les distributions. Dans un coin de la salle maintenant presque vide, Fillot roule des toiles de tente ; Pinard et Brémont rangent des ustensiles. Le grand Vauthier, Liège et Sallé, assis devant les braises de l'âtre, font rôtir des tranches de boule, à la pointe de branchettes qu'ils arrachent à des fagots entassés contre le mur. Et d'autres tranches de pain posées debout, en ribambelle, au bord des cendres amoncelées, brunissent peu à peu et rissolent en exhalant une buée légère.

« Eh bien ! leur dis-je en les montrant du doigt, vous ne mourrez pas de faim ! On se croirait dans un fournil.

— Oh ! mon lieutenant, répond Sallé, il y en a aussi pour vous !

— Et puis, ajoute Vauthier, volubile, ça n' fait pas d' mal, une fois en passant, de s' capitonner un peu l' bide... Ecoutez l' chocolat, mon lieutenant ; le v'là qui chante... »

« Voilà, dit-il; tout est rangé... Ça n'a pas été sans mal : i's traînaient tous dans la cambuse; i's fouinaient dans tous les coins... »

Il prend un temps, hésite, et poursuit :

« Y a surtout Gron et Chaffard... Vous savez, Chaffard, avec son bouc, et Gron, l' boxeur qu'est tout rasé ? I's voulaient pas s'en aller, ces outils !... Même qu'i's r'viendraient, faudrait pas s'étonner... »

Ses yeux, par-dessus mes épaules, jettent des regards d'adjuration et d'impuissance. Je devine, derrière moi, la mimique de Pinard, de Brémond. Vais-je les laisser patauger plus longtemps ?

« Allons, leur dis-je, dépêchez-vous ! Vos rôties sont déjà noires. Et ce bouthéon-là vous attend. »

Est-ce tout ? Leur gêne persiste encore. Fillot louche vers la porte et Pinard vers la fenêtre. De nouveau, je préfère couper court :

« Appelez-moi Gron dans le couloir et Chaffard devant la maison. S'il reste encore des fricotteurs, dites-le tout de suite, qu'on déjeune tranquillement.

— C'est tout, mon lieutenant », dit Fillot.

Gron, puis Chaffard, apparaissent à la porte.

« Sans char, dit Gron. On n'est qu' nous cinq. »

Ses joues rondes, bleues de poils, s'épanouissent. Sa bouche s'ouvre sur une denture démantelée où luisent deux rangées de blocs d'or.

Leur embarras s'est vite dissipé. Assis par terre, en tailleur, ils boivent à larges gorgées le chocolat onctueux et brûlant, croquent bruyamment les tranches de pain grillé ; et tout en buvant et mangeant, ils parlent, béats, intarissables.

« Ho ! Brémond ! Aboule les cigares !

— C'est des quoi ? Des d'mi-londrès ?

— Non, des entiers ! »

Brémond, hurlant presque, raconte :

« C'est qu'i' voulait pas m' les lâcher, c' pou-là ! « J'en ai qu' neuf, qu'i' disait ; et t'en veux douze. » Alors, j'y ai dit... »

Un rire énorme submerge sa voix. Pinard, les yeux pleurants et le ventre secoué, montre du doigt la bouche de Chaffard :

« Il... Il... Il a foutu... ensemble...

— Ben quoi ! Ben quoi ! » répète Chaffard, impassible.

— Il a foutu sa ration d' gniôle dans son chocolat ! »

« Tu comprends, explique Gron à Sallé, y en a pas b' sef à qui qu' la guerre aura fait plus d' tort qu'à sa pomme. Si j'ai décroché l' championnat d' France, tu d'vines que c'est pas en m'les roulant... »

« Ben quoi ! Ben quoi ! » répète Chaffard, avec une bonasse insistance.

Et Gron poursuit :

« C' qui m' perdra, comprends-tu, c'est l' manque de direction. J' suis un faible, faut qu'on m' commande ; et vachement. Exemple, j'aime la bonne bectance...

— Mais puisque j'en mets bien dans mon jus ! explique Chaffard. Pourquoi qu' j'en mettrais pas dans l' chocolat ?

— Ça s' fait pas », dit gravement Pinard.

Et toujours la voix de Gron, pérorante, dévide son grasseyement, se développe enfin, presque seule, dans le recueillement des attentions éveillées :

« Si j' me r'tiens pas, j'en cache. J'ai beau avoir des piloches fantaises, faut pas m'en promettre quand on m'invite à dîner ; question d' tempérament, s' pas ? Seulement, chez moi, ça fait vilain : au bout d' huit jours, j' prends du buffet, l' cœur s'engraisse, les jambes vont plus, et j' perds mon gauche. Faut que j' me r'mette à l'entraînement jusqu'à c' que j'aye ressué la panne... Tenez, sergent, tâtez-moi l' bide. »

Autour de lui les autres ont fait cercle. Leurs yeux suivent la main de Souesme, dont l'index pèse délicatement sur l'estomac du boxeur. Un grand silence plane, qui semble venu des murs mêmes. Enfin Souesme, ayant tâté, invite :

« A toi, Vauthier... Hé ! Vauthier...... Où est-il passé ?

— I' vient d' sortir, sergent, révèle Fillot. A la s'conde. »

Une rougeur subite, aux joues de Salle, m'alerte. Mais cette fois, le diable m'emporte ! j'en aurai le cœur net tout de suite.

Dès le couloir, le bruit d'un pas m'arrête, qui fait craquer, l'une après l'autre, les marches de l'escalier. Je tends l'oreille, perçois le grincement d'une serrure. Alors, m'allégeant des deux bras appuyés à la rampe et au mur, je grimpe doucement jusqu'à l'étage. Un dernier saut, une poussée : je suis dans la chambre à l'armoire, une ondée de soleil me ruisselant au visage, tandis qu'une lourde chose dégringole avec fracas.

Près de la table de nuit que son sursaut vient de renverser, Vauthier, déployant à deux mains les pans de sa capote, s'efforce en vain de me cacher le lit, sa blancheur insolente, et parmi cette blancheur une tête ébouriffée, effarée, qu'une corne d'oreiller dressée semble coiffer d'une tiare immaculée.

« Bonjour, Pannechon... Fais attention à ta gamelle de chocolat : tu tacherais ces beaux draps brodés.

— Mon lieutenant....

— Au fait... où les as-tu pris, ces draps ?

— J' les ai pas pris, mon lieutenant. On m' les a prêtés.

— Et qui donc, s'il te plaît?

— La proprio, c'te blague !

— La proprio ?

— La p'tite femme d'hier tantôt, oui, mon lieutenant. La même qui piaillait si fort ; la même qui...

— Qui t'a rossé ?

— Oh ! Un p'tit peu... Juste pour se soulager...

— Et elle t'a prêté ses draps ?

— Vous voyez bien. »

Pannechon, pleinement rasséréné, s'est mis sur son séant, les reins mollement soutenus par l'oreiller, la mine fraîche, les yeux souriants.

« Ah ! dit-il, c'est une femme qui trompe son monde. Elle est si bonne qu'elle a peur de sa bonté. Et c'est ça qui la rend mauvaise.

— Voilà... Mais dis, est-ce que tu comptes rester pieuté jusqu'à midi ? Veux-tu que nous te balancions, tous deux Vauthier ?

— Là ! Là ! mon lieutenant, j'décanille. R'tournez-vous, par exemple : j'ai les jambes nues. »

J'obéis et m'approche d'une fenêtre. La chambre en a deux, dont l'une, face à la porte et au lit, s'ouvre au sud comme celle de la cuisine. L'autre, à l'est, donne sur un ciel léger où rayonne le soleil du matin.

Debout près d'elle, le front contre les vitres, je laisse mes yeux vagabonder par la plaine somptueuse et douce. Toute la Woëvre s'offre à eux, vaste comme la mer et vivante comme elle. Le pied des collines y plonge, à travers le foisonnement des arbres, jusqu'à la bigarrure des champs. Les prés sont verts sur le rivage, les bourgades blanches et roses, les bois pourpres et dorés. Des étangs pâles, qu'une buée fine dépolit, semblent une frange d'écume laissée par la caresse des vagues : longues vagues bleues qui moutonnent au loin, jusqu'à d'aériennes collines entr'aperçues à limite de regard, baignées de ciel, flottantes sur l'horizon comme la silhouette d'une autre terre. A travers l'étendue des bouquets d'arbres émergent, pareils à des îlots luxuriants ; des routes s'allongent, blancs sillages. Quand on les suit des yeux, on découvre bientôt des pointes de clochers qui s'effilent, aiguës comme des mâtures de voiliers. Les têtes rondes des saules, sur la brume exhalée des rivières, ont l'air de grosses bouées qui dérivent. Lointaines, des fumées glissent, étirées sur la fuite d'invisibles steamers. Et le soleil déjà haut, épanoui en plein azur, laisse ruisseler de toutes parts l'averse fastueuse des rayons. Leur poudroiement nimbe l'étendue ; des reflets s'allument, des eaux scintillent, des feuillages miroitent, une prairie glauque luit, comme une houle au flanc poli. Et je songe, immobile, presque sans souffle, tandis que je contemple la grande Woëvre pleine de clartés, au « sourire innombrable » de la mer.

« Beau temps, mon lieutenant ? »

Pannechon, debout contre moi, s'incline aussi vers la fenêtre.

« Dommage que tout ça grouille de Boches ! »

Je réponds, agacé :

« Laisse-moi tranquille ! »

Mais lui, enfilant les manches de sa capote :

« C'est pourtant la vérité. Voyez : ici, au bout d' la chaussée qui file tout droit d'vant nous, y a Fresnes.

— Eh bien, nous y sommes, à Fresnes !

— Je l' sais, mon lieutenant... Prenez voir vot'e carte, s'i' vous plaît. »

Il fait sauter lui-même les pressions de mon liseur, en sort une carte au 200 000ᵉ qu'il déplie sur son genou. Et, les yeux promenés sans cesse de la feuille à la vaste plaine, montrant du doigt les villages qu'il nomme, il reprend :

« Derrière Fresnes, au bord de cette grande route plantée d'arbres, c'est Pintheville, qu'est aussi à nous. Un peu sur la droite, à deux doigts, c'est Riaville : les Français y sont ; du moins, j'crois.

— Ils y sont.

— Tant mieux. Mais c'est tout... A partir de là, mon lieutenant, partout derrière c'est la vermine à perte de vue. Tous ces villages, ces bois, ces creux d' rivières, i's en ont fait des nids à canons !... Hier soir, avant d' me coucher, j' m'étais approché d' cette fenêtre. Leurs artilleurs bombardaient vers Manheulles ; y avait beaucoup d'étoiles au ciel, mais la terre était noire de nuit. Et dans cette nuit, à chaque seconde, y avait des langues de feu qui jaillissaient, près, loin, à droite, en avant, partout : c'étaient leurs canons qui tiraient... Oh ! tenez, là !... Et v'là l'obus ! Dans Fresnes ! »

Craquante et lourde, l'explosion pousse les vitres à nous faire reculer. Parmi les arbres, un panache de fumée grasse roule des volutes couleur de bronze, à reflets sanglants.

« Et de deux ! crie Pannechon. Avez-vous r'péré, mon lieutenant ?

— Non, rien. Quoi ?

— Les pièces qui tirent ! Ça fait un éclair blanc, comme une grande baïonnette qui brillerait... A droite, en direction d'Saulx en Woëvre, derrière Wadonville... Oh ! Encore ! Toujours deux ! »

A intervalles réguliers, les obus éclatent sur Fresnes, de grosses marmites couplées, à fumée rouge et à fumée noire. Une poussière de gravats flotte sur les maisons ; des pierres jaillissent, qu'on entend grêler sur les toits à travers le grondement continu qui prolonge les explosions.

« Vous les voyez, maintenant, mon lieutenant ? A la lisière d'un boqueteau, en avant d'une rivière qui doit être la Seigneulle ?... Bon ! Encore deux éclairs !

— Ah ! Cette fois, j'ai vu.

— Et les deux marmites, la rouge et la noire ! Les fumées montent, montent... La noire s'en va, la rouge grandit, encore plus rouge... A sa place, tout à l'heure, y avait une belle habitation blanche, un p'tit château entouré d'arbres. Il a disparu tout entier dans c'te saloperie de fumée rouge... Mais qu'est-ce que c't' obus avait dans la panse, pour lâcher une fumée pareille ? Elle épaissit encore, j'crois bien !... Oh ! ça y est ! I's y ont foutu l'feu ! »

Là-bas, au pied des collines bleues, des trains filent, empanachés de vapeurs blanches. Ils roulent vers Metz, venus des usines de Conflans dont toutes les cheminées fument sur l'horizon. L'un d'entre eux fuit à toute vitesse ; et sur sa route des flocons gris s'alignent, qui semblent éclore du sol comme de grosses fleurs fugitives.

« Vois, Pannechon ! Là-bas ! Nos pièces de marine qui bombardent un train boche ! »

Il s'est dressé, soulevé par un sursaut d'espoir. Mais bientôt, hochant la tête :

« Bah ! murmure-t-il ; on l'aura pas... Et puis quoi ? C'est toujours la guerre. La belle maison continue d' brûler, dans Fresnes... La fumée monte jusqu'au faîte des arbres, elle étale du noir en plein dans l' beau temps... Cette fumée-là, mon lieutenant, c'est une grande saleté sur le soleil. »

II

GUITOUNES

2-3 novembre.

Souesme, ayant poussé du dehors la porte de l'appentis, a jeté quelques mots dans une rafale de vent mouillé :

« Pour le coup, les voilà ! »

Nous avons bouclé nos sacs, tandis que les flammes de la lampe, rabattues par la tourmente, se tordaient en faisant grésiller l'huile chaude.

« Prenez la section, Souesme ; je vous rejoins sur la place du village. »

Lorsque, les consignes passées, je rallie le point de rendez-vous, la lune brille, ronde, dans une déchirure des nuages. Les pignons des maisons abattent sur le sol des silhouettes d'encre aux arêtes aiguës. Une fumée monte d'un toit, verticale, échevelant sa cime dans le vent. Mais l'air, autour de nous, est inerte et glacé.

« Porchon ! Hep ! Par ici... »

Mon appel suspend les longues enjambées. Une poignée de main s'échange entre nous, dont la chaude cordialité dément le ton bourru de la réponse :

« Te voilà ! Tu y as mis le temps ! »

L'une après l'autre, les sections démarrent. Un officier courtaud, debout en avant d'une maison, le pied posé sur une borne, les regarde défiler. Il est en pantoufles, tête nue. Un reflet de lune brille sur son crâne chauve.

Porchon règle son pas sur le mien, nos souliers clapotent en mesure. La route submergée ruisselle de lumière blanche. A notre gauche, la côte des Hures dresse un gigantesque écran noir.

« Eh bien ? commence-t-il. Ces trois jours ?...

— Un beurre ! Du moins pour ma section.

— Pour tout le monde. On regrettera cette première ligne.

— Quoi ? Nous étions en première ligne ?

— Il paraît. D'ailleurs on nous ramène au carrefour de Calonne, deuxième ligne. »

Il m'a pris par le bras. Nous marchons si près l'un de l'autre que les mêmes éclaboussures enveloppent nos quatre jambes.

« Trois jours sans se voir, c'est long ! Et tu es là ! Tu ne dis rien ! Bavardons un peu, que diable ! »

Je dis alors la maison du gendarme, la grange neuve pleine de paille et le tiède appentis, la cuisine où régnait Fillot et la chambre où dormait Pannechon. Je conte ma visite aux deux vieux, les aubaines de Sallé, les prouesses de Martin le mineur :

« A lui seul, il a fait d'une fosse dangereuse un abri solide pour toute une section. Il allait aux Hures, la nuit, avec une cognée sous son bras. Il y abattait des sapins, les débitait sur place en rondins qu'il descendait sur ses épaules. Le jour il travaillait, les pieds dans l'eau : il creusait des puisards, étayait, s'escrimait tour à tour, avec une égale furie, de la serpe, de la hache, de la pioche. Il a rôdé dans les maisons démolies, raflant des planches, des douves de futailles avec lesquelles il boisait la terre molle, des carreaux de brique et des tuiles qu'il glissait sous les pieux d'étai : « C'est des s'melles, cha, min lieutenant... » Il était magnifique, à genoux, sur le dos, le pic volant au-dessus de sa tête, ses bras glabres cordées de veines bleues, sa face plate, presque farouche à force d'ardeur volontaire, et toujours, sous la joue, la bosse d'une chique inamovible... Je l'ai félicité de bon cœur.

— Et il a été sensible ?

— Sensible, mais digne. « Min lieutenant, parlons pas d'cha. Mais l'cochons qui n's ont laissé ch'tranchée, j'voudrais l'vir quand ils r'vindront ; et j'voudrais, pour qu'i's n'aient honte, qu'i's sauraient qu' c'est mi t' cheul qu'a fait cha : mi, Martin, gars de ch' Nord, soldat au 106e d'infanterie. »

— Lapidaire !

— Mais l'gars de ch' Nord a été pris pour un espion, tout un jour et la moitié d'une nuit... Le matin de la Toussaint, Chabredier le chef est venu me trouver : « Mon lieutenant, je voudrais vous parler : une communication sérieuse... Butrel nous attend dans la cour. » Je suis sorti, très intrigué par la mine de mes deux bonshommes. « Si c'était sérieux ? Une lumière sur les Hures, qui s'éclipsait, se rallumait et bougeait à travers les arbres... Des signaux, à n'en pas douter... » Bref, tous deux, Chabredier et Butrel, venaient me demander l'autorisation de monter là-haut, la nuit prochaine, et d'arrêter l'espion des Hures. Chabredier avait son revolver, Butrel m'emprunterait le mien : tout serait vite et proprement réglé.

— Et alors ?

— Je te l'ai dit : c'était Martin, abattant un sapin à la lueur d'une lanterne posée sur la mousse.

— Et Butrel ?

— Butrel ? Il avait sauté aux épaules de l'espion. Mais il n'a pas lâché quand il a reconnu Martin, et il lui a flanqué une raclée, séance tenante, pendant que Chabredier éteignait la lanterne... A ton tour, maintenant.

— Il était une fois, commence-t-il, un soldat très grand, très fort, et qui avait toujours faim... »

Il change vite de ton, heureusement, et me narre gaillardement comment cinq ou six lascars de la deuxième, l'énorme Giraud à leur tête, ont mis à sac toutes les ruches d'un verger.

« Les rayons effondrés, les essaims noyés : un désastre ! Et le proprio qui accourt, gémit, menace, fait un foin du tonnerre de Dieu ! Le *boni* de la compagnie en a été de soixante-dix francs. Mais Giraud et ses compères ne l'emporteront pas en Paradis.

— Au moins ont-ils mangé le miel.

— A en garder huit jours les moustaches poisseuses !

— Alors tu as puni ?

— Sauvagement. J'avais acheté un porc, choisi entre vingt autres empilés sous un toit où il y avait assez de place pour deux... Oui, entassés là par un civil patibulaire que je soupçonne, entre parenthèses, d'avoir raflé dans le patelin... Enfin, j'ai choisi le plus prospère, et j'ai convoqué mes maraudeurs. « Vous voyez ce cochon, ce beau, ce gras, cet excellent cochon ? Je l'ai acheté, c'est pour la compagnie... » Ils m'écoutaient, bouche bée, attendant le coup de Trafalgar. « Pas de cochon pour les pilleurs de ruches ! Attendez... Dans quatre jours, à Mont, j'achèterai un autre cochon. Delval en fera des saucisses, du boudin, des pâtés... Rien de tout ça pour les mangeurs de miel !... » Une dégelée de gros noirs ne les aurait pas mieux assis... Mais dis donc ? Te doutes-tu qu'il fait jour ? »

Il a sorti sa montre de sa poche :

« Six heures et demie, parbleu... Et nous arrivons à Mont. »

Déjà la tête du bataillon défile devant la mairie. Autour de la fontaine, un lac de boue jaune a grandi. Les hommes y entrent, dans un long bruit clapotant, les yeux fixés sur la rue du village, droit devant nous.

« A gauche ! A gauche ! »

L'adjudant de bataillon, les jambes dans l'eau jusqu'aux mollets, détourne de la voix et du geste l'élan de toute cette foule vers les granges et les maisons. Elle reflue, tournoie sur place, et docilement s'écoule par la route de Mesnil, loin du village encore endormi, loin des granges aux vastes portes qui ne s'ouvriront pas pour elle.

Le ciel est terne. La chaîne des Hauts aligne à notre droite ses croupes hérissées d'arbres chauves.

« Tout ça qu'on voit, dit Vauthier, ça n'a rien d' gai. Hein, Pannechon, tu le r'gretteras, ton pucier ?

— Non ! réplique Pannechon. J' le r'gretterai pas. »

Et il ajoute, avec un coup de tête volontaire :

« Pa'ce que j'veux pas ! »

« A la bonne heure ! dit Porchon à mi-voix. Prenons-en de la graine, nous aussi... A quoi pensais-tu ?

— A Trésauvaux, à notre chocolat du matin, au soleil... Je revoyais le petit capitaine en pantoufles qui nous regardait partir ; et je lui en voulais d'avoir pris notre place, de se prélasser au coin d'un bon feu tandis que nous marchions sur cette route gadouilleuse, qui grimpe, sans même l'espoir d'un gîte au bout de la rude étape. Nous sommes passés à Mont, passés seulement... Regarde, maintenant qu'il fait grand jour : la maison vient d'ouvrir ses fenêtres, une fumée flotte sur le toit...

— Oui, dit Porchon. Toute la famille est levée. Mademoiselle Thérèse jette des bourrées dans l'âtre ; le garde lace ses souliers ferrés ; Madame Aubry, avant qu'il parte, glisse dans la musette « le manger et le *véin* de midi »...

— Et maintenant, cette méchante pluie fine... Tous les arbres, jusqu'aux dernières branchettes, sont en train de s'en imbiber ;

après quoi, pendant deux jours, ils nous la distilleront sur le dos... Nous avons été trop heureux, cette semaine.

— *Sursum ! Sursum !* dirait Gervais.

— Oui, faut recommencer à se battre : contre la pluie, contre la boue, contre la nuit... Tiens, je me rapelle un tour d'avant-postes, il y a un mois, devant Saint-Rémy. J'étais malade, la poitrine à vif. Il pleuvait : une pluie toute pareille à celle-ci. La tranchée ? Un ruisseau de boue. Le sale coin, le sale temps, et la crève... Mais par bonheur, l'adjudant que je relevais m'a passé en consigne une guitoune qu'il avait creusée ; une petite fosse couverte de rondins ; puant la terre et le cadavre. Telle qu'elle était, pourtant, elle m'a permis d'allumer une bougie... Eh bien, mon vieux, sans cette guitoune et cette bougie, je calais, ma poitrine calait ; et le toubib m'évacuait au matin avec une bronchite fadée.

— Oui, maintenant que l'hiver est là, ça n'est pas toujours chez les Aubry que nous attendrons le printemps...

— Et c'est à nous, vivant avec nos hommes... L'Intendance leur a donné des couvertures. Les familles, depuis quelques jours, leur envoient des chandails, des cache-nez. Mais ceux qui n'ont personne ? Ceux qui sont des régions envahies ? Ceux qui n'ont que nous ?.. Et puis les frusques, les lainages, c'est bien, mais ce n'est pas assez... Je voudrais qu'ils aient tous, bientôt, leur guitoune et leur bougie.

— En tout cas, dit Porchon, quelques-uns les auront ce soir même. Voici les Trois-Jurés : tu détaches un poste à la cabane de cantonnier.

— Alors, c'est mon peloton qui tient la Calonne, direction Verdun ?

— Oui. Et je m'installe avec l'autre sur la route Mouilly-les-Eparges, direction Mouilly. »

Sur mon ordre, le caporal Rolland et quatre hommes de son escouade sortent des rangs comme nous arrivons au carrefour. Ils s'élancent vers la cabane aux murs solides. Avant même d'en atteindre la porte, ils débouclent leur sac et le rejettent d'un vif tour d'épaule.

« Cachez-vous ! crient les autres.

— Rentiers !... Filonneurs !... Embusqués ! »

Mais eux, goguenards, disent au revoir de la main et rient au seuil de leur maison.

Nous poursuivons, la pluie tombe toujours. Déjà les branches des hêtres s'égouttent sur les feuilles mortes. Tout le ciel est brouillé d'eau diffuse que le vent nous chasse au visage.

« Tiens ! dit Vauthier. Des cagnas ! »

Plus grand que nous tous, il a découvert le premier des boursouflures de terre brune qui s'arrondissent au ras du sol comme les têtes d'énormes cèpes.

« Une... Deux... Trois, compte-t-il. Y en a qu'trois... J'vois l'drapeau blanc sur une : c'est l'poste de s'cours.

— Et les deux autres ? »

Pinet, trop petit pour rien voir, se charge du commentaire :

« La guitoune des toubibs : une. La guitoune des bras-cassés : deux. Et la guitoune des brancards : trois.

— Ben, et celle des blessés ?

— C'est la même que celle des brancards, face d'âne !

— Ben, et celle des pas blessés ? »

Ils rient, tandis qu'un cri bizarre perce l'épaisseur de la pluie. C'est une plainte longue, aiguë, dont la détresse nous traverse la chair. Les hommes ont tourné la tête. Silencieux au premier instant, ils interrogent, maintenant, tous ensemble :

« On zigouille, par ici ?

— C'est pas des bon'hommes qui gueulent comme ça ?

— Nom de... V'là qu'ça r'commence ! »

Le même cri, plus proche, nous a surpris encore. Mais cette fois, Chaffard montre aux abords des huttes de hautes silhouettes qui bougent et se déforment parmi les remous de la pluie :

« J' les vois, les bestiaux. C'est des *miôlles !*

— Des quoi, qu'tu dis ?

— Des mulets.

— Ça en a, une façon d'causer !

— Allons, bon ! Quoi qu'y a encore ? »

La compagnie vient d'être bloquée net. Deux cavaliers, qui trottaient à notre rencontre, ont tiré sur la bride de leurs chevaux. Les deux bêtes ont pivoté sur place et nous barrent complètement la route.

« Quelle compagnie ? demande un des arrivants.

— 7ᵉ, mon commandant... Sous-lieutenant Porchon. »

Les chevaux s'ébrouent, poussent l'une contre l'autre leurs croupes baies, ruisselantes de pluie. J'entends chuchoter derrière moi :

« Dis, tu les as r'connus ?

— Le grand, oui : c'est le capitaine Secousse, l'ancien commandant d'la 6ᵉ.

— Et l' petit, l' commandant Montagne, qu'a été blessé fin août.»

Secousse, son maigre dos tendu à la pluie, sa petite tête blottie dans le col de son manteau, laisse errer sur nous le regard de ses yeux pâles, tristes et bons. Le commandant Montagne, trapu, d'aplomb sur sa selle, parle dans sa moustache grise en serrant les mâchoires :

« Vous laissez un peloton ici ?

— Oui, mon commandant.

— Avec un officier ?

— Avec mon camarade, qui est là. »

« Ah ! lieutenant, me dit la moustache grise, vous allez avoir du travail ! Je viens de voir la tranchée-abri. C'est in-fect, littéralement in-fect.

— Nous travaillerons, mon commandant. »

Les deux chevaux, éperonnés, démarrent au grand trot. Leurs fers claquent sur la route ; la boue jaillit, à chaque foulée, jusqu'aux bottes des cavaliers.

« Tu as entendu ? me demande Porchon, tandis que la colonne repart.

— Pas tout. Les dernières phrases seulement.

— Eh bien, le commandant Renaud passe la main et prend le troisième bâton. C'est le commandant Montagne qui le remplace à la tête du régiment. Pas pour longtemps : nous allons, paraît-il, voir arriver bientôt un cinq galons, « cinq galons d'or, dont deux d'argent ».

— On retape.

— De fond en comble. Cadres neufs, ou rénovés : dans quelques jours, chaque compagnie du bataillon aura son pitaine ; Gélinet à la 5e ; Secousse à la 6e ; Maignan à la 8e... Prêtre, encore malade à l'ambulance de Sommedieue, revient dans une huitaine et prend la nôtre, avec une ficelle de plus sur la manche. Quant au capitaine Rive, il garde le deuxième bâton.

— Tout ça est beau. Mais... les effectifs ?

— Les vides se combleront, petit à petit. Les vieux blessés reviennent, leurs plaies bouchées. Les « classe quatorze », avant le jour de l'an, auront pris les places des morts et des infirmes...

— Oui. Ainsi va la guerre...

— Son petit bonhomme de chemin... Adieu. Te voilà arrivé. »

La longue troupe s'enfonce dans la pluie. De chaque côté de la route déserte, la foule des hêtres érige ses fûts que l'eau polit comme des colonnes de pierre. Huit cents hommes viennent de passer, huit cents ombres tôt disparues, vies humaines allant leur chemin.

Derrière moi, cependant, de vigoureux appels retentissent par la clairière.

« Louis ! Eh ! Louis ! On s'met nous deux ?

— Grand-père ! Par ici ! Equipe à deux pour le boulot !

— Grouillez-vous sergent ! Donnez-lui la pelle ; moi j' prends la pioche. »

Souesme, Liège et Chabredier distribuent des outils de parc, des pics lourds, de larges pelles.

« Tout un dépôt, mon lieutenant, que nous avons trouvé au bord de la tranchée. Il y avait même sept cognées. Nous en avons donné trois par section, la septième reste pour compte.

— Alors je la prends.

Déjà les chocs des fers sonnent dans les troncs des hêtres. Des baliveaux craquent. Bientôt, vers la tranchée béante, des hommes s'acheminent, deux par deux, qui mesurent leurs pas l'un sur l'autre, un arbre entier jeté sur leurs épaules. Sa ramure, traînant derrière eux, accroche les feuilles mortes en passant.

« Ça ronfle, dit Pannechon. Avant ce soir, la tranchée s'ra couverte... Mais pourquoi, mon lieutenant, qu' vous avez d'mandé une cognée ?

— Pour bâtir notre abri, nous aussi.

— Nous deux ? »

Il me toise avec une irrévérence où je mesure mon infériorité. Ses paroles, toutefois, ménagent mieux mon amour-propre :

« Vous avez bonne volonté, mon lieutenant. Mais l' travail de la terre, quand on y est pas accoutumé, ça casse vite un bonhomme en deux... Voulez-vous un conseil ?

— Dis toujours.

— D'mandez donc à Martin...

— Pas à Martin. Sa place est à la section.

— Alors à... à Chabeau, tenez ! C'est un valet d' ferme, dur de peau et bon à tout. Lui et nous deux, on pourra voir... Vous voulez bien ?

— Je veux bien ; à condition que Chabeau couche ce soir, avec nous, dans l'abri.

— Ça s'ra son droit », dit Pannechon.

Chabeau, un homme blond, aux yeux très bleus dans un visage osseux et pâle, presque imberbe, se met à piocher tout de suite avec une ardeur silencieuse. Pannechon, à coups de hache précis, jette à terre des arbustes gros comme le bras, qui frémissent une minute avant de sombrer en craquant. Et moi-même, une pelle-bêche au poing, je taille dans l'humus des mottes rectangulaires, « de vingt centimètres sur quinze », comme il m'a été prescrit.

« Hardi, mon lieutenant ! crie Pannechon. Quante vous en aurez fait deux cents, vous ébrancherez mes tiges, et j' vous r'prendrai jusqu'à la fin. »

Les dents serrées, les reins déjà douloureux, je me remets au travail avec une allégresse qui abolit en moi la sensation du temps qui coule. Pendant que le fer de ma bêche tranche et décolle le terreau gras, ma pensée va son libre chemin :

« Y a-t-il une heure que nous sommes arrivés ? A peine. Déjà, pourtant, la boue qui stagnait au fond de la longue tranchée coule et luit sur les parapets. Les rondins s'alignent, prêts à la couvrir, et des vanniers improvisés tressent les claies qui parferont le toit... Jamais, depuis que dure cette guerre, je n'ai vu chez ces hommes pareil entrain laborieux. C'est comme s'ils avaient compris, tout d'un coup et tous ensemble, que nous nous installions dans la guerre. Les voici qui travaillent et qui créent... Et parce qu'une fraternelle entente harmonise et soutient leur effort, mes yeux s'enchantent de les voir et mon cœur se dilate d'orgueil. »

« Mon lieutenant ? »

Chabeau m'appelle, debout dans la fosse déjà profonde où ses jambes plongent jusqu'aux genoux.

« Ho ! Pannechon ! Amène-toi aussi... La terrasse avance. Faudrait s'entendre avant d' construire. »

Nous nous asseyons sur les feuilles mouillées, allumons nos pipes, et tenons conseil de pairs.

« Voyons pas trop grand, dit Pannechon. Les jours sont courts. Faut éviter qu' la nuit nous laisse en rade.

— C'est bien pour ça, explique Chabeau, que j' creuserai seulement à soixante-dix centimètres. La guitoune aura, comme on a dit, dans les un mètre quatre-vingts sur deux. Un mètre en profondeur, ça f'rait quasi deux couples de mèt'es cubes à remuer ; tandis qu'avec soixante-dix, j' m'en tire à deux mèt'es cubes et demi ; ou guère avec.

— Tu y arriveras ?

— Sûr ! Le terrain est facile, tout en pierres tendres à plat les unes sur les autres. Le pic mord là-dedans à chaque coup ; et ça vient par morceaux plus larges qu'une gamelle.

— Alors, la guitoune ? Parlons peu, parlons bien : on n'a pas un quart d'heure à perdre. »

Cinq minutes ont suffi, au bout desquelles Pannechon propose :

« Dites, mon lieutenant, avant qu'on s' remette au boulot, vous feriez p't-êt'e bien, pour qu'on y voie clair tout à fait, d' nous offrir une mise au point maous... »

Ils m'écoutent, le menton dans leurs paumes.

« Les dimensions, Chabeau les sait. Les murs en mottes de gazon : celui de l'est haut d'un mètre, celui de l'ouest de quarante centimètres, pour assurer au toit de la guitoune une pente suffisamment raide. On renforcera ces murs avec les terres de déblai.

— C'est bien ça, dit Pannechon.

— L'entrée au nord, vers la tranchée-abri, à l'opposé des canons boches. La cheminée face à l'entrée... Maintenant, le toit.

— Le toit, répètent-ils ensemble.

— D'abord les rondins, serrés les uns contre les autres. Par-dessus les rondins, un lit de fascines et de feuilles. Par-dessus les fascines, une couche de mottes imbriquées.

— Imbri quoi ? s'étonne Chabeau.

— Imbriquées, mon vieux, dit Pannechon. Comme des briques... Et pour coucher, mon lieutenant ? La terre est fraîche, vous savez !

— Une corvée de paille ira jusqu'à Mouilly, dès qu'on n'y verra plus assez pour continuer à travailler... Vous y descendrez avec elle.

— Eh bien ! dit Pannechon, c'est complet. A part des p'tits détails à voir : une planche pour les boules de pain, des piquets pour les équipements, un lissage de boue fraîche par-dessus les gazons, pour que la pluie roule au lieu d' traverser. Mais avec un dos d'pelle, on en verra la farce.

— Et puis ça, dit Chabeau, on s'en occupera demain. Retourne à ta cognée, Pannechon. »

Lui-même, s'étant remis debout, empoigne le manche de son pic et saute dans le trou béant. Il retire de sa bouche sa pipe brûlante, en secoue la cendre contre son soulier, l'enveloppe de son mouchoir avant de la remettre dans sa poche. Puis il crache dans ses mains, se retourne ; et, riant par-dessus son épaule :

« Vous y êtes, mon lieutenant ?

— J'y suis !

— Alors on r'met ça ?

— Jusqu'au bout ! »

III
LA RÉSERVE

4-7 novembre.

« Longez l' mur, mon lieutenant, crainte de la gadouille... Une fois tourné l' coin d' la maison, la lune éclaire en plein : c'est franc. »

La silhouette maigre du sergent se dresse à quelques pas, noire dans la clarté lunaire. Elle se penche vers l'ombre où je suis encore et tend vers moi un bras très long, comme une perche vers un nageur à bout de forces.

« Ça va ? demande-t-il.

— Euh ! oui... Si vous voulez. Mais quel cornard ! »

Mounot me suit, première sentinelle à marcher. J'entends, sur mes talons, le bruit gras de ses pieds dans la boue, le halètement de sa poitrine, et le cliquetis de ses armes, ballottées à chaque déhanchement. Une glaise poisseuse serre nos chevilles, alternativement, d'une étreinte tenace et forte. Il monte d'elle une puanteur violente, de dépotoir et de latrines.

« Hardi, mon lieutenant ! Halez sur moi... Mes pieds sont solides. »

J'ai saisi la grande main dure, me suis hissé hors du cloaque. Un instant encore, dans l'ombre du mur, Mounot a pataugé en grommelant. Puis sa forme trapue a surgi près de nous, dans le givre bleu du clair de lune.

« Alors, comme ça, sergent, c'est ici que j' prends ?

— Oui, fils, jusqu'à l'aube.

— Et après ?

— Mais tu rentres !... Tu connais l'secteur, pourtant ?

— Y a des chances !

— Alors t'as oublié qu'i's nous voyaient, d' là-haut ?... Et Ernest ? Tu l'as oublié, Ernest ? »

Mounot, riant en sourdine, crache par terre en signe de mépris.

« Ah ! Ah ! dit-il. I' tire toujours, le fou d' Combres ? »

Son pouce, pointé vers le sud, désigne une bosse chauve qui boursoufle la longue crête des Eparges.

« Et sur le *piton* ? Rien d' neuf ?

— Pas grand'chose ; ils ont ajouté des ch'vaux d'frise et planté un rang d'barbelés, hier soir, entre neuf et onze. »

Ils se taisent. Le silence nous enveloppe avec la froidure d'avant l'aube. La nuit est vaporeuse et claire. Derrière nous, les façades des maisons endormies alignent des blancheurs diffuses. La lune, encore très haute, nage dans un ciel presque laiteux où quelques grosses étoiles luisent faiblement, d'un éclat de perles troubles.

« Quelle heure qu'il est ? » demande Mounot.

Il n'a pas achevé qu'une tache obscure glisse sur nos têtes, silencieusement. A peine en avons-nous senti le frôlement qu'elle a plongé au cœur de la nuit, vers le village. Presque aussitôt un gémissement aigre et tremblant a longuement traversé l'espace.

« V'là ta réponse, dit le sergent. La chouette du clocher rentre : il est cinq heures. »

Presque aussitôt, par deux fois, la détonation d'un mauser claque dans les hauteurs du ciel.

« Comme vous disiez, sergent, constate placidement Mounot, il est cinq heures : la chouette vient d' rentrer sous les cloches, et l'aut'e piqué, montre en main, sonne les quarts d'heure à coups d' fusil. J'ai vu en passant qu' la rue des Eparges est toujours à sa place, la hauteur de Combres aussi, le piton de même... Secteur connu : ça va. »

Secteur connu. Notre compagnie, détachée du carrefour de Calonne, « prend » au village des Eparges pour ce jour et la nuit qui va suivre. Pas de tranchées : nos sections se cachent dans les maisons, à l'orée sud du village. Des sentinelles et des petits postes sur les routes, tant qu'il fait sombre, et, dès qu'on y voit clair, quelques guetteurs juchés à la lucarne des greniers : c'est tout.

Entre les quatre murs des chambres à l'abandon, sous les toits crevés dont les lattes piquent le ciel, les hommes s'entassent et tuent le temps. Ils jouent aux cartes ; ils somnolent ; ils fument. Un lourd voile flotte sur eux, les couvre d'une taie grise, dans une épaisse odeur d'humanité cloîtrée, de nourritures fades et de pétun.

Nous sommes plus heureux, Porchon et moi. Notre demeure, la mairie du village, est spacieuse et claire. Par la fenêtre grande ouverte, nous voyons s'étaler en face le flanc nu de l'église, blanc de soleil. Dans la salle, aux murs badigeonnés de peinture glauque, au parquet de bois presque intact, une table ronde étale une toile cirée blanche au milieu d'un cercle de chaises. Dans un coin, le fourrier Puttemann, et Patoux, le nouveau caporal d'ordinaire, disposent régulièrement, sur une toile de tente déployée, des petits tas de sucre où luisent des paillettes micacées, des taupinées de café brun, des tranches de lard salé, verdâtres comme des blocs de jade. Puttemann, un juif mince, banlieusard loquace et facétieux, exhibe un long nez courbe dans une face rouge aux yeux vifs ; ses dents blanches resplendissent dans sa barbe aux boucles noires et drues. Debout, la main gauche dans sa poche, l'index droit impératif, il laisse couler de ses lèvres des paroles qui ruissellent vers Patoux, agenouillé sur le plancher. Les courtes mains du caporal s'affairent, obéissantes, parmi les victuailles éparses ; et ses gros yeux couleur d'orge mûre lèvent un regard anxieux et doux vers les prunelles noires du fourrier.

La « liaison » est là aussi, au complet. Le taciturne Raynaud, accroupi dans un coin, le dos au mur, ses bras étreignant ses genoux, se laisse glisser au fil du songe interminable d'où la guerre même parvient rarement à l'arracher. L'ombre de son képi efface presque son visage, ses moustaches tombent en molles effilochures. Assis en tailleurs sur une couverture, Vauthier le laboureur et Viollet le maçon abattent entre leurs jambes des cartes en guenilles, feutrées de crasse. Viollet, d'une chiquenaude à la visière, a rejeté son képi sur sa nuque. Entre chaque coup, il gratte ses cheveux jaunes. La vaste paume de Vauthier escamote les levées ; ses dents luisent entre ses lèvres charnues et le plaisir, comme un coup de soleil, illumine son beau visage imberbe.

« Et cœur ! dit Viollet.

— C'est bon.

— Et recœur !

— C'est meilleur.

— Et carreau !

— Bec de gaz ! »

Chaque fois que leurs poings frappent la couverture, il s'en exhale une fine poussière, blonde comme une brume de pollen. Raynaud, tout près d'eux, ne bronche pas. Mais Chapelle, à plat ventre près de la fenêtre, et qui écrit une lettre en s'appuyant sur son havresac, tourne vers eux sa face de chat roux aux yeux verts et prononce doucement :

« Vos gueules !

— Oui, vos gueules, appuie Pannechon. La carrée est déjà pleine de mouches.

— Bon, bon, ça va », répondent-ils.

Ils continuent de jouer, silencieux pour un instant. Chapelle incline le front vers son papier. Pannechon, sourcils en barre et lèvres serrées, s'escrime de l'aiguille, ardûment, à la pointe d'une de mes chaussettes.

Dehors le soir tombe, calme et doux. Une nappe de soleil baigne le flanc de l'église, revêt comme d'une patine ambrée la crudité des murs neufs. Assis près de la table, Porchon et moi, nous épions la montée de la nuit. Toute la salle reste pleine de lumière ; et déjà pourtant, nulle part et partout, on sent rôder le crépuscule. Un moineau franc, tombé du toit sur l'appui de la fenêtre, repart sans s'être posé, dans un brusque frisson d'ailes. Il semble qu'avec lui s'en aille la vie dernière du jour. Le soleil, peu à peu, s'éteint sur le mur de l'église. Une fraîcheur mouillée coule sur nos épaules, venue des prairies et du ruisseau voisins. Dans le soir de cendre grise, nos deux pipes allumées mettent deux points de braise rouge.

« Ecoute le silence, dit Porchon. Voilà des heures que les canons se taisent. Les mitrailleuses somnolent, le fou de Combres lui-même a lâché son fusil... Nos Eparges, ce soir, sont paisibles comme un village des bords de Loire... Est-ce la guerre ?

— Oui, lui dis-je, oui quand même. Entends-tu grincer une charrue lointaine, aboyer un chien dans une cour ? La torpeur de l'automne, chez nous, engourdit la campagne d'un silence qui reste vivant. Celui-ci est un silence mort, un silence tué : quelques coups de canon m'aideraient à oublier la guerre...

— Il me semble qu'on marche dehors, interrompt Porchon. Peux-tu voir qui vient, d'où tu es ?

— C'est Gendre. »

Le caporal, dès le seuil, nous montre ses chaussures fangeuses.

« J'ai gratté l' plus gadouilleux sur les marches, dit-il. C'qui reste est tout mortier sec, d'hier, d'avant-hier, et d'vingt-trois jours en r'montant... Bon appétit, mes lieutenants, si vous n'avez pas dîné ! »

Il s'approche des camarades, qu'il interpelle avec jovialité :

« Ben quoi, là-d'dans ! Vous allumez pas ? Ho ! Puttemann, c'est-i' qu'tu r'vends les bougies des distribes, vieille ficelle ?... Et Bernardet, qu'est-ce qu'i' fout dans sa cuistance, c'jeune marié par procuration ? Des bafouilles pour sa légitime et des briques pour les copains ?

— Gendre ! appelle Porchon.

— Mon lieutenant ?

— C'est tout ce que tu avais à nous dire ?

— Ma foi, j' vous ai dit en entrant : rien à signaler, mon lieutenant, que d'la boue dans la rue et du purin au long des murs.

— Alors, ce n'est pas le capitaine Sautelet qui t'envoie ?

— Que si !

— Pour nous apprendre ça ? »

L'homme nous regarde, discrètement hilare. Et soudain :

« Mon lieutenant, si vous avez envie d'aller voir le capitaine Sautelet, i' vous d'mande... »

Porchon s'est levé d'un saut ; mais Gendre, sans s'émouvoir :

« Pas la peine de vous presser ! I' vous d'mande... pa'ce que moi, caporal Gendre Auguste, agent de liaison d'une compagnie, j'avais pas d'crayon sur moi.

— Eh bien, dit Porchon, j'y vais. Et je te ramène, si tu veux. »

Je suis sorti derrière eux, content de quitter la grande salle où les hommes, abrutis d'oisiveté, bâillaient. Assis sur les marches de l'église, au bord de la rue caillouteuse, je guette le retour de Porchon. Il va faire nuit. De chaque côté sinuent les lignes tourmentées des façades, des carcasses noires, des échines de toitures dont les chevrons brisés font comme des chapelets de vertèbres. Une fois de plus, je sens s'insinuer en moi la tristesse même de ces choses, plus navrante qu'une tristesse humaine. Le village est inerte comme un grand cadavre étendu. L'odeur que je connais, l'aigre et froide odeur des incendies anciens, monte à mes narines avec l'humidité nocturne, plus pénétrante qu'une puanteur de chair morte. Dans le ruisseau, à mes pieds, la boue s'étale comme une sanie.

Pourquoi Porchon ne rentre-t-il pas ? Sept fois dans la journée, il a fait vers la maison du calvaire la même inutile promenade... A moins que cette fois-ci... Bah ! Sautelet l'aura invité à dîner : cette guerre n'est que morne.

Des gouttes de pluie volent dans les ténèbres. Des souffles traînent au ras du sol sans émouvoir l'immense solitude. Sur la façade de la maison qui fait l'angle de la place, un fil de clarté jaune ourle le bord de la fenêtre. Les cuisiniers du 1er bataillon sont installés là, où nous étions le 22 octobre. C'est par cette même fenêtre que j'avais vu dans le brouillard, à travers les carreaux verdâtres, surgir et disparaître, démesurée, la tête du vieux cheval gris. Je l'ai revu aujourd'hui, le vieux cheval, du haut du clocher où j'ai grimpé tantôt : il était couché sur la pente de Combres, les flancs déjà gonflés, parmi des vaches rousses aux pattes raidies, au cuir distendu comme une baudruche. Les Boches l'avaient abattu, faute d'hommes à tuer ! La guerre a dégénéré, depuis août et septembre.

Et pourtant, hier... Nous étions à Calonne. Nous avions travaillé tout le jour. A deux pas de la route forestière, près de la longue tranchée-abri, la guitoune que nous avions creusée, maçonnée et couverte émergeait des feuilles brunes comme le chapeau d'un énorme bolet. Nous y avons dormi deux nuits, sur une litière de paille sèche et de foin. Des bûches de hêtre, à flammes hautes, brûlaient sur les pierres de l'âtre. Quand nous nous éveillions à l'aube, le corps mou de tiédeur sous la laine des couvertures, des braises rougeoyaient encore dans l'épaisseur floconneuse des cendres. Pannechon et Chabeau sortaient, ayant bottelé la couche contre une paroi. Je m'asseyais près de la porte, dans le flot de lumière qui dévalait sur les marches de terre, et j'écrivais, fumant une pipe à longues bouffées. J'étais chez moi. Souvent, le crayon en suspens, je laissais errer mon regard sur les murs d'argile déjà secs, sur la planche où se bombaient les boules de pain, sur les piquets à quoi s'accrochaient nos musettes, et le fixais enfin sur les tisons ardents qui palpitaient comme le cœur même, le cœur rouge et chaud de la maison. Soudain, près du seuil, à hauteur de mon front, des pas bruissaient dans les feuilles mortes ; mes mains et mon papier disparaissaient dans l'ombre, reparaissaient, disparaissaient encore ; et quand, deux fois éteinte, la clarté du jour me baignait de nouveau, Pannechon et Chabeau étaient dans l'abri, près de moi. Ils disaient :

« L'air est bonne, ici, mon lieutenant.

— C'est pas bien grand, chez nous ; mais c'est cossu.

— V'là des bûches neuves pour notre feu. »

Et les bûches neuves fumaient, sifflaient, craquaient, tout à coup s'enflammaient avec un ronflement soutenu, illuminaient l'abri d'une clarté où les visages resplendissaient d'un naïf et fier contentement.

« Hein, mon lieutenant ! on saura y faire, après la guerre !

— Des feignants, mon lieutenant, ça aurait couché dans la flotte.

— On a peiné, c'est entendu ; mais c'est d'la peine qui récompense. »

Ainsi leurs voix se répondaient, en phrases alternées à la louange de notre effort.

Aujourd'hui, déjà, c'est fini. Que faisons-nous ? Vers quoi allons-nous ? Qui nous condamne à cette vie ? Au service de quels desseins ?

Voilà deux mois, nous valions quelque chose. Nos épaules étaient fortes à porter toute la peine du monde ; et les fibres rompues achevaient de saigner, qui nous liaient à notre propre vie : comme ceux d'entre nous qui sont morts, en vérité, nous l'avions toute donnée.

Hélas ! Nous sommes des survivants humiliés. Toute cette grandeur s'en est allée de nous. Une guerre sordide nous ravale à son image : comme si en nous aussi, sous une bruine de tristesse et d'ennui, s'élargissaient des flaques de boue.

J'ai levé la tête, dans un sursaut, au bruit d'un pas sur la chaussée. La pluie tombait plus large et clapotait au bord des toits. A la fenêtre de la maison, l'ourlet de lumière avait disparu. Les crêtes ébréchées des pignons, les pans de murailles ruineux, les tronçons de cheminées dressaient leur chaos noir et dur sur la fuite de grandes nuées livides.

« Porchon !

— Hein ? dit la voix connue.

— Je suis là, sur les marches de l'église. »

Je l'avais rejoint ; nous marchions vers la mairie.

« Eh bien ? Cette convocation chez Sautelet ?

— Rentrons d'abord, si tu veux. La pluie mouille. »

Au bruit de la porte qui s'ouvrait, sept visages se tournèrent vers nous, d'un même mouvement. Les hommes s'étaient groupés autour de la table sur laquelle une bougie brûlait ; leurs assiettes pleines fumaient devant eux ; ils nous attendaient pour manger.

« Eh bien ? »

Porchon, sans hâte, se déharnacha, secoua son képi ruisselant.

« Eh bien, dit-il, le 1er bataillon vient de *faire un bond :* cinquan-te-sept pas sur sa droite, et qua-ran-te-deux pas sur sa gauche.

— Bravo donc !... Qui fait maintenant une guerre scientifique ?

— C'est nous.

— Qui en est fier ?

— C'est eux.

— Et qui retourne au ravin, demain ?

— C'est nous.

— Alleluia ! »

***

Mauvais gîte, la mairie des Eparges. Ou mauvais hôtes, plutôt, Porchon et moi. Nous étions couchés dans la salle des réunions du conseil municipal. Nous jouissions, chacun, d'une paillasse ; nous avions de surcroît nos couvertures et nos vêtements, à peine boueux, à peine mouillés. Mais nous étions hargneux comme aux jours lugubres de Louvemont et du bois des Caures. Une mitrailleuse tapait les secondes avec une régularité de métronome, horripilante. Un chat malade enfermé avec nous, et qui crevait dans un coin, toussait. L'un de nous s'éveillait, éveillait l'autre ; et nous grognions de compagnie.

Nous venions de nous assoupir enfin, lorsqu'un vacarme insolite nous a fait sursauter. Des clous raclaient le plancher, un souffle haletait dans l'obscurité. Une chaise, heurtée soudain, tomba.

« Quelle usine ! » bougonna une voix.

Nous entendîmes le craquement d'une allumette ; et, dans la flamme brève qui jaillit, nous aperçûmes la moustache blonde de Presle et la grimace de ses yeux blessés par la clarté trop vive.

« Il y a une bougie par terre, dit Porchon. Ici, oui, juste à tes pieds. »

Nous étions debout, bâillant. Presle, cependant, faisait couler quelques larmes de suif sur la tablette de la fenêtre, y collait la bougie allumée.

« Mon lieutenant, commença-t-il, c'est l'chef de bataillon qui m'envoie. »

Exorde inutile, mais où se délectait l'amour-propre de Presle, ancien agent de liaison à la compagnie, promu cycliste du bataillon.

« I' m'envoie pour vous informer qu' la 7e ne r'joint pas au ravin.

— Nous restons ?

— C'est pas ça.

— Nous allons ailleurs ?

— C'est pas ça.

— Mais alors ?

— Alors la r'lève a si bien lieu qu' les compagnies étaient d'jà aux faisceaux quante j'ai enfourché mon clou. Mais c'est pas au ravin qu'elles montent, sans pourtant quitter du secteur.

— C'est donc au piton ?

— Vous l'avez dit. Et la 7e reste au bas, en réserve... Paraît qu' c'est tout c' qu'i' y a d' bathe. »

Le commentaire est superflu : car notre bonne humeur, instantanément, rayonne.

« Allez, saute ! me jette Porchon. Réveille la liaison, le fourrier ; annonce la bonne nouvelle ; rassemble les sections, et conduis-les au grand talus, sous les pruniers. Tu m'y trouveras en arrivant : je file tout de suite pour reconnaître. »

Il est dehors, et déjà le bruit de ses pas sonne allégrement dans la rue.

« Mince ! s'extasie Presle. Ça s'appelle faire vite. Il a r'trouvé ses vingt ans d'un seul coup, l' lieutenant Porchon. Moi c'est pareil, les bois m' vieillissaient. Pas, mon lieutenant ?... »

Ma réponse ne vient pas. J'ai déjà ouvert la porte de l'autre salle où je sonne le réveil à pleine voix :

« Ho ! Puttemann ! Vauthier ! Pannechon ! Chapelle ! Debout là-dedans, tous ! On lâche le ravin ! On plaque les bois ! On prend au piton, en plein air !... Raynaud ! Patoux ! Viollet ! Allons, debout, tas de veinards ! »

Le jour est venu, ouaté de brouillard blanc. Le long du talus, sous les branches torses des quetschiers, les guitounes béent au ras du sol. Des auvents de planches les couvrent, s'inclinant si bas qu'il faut ramper pour franchir les seuils. Une jonchée de chaume calfeutre d'un bout à l'autre ce village de troglodytes. Des sentes, de place en place, le coupent de saignées brunâtres, s'insinuent entre les toits vers la pente de la colline. En arrière, par delà un marécage où des papiers jalonnent des feuillées, où des pistes s'entrecroisent en un lacis d'eau luisante, on entrevoit confusément une ligne d'arbustes au bord d'un chemin, à moins que ce ne soit d'un ruisseau. A gauche, près des huttes, quelques tiges d'osier rouge grelottent de toutes leurs feuilles. En avant, une friche poisseuse monte vers le brouillard, y plonge et s'y engloutit.

« Eh bien ! mon vieux ! Nous qui nous excitions sur le secteur ! »

Porchon, plié en deux, émerge du poste de commandement. Il se redresse, ouvre les bras dans un geste d'emphase comique :

« A nous l'espace ! déclame-t-il ; les libres étendues qui dilatent les poitrines ! »

Il élève son bâton, le brandit à travers le brouillard.

« Ici le Montgirmont aux vergers opulents. Plus loin l'austère Côte des Hures. Cette route, à nos pieds, file d'un jet vers Trésauvaux, le transperce allégrement et s'élance au cœur de la Woëvre... Hé, dis donc ! Si tu m'écoutais ?

— Tout à l'heure, quand il fera clair. Maintenant je vais retrouver la bougie. »

L'un derrière l'autre, nous nous engageons dans un boyau étroit, long de deux mètres à peine, baissons la tête pour franchir la porte, et nous sommes dans notre maison.

C'est bien une maison : une maison aux parois de terre glaise, toute petite, sans lumière et sans air ; et pourtant une maison. Nous retrouvons, en y entrant, la même surprise joyeuse dont nous fûmes saisis à l'arrivée.

« On s'assied ?

— Evidemment.

— Sur les chaises ?

— Non ; sur le matelas : on est mieux. »

Une porte de grange, posée sur un terre-plein doucement incliné, emplit tout le fond de l'abri. Cela fait comme un vaste bat-flanc où trois dormeurs peuvent s'étendre à l'aise. Des planches clouées le munissent d'un rebord qui maintient la litière de paille et l'énorme matelas sur lequel nous nous sommes assis.

« Ce n'est pas une paillasse, dit Porchon. C'est un matelas ; et bourré de laine, on le voit ; car le pauvre bâille de toutes ses coutures. Il semble très, très malade.

— Il semble fichu.

— Mais nous le prolongerons...

— A force de soins assidus... Oh ! les mouches !

— Les garces de mouches ! »

Nous avons beau secouer la tête et gifler l'air à tour de bras, elles reviennent à l'attaque en hordes obstinées. On en voit des grappes collées au plafond de planches, suspendues aux murs d'argile, agglomérées dans les encoignures. Elles enveloppent le tuyau du poêle d'une gaine grouillante à reflets métalliques, se grillent par dizaines à la flamme de la bougie, amoncelant au pied leurs cadavres sans ailes, pareils à de petites chrysalides noires. Un bruissement monotone et musical chatouille nos tympans, à nous faire croire que des essaims sont entrés dans nos oreilles. C'est une modulation flexible, jamais rompue, qui parfois s'aiguise en note de flûte aigrelette, parfois s'étale en vibration de faux bourdon, et s'enfle tout à coup, pour peu que nous fassions un geste, en un vrombissement furieux.

« Tiens !... Et tiens !

— Douze !

— Dix-neuf ! »

Chaque claque en écrabouille des légions, que nous jetons au feu, ensevelies dans un bout de journal. Vain massacre : elles sont trop, toutes celles des Eparges réfugiées dans la tiédeur de nos huttes, gorgées de graisse, de viandes pourries, de tous les détritus que le camp rejette sur les bords.

« Pouce ! crie Porchon. Je n'en peux plus !

— Couche-toi, mets les mains dans tes poches, et déplie ton mouchoir sur ta tête ! »

Tandis qu'il s'allonge et se voile le visage, je me lève, préférant pour ma part me défendre en m'agitant. C'est pénible, car il fait très chaud. Le fourneau minuscule, accroupi dans un coin, ronfle aussi fort que les mouches et rougit comme un soleil couchant.

Chaque fois que je m'en approche, je sens mon front se couvrir de sueur et mes épaules devenir moites. Contre le mur, une table ronde se fait le plus petite qu'elle peut ; mais l'intervalle est si étroit, entre le mur et le bat-flanc, que cette table semble être partout et qu'on bute contre elle à chaque pas. Si je l'évite, à force de contorsions, je m'empêtre dans les chaises. Fuyant les chaises, je roussis ma capote aux flancs torrides du fourneau. M'évadant du brasier, je me cogne contre un rondin vigoureux, dressé en colonne au centre de l'abri pour étayer le plafond.

« Hé ! Porchon ! »

Un cri vague soulève le mouchoir.

« Il y a donc des terres, là-dessus ? »

Le mouchoir, écarté de la main, laisse passer des paroles distinctes :

« Soixante centimètres de masse couvrante ; les mottes de déblai jetées à la diable.

— Contre les obus ?

— Contre la pluie, je pense. Il paraît que toutes les marmites sont pour les tranchées d'en haut, ou pour plus loin, Montgirmont, Côte des Hures, Mesnil, plus loin encore...

— Angle mort, ici ?

— Croyons-le. La foi sauve. »

Pendant que nous parlions, sans même que j'en aie eu conscience, le fourneau, la table, les chaises, le rondin et les mouches m'ont sournoisement poussé jusqu'au boyau de dégagement.

« Très bien ! me dis-je, acceptant leur victoire. Je n'ai pas l'intention d'insister. »

Mais avant de céder la place et de me tourner vers le jour, je regarde, une dernière fois, toutes les choses qui sont là et qui semblent sommeiller dans la clarté de la bougie.

Porchon, toujours étendu, me montre en guise de souliers deux grosses mottes de glaise jaune. Il ne bouge pas, des nappes de mouches ondulent sur son corps exactement comme sur la table ou sur le tuyau du fourneau. Son dos creuse le matelas, qui déborde mollement de chaque côté de ses épaules : bon vieux matelas surmené, mais toujours accueillant, et qui n'a point honte d'être las. Crevé, maculé de taches innombrables, de graisse, de suif et de boue, il est surtout très large et très profond ; si large qu'il couvre tout le bat-flanc et refoule la litière de paille contre la paroi de droite. En face de moi, un miroir haut de deux pieds creuse un abîme de lumière blanche où ma tête et mes épaules se reflètent à contre-jour. Le cadre, d'or passé, réchauffe l'argile de sa splendeur charmante. A côté du miroir, à gauche, une image coloriée, première page d'un journal illustré daté de 98, représente un dompteur dévoré par ses lions. Au-dessus, près du plafond, une planche s'étend qui sert de dressoir ; elle supporte une pile d'assiettes de faïence dont les bords luisent d'un long reflet, et deux boules de pain jumelles. Dans la paroi de gauche, une cavité découpe un rectangle d'ombre, au bord duquel affleurent les reliures de deux gros livres : un dos de basane verte, un dos de basane rouge. La basane verte habille un *Traité de pharmacie vétérinaire ;* sous la basane rouge, les *Veillées littéraires* dorment pour le quart d'heure.

A droite, presque à mes pieds, dans un autre alvéole, un coffret de fer cadenassé arrête mon dernier regard. « Notre dépôt de munitions », a dit Porchon. Il l'a ouvert en arrivant, y a reconnu des détonateurs et des pétards de mélinite rangés en bon ordre, en a refermé le couvercle et mis la clef dans sa poche. A la serrure, une cordelette est suspendue par un bracelet de cuir ; un crochet la termine, pareil à un gros hameçon. L'officier qui nous a précédés ici nous expliquait ce matin : C'est un truc pour lancer des machins qui pètent, des... grenades, je crois. On se passe le bracelet au poignet, on passe le crochet dans un anneau qui sort du corps de la boule, de la grenade, comprenez-vous... Cet anneau tient à un rugueux, qui plonge dans une mixture inflammable, vous comprenez... On prend la grenade dans sa main ; on la lance... Alors le crochet, qui est retenu par la corde, qui est retenue par le bracelet, arrache l'anneau qui tient au rugueux ; le rugueux frotte dans la mixture ; la mixture s'enflamme en même temps que la grenade voyage ; la grenade tombe ; la mixture enflammée enflamme la charge ; la grenade pète et tue des Boches... Vous avez compris ? »

J'ai reculé encore, lâché la porte à quoi je m'appuyais. Elle s'est mise à tourner toute seule et m'a fermé l'abri au nez.

Le brouillard s'est dissipé, dévoilant un ciel bleu où flottent très haut des blancheurs de cirrus. Des ombres, au flanc du Montgirmont, soulignent les lignes d'arbres rangées dans les vergers ; entre elles la terre du versant apparaît nue, sans une herbe, et d'une chaude couleur brune pénétrée de soleil.

« Porchon ! Viens voir ça, si c'est beau ! »

Je l'ai appelé, par l'huis entrebâillé, et l'ai vu se dresser brusquement. Il reste assis, les jambes allongées, les yeux encore lourds de sommeil.

« Quoi ?... dit-il. Est-ce permis, ces façons d'éveiller les gens ? »

J'entre alors tout à fait, le tire par les poignets, le mets debout, le pousse dehors. Il a chancelé d'abord, comme étourdi. Puis sa poitrine s'est soulevée d'une inspiration profonde.

« Oui, dit-il. Oui, c'est beau. »

Devant nous, la vallée du Longeau s'évase entre deux chaînes de collines aux courbes pures. A gauche les cimes ondulent au bord du ciel, ligne puissante que veloutent les bois. Dès le sommet les hêtres se clairsèment, détachent les uns des autres leurs troncs gris d'étain, s'accrochent un à un et s'arrêtent. Les champs, à leurs pieds, alternent par bandes de labours bruns, de chaumes bis, de friches roussâtres, que séparent en hachures parallèles des fossés bordés de haies.. Mais bientôt ces clôtures s'espacent, s'effacent ; les pentes s'allongent en glissement alenti, viennent mourir en prairies planes où le ruisseau serpente entre les osiers et les saules.

Et la vallée s'enfonce dans un lointain vaporeux au sein duquel, parmi des bouquets d'arbres, jaillit le clocher de Mesnil. Un peu au-delà, la pointe d'un grand sapin dépasse le versant des Hures, comme un autre clocher noir.

« Tu le vois ? me demande Porchon, qui le désigne de son gourdin.

— C'est-à-dire, je les vois : car ils sont trois ou quatre, mais serrés à n'en faire qu'un seul.

— Alors je ne me trompais pas. Ce sont bien ceux qui montent la garde, au dernier carrefour avant notre patelin. C'est de là que la route des Trois-Jurés part à l'assaut de la forêt... Mont est derrière, caché « sous les Côtes ».

— Invisible...

— D'ici, oui. Mais cent mètres plus près des Eparges, nous pourrions en apercevoir la mairie. Tu viens ? »

Nous faisons quelques pas vers le village, étendu en bas, sur la berge du Longeau. Moins d'un demi-kilomètre nous en sépare. Mais l'atmosphère un peu brumeuse encore voile les blessures des pierres, efface les brûlures d'incendie et ressuscite, une à une, les maisons : les façades sont claires au soleil ; les trous d'obus, dans les prés, luisent comme des mares ; le Longeau s'attarde en remous autour des racines des saules.

« Vingt-deux ! crie Porchon. Gare à gauche ! »

Il s'est arrêté net et m'a saisi le bras.

« Les sapins de Combres, dit-il. Nous sommes cloués. »

La dure colline vient de surgir, démasquée par celle des Eparges. Des pierres blanches dévalent sur ses flancs et le bois aux cimes aiguës se profile, net sur le ciel.

Nous revenons sur nos pas, le dos tourné à la vallée. Nous voyons de nouveau la file des guitounes sous les branches des quetschiers, les tiges d'osier rouge aux feuilles grelottantes. Droit devant nous, plus loin vers l'est, un escarpement boisé borne le regard de sa touffeur violette. Nous le reconnaissons, et nous prenons à hocher la tête.

« Tu te rappelles le 19 octobre ?

— La grimpette à travers les fourrés !

— Les trous de sentinelles ; les bouts de cigarettes dorés qui fumaient encore...

— Et les calots ! Les boîtes d'anchois ; les lettres que tu as fait porter au vieux...

— Et l'entrée en danse, tout d'un coup ! Tacatacata... Sur les deux flancs !

— Vennecy tué ; Dangon blessé en même temps que le Boche...

— Ce hurlement, dans le sous-bois !

— Marnier tué, à la 6e...

— Et la nuit ?... Hein, vieux, la nuit ! »

Regardant le bois abrupt, nous évoquons le ravin qu'il nous cache : les sentes qui dégringolent vers le bas-fond suintant, l'argile visqueuse sous les feuilles mortes, les parapets de boue accrochés à mi-pente, la pénombre glauque des fourrés, les ténèbres monstrueuses qui chaque soir nous emprisonnaient, pour l'interminable nuit. Le jour, nous ne voyions rien que le fouillis des buissons, la colonnade des hêtres au-dessus et des lambeaux de ciel à travers les branches hautes. Nous nous affaissions sous le poids de l'ennui, de longues somnolences nous abrutissaient, et le fracas des obus qui tombaient derrière nous ne nous faisait même plus lever la tête. N'eût été cette pesanteur d'ennui qui jamais ne s'allégeait, nous eussions perdu la conscience de notre propre vie.

« Regarde là-bas, dit soudain Porchon : juste dans le creux, entre le Montgirmont et le bois des Eparges. N'est-ce pas...

— Oui, c'est la Woëvre. »

Elle apparaît toute bleue, comme la mer dans une crique. Nos regards s'en vont par cette anse limpide, et nous sentons monter en nous une volupté diffuse, un surgeon de force légère.

« La vie est belle », dit Porchon.

Les paroles se pressent à nos lèvres. Nous cédons à un commun besoin d'exprimer notre joie en même temps que nos yeux l'épuisent. Peut-être, redevenus primitifs, tous nos sens rénovés par tant de lumière et d'espace, laissons-nous seulement chanter nos âmes de jeunes barbares.

Les bois des Eparges et la Woëvre, le Montgirmont et la colline des Hures, la vallée semée d'arbres et la chaîne rythmée des Hauts, c'est le large paysage qui pénètre en nous tout entier, dans sa magnifique unité : les couleurs atténuées, fondues par l'automne, l'harmonie des lignes dans la lumière et la caresse de l'air bleu, douce au visage de la terre.

Un coup de fusil claque derrière nous. D'un mouvement instinctif, nous nous sommes retournés vers les lignes.

Par-dessus les toits des guitounes, une friche étale un glacis jaunâtre, coupé de talus encore verts. Des pistes tortueuses l'escaladent et des flaques le parsèment, déchiquetées comme des haillons. Au sommet, un autre village gonfle ses toits au pelage de chaume ; des linges sèchent, éclatants, devant les portes noires des cagnas. Le soleil, presque à son zénith, tombe d'aplomb là-haut, éclairant une foule bariolée qui s'agite à lisière de ciel.

Les silhouettes se détachent si nettement, sur le fond terne d'argile et de paille, que nous pouvons sans peine reconnaître les hommes qu'elles sont. Assis sur une chaise au seuil de son abri, le capitaine Secousse croise ses longues jambes et fume sa pipe. Près de lui, Davril, grimpé sur une petite butte, les jumelles aux yeux, observe nous ne savons quoi vers les lignes allemandes. Il est tête nue. Son crâne blond, dépassant la crête, bouge sur le ciel entre deux piquets de ligne téléphonique. A ses pieds l'adjudant Moline, une jambe fléchie, son ventre sur la cuisse, accompagne des épaules et des reins le va-et-vient d'une scie que manœuvrent ses bras solides. On voit chaque bille de bois se détacher, rebondir sur le sol en tombant.

Loin à gauche, à l'extrême bout du campement, une source vernit la pente d'une longue coulée étincelante. Des torses nus inclinent vers elle la blancheur neigeuse des serviettes. Le long du chemin qui borde les guitounes, une table, les pieds en l'air, marche sur deux jambes à pantalon rouge. Elle oscille tout à coup devant l'abri du capitaine Secousse, pirouette, retombe d'aplomb. Un buste maigre prend sa place sur les jambes à pantalon rouge, et nous reconnaissons à sa barbiche de chèvre le sergent-fourrier Le Mao. A droite, les fumées des cuisines montent des foyers en plein vent. Abrités vers le sud par un haut talus, des toiles de tente dressées entre des perches les protègent contre la bise d'ouest. Des chapelets de bouthéons noircissent dans les flammes ; des seaux de toile vides s'affaissent, pareils à des accordéons fatigués. En manches de chemise, les cuistots flânent à l'entour, les mains ballantes.

« Je vois les nôtres, dit Porchon. Bernardet a gardé son veston. Tu l'as ? Il est assis près du tas de viande crue, au-dessous du... du quatrième feu. Il écrit...

— Et il mouille son crayon. Pas de doute : c'est bien Bernardet... Mais les autres ?

— Dans le groupe de types debout ; Pinard gesticule et son bouc flamboie ; Brémond tourne le dos et s'essuie les mains au fond de son pantalon.

— Vu... C'est égal, ils n'ont pas l'air de s'en faire, les gens de là-haut ! »

Le campement, d'en bas où nous sommes, prend à nos yeux des airs de kermesse : les toiles de tente se gonflent sous le vent ; les oripeaux pendus devant les portes frémissent comme des enseignes de baraques foraines ; les cuisines fument ; un siffleur module une romance en vogue ; des coups de feu grêles, partis des tranchées lointaines, piquent nos oreilles comme des claquements de carabines. Et la foule des promeneurs glisse et tournoie avec de lentes paresses, des heurts, des sursauts, des ondes vives qui la soulèvent tout à coup, des élans brusques vers un même point autour duquel les hommes s'agglutinent, comme ils font aux carrefours des villes lorsqu'un camelot dénoue sa balle.

« Nouveau, ça, dit Porchon. Mais je préfère l'autre côté. »

Il fait de nouveau volte-face ; et aussitôt, dans sa moustache :

« Tiens ! Tiens !

— Quoi donc ?

— Chez nous aussi, c'est la nouba ! »

La nouba, en vérité. Les hommes, ayant vu le soleil, sont sortis de leurs trous ; la terre n'en a pas gardé un, toute la 7ᵉ est dehors ; deux cents gosses au visage barbu, au rire sonore, et qui jouent. Ils jouent au bouchon, ceux qui lancent le palet et ceux qui les regardent. La pile de sous, dressée sur son socle de liège, accélère, chaque fois qu'elle oscille ou qu'elle tombe, les battements de trente cœurs ensemble. Ils jouent à des jeux raisonnables : à démonter la culasse de leur fusil, à polir avec un chiffon les fines pièces du mécanisme ; à tailler des bouts de planches pour décrotter leurs souliers, en forme de palettes qui détachent la gangue de boue, en forme de coutelas qui du tranchant grattent le cuir et de la pointe fouillent entre les clous. Un vannier, ayant coupé des brins d'osier, pour la première fois de sa vie joue à les tresser en corbeilles ; un cercle l'entoure, d'admirateurs sérieux. Quelques-uns, plus rares, jouent aux cartes, par respect des traditions.

Au-dessus de nos têtes, tout à coup, quelques balles ronflent à la file. Une branche de prunier fracassée craque et se brise, sans tomber.

« Ouais ! clame un des joueurs de cartes. D'où qu'elles viennent, celles-là ici ? Y a pas des Boches derrière les nuages, tout d' même ? »

Je suis surpris, et Porchon semble l'être.

« Le fait est, me dit-il, que je nous croyais défilés, au moins sur la longueur des cagnas. Tu as vu tout à l'heure ? Il faut les dépasser de trente bons mètres à droite pour être sous les vues de Combres... Quant au piton, cherche-le : nous devrions monter plus haut encore que les copains d'en haut, jusqu'au bord même du plateau, pour essayer de nous faire viser... C'est d'ailleurs assez savoureux, ça...

— De se faire viser ?

— Quelquefois, exceptionnellement. Mais ce que je trouve rigolo, c'est que ce fameux piton, cet éternel piton partout visible...

— Et partout viseur...

— Et partout empoisonnant, nous l'ayons possédé, rendu aveugle, réduit à l'impuissance...

— En allant nous coller sous lui ?

— Tout juste ! s'écrie Porchon, dans un rire.

— Alors dis-moi d'où viennent les balles. »

Une amicale bourrade contre mon épaule lui tient lieu de transition.

« Ni de Combres, ni du piton. Reste un seul point : le ravin.

— Tu dis ?

— Le ravin. Et je précise : le blockhaus qui flanque la corne ouest du bois. Tu te le rappelles, je pense ?... Saute sur le talus... Bon. Maintenant, zyeute.

— Tu as raison. J'ai les sapins dans l'œil... Mais seulement leurs pointes. Il faudrait grimper dans les branches d'un quetschier pour les voir du haut en bas... Or, c'est du bas que partent les balles. J'en conclus que ces balles peuvent casser les branches des quetschiers, mais pas les têtes de nos hommes, à moins qu'ils ne grimpent dans les branches des quetschiers.

— Ils ne le feraient, dit Porchon, que si nous le leur défendions. Ce secteur est dulcifiant : nous pouvons les laisser être sages. »

***

Toute la nuit, la 7e compagnie a dormi le même somme, au fond des tièdes abris. Depuis hier soir huit heures, ce furent le repos, le silence et l'oubli. La fusillade a peut-être crépité, des fracas d'obus ont peut-être roulé par la vallée. Mais pas un de nous ne saurait le dire : il faisait grand jour lorsque le premier homme est sorti de son trou, en se frottant les yeux.

Ce matin les escouades sont montées, une par une, jusqu'à la source d'en haut. Les plus crasseux, même Martin, même Richomme, se sont mis nus jusqu'à la ceinture et lotionnés copieusement d'eau glacée. Nous sommes montés aussi, Porchon et moi ; et, lorsqu'en descendant nous sommes rentrés dans la maison pour tendre nos serviettes devant le tuyau du fourneau, nous avons trouvé notre matelas plus sordide que jamais. Nous l'avons même injurié, quoique avec bonne humeur :

« Il est suiffeux, ai-je commencé.

— Nauséeux », a continué Porchon.

Et les épithètes ont grêlé dru :

« Graisseux ! Gadouilleux ! Poileux ! Vaseux ! Vermineux !... »

Il nous a pourtant accueillis avec mansuétude lorsque nous nous sommes allongés, côte à côte, à nos places de la nuit. Et c'est là que nous nous retrouvons ce soir, après une lumineuse et calme journée, toute semblable à celle d'hier. Bien que le crépuscule commence à peine et que le ciel soit clair encore, deux bougies brûlent derrière nous, sur des planchettes fichées dans le mur. Le bruissement des mouches s'engourdit. Le fourneau, dans son coin, ronronne en sourdine, comme un matou. Et ma voix, aisément, leur impose silence :

« Qu'importe, dit le derviche, qu'il y ait du mal ou du bien ?
» Quand Sa Hautesse envoie un vaisseau en Egypte, s'embarrasse-
» t-elle si les souris qui sont dans le vaisseau sont à leur aise ou
» non ? »

Porchon, qui écrivait une lettre, me regarde avec des yeux ronds.

« Quoi ? » demande-t-il.

« Je me flattais de raisonner un peu avec vous des effets et des
» causes, du meilleur des mondes possibles, de l'origine du mal,
» de la nature de l'âme, et de l'harmonie préétablie. » Le derviche,
à ces mots, leur ferma la porte au nez. »

Porchon s'est penché vers moi davantage, et la vue d'un livre entre mes mains l'a tout de suite rassuré.

« Je te croyais louf, avoue-t-il. C'est dans quoi, cette histoire de derviche et de souris ?

— C'est dans les *Veillées littéraires*, au chapitre xxx de *Candide*.

— Bon. Mais je n'ai rien entendu. Veux-tu relire ? »

J'obéis. Et, quand j'ai achevé :

« Ainsi donc, constate Porchon, Sa Hautesse ne s'embarrasse pas si les souris sont à leur aise ou non sur le vaisseau qui les emporte. Le faut-il croire ?

— Le derviche, l'affirme, et M. de Voltaire. D'autres l'avaient dit avant eux. Et quand nous serons morts, toi et moi, depuis pas mal de siècles, d'autres...

— Mais encore, le faut-il croire ?

— Il y a, dans le vaisseau, des souris qui croient dur comme fer que Sa Hautesse a souci d'elles. Pour celles-là, le derviche et M. de Voltaire ont tort. Des souris croient, d'autres nient, la plupart n'ont pas d'opinion. C'est ainsi, ce fut toujours, ce sera toujours ainsi, depuis qu'il y a et tant qu'il y aura, sur le vaisseau, des souris, et qui pensent.

— Soit, dit Porchon. Mais toi, que crois-tu ?

— Je crois que toutes les souris, celles qui croient et celles qui nient, tombent d'accord pour s'embarrasser si elles sont à leur aise ou non, dans le coin du vaisseau où elles vivent. Je crois qu'il y a aujourd'hui, 6 novembre 1914, au pied de la crête des Eparges, des souris qui sont à leur aise ; que pour ces souris-là, tout est pour le mieux dans le meilleur des mondes possibles, et que Pangloss, bien qu'il fût allemand, aurait eu raison ce soir.

— Il est vrai, concède Porchon. Mais tu as éludé ma question. »

Une salve d'obus ponctue trois fois nos derniers mots et nous attire sur le seuil. Par-dessus la crête des sifflements bondissent, frôlent les toits du village d'en haut, fondent sur nous, nous dépassent, et vont se briser en éclats sonores contre la pente du Montgirmont. Dans l'obscurité commençante, on voit éclore de brèves flammes rouges en même temps que s'abattent les rafales. Elles éclairent toutes les mêmes petits arbres, au tronc tordu, à la cime ronde, et la haie qui ceint le verger. Des fumées, qui s'attardent longtemps à la lèvre des entonnoirs, les cernent d'un halo couleur de lune.

« Six !... Neuf !... Dix ! Et deux douze ! »

Les hommes comptent les coups, en chœur. Ils se récrient chaque fois que le verger s'illumine, et commentent sans fièvre le tir des artilleurs allemands.

« C'est des canons précis, reconnaît Gaubert : leurs colis tombent dans un mouchoir... Heureusement pour nous qu' les observateurs mettent loin du mille ! »

Durozier, lissant de la paume sa barbe somptueuse, prend alors la parole et la garde longtemps : c'est une habitude qu'il a. Il approuve Gaubert, « quoique les observateurs d'artillerie boches ne soient pas si myopes que Gaubert semble le dire, et que les nôtres... enfin bref ! Ce qui surtout, à ce qu'il pense du moins, lui, Durozier, ce qui permet d'envisager le présent séjour sans trop d'appréhension, c'est le fait que... enfin bref la trajectoire des obus est trop tendue, et il est impossible qu'ils éclatent où nous sommes.

— Enfin bref, gouaille Butrel, que les pétasseurs se le disent : Durozier n'a pas les foies. »

Cela est dit du ton qu'il prend lorsqu'il veut prévenir toute réplique. L'homme à la barbe lui lance un mauvais regard, et se tient coi.

La nuit, maintenant, est sur la vallée. Mais notre abri, où les deux bougies continuent de brûler, est resté semblable à lui-même. Nous nous sommes allongés au creux du matelas, et nous fumons nos pipes, ayant achevé de dîner.

« Vieux !

— Quoi ?

— Il est 8 heures.

— Déjà ! dit Porchon. Et... tu n'entends rien ?

— Non, rien. »

Nos regards ont cherché la porte et l'immense nuit au-delà. Nous nous sommes remis à fumer. D'un mur, près de nous, un fragment d'argile sèche se détache, se pulvérise en tombant sur les planches du bat-flanc ; la pipe de Porchon grésille comme une poêle à frire, lâche deux bouffées énormes et s'éteint. Il se lève alors, pour en secouer les cendres en la frappant contre son talon. Je le vois debout sur une jambe, appuyé d'une main au rondin central, la tête inclinée vers la porte. Et soudain, sans bouger :

« Cette fois... » dit-il.

Je suis debout. Déjà il s'est précipité dehors, a trouvé passage entre les toits de deux guitounes et gravi d'un bond le talus. Il se penche vers moi, m'appelle :

« Par ici ! Deux pas à droite, vite ! »

Je le rejoins. J'écoute avec lui.

Loin vers le sud, au fond de la vallée, une rumeur confuse émeut les ténèbres. Elle s'enfle, monte vers le ciel nocturne, s'avive tout à coup en clameur ardente de voix humaines. Mon cœur s'est mis à battre violemment, et tout mon corps s'est tendu sous la vibration de mes nerfs.

« Bon Dieu ! dit Porchon à voix basse ; même de loin, ça secoue. »

La voix plus basse encore, comme étouffée d'une crainte religieuse, il reprend :

« Et quel silence, autour de ça ! »

La vallée repose sous les étoiles immobiles, ou qui palpitent lentement, comme respire une poitrine endormie. Les *Hauts* ensommeillés s'allongent sur ses rives, pareils à des géants couchés. Et dans la grande nuit pacifique, la clameur lointaine des guerriers s'élève comme une dérision. Souffrance ? Fureur ? Chétive dans la grande nuit, elle est surtout misère. En ce moment même, près d'ici, des troupes de la brigade voisine attaquent à la baïonnette le village de Saint-Rémy.

« Plus rien, murmure la voix de Porchon. Est-ce la fin ?

— Ecoute encore...

— Non, rien. »

Rien que le ciel semé d'étoiles sur les collines et la vallée. Au bas du talus, à nos pieds, la lumière de notre abri glisse par la porte restée ouverte et fait briller la boue au loin.

Nous rentrons. Nous reprenons nos places côte à côte et rallumons nos pipes éteintes. Près de nos têtes, collées sur les planchettes, les deux bougies brûlent encore ; et leurs flammes, dans l'air assoupi, montent toutes droites, sans vaciller.

IV

LE BLOCKHAUS

8-16 novembre.

Devant l'église de Mont-sous-les-Côtes, la petite place laisse déborder vers la rue la foule serrée des soldats. Toutes les armes se coudoient, mêlées : des fantassins bleus et rouges, des sapeurs et des artilleurs noirs, des chasseurs bleu clair.

« Le Labousse ! appelle Davril. Bonjour, toubib !... Hé, là-bas ! L'état-major de la 5e ! Jeannot ! Hirsch ! Muller ! Par ici ! »

Les camarades s'approchent, nous serrent les mains. On bavarde, on s'interpelle de loin, on s'aborde, on bavarde encore. Il tombe une pluie fine, qui amollit sous nos pieds les feuilles tombées des grands ormes. Les derniers fidèles sortent de l'église.

Par le porche béant sur la nef, on voit briller dans la pénombre la lampe rose du tabernacle.

« Bonjour, Madame Aubry ! Bonjour, Mademoiselle Thérèse ! »

Les deux femmes nous sourient en passant :

« A tout à l'heure ! A déjeuner. »

Voici derrière elles la Léonie, enjuponnée d'une loque de soie verte, des souliers aux pieds, un chapeau à plumes sur la tête, mais les joues incrustées de crasse. Voici la Louise Mangin, brune accorte, les hanches souples et le corsage plein. Voici le chantre du village, bossu de partout sous sa blouse, marchant de guingois comme un crabe ; et la vieille Madame Gueusquin, toujours si pâle sous son bonnet à coques noires ; et le sergent séminariste qui chantait le *Credo* avec tant d'émouvante ferveur ; et l'Emilienne, chez qui le gruyère est bon ; et l'Edmond, le grand Edmond qui vend de tout et qui vole mille fois par jour.

« Ainsi donc, il est pieux, cet homme ! admire l'un de nous.

— L'avez-vous vu, demande Ravaud, pendant que l'aumônier contait l'histoire de saint Martin ? Il opinait du menton ; il avait les larmes aux yeux... Et sortant de la messe, il retourne à sa boutique.

— C'est la vie, ça, mon pauvre, dit le vieux lieutenant Mulier. Nos hommes aussi l'ont écoutée, l'histoire du secourable Martin ; crois-tu qu'elle les dégoûtera du répugnant Système D ?

— Qu'est-ce que c'est, alors, selon toi, le Système D ? interroge le sous-lieutenant Hirsch. Je croyais, moi, que c'était l'art de tirer parti de n'importe quoi, dans n'importe quelles circonstances, une faculté d'improvisation épatante...

— N'en jette plus, benjamin, coupe Muller. Tes vingt ans, après tout, ont raison. Mais pour ma vieille cervelle racornie, Système D, ça veut dire aussi autre chose, et d'assez moche.

— Hein ?... Quoi ?... Sans blague ? »

Tous les jeunes ont parlé ensemble, et Muller a souri.

« Du diable ! s'écrie-t-il. Cette bleusaille me ferait marcher ! Très peu pour le laïus, mes enfants. Mes légionnaires du bled n'étaient pas moins braves que nos hommes ; mais la plupart avaient vécu cent ans. Vous avez donc raison, et moi aussi.

— A propos, toi, me dit Porchon tout à coup ; ça ne te rappelle rien, la Saint-Martin ?... Le pari des sous-offs, à la Calonne...

— C'est vrai... Eh bien, Souesme a gagné.

— Qu'est-ce que c'est que ce pari ? demande un grand gaillard brun, qui surgit on ne sait d'où. On l'acclame :

« Bonjour, Noiret ! Salut, Noiret ! »

Lui, cependant, lève son képi à bout de bras et l'agite en un geste d'appel :

« Mon capitaine ! Par ici !

— Ton capitaine ? Vous avez touché un trois galons, au génie ?

— Mais non, répond-il. C'est Frick, le même, l'unique... »

Nous nous écartons, pour faire place aux larges épaules, au torse bombé du capitaine Frick. Il est toujours jovial, franc d'allure ; nous avons plaisir à reconnaître la pointe de sa barbe fauve, ses joues vermeilles, ses yeux bleus au clair regard.

« Bonjour, ce vieux 106 ! nous salue-t-il. Quoi de neuf, au piton des Eparges ?

— Il paraît, répond Noiret, que Souesme a gagné son pari... J'ai demandé de quoi il s'agissait, mais j'attends encore sa réponse.

— Bah ! dit Porchon, une blague : Puttemann, notre fourrier, avait parié contre un autre sous-off, il y a de ça un mois, que la guerre serait finie le jour de la Saint-Martin.

— L'année prochaine, alors, dit tranquillement le capitaine Frick. Nous avons le temps d'attendre...

— Sous l'orme ! » plaisante Davril, en montrant au-dessus de nous la ramure du grand arbre.

Mais Frick, d'une voix de basse-taille :

« Sous la terre ! »

Et, comme on se récrie en chœur :

« Hé ! non, mes enfants ! corrige-t-il. Il est bien entendu que nous en reviendrons tous... Mais n'oubliez pas que je suis sapeur, sapeur-mineur, que la destinée d'un sapeur est de creuser des sapes, et que les sapes sont souvent souterraines.

— Vous en creusez ?

— Mais oui, j'en creuse ! Je viens d'en creuser. J'en creuserai d'autres... Rien qu'aux Eparges, allez, il y a de la terre à remuer !

Mais le capitaine tranche :

« Tout à l'heure. Vous étiez aux premières loges pour l'attaque de Saint-Rémy. Racontez d'abord. »

Et Porchon dit nos minutes d'écoute passionnée, du haut du talus, les clameurs de la charge, notre retour dans l'abri ; puis la fusillade qui se rallumait brusquement, embrasait la crête en ruée d'ouragan, gagnait le ravin à notre gauche et s'y fixait enfin, chez elle.

« Nous étions de nouveau dehors. Les balles passaient au-dessus de nos têtes, très haut, avec un ronflement qu'elles n'ont pas d'ordinaire ; les plus basses cassaient les branches des pruniers ; presque toutes filaient dans le vide, venues de loin pour aller loin, au fin fond de la vallée. Le Montgirmont a lancé des fusées vertes ; les 75 ont aboyé cinq minutes... Un point, c'est tout.

— C'était avant-hier, ça, observe Frick. Vous étiez encore là-bas hier, et même cette nuit ?

— Hier ? Les 155 de Calonne ont tiré sur le piton, l'après-midi. Nous sommes montés aux tranchées d'en haut pour voir travailler leurs obus.

— Bon travail ?

— Plutôt ! Des tombereaux de terre soulevés, des madriers en vol plané, des équipements et des sacs tournoyant comme des plumes de moineaux ; et dans tout ça, par ici, par là, des choses noires difficiles à nommer sans jumelles. Les miennes sont bonnes : j'ai identifié un pied et trois mains.

— J'étais avec eux, intervient Davril ; c'est quatre mains que j'ai vues.

— Ça ne fait toujours que deux Boches », constate Hirsch avec simplicité.

Mais le capitaine Frick :

« Silence, les gosses ! Et laissez Porchon continuer.

— Genevoix et moi, nous sommes remontés sous nos pruniers, à la nuit. Ça bardait encore du côté de Saint-Rémy. Une grande lueur tremblait dans le ciel. Il y a eu des hurlements ; peut-être que les Boches ont repris le village, mais je ne l'ai pas su... Ce que je sais bien, par exemple, c'est qu'ils y ont mis le feu. La lueur était toujours là, ce matin à l'aube ; elle nous suivait quand nous descendions vers Mont... Ça m'a rappelé la retraite, la Marne, des bivouacs dans les seigles, Rembercourt, toute une guerre très ancienne que j'étais en train d'oublier... Dieu de Dieu ! Ça, c'était une guerre ! Autre chose que la mocherie d'à présent.

— Tiens donc ! riposte Frick. A présent, oui, c'est une guerre !... Rembercourt ! Savez-vous ce que c'est pour moi, Rembercourt ? C'est un grand charnier refroidi, une odeur de terre et de cadavre... Croque-mort ! Voilà ce que j'étais, moi, à Rembercourt. Aujourd'hui, Dieu merci, je suis, nous sommes sapeurs...

— Et nous creusons des sapes au ravin des Eparges, dit Noiret.

— Des tuyaux ? redemande Porchon.

— Vite, alors. La flotte devient méchante... Vous vous rappelez, ceux du 2e bâton, le fameux blockhaus du ravin ? Bon, d'accord : qui s'y est frotté une fois se le rappelle... Mais vous lui avez dit adieu, tandis que ceux du 132 sont encore dessous. Et pas à la noce ! Des tranchées à dix mètres de l'ouvrage boche ; toute la journée des pétards sur le crâne, des boîtes à conserves pleines de mélinite et de vieux clous, des billets lestés d'une pierre... Deux de ces documents, tenez : « Bonjour les poteaux ! » C'est gentil, ça ne tue personne... « C... de Français, pourquoi nous avez-vous attaqués ? » Ça ne tue personne non plus, mais ça vexe. Et pas moyen de répliquer, puisque tout ce qu'on pourrait lancer vous retomberait dare-dare sur le crâne... Pas moyen ? C'est peut-être à voir... Hein, Noiret ? »

Ils se regardent tous deux d'un air de jubilation. Mais soudain, comme la pluie ruisselle en large averse, le capitaine crie :

« Sauve qui peut ! Chacun chez soi et au revoir ! »

Et le long de la rue montante, à travers les flaques d'eau, les tas de fumier, les voitures régimentaires, nous trottons tous vers nos maisons.

***

Lorsque le forestier est rentré de la coupe, au soir tombant, nous étions déjà réunis sous la lampe, autour de la table. Sylvandre avait posé au centre la soupière et Mme Aubry allait nous servir. Nous étions cinq : le capitaine Secousse et Davril ; le capitaine Prêtre, Porchon et moi. Nous avions les mains propres, les joues et le menton rasés, nos vareuses étaient presque sans taches.

« Oh ! mais, a remarqué le garde, vous êtes guère en avance pour vos cantines, donc ! »

C'est Mlle Thérèse qui a répondu :

« I's ont l' temps, bien sûr, ces messieurs ! Nous les avons encore demain.

— Ah ! dit le père. Tant mieux donc, là ! »

C'était notre troisième jour de cantonnement : nous devions partir, cette nuit même, pour relever les premières lignes. Mais Presle était venu, vers cinq heures, et nous avait annoncé que la relève n'aurait pas lieu.

« Hein ! monsieur Aubry ! exulte Davril. C'est une affaire ! Vingt-quatre heures de plus au patelin !

— Pour sûr ! enchérit la jeune fille... Moi, ça m' fait deuil tout un grand jour chaque fois que vous quittez d'ici.

— Et à nous ! C'est six grands jours que ça nous fait deuil ! Hein, Porchon ? Nous en parlons souvent, là-haut, de la maison ?

— Mais vous y êtes ! dit en souriant Mme Aubry. Pensez donc point à là-haut... »

Le conseil est facile à suivre : il n'est que de nous abandonner à la tiédeur d'intimité que nous trouvons chez ces braves gens. Il n'y a nulle gêne d'eux à nous, pas plus qu'il n'en est entre nous.

Le capitaine Secousse parle peu ; il nous regarde, avec bonheur, être jeunes. Le capitaine Prêtre est revenu hier de l'ambulance de Sommedieue pour prendre le commandement de notre compagnie. Nous l'avons connu lieutenant à la tête de la 6e ; il nous a dit, en arrivant, sa joie de nous avoir sous ses ordres : nous espérons compter un camarade de plus.

Il est huit heures. Le dîner s'achève. Sylvandre pleure de sommeil en nous servant le café ; sans le dire, nous pensons à nos lits.

Soudain une porte de grange grince, puis une autre ; des bruits de pas résonnent à travers le village, une onde de vie inquiète le parcourt d'un bout à l'autre.

« Allons bon ! grogne Secousse. Qu'est-ce que c'est encore ?

— Je vais voir », dis-je.

Mais à peine me suis-je levé que la porte s'ouvre violemment et que Presle apparaît, essoufflé :

« Contre-ordre, annonce-t-il. Le bataillon monte cette nuit aux lignes.

— A quelle heure ?

— A trois heures. »

A la seconde, la table est seule, au milieu des chaises à la débandade.

« Oh ! mon Dieu, cette guerre ! gémit Mme Aubry.

— Quel dommage ! » déplore la jeune fille.

Debout, le garde lève son verre presque vide et lampe d'un coup la dernière gorgée.

Nous sommes sortis. Nous avons glissé sur les marches du seuil que la pluie avait mouillées ; le ruisseau profond a englouti nos jambes ; nos souliers, maintenant, font un bruit d'éponges à chaque pas. Nous courons dans les ténèbres, suivant la chaussée dure et les bras tendus devant nous.

« Va aux sections, halète Porchon. Moi, je m'occupe du barda. »

Dans les granges tièdes d'humanité, la paille et le foin se soulèvent à mon appel. Une lanterne de campement s'allume, pareille à un gros œil trouble. Des hommes jurent, d'autres toussent. Des fuites de mulots filent entre mes jambes.

« Souesme !... Liège !... »

Les sous-officiers se présentent, titubants, les paupières gonflées, les joues tiraillées de bâillements contenus.

« Relève cette nuit, à trois heures. Du café au départ. Prévenez les cuisiniers. »

Je cours d'une porte à l'autre, secoue les clenches, pousse les lourds vantaux qui résistent.

« Chabredier !... Larnaude !... »

Quatre fois la scène recommence, identique dans les quatre granges. Je vais, semant la mauvaise nouvelle. Sous mes pas lève une moisson d'imprécations :

« Quelle fouterie !... Pour qui qu'on nous prend ?... Saleté d'blockhaus ! »

Quand je rentre chez les Aubry, je m'aperçois avec colère que ma belle culotte garance, mes bandes cintrées, mes chaussures fines, même ma vareuse, même mon képi, ne sont plus que des choses infâmes, gluantes de boue, souillées de purin à ne pas oser les toucher.

« Zut de zut ! Me voilà propre !

— Laissez donc, dit Mme Aubry. J' m'en vas vous détacher ça. »

Mais Porchon intervient rudement :

« Non ! Non ! Défringue-toi en vitesse, qu'on emballe ! Les tampons sont à côté, ils ont presque bouclé les cantines et tout le monde est pressé de dormir.

— Mais voyons...

— Non, je te dis ! Ça séchera sous le couvercle : tu brosseras quand nous descendrons des lignes.

— Oh ! bon, ça va !

— Enfin, c'est vrai ! s'excuse-t-il. Moi aussi je suis crotté... Et il faut que je ressorte !

— Pourquoi ?

— Hé ! Va le demander à Prêtre !... Tout un mobilier, qu'il prétend remorquer ! Campement, vaisselle, pinard, couvertures ! Un mulet de bât en crèverait !

— Il attige, le capitaine. Les ordonnances ne peuvent tout de même pas...

— Bien sûr que non ! Aussi tu vas voir : je m'en colle sur le dos, je t'en flanque sur le râble, je carotte sur la quantité, je réquisitionne une brouette, je... Ah ! Quel fourbi ! Nom d'un nom d'un nom, quel fourbi !

— Comme vous voilà, bonne Vierge ! s'étonne Mme Aubry. Un homme si calme d'habitude...

— Moi ? hurle Porchon. Mais je suis calme ! Je suis calme !... »

Et, tout à coup baissant le ton, souriant déjà :

« Vous avez raison : je suis calme. Couchez-vous, Madame Aubry... Toi aussi, mon vieux, couche-toi. Et dépêchez-vous de dormir : je ne ferai pas de bruit en rentrant. »

***

C'est à Calonne que nous sommes arrivés, à l'heure où les fûts des hêtres commençaient à blêmir. Devant nous la silhouette de Canard, l'ordonnance du capitaine, semblait une maison en marche. Sous une charge énorme, plus haute que le haquet d'un vitrier, ses jambes allongeaient des pas fermes qui tombaient d'aplomb à chaque foulée. Il faisait nuit encore et je ne discernais rien, de cette masse effarante qui lui écrasait les reins ; mais ce devait être si lourd qu'à regarder marcher le pauvre diable je sentais un point douloureux s'implanter entre mes épaules et mes joues devenir brûlantes ; tant qu'à la fin je ne pus me tenir :

« Ça tire, hein vieux ?

— Tout d' même, mon lieutenant.

— Lâche ça, si tu es fatigué ! Nous reviendrons le prendre du carrefour. »

Au son de la voix, j'eus l'impression que l'homme riait.

« Mettez-moi-z'en autant par-dessus, mon lieutenant ; et vous m' laisserez 'core pas en route.

— Oh ! il est étonnant ! avertit le capitaine Prêtre. N'est-ce pas, Canard ?

— Oui, mon capitaine », dit Canard.

La compagnie, cependant, avait atteint le carrefour, et, quittant la tranchée de Calonne, avait tourné à gauche, par la route Mouilly-les Eparges. Ce « changement de direction » inquiétait d'abord les hommes. De nouveau, je surprenais un mot qui m'avait frappé cette nuit, dans les granges.

« Le blockhaus... C'est nous qu'est bons. »

Mais nous nous arrêtions cent mètres plus loin, à la tranchée-refuge qui s'allonge sous bois, de part et d'autre de la route. Elle engloutissait les escouades, et nous-mêmes disparaissions dans l'escalier de notre abri.

Quel abri ! Voilà des heures que nous y sommes ; et pourtant, chaque fois que nous levons la tête, nous nous extasions encore sur l'énormité des rondins qui le couvrent. Ce sont des troncs d'arbres entiers, solidement calés sur de larges bermes, gros chacun comme un pilier d'église, et tenus serrés les uns contre les autres par de quadruples fils barbelés.

« C'est l'abri Sautelet, nous a-t-on appris. Partout où Sautelet passera, vous en trouverez des pareils. Il a juré de faire la pige aux sapeurs, et c'est un type à tenir parole. »

Il y paraît, à mesurer la force qui vient de se prodiguer ici même et dont toutes choses, autour de nous, gardent la saisissante empreinte : les parois brutes, taillées rudement en plein calcaire ; les troncs de hêtres tranchés net et couchés encore vivants ; les fers qui les ligotent d'une étreinte si âpre qu'ils les entaillent jusqu'à l'aubier, faisant saillir l'écorce en bourrelets où saigne la sève ; l'amoncellement des déblais jetés sur le toit, dehors, par larges plaques de tuf détachées d'un seul bloc ; et l'escalier profond, ouvrant le sol d'une telle brèche que Porchon, la voyant ce matin, est resté un long moment rêveur et m'a parlé sans sourire, en bon Saint-Cyrien qu'il fut, de Roland et de Durandal.

C'est un abri neuf, trop vaste et trop froid. Lorsqu'on s'appuie contre une paroi, on sent l'humidité des terres pénétrer à travers les vêtements. Il n'y a, sur la banquette raboteuse qui va être notre lit, qu'une mince couche de paille amollie d'eau. Près de l'entrée, une table de toilette à dessus de marbre blanc, pourvue d'une cuvette et d'un pot de faïence à fleurs bleues, surprend et choque les regards comme d'une scandaleuse intrusion.

« Heureusement, observe le capitaine Prêtre, qu'avec un toit pareil nous pouvons nous moquer de la pluie !

— Tant mieux, dit Porchon, car elle menace... Et nous avons trois jours à passer là. »

Un nouveau *tour* vient de commencer pour nous, qui comptera trois fois trois jours : d'abord en seconde ligne, à Calonne ; puis en première ligne, aux Eparges ; au repos, enfin, à Mont-sous-les-Côtes. Cela supprime l'imprévu, nous condamne à une routine de fonctionnaires armés, nous fixe aux tempes les œillères du cheval de manège. Du moins saurons-nous désormais où trouver notre écurie, et quand nous y pourrons gîter... Est-ce mieux ? Est-ce pire ? J'ai dû constater, simplement, que cette vie nous agréait, que nous la souhaitions obscurément depuis bien des semaines, sans doute parce que nous avions cessé de valoir mieux qu'elle.

« Curieux, remarque soudain Porchon ; il ne me semble pas que nous venons de cantonner. Ça a passé si vite, si vite...

— C'est la faute, lui dis-je, de ce double contre-ordre. On nous allèche d'abord, on nous fait luire aux yeux cette journée de rabiot. Quelle aubaine ! Nous en oublions les trois autres... Et puis on nous l'arrache ; et nous avons si vive, alors, l'impression d'être frustrés, qu'il nous semble qu'on nous a tout volé.

— Possible, dit Porchon. N'empêche que si, en toute bonne foi, je cherche à me rappeler ce que furent ces trois jours, je ne retrouve rien qu'une messe dans l'église de Mont, une marche militaire vers le Rozellier, par un brouillard à couper au couteau, l'arrivée sensationnelle, dans la carriole où il se prélassait, d'un porc luxuriant acheté à Villers par Percepied ; si tu veux, encore, l'arrivée de Percepied lui-même et la bonne tête de poivrot qu'il avait achetée en route... Et puis quoi ?... Et puis quoi ?...

— Et puis, si vous voulez, l'arrivée du capitaine Prêtre, suggère avec finesse le capitaine Prêtre lui-même.

— En effet, mon capitaine. Mais le contre-ordre d'hier soir m'a frappé davantage.

— A propos, on a su pourquoi, ce contre-ordre ?

— Pour empiler les espions, paraît-il... »

Nous nous taisons, un temps, pendant lequel nous entendons, au-dessus de nous, le long frémissement des hêtres. Enfin, Porchon :

« N'avez-vous pas cru que ce contre-ordre...

— Dites toujours, l'encourage Prêtre. Qu'est-ce que vous avez supposé ?

— Mon Dieu, la même chose que nos hommes ; la même chose que vous, sans doute...

— Le blockhaus ?

— Hé oui, le blockhaus !... Noiret m'avait affirmé dimanche qu'il devait sauter la nuit même. Ça va faire trois jours depuis ; et Davril, en montant ce matin aux Eparges, chantait sur l'air du *Veau d'or :*

Le blockhaus est toujours debout !

— Alors quoi ?

— Alors rien », dit Prêtre.

Et il conclut, inconsciemment soumis à l'universelle consigne : « Allons-nous déjà nous en faire ?... Attendons, messieurs... Nous verrons bien. »

J'ai gravi l'escalier, pour marcher un peu sous la futaie avant que la nuit soit venue. C'est un crépuscule terne et froid. Les hêtres nus semblent transis dans le vent qui sans trêve les assaille. Une rumeur de plainte emplit leurs cimes, leurs branches entrechoquées font un bruit grelottant et triste. Sous mes pas, l'humus s'enfonce. Il couvre la clairière d'une lèpre sombre, sur quoi semblent posées les quatre routes du carrefour, écartelées en une grande croix blanche. Tout près, l'échine broussailleuse de la tranchée-abri rampe sous les feuilles mortes, pelée par places et montrant ses os. Des toits de guitounes se pelotonnent contre elle, pareils à une portée de bêtes.

Je suis presque seul dehors. Là-bas, vers Mouilly, un homme traverse la route, le dos courbé sous un faix de cotrets. La sentinelle du carrefour, debout devant sa guérite de claies, s'appuie des mains et du menton au canon de son fusil, sans bouger. A travers la houlée du vent, les coups d'une cognée lointaine sonnent faiblement sous les nuages bas.

Je viens de m'enfoncer dans un layon, perdu entre des fourrés d'épines. Le sol en est visqueux, empuanti d'excréments et de charognes, jonché de boîtes vides, de lettres froissées, de quarts troués, de vieux bidons mangés de rouille. Accrochées aux ronces, des loques incolores laissent pendre leurs lambeaux, ceintures de flanelle, chemises brûlées de crasse, que l'on a jetées là parce qu'il n'était même plus possible de les laver. De loin en loin, un éparpillement de riz tache le terreau d'une blancheur de grêlons.

Il y a longtemps déjà que je marche dans cette sentine lorsque j'entends derrière moi un bruit d'étoffes raclées par les épines. Et, m'étant retourné, je me trouve à deux pas d'un étrange bonhomme, qui porte la main au képi avec une gauche humilité. Il a des sourcils d'un noir bleuté, des prunelles couleur chocolat dans une sclérotique jaune, un teint de banane très mûre. Sa lèvre et ses joues devaient être glabres, il y a cinq ou six semaines ; mais le poil qui repousse les couvre aujourd'hui d'un barbouillage charbonneux.

« Eh bien, Figueras, tu me suivais ?

— Mon lieutenant, dit-il, que mon lieutenant veuille bien m'excuser... Je voulais... C'est une requête que je voulais soumettre à mon lieutenant. »

Sa voix hésite, incertaine. Il a toujours la main au képi et se dandine d'une jambe sur l'autre.

« Voyons, explique-toi tranquillement. »

Il s'explique en effet, de la même voix incertaine, parfois me regardant à la dérobée, plus souvent fixant le bout de ses pieds.

« Il est Espagnol d'origine, Figueras. Il n'a jamais été soldat, jamais fait ses classes ; il ne sait même pas enfoncer les cartouches dans son fusil : celle pour tirer, ça va encore ; mais les autres, c'est trop calé pour lui... Est-ce que le lieutenant comprend bien ? »

J'ai d'abord peur de trop comprendre : cette déférence embarrassée, ces phrases filandreuses... Hum ! Il s'en faut de bien peu que la « requête » de Figueras ne reçoive le pire accueil. Mais je m'étais trompé, ce n'était pas ce que je craignais : Figueras n'a pas de hernie, pas de mauvaises varices ; il ne tousse pas, il digère bien, il est très satisfait des sergents...

Je ne comprends plus. Mon visible mécontentement a décontenancé le malheureux. Il bafouille, il jaunit encore. Je dois lui arracher les mots, sourire pour l'encourager, lui tapoter l'épaule avec une bonhomie ridicule... Enfin ! Je crois avoir compris...

« C'est ça, n'est-ce pas ? Tu voudrais être cuistot ?

— Oui mon lieutenant.

— Notre cuistot ?

— Oui mon lieutenant.

— Eh bien mais... »

Figueras a levé les yeux. Il me regarde avec un espoir anxieux qui le fait un peu trembler. Maintenant il parle, et sa langue est souple, miraculeusement :

« Il y a six ans, mon lieutenant, que j'étais maître d'hôtel chez Monsieur le comte d'Arthies. Maître d'hôtel, pas cuisinier ; mais lorsque Monsieur le comte était seul, il m'arrivait de préparer moi-même de petits plats simples...

— Bon, bon, Figueras. »

Moi aussi, je le regarde, et je sens à l'évidence que cet homme n'est pas soldat. Cinq semaines d'instruction, lorsqu'on était maître d'hôtel chez M. le comte d'Arthies, cela n'est pas suffisant : on est embarrassé dans une capote trop longue, on parle à son lieutenant à la troisième personne, on ne sait même pas porter sa barbe.

« Reviens avec moi, Figueras ; nous allons voir le capitaine.

— Je suis aux ordres de mon lieutenant.

— Aide-moi, alors, à ramasser ces cartouches. »

Il s'accroupit en face de moi et, du bout des doigts, arrache du sol gras où elles étaient encastrées les douilles jaunes que je viens d'apercevoir, dans ce coin perdu, par des hommes qui « savaient y faire ». Il y en a d'autres, cachées sous les feuilles. Nous les lançons dans mon képi, une à une ; elles y tombent en tintant et finissent par l'emplir. La nuit muette glisse sous les fourrés, le vent s'apaise, les premières gouttes de pluie frémissent dans les branches hautes.

Jusqu'au matin, l'averse a ruisselé sur la forêt. Nous l'entendions bruire autour de notre abri pendant que nous dînions, servis par Figueras. L'Espagnol avait sorti de sa poche un couteau à cran d'arrêt, et devant nous, « ainsi que cela doit se faire », il découpait le filet de bœuf rôti. Nous regardions, surpris, les tranches minces naître sous sa lame et doucement s'affaisser l'une sur l'autre. La viande était rose, piquée de lardons pâles. Figueras, sûr de lui, souriait.

« Ce n'est, expliquait-il, qu'un morceau de l'ordinaire. Il n'y a pas à dire : l'ordinaire fournit de très belle viande ; mais les cuistots des sections ne savent pas en tirer parti... Je sais bien qu'ils sont obligés de faire gros. N'empêche qu'il faut avoir la peau dure pour accepter ce métier-là sans souffrir. C'est pour cette raison, voyez-vous, qu'un vrai cuisinier à la cuistance d'une section est une chose qui n'existe pas.

— Comment diable as-tu fait cuire ça ? demandions-nous au maître queux.

— A la broche, répondait-il. Le jus tombait goutte à goutte dans un couvercle de bouthéon, ainsi que cela doit se faire. »

Tandis que nous tenions semblables propos et dévorions la viande succulente, la pluie bondissait sur les toits des guitounes, délayait leur carapace de terre, s'infiltrait entre les rondins pour dégoutter en large ondée sur les hommes étendus au fond. Le vent avait recommencé à souffler. Parfois une rafale violente rabattait des paquets d'eau, qui s'écrasaient au bas de l'escalier avec le bruit d'une poignée de sable contre une vitre. Une poussière humide flottait devant la porte, et sur le seuil une mare blanchâtre allait s'élargissant, commençait à couler vers nos jambes... Nous levions la tête. La vue des hêtres énormes serrés dans leurs liens de fer dissipait notre inquiétude. Mais bientôt Porchon se levait, se juchait sur une chaise et frôlait de la main l'écorce d'un hêtre.

« Ça y est ! disait-il. La pluie traverse. »

Le long de chaque tronc, de grosses gouttes brillaient à la file. Déjà les premières se détachaient, tombaient sur la paille ; et leurs froissements menus se succédaient dans le silence.

« Là-bas ! » montrait le capitaine.

C'était, dans un angle, un suintement de source qui luisait sur la paroi.

« Ici ! ajoutais-je ; sous la table. »

A nos pieds, la mare crayeuse bavait, déroulait de longs filets tentaculaires. Et toujours, au-dehors, l'averse galopait sous le vent, fouettait durement les cimes des grands arbres, cinglait les fourrés, emplissait la terre et la nue de son immense ruissellement.

« Que faire ? » disions-nous.

Nous regardions, navrés, les grosses gouttes suspendues, le mur suintant, la paille mouillée. Nous écoutions frissonner la pluie, le vent geindre et mugir tour à tour. Et nous restions debout, impuissants, tandis que l'eau boueuse commençait à lécher nos souliers, les gouttières à claquer sur la visière de nos képis.

« Mon capitaine ? » appelait alors Canard.

Il venait d'entrer, crotté, trempé, les moustaches pleurantes.

« Chez vous aussi, disait-il, ça fait vilain. Va falloir y aviser.

— Mais comment ?

— Et vos toiles de tente, donc ! Ça tient la flotte presque aussi bien qu'un seau d' campement. Vous avez les trois vôtres ? J'en apporte une quatrième que j' me suis débrouillé : avec celle-là, y aura grandement l' compte ! »

Nous nous mettions à l'ouvrage, tendions les toiles comme des bâches, chacune liée par les quatre coins à des piquets fichés dans le mur. Les gouttes y tombaient avec des chocs mats, et nous nous endormions sous un roulement de tambours voilés.

Pendant trois jours, il pleuvait. Chaque matin des poches d'eau ballonnaient lourdement les toiles, des cataractes étaient suspendues sur nos têtes. Nous dénouions les liens avec précaution et, tenant serrées les cornes de l'étoffe, nous allions déverser de grosses sources troubles dans le fossé de la route qui bouillonnait comme un torrent. La route elle-même coulait à pleins bords, rivière chargée de limon. L'averse la ridait de cercles innombrables, et les coups de vent qui y passaient en rebroussaient au loin la surface, y faisaient se lever comme un vol de plumes blanches.

La seconde nuit, un piquet ayant cédé tout à coup, une douche glacée noyait notre sommeil. Il fallait se mettre debout, changer de linge, retourner la paille inondée, en rallumant constamment la bougie que des rafales éteignaient.

Nous ne sortions, de toute la journée, que pour aller vers la cuisine de Figueras. Nous le trouvions accroupi, devant un feu qui sifflait et fumait. Ses yeux rougis pleuraient de grosses larmes. Il les essuyait du dos de la main, machinalement.

Le soir, nous guettions de la porte le retour de Percepied, parti dès le matin à la chasse des victuailles. Les nuages étouffaient le crépuscule, abattaient sur la forêt une nuit hâtive, gonflée de ténèbres. L'homme était en retard, le capitaine s'énervait, nous chancelions sous la pesée grandissante du sommeil.

Enfin, vers la route, un pas mou clapotait, battait les flaques au-dessus de nous, raclait les marches du boyau : c'était Percepied qui rentrait. Il avait la face cramoisie, le regard vague, le geste excessif. Il parlait sans fin, alignait sur la table des pièces d'argent, mouillait ses doigts pour compter les coupures de papier, s'embrouillait, recommençait. De seconde en seconde, un doux ricanement attestait la béatitude de son ivresse.

⁂

« Bonne vieille turne ! Si près que tu sois du blockhaus, ça fait plaisir de te retrouver. »

Ainsi Porchon salue notre abri des Eparges. Il palpe le matelas, reconnaît dans leurs trous la caisse de détonateurs, les deux gros livres rouge et vert, s'assied au bord du bat-flanc et tend vers le fourneau ses chaussures dont le cuir, aussitôt, commence à fumer.

« Rentre donc tout à fait, me dit-il. Pour ce que tu vois dehors ! »

Dehors, je vois de la boue, un lac de boue qui submerge les prés, les routes et s'étale jusqu'au pied des collines. Le Montgirmont est une montagne de boue, aux pentes si molles qu'elles semblent s'affaisser, couler du haut en bas jusqu'à devoir s'engloutir dans la fange qui les assiège. Les *Hauts* s'effacent, noyés dans l'épaisseur de la pluie. Seuls les sapins des Hures, serrés au faîte de la côte, barrent le ciel d'une ligne têtue et tiennent bon sous ce déluge.

« Mais rentre donc ! » répète Porchon.

Avec une lame de bois, je fais tomber de mes souliers, par mottes, la boue qui s'y était collée. C'est une boue d'un brun jaunâtre, qui adhère tenacement à tout ce qu'elle touche. Elle a débordé par-dessus mes semelles, englouti mes chevilles, enveloppé mes jambes d'une gaine informe. Je racle mes bandes molletières avec tant de rudesse que le bleu du drap réapparaît ; mais une pâte gluante se roule autour du décrottoir, et j'essaie en vain de l'en secouer. Il faut que je la plaque contre le bord du boyau, que je l'y étale patiemment, comme un mastic avec une truelle.

« Eh bien, quoi ! Tu as fini ?

— Le pied droit, oui, ça y est. Je l'ai même posé dans l'abri. Le pied gauche est dehors, en l'air : il n'entrera ici que propre.

— Dis donc... Et vous, mon capitaine... Avez-vous remarqué comme c'est sec, ici ? Passez la main sur le plafond : le bois est chaud.

— En effet, dit Prêtre, l'abri semble étanche.

— De plus, il y a une rigole sous le plancher. Les eaux d'infiltration y coulent et vont tomber dans un puisard... Vous l'avez repéré ? Derrière la porte... Ça sonne creux quand on tape du talon. »

Mon pied gauche enfin nettoyé, je suis venu m'asseoir sur le bat-flanc. Derrière nous, recrue nouvelle, une horloge à poids égrène son tic-tac fatigué. Des mouches moribondes se traînent sur le matelas. Le ronflement du feu monte dans le tuyau du fourneau.

« Te voilà, toi ? »

Sous mon bras, une petite tête plate s'est glissée. Un chaton blanc, au nez rose, ronronne contre mon flanc. Il fixe sur moi ses yeux de béryl, montre dans un bâillement la volute de sa langue, clôt les paupières et s'endort.

« Est-ce qu'il pleut toujours ? demande Porchon.

— Vas-y voir, si ça t'intéresse. »

Il se lève, gagne la porte ; et, tout de suite :

« Oh ! là ! là ! s'exclame-t-il. Quelle lavasse ! Quelle déliquescence ! A la longue, ça devient grandiose.

— Mais quoi... tu ne sors pas, sans blague ? Hé là ! Tu ne sors pas ?

— Il est sorti », dit le capitaine Prêtre.

Je hausse les épaules, fataliste, et caresse la petite boule de poils tièdes blottie au creux de mon giron. La pente d'une songerie m'entraîne par instants ; et par instants les choses qui sont là me rappellent à leur présence... Huit jours déjà écoulés, depuis la charge des nôtres contre Saint-Rémy ! Alors nous étions seuls ici, Porchon et moi. Ce soir, le capitaine Prêtre est assis devant la table. Il a des yeux noirs un peu durs ; sa bouche trahit quelque sécheresse ; en revanche son nez paraît bon... Dieu ! Avons-nous assez grassement plaisanté, pendant que la charge hurlait au loin ! Egoïsme de soldats ? Réaction contre notre angoisse ? Tout notre être restait tendu vers la peine de nos camarades... Bon ! Voilà que mes bandes molletières suent. Si fort que j'aie pu les gratter tout à l'heure, je n'en ai gratté que la surface ; il aurait fallu les essorer... Et cette grosse goutte étalée sur ma main, d'où vient-elle ? Et cette autre ? Et cette autre ?

Il faut se rendre à l'évidence : le plafond, « dont le bois était chaud », a fini de lutter contre l'infiltration de la pluie. Le bois se gonfle, humide et froid ; et sur la paille, sur le matelas, sur le plancher, commence de bruire le ruissellement furtif des gouttières. Je me lève, le capitaine se lève, le chat blanc secoue ses oreilles et va se blottir sous une chaise.

« En avant donc les toiles de tente !.... Mon capitaine, je vais chercher Canard et Pannechon. »

Nous voici debout, tous les quatre sur le bat-flanc, les bras levés, la tête de côté, clouant des pointes ou serrant des nœuds. De la porte, une voix appelle :

« Aux lettres ! »

Le bras du sergent Bernard plonge dans l'abri, un paquet d'enveloppes aux doigts. Le visage de l'homme apparaît, ses épaules ; mais ses jambes restent dehors, collées par les semelles à la boue, qu'on entend gicler chaque fois qu'il bouge.

« Quelque chose pour moi, Bernard ? »

C'est Porchon qui accourt, ramené par la vue des lettres. Il saisit deux cartes que lui tend le sous-officier ; puis, tout en lisant :

« Décidément, ce Figueras est un cuistot complet : roi du filet rôti et prince de l'information. Je viens de le rencontrer, qui remontait du village avec un sac plein de carottes et de patates. Il avait vu là-bas Lebret, qui maraudait comme lui dans les jardins. Alors ils ont causé, tous les deux... »

Ce sont les derniers mots que j'entends. La voix de Porchon bourdonne loin, scandée par les coups de mon cœur. Après un temps, très haute, elle sonne contre mon oreille :

« Hé ! Tu rêves ? Je te dis que le blockhaus va sauter pendant la nuit; que le 132 va lui donner l'assaut !... »

Mais il a vu entre mes doigts une feuille bordée de noir. Il reste interdit, me regarde au fond des yeux, et s'éloigne, sans plus rien dire.

« Ainsi, voilà huit jours ! Et j'aurai vécu toutes ces heures dans une quiétude dont le souvenir me pèse maintenant comme un remords. J'ai suivi ma route loin de vous. Tout ce que j'ai fait, tout ce que j'ai dit, mes pensées, ma résignation, tout cela m'apparaît dans une dure lumière de vérité... »

« Messieurs, dit le capitaine Prêtre, voici les instructions pour cette nuit. Vous voudrez bien prendre note sous ma dictée. »

Il est assis en face de Porchon. Une bougie brille entre eux, sur la table. La porte grande ouverte découvre un pan de ciel gris, embué d'eau, et la paroi ruisselante du boyau.

« Mais vous n'y voyez rien, là-bas ! me dit Prêtre. Approchez-vous, nous avons de la place. »

Je réponds avec un effort pour que ma voix reste posée :

« Mais non, mon capitaine ! Je vous assure que j'y vois suffisamment.

— Comme vous voudrez. Je commence donc :

« La veille au soir — c'est ce soir — tir de destruction préalable...

— Préalable », répète Porchon.

Accroupi dans la pénombre, tout au fond de l'abri, j'ai saisi dans son trou l'un des deux gros livres ; je l'ai posé sur mes genoux pour y appuyer ma main ; et j'écris, très vite, me laissant emporter par la houle qui monte en moi :

« Et j'étais de bonne foi ! Je croyais, dans la sincérité de mon cœur, à la beauté humaine de notre renoncement. J'avais voulu, pour la mieux vivre, me donner tout entier à notre vie de guerriers... »

« Cette nuit, à cinq heures, continue le capitaine Prêtre, tir d'efficacité... Je ne sais pas de quelle durée ; nous nous en apercevrons bien. »

La pointe dure de mon crayon creuse le papier, parfois l'érafle.

« ... Nous sommes dupes. Même dans l'exaltation d'un assaut, nous sommes dupes ! Il me semble que je viens d'échapper à une espèce d'envoûtement. Mais c'est fini, ce charme abominable est mort... »

« Où en étais-je exactement ? demande le capitaine. Nous avons causé ; je ne sais plus. »

Et Porchon répond :

« *Tertio* — Explosion du blockhaus.

— Parfaitement. Je reprends : « *Tertio* — Explosion du blockhaus... *Quarto* — Le 132 occupera l'ouvrage ennemi. L'assaut sera donné par un peloton, immédiatement soutenu... »

Ayant tourné la page, je continue d'écrire, dans la fièvre :

« Ce qui est vrai, c'est vous que j'aime. C'est le chez nous, là-bas, où je savais être heureux. Si j'ai pu jamais vous dire que je ne vivais qu'en soldat, je mentais ; si vous avez jamais pu croire que j'étais réellement loin de vous, arraché de vous par la guerre, je vous demande pardon de vous l'avoir laissé croire... Je suis puni, de tout ce qui me serre le cœur, chaque fois que remonte en moi le souvenir de ces huit jours où nous fûmes vraiment séparés... Maintenant, avec quelle ferveur je vous garderai ma présence ! Ici je servirai ; je servirai du mieux que je pourrai, jusqu'à m'imposer encore, puisque hélas ! il le faudra bien... »

« Pardon, mon capitaine, demande Porchon, vous avez bien dit : *nos* compagnies d'en haut exécuteront des feux de salve ?

— Mais oui ! Et les mitrailleuses du Bois-Haut entreront aussi en action. Naturellement, personne chez nous ne sortira des tranchées ; mais tout le monde tirera pour que les Boches croient à une attaque générale. »

C'est fini. Ma lettre s'achève. Ma main alentie tremble au bord du gros livre.

Porchon et Prêtre sont debout. Le premier dit :

« Je vais fumer une pipe ; c'est bien gagné. »

L'autre, jovialement, m'interpelle :

« Eh bien ! vous, le solitaire ! Vous y avez tout de même vu clair ?

— Parfaitement clair, mon capitaine. »

Furieuse, la tourmente a mugi toute la nuit. La pluie volait le long des glacis, tourbillonnait sur les toits des guitounes, giflait les toiles de tente aux portes, s'engouffrait dans les ravins sous les coups de fouet des rafales. Autour de nous les ténèbres pantelaient, soulevées de longs hurlements. Nous les écoutions venir de loin, s'enfler, emplir le ciel, passer sur nous en stridences affolées, battre le flanc des Hures dont les sapins gémissaient, puis s'éloigner vers la plaine et s'y perdre en râles d'agonie.

Nous étions tous éveillés lorsque les premières salves du Montgirmont cahotèrent dans l'ouragan. D'autres canons devaient tirer, car la flamme de la bougie sursautait de temps à autre ; mais nous n'entendions rien que la rumeur énorme de l'espace, et le clapotis des gouttières heurtant les toiles au-dessus de nous.

« Quelle heure ?

— Cinq heures et demie.

— Rien encore ?

— Je ne crois pas. »

De la porte entrouverte, Porchon épie l'obscurité. Il relève le col de sa capote, arrondit le dos, fait deux pas dehors. Mais il rentre presque aussitôt en essuyant ses yeux noyés.

« Ah ! ouatt ! dit-il. Allez voir quelque chose là-dedans ! »

Nous restons debout sur le seuil, nos montres à la main. Nous nous épuisons vainement à écouter la nuit. Parfois l'un de nous fait un geste brusque, et demande :

« Qu'est-ce que c'est que ça ? »

Un autre répond :

« C'est le vent... Une branche qui casse... Ce n'est rien. »

Il va être six heures ; et pourtant les ténèbres épaississent encore. Des nuées énormes écrasent la terre ; des trombes d'eau jaillissent de leurs flancs crevés, la boue claque sous la gifle des averses.

Soudain la flamme de la bougie bleuit, se rétracte ; et les parois de notre abri frémissent d'une vibration profonde.

« Gare le tonnerre ! crie Porchon. Il a sauté... »

Mais rien, rien ne s'entend, que toujours la vaste rumeur, et sur nos têtes, contre les toiles de tente, le clapotis obstiné des gouttières.

« Est-ce qu'ils tirent, là-haut ?

— Peut-être. »

L'air semble harcelé de bruits grêles, que le vent déchiquette et disperse en lambeaux. Sa grande voix monte, emplit le ciel. Les durs sapins geignent au flanc des Hures.

V

LE « GRAND TOUR »

17-29 novembre.

Il gèle. Nous sommes partis pour Mont, en pleine nuit, par la route de Mesnil. Nous n'avons pu savoir, de tout le jour, ce qui s'était passé là-haut.

Il fait très froid. La route est dure ; des flaques de glace craquent sous nos talons. Je n'évoque rien, ne pense à rien. Et pourtant, réconfortant, le sentiment de l'arrivée prochaine rythme mes pas sur le chemin.

« Halte !... A gauche !... Changement de direction à gauche ! »

Un routin raviné, qui grimpe. Soudain, sur mon épaule, c'est la main de Porchon qui pose son étreinte familière.

« Voilà, dit-il. Nous sommes compagnie détachée... Un jour de moins au patelin. »

Dans notre dos, des hommes jurent. Il me semble que nous frôlons, debout à gauche du chemin, une rangée de petits sapins. J'allonge le bras pour me rendre compte : un des sapins tombe doucement : le passage est camouflé.

« Halte ! »

Encore !... Serions-nous arrivés ? On n'y voit rien. Mais la croûte de terre gelée crève à chaque pas ; on enfonce dans une boue pâteuse, profonde, puante : nous sommes en effet arrivés.

« Grouillez-vous ! Grouillez-vous, bon Dieu ! »

D'autres hommes viennent de surgir, sortis nous ne savons d'où.

J'avance un peu : à la place des sapins, il y a un talus à pic. C'est de là-dessous que sortent les hommes. Et là-dessous disparaissent les nôtres, dans des terriers creusés là, des espèces de niches dont la bouche souffle une buée fétide.

« Eh bien ? me demande Porchon.

— Dégueulasse. »

La pagaille s'éternise. Des invectives s'échangent, chuchotées hargneusement. Quelqu'un dit :

« Personne dehors dans la journée. On est vu de partout, ici. »

Un autre renseigne, obligeant :

« Tu vas derrière les sapins, n'importe où qu'ça s'trouve... Et faut faire vinaigre, ça oui ! »

Ce sont les consignes qui s'échangent.

« Un jour de moins au patelin », avait dit Porchon. C'est le deuxième que nous passons ici, dans cette bauge. Contre nos reins, l'argile du talus. Sur nos têtes, des planches minces qui s'incurvent sous le poids des terres. Nous avons glissé par-dessous deux forts piquets d'étai ; mais ce toit reste si bas que, même assis, nous devons courber la nuque : nous nous couchons.

Près de l'entrée un peu de lumière stagne, blême, transie. On aperçoit au bord l'angle d'un fourneau sur lequel se penche, verdâtre, le visage de Figueras. Il gèle toujours. Le fourneau fume. De la paille mouillée monte une odeur aigre et froide.

« Ah ! là ! là ! » dit Porchon.

Le capitaine Prêtre bâille. Figueras tousse.

Et soudain, cahotant vers le sud, un obus ronronne par-dessus la vallée.

« On va voir ?

— Allons. »

Juste à la porte de l'abri, le talus s'élève, formant une butte qu'escalade un raidillon. Nous le gravissons entre deux blindages de caisses, pleines de terre et de cailloux. Nous ne voyons rien, qu'une rangée d'ordures gelées. Mais au-dessus de nous le ciel est d'une blancheur bleutée, brumeuse à peine, et déjà un air pur et léger entre au fond des poumons.

Toute la vallée bientôt est à nos pieds, le Longeau d'étain clair au long duquel buissonne la saulaie, le village des Eparges avec ses vergers violâtres, plus loin les sapins bleus de Combres, la route égratignant le col, le piton jaune affalé sur sa colline, plus loin encore le bois fané, au bord de la Woëvre pareille à la mer.

Des balles glissent, flâneuses, vers le nord. Beaucoup nous ignorent et chantent pour elles seules ; d'autres nous saluent, d'un sifflotement qui s'aiguise comme exprès, au passage. Les tranchées boches sont loin, huit cents mètres, mille et plus ; mais tout ce qui ne frappe pas s'évade par ici, rase les pentes une à une, et va se perdre, quelque part en arrière.

Vers la Calonne, nos canons lourds tressautent. Obliques et pataudś, les obus ahanent à la file ; un peu plus loin ; encore ; encore... Ils se laissent tomber ; le piton se boursoufle de grosses bulles troubles, qui crèvent et fument.

C'est monotone. La Woëvre recule et s'efface, le ciel est blanc, les obus s'endorment. Un dernier cahote, poussif, et se pose sans éclater.

Nous descendons. Une toile de tente, déjà, bouche l'entrée de l'abri. La flamme d'une bougie tremblote dans les ténèbres.

« Bonsoir, jeunes gens. »

Qui est-ce qui est là ? Des loques d'ombres pendent du toit et bougent. Nous avons reconnu Figueras, puis le capitaine Prêtre, puis enfin le front bossu, les pommettes jaunes du commandant Renaud.

La toile de tente est retombée dans notre dos. Nous nous sommes coulés, à quatre pattes, jusqu'au fond moisi de la galerie. Le commandant Renaud parle : « Ecole de guerre... Vertus guerrières de la race... Qu'est-ce qui mijote sous ce couvercle, et qui sent si bon ?. »

Porchon, entré le premier, s'est englouti dans du noir. Il se tait. Je ne l'entends même pas respirer. Est-ce qu'il est là ?... Devant moi, dans une espèce de lueur minable, il y a des hommes qui semblent vivre. Leurs gestes sont flous, leurs voix engourdies. Je les regarde avec une stupeur bizarre. Si l'un d'eux, tout à coup, m'adressait la parole, je sursauterais et ne saurais répondre. Figueras... oui. Le capitaine Prêtre... je sais. Le commandant Renaud, la nuit de la Vaux-Marie, le drapeau dans un bouquet d'arbres... je me rappelle... Mais quels sont ces hommes qui sont là ?

La relève vient de s'engouffrer dans la cagna, dardant sur nous le faisceau cru d'une lampe électrique. Toute la froidure nocturne est entrée, mordante, avec elle. Nous nous sommes levés, gourds, tâtonnants et transis. La bougie s'allume.

« Pas encore prêts ? grogne une voix. Où voulez-vous que nous nous fourrions, nous autres ? »

Debout près du seuil, un capitaine courtaud s'agite sur place. Il ressemble à celui qui nous regardait défiler, à Trésauvaux, en pantoufles sur le seuil d'une porte et le crâne brillant de lune. Est-ce le même ? Il nous montre aujourd'hui une face de poupard maussade. D'agacement, j'ai envie de m'approcher, de lui ricaner au visage.

« Pour l'amour de Dieu, crie-t-il, dépêchez-vous ! Vous croyez que ça va tout seul, dehors ? Une bande de rossards, vos bonshommes ! »

Mais fâche-toi donc ! Est-ce que tu t'en occupes, toi, de tes bonshommes ? Qu'est-ce que tu fais ici, ventru ? Il y en a plein l'abri, de toi !

Je me sens tiré par la manche. C'est Figueras. Il a sa tête de larbin obséquieux.

« Est-ce que mon capitaine et mes lieutenants veulent prendre le temps de déjeuner ?

— Déjeuner ! C'est bien le moment ! »

Figueras bougonne dans son poil bleu : « Tout ce riz fichu, tout ce chocolat dans ce riz... Alors quoi ? ce sont les autres qui le mangeront ? »

Je le perds de vue, tandis que j'enfile mon équipement. Mais aussitôt j'entends la voix furieuse de Porchon qui grogne tout bas, à dents serrées :

« Dégoûtant ! Tu n'es qu'un dégoûtant, Figueras. »

Comme nous sortons ensemble, il me dit :

« Crois-tu ! Ce saligaud ! La platée de riz d'hier soir...

— Eh bien ?

— Il l'a balancée à même la paille, sournoisement... »

Tout à coup, il s'interrompt :

« Allons bon ! En voilà d'autres qui s'engueulent. Mais qu'est-ce qu'ils ont ? Qu'est-ce qu'ils ont ?... Je t'en prie, va les faire taire pendant que je rassemble. »

Dans la nuit blafarde et sonore de gel, c'est une bordée d'appels et d'injures. Tout près de moi, la voix aigre de Compain caquette à pleine vitesse :

« Ma boule ? Ma boule de brichton ?... Non mais, sans blague ? Tu parles que j'allais m' la laisser faucher, ma boule de brichton ! »

Je fais un saut vers lui :

« Silence, Compain ! On est entendu, d'ici... »

Il me tourne le dos, hausse le ton, hurle du haut de sa tête :

« Hé ! Pinet ! T'as vu si j' lui ai sorti des pattes, ma boule de brichton ? »

C'est plus fort que moi : je l'empoigne à l'épaule, le fais pivoter d'une secousse et lui jette dans la figure :

« Vas-tu te taire, espèce de mule ! »

Il me regarde. Je distingue la forme de son crâne bas contre lequel plaque le képi, ses oreilles en ailerons, décollées davantage encore par le bord de la coiffe. Et de tout près, derrière un voile de nuit sale, j'entrevois son regard vrai, un regard court, stupide et méchant.

« Vas-tu te taire, te taire, à la fin ? »

De toute sa force il braille :

« Je n' dis rien, mon lieutenant... Je n' dis rien ! »

C'est à devenir enragé. Je le lâche, je m'éloigne d'un sursaut, pour fuir la tentation qui tout à coup m'a fait serrer les poings. Et longtemps je marche au hasard, frémissant encore d'une émotion trouble et violente, honteux de cette fureur que je n'ai pu contenir, triste bientôt, las jusqu'à l'écœurement.

Nous sommes partis, cheminons vers Mesnil. Figueras est auprès de moi. Je lui demande :

« Pourquoi as-tu jeté le riz dans la paille ?

— Parce que », répond-il, buté.

Quelques rangs en arrière, de sa voix sirupeuse, Durozier fait une conférence. Il est en verve, il déborde et les mots coulent sur sa barbe, coulent, coulent...

« L'homme est un être intelligent. Le progrès est sa raison d'être, sa fin... Cela étant, comment un homme vraiment... enfin bref, un homme, — comment pourrait-il accepter de se battre, consentir, même tacitement, à cette régression qu'est la guerre ?... »

Je l'écoute. Je n'essaierai même pas d'imposer silence à ce lâche. Où donc est Butrel ?... N'y aura-t-il personne, cette nuit, pour tarir d'un mot l'éloquence de Durozier, pour seulement lui dire : « Tu as peur ?... »

Lorsqu'il s'arrête enfin, à bout de souffle, une seule voix s'élève, celle de Douce, un gnome louche, une espèce de garçon de café bookmaker.

« T'as raison, vieux », approuve Douce.

Et c'est tout. Jusqu'à Mont la colonne piétine, dans le seul bruit des godillots lourds, qui traînent.

⁂

Vingt heures de cantonnement seulement. On nous a volé deux jours, nous ne les retrouverons jamais.

Il fait plus froid encore au carrefour de Calonne que dans le chemin creux où nous étions avant-hier. Les hêtres ont perdu leurs dernières feuilles, le carrefour semble avoir grandi.

Tout autour, à travers la colonnade des troncs gris, on voit sinuer le bourrelet crayeux des tranchées-abris. Au point où se coupent les deux routes, la sentinelle de toujours est debout, près de sa guérite clayonnée. Elle n'a point changé d'attitude, penchée en avant, une jambe fléchie un peu, les mains appuyées sur le canon de son fusil et le menton sur ses mains.

Au peloton de Mouilly, une équipe de terrassiers approfondit le poste de commandement : car le capitaine Prêtre est de haute taille. Il surveille et dirige, les bras dans son dos. De temps en temps il descend les marches d'accès, déambule d'un angle à l'autre, se déploie des semelles au képi pour toiser la hauteur des rondins. Gron, le boxeur, s'empresse derrière lui, nivelant le sol à coups de pic maladroits qui font rire sous cape Martin et Chabeau.

Le travail ne s'interrompt qu'aux heures des repas. Alors arrivent, par la route des Eparges, les officiers de la 6e. Nous nous tassons au fond du trou, pêle-mêle, qui sur la paille, qui sur des billes de hêtres branlantes. Le capitaine Secousse pointe vers son menton ses genoux maigres et voûte son dos mélancolique. Davril, à cause du grand froid, souffre de son pied blessé. Rituellement, nous nous attendrissons sur les potées lorraines et les rosbifs de Figueras. Il nous sert, avec un sourire de pontife. La joie des pommes de terre, du porc frais et des choux rayonne chaudement de nos estomacs ; nous aimons, au cœur de nous-mêmes, sentir ce poids réconfortant.

Lorsque vient la nuit, des fusillades crépitent vers le sud. Chaque détonation claque dans l'air gelé comme un coup de fouet lointain. Bois Bouchot ; bois Loclont... Nous y avons été, jadis. Maintenant, nous sommes là. Nous regardons les fusées éclairantes, les feux verts dont nous attendions l'éclosion, et qui dérivent parmi les étoiles immuables. Nous comptons, à l'avance, les coups de départ de nos soixante-quinze. Par-dessus nous les obus passent. On devine leurs craquements dont l'écho meurt au fond des ravins. La fusillade s'est tue ; mais nous savions qu'elle se tairait.

« Où vas-tu ? me demande Porchon.

— Je ne sais pas. »

C'est vrai. Je n'ai besoin que de marcher un peu, de suivre mes pas n'importe où. La marche repose, dans ce froid vif ; les routes dures reposent de la boue.

J'ai tourné à gauche, vers les Trois-Jurés. La Calonne monte vers le ciel pâle entre les taillis clairsemés. Je suis tout seul ; mon gourdin cogne sec contre l'empierrement.

Quelques minutes, et déjà la hêtraie se peuple de silhouettes en loques. Une autre tranchée chevauche la route, noire, soulignée de gravats blancs : c'est le peloton de Verdun.

J'ai sauté par-dessus le fossé. Je me glisse d'un hêtre à l'autre, d'une allure effacée et rapide, comme si je fuyais ou comme si j'avais honte. Quelle compagnie est là ? La 8e, je crois. Le capitaine Maignan doit être au carrefour, avec le docteur et le capitaine Rive... Ravaud et Massicard ne sortent pas volontiers.

Je m'éloigne de la route, vers la droite de la tranchée. Elle est tout près, maintenant : sous l'auvent de grosses branches, des feux rougeoient. J'avance encore, je me penche, m'accroupis.

La voici donc, notre guitoune, rasée à fleur de terre, soulevant hors la jonchée des feuilles la pente lisse de son toit. Elle n'a pas changé ; par la cheminée de pierres plates monte son haleine bleue. J'en fais le tour à pas légers : une claie bouche l'entrée, derrière laquelle j'entends un murmure de voix paisibles. Il y a là des hommes qui s'abritent et se chauffent, groupés autour de l'âtre. Si j'écartais du doigt la claie, je les verrais. Ils me diraient si l'eau des pluies traverse, ou si elle glisse sans s'infiltrer... Je suis heureux que seulement ils soient là.

Je me redresse, je vais partir. Alors mes regards tombent sur une tache claire, une large entaille ouverte au couteau dans le sommier de la porte. On y a inscrit quelque chose, à l'encre violette : depuis peu de temps sans doute, car l'encre semble encore fraîche. Je m'approche et je lis :

106e R. I. — 7e Cie — 1re Son
5 Novembre 1914
« COMME ON PEUT »

Qui est venu ? Quelqu'un qui savait, et qui se rappelait. Je regarde ces pauvres lettres griffonnées sur le bois nu : l'encre a coulé dans les fibres ; on déchiffre avec peine ces lignes déjà brouillées, et que les premières pluies achèveront d'effacer. Mais elles sont là ce soir : il est bien que quelqu'un soit venu.

***

Du grésil est tombé dans la nuit. Il gèle toujours. Par la sente frottée de verglas, la compagnie dévale vers les Eparges. Devant moi, Gervais patine avec exubérance. Il me précède d'un fracas de bastringue dont sa voix nasillarde relie les sursauts.

« Cheminement défilé, dit-il. Défilé de quoi ? Des vues de l'ennemi ? Mais puisqu'on n'y voit rien !... Ough ! Attention, cher voisin, l'escalier n'est pas sûr... Des projectiles de l'ennemi ? Mais puisque le chemin que nous prenons d'ordinaire est un chemin creux ! *Creux*, je sais ce que je dis... Aough ! Approche ton épaule, fidèle Penny... Notre astuce est exactement comparable à celle... Bzim ! une balle... à celle d'un monsieur qui disposerait d'un boyau pour traverser une zone battue, et qui sortirait du boyau à seule fin de se défiler. Sap'rrr... »

Il a glissé. Sa gamelle, mal arrimée au faîte du sac, tombe, rebondit, sonne comme un gong.

« ... lipopette ! achève-t-il. Si je me baisse, je me casse la gueule... Fidèle Penny, ramasse ma gamelle. »

D'autres balles sifflent. Un à-coup bloque la colonne, la comprime de proche en proche. Elle repart et se distend, comme un ressort fatigué. Vers l'avant, quelqu'un crie... Un blessé ?

Nous descendons vers lui. On a dû le porter hors de la piste, le laisser là en attendant les brancardiers. Chaque pas nous rapproche de sa clameur chantante, joyeuse et comme triomphale. Quel étrange blessé !

« Où qu' t'es, vieux ? interroge Gaubert au passage.

— J' suis là.

— Où ?

— Là. »

On ne le voit pas, boulé dans quelque creux d'ombre.

« Qu'est-ce que t'as ? » demande-t-on.

Il s'exclame ; il nous tire à lui et de force nous impose sa joie :

« J'ai la patte cassée ! En glissant, tu parles !... Je l' croyais pas, j'osais pas l' croire... Ah ! dis tu parles ! »

Et nous l'entendons derrière nous, longtemps, aussi longtemps que passe la file muette du bataillon, qui sème à pleine voix, odieusement, la lassitude, la tristesse, et l'envie.

Il n'y a pas eu d'aurore, aujourd'hui. Un moment est venu où l'on a distingué, le long du talus glaiseux, les portes des gourbis sous les chétifs pruniers.

Ce n'est plus le froid clair de Calonne. Un ciel lourd de neige pèse sur les collines. Il s'éclaire lorsque voltigent les premiers flocons. On les regarde tournoyer comme une nuée de mouches grises : ils se posent, et tout de suite éblouissent.

Dans le champ coupé de feuillées, les hommes courent et jouent ; les boules de neige s'entrecroisent ; on aime qu'elles ne sifflent pas.

Porchon et moi jouons comme eux, longtemps. Même, nous nous attardons davantage, parce que notre abri est plus grand que les leurs et que le plein air nous est mieux qu'un refuge.

Nous rentrons, les mains rouges et brûlantes. Le capitaine Frick, dont les sapeurs creusent là-haut, va venir dîner ce soir ; et Figueras, encore, est le premier dans la cité.

Five o'clock tea. Nous recevons, chez nous : toute la 6e, et Frick, et Noiret. La renommée de notre popote gagne vers la crête ; nous en sommes fiers, comme le seraient des matrones bourgeoises.

Le fourneau ronfle et craque dans son coin. Au fond de leur case, les basanes rouge et verte des deux livres s'accotent l'une à l'autre, fraternelles. Le rondin central prend des tons de pipe culottée. Il y a moins de mouches au plafond.

Nous sommes là sept ou huit : trois capitaines sur des escabeaux, devant la table qui fut ronde et qu'on a sciée par le milieu ; quelques sous-lieutenants sur le matelas, le même matelas, plus vaste, plus mou, plus sale, et meilleur que jamais.

On cause. Quelqu'un dit :

« Paraît que le commandant du secteur s'est fait mal au genou, hier soir.

— Il s'est foutu par terre ?

— Ou tout comme. Il venait du village, à la nuit. Les Boches étaient nerveux...

— Ça, coupe un autre, tu peux le dire. Les Prussiens ont dû relever les Bavarois. Ils nous ont barbés toute la sainte journée.

— ... Et juste comme il arrivait au pont du Longeau, voilà qu'une mitrailleuse, ou une batterie de fusils, ou un guetteur...

— Enfin quoi, il s'est planqué ?

— Et raide ! A deux genoux au fond du fossé, le nez dans la neige... Une corvée qui passait l'a vu. »

On s'esclaffe. Mais le capitaine Frick, bourru :

« Et après ? Il montait à l'assaut, peut-être ? Qu'est-ce qui l'obligeait à chercher les balles ?... J'aurais fait comme lui, à sa place. »

Le conteur rougit un peu. Personne ne rit plus dans l'abri.

« Mon capitaine, demande Davril, Porchon prétend que vous aviez de la salade au dîner, hier soir... N'est-ce pas que ça n'est pas vrai ?

— Si c'est vrai, répondent ensemble le capitaine Prêtre et le capitaine Frick.

— Comment faites-vous ?

— Demandez-le à Figueras. Il est descendu dans les vergers, avec un pic...

— Un pic ? Pourquoi un pic ?

— Pour cueillir de la salade.

— Avec un pic ?

— De la salade gelée, oui ; sous la neige. Mais les feuilles reviennent très bien : on jurerait de la salade fraîche.

— Ah ! c'est épatant, dit Davril.

— Mon capitaine, signale Noiret, avez-vous remarqué, à la porte, le système de fermeture automatique ? Poulies et contrepoids : la lourde se boucle toute seule. »

Le capitaine Frick se lève, puis le capitaine Secousse. Ils font jouer le vantail, lèvent le nez vers les poulies, suivent du menton l'ascension et la descente du bloc de fonte.

« C'est épatant », disent-ils en revenant s'asseoir.

A cette seconde une explosion, craquante et dure, pousse la porte et couche la flamme de la bougie. L'un de nous a eu un sursaut, une grimace qu'il n'a pu réprimer. Il se lève, lampe son thé bouillant à grandes gorgées précipitées, et file sans demander son reste.

On se regarde. Les yeux brillent d'une gaîté railleuse. Alors Frick, de la même voix bourrue :

« Pourquoi riez-vous ? »

Et personne n'ose encore lui répondre.

Un pâle soleil rôde sur la neige. En avançant jusqu'au bout de l'oseraie, on aperçoit la Woëvre blanche dont les lointains, à peine, se glacent de bleu mauve.

« On va dire bonjour à Davril ? invite Porchon.

— Oui, mais pas dans sa cagna. Je marche pour une tournée de boyaux. Sinon, rien à faire.

— Qui est-ce qui te parle d'autre chose ? » dit Porchon.

En deux secondes, nous sommes prêts : le temps d'enfoncer nos képis et d'empoigner nos gourdins piqués dans un tas de neige, à la porte.

On s'insinue entre les toits des guitounes, par les gradins taillés dans le talus. On louvoie à travers un dédale de tranchées vides, étroites, profondes, aux parois poudrées de flocons : des canaux d'écoulement, creusés depuis notre dernier séjour. La neige craque. Le sol, par-dessous, est dur ; et nous jouissons de la surprise d'avancer d'un pas à chaque pas.

Le village d'en haut. On respire l'odeur des cuisines, fumée de bois vert et graillon.

« Bonjour, Davril. Bonjour, Moline. Bonjour, Le Mao.

— Inutile d'entrer, avertit Davril. On travaille dans le gourbi.

— Dis, vieux ?... Si tu voulais être gentil... »

D'un geste de la tête nous montrons, plus haut que les fumées traînantes sur les toits, quelque chose.

Davril a compris. Il exulte :

« Fameux ! D'accord ! C'est moi qui prends la tête, hein ? Je suis chez moi. »

Nous grimpons derrière lui. Il oblique à droite et dit :

« Boyau 7. Le meilleur. »

La pente s'adoucit, devient à peine sensible. Davril se baisse : on voit émerger au bord du plateau la cime des sapins de Combres ; et nous rapetissons à mesure qu'ils grandissent.

Le boyau. Il s'ouvre largement, dallé de blocs plats que la neige feutre. Nous marchons à grands pas allègres, sans glisser, les épaules à l'aise. Si nous baissons parfois la tête, aux tournants, notre geste est si rapide que nous l'oublions tout de suite, jusqu'à ce qu'apparaissent encore, haussant leur pointe par-dessus les éboulis blancs, les sapins.

« Attention ! » fait Davril, tout à coup.

L'échine pliée il se retourne et, de sa main vivement abaissée, nous fait signe de l'imiter.

« Quoi ?... On ne les voit pas, justement.

— Pas les sapins, souffle Davril ... le piton. »

Je me redresse, lentement, lentement ; et juste en face, entre deux mottes, la croix d'un cheval de frise s'inscrit sur le ciel.

« Hé ! Pas loin...

— Dame ! » sourit Davril.

Le boyau bifurque. A droite ce sont des mitrailleurs, dont les pièces flanquent le col et battent les pentes de Combres. Nous prenons à gauche. Et tout à coup la tranchée s'ouvre, spacieuse, droite, interminable.

Elle est peu peuplée, à cette heure. De loin en loin un guetteur, grimpé sur la banquette de tir, regarde par son créneau de bois. Il nous fait bonjour d'un signe de tête, comme un voisin.

Entre les guetteurs quelques hommes vont et viennent, tranquilles et les mains dans leurs poches. On n'entend rien que le choc de leurs pas contre le sol gelé. Pas un coup de canon ; pas un claquement de fusil : la tranchée, loin des villages de guitounes, qui grouillent et braillent, nous offre son silence, son calme, sa longue paix.

Nous la suivons, bavardant à mi-voix. Les hommes, lorsque nous passons, s'effacent : sans sac, sans musette, sans bidon, les plus gros même ont une sveltesse de danseurs. Nous les croisons sans presque les frôler, ni la terre du parados. Nos souliers, de temps en temps, lâchent de minces patins de neige où chaque clou marque son empreinte. Nos vareuses sont bleues comme si elles étaient neuves.

« La sape 7 », annonce Davril.

Cela s'enfonce vers la droite, en zigzaguant. A droite, à gauche ; à droite, à gauche... Tous les deux mètres, un coude brusque nous jette contre la paroi. Nous exagérons l'impulsion, feignons de tituber et comptons les détours. Sept ; huit ; neuf...

« Ouye ! »

Nous nous sommes accroupis brusquement, dévisagés par le piton. Il s'est haussé tout à coup par-dessus les bermes, énorme, écrasant ; et nous avons vu la tranchée ennemie se distendre comme une mâchoire, cariée de boucliers sombres.

« Hé ! dit Porchon. Bougrement près... »

Et de nouveau Davril sourit :

« Dame ! »

Cela zigzague encore, et s'enfonce, et s'engloutit. La terre pèse à nos flancs, sur nos épaules, sur nos têtes. De plus en plus haut une ligne de ciel recule et s'amincit ; on dirait que les murs de la sape se rapprochent au-dessus de nous, vont se rejoindre, se rejoignent, nous ensevelissent.

« Le poste d'écoute, annonce notre guide.

— Où ça ?

— Mais là ! »

Il n'y a personne. Il n'y a rien, que de la terre, une sorte de puits creusé dans la terre.

« C'est au tour de la 5e, dit Davril. Peut-être ne prennent-ils que la nuit... »

Mais un pas solitaire résonne derrière nous. Il approche, d'un tournant à l'autre ; et son bruit net, bien martelé, retentit loin dans l'air limpide.

« Ah ! par exemple ! »

Nous saluons Noiret, lorsqu'il paraît en tête de sape, d'exclamations joyeuses et ridicules.

« En voilà une surprise !

— Quelle bonne rencontre !

— Tas d'idiots ! coupe Noiret. Qui voulez-vous rencontrer ici, sinon moi, ou Frick, ou Floquart ?... C'est à moi de m'épater : qu'est-ce que vous fichez dans mon secteur ?

— On se balade.

— On zyeute... »

Sans savoir pourquoi, nous rions : la légèreté du jour, la lumière, la joie d'être jeune, chacun, et de nous sentir jeunes ensemble.

« Une belle sape, hein ! s'écrie Noiret. Voyez-moi si c'est dessiné, franc d'allures, costaud !... Mais je vous dis ça... Est-ce que vous êtes capables d'y piger quelque chose ? »

Nous nous précipitons sur lui, le bousculons, le renversons :

« Crâneur ! Plein de gueule ! Répète ! »

Il se relève et nous fait tête, sans képi, le lorgnon de travers. Nous l'empoignons aux jarrets, le soulevons comme pour le balancer hors de la sape, dans le bled... Et soudain, nous le sentons qui s'aplatit sur nos épaules, tandis qu'une balle, d'un coup rageur, vient poignarder la glaise dure.

Nous nous sommes regardés, un peu pâles.

« On est fou, dit Porchon. A combien, ceux d'en face ?

— Vingt-cinq, trente mètres », dit Noiret.

Ils tirent toujours, criblant de balles les bords de la tête de sape. Des cailloux sautent, parmi des flocons de neige poussiéreux qui, le temps d'un clin d'œil, ressuscitent.

« Ils nous barbent, à la fin ! »

Porchon, les mains en cornet devant sa bouche, clame à tue-tête vers le poste ennemi :

« Lâchez-nous ! C'est du gaspillage !... »

Sa voix monte, s'échappe vers la plaine blanche. Les coups de feu s'éteignent. Il y a une seconde d'immense silence, une seconde à peine. Et voici qu'une autre voix, venue des lignes allemandes, clame vers nous, gouapeuse et rauque :

« Tu t'dégonfles, hé Siméon ! »

Davril, d'indignation, devient écarlate. Il ouvre la bouche ; il va répondre... Non, pas encore.

« Je voudrais... nous dit-il. Qui est-ce qui connaît une injure boche, en vrai boche, en argot boche ?

— Pas été barman à Berlin...

— Engueule-le en français, va. »

Mais Davril tient à son idée. Il réfléchit, fouille désespérément les débris de ses souvenirs et lance enfin, de toute sa voix :

« Va donc, eh ! dummer Kerl ! »

Noiret se pâme, avec des mines de précieuse :

« Oh ! Cher ! Oh ! Dummer Kerl !... Bravvo ! Bravvo ! »

Tandis qu'il parle, la riposte du Boche déferle, écrase David à pleine hottée :

« Face moche ! Péquenot ! Figure de porc frais !

— Pas mal, pas mal », approuve Noiret.

Davril s'entête. Il exhume encore un « schafkopf » timide, un « schweinkopf » défaillant. On entend le Boche éclater de rire ; puis son coup de fusil claque ; et désormais, à toutes nos provocations, il n'a plus que cette brève réponse, trop claire, trop connue, banale.

« Au revoir ! crions-nous.

— Tsac ! répond la balle du mauser.

— Aux chiottes, Guillaume ! »

Et la balle, ricochant, miaule de travers et saute de rage.

Comme nous revenions à la tranchée, nous avons rencontré Hirsch, qui montait à notre rencontre.

« J'ai la section de droite, nous dit-il. Mes poilus m'ont prévenu que vous veniez de passer. Alors, s'pas... »

Un chandail blanc sous sa vareuse, la lèvre rasée, les joues fraîches, les yeux d'un bleu vif et limpide, il a l'air d'un grand gosse résolu ; il a l'air d'un homme si riche de jeunesse, si sainement robuste, si vivant, qu'on le sent plus fort que la guerre, n'importe ce qu'elle soit ou devienne.

« Vous descendiez ? nous demande-t-il.

— Tu vois. »

Il secoue la tête.

« Non et non ! Vous ne me laisserez pas tomber comme ça... Les Boches canardent, justement : on peut bien rigoler un peu. »

Il prend la tête, s'enfonce dans le boyau 6, nous engage dans la première place d'armes venue.

« En tirailleurs à cinq pas, ordonne-t-il. Commandement préparatoire : *pigeon*. Commandement d'exécution : *vole*... Voici le mouvement. »

En sourdine, il prononce un « pigeon » traînant ; et cependant se ramasse sur lui-même, comme pour bondir.

« Vole ! » souffle-t-il.

Et il bondit, jaillit jusqu'à mi-corps ainsi qu'un pantin d'une boîte, en poussant un cri sauvage.

« Rigodon ! »

Retombé sur place, il agite au-dessus de sa tête, de droite et de gauche, son képi au bout d'un bâton. Des balles hargneuses claquent tout autour. Et Hirsch, content, nous regarde avec une fierté modeste.

« Compris ?... Oui ?... Appuyez à droite. »

Jamais on n'a vu escouade plus docile. On prend ses intervalles avec une prestesse silencieuse.

« Pigeon... »

Le cœur bat un peu plus vite. On se sent vivre délicieusement.

« Vole ! »

Nous avons tous sauté, en braillant comme des Sioux. Une grêle de balles nous récompense. Et cinq gourdins, par-dessus le parapet, mènent une danse triomphale.

« Ouste ! On n'est pas là pour s'amuser. »

Hirsch se lance dans une course folle à travers le dédale des boyaux. Nous le suivons, courbés, en farandole de bossus. Une autre place d'armes.

« Halte !... Pigeon... vole ! »

Les balles ont crépité encore, trop tard.

Et Hirsch se précipite, nous entraîne d'un bout du secteur à l'autre. Et d'instant en instant nous bondissons, tantôt épars, tantôt groupés, mais chaque fois poussant les mêmes clameurs inhumaines, et chaque fois salués, à contretemps, d'une salve frénétique de mausers.

A la sortie du boyau 5, le vieux lieutenant Muller nous attendait. Il s'est fâché rouge :

« Hirsch, sale gosse, petite brute, je vais te botter le derrière... Enfin quoi ! Un képi dépasse pendant que vous cavalez ; un ici, un autre plus loin... Les Boches vous pistent du bout de leur flingue ; et qui est-ce qui se fait moucher ? »

Davril a saisi une main du père Muller, Noiret l'autre main ; notre farandole l'a roulé avec elle, Hirsch a commandé :

« Saute, Muller ! »

Et Muller a sauté.

Puis il a pris une couverture, l'a drapée autour d'un fusil, a coiffé le tout d'un képi ; et lentement, avec une dignité solennelle, il s'est mis à marcher en portant devant lui, comme une bannière de confrérie, cet épouvantail à moineaux.

Le képi dépassait un peu, oscillait doucement au rythme de la marche. Une première balle en a coupé la visière ; une seconde en a arraché un morceau de drap rouge ; une troisième l'a fait tomber. Alors Muller a brandi très haut la couverture flasque, et nous avons ri le plus fort que nous avons pu, pour être sûrs que les Boches entendraient.

Nous sommes redescendus aux cagnas sous le fracas d'un marmitage. Nous trottions dans les boyaux sans nous baisser aux tournants. Et nous criions à tort et à travers, pour rien, pour le plaisir de faire se retourner les camarades :

« Attention, le piton !

— Attention, les sapins !...

— Ils te visent... Ils t'enfilent... En avant, à la baïonnette ! »

Nous étions rouges, excités, la poitrine chaude d'ardeur belliqueuse. Il nous venait, à tous, le mépris de ce piton bonasse, de ces sapins lointains, de ces marmites prétentieuses qui gonflaient leur fracas pour nous épouvanter.

Lorsque nous sommes arrivés aux gourbis, un attroupement, au bout du village d'en haut, a tout de suite frappé nos yeux. Nous sommes allés voir : c'était un 150 qui venait d'éclater derrière un toit, bouleversant l'abri, ensevelissant un homme de la 5ᵉ.

L'homme vivait. Arc-bouté au sol des genoux et des coudes, il soutenait sans fléchir le poids énorme de rondins et de terre. Il nous a regardés lorsque nous sommes arrivés ; et il a dit à Hirsch, en souriant :

« Y en a pas loin d'trois quintaux, peut-être. »

Des travailleurs s'acharnaient, déblayaient avec fièvre.

« Ça va ; ça va », disait l'homme.

On distinguait mieux son visage barbu, au front étroit, au nez de bouc. Son corps se révélait peu à peu, ses bras enracinés comme des arbres, ses cuisses aplaties, plaquées par la charge contre ses jarrets, et le cintre puissant de son échine.

Il n'a pas attendu qu'on l'ait complètement dégagé. Il s'est dressé tout à coup, secouant les derniers rondins, dans un éboulement de pierrailles et de mottes. Il chancelait un peu. D'écarlate qu'il était, il est devenu très pâle. Puis il a avalé une large gorgée d'air, s'est passé la main sur le front ; et il a dit :

« Des gars comme nous, les Boches, on les emmerde. »

A la nuit, des « huiles » sont venues visiter le secteur. La vallée s'engourdissait dans une moiteur brumeuse, dans un silence épais et froid. Il y avait là le colonel commandant la brigade, deux officiers d'ordonnance, d'autres ombres anonymes, et le capitaine Périgois, adjoint à notre chef de corps. Le capitaine Prêtre a salué le groupe.

« C'est la compagnie de réserve, n'est-ce pas ?

— Oui, mon général.

— Pas d'incidents ?

— Non, mon général.

— En effet, en effet... Le secteur est très calme.

— Oui, mon général. »

Derrière mon dos, Porchon rognonnait avec bonne humeur :

« Toujours pareil. Comme un fait exprès... Plus un coup de flingue, même à gauche, dans le bois ; on ne verra pas une fusée ; on n'aura pas la quotidienne ration d'obus... Ma parole, c'est une trahison !

— Vise Périgois », lui ai-je répondu.

Nous avons admiré cordialement une silhouette velue, peaussue, matelassée, que surmontait un bonnet pointu.

« N'est-ce pas que j'ai l'air d'un Lapon ? » nous a dit, tout à coup, le capitaine Périgois.

Il nous avait entendus rire ; et, brave homme, il a expliqué :

« Ça n'est peut-être pas très militaire ; mais c'est réellement confortable. »

Toute la reconnaissance a grimpé plus haut. La nuit restait inerte, comme bouchée.

« Il va dégeler demain, ai-je dit. Un jour trop tard : nos maîtres s'en iront sans même se crotter les pieds. »

Debout sur le talus, entre deux quetschiers, nous suivions des yeux la petite troupe sombre. Nous n'entendions rien que son piétinement grêle et aussi, près de nous, au fond d'une guitoune, la voix étouffée d'un homme qui chantait.

« Attends un peu ! a dit Porchon. La prochaine fois qu'on nous défend de tirer en ligne, je commande un feu à répétition, et je suis sûr de descendre un général boche. »

⁂

Le lendemain, c'est Mont-sous-les-Côtes. Il dégèle. Le capitaine Prêtre, qui a la phobie des routes, nous a fait passer à travers champs, au pied du Montgirmont et des Hures. On s'enlise dans des terres lourdes qui nous chaussent de bottes gluantes. On arrive fourbu, les oreilles et le nez gelés, les joues picotées par la sueur. Le bas du village est un lac où l'on patauge parmi les fourragères, les voitures de compagnie et les croupes de chevaux.

Chez les Aubry, tout le monde dort. La maison nous apparaît, muette et les volets joints, dans le petit jour fumeux. Nous y entrons comme si nous la prenions d'assaut, tapant du talon sur les dalles du couloir et claironnant la diane à pleine voix.

Le garde a déjà sauté du lit et passé son pantalon. Mme Aubry, de sous les couvertures, sort une main pâle qu'elle nous tend.

« Oh ! m*é*on Dieu ! » chantonne-t-elle.

Et dans la chambre voisine, dans « notre » chambre, derrière la porte, on entend Mlle Thérèse qui s'habille.

Ce sont nos trois jours, les trois jours qui nous sont dus : la grande table, la lampe, et nos places retrouvées.

Et chacun se retrouve lui-même. Le capitaine Secousse promène son cafard au gré de ses longues jambes : la vieille Farcy, notre ancienne mégère, l'a mis coucher dans le fournil, sous un grenier, « et les hommes lui pissent sur la tête ». Quelquefois le capitaine Secousse sourit, d'un sourire gai, charmant, qui semble une espèce de miracle. Et pourtant ce sourire lui ressemble. Lorsqu'on l'a vu, et qu'on revoit ce dos qui se voûte, ces yeux gris embués de tristesse, on comprend la guerre *autrement ;* on la hait, peut-être, davantage.

Le capitaine Prêtre feint d'oublier l'heure des repas. Il arrive en coup de vent, le front raviné de soucis, et s'excuse vite, de l'air d'un homme qui porte dans son crâne les destinées d'un peuple. Un aumônier l'accompagne, sec, grisonnant et barbu.

Davril, chaque tantôt, retourne à Verdun.

Et nos trois jours ne nous trahissent point.

Malgré le ciel éteint, malgré la boue, malgré la cave voûtée où j'ai vu surgir, un soir que des 105 égarés tombaient sur la Woëvre, le visage terrifié de la vieille Gueusquin ; malgré l'effroyable « mousseux » que nous avons bu à la victoire de nos alliés russes ; malgré l'apparition, à la clarté de notre lampe, d'un camarade blessé qui revenait se battre avec sa joue crevée d'une cicatrice ; malgré leur pauvreté et leur monotonie, ils sont pourtant bien *nos* trois jours, les jours de Mont, la halte où l'on se repose, la grange chaude, le lit près de la porte vitrée, et la bougie qui brûle, à l'angle de la haute commode, dans un chandelier très lourd.

Et puis l'on s'en va, une nuit qu'il pleut. Les courroies du harnais retombent aux ornières de nos corps. C'est une pluie longue et molle, qui frôle comme des ténèbres.

On marche longtemps. On passe les Trois-Jurés, la masure du cantonnier, la Calonne droite, le carrefour. On marche encore. Les ténèbres s'effilochent ; maintenant qu'on la voit, la pluie cingle.

Et dans un marécage, à la lisière des bois, une troupe d'hommes blêmes et fangeux, collés à la glèbe, offre à l'aube diluvienne du quatrième jour la résignation de ses cent visages.

VI

UTILE DULCI...

29 novembre-5 décembre.

Ces bois s'appellent les *Taillis de Sauls*. Nous avons découvert cela par hasard, à la lueur d'une chandelle, sur nos cartes d'état-major. Mais dès qu'il a fait clair, nous avons reconnu la lande aux sapins rabougris, la route de Mouilly aux Eparges et la côte de Senoux.

La lande que traversait une nuit, sur son haut cheval au trot silencieux, l'artilleur-fantôme à la recherche des brancardiers ; la côte de Senoux, par-dessus laquelle se balançaient les deux saucisses ; le bois où fumaient les feux des cuistots du 6-7 ; la route où nous battions la semelle, un aigre lendemain de bataille, voilà déjà deux mois passés.

Deux mois... Quand bien même moins ! Ne savons-nous pas depuis toujours, rôdant aux bornes de notre univers, à quelles places nous reviendrons buter ?

« Dites donc ! » appelle le capitaine Prêtre.

Debout au seuil de l'abri où tinte le pic de Martin le mineur, c'est bien moi qu'il regarde ; c'est à moi qu'il fait signe et sourit avec aménité.

« Qu'est-ce que ça vous dirait d'aller faire un tour à Sommedieue ? »

J'essaie de comprendre. Sommedieue ?... C'est loin, Sommedieue. Il faut d'abord remonter la Calonne, vers le nord-ouest et Verdun. Plus loin que les Trois-Jurés ? Oui, jusqu'à la route d'Haudiomont. Et puis tourner à gauche, par une route inconnue qui s'enfonce dans la forêt, vers la Meuse là-bas, vers l'arrière.

« Ce que ça me dirait d'aller faire un tour à Sommedieue ?

— Eh bien ! oui !

— Mais... quand cela ?

— Décidément, s'étonne Prêtre, vous n'y êtes pas, mon pauvre ami ! Maintenant, tout de suite, à la seconde !... Au revoir, n'est-ce pas ? Et à ce soir, avant la nuit. »

Mes jambes ont compris avant moi. Il y a longtemps qu'elles trottent dans le layon lorsque je « réalise » enfin. Je vais à Sommedieue, tout seul, libre de mes pas et de mon temps, jusqu'à la nuit : cela fait sept heures de liberté.

Brusques, brillants et chauds, des souvenirs se mettent à flamber.

Le 30 septembre, nous étions dans le vallon d'Amblonville. Presle, en courant, a descendu la colline : on m'appelait au bureau de l'officier-payeur, à Rupt, où je devais me rendre « isolément ». Et j'ai flâné sur la route, promeneur tranquille, promeneur délivré des hommes, heureux du ciel très bleu, du soleil sans ardeur, de la huppe goguenarde qui coiffait de travers les alouettes voletantes sous mes pas...

Quelques jours plus tard, le 2 octobre, j'étais détaché à Mouilly comme major de cantonnement. « Détaché », libre encore et pour la seconde fois. Entre toutes les maisons de tous les villages meusiens où restent encloses des heures de ma vie, je me rappelle cette maison-là, pareille aux autres par la hotte immense de sa cheminée, par le drap sordide qui bouchait la fenêtre et que poussait du dehors, avec une molle lourdeur, la pulsation profonde du canon ; pareille à toutes, et pourtant la seule... Pannechon, le long tube de fer aux lèvres, les joues gonflées jusqu'au crâne, soufflait sur les bourrées craquetantes. Viollet, à la pointe d'un couteau, retirait des cendres des oignons qui fumaient. J'écrivais, assis devant la table ronde, parmi les choses baignées de crépuscule : et ma pipe, ce soir-là, avait une saveur pénétrante et douce, une étrange saveur qui m'émouvait comme une présence.

Une autre fois, la dernière, j'ai revu la maison de Mouilly. Un obus tombé devant elle avait arraché un morceau de route et criblé le mur de blessures blanches. Il y avait deux chevaux dans la grange et, dans la salle, deux chasseurs. L'un des chasseurs est parti, porteur d'un pli pour la Calonne. J'ai bavardé longtemps avec l'autre. Et cet homme, d'une voix naturelle, m'a raconté d'étonnantes choses. Ses houseaux brillaient, il avait des joues vermeilles, un calot de drap fin posé sur ses cheveux blonds. Il me parlait d'une « ville » mystérieuse qu'il avait quittée le matin, qu'il allait retrouver le soir, avec son bureau de tabac, ses débits, ses épiceries, ses deux coiffeurs, et les mille civils qui l'habitaient : Sommedieue...

Le layon, brusquement, bute contre la Calonne. Je patauge dans les ornières pleines d'eau et, d'un saut, conquiers la chaussée.

C'est une journée de lumière froide et pâle. L'air fouette les muscles et accélère la marche. Je dépasse le peloton de Verdun : et c'est comme une chaîne qui tombe ; la cabane des Trois-Jurés : et les derniers maillons éclatent, s'éparpillent.

Au bord de la route s'entrevoient des tubes de 155, obliques et noirs à travers les branches, des mortiers ventrus aflalés au ras des feuilles mortes ; plus loin des tentes, de grandes tentes monumentales à double paroi de toile. Une tiédeur rayonne d'elles, égale et comme domestique. Mais, fort de cette journée promise, j'ai presque pitié des soldats épars autour des tentes, qui fument leur pipe avec l'air d'être chez eux, ou lisent leur journal, ou font leur toilette du matin : je les abandonne entre le front et moi. Je vais à Sommedieue.

Une voiture m'a rattrapé, galopante, m'a cueilli au passage sans presque s'arrêter, tout de suite relancée en pleine vitesse, dans un fracas de ferrailles, de sabots et de roues. A l'attelage, deux carcans noirs ; dans la voiture, deux conducteurs, l'un debout, l'autre assis. Nous causons :

« Encore combien, d'ici Sommedieue ?

— Cinq kilomètres à peu près.

— Vous allez prendre un chargement là-bas ?

— Au contraire. On va laisser ça qu'on emporte.

— Ça quoi ? »

Le fond de la voiture est vide. Il n'y a, sur le plancher nu, que quelques brins de paille et des miettes de boue sèche.

« Ça, mon lieutenant », répète l'homme qui est assis.

Entre ses jambes écartées, il me montre son siège du bout du doigt, une cantine neuve, encore brillante de vernis. Une voiture, deux chevaux, deux conducteurs : mais la cantine « fait fonctions » de général.

C'est une belle route, qui tourne largement au-dessus d'un ravin boisé. Une pancarte blanche, clouée au tronc d'un hêtre, me jette aux yeux, soudain, sa déconcertante sollicitude :

DANGER DE MORT

EXERCICES... TIR...

Je n'ai pas pu tout déchiffrer : trop brusque, le dépaysement me suffoque. Presque aussitôt la route sort des bois, longe un bout de pré qu'oblitère une piste ronde, franchit un gros ruisseau bouillonnant et s'engouffre dans une rue bordée de près par des maisons, avec de vrais trottoirs, des bornes-fontaines de loin en loin, et des seuils vierges de fumier.

J'ai sauté de voiture et dit adieu aux conducteurs. Sous mes semelles gicle une boue liquide et glacée, toute pareille à celle de Mont. Il n'y a personne dans la rue, qu'un infirmier à figure maigre, marchant vers moi d'une allure pressée. Il tourne dans une autre rue. Je suis cet homme qui sait où il va.

Nous ne sommes plus seuls. Des artilleurs émergent des corridors, débouchent des rues voisines, s'abordent et vont de compagnie, là même où je vais, sans savoir. Nous grimpons un escalier de pierre, poussons une porte d'un geste familier et disons, en entrant :

« Salut ! »

Tout autour de l'échoppe, ils sont assis, bien sages, attendant leur tour. Les murs sont nus, la pièce obscure. La seule lumière coule de la porte vitrée, frôlant une glace ternie qui n'en reflète rien. Et devant cette glace, un vieillard gras, chaussé de savates, calamistre un éphèbe blond, déjà rasé, poudré, trop poudré, les joues d'un blanc violâtre et malsain.

« Et avec ça ? » demande le vieillard.

Une voix répond, venant d'un coin sombre :

« Un massage facial pour finir, et Mademoiselle aura seize ans. »

L'éphèbe hausse les épaules, dédaigneux :

« Un coup de brosse ici, dit-il au coiffeur. Il y a une mèche qui décolle. »

Mais une autre voix grogne, pâteuse, violente :

« Ah ! non, dis, passe la main ! La jambe me fait mal depuis l' temps qu'i' m' la tient, c' beau gosse ! »

Cette fois le jeune homme blond rougit sous sa couche de plâtre :

« Qu'est-ce que vous dites ?... Qu'est-ce que vous avez dit ? »

Une chaise racle le plancher qui gémit sous un pas lourd. La pénombre bouge, s'entrouvre, laisse surgir un colosse en corps de chemise, le cou nu, les bras nus, les yeux troubles et la bouche frémissante :

« J' dis... Et j' dis qu'on en a son plein ! Tu vas calter, ou j' vas t' sortir ! »

L'autre se cabre, raidi sous les plis du peignoir :

« Prenez garde à vos paroles... Je suis gradé, maréchal des logis... »

Le grand corps cherche son équilibre pour un dérisoire garde-à-vous. D'un geste tâtonnant, qui veut railler, le canonnier lève vers son front une énorme patte velue :

« E...excusez... Ça s' voit pas sous ton linge. »

Et soudain, magnanime :

« Donne ta pogne, va ; sans rancune. »

Il titube, la main offerte, avec un ricanement béat.

« Serre-la-moi, j' suis un honnête homme... Tu veux pas ?... Pourquoi qu' tu veux pas ?... Qu'est-ce que tu dis ?... Que j' fusille les mouches à vingt pas ?... Ah ! m'excite pas, tu sais ? M'excite pas ! »

Il a fait deux pas en arrière, frémissant d'une fureur soudaine. Et tout à coup, plongeant dans l'ombre, il empoigne une chaise au dossier, la brandit au-dessus de sa tête, d'un seul bras terrible : « Gare là-dedans ! »

Tous se précipitent, l'entourent, le désarment.

« Laissez donc... Un homme saoul », murmure le logis.

Il dépouille son peignoir, compte de la monnaie. Ses doigts tremblent. Derrière un rempart de corps, la voix de l'artilleur larmoie, douce et désespérée :

« I' m'a méprisé, méprisé ! Qu'est-ce que j' lui ai fait ? Qu'est-ce que j'ai jamais fait à personne ? On peut s' renseigner dans mon patelin : Corrombles, Côte-d'Or... Ils m'ont d'mandé aux élections, pour leur liste du Conseil. Si j'en suis pas, c'est qu' j'ai pas voulu...

— Mais oui ! Mais oui ! » font les autres, conciliants.

Le sous-officier se coiffe avec une lenteur affectée, lisse ses cheveux sous le bord du képi, semble hésiter :

« Il a d'la veine que je n' sois pas vache, confie-t-il au patron.

— Ah ! soupire le vieil homme, dire que tous les matins c'est pareil ! Il faut qu'il m'en arrive au moins un dans cet état... Ça ne devrait pourtant pas être permis, de tomber ivre avant midi. »

J'ai perdu dans la boutique morose, aux murs suintants, presque toute la matinée. Sans joie, j'ai laissé tripoter mes joues par des doigts plus tièdes et poisseux que les doigts mêmes de Lardin. Lorsque je suis sorti, il bruinait. J'ai regagné la rue principale et marché droit devant moi. A ma gauche, les maisons semblaient glisser à reculons, doucement, au long d'une pente fumeuse de brouillard. De l'autre côté elles surplombaient la chaussée, juchées sur un terre-plein maçonné dont les pierres verdies ruisselaient. C'est par là que l'église m'est apparue tout à coup, au faîte d'une place bossue où ne passait personne ; une église trop neuve encore, sans passé, sans caractère, indifférente. Un peu plus loin, devant une porte à croix rouge, un groupe de docteurs bavardaient. La bruine s'effaçait ; il traînait dans l'air une espèce de clarté vague qui ressemblait à du soleil. Comme je passais, un des docteurs a dit :

« Le type du 106 n'ira pas à ce soir. Il ne braille plus : on le trouvera claqué en revenant de la popote. »

Tout à coup, il s'est dressé, a murmuré quelque chose en heurtant du coude un camarade ; et tous ces hommes se sont retournés, d'un même mouvement. J'ai suivi leur regard et j'ai vu, à une dizaine de pas, une femme qui traversait la rue. Elle était brune et mince, vêtue d'un peignoir rose qu'elle troussait jusqu'à ses genoux, à cause de la boue peut-être. Elle allait très doucement, d'une allure minaudière, chaussée de sabots pour rire qui lâchaient ses talons à chaque pas. Elle tenait ses yeux baissés, ne montrant que son fin profil dédaigneux et fardé, sa bouche saignante, ses cils pleins d'ombre. Mais elle serrait très fort sur ses hanches l'étoffe de son peignoir, la plaquait contre sa chair mouvante, qu'on voyait vivre, qu'on voyait et touchait des yeux, chaude, ferme et jeune, et qu'elle livrait toute en passant à cette troupe d'hommes qui était là.

Elle disparut sous le cintre d'une porte. Au bout d'un long instant un des médecins parla. Alors seulement je sentis le poids du silence qui venait d'appuyer sur nous.

« Ah ! là là ! disait-il. Pas la peine de tant installer lorsqu'on couche avec tout le... e ! Qu'est-ce qu'on attend pour la foutre en carte ! »

Il respirait largement, soulagé. C'était un homme d'une quarantaine d'années, voûté, qui avait une longue figure triste. Il regardait toujours la porte par où la femme avait disparu ; ses yeux brillaient encore d'un éclat sec et cruel, qui tardait à s'éteindre.

« Il paraît, reprit-il, que le type du moment est un logis artificier, un souteneur de la Goutte d'Or, tout rasé, avec une bobine de tapette... On devrait surveiller ça, nom de Dieu ! »

Les toubibs s'en sont allés, sous la pluie qui recommençait à tomber. J'ai continué à marcher devant moi, traînant mes semelles dans les flaques. Je regrettais d'avoir mal regardé, tout à l'heure, le sous-officier glabre, aux joues blanchies de poudre. J'avais l'absurde conviction que « le type du moment » dont parlait le major, c'était lui. Il avait raison, le major : on devrait surveiller ça... Doucement, je suis passé devant la porte qu'elle avait refermée : il m'a semblé que rôdaient alentour les haillons d'un parfum banal, attristant, comme une voix soumise, près d'une caserne, un dimanche soir.

Dans une grande salle d'auberge, déserte et froide, j'ai accueilli d'une âme désabusée la vieille femme qui venait me servir. Une âme citadine ; une âme à claques. Il y avait, entre les dents de ma fourchette, des traces de jaune d'œuf : j'ai rappelé la vieille pour lui demander une fourchette propre.

J'étais seul, parmi des tables à toile cirée acajou. Derrière la fenêtre, des ombres passaient parfois, sans couleur, sans forme, silencieuses. Un vacarme de friture venait de la cuisine, couvrait tous les bruits de la rue, les heurts des pas sur le trottoir ; la fenêtre à rideaux salis s'ouvrait sur une brume pâle où ne glissaient plus, fugitives, que des espèces de fumées. J'étais seul devant mon assiette, où se desséchait une saucisse brûlée parmi des haricots plus larges que des fèves. Je les portais à ma bouche, un à un ; ils me bouchaient la gorge à tour de rôle et je les avalais avec un désespoir courageux.

Enfin la porte de la rue a tourné. La friture, moins rageuse, ne crépitait plus que par sursauts ; j'entendais, près du seuil, un raclement de semelles qu'on décrotte : un sapeur à longue tunique est entré dans la salle.

C'était un très jeune homme aux joues rondes, un duvet noir tout neuf sur la lèvre. Il s'est assis à une table voisine de la mienne, la vieille servante a posé devant lui une autre saucisse brûlée parmi de larges haricots.

Dans la grande salle de l'*Hôtel des Voyageurs*, nous étions deux, qui déjeunions. Le sapeur, à la dérobée, me regardait ; et je regardais le sapeur. Il avait, brodé sur sa manche, un ballon rouge dont la soie brillait.

Il n'a pas pu y tenir : il m'a parlé de son ballon, le vrai, celui dont je devais avoir vu la piste ronde en arrivant au bourg, contre le mur du « château », dans un pré. « Fichue place ! Infestée de souris qui rongeaient les cordages, devant lesquelles, pour la seconde fois, il allait falloir déménager !... Et quel tintouin, ces déménagements ! Sans compter que les souris suivraient peut-être, comme elles l'avaient déjà fait... Pas un filon, d'être aérostier ! »

J'écoutais le sapeur, qui me parlait de sa guerre. Il était à quelques pas de moi, rose et gentil dans sa longue tunique, avec ce ballon de soie éclatante brodé sur la manche sombre. Je ne m'ennuyais plus, sans conscience du temps qui passait, ni de moi-même qui étais là. De très haut, de très loin, je voyais une salle d'auberge où déjeunait un aérostier. Et les tables alignées, les chaises, le convive, tout cela m'apparaissait avec une netteté rigoureuse, mais diminué, tout petit, comme au bout d'une longue-vue retournée.

J'ai pensé à Porchon tout à coup. Il était debout près de moi, barbu, réel, avec sa taille d'homme ordinaire.

« Qu'est-ce que tu regardes ? » me disait-il.

Je lui montrais la salle d'auberge avec une vanité d'impresario, savourant par avance le plaisir que j'allais lui donner, à dévoiler pour lui cet étonnant spectacle.

Mais je l'entendais me répondre : « Ça n'est jamais qu'un type qui déjeune... Viens dehors : on va retourner aux gourbis. »

Je sortais, recommençais ma promenade sans but, retraversais la place, suivais la rue aux bornes-fontaines, et me retrouvais bientôt devant la Dieue bouillonnante, la longue route vide devant moi. Alors seulement je la reconnaissais : c'était celle même par où j'étais entré, quelques heures plus tôt, dans Sommedieue.

Ma montre marquait deux heures. Le ciel s'éclairait d'une grande déchirure pâle. La lumière, glissant entre les fûts des hêtres, ranimait à leurs pieds de chaudes rousseurs d'automne. Je continuais d'avancer, libre de mon plaisir encore, et de mes pas.

Il n'y avait personne sur la route. J'ai marché longtemps sans penser à rien, n'éprouvant que la joie de marcher parmi les arbres. Et voici qu'à un tournant, très loin, une troupe d'hommes apparut, s'allongea, ondula à ma rencontre. Son allure était lasse, presque accablée : ce devait être une troupe de vieux territoriaux, une compagnie de travailleurs qui rentrait au cantonnement, une fois achevée la besogne du jour.

J'approchais, étonné de ne point reconnaître les silhouettes épaisses et frustes, le profil des outils jetés sur les épaules. Les corps de ces hommes m'apparaissaient fluets, à peine virils. Et quand, plus près encore, je pus distinguer les visages, je m'aperçus que c'étaient des visages d'enfants, de chairs rondes, mais lasses et meurtries, comme salies d'une excessive fatigue. Un officier marchait à leur tête. Il me reconnut, s'exclama :

« Toi ici !... Tu as déserté, ou quoi ? »

C'était le grand Sève, de la 1re. Arrêté, les bras ouverts, il maintenait le troupeau fourbu dont les rangs refluaient mollement dans le bruit des chaussures traînées. Je lui demandai :

« Classe 14 ?

— Tu vois », me dit-il.

Et plus bas, avec une moue :

« C'est plein de bonne volonté, ça veut bien faire... Mais ça ne tient pas, ça se vanne tout de suite... Trop jeunes ; réellement trop. »

Et c'était vrai. Une surprise pénible me tenait au bord de la chaussée, immobile, tandis qu'ils défilaient, derrière Sève. Leurs capotes trop larges glissaient à leurs épaules. Le sac haut monté leur écrasait la nuque : ils tendaient le cou et regardaient la route fixement, les uns pâles et les yeux creux, d'autres trop rouges, et de grosses gouttes de sueur aux tempes malgré le froid que le soir avivait.

Quelques sous-officiers marchaient au flanc de la colonne. Et de ceux-là je reconnaissais les visages hâlés, les pommettes sèches, d'allure tranquille et longue. Ceux-là se ressemblaient entre eux. Je les avais quittés le matin, j'allais les retrouver tout à l'heure. Depuis des mois, ils étaient les seuls hommes avec qui j'eusse vécu, hommes de toutes classes, de toutes provinces, chacun lui-même parmi les autres, mais tous guerriers sous leurs vieilles défroques aux plaques d'usure identiques, sous le harnais de cuirs ternes, sous la visière avachie des képis, — des guerriers fraternels par l'habitude de souffrir et de résister dans leur chair, par quelque chose de courageux et de résigné qui les « incorporait » mieux encore que la misère de leur uniforme.

Tandis que les autres ! Tous ces jeunes qui passaient, rang par rang, à n'en plus finir ! Calicots, comptables, maraîchers des banlieues, vignerons champenois, ils étaient bruns ou blonds comme on l'était naguère, laids quelques-uns, d'autres sales, d'autres restés jolis et se souvenant de l'être. Quatre par quatre ils se suivaient, apparus brusquement, disparus. J'aurais voulu tourner la tête, les mêler tous en un regard, les voir soldats *comme cela devrait être,* et secouer ainsi le douloureux malaise qui me tenait cloué sur le bord de cette route, m'obligeait à les voir les uns après les autres, à les compter malgré moi, quatre, et puis quatre, et puis quatre... jusqu'à quand ?

Voici qu'ils étaient là, de partout arrachés, mis en tas. On retrouvait sur eux, encore, des lambeaux de ce qu'avait été leur vie. « Mais nous ? me disais-je. Mais nous ? »... Ah ! nous, ce n'était pas la même chose. Le 2 août, le délire énorme, la rafale de folie tournoyant sur l'Europe entière, les trains hurlants, les mouchoirs frénétiques... En vérité, ce n'était pas la même chose.

Ceux-ci maintenant, après nous, bientôt comme nous, perdus... Et c'étaient des nôtres qui étaient allés vers eux, pour les « instruire », pour les mieux prendre...

Je m'étais retourné. Là-bas, en tête de la troupe, la dominant de sa longue taille, Sève allait, indifférent, en balançant les épaules. J'avais envie de courir vers lui, de le rappeler : « Reviens avec moi, Sève ; rentre avec moi... Ce n'est pas bien, ce que tu fais là. »

Quatre ; et puis quatre... Ils défilaient toujours. Il devait y en avoir tout un bataillon. Derrière moi, au fond de la forêt, des coups de canon se boursouflaient lourdement : ils les entendaient de la tête aux pieds ; je les entendais à cause d'eux.

C'était loin, encore loin. Mais ne savaient-ils pas qu'ils en étaient à la dernière halte, qu'on ne les lâcherait plus puisqu'on les avait pris, qu'il allait falloir avancer vers cela qu'on entendait, achever la dernière étape, être arrivés ?

Et je me demandais avec un affreux serrement de cœur, en regardant cette foule harassée, ces reins ployés, ces fronts inclinés vers la terre, lesquels de ces enfants habillés en soldats portaient déjà, ce soir, leur cadavre sur leur dos.

Un vertige m'empoigna devant la chaussée vide. L'interminable file avait passé : son piétinement s'éloignait, mourant. Je repartis d'une allure plus lente, les membres alourdis de tristesse. Le froid devenait humide, des nuées en loques s'étiraient d'ouest en est, grises sur un fond de ciel blanchâtre. Je marchais sur l'accotement, dans l'herbe morte ; mes pas ne faisaient aucun bruit.

J'avais dit « pauvres gosses ! » Et maintenant je songeais à moi-même, à ma condamnation possible, à ma mort. « Regarde bien, peut-être verras-tu ton cadavre... L'as-tu jamais osé ? Ose, ce soir ; et ne triche pas, si tu en as le courage »... Je marchais. Un air âpre et bourru m'entrait au fond des poumons... Je haussai les épaules : « Imbécile ! Qu'est-ce que tu veux apprendre que tu ne saches déjà ? Laisse ce jeu de malade. Voici qu'il est plus de trois heures. »

Et je retrouvais la Calonne, les tentes des artilleurs, les longs tubes noirs des 155, les mortiers louches qui s'endormaient. Un à un se renouaient les maillons de la chaîne ; je leur tendais mes deux poignets, docilement.

Le peloton de Verdun, les guitounes, une lueur de flammes au fond d'un trou ; et puis le layon, des appels sonores, les chocs d'une cognée au cœur d'un hêtre, Porchon qui accourt... C'est fini.

***

Il a plu hier, tout le jour. Cela a commencé un peu avant midi, pendant que Porchon était à Sommedieue. La pluie tombait avec une abondance tranquille, à grosses gouttes confondues qui ne flagellaient point la terre et tout de suite s'épanchaient en flaques.

Au fond de l'abri, le sous-lieutenant Ponchel fabriquait une table, avec un tiroir de commode et quatre pieux équarris à la serpe. Pas un inconnu pour nous, ce Ponchel : sergent à la 6e, sur le front depuis septembre, il venait d'être promu en même temps que l'adjudant Moline et affecté à notre compagnie. Je l'avais trouvé à mon retour de Sommedieue, qui abattait un arbre à la lisière du bois. Grand, brun, haut sur jambes, un peu ventru, il m'avait dit bonsoir en me tendant la main, dont l'étreinte était sèche et robuste.

« Pas de pointes, disait-il ; pas de marteau... Alors on va tâcher de faire un assemblage, un bath assemblage en queue d'aronde. »

Il crayonnait sur son tiroir et ses piquets, sortait de sa poche un couteau monumental, nous en exhibait fièrement les outils innombrables, les lames, le poinçon, l'alène, la vrille, le tournevis, l' « ouvre-singe » et les scies, deux scies aux dents effilées dont il choisissait la plus mordante, la mieux « en voix », et s'en escrimait aux angles de ses piquets, dans les recoins de son tiroir.

Jusqu'aux flammes des bougies, nous entendions chanter la scie de Ponchel. Lorsqu'elle se taisait, par hasard, l'immense ondée tissait au-dessus de nous son réseau frémissant. Et la scie reprenait son chant rauque.

Vers la nuit gonflée comme une eau noire, je montais, Viollet derrière moi. Blafarde, d'un seul bloc, la lueur de ma lampe électrique tombait sur notre toit de boue : des rigoles pressées glissaient sur la pente ; elles semblaient clignoter, éblouies ; elles filaient d'une allure zigzaguante, sous le poids du faisceau lumineux, et soudain, tête dardée comme celle d'un lézard, se réfugiaient au gouffre de la nuit. La pelle de Viollet les y atteignait, claquant à plat, d'une gifle énorme. De haut en bas elle lissait la pente de son large dos, y faisait briller un astre rond, poli et plein, qui voyageait à chaque mouvement de mon poignet.

« Là ! disait Viollet. Ça chassera bien la flotte jusqu'à d'main... Et demain, si ça coule dedans, c'est les autres qui prendront, pas vrai ? »

Ils prendront, car la pluie tombe toujours. Depuis que nous avons quitté la lande, elle nous ruisselle sur les épaules. A nos pieds, dans les fondrières du chemin qui dévale vers les Eparges, nous entendons rouler un torrent invisible. En bas, près des vergers, le bataillon fend de sa proue un lac ténébreux et sonore où les chaussures battent comme des rames. De loin en loin, sous nos semelles, des pontons de planches tremblotent. Des écharpes de pluie se roulent à nos genoux, traînent sur nos visages leur effleurement glacé.

« Broom ! tousse Porchon. Il y a aujourd'hui cent neuf ans, c'était la victoire d'Austerlitz... Austerlitz... le soleil... »

La boue clappe. Des chutes résonnent. Enfin nous atteignons le talus des quetschiers, les abris de la réserve. Tout cela pue, d'une puanteur fermentée et moisie. A gauche du boyau, sous l'auvent de la « cuisine », Figueras et Pannechon bousculent un cuistot attardé :

« Allez ! Allez ! Déballe ! »

L'autre se hâte d'autant moins, sort sa blague, commence à bourrer sa pipe. A la lueur d'une bougie, qui pend du toit, serrée dans la spirale d'un fil de fer, je l'aperçois, moustachu de jaune, sans lèvres et les yeux plats, comme écrasés d'un coup de pouce.

« T'es prévenu, grogne Figueras. J'installe mon matériel : si j'en trouve du tien qui m' gêne, tant pis pour toi, j' le balance à la rue.

— Bon ! fait l'autre. A qui qu'elle est, c'te bougie-là ? »

Il la souffle ; et, dans l'ombre :

« Elle est à moi, c'te bougie-là. »

A l'instant, c'est un tumulte de bagarre, une dégringolade de bouthéons et d'assiettes. Le capitaine Prêtre s'élance :

« Eh bien ! Eh bien ! Qu'est-ce que c'est ? »

Il braque sa lampe, accroche au bout du rayon le visage du cuistot :

« D'où sort-il, cet homme-là ?... Voulez-vous me ficher le camp ! »

Pannechon et Figueras allument une autre bougie.

« A la rue ! A la rue ! » répètent-ils doucement.

Pendant ce temps l'homme entasse dans un sac, pêle-mêle, des bouteilles vides, un traversin, des pommes de terre, une liasse de journaux, tout un bric-à-brac innommable qu'il charge sur ses épaules, d'un élan.

Il s'en va, frôle le capitaine et bougonne :

« C'est malheureux ! Au vingtième sièque !

— Bougre ! dit Figueras. On n'était pas plus cochon avant.

— Une truie, dit Pannechon, une truie n'y retrouverait pas ses enfants. Quel engrais ! »

Du bout du pied, ils poussent dehors des trognons de salade, des épluchures, des débris de viande, des os.

Porchon, qui sort de notre abri, fait chorus :

« Impossible de rester là-dedans ! C'est à en tomber asphyxié. »

Et, dans le petit jour qui commence à naître, des hommes approchent et nous abordent :

« Mon capitaine, c'est la guitoune qu'est plein d' fumier. Y a pas moyen d'y t'nir ; faudrait d' la paille fraîche.

— V'nez voir, mon lieutenant ; v'nez voir comment qu'ils ont salopé la crèche, les bon'hommes du 1er bâton. »

Un autre encore se précipite, indigné, bégayant :

« Oh ! mon capitaine ! C'est la source... Une feuillée, mon capitaine... A même la source, les choléras ! »

Nous ne le croirions pas si nous n'y allions voir nous-mêmes. Le capitaine Prêtre en est pâle. Quelques hommes, avec des pelles, avec un vieux seau, essaient d'écoper ces ordures. Mais l'un d'eux s'arrête tout à coup, accroupi au-dessus de la source. Il en considère les bords immondes et se met à hocher la tête :

« Y a rien à faire.... Elle est foutue. »

D'un bout à l'autre du talus, des porteurs cheminent deux à deux. Entre eux, sur une claie, sur un panneau de porte, des monceaux de litière pourrie oscillent, dégouttants de purin.

« Moi, dit Richomme, j' fais pas tant d' manières : tel que j'ai trouvé mon trou, j' m'y coucherai. »

Il y en a pour l'approuver, et qui ricanent au passage des camarades :

« Sans blague, pour trois jours qu'on est là !... On s'en r'ssent pas pour nettoyer la crotte des autres.

— Tout le monde au travail, dit le capitaine Prêtre. Direction, le gros tas là-bas... Allons-y, messieurs. »

Planche par planche, nous avons sorti notre bat-flanc. Il recouvrait un cloaque d'eau noire, un égout monstrueux d'où s'exhale à présent une écœurante pestilence. Des germes baignaient là-dedans, d'un blanc malade, tordus vers on ne sait quelle lumière. Les pieds nus, les bras nus, culottes et manches troussées haut, nous barbotons jusqu'à midi. Alors, sur une table faite d'un volet et de deux caisses, Figueras nous sert une salade de langouste, — rose frais et vert tendre. Et nous écoutons Troubat le rouquin hurler à l'oreille de Timmer le sourd que la bourgeoise de Guillaume a son homme à la caille ; même qu'elle lui répète tous les soirs, lorsqu'ils montent se coucher : « Si t'as voulu jouer au c..., t'as gagné. »

« Une corvée de soixante hommes pour le génie, avec un officier. »

Je tourne et retourne entre mes doigts le bout de papier, sans signature, que me tend un sergent barbu, au béret enfoncé sur les yeux.

« Vous savez pourquoi, cette corvée ?

— Pour creuser un boyau entre votre secteur et celui du 132.

— Naturellement, le génie fournit aussi des travailleurs ?

— Pour mettre en chantier, oui mon lieutenant... Un de nos officiers doit aussi monter là-haut.

— Qui est-ce ?

— Le sous-lieutenant Noiret. »

Dehors, un clair de lune extraordinaire emplit le ciel et la vallée ; un clair de lune jaune, qui parsème la friche de flaques d'or pâle doucement luisantes, souligne d'une ombre dure chaque motte de boue, chaque pierre, chaque brin de paille. Par-delà les prés vaporeux, les Eparges, offrant à la clarté nocturne le flanc de toutes leurs ruines, semblent un village de songe qu'un prodige vient de susciter. Au carrefour, devant le calvaire, l'essaim noir d'une corvée tourbillonne. Une à une, le dos bossué d'un fardeau, des ombres chinoises défilent sur le pont du Longeau.

Je trouve Noiret à mi-pente, près de la casemate du génie. Je lui montre, d'un coup de tête, les silhouettes de ses sapeurs qui s'enlèvent durement, en plein ciel.

« C'est une blague, n'est-ce pas ?

— Hélas ! dit-il.

— Mais voyons ! Il n'y a qu'à passer outre et à rendre compte, après... On ne peut tout de même pas, au beau milieu du bled, par un clair de lune pareil, coller une demi-compagnie à cinquante pas des fusils boches ! »

Noiret se penche :

« Il faisait le même clair de lune lorsqu'on m'a remis le papier. »

C'est pourquoi la corvée est montée, chaque homme armé d'un fusil ainsi que l'a prescrit l'ordre. Devant la porte de la casemate où brille, tout au fond, une lanterne, leur cohue piétine et bourdonne. Les outils passent de main en main, haut dressés, les pelles énormes plaquées sur le ciel, les pics le lacérant de leur bec dur.

« En avant... Par un. Doucement. »

La longue file ahane et patauge. Noiret la précède de quelques pas, accompagné du sergent barbu. Et soudain c'est le bled, la dernière cagna qui disparaît, le bois des Eparges, à contre-lueur, qui gonfle vers nous sa masse énorme et sombre.

La pente s'assoupit vers l'avant, descend un peu, puis remonte. Noiret court. Le sergent court. Ils ont l'air gigantesque, ainsi debout au milieu des champs nus, gesticulant sur le ciel pâle.

Dix minutes encore. Le sergent et Noiret reviennent. Les hommes s'égaillent en tirailleurs. On entend une voix qui chuchote :

« Deux pioches ; une pelle... Deux pioches ; une pelle... »

Et bientôt des froissements de fer mordent le sol. Ils travaillent. Leur labeur inquiet bouge et murmure à travers le clair de lune.

Devant eux, au bout du pré, une seule étoile les regarde, clignotante et molle.

Il y a eu comme un court aboi. On a vu luire en s'abaissant les canons des mausers ; et les balles ont fait gicler la boue.

Ils se ruent, se jettent à plat ventre, se remettent à courir, se heurtent et se poussent aux épaules.

« Les outils ! Ne laissez pas les outils !

— Des porteurs !... Y en a d' touchés. »

Un sapeur qui geint. Une autre qui répond à Noiret :

« Non, mon lieutenant ; pas grand'chose... C'est au pied ; leur tir était court... »

Nous descendons, en troupe confuse. Sans s'indigner, avec une grande douceur, Touchemoulin constate :

« Fallait ça pour qu'on puisse s'en aller. »

Il s'appuie à mon épaule ; un camarade le soutient sous les bras. Il pèse lourd, de plus en plus.

« J'ai la jambe engourdie, répète-t-il. J'ai la jambe engourdie. »

Nous glissons sur la pente boueuse. Chacun à son tour, ils s'approchent pour soutenir Touchemoulin.

« Ça t' fait mal ?

— Pas trop.

— T'as ton paquet d' pansement ?

— Oui. »

Le dernier talus. Entrouverte, la porte de notre abri nous appelle de sa tiède lumière. Prêtre et Porchon ont entendu. Ils se sont levés, anxieux.

« Eh bien ? Eh bien ? » demandent-ils.

Et Touchemoulin répond, souriant à la bougie, au fourneau rutilant, au dompteur bleu et aux lions de l'image :

« C'est rien du tout... C'est qu'un blessé. »

Des matins de pluie ; des soirs de clair de lune. Dès l'aube, vers les lignes, on entend tousser les fusils de la 6e : un ordre, venu de loin, prescrit de brûler des cartouches, cinq par homme, « afin d'entretenir l'ardeur combative de la troupe. » Cela, pour l'instant, les amuse. Ils ont planté, le long de la tranchée, des pancartes où l'on peut lire : *Grand tir franco-boche. Direction Joffre.* 25 *centimes le carton...* Et leur imagination les transporte d'aise.

L'après-midi, dès que l'atmosphère purifiée laisse voir chaque pierre des Eparges, un canon boche nous claque dans le nez, aussi sec que les 75 du Montgirmont. Ses obus font fumer les gravats du village. On l'entend derrière le piton ; on l'entend vers le Col de Combres ; on l'entend assourdi, comme au fond d'une casemate enterrée ; on l'entend plus sec que jamais, à quelques pas, sur nos têtes mêmes. Il est partout à la fois, insaisissable, fantasque et gueulard.

« C'est une pièce qui se balade, nous a dit le vieux Muller. Elle est juste au bord de la contre-pente et se déplace latéralement, comme nous, le jour du fameux *pigeon vole...* Elle fait « la mouche », la *mücke.* »

On ne l'écoute même plus. On regarde les fusées blanches qui raient le ciel à la queue des avions. On frémit du désir, toujours déçu, de voir le flocon d'un shrapnell briser les ailes translucides. On commente les coups comme au casse-pipes de la foire, avec des rires d'enfants cruels. La pluie se remet à tomber : des drains coupés bouillonnent au fond des abris. On en voit émerger des édredons rouges, des équipements, des boules de pain, des hommes enfin. Ils errent en quête d'un gîte, portant avec eux leur fortune, humbles et mal reçus, comme des réfugiés.

Mais le soir, dans la nuit lumineuse et jaune, les guitounes bien closes les acceptent tous. De loin en loin, par une cheminée, s'envolent quelques flammèches d'or. Près de chez nous, on chante. Des ombres couchées bougent sur l'écran de la toile de tente. La voix du chanteur, gringalette, lui reste dans la gorge. Il s'arrête, marque un temps. Et le chœur entonne le refrain :

Quand j'vous dis que les homm's z'ont toutes les vei-nes !
Voui tou-tes les veines nous les z'avons !

VII

SILHOUETTES

5-14 décembre.

Nous en rirons longtemps. Hier Chapelle et Vauthier, chassés de leur abri par l'invasion des eaux, m'ont confié leur réveille-matin.

« Et vous savez, mon lieutenant : il marche. »

Nous venions d'être relevés. Les sections se rassemblaient en arrière des cagnas, moins bruyantes qu'à l'ordinaire. On n'entendait qu'un brouhaha tranquille, qui s'en allait mourant.

Et tout à coup, éclatante, interminable, la sonnerie du réveille-matin s'est déclenchée au milieu de nous. Une stupeur d'abord. Mais Porchon s'est précipité, m'a jeté sur le dos une grosse couverture de laine, l'a roulée, bouchonnée au faîte de mon sac, là où j'avais accroché le réveil de Vauthier... Il continuait à vibrer là-dessous, étouffé, bâillonné, perçant quand même et vigoureux. Il a fallu attendre qu'il ait fini : c'était un réveil boche, une riche camelote, qui tapait bien.

Comme nous atteignions les ruines de Mesnil, un marmitage dansait au piton. Quelques heures après nous, deux blessés du régiment sont arrivés à Mont.

« On n'est qu' nous deux, nous ont-ils dit ; et guère amochés. C'est pas beaucoup, pour tant d' gros noirs que les Boches nous ont balancés... Mais l' plus rigolo dans l'histoire, c'est qu'eux, les Boches, ils ont dégusté comme nous... En s'en allant, on l'a bien vu : les marmites serraient leur tranchée du piton, un peu plus près à chaque bordée. Et tout d'un coup, bardadagne ! Six en plein d'dans !... Quand on a vu ça, vieux, tu parles si on s'est marré ! »

Comme eux, les auditeurs « se marrent ». Seul Biloray, dit la Fouine, ne rit pas. Biloray hausse les épaules, fronce le museau et cligne d'un œil.

« Faut-il être pochetée ! déplore-t-il. Alors quoi ? Vous croyez qu'y avait foule, dans la tranchée du piton, quante les chaudrons sont tombés d'dans ?... Et un réglage, non ? Vous savez c' que c'est, un réglage ?... Moi, je m'en doute. C'est l' commandant boche de l'artillerie divisionnaire qui me l'a dit. »

Il pirouette et s'en va, satisfait : son petit discours a porté. Leur joie précaire a succombé sans lutte. C'est une habitude qu'elle a.

Maussades sont leurs pauvres jours, que démantèlent les corvées. La nuit, ils dorment. C'est seulement au matin, dans la bonne torpeur du réveil sous le foin, qu'ils pourraient jouir du chaud, du rien faire, et du bruit de la pluie sur les tuiles de la grange. Mais l'aube les trouve debout, déjà cheminant sous la pluie. Ils s'en vont loin, vers les coupes de la forêt. Corvée de rondins : on leur écrase les épaules sous des troncs d'arbres gros comme la cuisse d'un homme. On leur a bien expliqué de quoi il s'agissait : construire dans les vergers du nord, le long des maisons, des abris de bombardement. Ils n'ont pas compris. Voilà des semaines qu'ils viennent à Mont, et ils n'y ont pas vu éclater un obus. « Alors quoi ? » comme dit Biloray. On s'est obstiné. On leur a dit : « Vous êtes pourtant des hommes raisonnables. C'est vrai que jusqu'ici les Boches ont épargné ce village ; ce n'est pas une raison pour qu'ils l'épargnent toujours. Bientôt peut-être, demain, tout à l'heure, vous serez les premiers à ne pas regretter la peine que vous vous serez donnée. » Ils n'ont rien répondu. Ils sont montés vers la coupe lointaine. Mais ils y ont laissé les troncs d'arbres au bord de la route. Chaque jour, vers midi, on les a vus apparaître au faîte du chemin qui descend de la forêt, cinq ou six pour porter une maigre perche, une branche morte, un fagot. Un fagot, du moins, cela brûle sous les marmites de la cuistance : leur matinée n'aura pas été toute perdue.

Quel reproche leur voudrais-je faire, moi qui me suis juré, ce soir, de garder mes pantoufles jusqu'à l'heure du coucher ? Au fond de la courette pavée, dans le cellier, je surveille le partage d'une pièce de vin, achetée à frais communs par la 6e et par nous. Etreints d'une émotion grave, ils regardent couler dans un seau le jet rouge qui jaillit de la futaille en perce. Ils ne disent rien, toute leur vie est dans leurs yeux. Lorsque le seau est presque plein, je m'approche. A l'intérieur de la toile, il y a une marque violette. Lentement, vers cette marque, monte le vin écumeux. Il va l'atteindre, il l'atteint. Sur mes épaules, je sens peser leur attention.

« Stop ! »

Ma main a fiché, dans son trou, la mince cheville de bois ; le jet s'est rétracté aux entrailles du tonneau. Ils se penchent davantage, examinent de tout près et, silencieux toujours, inclinent la tête en signe d'assentiment.

« Ah ! me dis-je. Si je n'étais pas là ! » ... Si je n'étais pas là, ce serait la même chose. Mais puisque je suis là, et que j'ai gardé mes pantoufles, il faut bien que je me croie utile : comme les tâcherons de l'aube qui descendent de la forêt, j'apporte mon fagot de branches mortes.

⁂

Mais quel colonel, entre ces officiers, arbitrera le partage des andouilles, des jambonneaux et du boudin ? L'algarade a été brûlante. Le vieux Muller, d'une popote à une autre, a promené longtemps son sourire et ses paroles habiles à persuader. « Voyons, mon capitaine ! Pour une malheureuse langue de cochon ! » Il restait d'une correction parfaite, mais une lueur frétillait au fond de ses yeux bleus d'Alsacien.

Nous en sommes là. Des potins courent le bataillon, nous suivent au carrefour de Calonne, nous y attendent au fond des cagnas. Nous oublions que nous avons été soldats ensemble. Nous sommes une petite ville sans clocher.

Une laide petite ville, paresseuse, cancanière et gloutonne ; une petite ville morne, sur quoi tombe la pluie. Châtelains du carrefour, nous y avons retrouvé l'abri du capitaine Sautelet, son toit de hêtres saignants, sa litière mouillée, sa table de toilette et son pot de faïence à fleurs bleues. Comme l'autre fois, sous l'averse incessante, la route-rivière a la chair de poule. Comme l'autre fois, contre les toiles de tente, les gouttières trépident à chocs mats. Mais depuis vingt-cinq jours, Sautelet est passé par ici : il a creusé encore, il a massacré d'autres arbres ; et l'abri, son abri, a trois pièces au lieu d'une : l'ancienne chambre à coucher, la salle à manger, la cuisine.

Dans la cuisine, il y a un billot pour les viandes, un fourneau et trois chaises Henri II. Il y a même, contre le mur du fond, une longue planche hérissée de clous : mais il n'y a plus de casseroles, Sautelet les emporte avec lui.

Dans la salle à manger, il y a six chaises de paille autour d'une table Henri II, un service de vieux limoges, deux raviers, un timbre de bronze et une cloche à fromage en cristal.

Une cloche à fromage ! Seigneur, qu'allons-nous devenir ?

Aux mains du noir et gras Lebret, pliée dans un papier journal, la langue d'un cochon est arrivée chez nous, colombe de paix.

Sur l'épaule de Martin le mineur, à travers la bruine glacée, un pic a cheminé, dur rameau d'olivier, vers l'abri du carrefour.

« Va donc creuser là-bas, Martin. »

Martin ne quitte plus son pic. Au bout de ses bras, glabres et blancs sous le réseau bleu des veines, ce pic tournoie en fanfare d'allégresse. Adieu, la « grongnasse » d'avant-guerre, celle qui, la nuit, se relevait pour voler dans les poches de Martin « des pièces ed quarante sous toutes neuves » ! Le grand Chantoiseau veut marier Martin. L'autre jour, dans le grenier, il s'est approché de lui. Il a penché vers la tête plate du mineur sa face de forban débonnaire ; et tout bas, en grand secret, il lui a parlé d'une veuve qu'il connaît, dans son patelin des Ardennes... Chantoiseau a voulu « faire marcher » Martin, et Martin a galopé. On le voit sur les quatre routes, abordant tous ceux qu'il rencontre, les inconnus de préférence et, par orgueil, les gradés :

« Hé lo ! Hé lo ! T'chais pas ? Y a l' gars Chantoiseau qui veut marier mi.

— Qu'est-ce que tu veux qu' ça m' foute ? répond l'autre.

— Hé lo ! Hé lo ! 'coute 'core... Avec eine femme veuve qu'a d' matériel plein l' cagna. »

Par un bouton de la capote, le chtimi retient son prisonnier. Il prend son temps, montre dans un sourire ses dents brunes de chiqueur ; et il achève, en articulant bien :

« Et pis du pèze plein les tiroirs. »

A la compagnie, c'est devenu une rengaine. Lorsque Martin rentre dans l'abri de la section, il se trouve toujours un loustic pour demander à très haute voix :

« Qui c'est-i' qui va marier lui ? »

Et tout l'abri répond :

« C'est Martin !

— Avec qui ?

— Avec eine femme veuve qu'a d' matériel plein l' cagna.

— Et pis quoi ?... Un, deux, trois.

— Et pis du pèze plein les tiroirs ! »

Martin rit comme tout le monde. Martin ne sait plus se fâcher : il est trop heureux. Et d'ailleurs, il n'en a pas le temps. Mineur, c'est à coups de pioche qu'il chante sa joie. Il n'est sol assez dur qui ne devienne « ed beurre », assez lourdes pierrailles qui ne deviennent gravier. Il creuse partout, avec un enthousiasme enragé. Tous les abris, trop étroits, appellent le pic de Martin. Il est entré dans celui du carrefour, instantanément a craché aux quatre angles et bousculé le docteur qui dormait :

« Mal couché, c' client-lo ; ses jambes dépassent. »

Et il poussait du pied les jambes du docteur Le Labousse, qui dépassaient en effet le bord du bat-flanc, seules éclairées, de tout le grand corps étendu, par la lumière de la porte.

« Allez ! Dehors ! Allez, allez !... J' ti vas en foutre un coup, vieille vâche ! »

Lorsque, pour une heure, la pluie fait trêve, on se promène sur la Calonne. Avec Jeannot, avec Hirsch, Muller revient d'une randonnée vers les lignes.

« Regarde, me dit-il, la belle bruyère. Est-ce délicat, ces clochettes roses ?

— Ces myosotis... chuchote le jeune Hirsch. Vergissmeinnicht.

— Penses-tu ! proteste Muller.

— Alors pourquoi les as-tu cueillies ?

— Pour les rapporter au pitaine.

— Et qu'est-ce qu'il en fera, le pitaine ?

— Gélinet ? Il les épinglera dans le coin d'une lettre à sa

femme, et il écrira au-dessous : « *Cueilli à trente mètres de la tranchée boche, le 9 décembre, à onze heures du matin. Ai été salué de sept balles dont l'une m'a frôlé la tempe droite.* »

— Blaguez toujours, dit Jeannot.

— C'est comme le vieux, reprend Hirsch. Quand on croupissait au ravin d'à côté, Puttemann, le sergent-fourrier, lui tressait des cadres à photos avec la paille de leur gourbi. Et par derrière, vlan ! Une plaque de carton commémorative : « *Tressé le* 18 *octobre, au ravin des Eparges, avec la paille de mon abri.* »

— Blaguez ! Blaguez ! répète Jeannot. C'est vrai, Muller, que ta bruyère est belle ; à peine fanée, encore brillante de pluie... Donne-m'en un brin, veux-tu ?

— Pour quoi faire ?

— Tu le sais bien.

— Choisis, dit Muller. Et toi, le gosse ? »

Hirsch rougit imperceptiblement. Mais tout de suite, avec un clair et charmant sourire :

« Donne-m'en aussi un brin, Muller. »

Et Muller me dit :

« Vois, il en reste juste trois brins : un pour toi, que voici ; un pour le capitaine Gélinet ; et un pour moi, naturellement. »

Je regagnais notre peloton, par la route des Eparges, lorsque, sur la chaussée, j'ai aperçu un groupe de trois ou quatre hommes qui discutaient avec des gestes véhéments. De dos, je reconnus le manteau à pèlerine du capitaine Prêtre, puis la longue capote de Porchon. Ainsi placés, ils me cachaient deux autres hommes, dont j'entrevoyais par instants les poings brandis, dont j'entendais les éclats de voix furieux.

« Qu'est-ce qu'il y a ?

— Sale histoire, me dit tout bas Porchon. C'est Maltaverne, le cabot Barbe-d'Or, qui s'est accroché à ce pauvre bougre de Lemasne... Lemasne est devenu fou, il a lâché des bêtises. Quant à l'autre, vois s'il fait joli. »

« Assez ! Assez ! hurlait Maltaverne. Tu as déjà tourné une fois, tu tourneras bien une deuxième ! En conseil de guerre, mon capitaine ! Je dépose une plainte en conseil de guerre ! Ou alors je rends mes galons ! Je ne veux pas d'une autorité bafouée ! Je veux pouvoir le rembourser à coups de poing dans la figure...

— Quelles insultes ? demande le capitaine Prêtre.

— Je veux, continue Maltaverne, quand je fais au soldat Lemasne une observation justifiée, je veux que le soldat Lemasne ne réponde pas : « Ferme ton égout ! »

— Menteur ! Menteur ! s'indigne Lemasne.

— Vous n'avez pas dit au caporal ce que...

— Si, mon capitaine, j' lui ai dit ; pour le mot, si, j' lui ai dit... Mais j' lui ai dit *fermez votre ;* j' lui ai pas dit *ferme ton.* »

Le caporal, levant les yeux vers l'officier, esquisse un plat sourire. Et Lemasne, qui voit ce sourire, blêmit et serre les poings.

« J' suis p't-être une gourde, dit-il ; mais j' suis pas une lope. Y en a d'aucuns qui s' croient mariolles, qui profitent de c' qu'ils ont un galon sur la manche...

— Assez ! Assez ! crie encore Maltaverne. Vous l'entendez, mon capitaine ? La rébellion est-elle assez patente ?... Croyez-moi, je connais le monsieur : c'est le menteur, la brebis galeuse de l'escouade. Qui a bu boira. Qui a été condamné...

— Mon capitaine ! supplie Lemasne. Faites-le taire, mon capitaine. J' peux plus ; j' peux plus !... »

— Dites, Maltaverne, prononce doucement Prêtre, voulez-vous suivre le lieutenant Porchon ?

— Mais, mon capitaine...

— Voulez-vous suivre le lieutenant Porchon ?

— Bien, mon capitaine. »

Porchon s'éloigne vers les guitounes. Maltaverne le suit, à regret, en se retournant sans cesse. Prêtre et Lemasne s'en vont à l'opposé, puis sur la route font les cent pas. J'ai préféré les laisser tête à tête ; je suis resté près du fossé.

L'officier et le soldat ont fait volte-face, ils reviennent. C'est Lemasne qui parle. Son visage d'enfant vieillot se crispe, douloureux. Au passage, je l'entends qui raconte :

« Un docteur, oui, mon capitaine... J'étais comme une masse dans mon lit. Il m'a dit : « Levez la tête ! » J' lui ai répondu : « Je n' peux pas. » Il m'a crié : « Si, vous pouvez ! »...

La voix se perd, déchiquetée par le vent. Pas instants, des bribes en arrivent jusqu'à moi :

« Un coup d' poing, qu'il m'a mis... dans l' menton... Mal à crier dans tous mes os... Alors moi... Oui, mon capitaine... « aussi brute qu'un Boche », j'y ai dit... »

Leur promenade les ramène vers moi. La voix de Lemasne redevient distincte et je n'en perds plus un seul mot.

« Les témoins m'ont tous chargés. A l'hosto, on n' m'aimait guère : un syphilo, vous comprenez... Et puis, c'est vrai que j' suis pas toujours bon... Le major a été sans pitié ; ce mot de *Boche*, faut croire qui lui pesait sur l'estomac... Le conseil m'a salé à cause de lui : cinq ans de travaux publics. »

Encore une fois, ils me dépassent et s'éloignent. Maintenant c'est Prêtre qui parle. Il a posé sa main sur l'épaule du soldat, il se penche vers lui, paternel : son grand manteau enveloppe à demi la silhouette souffreteuse. Il parle à voix trop basse pour que je puisse saisir ce qu'il dit.

Les voici revenir. Les yeux du capitaine, un peu durs d'ordinaire, sont pleins d'une grande pitié humaine. Le visage de Lemasne s'est détendu : lorsqu'ils sont tout près, je m'aperçois qu'il pleure.

« Ah ! dit-il. On n'peut pas savoir ! Si vous saviez, mon capitaine ! Toujours tout seul, depuis l'Assistance ! ... guère engageant, avec ma bille de trompe-la-Mort... Alors, à force... »

Ils se sont arrêtés près de la tranchée-abri. Ils se séparent. Le capitaine fait « oui », plusieurs fois du menton. « Mais naturellement ! Vous pouvez être tranquille. Je vais arranger ça avec le caporal. »

Lemasne le regarde s'éloigner. Il est resté debout au milieu de la route, immobile. Le vent, sur ses joues, sèche ses dernières larmes.

Quelques instants plus tard, Porchon, m'apercevant, vient d'un pas vif à ma rencontre. Impulsivement, avant qu'il ait ouvert la bouche, je lui demande :

« Prêtre a parlé à Maltaverne ?

— Il lui a parlé », répond-il.

Et tout à coup, avec une émotion joyeuse et chaude, comme si nous félicitions l'un l'autre :

« Tu sais... J'en suis sûr, à présent...

— Oui, n'est-ce pas ?

— Prêtre est un brave homme. »

Ils sont arrivés à l'heure du café, manteaux noirs et casquettes galonnées. Ils portaient une caisse de bois sombre qui ressemblait à la valise d'un commis-voyageur. Ils nous ont dit :

« Nous sommes géodésiens. Nous venons travailler pour vous aux Eparges.

— A quoi ?

— A déterminer la ligne géodésique entre votre tête de sape et la tranchée boche de première ligne ; autrement dit la plus courte distance qui les sépare l'une de l'autre.

— Diable ! Et pourquoi ?

— Pour que les galeries et les rameaux des mineurs ne s'arrêtent pas trop tôt, ni ne percent trop loin.

— Ah ! bien... Bien bien bien. »

Nous avons bu de compagnie, dans les tasses de vieux limoges, le café de Figueras, exquis, et quelques gorgées d'un alcool de grain, exécrable. Ils montraient envers nous une cordialité déférente, une bonne grâce de camarades plus heureux et qui n'ignorent point qu'ils le sont. L'un avait, à peu près, l'âge de nos capitaines ; l'autre notre âge.

Nous les avons accompagnés jusqu'à la lisière du Bois-Haut. Par une trouée des nuages, de longs rais de lumière poudroyaient sur la vallée. Ils venaient buter contre le flanc de la colline, au-dessous du piton qui, sur les pentes réchauffées d'ocre, haussait sa bosse malsaine, d'un gris morne.

« Voilà : il faut aller là-bas... »

Ils sont revenus deux heures plus tard, leur boîte noire toujours avec eux, close de nouveau sur le mystère de leur géodésigraphe.

« Eh bien ? leur avons-nous demandé. Vous avez vu nos boyaux, nos tranchées ? On ne fait pas mieux, comme gadouille ? »

Ils ont ouvert de grands yeux, et souri de notre naïveté :

« Mais nous voyions très bien à la lisière du bois ! Mais nous avons vu beaucoup plus qu'il en fallait pour mesurer au poil notre ligne !

— Et vous avez trouvé ?

— Vingt-six mètres, à un mètre près. »

Nous les avons regardés avec admiration. Comme il était quatre heures passées, nous avons bu le thé ensemble. Et nous nous sommes quittés, bons amis.

⁂

Dès le lendemain, le rythme du « grand tour » nous ramène aux Eparges, sous nos pruniers. « Compagnie d'embusqués », disent les autres du bataillon. La 8ᵉ, au *Secteur de défense*, barre la vallée au sud du village. La 5ᵉ et la 6ᵉ tiennent les tranchées du *Secteur d'attaque*, la 6ᵉ à droite, la 5ᵉ à gauche.

Chaque fois qu'on se rencontre, au hasard d'une relève, pendant les jours de cantonnement qui nous réunissent à Mont, des discussions s'accrochent, interminables, aigres parfois, sur la misère des uns et sur la chance des autres :

« Ah ! la 7ᵉ ! La fine 7ᵉ ! On voit bien que c'est l'ancienne du commandant ! A chaque coup le filon !... Est-ce que c'est juste ? Est-ce qu'on ne devrait pas « tourner » d'un voyage à l'autre, se les rouler chacun son tour, au bas de la pente, dans les palaces du *Secteur de réserve* ?

Ainsi mis en cause, ceux de la 7e haussent les épaules et ricanent :

« Le filon ? Secteur de réserve ? Tu parles !... Secteur de réserve à corvées, oui ! Eux, au moins, les gars d'en haut, ils savent sur quoi compter : tant d'heures de faction à flânocher dans la tranchecaille, en se carrant les mains dans les poches ; et puis, le quart fini, au revoir ! Un bon roupillon dans la guitoune, tranquillotte, sans personne pour venir vous tirer par les pieds, vous envoyer, à neuf heures, creuser un boyau avec le génie, au clair de lune ; à minuit porter des fusées au P. C. du ravin ; à deux heures des traverses au blockhaus de la mitraille ; à quatre heures un affût de canon chez les artilleurs coloniaux...

— Mais le danger ? disent les gars d'en haut.

— Le danger ? Quel danger ?... Comme si on ne risquait pas plus à bagoter dans le bled, découvert de la tête aux pieds, qu'à se terrer derrière des parapets larges comme ça !... A preuve Touchemoulin, l'autre soir. A preuve encore...

— Mais la boue ? insistent ceux d'en haut.

— Quoi ? la boue... Qu'est-ce qu'ils allaient parler de la boue ? Quand ils seraient allés au ravin du 132 avec un affût de canon sur le râble, quand ils seraient tombés de trou de marmite en trou de marmite, quand ils auraient nagé dans la flotte des bas-fonds, barboté dans la gadouille à y laisser leurs grolles, à s'y laisser couler en attendant les éclairantes pour s'arracher mètre par mètre, ils pourraient venir s'aligner, les gars d'en haut !... D'ailleurs, on n'avait pas choisi. On ne demandait pas mieux que de changer entre compagnies, d'une fois à l'autre. C'était juste, en effet, de filonner chacun à son tour, de se les rouler en haut de la pente, dans les tranchées du *Secteur d'attaque.* »

Ce sera peut-être pour plus tard. La 7e, cette fois encore, a retrouvé ses pruniers. Dans la friche, près des osiers rouges, Lardin le perruquier « fonctionne » avec entrain. Des obus boches éclatent par-ci par-là, bizarrement, avec un bruit de vaisselle fracassée. Lorsque Lardin, dans sa musette « exprès », range sa tondeuse, ses ciseaux et son peigne, il pleut. La nuit tombe avec la pluie, une de ces grandes pluies molles encore qui bouchent le ciel d'un horizon à l'autre, et d'une heure à une autre débordent sans violence, sans arrêt, d'une coulée si tranquille, si égale, qu'elles semblent devoir être éternelles. La pluie est partout, avec les ténèbres. Il n'y a plus d'hommes sous la pluie : le village vient de mourir.

Et pourtant, à travers l'ondée, des lueurs fumeuses vibrent au bord des toits. L'une d'elles, plus haute, rougeoie en fournaise, grandit soudain, ardente et pâle, crève le plafond de planches et bondit dans la nuit. Des cris jaillissent avec elle :

« Y a l' feu ! Y a l' feu ! »

La pluie tombe sur le brasier, autour duquel tournoient des ombres noires ; on voit voler des pelletées de terre, des gerbes d'eau miroiter violemment, lancées d'un bloc au cœur de la pluie. L'ardente lueur se débat, cabrée. Mais la pluie tombe et lentement la tue, aidée des ténèbres complices. Rouge et fumeuse, la lueur siffle et gémit ; les ombres, autour d'elles, sont moins noires : elles s'effacent ; elles n'y sont plus... La nuit tombe.

Au matin du second jour, le capitaine Maignan est passé chez nous. Il montait aux tranchées, pour y dresser je ne sais quel topo demandé par le colonel. Il était enveloppé de sa gandoura fauve dont sa main fine, gantée de cuir, rassemblait les plis devant lui.

Nous lui avons dit :

« C'est bien voyant. »

Il nous a répondu de sa voix douce, presque féminine :

« Croyez-vous ? »

Et puis il a gravi la pente, pas à pas, très doucement. Nous l'avons vu traverser le village d'en haut et monter vers le boyau 7, sans se baisser, sans même saluer de la tête les sapins de Combres. Le vent du plateau faisait flotter derrière lui les pans de la gandoura : presque ensemble, trois coups de fusil ont claqué, aigrement.

Ce furent les premiers. Pendant longtemps les Boches ont tiré, à coups éparpillés, comme des chasseurs. De détonation en détonation, nous pouvions suivre la marche de Maignan. Lorsqu'il s'est approché du ravin, deux balles ont ronflé dans les branches, au-dessus de nos guitounes. Il a rebroussé chemin vers le piton : une balle a claqué encore, très sèche. Et nous n'avons plus rien entendu.

Mais au bout d'une demi-heure, nous avons vu là-haut des hommes qui couraient, s'arrêtaient soudain autour d'une chose indistincte, une longue chose immobile que des porteurs venaient de poser à terre. Cela, sur la boue d'ocre sale, avait une tiède couleur fauve ; cela, entre ces hommes qui remuaient, gardait une immobilité terrible.

Nous nous sommes élancés tous les trois, le cœur secoué de coups désordonnés. Au premier talus nous nous sommes arrêtés :

le capitaine Maignan, drapé dans sa gandoura, descendait vers nous, pas à pas.

« Voilà, nous a-t-il dit. C'est fait. »

Nous le regardions sans rien dire. Nous regardions ses dents, blanches sous sa moustache blonde, et son sourire que déviait un peu la cicatrice encore rouge de sa joue. Enfin, Prêtre a pu parler :

« C'est sur vous qu'ils tiraient, tout à l'heure ?

— Mais oui, a répondu Maignan.

— Vous serez donc toujours le même ? »

Maignan a souri davantage :

« Mon cher, on ne sait qui vit ni qui meurt. Savez-vous de quelle balle vous mourrez ?... Moi pas. C'est sur moi qu'ils tiraient, et c'est ce pauvre diable qu'ils ont tué... oui, là-haut, roulé dans sa toile de tente. »

Il a montré le cadavre de sa canne. Et, nous tendant la main :

« Au revoir, je retourne au patelin.

— Restez un peu, Attendez à ce soir...

— Jusqu'à demain, tant que vous y êtes...

— Retirez au moins ce... vêtement !

— Je suis susceptible des bronches. »

Pas à pas il s'en est allé, après un dernier sourire. A peine atteignait-il les prés que les Boches de Combres se mettaient à tirer.

« Dépêchez-vous ! lui criions-nous. Courez ! Courez !... Mais courez donc ! »

Il s'arrêtait, la paume derrière l'oreille. Et tandis que les balles sifflaient autour de lui, il nous faisait signe, de ses deux bras ouverts : « Je n'entends pas. Je ne comprends pas. »

Le capitaine Prêtre a haussé les épaules :

« Il est cinglé, décidément.

Porchon, lui, m'a tiré doucement en arrière :

« Regarde là-haut. »

Les porteurs avaient repris le corps, qui creusait la toile de tente et traînait dans les flaques de boue.

« Tout de même, m'a dit Porchon. S'ils n'avaient pas tiré sur Maignan ? »

Encore un soir, où les téléphonistes des Eparges sont venus installer un poste dans l'abri. Pendant deux heures, nous avons joué avec des voix inconnues :

« Allô Montgirmont ! Allô Mesnil ! C'est toi Barbapoux ?... Oui, c'est Pipip... Allô Mademoiselle ! Ne coupez pas Mademoiselle !....

Allô la Crête ! Communiqué français : en Argonne... Ferme ça, Jacazzi !... En Argonne... Hé ! dis donc ! Tu diras à Boulangeat que le veau est né ce matin, tout noir... Au mont Roudnik... Roud-nik ! R, comme Ernestine ; o, comme homard... Attends ! Attends ! J'ai cassé mon crayon. »

Jacazzi, un Italien au nez de musaraigne, avec de beaux yeux à longs cils, pèse d'un pied dédaigneux sur les lames pourries de notre plancher :

« Ça n'est pas digne de vous, mon capitaine. Voulez-vous un parquet neuf ?... Oui ?... Vous l'aurez demain matin. »

Pendant que Boulangeat et Barbarin, dit Barbapoux, travaillent et déroulent leur fil, Jacazzi furette dans les coins, soupèse la caisse des détonateurs, feuillette les deux gros livres à reliure de basane. Et tout à coup, devant le poêle :

« Voilà un tuyau qui va lâcher. Voulez-vous un tuyau neuf ?... Oui ?... Entendu pour demain matin. »

Qu'est-ce que nous voulons encore ? Une cafetière, pour remplacer la nôtre qui va fuir ? Un lit à deux personnes avec « fourniture » complète ? Une bibliothèque ? Un piano ? Un jeu d'échecs ? Un chien loup ? Une vache ?... Jacazzi nous offre tout cela. Jacazzi, seigneur nocturne des Eparges, a promené sa lampe électrique des charpentes calcinées aux pierres moisies des caves. Devant sa marche éblouissante, les araignées noires ont écartelé leurs pattes au bord de leurs toiles feutrées de poussière ; les cloportes, avant de plonger dans leurs trous, ont dessiné des ronds gris sur les murs miroitants de salpêtre. Souvent, par les nuits très sombres, nous avons vu danser sur les ruines du village un feu follet inquiétant et furtif : Jacazzi nous le montre ce soir, vêtu d'un papier vert qui singe le maroquin. D'un coup de pouce, il fait jaillir le svelte rayon, et il en joue, comme d'un fleuret :

« On ne sait pas, dit-il avec orgueil, ce qu'on peut trouver au bout de ça ! De tout, partout : voilà ma devise. »

Il se penche vers moi et me glisse à l'oreille :

« Demandez à Boulangeat, mon lieutenant ; demandez-lui, pour voir, si je ne lui ai pas trouvé une poule, à Mesnil. »

Et Jacazzi, le temps d'un clin d'œil, ressemble à une vieille procureuse.

Ponchel, ronfleur redoutable, nous a quittés pour le 67 : nous avons bien dormi cette nuit-là. Mais, dès la pointe de l'aube, un coup de fusil nous a éveillés en sursaut. On avait tiré tout près ; à quelques pas de l'abri, semblait-il : ce ne pouvait être que l'homme de faction. Mais pourquoi ? Et sur quoi ? Ici, à la réserve, ce coup de feu était extraordinaire : nous en restions interloqués. Vite sur pied cependant, nous sommes sortis. Le crépuscule encore bleuâtre éployait son vaste silence.

« Où est la sentinelle ?

— Là-bas, vers la source.

— Elle revient. Ça ne peut pas être elle ; ça ne venait pas de ce côté.

— Mais elle a entendu ! Elle va nous dire... »

L'homme approchait, l'arme ballante à l'épaule, les mains dans les poches. Lorsqu'il fut tout près, il se retourna sans nous avoir vus, et repartit, en sautillant d'un pied sur l'autre.

« Hep ! » cria Porchon.

Sans répondre, l'homme continua sa promenade dansante.

« Hep ! Hep ! »

L'homme ne daignait même pas entendre.

« Il se fiche de nous », dit Porchon.

Il se mit à courir, rattrapa le soldat et lui mit la main sur l'épaule. C'était Timmer le sourd. Il nous regardait de ses yeux globuleux, pleins d'eau ; sa lèvre pendait ; on voyait remuer sa langue dans sa bouche derrière une seule dent énorme, déchaussée par le tartre, et qui branlait.

« Ça n'est pas toi qui as tiré le coup de fusil ? »

Nous faisions le geste d'épauler. Timmer ricanait, agitait la tête de haut en bas, sans comprendre. A travers les mailles de son passe-montagne on distinguait, sur ses tempes, de rudes crins grisonnants.

« Une batterie de 155, murmura Porchon, toutes ses pièces tirant à la fois, je ne suis pas sûr que Timmer l'entendrait. »

Il s'interrompit, fit volte-face brusquement :

« Là-bas... »

Sur le talus, rasant les pruniers, une ombre courbée filait à grandes enjambées. Nous n'eûmes besoin de nous rien dire : juste ensemble, nous étions au faîte.

« Halte-là ! »

Le rôdeur s'était arrêté. Se voyant découvert, il ne cherchait pas à fuir. Beau joueur, il fit vers nous la moitié du chemin.

D'assez loin encore nous l'avions reconnu, à sa capote trop longue, à son aspect hirsute et chétif. Il tenait à son poing un gros oiseau, dont une aile, à chaque pas qu'il faisait, se dépliait et se repliait à demi avec une souplesse encore vivante.

« J'ai tué une buse, nous dit Mémasse.

— Oui ? Eh bien, tu peux t'en vanter !... Es-tu fou, de lâcher ici tes coups de flingue ? Est-ce que tu peux savoir si tes balles...

— Elle est belle », dit Mémasse.

De sa main grise et dure, pareille à une main de singe, il caressait doucement les plumes tièdes.

« ... Et je la fricasserai bien. »

Porchon commençait à s'énerver :

« Mon vieux, dit-il, tu ne penses pas que ça va prendre ! Fais l'idiot tant que tu voudras ; mais ça ne durera pas toujours. »

Mémasse le regardait en-dessous, d'un air immuablement stupide, et qui pourtant, on n'eût su dire à cause de quoi, — un pli de la paupière, peut-être, un frémissement furtif des narines — s'aiguisait d'une indicible moquerie :

« Mon lieutenant, j'ai deux sacs de pommes de terre que j'ai déterrées cette nuit, dans un champ par là... Il y avait une buse qui volait haut et qui tournait au-dessus du bois boche, et tourne, et tourne, tourneras-tu... Elle s'est posée dans un arbre mort, et elle me regardait d'un œil en faisant remuer sa queue : « Je t'ai vu, Mémasse ; je t'ai vu... » Mémasse a tué la buse et ramené les pommes de terre. »

Il parlait d'une voix gutturale, la tête penchée de côté, la lueur jaune de ses prunelles guetteuses sous l'auvent des sourcils :

« Mémasse vit comme un sauvage. Mais il ramène pour les copains, dans une grande poche, les pommes de terre perdues. »

Il fit quelques pas en arrière, se baissa, chargea sur ses épaules un sac visqueux d'où tombaient des grumeaux de boue.

« C'est par là, nous dit-il. L'autre sac est déjà chez moi. »

Nous le suivîmes jusqu'à un abri abandonné, creusé naguère pour une demi-section et que les eaux avaient envahi. Il s'y laissa glisser sur le dos, disparut dans un clapotis. Sa main seule émergea une seconde, saisit par un angle le sac de pommes de terre, le fit basculer, l'entraîna... Sous le toit de rondins, nous entendîmes ses pas qui battaient l'eau. Il choqua son briquet, toussa, barbota encore quelques instants, ne bougea plus.

« Dis donc ? chuchota Porchon.

— Quoi ?

— Il me semble qu'il nous a bien promenés ? »

Nous nous mîmes à rire, et sans bruit nous penchâmes sur l'entrée. Mémasse était assis au fond, sur le bord d'une niche creusée juste au-dessus de l'eau. Il retirait ses chaussures, en fumant un « jacob » à tuyau court. Une bougie fichée derrière lui allumait les poils de sa barbe, ceignait son visage sombre d'une auréole braisillante. Au-dessus de sa tête, accrochés aux rondins, des chapelets d'oignons luisaient comme des lampes douces.

Mémasse, ayant retiré ses souliers, s'étendit de tout son long, borda sous lui ses couvertures, attira de sa main simiesque un édredon monumental. Il fumait toujours, mais ses yeux se fermaient, la pipe glissait vers sa poitrine, abandonnait ses lèvres détendues par le sommeil... Sans même soulever la tête, Mémasse souffla sa bougie.

VIII

CINQ MOIS PASSÉS

16-24 décembre.

« ... Et ce sont des jeunes gens très bien, dont nous n'avons eu qu'à nous féliciter de les avoir chez nous et que vous nous ferez plaisir en les recevant comme s'ils étaient de la famille. »

M. Aubry signe la carte postale des armées de la République, la retourne, et calligraphie l'adresse :

Mesdames Porcherot mère et fille, à Rupt-en-Woëvre (Meuse).

« Voilà, nous dit-il ; avec ça, j'espère que vous trouverez bon accueil.

— On peut toujours espérer », dit Mlle Thérèse, avec un sourire ambigu.

Je ne suis pas bien sûr que Mlle Thérèse nous souhaite mauvais accueil ; mais je suis sûr qu'elle nous en veut un peu du malheur qui nous arrive.

Nous quittons cette nuit Mont-sous-les-Côtes, et nous n'y reviendrons plus.

Avant-hier, comme nous descendions des Eparges, une fusillade très dense a crépité vers le ravin du 132, du côté qui regarde la Woëvre. L'aube d'or limpide, entrouverte sous un dais de nuages bleus, fourmillait de coups de feu secs dont le vacarme nous a suivis longtemps. L'après-midi, nous avons su qu'une section française était prisonnière des Boches ; et nous avons compris pourquoi les 105 s'acharnaient sur Mesnil. Du haut de la côte que nous avions gravie, nous voyions des hommes sortir des ruines en courant et se sauver à travers la campagne. Plusieurs fois, entre deux salves d'explosions, nous avons entendu leurs cris.

« La guerre est longue, nous a dit tristement le vieux Le Mesge. A Mesnil, où je suis avec la C. H. R., on ne pourra bientôt plus tenir. L'autre jour, le médecin-chef a eu la cuisse déchiquetée par un gros éclat. Il a succombé le jour même, en accusant le commandant d'être responsable de sa mort, par son obstination à maintenir les services dans un pareil nid à obus... A chaque repos, le 132 perd du monde. Et qu'est-ce que ça va être, maintenant que les prisonniers ont jasé ? »

Nous savons pourquoi nous ne reviendrons plus à Mont : le 132, abandonnant Mesnil, va nous y remplacer. Le 132 nous chasse de chez nous.

Le médecin-chef n'aurait pas dû mourir, les prisonniers n'auraient pas dû jaser, les Boches ne devraient pas bombarder Mesnil.

Alors Mlle Thérèse ne serait pas debout sur le seuil de sa porte, par cette nuit pluvieuse et blême. Elle ne nous serrerait pas la main sans nous pouvoir rien dire, que cet adieu très las, cet adieu si triste qu'il nous condamne peut-être, l'un ou l'autre, à ne plus jamais revenir.

« Adieu, Mademoiselle Thérèse... »

Nous avons quitté Mont la nuit, sans même revoir une dernière fois, de loin, la girouette qui grinçait sur nos meilleurs sommeils. Nous ne sommes pas montés vers la forêt. Compagnie détachée, nous n'irons pas au carrefour de Calonne. Les trois grands sapins qu'on aperçoit des Eparges, lorsque se déchire la pluie, nous ont montré la route, au pied des Côtes.

« Le sergent Veillard n'y est plus, dit quelqu'un derrière moi ; le sergent Frichot n'y est plus, ni le caporal Trémault, ni le caporal Dubert, ni les trente de la section qui sont restés dans la haie d'épine, la nuit de Rembercourt... Je n' vous connais pas, caporal...

— Je m'appelle Lucien, répond le gradé. J'ai rejoint le 2 octobre, à Mouilly, je suis de la classe 1903.

— Et moi classe 11, dit l'homme ; je m'appelle Carrier ; j'étais déjà à la 7ᵉ, dans le temps... »

Il se tait ; il réfléchit ou il rêve ; et soudain :

« C'est tout d' même marrant, reprend-il. Laissé pour mort dans la haie d'épine, avec un coup d' baïonnette entré par le dos et sorti au milieu d' la poitrine ; ramassé par les Boches et soigné par eux à leur ambulance de Triaucourt ; bien soigné, même. J'ai resté huit jours avec eux... Un matin, ils ont mis les voiles ; les nôtres sont arrivés l' soir, j'ai été évacué, fini d' soigner par les toubibs français, rapetassé, guéri, et voilà : mes deux trous sont bouchés, j' suis un soldat tout neuf, un soldat vierge... C'est tout d' même rigolo comment qu' ça s' goupille, la guerre. »

Nous traversons Mesnil, endormi dans une puanteur de chevaux morts. Tour à tour, la nuit crachine ou vente, chétivement. Elle tremblote à peine au bout de la route, d'une fusée livide qu'on n'a pas vue éclore.

Nous ne savons pas au juste où nous allons : au bord du chemin creux, derrière les branches de sapin piquées dans la boue et l'urine ? Tant d'hommes se sont cachés là-bas, au fond des trous creusés sous le talus, tant d'hommes qui ne pouvaient bouger sans être vus et fusillés, que le chemin s'est empli jour à jour d'une fange pestilentielle. Peut-être nous arrêterons-nous avant, dans un de ces ravins qui entaillent parallèlement les Hauts ?

En voici un d'où sort un mince ruisseau ; nous passons. Un autre ruisseau, un autre ravin... Et voici qu'au loin, devant nous, des hurlements se déchaînent : rauques, stridents, effroyables, ils déferlent sur la route, rebondissent, nous retombent sur la tête. Alors nous sourions, rassérénés : guide plus sûr qu'un phare dans la nuit, la voix du capitaine Sautelet vient à notre rencontre, pas à pas nous conduit jusqu'au dernier pas du voyage.

« C'est ici, ravin de Jonvaux... Il a fallu foutre le camp du chemin creux ; on n'y laisse plus qu'une seule section... Ici, la boue est presque propre. On a creusé, naturellement : mais il reste encore quelques petites choses à finir. Vous verrez ça quand il fera clair... Au revoir. »

Mais le capitaine Sautelet ne nous quitte pas tout de suite : sa voix reste avec nous, jusqu'aux Eparges, jusqu'au jour.

Lorsqu'elle se tait, l'aube pâlit derrière le Montgirmont, frôle les hêtres des sommets et lentement coule au fond des ravins. L'ombre de Mémasse glisse devant notre abri, couleur de boue jusqu'à la barbe.

« D'où viens-tu, Mémasse ? »

Il grogne ; il est tombé ; il a déchiré sa capote à des barbelés, « par là » ; il n'a pas trouvé de pommes de terre.

« Cette chanson-là, bougonne-t-il, tu m' la copieras sur une feuille de salade. »

Et il disparaît, sans qu'on puisse voir dans quel trou.

Nous avons dû dormir une heure sur le haut bat-flanc, la tête près du toit bien construit, dont les jeunes sapins pleurent encore des larmes de résine. Les clappements de la boue, à la porte, nous éveillent. Presle, qui entre chez nous, salue nos pieds.

« Mon capitaine ?... C'est un cadeau, mon capitaine. »

Il nous offre une boîte de carton blanc, solidement ficelée, mais dont les angles déchirés laissent voir des paquets de tabac.

« Du perlot d' député, gouaille Presle. Il est bien temps, maintenant qu'on a du trèfle tant qu'on veut ! Si j'étais député, moi, c'est pas du tabac qu' j'aurais apporté ; c'est des titres de perme en blanc, ou la signature de la paix... »

Presle, loquace à ses heures, parle énormément ce matin :

« Ils sont arrivés par la Calonne, dans une bagnole... Ah ! nom d'un chien ! Ils étaient deux, avec le frère au capitaine Maignan qui voulait v'nir voir son frère. Un gars, par exemple, celui-là ! Un qu'en veut : l'œil crevé, la Légion d'honneur, un bandeau sur la figure... Il est blond, comme son frère de chez nous, mais il a pas d' barbe... C'est sûrement lui qu'a entraîné les aut'es jusqu'au carrefour. Ils sont dans l' P.C., en train d' cogner leurs verres. Qu'est-ce qu'ils avaient comme fine dans leur auto ! Qu'est-ce qu'on s'en est mis dans l' cornet, avec Lebret ! Ils nous en ont lâché un kil, rien qu' pour nous. »

Il s'interrompt, le temps d'avaler sa salive :

« Moi, vous savez, l' carrefour de Calonne, j'y finirais bien la guerre. Mon père, ma mère, ma femme, j' les y installerais tous les trois... C'est vous dire !... Vous r'gardez la boîte, mon lieutenant ? C'est une boîte de Paname ; une boîte du Ve... vot'e quartier. »

C'est vrai, Presle. Tu es venu ce matin, et tu nous apportais une étonnante boîte blanche... *Cela* existe donc toujours ?... La boutique est rue Gay-Lussac. Nous y sommes entrés, Subran et moi, un jour du dernier été. Nous avions fui nos turnes étouffantes et nous allions « à la campagne ». L'asphalte des trottoirs était mou, la rue déserte jusqu'au boulevard Saint-Michel...

Nous avons canoté sur la Marne en frôlant des îles à guinguettes. Retrouverai-je jamais, entre Champigny et Chennevières, cette voûte de branches tombée de la rive, ces racines glauques, ces ronds de soleil tremblant sur l'eau noire, tout ce refuge d'ombre fraîche où nous avons causé à libre esprit, hors du temps, hors de notre vie, un peu fous ?... Une flèche de lumière rousse a glissé sous les feuilles, nous nous sommes aperçus que le soir venait. Nous avons remonté vers Joinville, sous un grand ciel vert, en ramant de toutes nos forces. Subran ramait mieux que moi ; il me le criait avec des éclats de rire que l'eau portait d'une berge à l'autre : nous voyions, derrière les palissades, les joueurs de boules lever la tête pour écouter le rire superbe, et des femmes en blouses claires apparaître sur le chemin...

Un mois après, Subran était mort. Une lettre me l'a dit dans la tranchée du bois Loclont ; et j'ai cru ce qu'elle me disait, à cause de la fusillade et du sous-bois tragique. Mais comment pourrais-je croire encore, maintenant, que j'ai tenu cette boîte blanche entre mes mains ?

Qu'est-ce qui est vrai ? Voici que Presle débite de petites choses anachroniques, parle d'une décision qui « mute » des officiers, annonce au bataillon l'arrivée d'un commandant : « Le capitaine Rive revient à la 7e ; le capitaine Prêtre s'en va à la 3e... Le nouveau commandant ? Il s'appelle Sénéchal. Il a été blessé en septembre, on ne peut pas dire le contraire. Mais pourquoi est-ce l'arrière qui fait les promotions ? Pourquoi donne-t-on une ficelle neuve comme prime à un départ au front ?... Encore une chose, dit Presle, qu'il faudrait écrire aux journaux. »

La toile de tente, roulée au sommier de la porte, découvre derrière ses épaules un versant herbeux qu'éclaire le soleil : soleil frissonnant et mouillé, mais d'une pureté légère qui semble d'autrefois.

« Veux-tu me laisser passer, Presle ? »

Je vais aller parmi les arbres, soulever sous mes pas les feuilles mortes et regarder jouer la lumière sur l'écorce lisse des hêtres. Se rappeler est cruel et doux ; c'est ce bavardage de Presle qui fait mal, cet abri fumeux, cette piste de boue aux empreintes profondes : combien d'hommes, cette nuit seulement, ont-ils enfoncé dans cette boue le poids de toute leur misère ?

L'herbe des talus scintille. Voici les premières plantes des bois, les touffes de genêt, la mousse. Et voici, au sommet, la lumière que je cherchais.

Une fois ou deux, à la fin de septembre, par des soirs si vastes, si paisibles que la mélopée des 75 n'en troublait point le recueillement, par des soirs d'or rouge qui flambaient au bout du layon, tandis que derrière moi les hommes n'osaient parler et sans bruit foulaient la terre moite, j'ai cru entendre battre le cœur puissant de la forêt. Mais jamais, autant que ce matin où la lumière ruisselle à travers les ramures et baigne sous la futaie les feuilles du dernier automne, je ne l'ai sentie autour de moi vivante, vénérable à la fois de toutes les saisons anciennes et soulevée, au-dessus de ses frondaisons mortes, vers sa jeunesse inépuisable, à chaque printemps renouvelée.

Je suis allé dans la forêt et j'y resterai tout le jour, seul. Je descendrai dans ce trou qui vient de s'ouvrir à mes pieds, entre les racines du plus gros des hêtres. Je m'y assoirai du côté du soleil, et personne ne me verra, et personne ne pensera plus à moi. Peut-être qu'alors je m'engourdirai, que j'oublierai mon corps et rêverai très loin d'ici.

On est bien, dans ce trou. Une des parois, en saillie, forme un siège à la taille d'un homme. En se penchant un peu, on appuie ses coudes sur l'autre paroi ; la tête s'incline, tout le corps obéit, machinal : et quelque chose vous manque, qui est un fusil dans les mains.

Au fond du trou brillent des douilles de cartouches. L'écorce du hêtre s'étoile de plaies profondes, où la sève a rougi ; et les feuilles mouillées sont brunes, comme des taches que j'ai vues... On s'est donc battu jusque-là, en septembre ? J'aurais cru moins loin.

Alors, et presque ensemble, tous les arbres me montrent leurs blessures, leur chair poignardée par les balles, lacérée par les éclats d'obus. Les trous de tirailleurs se rapprochent, se relient en tranchées hâtives que l'hiver a laissées nues. Les Boches ont dépassé la crête : cette tranchée fut à eux, où se rouillent des chargeurs. Les arbres, lorsque je me retourne, sont blessés des deux côtés.

Ici, les nôtres ont avancé très vite, sans avoir tiré, sans qu'on ait tiré sur eux. Et ici la lutte a repris, plus âpre... Une batterie de campagne a dételé dans cette clairière. Les obus l'ont cernée sauvagement. L'eau des pluies y verdit au fond des entonnoirs, les arbres mutilés achèvent seulement d'y mourir : cela met longtemps à mourir, un arbre.

Ici, les nôtres ont avancé, pied à pied, mort à mort. Ils se sont pansés sur place, et cette bande de toile très blanche, restée accrochée dans les ronces, est devenue tout à coup inutile : un pas de plus au cœur du fourré, je marchais sur la première tombe. Elles étaient sept, toutes pareilles, ainsi perdues dans la forêt, et que j'ai retrouvées trop tard...

Presle disait :

« Le commandant Sénéchal a été blessé en septembre ; on ne peut pas dire le contraire. »

On ne peut pas. C'était dans les bois de Septsarges, le 1er septembre, le jour où Dalle-Leblanc a reçu une balle dans le ventre. J'ai veillé longtemps, cette nuit-là. Il faisait déjà froid ; les blessés perdus appelaient entre les lignes des brancardiers qui ne viendraient pas ; plus poignant que ces plaintes humaines, le hennissement d'un cheval mourant pantelait sous les étoiles.

On ne peut pas dire le contraire. Subran est mort, tous les autres que je sais sont morts... Tout cela fut la guerre que j'ai faite, et qui m'a laissé vivre. Alors pourquoi suis-je là, maintenant que cette guerre est finie ?

Je me suis arrêté à la lisière de la forêt, derrière des broussailles mêlées de branches mortes. Je ne voyais point, à mes pieds, la pente de la colline, ni le Longeau dans la vallée, ni les maisons fracassées des Eparges. Mais je voyais devant moi d'autres pentes désolées dont la couleur, malgré la lumière, était la couleur de la boue. Je reconnaissais nos deux villages, celui des quetschiers, celui d'en haut ; et je voyais ramper le long des huttes des hommes qui étaient mes semblables. Il y avait, plus loin qu'eux, le ravin au bois rouillé, le piton malsain couturé de tranchées, le col de Combres et la montagne aux sapins bleus : il y avait, barrant la Woëvre et le ciel, cette ligne de terre tragique, où pour nous finissait le monde.

« Dans deux jours nous retournerons là-bas ; et nous nous arrêterons, comme d'habitude. Le mois dernier, le 1er bataillon a « fait un bond » de cinquante pas ; ce mois-ci, des géodésiens sont venus, et ils ont mesuré vingt-six mètres de boue... Comprends que le temps est passé où l'on se battait tout un jour pour un enjeu splendide, que cette guerre est une chose sérieuse, où la méthode, la prévoyance et le travail gagneront à la fin la victoire... Sois raisonnable dès aujourd'hui, sous peine de ne l'être jamais. Rentre dans ton abri, où graillonne à cette heure le ragoût de Figueras ; mange, et bois ton café, puis ta gniole, en fumant ta pipe : notre victoire n'en sera pas compromise. Et dis adieu à ton capitaine, que « mute » la décision d'hier, de la 7e à la 3e. »

Avant de redescendre, je suis passé devant les tombes. Il y avait encore, non loin d'elles, des havresacs et des équipements presque neufs. J'ai ramassé tous ceux que j'ai pu, et je les ai apportés dans l'abri.

« Vous êtes un bon officier », m'a dit alors le capitaine Prêtre.

C'était la première fois qu'un de mes chefs me disait cela : mais c'était, peut-être, parce qu'il s'en allait.

***

Il a fallu, dépassant l'église, suivre la rue plus loin qu'à l'ordinaire, jusqu'aux dernières maisons. Avant l'église, après l'église, c'est le même village de murs noirs, dont les crêtes ébréchées collent au ciel nocturne. Et la rue est la même, caillouteuse et bossue sous les fumiers épars.

« C'est ici, avertit l'homme de liaison. Donnez la main : le couloir est traître. »

Je n'y vois goutte. Malgré les doigts qui serrent les miens, je me heurte aux cloisons et bute contre des marches.

« Attention ! Encore une. »

Celle-ci descendait, et j'ai cru tomber dans une cave. Mais un dur parquet a cogné mes talons, et, lorsque j'ai tendu le bras, je n'ai plus rencontré de cloison.

« Où sommes-nous ? ai-je demandé.

— Au presbytère.

— Je le sais bien. Mais où, dans le presbytère ? »

L'agent de liaison n'a pas répondu. Quelque chose, dans un coin, a remué tout à coup avec un bruit étrange, un déclic d'abord, puis une sorte de roulement vif et doux. Je me suis arrêté d'un sursaut : j'attendais, sur mes gardes, autre chose. Pourtant j'ai sursauté encore, lorsque le carillon s'est mis à sonner. Clair, guilleret, il égrène les unes sur les autres ses notes tintinnabulantes ; il se dépêche, se trémousse ; il vibre, absurde et charmant, comme la lumière d'un matin d'été. Mais la nuit, d'une masse, retombe du toit béant : le carillon rentre dans son coin, et la pluie, goutte à goutte, claque sur le parquet.

« C'est l'horloge de la salle à manger, dit l'agent de liaison. Le curé couchait là derrière... On y est. »

Il soulève une tenture. J'entends des rires ; je respire une odeur de café ; une tiédeur de charbon me frappe le visage.

« Mais entrez donc ! » dit le capitaine Prêtre.

Il me serre les mains, heureux de me revoir comme si toutes les nuits de l'hiver nous avaient séparés, au lieu de cette seule dernière nuit.

« Approchez, que je vous présente... Voici Pellegrin, le Père Pellegrin ; voici Lamarre, et voici Grégoire... Asseyez-vous : nous allons boire le café ensemble. »

Deux bougies brûlent sur la table cirée, où leurs flammes vacillent à l'envers. Une longue glace, debout dans l'angle près de la fenêtre, me renvoie mon reflet à nez rouge, entre le visage du moine bénédictin, pâle, blond, avec des yeux de brume bleue, et la barbe royale de Lamarre. Grégoire, assis à ma droite, ne me montre, de profil, que la longueur de son nez.

« On se retrouvera souvent, n'est-ce pas ? »

Je réponds oui, avant qu'ils m'aient quitté. Mais quand ? mais où ? puisque de trois jours en trois jours les trois bataillons tournent l'un devant l'autre, et ne s'effleurent, un instant, que la nuit... Peut-être, un jour entre les jours, serons-nous soldats du même régiment.

« A bientôt ! » me disent-ils.

Oui, qui sait ?... Peut-être bientôt.

Ils sont partis. Porchon est sur les routes et relève les postes. Le capitaine Rive, que j'attends, n'est pas arrivé encore. Je suis seul, avec le portrait-chromo de Pie X, qui me regarde et me bénit ; avec le lit à sommier neuf ; avec les fleurettes des murs ; avec les livres qui chargent les rayons de bois blanc.

Je ne toucherai pas les livres du curé : mes mains, engourdies par le froid mouillé, ne peuvent que rester dans mes poches... *Breviarium romanum, Vie des Saints, Histoire de l'Eglise, Œuvres complètes de Fénelon,* les livres se sont penchés sous le poids du lance-fusées ; et la *Ruche* est tombée, comme sont mortes les abeilles du jardin.

« Bonjour, mon capitaine. »

Il entre d'un pas lourd, son « pic » de Gibercy à la main. Son dos se voûte un peu sous la pèlerine du manteau.

« Vous voyez, c'est moi ; je reviens. »

Il se laisse tomber sur une chaise et tend ses jambes vers les tisons. Il me parle comme jamais il ne l'a fait. Cordial et fatigué, il réveille des souvenirs aussi vieux que la guerre.

« Vous rappelez-vous, lorsque vous êtes arrivé, à Gercourt ?... Vous veniez de Normale supérieure. Je n'aime pas beaucoup cette école... Vous ne m'avez pas fait très bonne impression.

— Mon capitaine, je m'en suis aperçu. Vous m'avez parlé d'apprentissage. Et vous avez souri, sans savoir qui j'étais, d'un sourire que je n'ai pas oublié.

— Nous venions de nous battre, dit le capitaine Rive. Nous étions très las ; et votre uniforme était si neuf ! »

Il regarde ma culotte rougeâtre dont le drap mûr éclate aux genoux ; il regarde ma vareuse verdissante, dont les galons décousus se roulent sur eux-mêmes, mes mains dures aux ongles usés, ma barbe mal taillée, enfin mes yeux, longuement.

« La guerre a passé sur vous », dit-il.

Au bout d'un instant, avec un hochement de tête triste, il ajoute :

« Sur moi aussi... »

Il y a déjà longtemps qu'il fait jour. Nous continuons à causer, tandis que les deux bougies achèvent de brûler sur la table.

« Vous devriez soulever ce drap », dit le capitaine Rive.

Je me lève, vais à la fenêtre. Sur l'appui, deux éclats d'obus monstrueux maintiennent les bords de la toile et la raidissent à longs plis.

« Quel temps dehors ?

— Il pleut. »

Il pleut sur le jardin aux allées droites, bordées de poiriers en quenouille. Il pleut sur les ruches pourrissantes, sur les moellons des murs, et là-bas sur les pentes du Bois-Haut, sur les hêtres dépouillés, sur les tranchées des mitrailleurs.

Le capitaine Rive s'est approché. Il touche les éclats d'obus, palpe leurs dents d'acier froid. Il regarde la pluie qui tombe sur le jardin, lève les yeux vers les arbres noyés, au pied desquels s'entrevoient les trous noirs des cagnas. Ses lèvres s'agitent à peine. Il murmure :

« Maintenant... »

Est-ce qu'il a jamais plu, aux Eparges, comme ce matin ? Le drap mouillé se gonfle et nous chasse dans la chambre. Nous revenons vers l'âtre où sifflent quelques charbons. Nous n'allumerons du bois que ce soir, à cause de la fumée.

Voici Porchon qui rentre. Nous sommes là, tous les trois. Le paquet de tabac est sur la table, près de nos pipes et du papier à cigarettes, près des deux bougies neuves que je viens de sortir de mon sac, et que nous allumerons cette nuit, à la place où toutes les bougies ont marqué deux seuls ronds noirs, parmi les taches de suif refroidi.

La route allait vers Saint-Rémy. Elle s'arrête à cette barricade, faite de carrioles, de tonneaux, de charrues à quoi s'enlacent des barbelés. Les ténèbres, là-dessous, sentent le fumier. On y entend chuchoter les derniers Français.

L'autre route allait vers Combres. Près des saules, elle bute contre une barricade, pareille à celle de Saint-Rémy. Les ténèbres, ici, sentent la vase. Le pas d'une sentinelle perdue va et vient sur la route.

« Halte-là !

— C'est moi, Jaffelin. »

L'homme relève son fusil. Nous causons un peu, à voix basse.

« On s'habitue, la classe 14 ?

— Oui, mon lieutenant... Ça nous a pris comme les autres.

— Qu'est-ce qui vous a pris ?

— Mais ça, dit Jaffelin... Tout. »

Il montre la barricade, le village et les prés, les collines, toute la nuit. Au flanc de la montagne de Combres, une lueur éblouissante s'allume, darde par-dessus nous un long rayon pâle, où les gouttelettes de pluie dansent comme des poussières. Le projecteur cherche la route de Mouilly, tâtonne une seconde, et s'éteint.

« Les Boches se gourent sur nos relèves, dit Jaffelin. Mais si jamais ils viennent à savoir l'heure, on s'ra gentiment épinglés... Faudrait casser la gueule à c' truc-là.

— Qu'est-ce que tu faisais, Jaffelin, au mois d'août ? »

Il me regarde, interdit :

« Ce que j' faisais ?

— Oui, ton métier... dans la vie civile ?

— Ah ! dit Jaffelin. Je m' demandais bien... J'étais comptable, mon lieutenant. »

Derrière nous les ténèbres se déchirent, dans un éclair rougeâtre où surgissent des silhouettes d'hommes. L'un d'eux tousse ; on entend, lorsqu'ils font un pas, le happement de la glaise où leurs jambes s'engloutissent. De l'autre côté des maisons, une seconde batterie de fusils craque. Puis un silence retombe où l'on perçoit, très loin, vers Saint-Mihiel, le battement sourd d'une canonnade. Au sommet du Bois-Haut, une mitrailleuse égrène sa bande de cartouches. Elle se tait, et la fusillade du Loclont crépite derrière la Calonne, se gonfle en rafale, meurt soudain. Mais aussitôt, déchirante, la batterie de fusils crache derrière nous ses huit flammes rouges. L'autre batterie répond, au delà des maisons. Cinq ou six bombes, à la file, aboient vers la ligne des tranchées.

« La nuit est calme, cette nuit, dit Jaffelin. A tout à l'heure, mon lieutenant. »

Je l'abandonne, près de la barricade. Je vais plus loin, jusqu'au point où la route s'infléchit avant de pénétrer dans le col.

Je ne me suis même pas aperçu que je marchais dans l'herbe de l'accotement pour étouffer le bruit de mes pas. Il ne pleut plus. Quelques étoiles brouillées vacillent derrière le vol des nuages. L'eau du ruisseau, entre les saules, pipe la lueur des fusées et s'enfuit avec elle.

« Halte-là !... C'est vous, mon lieutenant ? »

Ils m'attendaient. Ils surgissent du fossé où ils étaient cachés, sur quelques bottes de paille mouillée. Le caporal Runel me dit :

« Asseyez-vous donc cinq minutes. »

Et il m'offre, dans son quart, une gorgée d'eau-de-vie.

« Y a une patrouille qu'est dehors, chuchote-t-il : Butrel, avec Beaurain, et un troisième que j' n'ai pas connu. C'est Butrel qu'avait r'péré tantôt, à la jumelle, une cabane au bord du Longeau. Ils sont partis avant la lune, pour chercher c' qu'il y avait d'dans. On les a vus passer tout à l'heure ; on les attend rentrer par ici... Mais i's n' sont pas encore à l'instant. »

Runel se baisse, d'un geste instinctif, parce que le projecteur vient de se rallumer, sous les sapins de Combres. L'antenne de lumière balaie la vallée, se rétracte et s'allonge, accroche enfin la route de Mouilly, que lentement elle frôle. Elle disparaît, mais pour jaillir encore et cette fois frapper la route, comme une balle.

« Ils savent y faire », dit Runel.

Deux sifflements hargneux lui coupent la parole, deux coups de départ derrière nous, deux éclatements presque simultanés. A peine avons-nous vu, sous le foyer blanc du projecteur, fulgurer deux flammes sanglantes : toute la montagne de Combres est redevenue noire, des assises au sommet. Elle semblerait morte, n'était la plainte des balles qu'elle laisse s'échapper et qui tissent dans la nuit, très haut, leur trame cristalline.

Et bientôt, plus vite que peut battre une paupière, elle rouvre son œil de cyclope sous le bois sourcilleux et recommence à scruter notre nuit.

« Zyeute toujours, dit un des hommes. Le Montgirmont finira bien par t'avoir.

— Mon lieutenant, m'informe Runel, je vous signale qu'un des fusils de la batterie 3 a dû glisser hors de son encoche : il tire très bas, presque sur nous. Vous voudrez bien passer voir, en rentrant ?

— Entendu : je passerai. »

Je quitte le petit poste, retrouve Jaffelin, les spirales des réseaux Brun, la barricade à odeur de vase. Par un étroit passage entre les murs de deux maisons, je gagne les prés boueux, patine jusqu'à la haie derrière laquelle se cache la batterie. Sur une échelle horizontale, aux montants entaillés au couteau, les huit hommes ont couché leurs fusils, sans les pointer, sans les assujettir. Cela doit tirer sur un point repéré, — une tranchée, un boyau, une piste, — les huit détentes pressées à la fois par une tringlette enfilée dans les pontets, la tringlette elle-même manœuvrée par un homme qui tient une ficelle à la main. Le bois de l'échelle travaille et gondole. De salve en salve, les fusils glissent, se braquent vers le ciel ou piquent vers la terre : la batterie devient un jouet inefficace et dangereux.

Sur le pont du Longeau, l'une derrière l'autre, trois ombres glissent lentement. La flamme d'une allumette danse aux doigts de Butrel et colore son mince visage : la patrouille rentre au presbytère, où Porchon doit l'attendre.

Lorsqu'il sera minuit, je rentrerai à mon tour. Je gratterai mes chaussures et mes molletières pâteuses et m'allongerai sur le lit du curé. Mais auparavant, je passerai une heure dans l'avant-dernière maison, avec ceux de mes hommes que le service laisse libres, et qui ne dorment pas.

Ils sont assis autour de la bougie que masque un écran de carton. Ils ne jouent pas aux cartes, ce soir. Ils causent, leurs rudes visages seuls hors de l'ombre. Je reconnais le sergent Souesme, le sergent Liège, le caporal Patoux, Pannechon et le grand Chantoiseau.

« Tout de même, dit Souesme, penser qu'on a là-bas, dans une maison de la rue d'Hauteville, au quatrième, un môme à soi qu'on n'a jamais vu, qu'on pourrait prendre dans ses deux mains, avec les deux pattes sales que voilà... C'est mon premier, Liège, tu sais... J'aurai bientôt la photographie. »

Liège entrouvre sa capote et sort son portefeuille :

« Mes deux filles, tu vois. La maison derrière, avec la vigne vierge, c'est chez nous... Elles ont voulu qu'on les prenne avec leur ami Cyrano : ça n'est pas un très beau chien, mais tu ne trouverais pas une bête plus affectueuse.

— Chez moi, dit Chantoiseau, j'en ai quatre. Il n'y a pas de photographe au bourg... Quand même... Quand même... »

Et Chantoiseau, les yeux grands ouverts, les regarde tous les quatre.

Ils ont surpris, vers le Bois Carré, un patrouilleur allemand ; et ils l'ont assommé. Ils ont fureté dans toutes les maisons du village ; et ils les ont mises à sac. Ils sont entrés dans la sacristie ; et ils ont forcé les armoires, volé les chasubles, les étoles et les linges sacrés.

Cette nuit, ils s'en vont. En attendant que les postes rejoignent, ils se sont couchés sur les marches de l'église. Pas un ne parle, pas un ne bouge. D'instant en instant, il y en a un qui tousse, d'une toux rauque et profonde.

L'église, dressée vers un ciel cuivreux, laisse tomber devant elle un vaste pan d'ombre où ils se sont blottis. Je ne vois d'eux que cette masse immobile et couchée, cette masse de fatigue prostrée sur les degrés de pierre.

Je les ai trop regardés vivre. Je sais que celui-ci est un lâche, et celui-ci une brute, et celui-ci un ivrogne. Je sais que le soir de

Sommaisne, Douce a volé une gorgée d'eau à son ami agonisant ; que Faou a giflé une vieille femme parce qu'elle lui refusait des œufs ; que Chaffard, sur le champ de bataille d'Arrancy, a brisé à coups de crosse le crâne d'un blessé allemand... J'ai trop regardé les lueurs troubles de leurs yeux, les tares de leurs visages, tous leurs gestes de pauvres hommes. Je les ai regardés faire la guerre, et j'ai cru que je les voyais, peut-être que je les connaissais.

Mais les yeux de Chantoiseau, cette nuit ? Mais eux tous qui sont là, couchés, et que je vois pour la première fois ?... Ce sont eux. Ils respirent d'un grand souffle las. Membres mêlés, ils se donnent l'un à l'autre tout ce qu'ils se peuvent donner : la chaleur de leur corps misérable. « Mon frère qui grelottes, approche-toi davantage, et que toute ta chair se réchauffe... Mon frère qui ne cesses de tousser, endors-toi sur le bras que voilà, et que ta poitrine n'ait plus mal... Mon frère qui dors sur mon épaule, tu as raison d'avoir confiance en moi : je respirerai doucement pour ne point t'éveiller. »

Au-dessus d'eux, un gémissement tremble dans les ténèbres. L'oiseau nocturne s'envole du clocher, monte vers le plein ciel à grands coups d'ailes silencieux : il me semble que je vois leur âme, leur âme sombre qui se délivre.

Par Mouilly, le Moulin-Bas, Amblonville, nous sommes allés vers Rupt comme vers notre passé. Nous avons reconnu à Mouilly, autour de l'église sans vitraux, la foule des croix neuves pressées dans l'étroit cimetière, l'humide vallon où la ferme s'allonge près de la mare aux arbres fins, et cette colline moussue dont nous avons, un matin de soleil, cerné la crête d'une tranchée pacifique.

Mais comme Rupt a changé ! Le ruisseau coule dans une plaine rase, balafrée d'ornières, sans une touffe d'herbe : des canons gris badigeonnés de fange ; des hangars couverts de chaume ; des chevaux à l'attache, tristes bêtes faméliques, aux grands yeux farouches et doux ; des artilleurs assis au bord de la route ; d'autres qui cheminent à travers la plaine, des bottes de paille sur les épaules, des seaux de toile au bout des bras ; et toujours des canons alignés, d'autres hangars, d'autres chevaux ; toujours cette couleur de chaume et de boue, couleur de nos visages, couleur de la guerre...

« Essuyez vos pieds, là donc ! »

Mmes Porcherot, mère et fille, nous ont regardés avec méfiance. Il y avait chez elles un capitaine du 25. Cérémonieusement, elles nous ont mis à la porte.

Nous passerons nos trois jours dans cette maison abandonnée. Nous achèterons à la bouchère des cigarettes de tabac d'Orient, au tailleur des huîtres portugaises ; et nous irons à la messe de minuit.

Au feu des cierges, entre l'âne et le bœuf, l'enfant Jésus tendra vers nous ses menottes de cire rose. Le sous-lieutenant Dast, et Béjeannin l'infirmier, chanteront un hymne à Jeanne d'Arc ; et toute la nef, ensuite, s'emplira d'un chœur de voix graves, d'une lamentation qui ne finira plus :

Ils étaient forts, jeunes et beaux,
Pleins de vie et d'espoirs nouveaux ;
Ils sont partis en chantant !

Les flammes des cierges tournoieront. L'officiant, à l'autel, nous semblera reculer très loin, au fond d'une vapeur d'encens. Et toujours, d'un bout à l'autre du vaisseau, prisonnier des voûtes de pierres, se lamentera le chœur des voix profondes :

Ayez pitié de nos soldats
Tombés dans les derniers combats...

Pitié pour nos soldats qui sont morts ! Pitié pour nous vivants qui étions auprès d'eux, pour nous qui nous battrons demain, nous qui mourrons, qui souffrirons dans nos chairs mutilées ! Pitié pour nous, forçats de guerre *qui n'avions pas voulu cela*, pour nous qui étions des hommes et qui désespérons de jamais le redevenir !

IX

LA GUERRE

25 décembre-5 janvier.

« C'est pour demain, dit le médecin-auxiliaire. Demain matin huit heures. Il y a des batteries tout le long de 372, des batteries derrière Senoux, des batteries dans le Bois-Haut, des batteries partout... Le tir commencera d'un seul coup, toutes les dragées en vrac sur le saillant boche. On allongera au chronomètre. Le bataillon du 6-7 sortira, deux compagnies première vague, deux autres appuyant l'assaut... »

Le médecin-auxiliaire pérore avec une assurance qui nous gèle. Accoudées sur la table, devant leurs assiettes encore pleines d'écailles d'huîtres, les deux filles du tailleur l'écoutent, médusées. Le tailleur a reculé sa chaise vers la cheminée. Penché sur l'âtre, les pincettes à la main, il tisonne, et ne nous montre que son dos rond.

« C'est égal, intervient Ravaud, il y a des choses qu'il vaut mieux garder dans ses poches... On laisse traîner ça sur le coin d'un meuble ; on s'en fout ; et comme par hasard...

— Quoi ? Quoi ? dit le jeune toubib.

— Oh ! rien », répond Ravaud.

Le mot tombe comme une pierre. De grands cercles de silence s'élargissent jusqu'aux murs et l'orateur, très rouge, regarde obstinément ses ongles.

Porchon, pour faire diversion, tire sa montre et proclame sa surprise :

« Eh bien vrai ! Si je me doutais de l'heure qu'il est !... Vite à la popote, mon vieux ! Nous allons nous faire sabouler. »

Dans la rue ténébreuse, nous marchons sans rien nous dire. Une porte de grange s'ouvre en geignant. La lumière qu'elle démasque éclaire une carriole paysanne, en attente au bord du trottoir.

« Huchet ! appelle une voix... l'est pas là, Huchet ? »

Assis dans la carriole, deux fantassins, le visage terreux, fument leur pipe.

« Blessés ? leur demandons-nous.

— Non, mon lieutenant ; les pieds pourris : on nous a oubliés dans la flotte.

— Huchet ! Huchet ! » crie toujours l'infirmier.

Nous entendons l'homme, au passage :

« Ben voilà, quoi ! Tu sais marcher sur les mains, toi, peut-être ? »

Il sort, suspendu aux épaules de deux camarades. La porte de la grange se referme, et toute la rue s'éteint. Il fait très froid. Des reflets vagues, à travers la place, miroitent sur la boue gelée. Autour de l'abreuvoir, on entend craquer le verglas sous les pas d'hommes invisibles.

« Dépêche ! Dépêche ! » me dit Porchon.

Il entre dans le couloir de la « caserne », une grande maison pleine d'officiers, de cuistots, d'ordonnances, où claquent des portes, où bourdonnent des voix à travers les cloisons. Le capitaine Rive et le docteur, arrivés avant nous, causent au coin du feu.

« J'ai vu Ancelin tantôt, raconte le capitaine. C'est lui qui commande les compagnies d'assaut. Il me disait... Ah ! vous voilà, jeunes gens ?

— Bonsoir, Messieurs », dit le commandant Sénéchal.

Il entre, mâchonnant le bout d'un cigare. Il est plus rouge encore que de coutume. A sa moustache raide, poils blonds et poils blancs mêlés, de minces glaçons scintillent et fondent.

« Gelé ! Une bonne soupe chaude par là-dessus... Eh bien, Rive, tu dors ?... Mettons-nous à table, Messieurs. »

Nous dînons, en échangeant de vaines paroles. Le Labousse, qui s'ennuie, modèle des totons en mie de pain qu'il fait tourner sur la toile cirée. Le capitaine s'enveloppe d'un rêve taciturne. Le commandant, une fois de plus, témoigne d'un appétit massif.

Presle, ayant mis sur la table la bouteille de fine, ranimé le feu qui s'éteignait, rangé dans la « cantine à vivres » les boîtes de conserves inutiles, vient enfin, à regret, de se décider à partir. A peine a-t-il fermé la porte que Porchon, me regardant, cligne d'une paupière.

« Alors, mon commandant, c'est bien cette nuit que nous partons ?

— Mais oui.

— Et nous allons au carrefour de Calonne ?

— Mais oui, au carrefour de Calonne.

— Comme... d'habitude ?

— Comme d'habitude. »

Porchon, déçu, me regarde encore. Il hésite, m'encourage des yeux... A mon tour.

« Mon commandant, nous avons causé tout à l'heure avec un médecin auxiliaire du 6-7. Il nous a dit des choses... intéressantes. Il avait l'air très sûr de lui, très renseigné...

— Il faudra me l'indiquer, dit le commandant Sénéchal. S'il postule pour une place de cuistot, je lui promets avis favorable. »

Ayant dit, le commandant ouvre la boîte de *ninas*, choisit un fumeron noir et l'allume. Après quoi, de sa voix sifflante d'asthmatique, il raconte un drame de Sardou qu'il a vu jouer l'année passée, par une troupe « de premier ordre »... A la fin du cinquième acte, le cigare lui brûle la moustache. Il le jette alors, boit une dernière gorgée de fine et se lève :

« Bon sommeil, messieurs ; il n'est que temps. Je vous rappelle que le réveil est à trois heures, — *comme d'habitude.* »

Nous rentrons dans la maison abandonnée, et nous nous mettons au lit. A travers le mince plafond, nous entendons les pas des hommes qui gîtent dans le grenier, la chute de leurs corps sur la paille. Et tous les bruits s'apaisent, peu à peu. Une souris grignote du côté de l'armoire, trottine sur le carrelage et plonge dans quelque trou. Alors, là-haut, dans le grand silence, deux hommes couchés côte à côte se mettent à causer :

« Brémond t'a dit ?

— Oui.

— Demain matin huit heures ?...

— Oui.

— C'est le 6-7 qui se tape l'attaque. Nous aut'es, on est réserve.

— T'es sûr, au moins ?

— Oui, sûr.

— Mais si l'attaque loupe avec el 6-7 ?

— Si l'attaque loupe ?

— Oui.

— Ah ! quand tu m' demanderas... Laisse ça, va ! Pour l'instant, on est réserve. Pense qu'on est réserve, et pionce par là-dessus. »

Le commandant Sénéchal a parlé ce matin, au bord de la route des Trois-Jurés.

« Froid de canard, messieurs !... C'est pour huit heures. »

Le médecin auxiliaire avait raison. Les deux hommes, cette nuit, avaient raison. Tout ce qu'ils ont dit est exact, point par point. Nous devons retrouver, à Calonne, le 1er bataillon de chez nous, en formation d'attente sous le bois. Nous arriverons derrière lui ; nous nous formerons à notre tour, — faisceaux d'armes, faisceaux de sacs. Et nous n'aurons plus, formation d'attente, qu'à attendre.

« En avant, marche ! »

Il fait si froid qu'on ne pense à rien. Une aube incolore sourd de tout le ciel. On avance, engourdi, sans rien voir que la route pâle, et vaguement parfois, debout en avant du taillis, un grand hêtre isolé qui ressemble à un arbre de pierre.

Quand nous arrivons à la cabane du cantonnier, nous nous apercevons qu'il fait jour. Et aussitôt, au creux de nos poitrines, une sensation bizarre point et grandit, une sorte de chaleur pesante, qui ne rayonne pas, qui reste là comme un caillou.

« Ligne de compagnie face à gauche... »

On s'arrête, bordant le fossé.

« Sacs à terre... »

Le capitaine Rive nous appelle. Ses moufles pendues au cou par un cordon, il y plonge les deux mains à hauteur de son estomac. Et ces mains empaquetées et pendantes lui donnent une allure blessée, une allure infirme qui fait mal à voir.

« Quelques mots à vos hommes, n'est-ce pas ? Les classe 14 surtout... N'oubliez pas que nous sommes réserve de réserve... Insistez sur l'importance de notre préparation d'artillerie... Tout le monde couché si l'artillerie boche riposte. »

Quelques mots à mes hommes ? Sans doute. Mais les mots que je voudrais leur dire, je ne pourrai pas les leur dire. Le 67 attaque : ils le savent... Pourquoi le 67 attaque-t-il ? Qu'est-ce qu'il attaque ? Dans quelle direction, vers quel but, avec quels espoirs ?... C'est cela que je voudrais leur dire. Et cela, je ne le sais pas, puisque personne ne me l'a dit, à moi.

Le capitaine Rive, le commandant Sénéchal le savent-ils ? Si je les interrogeais, ils me répondraient, bons soldats, que nous sommes « à la disposition », que nous n'avons pas besoin d'en savoir davantage.

On a regardé de loin ce mur, et l'on voudrait savoir ce qu'il y a derrière : on va prendre cette pioche et taper. Si les pierres sont trop dures, si le fer de la pioche s'émousse et se brise, on prendra la pioche « de réserve » et l'on continuera à taper.

Un coup de canon ; deux autres... Brusquement, une voûte sonore tombe du ciel, jette par-dessus nous des liens sifflants et rapides, qui se croisent, se joignent et se mêlent, tandis que derrière nous, sur nos flancs, devant nous, les coups de départ et les éclatements martèlent la terre, s'y plantent comme des pieux, achèvent de fermer durement le vacarme qui nous emprisonne, et désormais — pour quel temps ? — nous sépare du monde des vivants.

J'ai rassemblé mes hommes. Et voici que je leur parle : « Nous sommes réserve, c'est entendu. Mais peut-être que nous marcherons, nous aussi. Mieux vaut penser à cela tout de suite, s'y préparer, être prêts à l'instant venu... Est-ce que nous n'en avons pas vu d'autres, à la 7e ? Les anciens sont là pour le dire, eux qui tant de fois déjà... Quant aux jeunes, je suis bien sûr que ma confiance en eux... »

Les mots se pressent à mes lèvres, abondants, plus prompts que ma pensée. J'ai pris la parole tout à coup, sans songer à ce que j'allais dire, poussé par cette chaleur qui pesait morte au fond de ma poitrine, et soudain s'est mise à vibrer, à couler par tout mon corps, faisant battre mes artères, m'emplissant le cerveau d'une excitation fumeuse et trouble, presque sensuelle.

La canonnade s'exalte, rebondit et tressaille, avec des éclats cuivrés, des stridences, des espèces de rires. Elle nous cogne sur les nerfs, nous fait courir dans les reins de grands frissons glacés :

on dirait une fanfare puissante et sauvage dont le rythme nous empoigne violemment, nous jette à une frénésie morne où nous nous enfonçons sans pouvoir nous débattre, sans le vouloir, vaincus.

Et bientôt la fusillade se lève, s'allonge en nappe d'incendie, crible de pointes sans nombre la voûte énorme du canon, qui s'effrite, se lézarde, brusquement s'écroule et se tait.

La fusillade crépite dans ce poignant silence. Il y a du soleil sur les routes, du soleil à travers les branches. Et nous nous regardons, stupides, comme des gens qui s'éveillent.

C'est maintenant...

Nous avons erré tout le jour. Nous avons fumé des pipes à en avoir la gorge brûlée, la langue râpeuse. Nous avons passé deux heures dans une étroite carrière, près du poste de secours. Nous avons causé avec des camarades du 1er bataillon, avec le capitaine Prêtre, avec Grégoire et Lamarre. Nous n'entendions plus que des coups de fusil détachés, qui parfois se joignaient en gerbes, et que le vent nous jetait au visage.

Nous avons, à la nuit, échoué près du carrefour, du côté de la route de Mouilly. Le 1er bataillon, arrivé avant nous, s'était emparé des abris : il a fallu coucher dans des trous à ciel ouvert ou dresser nos toiles de tente du côté où soufflait le vent. De çà, de là, un feu maigre tremblotait autour duquel se serraient des ombres. Allongé contre moi, un homme toussait âprement ; et sa toux résonnait jusqu'au fond de ma poitrine.

Nous avons, nous aussi, allumé quelques branches : une aigre fumée montait vers les bords du trou, s'y arrêtait et retombait, rabattue par la toile de tente. L'homme toussait de plus en plus, la poitrine déchirée de quintes. A la lueur du feu, nous voyions son visage inconnu, rouge et couvert de sueur, ses yeux fiévreux et doux, ses joues salies de barbe grise.

« Comment t'appelles-tu ?

— Buchin.

— Quel âge as-tu ?

— Quarante-trois ans. »

Il prononçait « Buchéïn », avec un accent de soleil que n'ont pas les hommes de chez nous. Il avait quarante-trois ans, dix de plus que les moins jeunes des nôtres. A nos questions étonnées, il répondait entre deux quintes :

« Je sais bien que ça n'est pas ma place ; je sais bien que je pourrais réclamer... Bah ! que voulez-vous ; c'est le sort. »

De temps en temps, nous nous abîmions dans un sommeil grelottant et lucide. Je dormais, et j'entendais Porchon qui répétait, endormi comme moi :

« Sois tranquille, Buchin : je te ferai mettre aux voitures... C'est là qu'est ta place, Buchin : je te ferai mettre aux voitures. »

Et jusqu'au jour, sur la route, des pas sonnaient dans l'air glacé.

Pas d'ordres. Nous avons erré encore, autour des abris toujours pleins. Comme la veille, des coups de fusil s'égrenaient au lointain des bois, moins vifs que la veille, étouffés par un ciel plus sombre. Un froid mouillé stagnait sur le carrefour ; la terre devenait molle ; et sous la jonchée des feuilles la boue tendait ses gluantes embûches.

Vers midi, nous avons su : le capitaine Ancelin était tué ; notre camarade Ponchel était tué... Combien d'hommes tués ? *Des* hommes tués.

A la nuit tombante, le 1er bataillon est sorti des abris et s'est rassemblé sur la route des Eparges. Nous l'avons regardé partir et s'enfoncer dans le crépuscule : les hommes marchaient sous la pluie avec une lenteur tranquille, pas à pas descendaient vers le village, comme nous tant de fois, comme nous dans trois jours.

« Les pauvres gars ! » a dit quelqu'un.

Dix voix ensemble se sont récriées :

« Quoi ? les pauvres gars... Parce qu'ils allaient être aux tranchées dans une heure ? Parce qu'ils reprenaient leur tour ?... Tout le monde, heureusement, n'était pas si dégoûté... »

L'homme qui avait parlé a doucement secoué la tête ; et très bas, avec une espèce de honte :

« Mais non ; pas ceux-là... pas ceux-là.

— C'est vrai, avons-nous dit. Les pauvres gars !

— Quand même, oui... C'est grâce à eux... »

Et tous, avec le même lâche bonheur, nous sommes rentrés dans nos gourbis comme dans un vieux vêtement.

J'ai partagé, avec le docteur Le Labousse, un petit abri accolé à celui du capitaine Rive. Au-dessus de nous, la bourrasque faisait craquer les arbres. La pluie tambourinait notre toit de carton bitumé, qui se gonflait sous les rafales malgré les lourdes pierres dont nous l'avions fixé. Une à une, les pierres roulaient avec un fracas d'avalanche ; et la feuille de carton s'envolait, fuyait dans la tempête en claquant comme une voile.

Nous nous abrutissions à discuter métaphysique, à couper des cheveux en quatre. Le Labousse concluait que j'avais « une âme rose et grise ». Et je cauchemardais toute la nuit — noire et rouge — les tempes cerclées d'une migraine effroyable.

Chaque jour, un peu avant 2 heures, la petite voiture du vaguemestre, pleine de colis vêtus de toile, apparaissait au bout de la Calonne. Cahin-caha, vers le carrefour, trottinait le bidet au poil jaune et laineux. Et les hommes, par les quatre routes, — ceux de Verdun qui l'avaient vue passer, ceux de Mouilly, ceux d'Hattonchâtel, ceux des Taillis de Sauls, perdus à la lisière des bois, — arrivaient au carrefour en même temps que la petite voiture.

Plus tard, dans la nuit noire, nous entendions rouler les fourgons à vivres. Les corvées du 255, venues des premières lignes, s'arrêtaient, talons joints, devant la sentinelle...

« Qui vive ?

— Deux-cent-cin-quante-cinq. Cor-vée d'ordinaire... »

Le fourrier s'avançait, protocolaire. Et tout bas, au creux de l'oreille, il chuchotait le mot de passe.

Bien plus tard encore, longtemps après que nous avions dîné dans l'abri du commandant Sénéchal, quand la fumée du tabac nous cachait, les uns aux autres, nos visages, quand le rhum des « brûlots » n'était plus, au fond des verres, qu'un pâteux sirop refroidi, nous nous ranimions tous ensemble au bruit imperceptible d'une bicyclette sur la route. Nous entendions l'homme sauter à terre, poser sa machine contre la porte ; et tout de suite il apparaissait, débouclant sa sacoche gonflée ; et les lettres en débordaient avec un bruissement léger, comme pour venir d'elles-mêmes au-devant de nos mains tendues.

***

Bonne année !

Je répondrai aux lettres dans notre « maison » des Eparges, devant la fenêtre qu'y a percée le capitaine Sautelet. Je ne vois plus, sur mes mains et sur mon papier, danser la lumière des bougies. Le jour entre par la fenêtre ; et si je lève les yeux, toute la vallée se donne à mon premier regard.

Vallée triste, de prés jaunes sous un ciel sale. En me penchant un peu à droite, je découvre la fuite des collines, hérissées de bois violâtres ; un peu à gauche, et la montagne des Hures surgit d'un bloc sous sa couronne de sapins noirs. Et des Hures aux collines traînent de molles averses, qui ternissent encore les couleurs fanées des champs, qui pendent du ciel comme des haillons.

Il fait trop chaud ici. Le poêle bourré jusqu'à la gueule ronfle et craque. Une dernière mouche bourdonne, cogne le plafond et tombe sur la table, parmi toutes les mouches qui sont mortes.

« Bonnes années » d'autrefois... Par la fenêtre de ma chambre d'enfant, je regardais les moineaux sur la neige. Depuis longtemps, à travers mon sommeil, j'entendais vibrer le timbre de l'entrée : il y avait dans le vestibule, sur le coin du vieux bahut, des gros sous pour les mendiants, et pour les gosses des pipes de sucre rouge.

On est là... Porchon s'est étendu sur le bat-flanc, pareil à un homme endormi ; mais chaque fois que le chat vient frôler son épaule, il le repousse, d'un geste excédé. Le capitaine Rive, affaissé sur une chaise, roule ses longues cigarettes ; il ne s'est pas rasé ce matin : je ne m'étais jamais aperçu que sa barbe poussait presque blanche.

L'averse passe, et lentement dévoile les prés mornes que des trous d'obus éclaboussent. On est là... On y restera trois jours. Et puis l'on descendra vers Rupt ; on remontera de Rupt vers Calonne ; et de Calonne, encore, vers les Eparges.

On ne se révolte pas. On accepte toutes les heures. Mais ce soir, sans rien dire, on se couche sur le bat-flanc ; on allume l'une à l'autre des cigarettes qui ne finissent pas ; on regarde, sur une feuille de papier blanc, ses mains dures et gercées... Chacun pour soi, on laisse son cœur se gonfler de souvenirs. On n'a point honte d'avoir le cœur lourd.

« Mon capitaine ! Mon capitaine ! »

La porte claque, violemment poussée. Un homme apparaît, boueux jusqu'au ventre, l'air égaré.

« C'est l' capitaine Maignan... »

Rive s'est levé d'un bond, le visage envahi d'une brusque pâleur.

« Il est mort ?

— Non ! Non ! » répète l'homme.

Sur le seuil, Rive se retourne :

« Restez là... Attendez-moi... Nous ne pouvons monter tous ensemble. »

Et, il s'en va, derrière l'homme qui secoue la tête, et qui dit « non », toujours, comme s'il se débattait.

Nous nous sommes assis près du poêle, le dos courbé, les mains jointes entre nos genoux. A quoi bon parler ? A quoi bon même nous regarder ? Les dents serrées, nous attendons dans ce coin d'ombre.

Au ras du toit, quelqu'un court dans la friche.

« On vient ?

— Non... les pas s'éloignent. »

Porchon s'est dressé à demi, les mains serrant le bord de sa chaise :

« Ecoute, me dit-il, va-t'en... Nous n'avons pas besoin de rester deux ici... Monte. »

Il me pousse de son propre élan, de toute son angoisse :

« Va... Va... »

Et je cède ; je passe la porte qui se referme ; je prends ma course sur la pente boueuse.

Quelqu'un descend vers moi, à longues foulées glissantes. C'est le capitaine Rive, tête nue, la vareuse ouverte. Nous nous croisons ; il me regarde, sans rien dire ; mais dans ses yeux encore trop vrais, ses yeux qui n'ont pas eu le temps de refléter autre chose, je *vois* la mort du capitaine Maignan.

Le brancard est là-haut, posé sur la fange du sentier à côté d'un autre brancard. Ils sont deux, qui viennent d'être tués.

Celui-ci est un soldat, couché très droit, comme un gisant de pierre. Autour de lui, à haute voix, des hommes parlent. L'un dit :

« Ça l'a tapé juste au milieu du front; il n'a pas dû seulement faire ouf... »

Juste au milieu du front... C'est pour cela qu'on lui a mis un mouchoir sur la tête.

« Il montait par le boyau, dit un autre. Quand il est arrivé au tournant, il a enfoncé dans la boue : le parapet avait coulé en comblant presque le passage. Il n'a pas pris le temps de déblayer; il est sorti tranquillement. Et aussitôt... tsac ! En bas. »

Ravaud et Massicard sont là : ils m'ont vu ; ils s'écartent un peu, de chaque côté du second brancard.

Le capitaine Maignan, jusqu'à la ceinture, est enveloppé d'une couverture de laine. Le haut de sa poitrine, très blanche, apparaît dans l'entrebâillement de la capote déboutonnée. Dans sa bouche entrouverte on aperçoit le bord de ses dents ; et sur sa face livide, la cicatrice de la joue trace une dure ligne violette.

Comme il a maigri ! Son front que lave la pluie est plus lisse qu'un marbre ; sa tempe creuse s'emplit d'une ombre effrayante ; les pommettes saillent et distendent la peau ; toutes les chairs diminuées, collant à l'ossature, la laissent hideusement surgir. C'est donc cela, une « tête de mort » ! Cela, qui tout à l'heure ouvrait sur le monde les yeux du capitaine Maignan...

« Voilà, dit Massicard... Quelqu'un est passé devant la cagna, en criant que Soriot venait d'être tué au tournant du boyau 5. Il a couru, « pour se rendre compte »... Nous l'avons suivi, Ravaud et moi : nous le connaissions si bien !... Quand il est arrivé à l'éboulement, et que nous l'avons vu prendre appui des deux bras pour sortir, nous l'avons retenu par sa capote. Alors il s'est fâché ; il a voulu sortir quand même... Et tout de suite... La balle l'a traversé d'un flanc à l'autre. Il est retombé dans nos bras.

— Mort ?

— Non. Il nous a regardés, et il a dit : « Vous aviez raison, mes amis. » Nous avons tâché de le déshabiller, pour le panser ; le sang ne coulait pas beaucoup, mais il devait avoir une grosse hémorragie interne, qui l'étouffait... Quand le brancard est arrivé, il s'est mis à se débattre. Tout le temps qu'on le descendait, il se soulevait à grands coups d'épaules, en criant. Et puis, très vite, il s'est affaibli ; il s'est mis à parler avec une voix de gosse : « Ma mère... mon frère... la croix comme lui. » Et il est mort. »

Massicard tremble. Ravaud se penche ; doucement, il ramène sur le corps une des mains qui traînait dans la boue. Et lorsqu'il se relève il nous tourne le dos, pour que nous ne le voyions pas pleurer.

« Quelle pluie ! » dit-il.

L'averse ruisselle au visage de Maignan. On voudrait prendre un linge pour étancher les gouttes qui mouillent son front ainsi qu'une sueur d'agonie. Mais on le retrouve brusquement tel qu'une balle vient de le tuer, muré tel que le voici dans cette immobilité solennelle : et de nouveau, à travers tout l'être, on croit à la mort de Maignan.

Sur le front de Soriot, le mouchoir est devenu rouge. Ses pieds aux talons joints dépassent les bords du brancard. Ses mains à demi closes ont une pâleur de cire... Pauvres pieds bottés de cuir rude et de boue ! Pauvres mains inertes ! Pauvre homme...

Au-dessus de nous une balle chante, tirée du haut du piton. Brutal, Ravaud s'essuie les yeux. Et sourdement :

« Si je le tenais, celui-là ! »

Et puis il a un grand geste découragé. Il ne se détourne même plus. Les bras abandonnés, le visage nu, il pleure.

A minuit, sans quitter leur tranchée du ravin, les Boches se sont mis à hurler comme s'ils chargeaient à la baïonnette. Vers Combres, une de leurs patrouilles est descendue dans la vallée, devant les lignes du 301 ; et les nôtres ont entendu une voix qui cherchait à les attirer, camouflée en voix française : « Au secours ! A moi, camarades ! » Sur le piton, ils ont chanté ; ils ont brisé des bouteilles, braillé des mots obscènes et des injures. Toute la nuit, ils nous ont harcelés de fusées et de coups de feu.

Nous n'avons guère dormi, en bas. Etendus côte à côte, nous suivions le même songe douloureux : le lendemain de Noël, l'absurde attaque dans les bois, les lentes journées du carrefour, l'attente des lettres dans l'abri plein de fumée... Et puis les dernières heures, les averses qui passent, le cri de cet homme couvert de boue... Et devant nous les deux brancards, Soriot mort, Maignan mort.

Nous ne pouvons pas tout savoir. On nous a dit que les obus de nos 75, trop légers, avaient à peine mordu sur les retranchements ennemis. On nous a dit que la première vague avait heurté durement le musoir des mitrailleuses, et reflué, en laissant derrière elle une frange de cadavres. On nous a dit que le capitaine Ancelin, sûr d'être tué, s'était pourtant une seconde fois jeté contre les fils de fer intacts, parce qu'il en avait reçu l'ordre ; on nous a dit aussi qu'il était un officier admirable, et mieux encore, un homme de cœur.

Nous sommes venus aux Eparges ; et c'était la veille du jour de l'an. Nous avions oublié l'attaque du 26 décembre. Nous regardions au visage des heures notre propre mélancolie. Nous avions oublié... La guerre nous a durement punis.

Ce matin, nous mangerons des tranches de jambon fumé, des pommes jaunes et des mandarines ; nous boirons à pleins quarts un champagne mousseux et rêche ; nous fumerons des cigares à bagues rouges. Et nous bavarderons bruyamment ; et nos huttes, peut-être, résonneront de nos rires.

Mais oublier...

***

J'ai devancé, avec le campement, le départ du bataillon. Nous allons à Rupt, encombré de troupes au repos, pour essayer de conquérir une place à nos camarades fatigués. Comme toujours, la pluie nous accompagne, une pluie sournoise dont nous sentons à peine les gouttes, mais qui lentement pénètre nos vêtements et pèse sur chacun de nos pas.

A Rupt, dès l'arrivée, je dois mener une lutte odieuse contre des gens qui serrent les coudes pour mieux faire front aux intrus que nous sommes. A la place, à la mairie, à la prévôté, ce sont les mêmes arguties, les mêmes mensonges jésuitiques, le même égoïsme patelin. Un capitaine, à court de mauvaise foi, me montre lâchement ses galons. Un lieutenant, la bouche fleurie de phrases courtoises, cherche à me retirer des mains la clef d'une maison vide que l'on m'a confiée devant lui. Quand il comprend qu'il n'y parviendra pas, il change de visage tout à coup et me lance de grossières invectives.

« Tu viendras ce soir chez la mère Bourdier, me dit Lamarre que je rencontre. Il y aura quelques bons types, et de quoi boire. »

Chez la mère Bourdier, je trouve une dizaine de bons types. J'écoute un chansonnier de boîtes montmartroises, un caniche blond, aux yeux trop petits pour ce qu'on y voit luire de clairvoyance et de malice. J'écoute un grand sergent, tout en os, qui chante des chansons de Dranem. Il les chante mieux que Dranem, mais il a déjà beaucoup bu. Quelquefois, lorsque tombe une gaudriole plus épaisse, la mère Bourdier semble comprendre ; et elle glousse, le corsage dansant. Lamarre me verse à boire, Grégoire me verse à boire.

« Ne fais donc pas cette gueule-là ! » me disent-ils.

Je bois, je fume. J'écoute encore chanter le grand sergent. J'admire la cocasserie de ses gestes habillés trop court, la bosse de son nez en bec d'ara, le clignotement de son œil rond.

« Tu rigoles ? s'écrie Lamarre. Tu as raison : ça te va bien... On est des as, à la 3e ! Chaque fois qu'on monte en ligne, on fait la nouba toute la nuit : ça nous évite l'embêtement du réveil.

— Des as ! clame le grand sergent. Amène mon sac, vieux Charles ! Trente kilos sans compter les grammes !... Quelle heure qu'il est ? Minuit et demi ? Qu'est-ce que tu paries que j' me l' colle sur le dos et qu' j'attends d'vant la grange de la section, l'arme au pied, jusqu'à trois heures ?... Qu'est-ce que tu paries, la mère Bourdier ? »

La mère Bourdier ne parie rien. Elle a vendu sa dernière bouteille ; elle pleure d'avoir trop bâillé ; elle nous conseille d'aller dormir.

Seul dans la maison abandonnée, je dégringole au fond d'un sommeil noir. Le jour vient, et je dors. Le bataillon dépasse Amblonville, fait son entrée dans Rupt ; et je dors. C'est Porchon qui m'éveille, en me jetant à bas du lit.

« Tu es un beau salaud ! me dit-il. Pendant que nous attendons, sous la flotte, que monsieur vienne au-devant de nous, monsieur se carre dans la plume, monsieur fait la grasse matinée ! »

Et le capitaine Rive, et le commandant Sénéchal, avec pareille netteté quoique moins cordialement, me chantent la même aubade.

Et le capitaine Gélinet me poursuit de reproches grognons, parce que sa chambre est près d'une étable et qu'il entend à travers le mur les meuglements d'une vache. Et pour comble le 54, sous les espèces d'un commandant, nous expulse de notre maison.

Sous la pluie, nos draps en bandoulière, nous errons de porte en porte, de rebuffade en rebuffade.

« A quoi sommes-nous bons ? » demande Porchon.

Une lassitude excédée nous gagne. Nous ne sommes même pas bons à dormir sous un toit : nous nous roulerons ce soir dans nos draps ridicules et nous coucherons à la pluie, sur le pré.

« De quoi avons-nous l'air ?... Dis-moi un peu de quoi nous avons l'air ?

— Nous avons l'air de deux gourdes. »

Il faut l'être, pour avoir procuré des chambres à tous les officiers du bataillon, et pour avoir été, nous seuls, mis à la porte de la nôtre. Il faut l'être, pour avoir perdu l'habitude de dormir avec nos hommes, dans la même grange et le même foin. Il faut l'être, pour oser continuer cette promenade lamentable, nos draps mouillés glissant de nos épaules et traînant leur pan dans la boue.

« J'en ai marre, dit Porchon. Entrons n'importe où... A la « caserne », si tu veux. »

Nous y entrons. Nous ouvrons la première porte. Et nous voici dans une grande chambre inoccupée, avec deux lits, avec un harmonium. Nous allumons du feu, nous faisons sécher nos draps. Les deux lits sont moelleux et profonds. L'harmonium, bon enfant, consent à exhaler une onctueuse *chaloupée*.

« La grande vie de château ! » clame Porchon.

Il me regarde ; je le regarde : et nous éclatons de rire.

« Crois-tu, hein ?

— Crois-tu qu'ils ont laissé tomber une piaule pareille !

— Sont-ils gourdes !

— Gélinet peut toujours s'amener, avec sa vache !

— Le commandant du 5-4 itou, le brigadier, le généralissime ! »

Aux mugissements guillerets de l'harmonium, nous nous sommes mis à chanter :

Et on s'en fout,
La digue digue daine !
Et on s'en fout,
La digue digue don !

X

LA BOUE

5-11 janvier.

« Ça va comme ça, monsieur l' major ? »

L'homme s'est campé au milieu de la rue, devant le kodak du toubib. Les jambes empaquetées de grosse toile, le buste couvert d'une peau de mouton hirsute, il a la tête enveloppée d'un passe-montagne qui s'effiloche en toison déteinte, qui ne laisse voir, de tout le visage, qu'un nez minuscule sur un débordement de poils et des yeux clignotants sous la cascade des sourcils.

« Tournez-vous un peu, dit Le Labousse. Encore un peu... Décidément, la lumière ne vaut rien. »

L'homme, docile, meut ses jambes informes avec une lourdeur de plantigrade.

« Est-il beau, l'animal ! Quel dommage de louper un pareil cliché !... Ah ! tant pis : ne bouge plus... Ça y est. »

L'homme approche, en se dandinant :

« C'est réussi, monsieur l' major ?... Quand c'est-il qu'on pourra voir ? Y en aura pour moi, n'est-ce pas ? »

Il avance la patte vers la petite boîte noire, comme s'il voulait l'ouvrir et tout de suite y trouver son image.

« Pas encore, dit le docteur. Il faut que j'envoie le rouleau de pellicules à Paris. Mais sitôt qu'on m'aura renvoyé les épreuves, je te promets que je t'en donnerai.

— Vous n'oublierez pas ? Léon Marchandise, première compagnie du 5-4, première section, troisième escouade. C'est pas pour moi, monsieur l' major. C'est pour eux... »

L'homme s'arrête, hésitant, les yeux voilés d'une vague tristesse. Baissant les yeux, il considère son accoutrement, son torse laineux, ses cuissards de toile rude.

« Ah ! murmure-t-il, c'est qu'on a changé ; rudement changé dehors et dedans... Alors j' voudrais... »

Il relève la tête, nous regarde ; nous nous sentons remués par la lumière qui soudain ennoblit ces yeux d'homme.

« J' voudrais, comprenez-vous, qu'ils me r'voient pas tel que j'étais quante j'ai parti. J' voudrais, pour qu'ils pensent bien à moi, qu'i's m' voient comme je suis aujourd'hui... C'est pour ça, monsieur l' major... Dites que vous n'oublierez pas.

— Je n'oublierai pas », promet Le Labousse.

L'homme rentre dans sa grange et nous regagnons la caserne. Il pleut sur les rues désertes, les gouttières gargouillent au pied des murs, les feux noirs des cuistots s'éteignent en sifflant.

« A quoi pensez-vous, vieux toubib ?

— A rien d'intéressant.

— Mais encore ?

— Je pense aux abris de Calonne, à la pluie qui délaye leurs toits, au bruissement des gouttes sur la paille, à l'odeur de la litière pourrie... Et vous ?

— Je ne pense plus à rien. Même pas à la peine que nous recevrons demain ; même pas à la boue dans quoi nous pataugerons ; même pas à la guerre... A rien du tout. »

C'est assez de recevoir la pluie, lorsque l'heure en est venue. Elle est tombée toute la nuit, pendant que nous allions de Rupt au carrefour de Calonne. Elle tombait quand nous sommes arrivés. Et ce soir, toujours, elle tombe.

« Vous vous rappelez, mon lieutenant ? »

Pannechon, debout, le torse ployé en arrière, ficelle une toile de tente aux rondins de la charpente.

« On l'avait pourtant bien dit, avec Chabeau, qu' la flotte pourrait dégringoler, qu'elle n'arriverait pas à trouver un joint et à couler dans la maison !... Et vous voyez, elle a percé quand même. Faut tendre les toiles, ici comme ailleurs. »

Les gouttes heurtent les toiles, tambourinantes. Dehors, l'averse immense frémit sur les feuilles mortes, noie les routes de limon blanchâtre.

« Voilà, murmure Pannechon. Parce que nous avions bâti cette maison, rien que nous, on s'était figuré qu'elle n'était pas une maison comme les autres. La pluie pouvait couler dans toutes les guitounes de Calonne : elle ne coulerait pas dans la nôtre. On était trop fier, voyez-vous... »

Levant le bras, il montre le sommier de la porte :

« Un jour, mon lieutenant, j'avais écrit quelque chose là. Y a déjà longtemps : vers la fin de novembre... Comme souvent, j'étais venu bagoter par ici, à cause d'elle qui m'attirait. La claie de l'entrée était posée sur le côté, le locataire avait dû sortir... Alors, en douce, j'ai descendu les marches. Y avait du feu, la cheminée tirait toujours bien. J'ai vérifié les portemanteaux, et avec une petite pierre j'en ai raffermi un qui branlait un peu. Et puis je me suis baissé, j'ai plongé mes deux mains dans la paille : et j'ai été content, à sentir qu'elle était sèche... Alors, mon lieutenant, je n' saurais pas vous dire c' qui m'a pris. J'ai sorti mon couteau, et j'ai fait une grande entaille, dans le rondin au-dessus d' la porte ; j'ai mouillé mon crayon et j'ai marqué sur l'entaille fraîche, en appuyant, le jour qu'on avait bâti la maison, le 2 novembre vous vous rappelez ?... Et je n'ai pas osé signer nos noms, mais j'ai marqué not'e compagnie, not'e section... Et j'ai aussi baptisé la maison « COMME ON PEUT »... Mais c'était encore de l'orgueil.

« Qu'est-ce qu'on en voit aujourd'hui, mon lieutenant, d' l'entaille blanche et d' mes écritures ? J'ai travaillé à ça toute une heure ; j'y ai usé la moitié d'un crayon qu' j'avais payé douze sous chez l'épicière Colin, à Mont. Et ça s'est effacé, vous voyez, sous la pluie et sous la boue... Ici ou là, qu'est-ce qu'on y peut ? A Calonne, aux Eparges, c'est partout gadouille et flotte. Allez où vous voudrez, faites comme vous voudrez, restez d'bout, couchez-vous, défendez-vous, croisez-vous les bras, partout et toujours vous trouverez gadouille et flotte... Vous rappelez-vous seulement qu'on a vu le plein soleil ? Au mois d'août, au mois d' septembre, on s' battait en plein soleil ! Les copains qui prenaient une balle dégringolaient à sa lumière, en capote bleue et en pantalon rouge. On les voyait de loin et on les voyait tous, et c'étaient bien des soldats tués.. Tandis que si demain nous nous tabassons là-haut, nos morts tomberont à même la boue : des morts salis rien qu'en tombant... et bientôt même plus des morts, des petits tas de boue, de la boue dans la boue, plus rien... »

Pannechon ouvre son couteau de poche et saisit une des bûches dressées au coin de l'âtre.

« Le feu s'éteint, dit-il. Va falloir faire du p'tit bois si l'on n' veut pas qu'il meure tout à fait. »

Il avise une pierre plate et pose la bûche dessus, verticalement. Il s'est approché du seuil, vers la flaque de clarté qui stagne au pied des marches. Et soudain je le vois qui se met en boule, qui cache derrière ses bras un visage de terreur. Au même instant le mur tressaute, un souffle brutal me heurte à la poitrine, me courbe sous le fracas énorme d'une salve d'obus dégringolant par la clairière.

Tout l'abri a vacillé ; un vol de feuilles tournoie devant la porte. Longtemps après, flasques et lourdes, des mottes de boue retombent sur le toit.

« Eh bien, Pannechon ? »

Il se redresse, très pâle, les traits encore crispés et grimaçants.

« Ça ! bégaye-t-il. Ah ! ça !... Mince alors ! »

Il respire mal, ses doigts tremblent. La terreur qui le défigure ne s'en va que peu à peu, d'un lent retrait presque insensible. Et tandis que je le regarde, sans bouger, je m'aperçois que mon cœur bat à grands coups précipités.

« Eh bien, Pannechon ? »

Ses yeux fixent sans le voir le couteau qu'il a lâché, et qui luit sur la paille près de la bûche renversée.

« Un peu plus court, murmure-t-il ; seulement dix mètres plus court... et qu'est-ce qu'on serait, à présent ?

— Même plus des morts, Pannechon. Des petits tas de boue, de la boue dans la boue...

— Quoi, mon lieutenant ? Qu'est-ce que vous dites ?

— Ce que tu viens de dire, Pannechon.

— Moi ? Quand ça ?

— Il y a deux minutes, Pannechon.

— Ah ! dit-il, vous croyez ?... En ce cas, au temps pour moi ! La rafale est passée : le moral est à la hausse. »

⁂

Mêlée de dur grésil, la pluie nous cingle au visage. Nous marchons en aveugles, dans un vacarme d'eau bondissante où se perd le bruit de nos pas. Nous marchons dans un torrent au lit traître, raviné d'ornières profondes. Il semble, de temps en temps, qu'on entende un cliquetis d'armes, un heurt de chute, un éclat de voix ; mais tous ces bruits s'engloutissent dans la rumeur frémissante du vent, s'éparpillent aux coups de fouet de la pluie, qui nous poursuit, nous ferme les yeux, nous renfonce dans la gorge, chaque fois que nous ouvrons la bouche, les paroles et le souffle.

On se tait. On suffoque. On avance en trébuchant, les chevilles tordues, les mains tâtonnantes, le visage meurtri par le vol furieux des grêlons. A nos pieds l'eau coule plus lente, avec un large murmure. On ne voit toujours rien, mais la pente adoucie nous guide vers le village. On marche devant soi, on suit les pas de cette foule, les milliers de pas qu'on s'est mis à entendre depuis que le torrent a cessé de gronder. Peut-être, à présent, verrions-nous sur le ciel grandir la masse du Montgirmont, n'était cette brûlure des paupières qui nous empêche d'ouvrir les yeux.

La pluie galope sur un lac d'eaux pâteuses qui se lovent autour de nos jambes, qui nous reprennent, une jambe après l'autre, chaque fois que nous leur échappons. Le lac morne garde collés à lui des espèces de reflets dont vaguement pâlissent les ténèbres : en baissant la tête contre les rafales, on les voit grouiller comme des bêtes molles.

Plus haut ! Les semelles collent, clappantes à chaque pas. On glisse, les mains en avant, à leur tour collées à la fange, englouties jusqu'aux poignets. On avance en rampant, les coudes dans la boue, les genoux dans la boue. On entend la pluie tinter sur les gamelles, crépiter sur le cuir des sacs, cascader par-dessus les talus. On ne voit toujours rien, ni le ciel, ni la boue. On ne sait pas depuis combien de temps cela dure. On sait que cela n'est pas fini, qu'il faut ramper encore, jusqu'aux huttes qui doivent être là-haut, jusqu'aux hommes qui doivent nous attendre.

Ils nous attendaient : nous les avons heurtés dans les ténèbres. Une porte s'est ouverte sur une rayonnante lumière d'or, sur la flamme d'une bougie, sur la chaleur d'un poêle allumé.

« Vous allez être bien servis », nous a dit le capitaine Prêtre.

Grégoire et Lamarre descendent du bat-flanc. Ils nous accueillent d'un rire las et bouffi, d'une poignée de main poussiéreuse. Leurs capotes jaunâtres tombent devant leurs jambes avec une raideur de carton. Ils cognent dessus, « pour nous faire voir », de leur doigt replié : et cela rend un bruit dur, comme si leur doigt heurtait une planche.

« Vous allez être bien servis », répètent-ils.

La porte s'ouvre. Pellegrin apparaît. De ses épaules jusqu'à ses pieds, la boue glisse en bavant. Lorsqu'il pose sa canne contre le mur, lorsqu'il nous tend la main, des paquets de boue tombent de ses coudes et s'aplatissent sur le parquet.

« Excusez-moi », nous dit Pellegrin.

Il nous sourit, de ses yeux brumeux et noyés. Et, très doucement :

« Vous allez être bien servis », dit-il.

C'est à moi de monter. Jour et nuit, il faut qu'un de nous deux soit là-haut : douze heures Porchon, et moi douze heures... Je « prends » de six heures du matin à midi, de six heures du soir à minuit.

C'est le matin. Des lambeaux de ténèbres traînent encore. Une grande flaque immobile, d'un bleu pâlissant et figé, ouvre devant l'abri un gouffre vertigineux. Ce n'est qu'une flaque de boue : un pas suffit pour qu'elle s'éteigne et je marche dedans avant de m'en être aperçu,

Il ne pleut plus. L'aube rôde au bas du ciel, où s'effile sous les nuages une raie de clarté jaune, droite et mince comme un glaive. Autour de moi les guitounes rasent leur dos de chaume, du même bleu grisâtre que la boue.

Mes souliers font un bruit étrange, un bruit de bouillie écrasée que suit une aspiration nette, comme de lèvres clappantes. Par les fissures d'un toit monte le ronflement d'un homme endormi : mais un seul pas m'empêche de l'entendre, de même qu'un seul pas, tout à l'heure, a fait s'éteindre la flaque blême, au seuil de l'abri.

Je chemine vers le bord du plateau, dans la désolation grise du crépuscule, dans le silence glacé du monde. Je vais avec lenteur, balançant mes épaules et mes hanches, balançant tout mon corps, d'une jambe sur l'autre, arrachant tous mes pas, un par un, à l'étreinte puissante de la boue.

Cela recommence à chaque pas, accompagné du même clappement ignoble qui reste collé à la boue. De loin en loin, aux lèvres d'un entonnoir d'obus, un gouffre d'eau bleuâtre s'arrondit, d'une pureté si froide et si pâle que je m'en écarte d'instinct, jusqu'à ce que, glissante et muette, la boue soit revenue le combler.

Est-ce le jour ? Il semble que, hors des ténèbres, surgissent les lignes de la terre, que les nuages du ciel se modèlent, déchirés de bâillements livides. Un autre nuage se couche au fond de la vallée, une buée morte qui ne bougera plus. Et par delà moutonnent les hêtres des Hauts, houle confuse roulant au faîte des collines, refluant sur les pentes à longs remous violacés. Droit devant moi, émergeant tout à coup de l'horizon fangeux, la noire montagne de Combres, d'un lourd élan, surgit.

Lorsqu'il fait jour, on gagne le boyau en courant. Des dalles rocheuses, sous la boue moins épaisse, accueillent les pas de leur solidité. Vernies de boue, elles luisent. Entre elles des filets d'eau se hâtent avec un bruit frais et léger.

On entre. Cela commence insidieusement : deux levées de terre molle qui s'évasent, de chaque côté des mêmes dalles rocheuses. On gravit des paliers successifs. Les levées se haussent avec eux. Brusquement le sol manque, une marche sournoise s'incline vers la boue, les parois rapprochées se dressent : on est pris.

Il n'y a plus rien, ni la vallée, ni les hêtres des Hauts, ni les sapins de Combres, ni la vie mouvante des nuages. Il n'y a plus, au-dessus de ma tête, qu'une saignée de terne lumière, sans profondeur, presque incolore : une bande de lumière plate déroulée sur le boyau, collée sur les bords du boyau. Cela n'éclaire pas, cela existe juste assez pour fermer la prison où je suis englouti, d'un mur à l'autre, de la boue à la boue.

Ce ne sont pas des murs. C'est une seule masse monstrueuse, sans forme, sans reliefs, sans contours : le boyau rampe au travers, d'une allure visqueuse et pesante. Né de la boue, il est la même chose que la boue. Il en a la mollesse énorme, le glissement pâteux, la couleur. Tout à l'heure, dehors, c'était gris, avec un glacis bleuâtre laissé là par la nuit finissante ; maintenant c'est gris encore, mais d'un gris ocreux et sale, traversé par en bas de traînées floconneuses, d'un gris verdissant. Parfois il semble que cette fange s'amoncelle, plus consistante, qu'elle dresse soudain devant les pas un abrupt où l'on va buter. Mais le boyau, sans heurt, du même glissement pâteux, plonge dans la même fange, dans le même gris ocreux et sale, sous la même bande de lumière plate déroulée d'un bord à l'autre. Et les jambes, à chaque effort, soulèvent les mêmes flocons verdâtres, traînent après elles des viscosités longues, pareilles à des algues pourries.

Sans profondeur, sans longueur mesurables, le boyau ne finit nulle part. De place en place, à droite ou à gauche, il détache un tentacule hésitant, — place d'armes inutile, ancienne tranchée comblée de boue, feuillée nauséabonde où des papiers mettent des blancheurs vives.

Et des hommes apparaissent, qui ressemblent tous à Pellegrin, à l'homme gluant que nous avons vu surgir dans le cadre de la porte ouverte. Une espèce de niche s'arrondit dans la glaise, au fond de laquelle, sur une planche jaune, s'étalent des guenilles jaunes. Deux autres planches la couvrent, disjointes, spongieuses, gorgées dans toutes leurs fibres d'une eau épaisse et jaune qu'elles laissent baver à gouttes molles... C'est là qu'il faut rester six heures.

Quand il est monté me relever, Porchon m'a dit :

« Vauthier vient d'être blessé. Il revenait de la source, avec Pannechon. Une balle folle l'a traversé, un peu au-dessus de l'aisselle... Rien de grave ! du moins, je ne crois pas. »

J'ai trouvé le grand Vauthier dans la guitoune des agents de liaison. Il était assis sur la paille mouillée, la tête penchée vers sa blessure, et il fumait une cigarette.

« Il n'y a qu'à moi... », m'a-t-il dit.

Pannechon, accroupi contre lui, pliait une couverture, et doucement, comme un fichu léger, la lui posait sur les épaules.

« Je n' souffre guère, mon lieutenant, disait Vauthier. Tout juste si ça tire un peu... L'embêtant, c'est d'avoir été mouché comme ça, aux abris... On va encore dire que j' l'ai fait exprès. »

Ses yeux, lentement, s'emplissaient de tristesse. Il inclinait le front ; et sa bouche, presque enfantine, se contractait comme s'il allait pleurer.

« Il y aura cette nuit quatre mois que j'ai reçu ma première balle, à Rembercourt. J' n'ai pas envie qu'on m' remette les menottes, qu'on m' fasse retraverser Bar entre deux cognes à cheval, et qu' les juges du Conseil, en m'insultant, m' condamnent encore à un an d' prison... Cette fois, mon lieutenant, vous m' donnerez un billet signé. »

Il essaie de sourire. Mais quel navrant sourire, plus émouvant que toutes les plaintes, plus bouleversant que toutes les colères, coup de lumière sur la plaie vive d'un cœur !

Il y a quatre mois... Vauthier, Beaurain, Raynaud : trois bons soldats. Blessés dans la mêlée nocturne, ils ont mis sur leur blessure, à tâtons, leur pansement individuel ; et ils sont partis sous l'orage, à travers le champ de bataille mugissant, vers l'ambulance... Ils n'avaient pas de billet signé. On n'a pas pu prouver qu'ils étaient mutilés volontaires : on ne les a condamnés qu'à un an de prison.

« Quand j'y pense... Quand j'y pense... » dit Vauthier.

Sa tête dodeline, avec une douceur exténuée.

« Tant qu'à prendre une balle de plus, j'aurais bien voulu autrement... Si jamais on m' demande dans quelle bataille j'ai été blessé, qu'est-ce que j' répondrai, mon lieutenant ? Que j' me promenais en arrière des tranchées ?... Alors on rigolera ; on prendra un air mêlé-cass, on m' demandera c' que j'ai foutu au front... Et quand on saura mon histoire de septembre, on dira...

— Quoi ? jette Pannechon. Qu'est-ce qu'on dira ?... On dira qu' les juges étaient des vaches, et toi un malheureux. On dira qu' deux blessures en quat'e mois, c'est suffisant pour un seul homme ; qu'une balle dans la peau, qu'on l'ait prise plus près ou plus loin, c'est toujours une balle dans la peau.

— Tu dis ça... Tu dis ça... » murmure Vauthier.

Pannechon, impatienté, s'agite sur la litière de paille :

« Tais-toi, tu causes trop, t'as la fièvre... Fume ta sèche... Elle est éteinte ? On va t'en allumer une autre. Bouge pas, ta couverture tombe... Avance ton bec, c'est une sèche bien roulée. Des allumettes ? J'en ai. Laisse-toi faire. T'as plus rien à faire qu'à t' laisser faire... Tu verras, là-bas à l'arrière... »

Pannechon se rapproche de Vauthier, remonte la couverture

qui a glissé un peu, allume la cigarette qu'il lui a mise aux lèvres. Et il lui parle, comme à un enfant, d'une voix chantonnante et berceuse :

« ... Y aura un lit près d'une fenêtre, avec des draps bien secs, tout blancs. Y aura tes vieux. Y aura un gros poêle plein d' charbon. Y aura une infirmière, une jeune, avec des « guiches » et des bras nus. Y aura du soleil aux carreaux, des sèches toutes faites sur la table de nuit. Y aura...

— Tu dis ça... Tu dis ça... répète Vauthier.

— Tais-toi. Ecoute... On t' mettra une écharpe en toile fine. On t' donnera une vareuse neuve, un calot neuf et des bottines. Tu s'ras propre des pieds à la tête. Tu sortiras. I f'ra toujours beau temps... »

Vauthier, souriant, écoute la voix chantonnante. Ses lèvres et son front douloureux se détendent, une chaleur rose lui monte aux pommettes. Les paupières entrefermées, très loin, il regarde des images.

Et dehors, cependant, tombe le soir terne et mouillé. On entend sortir des guitounes les hommes de la prochaine relève.

« Vois, dit Pannechon à Vauthier. Il va faire nuit, tu vas pouvoir descendre, t'en aller... »

Une ombre bouche la porte basse.

« Vous êtes là, mon lieutenant ?... Il est l'heure. »

C'est Violet qui descend de là-haut. Debout sur un pied, il racle ses vêtements avec une palette de bois. Il racle ses jambes, il racle sa poitrine et ses bras ; il essuie ses mains souillées au toit de chaume d'une guitoune.

« Mon lieutenant, dit-il, va falloir prendre des écopes et des pelles. La boue a coulé dans la sape 7. Si on n' dégage pas, les hommes du p'tit poste ne pourront plus passer... Tantôt déjà, ils ont cru y rester. Ils étaient pris jusqu'aux reins, et les Boches leur tiraient dessus ; a fallu qu'ils se déséquipent, qu'ils se déshabillent à moitié. Richomme chialait. Gendre lui a foutu des claques. »

Viollet se tourne et se déhanche pour racler, derrière lui, la boue qu'il ne peut pas voir. Et tout à coup il glisse, ouvre les bras comme un noyé, tombe dans la boue, durement, de tout son poids.

Il reste allongé sur le ventre, collé à la boue par le ventre, les paumes à plat, la tête rejetée en arrière pour sauver son visage de la boue.

« Tu ne peux pas te relever ? »

Il ne répond pas. Ses épaules tressautent bizarrement. D'une secousse il roule sur le flanc, décolle son bras et s'appuie sur le coude. Alors, je m'aperçois qu'il rit. Il rit silencieusement, convulsivement, la bouche grande ouverte. Enduit de boue il disparaît, mêlé à la couleur du sol. Je ne vois plus que la tache claire de son visage, de ce visage qui sort de la boue, et qui rit.

« Quand même, dit la voix de Viollet. Y a pourtant d' quoi s' marrer, à force ! »

Le jour, on peut regarder la boue. On peut, le front à un créneau, regarder de près la bosse du piton, le bourrelet rampant de la tranchée allemande, les fils de fer ronce cardant les nuages et les pare-balles d'acier bleu. On peut tirer dedans et faire miauler les balles. On peut tirer dans les écopes de bois qui d'instant en instant gesticulent hors des parapets boches, et lancent sur les pentes des trombes d'eau qui dévalent chez nous.

On se distrait : Vidal, au bout d'un bâton, place devant un créneau repéré un vieux chaudron de cuivre, danse de plaisir chaque fois qu'une balle tape dedans, change de créneau et compte les trous. Mémasse, pour lui seul, a percé un regard dans le boyau des mitrailleurs : il tourne le dos au piton, « lui » ; c'est sur Combres qu'il tire, « lui ». Les douilles éjectées tintent à ses pieds ; son fusil brûle ; sa barbe tremble aux injures qu'il vocifère : « Fumiers ! Cochons ! Enfoirés ! » Et le fusil tousse, les douilles tintent, les injures tonnent. Pareil à un héros d'Iliade, Mémasse, à huit cents mètres, invective les guerriers ennemis.

On se distrait : on va voir l'homme du génie qui monte la soupe aux travailleurs de la mine. Comment fera-t-il pour franchir l'éboulement ? Il bute ; il lâche son bouthéon, qui bascule et lentement naufrage. Il retire sa capote et sa veste, relève la manche de sa chemise et plonge son bras nu dans la boue. Il fouille. Il s'acharne, furieux, le bras enfoui jusqu'à l'épaule. « L'aura !... L'aura pas !... » Il ne l'aura pas. Il retire de la boue son bras informe, gainé de boue gluante et jaune. Désespéré, il nous regarde. Et les nôtres lui disent : « T'en fais pas. Tes copains partageront avec nous... Mais tu peux bien nous laisser rigoler un peu. »

Parce qu'il fait jour, on rigole. On a des yeux : on sait ce qui vous étreint les jambes, ce qui vous glace la peau sous le cuir des chaussures et le drap des molletières. On dévisage la boue, on la blague, on crache dedans. Et la fumée des pipes, sous les planches de mon trou, laisse une bonne odeur âcre et chaude. Un crayon ; une feuille de papier ; une ronde par le secteur... Il est midi.

Mais il est six heures du soir. La nuit vous entre dans les yeux. On n'a plus que ses mains nues, que toute sa peau offerte à la boue. Elle vous effleure les doigts, légèrement et s'évade. Elle effleure les marches rocheuses, les marches solides qui portent bien les pas. Elle revient, plus hardie, et claque sur les paumes tendues. Elle baigne les marches, les sape, les engloutit : brusquement, on la sent qui se roule autour des chevilles...

Son étreinte, d'abord, n'est que lourdeur inerte. On lutte contre elle, et on lui échappe. C'est pénible, cela essouffle ; mais on lui arrache ses jambes, pas à pas... Elle les reprend, de son étreinte invisible, à petites vagues lécheuses. Elle cherche le haut des souliers, le bâillement des jambières ; elle imbibe doucement le drap du pantalon, la laine des chaussettes. Profonde, fluide, elle monte vers les genoux, happe les pans de la capote. Parfois le boyau tourne, une bourrade molle et puissante vous jette d'une paroi sur l'autre : on sent peser contre ses flancs l'énormité de toute la boue. Les yeux pleins d'eau, on titube au hasard, les deux bras tendus devant soi. Et la boue violente cogne les mains, replie les bras, de toute sa masse vient heurter la poitrine... On s'arrête ; on entend battre son cœur ; le dos fait mal ; on s'aperçoit que la boue vous enveloppe à présent les jambes, les deux jambes nues, et les glace. Elle a trouvé ; elle restera là, collée à la chair qu'elle a trouvée, pendant six heures.

C'est très long, quand on ne voit même pas la fumée de sa pipe, quand l'homme qui est tout près n'est plus qu'une masse d'ombre indistincte, quand la tranchée pleine d'hommes s'enfonce dans la nuit, et se tait. Sous les planches les gouttes d'eau tombent, régulières. Elles tombent, à petits claquements vifs, dans la mare qu'elles ont creusée. Une... deux... trois... quatre... cinq... Je les compte jusqu'à mille. Est-ce qu'elles tombent toutes les secondes ?... Plus vite : deux gouttes d'eau par seconde, à peu près ; mille gouttes d'eau en dix minutes... On ne peut pas en compter davantage.

On peut, remuant à peine les lèvres, réciter des vers qu'on n'a pas oubliés. Victor Hugo ; et puis Baudelaire ; et puis Verlaine ; et puis Samain.. C'est une étrange chose, sous deux planches dégouttelantes, au tapotement éternel de toutes ces gouttes qui tombent... Où ai-je lu ceci ? Un homme couché, le front sous des gouttes d'eau qui tombent, des gouttes régulières qui tombent à la même place du front, le taraudent et l'ébranlent, et toujours tombent, une à une, jusqu'à la folie... Une... deux... trois... quatre... Il n'y a pourtant, sur les planches, qu'une mince couche de boue.

Depuis des heures il ne pleut plus. D'où viennent toutes les gouttes qui tombent devant moi, et mêlées à la boue enveloppent ainsi mes jambes, montent vers mes genoux et me glacent jusqu'au ventre ?

Le bois était triste aussi,
Et du feuillage obscurci,
Goutte à goutte,
La tristesse de la nuit
Dans nos cœurs noyés d'ennui
Tombait toute...

Les gouttes tombent au rythme de ce qui fut la *Chanson Violette*, je ne sais quelle burlesque antienne qui s'est mise à danser sous mon crâne... Une... deux... trois... quatre...

La planche était triste aussi
Et de son bois obscurci,
Goutte à goutte...

Je vais m'en aller. Il faut que je me lève, que je marche, que je parle à quelqu'un... Suis-je debout ? Je ne sens plus mes jambes... Ce sont pourtant mes jambes que je pince.

Et je m'en vais à pas lents,
Les crapauds chantent, dolents,
Sous l'eau morte...

Qui chante ? Un mitrailleur derrière sa pièce, une complainte sans paroles qui reste cachée dans la nuit.

« Tu es tout seul ?

— Je suis tout seul.

— Tes copains ?

— Ils sont derrière la toile de tente, autour de la lanterne. »

La lanterne est posée par terre, masquée, du côté de la porte, par un carton fiché dans la glaise. De l'autre côté, un croissant de lumière vacille à fleur de boue, comme une eau clapotante et jaune. Les hommes couchés ne sont qu'un seul tas d'hommes, où çà et là luisent deux yeux sous un front pâle, où le geste d'une main s'anime et rentre dans l'ombre, où les paroles n'ont point de visage.

« Si on avait du feu, seulement !

— Un peu d' feu...

— On nous avait promis du charbon...

— Depuis longtemps.
— Mais rien. Nib. Dalle.
— Et la bougie qui va s'éteindre... »

Derrière le mica de la lanterne, la flamme palpite, comme une aile de passereau dans la glu. Feu follet, elle danse sur la boue. Lasse, penchante, elle tombe doucement et grésille. Un instant encore elle semble une mouche bleue frissonnante... Elle est morte.

Les hommes se taisent. Ils ne sont plus que leur souffle dans les ténèbres ; et aussi leur odeur, leur odeur de bêtes mouillées. Au-dessus de nous, autour de nous, des frôlements courent, furtifs.

« Qu'est-ce qu'on entend ? dit une voix.
— C'est une source.
— Une source ?
— C'est de l'eau, en tout cas. »

Les hommes bougent, se soulèvent avec des grognements. Des filets d'eau glissent le long de mes jambes. Quelque chose me ruisselle sur l'épaule, comme une poignée de sable fin : c'est de l'eau. Elle coule sur ma poitrine, et ma capote pliée la recueille toute dans mon giron. Mes yeux se ferment, je m'assoupis un peu ; et l'eau, comme d'une vasque penchée, se renverse sur mes genoux.

« Quelle heure ?
— Ah ! devine.
— L'eau monte...
— Laisse-la monter, qu'on s'y noie un bon coup !
— Qu'est-ce qu'i' dit, l'aut'e piqué ? »

L'homme s'excuse :

« C'est histoire de dire... Pas ça... Mais les pieds gelés, des fois ?
— Pour qu'on t' les coupe ?
— C'est pas forcé.
— Si ! c'est forcé. Tes pieds pourrissent, et on t' les coupe. Vaudrait mieux une bonne blessure.
— Oh ! alors... Alors oui. Mais laquelle ?
— Tu t' peignerais, ta glace collée au parapet. Tu lèverais la main par-dessus, mine de rien, avec un peigne en aluminium, bien brillant...
— Et une balle dans une main ? Merci ! Une patte folle ; estropié pour le restant d' mes jours...
— Alors tu t' coucherais sur la berme, comme si t'avais une

crampe dans une quille... Tu lèverais l'aut'e quille, en gigotant...

— Pour qu'i's m' fracassent la cheville du pied ? Très peu encore ! C'est trop délicat...

— Alors quoi ?

— Le mieux, fils, ça s'rait une fesse.

— Mais si la balle te la prenait en plein, qu'est-ce qu'elle irait chercher derrière ?... Ton ventre ?... On en clabote, d'une balle dans l' ventre.

— Faudrait, comprends-tu, qu'elle te prenne la fesse en biais, dans l' gras ; qu'elle te fasse juste un trou dans l' gras. Faudrait qu' tu trouves le moyen d' risquer juste une fesse au créneau, et en biais... Mais comment faire ? »

Dehors, un long piétinement monte avec la boue.

« Il est minuit, dit un mitrailleur... C'est la r'lève de la 7e. »

Je me précipite. J'arrive à la tranchée en même temps que Porchon. Entre nous deux quelque chose roule, une sorte de caisse ronde et creuse.

« Qu'est-ce que c'est ?

— Le brasero que tu as fait tomber... Il est vide.

— Nuit calme ?

— Nuit calme. »

J'arrive en bas. La bougie brûle sur le coin de la table, à côté d'un journal déployé. Porchon a mis du bois dans le fourneau. Le jus ronronne dans la cafetière d'émail rose.

« C'est vous, Genevoix ?

— Oui, mon capitaine.

— Est-ce qu'il pleut toujours ?

— Pas pour le moment. »

Mes molletières déroulées coulent sur le parquet. Ma capote s'affaisse près d'elles. L'un après l'autre, mottes lourdes, mes souliers tombent... Tout cela fait un tas de boue qui fume à la chaleur du fourneau. Mes chaussettes fument au dossier d'une chaise ; et sur la chaise fument mes deux pieds nus.

Mes pieds sont bleus, de ce bleu qu'on voit aux nuages de l'été. les soirs d'orage. Ils deviennent verts comme une chair de noyé. Ils devienent rouges comme des paquets de viande saignante. Je regarde mes pieds changer de couleur, en buvant un café tiède au goût de caramel trop cuit.

Le capitaine soupire en dormant, le nez au mur pour ne point voir la bougie. De temps en temps sa main se soulève et retombe, d'un geste étroit qui semble une excuse : « Mon pauvre ami, je n'y peux rien »... Mes pieds cramoisis fourmillent de démangeaisons brûlantes. Engelures énormes, ils commencent à bouillir ; à présent j'ai des jambes ; mais je n'ose plus y toucher.

Bougie éteinte, je me suis allongé près du capitaine Rive. Le frôlement de mon corps a dû l'éveiller. Il se retourne, écrasant la paille :

« Vous disiez qu'il ne pleuvait pas ? »

Des rafales de pluie giflent le toit de l'abri. Le vent passe comme un fleuve immense... Quelle heure est-il ?... Vais-je dormir ?...

Mon Dieu, que ces pieds me font mal !

Encore une nuit, pluvieuse davantage, obscure davantage. Longtemps j'ai cherché l'entrée du boyau. Je l'ai trouvée en marchant vers le bruit de cascade que faisait l'eau sur les dalles rocheuses. Et lorsque enfin, étendant les deux bras, j'ai touché les levées ruisselantes, je me suis senti chez moi.

Il n'y a rien à faire. Les heures passeront, demain nous serons à Sommedieue... Sommedieue est un beau cantonnement.

Là-haut, je me suis assis sur le brasero vide. Les bords du brasero sont durs. C'est une chose réconfortante, d'appuyer son séant à ce rond de dur métal. Pas très loin, — à droite ? à gauche ? — la voix de Durozier monologue à travers la pluie :

« Joly a eu les pieds gelés ; Poincot a eu les pieds gelés... Puisque c'est ça qu'on veut, nous aurons tous les pieds gelés. »

Verticale comme une douche, la pluie tombe toute dans la tranchée. Durozier, ricanant, déclame :

« Encore un peu d' courage, les potes ! Trois jours de crédit à Sommedieue, et on r'met ça : les pieds gelés, la caisse malade, la gueule démolie, une croix d' bois au haut d' la côte... Où est-il, le dernier couillon qui croit encore en revenir ? On dev'nait trop intelligents : on nous a envoyés à la guerre... Ha ! Ha ! C'est l'Internationale noire, les ventres dorés, les requins. « Rouspétez, les morts ! On vous a. » Ils rigolent ; ils ont raison : dix millions d'hommes qui se bouzillent les uns les autres, à leur santé !... »

Contre la boue claque le fusil de Durozier.

« Restes-y ! hargne-t-il. Ça m' dégoûte, de causer à des sourds. Chair à canon vous êtes tous !... Pas des hommes. »

Il se tait. La nuit gonflée de pluie ondule comme une toile mouillée. La tranchée silencieuse est morte, sous la pluie.

D'où vient cet homme qui bute dans mes jambes ? Je ne l'ai pas entendu venir ? Sa respiration halète, si près que je pourrais, en allongeant la main, reconnaître son visage.

« Le lieutenant ?... Où est le lieutenant ?

— Ici... Qu'est-ce que tu veux ?
— C'est du charbon d' bois, mon lieutenant.
— Tu sais bien qu'il n'y en a pas.
— Non, mon lieutenant : c'est du charbon que j' vous apporte. »

Il a parlé d'une voix essoufflée, à peine distincte. Et pourtant, de proche en proche, toute la tranchée s'émeut dans les ténèbres. Une espèce de tiédeur émerge de la boue, approche en clapotant, m'enveloppe.

« Où est le sac ?
— C'est moi qui l' tiens.
— Un gros sac ?
— Du feu pour toute la nuit.
— Et l'allumer ? ricane Durozier. Faudrait du feu d'abord, pour sécher vot'e charbon.
— On en aura », répond Biloray.

Il choque son briquet. Une étincelle jaillit. La mèche d'amadou lui met aux doigts une mince chaleur orangée.

« Toujours sèche, dit-il, grâce à l'étui en toile cirée... Ça t'en bouche un coin, l'orateur ! »

Un autre homme, sur le point braisillant, a déjà déployé le pan de sa capote. Il se penche. La lueur pâlit et s'avive à son souffle, rayonnant d'un faible halo où plongent seules, hors des ténèbres, une main qui tient la mèche ardente, une main qui tient un charbon noir.

« Qu'est-ce qu'il fait ?
— Il met un charbon sur la mèche ; et il attise, pour que l' feu gagne le charbon. »

L'homme courbé reprend haleine. Le mince halo se rétracte.

« L' charbon est mouillé... Ça s'ra dur. »

Et l'on entend Durozier qui ricane :

« Tu parles ! »

Ils ne lui répondent plus. Ils se pressent autour de la lueur infime, qui les appelle de loin et qui déjà, pour eux, supprime la nuit.

« Faudrait se r'layer à souffler. »

A pleine poitrine, longtemps, longtemps ils soufflent. Le halo grandissant éclaire leurs joues gonflées. Un à un les points rouges essaiment, puis se rejoignent, lueur d'or sur la boue. Très haut brillent les flèches de la pluie. Elles tombent : le charbon siffle dans le brasero, la lueur rougeoyante s'assombrit. Alors les hommes se rapprochent encore, serrant leurs épaules comme un toit.

« Ça s'ra dur... Ça s'ra dur... »

Ils s'y mettent tous. Encore une fois les tisons rouges essaiment, reprennent ardeur et reviennent deux à deux. Une flamme furtive bleuit au fond du brasero. A genoux dans la boue, ils soufflent : et le feu pâlissant jette des étincelles, les charbons noirs s'embrasent de proche en proche avec des craquements métalliques. Maintenant la pluie tombe moins lourde : au-dessus du brasier ses gouttes volent, scintillantes ; et la boue du parapet est rose, entre des ombres plus noires que la nuit.

Ils se pressent autour du feu, les mains et le visage tendus. C'est une poignante vision qui semble surgir du fond des âges. Barbus, le torse laineux, les traits modelés à grandes masses frustes, ils entrent dans la lueur du feu qui les ressuscite un à un. Ils ne se bousculent pas. Ils se font place ; ils se serrent davantage.

« Mets-toi là : y en a pour tout le monde. »

Mais il en arrive toujours d'autres, que la tranchée pousse dans le dos de toute sa force ténébreuse et froide. Ceux qui ont chaud ne résistent qu'à peine : ils s'éloignent, enveloppés de chaleur, les yeux fixés sur ce coin de nuit rose en attendant de revenir.

« Laisse-moi passer, c'est mon tour. »

Biloray se retourne, et reconnaît Durozier. Il allait s'en aller. Et maintenant, il hésite :

« Ton tour ? Ton tour ?... C'est *nous*, qui avons allumé le feu. »

Il regarde cet homme gluant, grelottant, ce visage transi, cette barbe noyée qui dégouttelle. Doucement, il secoue la tête :

« Réchauffe-toi quand même, pauv'e couillon... Toi aussi, t'en as besoin.

Et il s'en va.

LIVRE IV

LES ÉPARGES

A LA CHÈRE MÉMOIRE
D'ANDRÉ
(*Biredjik*, 1920).

I

LA PAIX

Janvier 1915.

« Du linge à Rupt ? me dit le capitaine Rive. Vous avez laissé du linge à Rupt ?... Et vous voulez passer le prendre avant de rejoindre à Sommedieue ? »

Le dos voûté sous le toit de planches, il plisse ses minces yeux bleus à la lueur de la chandelle, et déjà retrouve — miel et vinaigre — son sourire de garnison.

« Allez », dit-il enfin.

Je suis passé, dans la nuit blafarde, le long des sections de relève, vaguement bougeantes aux seuils des gourbis. Les voix des hommes bourdonnaient. La boue, écrasée par les rudes semelles, prolongeait son bruit mouillé, son clappement de colle épaisse et grasse.

Seul maintenant, je dévale à travers la friche visqueuse, la main durement crispée sur la poignée de mon gourdin. Ce pont de pierre est celui du Longeau que battent, de quart d'heure en quart d'heure, des rafales de mitrailleuses. Un peu plus loin, près du petit calvaire de pierre, la boue fluide étale une mare où les nuits les plus noires laissent tomber des reflets : c'est là que les corvées clapotent, aux mêmes heures des mêmes nuits, et qu'éclatent les 105 allemands lorsque les corvées n'y sont plus.

A gauche, debout et mutilées, ces maisons muettes sont celles des Eparges. Je pourrais dire, à chaque instant des jours et des nuits, quels hommes s'y abritent et s'y cachent, et ce qu'ils font, et les mots qu'ils échangent. Depuis des mois, nos trois bataillons « tournent » l'un derrière l'autre, du repos au carrefour de Calonne, du carrefour de Calonne aux Eparges. C'est un rythme bête de calendrier, une giration écœurante de manège, qui ne s'arrête jamais, ne s'accélère jamais. Et toujours, en tournant, les mêmes dos sont devant nos yeux, les mêmes épaules contre les nôtres ; et ce sont les mêmes yeux, derrière nous, qui regardent tourner nos dos.

On dit que nous faisons la guerre : et c'est vrai que nous l'avons faite. Cela n'a pas duré longtemps. Presque tout de suite, c'est elle qui nous a pris, et conduits nous ne savons vers où.

J'ai demandé à mon capitaine la permission de quitter les rangs, d'aller chercher du linge à Rupt. Ce n'est pas un prétexte pour me retrouver moi-même, pour être seul une heure ou deux. Ce désir-là m'a tourmenté souvent : le mois dernier encore, je suis allé seul à Sommedieue, avec quelle allégresse étrange, quel frémissement inconcevable ! Et puis je suis rentré le soir. J'ai retrouvé Porchon qui m'attendait, tous les hommes de chez nous qui n'avaient pas bougé, notre guitoune parmi les autres, — et n'ai plus reconnu mon désir du matin. Personne ne s'en est aperçu, je n'en ai parlé à personne. Mais j'ai compris, moi, ce soir-là, combien j'avais changé sans même en avoir eu conscience, et que j'allais être désormais meilleur soldat qu'auparavant.

Non, ce n'est pas un prétexte. Pendant que je gravis les Hauts, entre ces deux talus à pic, le bataillon longe le pied des Côtes. Il ne grimpera qu'aux *Trois-Jurés* et n'atteindra la Calonne qu'après moi : mais nous nous rejoindrons à Sommedieue, bientôt.

C'est la première fois que nous cantonnons là-bas. Nous avons quitté Mont-sous-les-Côtes ; nous avons quitté Rupt-en-Woëvre, et maintenant nous allons à Sommedieue. Qu'importe ! Sommedieue est plus loin des lignes, mais nos étapes seront plus longues ; Sommedieue est un gros village, mais nous en aurons vite fait le tour. La paille de Sommedieue est-elle meilleure que celle de Mont ? Les poux moins tenaces, le mauvais vin moins cher, et moins âpres les mercantis ? On ne peut pas répondre à tant d'autres questions, qui se poseraient encore si nous n'avions perdu nos mauvaises habitudes. Nous étions à Rupt la dernière fois ; et nous allons à Sommedieue, c'est tout.

La première sentinelle m'arrête ponctuellement à la petite carrière, la seconde avant le carrefour de Calonne, la troisième au carrefour même : ce sont des hommes de chez nous, qui me connaissent, à qui je n'ai même pas besoin de dire le mot. Mouilly. C'est un village comme celui des Eparges, et nous y sommes venus souvent. Je le traverse, dans la nuit blêmissante. Et tous les jalons de l'étape s'alignent à leur place connue : le Moulin-Bas dans les branches violâtres, la longue ferme d'Amblonville étendue au creux du vallon, près de la mare aux arbres nus ; les champs poisseux entre les collines, le camp pelé des artilleurs, et les premières maisons, déjà, en avant de leur clocher.

Il fait presque jour maintenant. Le ciel entier s'emplit de nuées ternes et blanches. Il n'y a pas de lumière, même à l'orient.

« Bonjour, mère Bourdier ! »

Elle est levée, comme je m'y attendais. Elle déjeune sur un bout de table, dans la grande salle où la nuit rôde encore. L'odeur d'hier au soir continue d'imprégner l'air, vin répandu et fumée refroidie des pipes.

« Mon pauvre enfant ! » dit la mère Bourdier.

C'est machinal. Elle nous appelle tous « mon pauvre enfant ». Elle larmoie quand nous partons aux lignes ; elle larmoie quand nous en revenons, lève les bras au ciel et gémit : « Que de boue ! »

« Un bon café ? demande-t-elle.

— Oui, mère Bourdier.

— Avec du lait ?

— Oui.

— Un grand bol ?

— Plein. »

Elle me sert, tourne autour de moi, et rituellement gémit : « Que de boue ! »

Elle sèche, la boue : je la sens qui sèche roidement : il faudra que je la casse avant de me remettre en route.

« Mon linge est prêt, mère Bourdier ?

— Il est prêt, mais oui bien sûr... »

Elle fourre le paquet dans ma musette et glisse devant moi, sur la table, un lambeau de papier quadrillé.

« Avec le café, dit-elle, ce sera tant. »

Je la paie. Elle compte la monnaie d'un coup d'œil, nonchalant et vif à la fois ; puis, les prunelles ternies d'une brume :

« Mon pauvre enfant, dit-elle, adieu... Faut que je monte à l'épicerie préparer toute ma journée : j'ai du v*é*in qu'arrive de Verd*é*un, un cochon à mettre en pâté pour ces aut'es malheureux enfants ; avec ça une vache à faire tuer, à cause de ces pauvres civils, qu'il faut pourtant qu'ils mangent aussi, pas vrai ?... Ah ! on a bien du mal, allez ! »

Ses joues tremblotent, sa voix chavire. Elle tient ma main et m'attire vers elle, comme pour me serrer sur son cœur.

« Allons, adieu, mère Bourdier... »

J'hésite une seconde, et je dis :

« Savez-vous que nous ne reviendrons plus ? »

Alors elle pleure, elle pleure tout à fait, ses vastes seins bouleversés d'une houle :

« Oh ! je sais bien... Oh ! comme c'est triste !... »

Et soudain elle me plante là, disparue silencieusement par la porte de sa boutique.

Mon bol vide est toujours sur la table. Le vieux journal dont elle a enveloppé mon linge craque sous mon bras, dans ma musette... Qu'est-ce que j'ai dit ?... Qu'est-ce qui m'a pris ?... Je suis là, seul dans la salle déserte, décontenancé et mécontent. Je voudrais m'entendre rire, avant de reprendre ma route.

Dehors, c'est le même jour cotonneux et transi. Le chemin de Sommedieue rampe sur l'échine d'une colline, le long d'un bois de sapins noirs. Le sol est doux, feutré de mousse et d'aiguilles mouillées. Les branches se balancent à peine, mes pas glissent sans faire de bruit.

Deux kilomètres encore. Je ne suis pas las : mes cuissards de boue ont craqué juste où il fallait, et je les sens si peu que je les garderais tout le jour. Je ne peux pas m'y tromper : tout ce calme qui m'accompagne, c'est le calme des branches à mon flanc ; c'est le silence que je traverse, sous les nuées blanches où la lumière défaille. Aux Eparges le ciel serait le même, au carrefour de Calonne aussi. Mon cœur n'est pour rien dans ce calme.

J'allais peut-être m'arrêter, lorsqu'un artilleur m'a croisé. En me saluant il m'a regardé, comme s'il n'eût pas vu déjà tous mes frères descendus des Eparges. Mais j'étais seul sur le chemin, et la boue dont j'étais vêtu, toute la boue des Eparges ne se cramponnait plus qu'à moi.

Je n'ai compris cela que longtemps après, lorsque j'ai revu comme en songe l'expression qu'avaient eue les yeux de l'artilleur. Mais dans l'instant où mon regard croisait le sien, je me suis demandé seulement, avec une sourde irritation, ce que cet homme faisait là, à cette heure ; et j'ai senti, bizarrement triste, que je ne pourrais plus m'arrêter.

Bientôt, les derniers sapins s'espaçaient sur le ciel, le chemin glissait au bord du plateau et, s'incurvant doucement, dévalait à pic vers Sommedieue. A mes pieds, des capotes bleues passaient, s'agitaient sur les seuils et bougeaient dans les cours. Au bord de la Dieue toute blanche, des hommes nus jusqu'à la ceinture se penchaient sur l'eau vive. Il y en avait des centaines, tous mêlés dans un grouillement d'insectes qui m'émouvait d'une pitié maussade. Mais très vite, sans l'avoir cherché, je découvrais parmi les autres le cantonnement de ma compagnie : c'était là, dans ce moulin vaste comme une caserne, où luisaient sur le sol des cours des flaques boueuses de marécage. De si loin, je ne reconnaissais personne ; et j'étais sûr, pourtant, que c'était là.

Alors je descendais, n'ayant maintenant plus rien à faire qu'à descendre.

J'ai bien dormi. C'est une de nos bonnes habitudes : où que ce soit, nous avons appris à bien dormir. Je suis cette fois dans une toute petite chambre, aux murs chaulés, bleuâtres et froids. Toute la maison a la froideur de ma chambre. Mon hôtesse est vieille et désolée.

Est-elle si vieille ? Désolée surtout. Elle parle à peine, d'une voix lente et grise ; ses yeux, alors, semblent regarder de très loin, du fond d'une eau dormante et glacée. Elle avait un grand fils ; et il a « disparu », elle ne sait où ; elle l'a perdu ; elle est certaine qu'elle ne le reverra jamais : à cause de celui-là, j'ai bien senti qu'elle n'avait plus d'indulgence, même pour nous.

Seulement, un autre fils lui reste, et qui va partir à son tour, bientôt, avec la prochaine classe : à cause de celui-ci, elle a mis à mon lit ses draps les plus fins et m'a porté un broc d'eau tiède, ce matin.

Je me suis rincé de la tête aux pieds. J'ai revêtu ma vareuse propre et légère, et me suis assis à la table ronde, près de la fenêtre. Tout de suite ma main retrouve la lettre que j'avais commencée hier soir, à la chandelle... Qu'est-ce que j'avais écrit, hier soir ?

« Les jours se succèdent, pluvieux, pluvieux... Que nous soyons dans les tranchées noyées des premières lignes, dans nos abris enterrés et obscurs ou dans quelque maison anonyme, parmi des visages étrangers, c'est toujours la même monotonie pesante, qui nous épuise, sûrs que nous sommes de n'y pouvoir échapper. Depuis deux jours, plus de courrier. Pourquoi ? Est-ce que ce manque de lettres va durer ? Alors, je ne vaudrais pas cher.

« Cette stagnation me rend stupide. J'ai du mal, à présent, à continuer le carnet de route que j'avais commencé aux premiers temps de cette guerre immobile, en reprenant les notes hâtives que j'avais prises au jour le jour, en essayant — avec quel enthousiasme ! — de leur donner chaleur et vie. Je suis dans un de ces moments où l'on ne fait plus effort pour réfléchir, pas même pour voir. C'est une espèce d'abrutissement volontaire auquel on se condamne lâchement, parce que le travail ne peut plus vous distraire de l'ennui.

« ... Lorsqu'on lutte, lorsqu'on agit, les pensées déprimantes s'étiolent avant d'avoir pu croître. Maintenant, je suis en proie à cette conviction que je ne puis rien pour hâter l'instant du revoir. Les regrets sont maîtres de moi, et mon retour est trop lointain encore pour que l'évocation de ce qu'il sera m'exalte au-dessus des tristesses de l'heure. Tout mon refuge est dans un espoir bête en l'imprévisible, dans un « qui sait » fataliste et confiant, à quoi je veux me tenir en attendant d'avoir des raisons d'espérer. Ces crises sont les pires... »

J'en étais là, hier soir... J'ai dû écrire très vite, en revenant de la popote. Il était tard ; nous avions eu des invités, dans la salle à manger d'un vieux rentier barbu qui collectionne des pipes en terre. J'avais la bouche amère et pâteuse pour avoir bu, l'après-midi, plusieurs verres d'un affreux curaçao, chez un cabaretier-coiffeur. Nous avions chanté, déclamé, braillé ; et puis ce dîner solennel, cette nappe raide et verdâtre, sous la suspension qui éclairait mal...

Et voici ce que j'ai écrit, trop vite, lorsque je suis rentré dans ma chambre. Toutes ces lignes m'étonnent, ce matin ; elles me gênent, comme un aveu trop cru ; et je ne puis, pourtant, les désavouer... Mais comment continuer à écrire ? J'essaie vainement, lorsque des pas résonnent dans le couloir ; la porte s'ouvre, des voix éclatent à mes oreilles :

« Le voilà ! Le voilà ! »

Ils sont trois ou quatre qui m'interpellent ensemble : Porchon d'abord, et derrière lui ceux de la 5ᵉ, Hirsch, blond et glabre, plus juvénile que jamais, Jeannot qui a rasé son bouc, et le vieux lieutenant Muller.

« Eh bien, qu'est-ce que tu fous ?

— Ça va mieux, depuis hier soir ?

— On t'attend, tu sais... »

Je leur fais signe de la main, sans me lever : pas si fort, ne criez pas si fort... Mais ils parlent tous à la fois, pêle-mêle, à m'ahurir :

« Correspondance ? Oh ! alors...

— Et les idées ?... Elles sont bien nettes, ce matin, les petites idées ?

— Ça fait rien, vieux, si tu as écrit tout ça depuis que tu es levé ! »

« Mais non... J'avais commencé hier soir. »

Alors ils s'esclaffent ; toute la maison retentit de leurs rires :

« Hier soir ! Hier soir !... Qu'est-ce qu'il a dû écrire, hier soir !

— Comment ? Ce que j'ai dû écrire...

— Tu étais... vaseux, dit Muller.

— Saoul », précise le jeune Hirsch.

Leurs rires recommencent de plus belle. Ils me tapotent l'épaule avec une commisération bouffonne :

« Te frappe pas... Tu n'étais pas le seul.

— On l'étais tous... »

Je proteste du geste ; Hirsch affecte une colère indignée :

« Tu ne vas pas dire que ça n'est pas vrai ?

— Si, je le dis.

— Alors, qui est-ce qui a lampé dix ou douze curaçaos à la file ? Qui est-ce qui a déclamé d'une traite le *Parricide* de Victor Hugo ?... Et pourquoi te gondolais-tu comme une baleine, quand tu criais : « Vieux mont, la mort éclaire peu » ?... Qui est-ce qui a sifflé des valses lentes, à en faire baver les artilleurs ? Qui est-ce qui a dansé un tango maous, en tenant dans ses bras une Jeanne d'Arc en plâtre qui était sur la cheminée ?... Qui est-ce ? Qui est-ce ?

— C'est moi ; mais je n'étais pas saoul.

— Oh ! assez ! assez ! »

Les trois autres nous font taire, hurlant ensemble pour couvrir nos voix. C'est fini d'écrire, ce matin : je n'ai plus qu'à les suivre là où ils voudront m'emmener.

Dans le couloir, nous rencontrons la vieille hôtesse qui nous regarde avec reproche :

« Eh bien mais, murmure-t-elle, en voilà un grand vacarme ! »

Elle semble plus désolée encore, les yeux plus lointains et plus froids. Elle reprend, de sa voix lente :

« Et vous allez à l'église, bien sûr ? Pour le service de ce pauvre capitaine qui est mort ?... C'est trop de bruit, oh ! trop de bruit... »

A présent, nous nous taisons. C'est vrai que nous allons à l'église où l'on doit chanter, ce matin, un service à la mémoire de Maignan.

Il y a quinze jours que le capitaine Maignan est mort, tué d'une balle au détour d'un boyau, là-haut... Nous l'avons suivi au cimetière de Rupt, la dernière fois ; et nous l'y avons laissé... Pourquoi faut-il qu'à Sommedieue encore le commandant Sénéchal ait voulu tous ces chants, ces duos de virtuoses, ces trémolos de violoncelle ? Il pleuvait, la dernière fois, sur le cimetière de Rupt. Tout le bataillon était là, tête nue, pendant qu'on descendait la bière dans la fosse ; et le colonel a parlé, très peu, un adieu très humain et très simple : sa voix tremblait, nous avions les entrailles serrées. La pluie tombait sur les mottes de terre fraîche, sur les planches du cercueil, comme là-bas, aux Eparges, sur le front mort du capitaine

Maignan... Et ce matin, Béjeannin l'infirmier chante avec le sous-lieutenant Dast : un baryton, un ténor. Ils se connaissent ; ils ont l'habitude de chanter ensemble ; nous les entendrons peut-être ce soir, chez le coiffeur au curaçao. Des violons encore ; et puis un chœur. C'est bien, c'est vraiment bien. Tous les « talents » du bataillon concourent à « l'éclat de la cérémonie » ; et rien ne cloche ; et le commandant Sénéchal est très fier...

« N'est-ce pas, messieurs ? » nous dit-il.

N'est-ce pas quoi ? Il n'ose l'avouer ; mais il reste longtemps sur le terre-plein devant l'église, l'air pénétré, la main tendue, et très fier, ingénument.

« Allons messieurs ! C'est l'heure de déjeuner... »

Il faut penser à tout, être exact à tous les rites. Celui-ci dure longtemps : deux heures, très rarement moins ; deux heures de conversations plates, au bruit animal des mâchoires, dans la fumée des cigares et des pipes, devant le verre de *fine* trop plein. Sur les trottoirs, vers la maison du vieux rentier, nous déambulons par petits groupes, déjà silencieux et mornes. J'ai sous le nez la nuque rouge du commandant Sénéchal, près duquel marche le capitaine Rive. Le docteur Le Labousse traîne ses bottes à mon côté : ses grandes mains pendent, trop lourdes, sur ses cuisses, ses yeux débordent d'un ténébreux ennui. Derrière nous, Porchon cause avec un inconnu, un très jeune sous-lieutenant vêtu d'une capote bleu de lune, si pâle et neuve que le pauvre en a l'air déguisé.

« Oui, mon vieux, dit Porchon, que ça te plaise ou pas, c'est sûr que tu arrives trop tard. Ce qu'on a vu, ça n'est pas possible qu'on en revoie jamais l'équivalent : il ne peut y avoir qu'une retraite comme celle que nous avons faite, qu'une bataille de nuit comme celle de la Vauxmarie, qu'un combat sous bois comme celui du 24 septembre, qu'une seule nuit comme celle du 19 octobre, au petit ravin des Eparges... La guerre sera ce qu'elle voudra, elle est presque toute derrière nous. Demande à n'importe lequel des anciens, tu verras s'ils ne sont pas de mon avis. Ça s'est calmé presque d'un seul coup, vers la fin d'octobre à peu près... Et depuis, qu'est-ce que nous faisons ? Le pied de grue, aussi bien d'un côté que de l'autre ! On s'est fourré dans des trous ; on s'y installe ; on s'y meuble ; on en a pour jusqu'à la Saint-Glinglin... Hep ! Genevoix ! »

J'alentis mon pas, ils me rejoignent.

« Que je te présente... dit Porchon. Le sous-lieutenant Rebière, un *cyrard* qui nous arrive ce matin ; un cyrard pour nous... Le benjamin de la 7ᵉ. »

Rebière sourit, d'un sourire enfantin et clair. Son abord est mieux que sympathique : réconfortant. La seule façon dont il me serre la main, les seuls mots banaux qu'il prononce, c'en est assez déjà pour que toute gêne soit abolie. Bien découplé, solide, le muscle large, il garde un visage rond d'adolescent, à quoi le regard myope, derrière les verres du lorgnon, prête un charme rêveur, une discrétion séduisante et fine.

« Mais pourtant, s'étonne-t-il. Il faudra bien en sortir, de ces trous ! S'installer dans des trous, s'y meubler, ça ne peut pas être une fin !

— Je me le demande, dit Porchon ; au train dont nous voilà partis... Vois-tu, mon vieux, il faudrait que tu connusses mieux la vie que nous avons vécue, depuis trois mois : un piétinement sur place, dans la gadoue, dans la crotte. Un pas en avant, nous ne l'avons pas fait ; en arrière non plus, d'ailleurs... Les mêmes besognes aux mêmes heures, la même routine de fonctionnaires abrutis et malheureux... Sortir des trous ? C'est ce qu'on pense, là-bas, d'où tu viens. Mais nous... Songe que nous nous sommes habitués à cette vie ; on a peut-être eu tort de nous y maintenir si longtemps. Tu verras, là-haut, dans nos tranchées des Eparges. Les Boches sont tout près, sur une grosse boursouflure de boue que nous appelons le *piton :* ça n'est pas très beau à voir ; et c'est malsain, à cause des balles qui en partent et filent à travers nos créneaux. Les premières semaines pourtant, on y risquait encore le nez ; il y avait bien par-ci par-là, sur la pente, quelques chevaux de frise, quelques piquets ; on n'y faisait guère attention. Seulement, d'un séjour à l'autre, les chevaux de frise se sont multipliés, les piquets ont serré les rangs, les fils de fer ont grossi, de plus en plus hargneux et barbelés... Si bien que, sans nous en apercevoir, nous avons fini par ne plus accueillir certaines pensées... désagréables : celle-ci, par exemple, qu'il nous faudrait un jour grimper au flanc de ce piton malgracieux, à travers ces chevaux de frise, ces piquets, ces fils de fer. Dame ! Qu'on veuille bien se mettre à notre place !... Et tu vas sans doute me répondre que j'ai humainement raison, mais que pourtant, coûte que coûte, il faudra bien sortir de nos trous !... Evidemment... évidemment... »

Porchon marche sans plus rien dire, le nez baissé, les yeux méditatifs. Et soudain, relevant la tête :

« Qu'est-ce que tu en penses, toi ? me dit-il.

— Oh ! moi, tu sais... le moins possible.

— C'est entendu, je sais !... Tout de même, voilà ce jeune homme qui nous tombe dessus sans crier gare, qui nous questionne avec une fougue ridicule, qui veut nous contraindre à répondre... Moi j'ai parlé beaucoup, beaucoup plus que je n'ai fait depuis des mois... A ton tour, tâche de l'éclairer.

— Qu'est-ce que tu veux que je lui dise ? La même chose que toi, au fond... Que nous vivons au jour le jour, adaptés tout à fait, puisqu'il l'a bien fallu, à notre existence de boueux ? Que, le voudrions-nous, je ne sais pas si nous serions capables de *réaliser* vraiment cette sortie hors de nos trous, à laquelle il semble tenir comme à une affaire personnelle ? Que si l'ordre de grimper au piton nous surprend un jour prochain, j'ai peur que nous n'y grimpions mal, tant nos jambes se sont engourdies ?... Tout ce que je pourrais dire chanterait le même refrain pas gai ; et je ne veux pas lui faire de peine, à notre cyrard, parce que je vois bien ce qu'il est venu chercher aux Eparges... Hein Rebière ? »

Rebière sourit, sans répondre. De temps en temps il nous observe : et ses yeux, derrière le lorgnon, s'emplissent d'une songerie un peu triste.

« Entrons, messieurs... »

Nous sommes arrivés. Les pipes s'étagent dans un angle de la salle à manger, du haut en bas d'un râtelier monumental. Il y en a de cocasses, il y en a d' « artistiques », il y en a d'obscènes, il y en a de commémoratives. Le vieux rentier, flatté, nous regarde les regarder : il ressemble au zouave Jacob.

« Allons, messieurs ! A table ! »

Rebière s'assied entre Porchon et moi ; et le long déjeuner commence. Ni plus long, ni moins long qu'à l'ordinaire : un déjeuner de cantonnement, lourd et vineux.

« Autrefois, dit Porchon à Rebière, nous avons mangé des raves crues, des pommes de terre pourries que nous déterrions dans les champs.

— Oui ? », murmure Rebière.

« Revue d'armes à quatre heures, messieurs, répète pour la troisième fois le commandant Sénéchal. Vous voudrez bien veiller aux plaques de couche... Avec cette manie qu'ont les hommes de poser leur fusil à même la boue, elles sont abominablement rouillées... Je n'y reviendrai plus, messieurs. »

Long, très long déjeuner. Une somnolence nous gagne, lestée de pesantes nourritures. Et le café n'est pas servi encore ! et la fine suivra le café... Rebière bâille derrière sa main, bâille à en avoir les yeux pleins de larmes ; malgré lui, il regarde la porte.

Enfin ! Enfin ! Nous nous sommes levés. Le Labousse, blême d'ennui rentré, s'en va seul, comme s'il se sauvait. Sur le trottoir d'en face, Hirsch, Jeannot et Muller déambulent : ils laissent s'éloigner Rive et Sénéchal et, dès que leurs deux manteaux ont disparu, nous rejoignent sur la chaussée.

« Grave nouvelle, chuchote Jeannot. Le coiffeur s'est fait poirer à servir cette nuit après la fermeture : sa boîte est consignée quinze jours.

— Zut ! disons-nous. Qu'est-ce que nous allons faire ?

— Y aller quand même, dit Jeannot.

— Par derrière, alors ?

— Par la grange... On se disperse en tirailleurs, dans les jardins ; on se glisse en douce, un par un... Le merlan doit nous attendre derrière la porte.

— Oh ! s'étonne Rebière. Et vous croyez... »

Nous ne lui répondons même pas. Déjà nous avons obliqué dans une ruelle. Il nous suit, tourmenté, malheureux et timide.

Cela dure tout l'après-midi. Nous nous échappons un quart d'heure, pour la revue d'armes ; et nous revenons vite, en nous cachant bien moins que la première fois. Le coiffeur boit avec nous. C'est un homme frisé, beau parleur, pétri d'onction et de bonne volonté. « Qu'est-ce que je veux, moi ? dit-il. Que tout le monde il soye content, du petit comme au grand, du premier comme au dernier. On me consigne, je m'incline ; on me demande à boire, je sers à boire. Est-ce qu'il faut tant se tourmenter ? Que tout le monde il soye content, mon Dieu donc ! »

Le sommes-nous ? Il n'y semble guère. On ne recommence pas deux jours de suite des « noubas » comme celle d'hier. On a beau boire le même curaçao, le cœur n'y est plus, décidément... « Allons, Rebière ! Encore un ? » Pauvre gosse ! Il ne sait plus auquel de nous se vouer. Il regarde avec effarement Jeannot qui décroche les croix du vieux Muller, et qui, solennel, le décore à nouveau, « au nom du Gouvernement de la République, du ministre de la Guerre, du ministre de l'Instruction publique, du ministre de l'Agriculture », — et l'embrasse deux fois par ministre.

Il y a longtemps qu'il fait nuit. Le coiffeur n'a voulu allumer qu'une bougie, parce que la lumière d'une lampe se verrait trop du dehors : encore a-t-il calfeutré de torchons les fissures de ses volets. Nous n'osons pas élever la voix ; nous éprouvons, de plus en plus, la stupidité lamentable de notre équipée, la tristesse des minutes gâchées.

« Je m'en vais... Une course à faire avant dîner. »

Ils me laissent me lever et partir.

« Viens-tu avec moi, Rebière ? »

Ils le laissent se lever et me suivre. Nous marchons côte à côte, dans la rue boueuse et noire.

« Où vas-tu ? me demande Rebière.

— Je ne sais pas : je fous le camp. »

Nous nous taisons longtemps. De loin en loin, une boutique éclairée bourdonne. Nous quittons la grand'rue et gagnons la fraîcheur bruissante de la Dieue.

« Il fait bon, ici », dit enfin Rebière.

Sa capote neuve est pâle dans la nuit. Malgré le bondissement de l'eau vive sur les pierres, un silence large et pur est sur nous. Et tout à coup, très loin vers l'est, une pulsation profonde tressaute au bord du ciel. Mon compagnon s'est retourné vers moi.

« Où est-ce ? demande-t-il. Aux Eparges ?

— Peut-être. »

De nouveau, très loin, le ciel nocturne tremble comme une étoffe distendue. Nous revenons sur nos pas, marchant toujours parmi la fraîche senteur de l'eau ; et d'instant en instant, aux limites du silence, le canon gronde, puis se tait.

« Dis-moi... » commence Rebière.

Il hésite ; les mots lui manquent... Mais je sais si bien ce qu'il voudrait me dire, et ce que je voudrais, moi, lui répondre !

« Alors c'est vrai, reprend la voix timide, vous croyez tous... ce que vous m'avez dit ?

— Puisque nous te l'avons dit.

— Vous croyez que s'il fallait grimper là-haut... »

Je ne réponds rien. Rebière achève, avec une angoisse d'enfant :

« Mais c'est un état d'esprit déplorable ! »

Alors je ris, d'un grand rire sonore. Rebière s'arrête. Il cherche à voir mon visage dans la nuit :

— Pourquoi te fiches-tu de moi ? Je ne sais rien... Je suis ridicule.

— Mais non, mon vieux... Il faut attendre, être sage. Nous ne savons rien de plus que toi.

— Vraiment ? dit-il, presque suppliant.

— Je t'assure. Il faut vivre et attendre... Tu pourras voir, comme nous, puisque te voilà parmi nous.

— Mais Porchon ne m'a-t-il pas dit que le plus fort était déjà fait ? Que j'arrivais trop tard, enfin ?

— Il te l'a dit. Et puisse-t-il avoir eu raison !... Je t'aurais dit la même chose, tous les anciens t'auraient dit la même chose... Ce que nous avons déjà fait... En vérité, c'est plus qu'on ne pouvait demander à des hommes. Et nous l'avons fait. Et nous voudrions bien — est-ce un état d'esprit déplorable ? — que la guerre nous tienne enfin quittes... Porchon t'a dit encore, si j'ai bonne mémoire : « Qu'on veuille bien se mettre à notre place... » Tout est là.

— Mais s'il s'est trompé ? Si votre désir se trompe ? Si la guerre, demain, exige de vous plus encore ?

— Je te répète : nous ne savons pas... Il n'est, pour l'instant, qu'une réalité certaine : nous nous sentons diminués, presque éteints. Nous perdons, par moment, jusqu'à la fierté de nous-mêmes. Les meilleurs d'entre nous s'isolent. Le régiment n'a plus sa belle âme collective ; il est descendu à n'être qu'un tas d'habitudes mélancoliques, un troupeau d'hommes jetés ensemble, et que maintient groupés la communauté des appétits et des souffrances. Demain... Il faut attendre demain.

— Je t'en prie. Pardonne-moi d'insister encore... Ces hommes, tous ces hommes... me diras-tu que tu espères en eux ?

— Mais oui, j'espère.

— Malgré tout ?

— Malgré quoi ?... J'espère en eux.

— Ah ! » dit Rebière.

Et il soupire longuement, comme délivré d'un poids trop lourd.

⁂

Du cantonnement, nous allons au carrefour de Calonne. C'est toujours en pleine nuit qu'on s'en va : une heure du matin, parce que l'étape est longue. A chaque départ, c'est le même réveil brutal, sommeil coupé, tête ballante. On marche sur une route vague, entre deux houles d'arbres sombres. Devant nous des croupes de chevaux dodelinent. Une lanterne posée par terre éclaire une guérite clayonnée, des touffes d'herbe fangeuse, un cube de paille comprimée. On passe, repris par la houle noire des arbres de chaque côté de la même route sans fin. On s'arrête dans une molle bousculade, un brouhaha de grognements et d'invectives. Des silhouettes quittent la route, s'éloignent dans une clairière où bruissent des feuilles mortes : et l'on s'aperçoit que la tranchée-abri est là.

Cette fois, notre peloton est sur la route des Eparges, et l' « abri-trois pièces » est le nôtre. Par-dessus les rondins et la terre des toits, on a posé des feuilles de carton bitumé : il ne pleut presque plus dans les pièces de l'abri, ni dans la chambre à coucher, ni dans la salle à manger, ni dans la cuisine. Nos sacs débouclés, nous

nous étendons sur la paille du bat-flanc. Nous pourrions y rester trois jours.

Pourtant, il nous arrive quelque chose d'extraordinaire : un ordre est venu nous surprendre, qui a secoué — pas très longtemps — notre apathie.

Il faut « organiser » le carrefour. Il y a quelques mois, lorsque nous avons pris possesion du secteur, les hommes dormaient dans une tranchée, sous un auvent de branches et de feuilles. Mais les pluies persistantes, à travers ce toit fragile, dégouttaient sur leur sommeil et faisaient pourrir, dans la boue, leur litière de feuilles gluantes. Ils ont construit des abris plus étanches et quitté l'ancienne tranchée.

Depuis lors elle se comblait, pareille, dans son abandon, à quelque vieux fossé aux parois veloutées d'humus. C'est elle qu'il faut approfondir, border d'un parapet où s'espaceront des créneaux de bois, protéger en avant d'un réseau de fils de fer.

Les hommes creusent, sans comprendre, sous la neige qui floconne à travers les fûts des hêtres. L'un après l'autre, Porchon, Rebière et moi surveillons les équipes et passons deux heures avec elles. C'est mon tour : la besogne flâne, les flocons dansent, les terrassiers bavardent. Il y a là, debout et les mains dans les poches, ou s'appuyant au manche de leur outil, Biloray dit la Fouine, grêle, nerveux, les yeux intelligents et vifs dans un visage gros comme le poing ; Gron le boxeur, court de col et large des épaules, ses dents en or luisant sous sa lèvre charbonneuse ; et Durozier, l'homme des longues conférences, pacifiste au sirop de groseille, barbu comme une réclame de sève capillaire, douceâtre, poli, dangereux ; et encore Chabeau, un rural dur à la besogne, dont les yeux bleus se décolorent dans une face honnête et crayeuse ; et le placide Beaurain, et Compain « la Pipelette », aux vastes oreilles sans ourlet ; et Jaffelin, le classe 14 aux joues tendres duvetées de blond ; et l'aîné des deux Chantoiseau, un grand diable basané, patibulaire et bon enfant.

« Alors quoi, dit la Fouine, c'est c'te nuit qu'ils attaquent, les Boches ?

— Verdun d'abord, gouaille le boxeur ; après, Paname... Heureusement qu'on est là, nous autres !

— Paraît, jacasse la Pipelette, qu'ils en mettent un coup au Bois Haut, du côté des mitrailleurs. Paraît qu'ils fabriquent un ouvrage...

— N'empêche, dit gravement Durozier. Vous avez beau charrier : c'est malsain.

Alors, les autres éclatent de rire.

« Qu'est-ce qu'i' dit ?.

— Malsain, qu'i' dit !

— Tu parles d'une bille ! »

Durozier, vexé, allonge une lippe dédaigneuse, retire ses moufles et commence à couper ses ongles. On travaille peu sur le chantier. Les outils délaissés s'appuient de guingois d'un bout à l'autre de la tranchée : on fume, on regarde voltiger la neige.

Mais tout à coup, la Fouine dresse le nez :

« Acré ! chuchote-t-il. V'là l' colo ! »

Il l'a reconnu de loin, qui vient lentement sur la route. Dans ses pas marche le capitaine Périgois, enveloppé de fourrures et suivi d'un gros chien laineux.

Toute l'équipe a repris ses outils et fait semblant de travailler. Ils ont beau s'agiter, on sent qu'ils ne *croient* pas à ce qu'ils font : ça leur paraît une blague, cette tranchée en deuxième ligne, si loin des Boches et des vraies tranchées ; une brimade de gradés qui veulent « les amuser ». Et je pense comme eux, malgré moi, par instinct grégaire : une tranchée de combat ici, à Calonne ! Quelle belle idée d'état-major !

— « Bonjour Genevoix.

— Bonjour, mon colonel. »

Je ne l'ai jamais vu d'aussi près, le colonel Boisredon. Il est sec, avec un visage douloureux et sensible, une moustache grise rebroussée, et de gros yeux à fleur de tête qui vous fixent très droit au travers du binocle. Il passe, sérieux et froid, le long de la tranchée. Il se penche, examine, puis saute au fond, entre les déblais de calcaire.

« Dites donc, Genevoix ? »

Encore mon nom ?...

« Voulez-vous prendre un fusil ?... Bon. Placez-le dans ce créneau... Et visez... »

Je me suis retourné, la crosse toujours à l'épaule :

« Mon colonel, je vais faire redresser ce créneau... Je vais les vérifier tous.

— Bien », dit-il.

Il me serre la main, avant de continuer sa ronde. Le capitaine Périgois me serre la main, et le suit, son gros chien noir toujours sur les talons.

Est-ce bête, ce créneau fiché de travers, ce carcan de planches qui vous force à tirer dans la terre, à deux mètres de la tranchée ! Et ces autres créneaux dont Boisredon ne m'a rien dit, et qu'il a vus, pourtant, l'un après l'autre !... Tout à l'heure, lorsqu'il m'a parlé, il l'a fait avec une netteté si simple que je n'ai éprouvé nulle gêne, que je n'ai même pas eu le sentiment d'être en faute ; et puis il est parti très vite, il est parti juste à temps... Je le regarde de loin. Il coupe à travers la clairière, pour regagner la route entre le carrefour et nous : j'étais sûr qu'il ne repasserait pas par ici... Allons ! Voici que mes oreilles me brûlent ? J'aurais dû... Mais à quoi bon, si cette tranchée est inutile ?... Ça ne fait rien, j'aurais dû.

Et la neige tombe toujours, silencieuse, ensevelisseuse. Et Le Labousse, promenant son kodak, photographie les abris sous la neige ; photographie le capitaine Gélinet, sous la neige qui tombe « au front ».

Piétinement vers quoi, vers où ? De Calonne, comme toujours, vers les Eparges.

Mais que la neige est claire, au soleil ! Au lieu de la boue jaune qui coulait pâteusement d'un bout à l'autre des boyaux, c'est une eau de glacier, limpide, vivante, qui cascade et jase. Et l'on voit le fond des boyaux, où des moisissures longues ondulent souplement, très vertes, gaîment vertes. Les balles des mitrailleuses s'essorent par-dessus la vallée, filent et filent par le col de Combres avec une allégresse chantante d'oiseaux.

« Regarde ! me dit Porchon. Regarde ! »

Ce sont bien des oiseaux, un vol de pinsons qui s'égaillent par-dessus la crête et passent dans une vibration d'ailes, puis se posent, tout en bas, dans les haies mauves des vergers.

Rebière ouvre les yeux tout grands. Il regarde les obus qui tombent sur le village : celui-ci, qui fait jaillir une claire gerbe d'eau, dans les prés ; celui-ci, qui heurte le clocher d'une chiquenaude, sans l'abattre ; et celui-ci encore, qui lourdement fracasse une maison.

« C'était couru, constate un homme. Téléphonaille, brancardaille, faut quand même, tu diras, qu'ça allume du feu en plein jour et qu'ça fasse fumer les toits. Total : tu vois »...

Rebière écoute de toutes ses oreilles. Du matin au soir il oublie de dormir, malgré le quart qu'il prendra la nuit. Et comment dormir, si l'abri est plein tout le jour de camarades qui vont et viennent, s'installent à notre table et réclament à grands cris le thé du cuistot Figueras ? Il faut avoir l'entraînement que j'ai pour se glisser quand même sous l'édredon, le nez contre la claie derrière laquelle, le long du mur de glaise, ruisselle une source à menu clapotement. Je dors, je sens que je dors. Et pourtant je ne perds rien de tout ce qui se passe au niveau de mes souliers fangeux. Des sensations piquent mon sommeil, assez nombreuses pour que leur trame s'enchaîne, en déroulement familier d'images.

Des cris de gosses, une irruption de cyclone, tandis qu'une marmite boche éclate on ne sait où : c'est l'heure du génie. J'entr'ouvre les paupières, juste le temps de les reconnaître tous : Noiret, une grande carcasse brune, des dents blanches, des yeux rieurs ; Floquart, un crâne roux sans képi, une paire de lunettes fulgurantes ; et le capitaine Frick, le képi cascadeur, le bouc pointant en cœur d'artichaut, son vaste torse bien d'aplomb sur les colonnes de ses jambes ; et Vocelle encore, un lieutenant barbu, petit et gras, dont le béret large comme un riflard nous a rejoints il n'y a pas longtemps... Tiens ! une voix inconnue. De nouveau je coule entre mes cils un regard sommeillant : une tête surgit, un grand nez maigre, une moustache noire, des cheveux noirs ébouriffés : c'est une recrue d'âge mûr, un capitaine ; ils l'appellent Piplin ; il était répétiteur à l'X ; ils le briment un peu, car l'occasion est belle, les grosses marmites boches continuent de crouler à la porte :

« C'est notre artillerie qui tire », disent-ils parmi des rires énormes.

On n'a pas inventé grand'chose, depuis le mois d'août dernier... Le génie s'en va : Floquart me tire les pieds au passage et Noiret me claque les fesses. Puis un silence : le capitaine Rive, assis à la table, roule ses sempiternelles cigarettes ; lui non plus ne dort pas, mais il a toute la nuit pour le faire. Rebière a quitté l'abri voilà une grande demi-heure : c'est son tour de « prendre » là-haut.

« Bonjour ! » dit Porchon qui descend.

Il gratte ses souliers et ses molletières avec le coutelas de bois, puis se coule à mon côté : je sens contre mon flanc gauche, à l'opposé de la source froide, la froidure de sa capote fangeuse.

« On a rigolé tantôt, me dit-il. J'ai découvert les goguenots des Boches, à Combres... Chaque fois qu'on en voyait un, on se mettait trente à le canarder. Le type faisait vite, tu peux croire ! J'en pleurais sur les verres de mes jumelles... Et toi, du nouveau pendant ton quart ?

— Une relève ; toute une section qui traversait le col de Combres. On a tiré aussi, naturellement.

— C'est vrai, dit Porchon ; nous aurons les Prussiens demain, à la place des Bavarois : il va falloir se méfier des créneaux. »

Nous nous sommes méfiés, mais le grand Bujon a reçu quand même une balle dans la tête. Il rêvassait, le front contre le parapet :

la balle a traversé la glaise ; Bujon s'est effondré, sans un cri.
On le descend par le boyau, enveloppé dans une toile de tente. Il n'est pas mort ; il n'a même pas perdu connaissance. Les yeux grands ouverts, il nous regarde, nous qui sommes debout.

« Tu souffres ? »

Il ne répond rien. Ses yeux s'ouvrent davantage, des yeux immenses d'agonisant où flotte un monde de pensées inconnues. « Pourquoi suis-je là, moi, moi seul ? Et n'avez-vous pas honte, vous autres, devant moi qui vais mourir ?...

« Tu souffres ? » — Imbéciles ! »

Nous détournons la tête pendant que les porteurs s'éloignent, tout doucement, sur la pente qui les vit descendre tant de fois. Les hommes assemblés se dispersent, un à un rentrent dans leurs guitounes. Les derniers passent Raynaud et Chapelle, deux hommes de la *liaison*, deux anciens du premier départ. Et Raynaud murmure, toujours triste :

« Il ne remontera plus, Bujon.

— Bah ! fait Chapelle, toujours gai : un à chaque coup, c'est un tarif de père de famille. Puisque Bujon est déglingué, on est paré jusqu'à la relève. »

⁂

La relève, c'est cette nuit ; pour Sommedieue. Nous n'avons même pas somnolé pendant le quart : la nuit neigeuse était pleine de sollicitations. Les Boches travaillaient devant nous, quelque part dans la blancheur de l'espace. Nous entendions, sous les nuées mates, les coups de leurs maillets enfonçant des pieux à réseaux. J'ai fait tirer des salves sur le piton, je suis allé trouver les mitrailleurs à leur blockhaus de l'ouest et leur ai demandé de « faucher » les pentes de Combres. Tac... Tactac... Tacatacatac... C'était, dans l'immense paix nocturne, un bruit insolent et malingre. Devant nous, les maillets frappaient toujours. Alors, nous cramponnant aux mottes gelées, nous nous sommes hissés, un de mes caporaux et moi, sur le parapet craquelant de neige cristalline. Nous écoutions, le cou tendu, à genoux l'un près de l'autre. La mitrailleuse recommençait à tirer. « Est-ce un cri ?... Quelqu'un a dû crier, là-bas... » La mitrailleuse se tait. La neige seule, les sapins noirs au loin...

C'est au diable, Sommedieue. Il a plu aux dernières heures de la nuit ; puis il a gelé, et la route miroite de verglas. On arrive pourtant, sur des jambes tout d'une pièce, des espèces d'échasses qu'on a peur de casser. On retrouve sa chambre, ou une autre ;

sa grange, ou la grange voisine. La salle à manger du vieux rentier ne nous accueillera pas cette fois. Au lieu d'un râtelier à pipes, nous avons un piano presque juste, sur quoi le docteur Le Labousse, de ses vastes mains d'assommeur, tape une discordante *Très Moutarde*.

Et nous n'irons pas à l'église pour conduire parmi les tombes le grand Bujon qui n'est pas mort encore, à l'ambulance. Mais un artilleur est mort, un maréchal des logis tué à sa pièce de 75 ; et celui-là, nous le conduirons là-haut... Un terrain vague, quelques croix de bois, une fosse béante pareille à l'autre, celle de Rupt. Au lieu du colonel Boisredon, c'est un autre colonel qui parle ; il dit les mêmes paroles, avec la même émotion poignante et simple. Et nous sommes bien les mêmes, autour de celui qui est mort. Le prêtre-brancardier se penche ; on voit son pantalon rouge sous la dentelle du surplis. « Adieu ! dit le colonel. Adieu, Amblard ! » Nous sommes les mêmes, autour de cette fosse déjà comble, qui pleurons notre frère inconnu.

L'heure tourne, et vaguement nous pousse d'un bout à l'autre de Sommedieue. Le docile coiffeur est plus consigné que jamais : deux sentinelles montent la garde aux deux portes de sa maison. L'Alsacienne est consignée, le bistrot de la place aussi. Mais il en reste assez pour saouler d'ignobles mixtures toutes les armes qui cantonnent au village ; assez pour que ce jeune sapeur, au lieu de passer sur le pont, traverse tout vêtu l'eau glacée de la Dieue, pendant que sur la rive, alignés en galerie, une troupe d'imbéciles l'encouragent.

Nous tournons avec l'heure monotone. Une revue nous réclame encore, un coup d'œil résigné sur tant de loques irréparables, sur tant de godillots crevés. Et de nouveau Sommedieue nous voit passer, au long des rues, de porte en porte.

Nous n'y reviendrons plus. Nous irons à Belrupt. C'est une vieille femme qui nous l'apprend, tandis que sous ses yeux une fillette chlorotique verse en nos verres un noir quinquina.

« Oh ! m*é*on Dieu ! murmure la vieille, il va se passer tant de choses !... Et ce général qui sait bien que votre attaque sera manquée, et qui vous enverra quand même à la mort ! Malheureux enfants ! Tant de choses !... Et tant de pauvres *piots* qui ne reviendront pas ! »

Elle nous regarde, les paupières mues de déclics nerveux ; elle marmonne tout bas, inquiétante, sibylline ; et le quinquina, dans nos verres, prend des apparences de philtre.

« On la laisse tomber », dit Jeannot, brutal.

Il crache dans la rue sa dernière gorgée, hausse les épaules et bougonne :

« L'attaque... Le général... Envoyer à la mort... Je t'en foutrai, moi, vieille bique !

— Laisse donc, dit le père Muller. Elle a jaspiné sans savoir.

— Sans savoir... Il y a pourtant de quoi vous mettre à ressaut ! A chaque coup les civelots sont prévenus avant nous. Rappelle-toi l'attaque de Noël, celle que le 6-7 s'est tapée au Bois Haut ! Le tailleur de Rupt, la mère Bourdier, les mômes du tailleur, tu n'avais qu'à les écouter pour t'instruire. Et pas des bobards de cuistance. On l'a bien vu vingt-quatre heures après.

— Laisse donc... laisse donc... » répète Muller.

Hirsch, énervé, se plante tout à coup devant nous, et gesticule :

« Une grosse horloge, tu vois... grosse comme ça : c'est le Temps, avec un T majuscule. J'empoigne la grande aiguille, et allez-y ! à tour de bras ! vingt-quatre heures à la minute, deux mois à l'heure, et je tourne toute la nuit : demain matin, vous vous réveillez dans deux ans.

— Demain matin, bougonne encore Jeannot, nous nous réveillons à minuit. Départ pour Calonne, verglas, douze kilomètres de casse-gueule... Qui est-ce que le bataillon détache au *dépotoir* ?

— C'est nous », dit Porchon.

Mauvais coin, le nôtre, pour ces trois jours : des trous creusés dans un talus, près d'un chemin en pente, purineux. Comme on est vu des Boches, malgré quelques petits sapins fichés en écran dans la boue, on passe des heures dans une galerie étroite, les genoux au menton, les mains croisées sur les genoux. Lorsqu'on se hasarde à sortir, on voit la vallée du Longeau, et par delà le piton jaune, balafré de tranchées et de sapes.

Dieu ! comme on les voit bien, toutes ces sapes creusées par notre génie ! Elles rampent, zigzagantes, vers la crête. On dirait que chacune d'elles cache une grosse tête fouisseuse, qui s'enfonce, s'enfonce, en rejetant de chaque côté des bourrelets d'argile soulevée, et soudain disparaît, comme pour émerger bientôt sur l'autre flanc de la colline crevée. On dirait aussi que les Boches veulent tuer la bête, ou la murer dans sa galerie avant qu'elle ne soit arrivée : ils bombardent, à coups énormes de 150 ; sept points de chute, toujours les mêmes, sept panaches de suie molle qui jaillissent presque au même instant, et se balancent à n'en plus finir au-dessus de chaque tête de sape.

Cela fait un étrange effet, de loin. Il me semble que je vois cela pour la première fois. Pour quoi faire, toutes ces sapes ? Pour ménager des fourneaux de mine jusque sous la tranchée allemande. Et quand les fourneaux seront prêts, bourrés, amorcés, on les fera sauter tous ensemble... Mais une fois qu'ils auront sauté ? Et où serons-nous, nous autres, lorsque les fourneaux sauteront ?

Ce n'est point par lâcheté que j'évite de me répondre. Je peux regarder le piton bien en face, sans que les battements de mon cœur s'accélèrent même un peu ; vraiment je répondrais sans trouble, si je savais.

Mais tout est si loin ! Le crépuscule sourd de tout le ciel. Le piton recule encore et s'efface, tel qu'il est, avec ses balafres tortueuses, ses tranchées minces, ses places d'armes parallèles, tout un lacis confus, de plus en plus brouillé, un barbouillage de songe qui s'éloigne et s'efface, et n'est plus là sans qu'on ait su à quel moment. Il fait nuit : un autre monde semble naître sous le ciel, des profils de collines très purs qui s'allongent à l'infini. Les canons allemands ne tonnent plus. A mes pieds, sous le talus, la terre pleine d'hommes frémit et bouge obscurément. Et là-bas, de l'autre côté de la vallée, des voix s'élèvent, qui scandent un chant puissant et grave, un hymne presque mystique au « Seigneur de la Patrie ». Les voix se taisent; une fusillade crépite; et le chant reprend tout à coup, large, rythmé, pesant comme la marche d'un peuple.

« Qu'est-ce qui les prend ? » dit le capitaine Rive, apparu au seuil de l'abri.

Il écoute un instant, la lueur rose de sa cigarette prisonnière au creux de sa main. Et soudain, rasséréné :

« Que d'histoires ! Je n'y pensais plus : c'est demain le *Geburtstag* du Kaiser. »

II

LA MENACE

Fin janvier-février.

Les Eparges, 28 *janvier*.

« Je suis, pour jusqu'à demain soir, dans une pauvre maison paysanne, lézardée, un peu sinistre. Nous ne pouvons sortir, car nous sommes vus des Boches qui nous guettent et qui tout de suite nous tirent dessus. Je ne vois au dehors qu'une tranchée abandonnée sous un auvent de chaume pourri, une prairie encroûtée de glace où des moineaux, plumes gonflées, sautillent à la recherche des miettes ou des graines éparses. Nous avons essayé d'en prendre, avec des lacs ; mais la neige est trop dure et pas assez épaisse. Partout des détritus, des os auxquels adhèrent encore des lambeaux de chair brunâtres, des boîtes à conserves éventrées, des bouteilles brisées, des tessons : cela fait penser aux abords des villes, aux terrains vagues où les boueux vident leurs poubelles. Pas de feu dans la cheminée, car la fumée attire les obus ; les pieds gèlent dans les chaussures, et le bout du nez rutile : je t'écris avec des doigts gourds où je ne sens plus mon crayon. Le soir, on allume une chandelle dont la flamme danse et charbonne, et qu'on cache derrière un écran. Il y a, devant les fenêtres sans vitres, de grands draps aux plis sordides que le vent gonfle et pousse dans la chambre. Et nous dormons vautrés dans tous les coins, sur des paillasses, des matelas, des édredons, toute une literie de catastrophe à quoi des foules de godillots sont venus essuyer leur crotte, bien heureux que les poux n'y aient pas encore installé leurs colonies pullulantes... »

Ma montre : il est presque onze heures. J'ai juste le temps de faire une ronde, avant d'aller éveiller Porchon qui doit dormir au presbytère. Comme il doit dormir, sur le sommier neuf du curé ! Je me rappelle la souplesse des ressorts, la netteté du matelas de crin ; et je vois au milieu, allongé de tout son grand corps, les traits détendus, paisibles, heureux, Porchon qui dort...

Il faut une heure au moins pour passer dans toutes les tranchées du secteur. On l'appelle « secteur de défense » parce qu'il barre passivement la vallée, des dernières pentes du piton aux mitrailleurs du Bois-Haut. C'est une chaîne aux maillons très lâches, un éparpillement de postes que relient des patrouilles nocturnes et les rondes que nous faisons.

Minuit passé : j'ai fini. Au sortir de la nuit fourmillante d'étoiles, me voici tâtonnant dans les ténèbres du couloir. La porte de la salle n'est qu'entrefermée : elle tourne, muette, sous ma poussée.

Tout le monde dort, ici. J'entrevois des formes étendues par terre, d'autres pelotonnées dans des couchettes de fer, des lits d'enfants bourrés de foin. Par le toit crevé, un peu de clarté bleue s'engouffre avec le gel nocturne. Invisible, l'horloge au carillon clair berce doucement le sommeil des soldats.

Quelques pas encore, sur le parquet geignant ; ma main touche l'étoffe de la portière, alourdie et rugueuse de boue sèche. Un courant d'air passe avec moi : la flamme de la bougie vacille sur la table, puis s'apaise et brille sans cligner en même temps que la portière retombe.

Et Porchon dort sur le sommier. Toutes les choses dorment autour de lui, dans la lueur paisible et dorée : les livres sur les rayons de bois blanc, le lance-fusées sur les livres, et les braises assombries derrière la grille du foyer. Il n'est que le portrait du Saint-Père, au mur tendu d'un papier à fleurs, qui veille sur le sommeil de Porchon et des choses, et le bénit, deux doigts levés.

D'où m'est venue cette impulsion saugrenue ? De quel bas-fond a-t-elle surgi soudain ?... J'ai renversé les chaises, j'ai fait rouler le lance-fusées à terre, je me suis rué dans un vacarme trépignant. Et j'ai hurlé, la voix plus rauque, plus sauvage que toutes les voix mêlées des Boches de la Vauxmarie : « Hurrah ! Hurrah !... Vorwaerts ! »

Porchon s'est dressé sur le lit, la main tout de suite au revolver. Il m'a vu : ses yeux s'arrondissent, pleins d'hébétude et de colère :

« Idiot ! Idiot ! Idiot ! »

Il saute à terre, va et vient dans la chambre, suffoqué d'une indignation sans bornes, qui monte à grandes houles, monte encore, et l'étouffe.

Je ne ris plus, honteux de moi, saisi d'un froid désagréable, comme si mon incartade avait précisé brusquement un danger vague et terrible, une menace très ancienne qui veillait à demi, et qui s'est dressée, tout à coup, aux cris stupides que j'ai poussés.

« Te voilà bien avancé », dit Porchon qui se calme.

Il penche le front, soudain très triste. Machinales, ses mains boutonnent sa capote, sanglent les courroies de son équipement. Et cependant, de plus en plus, il s'absorbe dans une rêverie profonde, dans une tristesse qui ne m'accueille point.

« Allons, au revoir, dit-il doucement. Dors bien. »

Minuit et quart... Tout cela n'a pas été long. La bougie brûle toujours sur la table. Une à une, je relève les chaises que j'ai renversées, le lance-fusées que j'ai jeté à terre... A quoi bon ? Lorsque je suis entré, lorsque la portière retombait derrière moi, c'était encore « tout à l'heure ». Et maintenant...

« Te voilà bien avancé », m'a dit Porchon.

⁂

Une stridence hargneuse ; un coup de cymbales au fond des oreilles : l'obus n'a pas dû tomber loin.

« Voyez-vous ? » me dit le capitaine Rive.

Nous nous sommes levés tous les deux, et je suis sorti à mi-corps de l'escalier taillé dans la terre.

« Ça doit être un peu en arrière, du côté des chasseurs cyclistes. »

Une fumée légère flotte là-bas, au bord du plateau couvert de neige. Le soleil resplendit dans un ciel frais et bleu ; et la neige, bleuâtre et rose, scintille de paillettes innombrables.

« Oh ! Oh !

— Plus près, celui-ci ?

— Sur une guitoune, je crois. »

Plus près encore, ceux-ci : une rafale de trois, tintante et brève ; trois flammes rougeâtres dans un éblouissement neigeux. C'est du 77, pas grand'chose ; mais les salves se précipitent, s'éloignent, reviennent, arpentent le plateau à grandes enjambées.

Nous attendons, debout près de la table, celle même qu'a fabriquée Ponchel, quelques jours avant d'être tué. Sa table est là, un tiroir de commode et quatre branches grossièrement équarries. « Pas de pointes, disait Ponchel ; pas de marteau... Alors on va tâcher de faire un assemblage, un bath assemblage en queue d'aronde. » Il avait bien réussi ; sa table était solide, à laquelle j'appuie ma main.

« Encore ! » dit le capitaine Rive.

C'est énervant, à la longue, ce harcèlement de roquets. De temps en temps, je gravis l'escalier : le plateau s'éploie, couvert de neige, sous la lumière triomphale ; il me semble qu'une fumée rôde encore sur la guitoune au toit démoli.

« Est-ce fini, cette fois ? »

Ce n'est pas fini. Cela cherche partout, à triples dégelées de petits obus. On dirait un furetage méthodique. Le capitaine songe tout haut :

« Je ne peux pas croire que tant de luxe soit pour nous... Ils doivent chercher nos batteries, en arrière de 372.

— Alors, en fait de réglage...

— En fait de réglage, dit une voix du dehors, ils nous ont amoché Burly. »

Porchon apparaît dans le cadre de l'escalier, et derrière lui Rebière, qu'il a piloté depuis l'aube par les chemins de la hêtraie.

« Très amoché ?

— On n'en sait rien. Pas d'éclat, pas de plaie, pas de sang... Il a dû recevoir un pain énorme dans le dos, un rondin, une pierre, quelque chose de rudement lourd. Très amoché, c'est bien probable.

— Je l'ai vu, dit Rebière. Il était à plat ventre, le dos nu. Chaque fois qu'il voulait remuer, on aurait cru qu'un talon très dur s'abattait sur ses reins, le clouait. Il doit avoir quelque chose de brisé, là-dedans.

— Il faut l'emmener. Où sont les brancardiers ?

— Sur la Calonne, direction Verdun.

— Voulez-vous vous en occuper, Genevoix ? »

Je coupe par un layon, afin d'être plus vite arrivé. Il n'y a personne sous les branches. Il fait soleil, la neige craque. Derrière moi, les salves d'obus s'espacent, de plus en plus grêles. Je sais à quels brancardiers je vais demander de me suivre : Pierrugues le caporal, le grand Sinquin, Chilouet, Bamboul. Un peu plus vite... C'est facile de courir, au clair soleil, sur la neige neuve. Je n'entends presque plus, vers le plateau déjà lointain, les éclatements du 77.

« Qu'est-ce qui se passe ? demandent les brancardiers. C'est chez vous que ça dégringole ?

— Oui, chez nous ; aux Taillis de Saulx. Amenez-vous... Un brancard... Ça va. »

Les obus tombent toujours, avec une obstination régulière, un acharnement tranquille. Dans le layon, un homme apparaît. C'est Carrier, un petit blond qui fut blessé à Rembercourt, la poitrine traversée d'un coup de baïonnette.

« Tu nous cherches ?

— Sans vous chercher, dit-il. On a l' temps : Burly vient d' mourir. »

Et il ajoute :

« Vous n' savez pas ? Fauvette... Il est tué y a cinq minutes. »

Puis il raconte, avec une simplicité bavarde :

« Y a des drôles de choses qui arrivent... Y a Lardin qui rasait Fauvette, tous les deux installés à la porte du gourbi, Fauvette en peinard, assis sur une chaise avec une serviette au menton. Un obus par-ci ; un obus par-là... T'en voilà un qui n' siffle pas et qui tombe en douceur, juste là, juste sous la chaise à Fauvette... Boum ! Partez ! Ça l'a empoigné dans les jambes, du bas en haut et jusqu'au cou... Et Lardin qu'était là, son blaireau d'une main, son rasoir de l'autre ; et rien du tout, pas ça... Et Fauvette qu'était mort, sur sa chaise, avec sa serviette au menton... On n' dira pas qu'y a des drôles de choses qui arrivent ? »

Et Carrier, nous suivant, continue de parler, revient d'un glissement invincible au récit cent fois répété de sa stupéfiante guérison :

« C'est comme moi, est-ce pas ? à Rembercourt, quante j'ai eu mon coup d' baïonnette... »

Il se tait lorsque nous arrivons devant le cadavre de Fauvette, non pas à cause du corps sanglant recroquevillé au pied de la chaise, près d'un trou si petit qu'on pourrait croire un coup de pioche, mais parce que Lardin parle plus vite que lui, plus fort que lui, environné encore d'un prestige miraculeux :

« Tu l' vois ? dit Lardin. Vous l' voyez, c' pauv' vieux ? J'étais là j' le rasais Vous m' voyez, hein, tout d'bout à côté de lui ?... Ah ! la la la la ! »

Des marbrures violacées font tache d'huile sur son visage de cardiaque ; ses joues tressautent d'une petite danse nerveuse. De temps en temps, il regarde Fauvette ; et chaque fois il parle plus fort, bégayant, soupirant, l'air fou :

« A côté d' lui, c' pauv' vieux... Tout d'bout à côté d' lui... Ah ! la la la la ! C'est vrai, vous voyez... »

Calonne, le 4 février.

« J'ai eu ta lettre cette nuit, en revenant d'une corvée aux Eparges : deux cents hommes dans le noir, qui transportaient des rondins vers nos abris de première ligne, au flanc du piton... »

Je m'arrête, le crayon en suspens : deux cents hommes ! Et cela recommencera cette nuit... Et combien de nuits encore ? Et que veut-on faire, là-haut, de tous ces rondins ?...

« Lorsque je suis rentré, — il était une heure du matin, — je suis passé à l'abri du carrefour, où le vaguemestre devait avoir laissé des lettres. J'y ai trouvé les miennes, qui m'attendaient ; je les ai ouvertes bien vite et je les ai lues là, dans la bonne chaleur du gourbi... Ah ! nos gourbis de Calonne ! Le soleil n'y luit pas souvent ; aux heures les plus claires du jour, une bougie pâlotte y fait le moins de nuit qu'elle peut. Mais quand la pluie noie la forêt ! Quand le froid, comme maintenant, fait casser les branches des hêtres ! Ils ont la quiétude familière, la douceur d'une maison ancienne... Je voudrais qu'on en sauve quelques-uns, après la guerre, pour que nous puissions, ensemble, venir les revoir. Mais ils n'auront plus leur visage vivant d'aujourd'hui : les chaises, les tables, les poêles, tout aura disparu, et aussi les balais de bouleau avec quoi nous faisons leur toilette du matin. Je revivrai, avec vous, ma guerre... »

*
**

Trois jours plus tard, 7 février.

« Demain seulement nous quittons nos avant-postes. Journée de printemps : un ciel clair, avec des bouts de nuages blancs qui courent les uns après les autres. Depuis ce matin, je siffle comme un loriot. Je suis à peindre, en ce moment : ma vareuse, qui fut neuve, est râpée jusqu'à n'avoir plus de couleur. Plus de culotte rouge, une culotte en velours à côtes : la jambe gauche, sur laquelle Porchon renversa l'autre jour toute la sauce d'un plat, est vernie de graisse ; et, dans les côtes de l'étoffe, des taches de bougie se cramponnent. En guise de coiffure, un passe-montagne plié en deux, collé au crâne comme une calotte. Et dans la main mon point d'appui, un bâton coupé dans nos bois, raclé, poli, sculpté à la poignée d'une tête grotesque, au nez énorme de tapir. Quand il fait nuit, nous descendons vers le Longeau ; et nous tendons, sous les racines des saules, des balances à écrevisses fabriquées avec des bouts de barbelés, et des pelotes de ficelle trouvées dans les tiroirs des bahuts, au village.

« Changement : à partir de demain, nous commençons une série de trois fois quatre jours, au lieu de trois fois trois jours : cela, jusqu'à nouvel ordre. Le nouvel ordre arrivera peut-être bientôt. Depuis cette dernière semaine, les sapeurs, d'un camp à l'autre, se cherchent sous la terre ; et souvent, avec des caisses de poudre, ils se jouent de sales farces les uns aux autres...

« Ce matin, la journée a commencé dans le brouillard. On a vu d'abord les crêtes émerger, le soleil glisser sur les sapins de Combres, et bientôt il n'y eut plus qu'un peu de brume laiteuse flottant au fond de la vallée, se roulant aux troncs noueux des saules dont les têtes surnageaient, rondes, à la pleine lumière... Ce soir le ciel se ternit, le vent tourne, passe au sud-ouest : nous aurons la pluie pour rentrer au cantonnement... »

Je me suis trompé : non que la pluie nous ait épargnés, mais nous sommes restés aux Eparges. On nous a dit pourquoi : les toubibs, à Belrupt, vaccinent le 3e bataillon contre la fièvre typhoïde. Dans deux jours, ce sera notre tour.

Les hommes ne parlent que de cette perspective. Diable ! il paraît que ça rend très malade, ce vaccin anti... prononceront-ils jamais pareil mot ? ce vaccin antityphoïdique. Troubat, le rouquin, renverse sur sa poitrine la moitié d'un bidon d'eau pour montrer comment il procédera :

« Dans mon gilet, je l'avale, leur choléra !

— Mais ça s' boit pas ! proteste la Fouine.

— Je m'en fous, je l'avale dans mon gilet. »

Alors Durozier, une fois de plus, ricane et ronronne son mépris :

« Tu l'entends, Du Chnock ? Il l'avale dans son gilet !... Attends pour voir, mon mignon... Quante t'auras leur seringue dans la chair...

— Oh ! fait Troubat, impressionné. Leur seringue, sans blague...

— Oui, leur seringue. I's t' l'enfoncent au milieu du dos ; i's t' jettent des saloperies dans l' sang. Et tu enfles ; et tu t'engourdis ; et y a des bon'hommes qu'en clabotent.

— Vingt dieux ! dit le rouquin. Mourir comme ça...

— D'une façon, d'une autre... conclut Durozier. Puisqu'il faut toujours qu'on soye *leur* proie. »

Il pleut, à molles averses grises. La 5e et la 6e pataugent là-haut, dans les tranchées du secteur d'attaque. Nous attendons, nous, qu'il fasse nuit, pour patauger d'en bas jusqu'en haut.

C'est un ordre « supérieur » : il faut construire à force, sur la pente, des abris de bombardement, — des abris en T, la porte au nord, — pour *mille* hommes ou davantage.

Où les construire exactement ? Les plans officiels du secteur indiquent quelque part, à peu près entre les deux compagnies d'attaque, une dépression providentielle. Ils la baptisent, cette dépression, « Cuvette 280 ». Et c'est là, dans la cuvette, qu'il faut construire des abris pour mille hommes.

Nous l'avons cherchée longtemps, sans être sûrs de l'avoir trouvée : la colline monte, par de lentes rampes successives que séparent des rehauts plus vifs. Est-ce ici, derrière la guitoune du capitaine Secousse ? Est-ce ici, derrière la source ?... Ce doit être ici, au plus épais, au plus gluant, au plus tenace de la boue.

Une cuvette, en effet : c'est grand comme une arène de cirque forain ; cela s'évase, croupissant et moisi. Notre colonel est venu ; il a regardé longuement, les yeux navrés, et il a haussé les épaules. Des capitaines sont venus, en dolman neuf et en bottes vernies ; ils n'ont rien vu, parce qu'il faisait nuit noire ; mais ils ont dit : « Ça va très bien. Il faut que tout soit prêt dans six jours. »

« Crois-tu ! Crois-tu ! » fulmine Porchon.

Nous étions sur le bord du Longeau lorsqu'on est venu le chercher. Nous venions de prendre une écrevisse, une seule. Nous l'avons mise dans une gamelle, sous des poignées d'herbe mouillée ; et nous avons couru vers l'abri.

Le commandant Sénéchal était là. C'est lui qui nous a renseignés, sans commentaires. Il avait un visage neutre, des yeux vides, volontairement éteints.

« On vous donnera tout le monde qu'il faudra : vous n'avez qu'à demander. Il en viendra deux cents ce soir, pour commencer.

— Deux cents ! s'est exclamé Porchon.

— Voulez-vous quatre cents ?

— Quatre cents ! »

Et il levait les bras, désespéré.

« Mon commandant, voyons... Quatre cents bonshommes dans le noir, quatre cents bonshommes inconnus... Ça fait combien de tire-au-flanc ?

— Hé ! je sais bien ! a dit le commandant Sénéchal. Mais que voulez-vous que j'y fasse ?

— Rien, mon commandant », a répondu Porchon.

Ils se sont regardés tous les deux, sans rien dire. Sénéchal mâchonnait son *ninas* sous les poils raides de sa moustache ; il l'a jeté dans un coin de l'abri, d'un geste las, et s'en est allé.

Toute la nuit une cohue patauge dans la cuvette 280. C'est un tas d'ombres grognantes, une pagaille molle qui tournoie sur place, piétine la boue, bute dans les rondins, tombe dans des trous, grelotte et rogne.

« C'est pourtant bien simple ! répète l'envoyé du Q. G. Un travail est donné, à effectuer dans un temps donné. Pour accomplir ce travail donné dans l'espace de temps donné, il faut un nombre d'hommes donné, mais variable à volonté. Vous commencez avec un nombre de, — mettons deux cents ; et vous travaillez une nuit. La nuit finie, vous voyez ce qui a été fait ; et dès lors, un calcul très simple vous rend maître de la solution... Combien vous faut-il d'hommes, je suppose, si les deux cents qu'on vous a donnés ne peuvent avoir achevé, à la date fixée, que la moitié du travail prescrit ?

— Cent, dit Porchon.

— Ah bah !

— Ou même cinquante, si je les connais et s'ils travaillent dans la journée.

— Et les avions ? s'écrie l'envoyé.

— Bien », dit encore Porchon.

Il remonte à la nuit, après avoir contemplé l'écrevisse, toujours vivante dans la gamelle. Il retrouve la même pagaille fangeuse, dans la cuvette un peu plus profonde. Il culotte avec frénésie une pipe neuve qu'il a reçue.

Le jour, les Boches bombardent le village et nos têtes de sape. Encore une fois, un obus atteint le clocher, le transperce et le laisse debout. Et nous bombardons aussi : Floquart, le lieutenant du génie, s'énerve et ne tient plus en place. Il monte aux tranchées, galopant, regarde tomber nos 155, et reparaît, son crâne roux et ras éternellement décoiffé, ses lunettes lançant des flammes.

« Le téléphone ! Le téléphone ! Vite !... »

Il s'engouffre dans la guitoune, bouscule Boulangeat et Barbarin, dit Barbapoux.

« Allô ! Allô !... Le Montgirmont ? Non, Mesnil ! Je veux Mesnil !... Ce sont les Hures ? Ça ne fait rien !... Magnifique, vous savez, là-haut. Un de ces réglages !... Attendez !... Allô, attendez ! J'ai des hommes de liaison au piton, des relais, c'est épatant ! Ils doivent descendre de deux minutes en deux minutes... avec un bout de papelard du copain, là-haut... Oui, Noiret, c'est lui qui observe... Allô ! Allô ! C'est vous, mon capitaine ?... Capitaine Frick ?... Oh ! magnifique, mon capitaine ! »

Floquart danse devant la petite boîte. Il plonge de la tête, mime les éclatements à en lâcher son écouteur :

« Epatant ! Epatant !... Si j'en ai vu valser ? Je vous crois ! Rrraoum !... Qu'est-ce que ça sera, hein, quand on tapera pour de bon !... Rrrraoumm ! »

Cette fois, il a tout lâché. Il se retourne et fixe sur nous des regards un peu hébétés. Il bout encore, il ne sait plus au juste où il est. Mais aussitôt :

« Qu'est-ce qu'ils fichent, ces agents de liaison ? De deux minutes en deux minutes, j'avais dit ! Le tir continue, que diable !... Voyez-vous, sur la pente ? Mais regardez donc ! Ou laissez-moi passer !... Ah ! en voilà un ! »

L'homme descend, tranquille, sans courir.

« Grouille-toi ! hurle Floquart. Allume ! Cavale !... Vas-tu courir, bon Dieu ! »

Il lui arrache le bout de papier, colle dessus les verres de ses lunettes, se claque les cuisses et bondit vers l'appareil :

« Allô ! Allô ! Vite !... Les Hures, vite !.. ou Mesnil ! Capitaine Frick ?... Epatant, mon capitaine ! Grandiose ! Sublime ! Tous les colis en ligne, placés à la main !... Ah ! la la ! Qu'est-ce que ça va être *dans huit jours !*.... Euh... Allô ?... Je sais bien, mon capitaine... Oui, je n'aurais pas dû... Mais personne n'était là pour entendre... Au revoir, mon capitaine. »

Floquart relève la tête, un peu rouge, empoigne son périscope dans le coin où il l'a posé :

« Vous ne venez pas voir ? Ça cogne toujours, hein ? Moi, je remonte. »

Cinq ou six de nos hommes le regardent gravir la pente. Leurs yeux à tous manquent d'indulgence.

« Tu l'as entendu, hein ?

— Une petite folle...

— Y a bien d' quoi s'exciter, tu parles ! »

Barbapoux, fourrageant des dix doigts dans ses poils, paraît sur le seuil de son antre. Alors, ils le prennent à témoin :

« Tu t'en r'ssens, toi, pour le casse-pipes ?

— Moi, tu sais... dit Barbapoux.

— Quoi, toi ?

— Moi, tu comprends, j' téléphone. J' suis à mon poste, moi, tu comprends... »

Il recule d'un pas, pour rentrer ; mais les autres le rappellent :

« Dis... Hé, dis... On n' va pas dérouler une ligne, là-haut ? »

Barbapoux fait un pas en avant ; et Boulangeat surgit, derrière son dos.

« Une ligne là-haut ? disent-ils ensemble.

— Paraît, oui... Y a même des chances pour que la ligne soye coupée, si ça cogne... Alors, n'est-ce pas, faudra réparer... Vous d'vez savoir réparer, vous deux ? »

Les téléphonistes ricanent, gênés :

« Dame... Dame... », murmure Barbapoux.

Boulangeat, triste et lointain, glisse au fond d'un songe escarpé. Il s'éveille tout à coup, sursautant :

« Ça fait rien ! s'écrie-t-il. Un service dur comme le nôtre ! Jour et nuit, hein, jour et nuit ! Du r'pos tous les trente-six du mois ! Et pas roupiller ! Et c'te saleté d'outil qui nous réveille tous les quarts d'heure ! Alors, non, ça n' suffit pas ? Faudrait encore qu'on monte à l'assaut avec vous ? Une bobine de fil en bandoulière pour ligoter les prisonniers ? Ou quoi, dis, ou quoi ?... Ah ! cochonnerie !

— Laisse donc... Laisse donc », répètent les nôtres.

Mais l'un d'eux, au bout d'un instant :

« C'est comme ces sapeurs, hein ? Qu'est-ce qu'ils vont barber les Boches ? C'est malin, ça, encore... On était là, quoi, bon Dieu ! Y a pas d'aut'es pitons, sur le front ? Alors, qu'est-ce qu'i's viennent choisir le nôtre ? Jusse le nôtre, c'est la vérité... »

L'homme se tait. Une autre voix, tout de suite, fait écho à la sienne. Il faut qu'ils parlent, dès lors qu'ils ont commencé. On ne peut pas toujours se taire. Il y a des soirs où les pensées se bousculent et font mal, où l'on souhaite les sortir de soi, une à une, et les regarder bien en face.

Des pensées... Ils sont ensemble ; ils pensent ensemble, pauvrement, dans le soir sale qui descend.

« Et quand même... dit l'homme qui parle. Monter là-haut, c'est une besogne de troupes fraîches. Nous, les anciens, on a tout préparé ; on s'est esquinté à tout préparer : on n'en peut plus, on tousse, on en a marre. Alors, voilà : les troupes fraîches vont s'amener. On leur dira : « C'est là-haut ; la poire est mûre, vous n'avez qu'à la cueillir. » Voilà, j' te dis : et ça, c'est la Justice.

— La Justice... dit un autre. Sûrement qu'y en a, des Français d' notre âge, qui n' sont pas esquintés comme nous. »

Le soir les enveloppe et les mêle. Du seuil de notre abri, nous ne voyons qu'un tas d'ombres confuses, presque immobiles. Leurs paroles s'appellent l'une l'autre ; des paroles qui tremblent, miséreuses, qui restent mêlées au tas d'ombres qu'ils sont.

— Et y a aut'e chose, reprend une des voix. J' suis pas chef, moi ; mais si j'étais chef, j' sais bien c' que j' ferais : j' ferais avancer les autres des deux côtés du piton, à droite et à gauche, si loin qu' tu pourras. Viendrait bien un moment où les Boches du piton s'raient « en flèche », comme ils disent. Et quand on est en flèche... sais-tu c' qu'i' faut faire, quand on est en flèche ? Faut s' débiner, et en vitesse, y a pas à vouloir crâner : on l'a bien vu l' 6 septembre, nous, à Sommaisne.

— Dans huit jours... » murmure une des ombres.

Ils se taisent, à présent. Les ténèbres grandissent peu à peu. Ils demeurent sans bouger, serrés les uns contre les autres.

« Laissez-moi passer ! Vite ! »

Quelqu'un accourt, bouscule en trombe toutes ces ombres immobiles.

« Le téléphone ! Vite ! Vite ! »

C'est Floquart, encore, qui redescend. Par la porte restée ouverte, nous entendons sa voix haletante, heurtée, nerveuse :

« ... Un camouflet, oui... Et un autre à la sape 4... Non, rien... Le deuxième a joué plus précis... fissure... des gaz.. évacué le rameau. »

La voix bredouille, inintelligible, derrière la porte poussée par le vent. La porte bat, se rouvre, un flot de mots jaillit hors du gourbi :

« Pas de retard, non... On avance, oui mon capitaine ; normalement, oui... Prêts à l'heure, sans aucun doute... »

Et Floquart, bondissant, traverse la lueur de la chandelle, plonge dans la nuit et disparaît.

Tous les autres sont restés là. A peine s'ils se sont écartés pour laisser passer l'officier. Leurs ombres se rapprochent, retrouvent leur immobilité confuse.

« Prêts à l'heure, qu'il a dit.

— Tu parles d'un chameau, c' frère-là !

— Puisqu'on n' sait rien, allons... Puisqu'on n' sait même pas si c'est nous qu'on montera...

— Et même si c'est l' Cent-six, on n' sait pas quel bataillon.

— Le nôtre vient d' prendre deux jours de plus.

— Le nôtre a eu des pertes au ravin, en octobre.

— Et l' 24 septembre, dans les bois !

— Ah ! c'est bien l' nôtre qu'a l' plus souffert. »

Alors un ricanement s'élève. C'est Durozier, une fois de plus, qui les poursuit de ses sarcasmes, qui s'acharne contre leur pauvre espérance :

« Raison d' plus ! dit-il. La Justice ? Vous m' faites marrer !... C'te crête-là, rien que c'te crête-là, elle est assez gourmande pour avaler un régiment : premier, deuxième, troisième bataillon... Vous en faites pas, y aura du plaisir pour tout l' monde ! Plus vous aurez trinqué, t'entends, plus vous aurez « fait vos preuves », comme ils disent, plus on vous f'ra trinquer encore : la voilà, aujourd'hui, la Justice... Vous êtes des troupes sûres, pardi ! Vous êtes un régiment d'élite ! Ça fait riche, c'est décoratif ! Alors vous plaignez pas, si on vous fait payer un peu cher. »

Ils ne répondent rien ; Durozier, déçu, s'acharne davantage :

« Est-ce que vous vous rendez bien compte ? dit-il. On est ensemble, une dizaine ensemble ; on cause, on s'entend causer... Et dans huit jours... C'est pas long, huit jours. Et les aut'es, à l'arrière, qui vous attendent... »

— Ah ! non ! Assez !

— Ça suffit, t'entends, Durozier ! »

L'homme s'est aventuré trop loin. Il a senti, au frémissement des voix, qu'il ne lui restait qu'à se taire. Et il se tait, ravalant son fiel.

Aucun d'eux n'osera plus parler : on a touché au plus profond, au plus secret d'eux-mêmes. Cela palpite en chacun d'eux. Et chacun, même ce soir, huit jours avant l'assaut qui menace, est le maître ombrageux de son cœur.

Leurs pensées... Qui se vantera de jamais les connaître ? Je sais que nous nous ressemblons tous. Je sais aussi, que j'ai voulu être près d'eux, et qu'ils me sentissent près d'eux : à cause de cela, parfois, j'ai cru que leurs yeux se livraient. Leurs pensées... Est-ce que je sais ? Ce qui m'a ému dans leurs yeux, n'était-ce pas un reflet de moi-même ?... Eux et moi, chacun de nous et tous les autres. Et pour moi seul, ce monde caché de souvenirs et d'espoirs, ce monde prodigieux qui mourra si je meurs. Et pour chacun d'eux tous, un autre monde, que je ne connaîtrai jamais. Visage des souvenirs, murmure de voix qu'on est seul à entendre, tiédeur des rêves, formes légères d'espoirs glissant parmi les souvenirs... Ils me ressemblent, leurs yeux me l'ont dit quelquefois : mais rien de plus, dans l'échange furtif d'un regard ; rien qu'une lueur émouvante, entre deux infinis de silence et de nuit.

Ils se taisent, depuis que Durozier s'est tu. Malheureux d'être ensemble, ils se quittent. Une à une, leurs ombres s'éloignent dans la nuit.

Et c'est l'instant, bientôt, où notre Messie quotidien, laissant son cheval à l'entrée des Eparges, monte jusqu'à nous, fier de souiller ses bottes resplendissantes. Nous l'appelons notre Messie, parce qu'il est « l'envoyé de Dieue ». Nous le guidons vers la cuvette, par un chemin plein de traquenards : d'abord une passée gluante, serrée entre les toits de deux guitounes abandonnées ; il glisse, crève les branches d'un toit, et disparaît, escamoté.

« La main, mon capitaine... »

Et puis un trou de 150, dont la vasque pleine d'eau sommeille, traîtresse, sous les grosses nuées nocturnes. Il glisse encore aux lèvres de l'entonnoir, et disparaît, jurant, dans l'eau bourbeuse.

« La main, mon capitaine... »

Nous sommes charmants, d'une courtoisie exquise. Là-haut, nous montrons de la main, vaguement, la même pagaille tournoyante, qui chaque nuit s'enfonce un peu plus dans la boue.

« Ça va ? demande l'envoyé.

— Mais oui, ça va. »

Il est content, c'est l'essentiel. Il s'en va content, avec de touchantes précautions. Magnanimes, nous éclairons enfin la route, dardant devant nos pas le faisceau d'une lampe électrique.

« Eh bien ? Eh bien ? s'écrie-t-il.

— Mon capitaine ?

— Cette lumière... Vous n'y pensez pas !

— Nous sommes défilés, mon capitaine. Mais si vous préférez que nous éteignions...

— Non, non, sapristi ! »

Et pendant qu'il s'en va, et retrouve sa monture, et médite le rapport qu'il pondra en rentrant sur l' « état des travaux au secteur des Eparges », graves, crayon en mains, penchés sur un croquis à la lueur de notre chandelle, nous combinons un « itinéraire » pour l'envoyé du lendemain.

Il paraît, — ce n'est pas une blague, — qu'on peut obtenir des permissions pour Verdun : quelques heures seulement, mais le Corps d'Armée accorde toujours. J'ai demandé ; j'ai obtenu ; je suis libre d'aller à Verdun le 12 février prochain.

Ce n'est pas une blague : tous ces cachets, tous ces tampons, tous ces avis favorables me le crient, du bas au haut de la hiérarchie. Car ce bout de papier a fait un long chemin, pour que le seul lieutenant Genevoix, le 12 février prochain, puisse passer quelques heures à Verdun.

« Veinard ! » me dit Porchon.

Veinard ?... Ça m'a fait déjà moins plaisir, maintenant que j'ai la permission en main. Il y a deux mois, seulement deux mois, quand nous étions encore à moitié sauvages, quand notre « grand repos » nous conduisait jusqu'aux trente maisons de Mont-sous-les-Côtes, je me demande quelle tête j'aurais faite, si j'avais glissé dans mon portefeuille une permission comme celle-ci. Mais nous avons, depuis, cantonné à Sommedieue : Sommedieue, ou *Somma Divina*, ou encore la *Capoue Moderne*, comme a dit un fin lettré anonyme, et à sa suite une quinzaine de mille hommes.

Tout de même, je me surprends à l'ouvrir bien souvent, mon portefeuille. Porchon lui aussi me surprend, et me répète chaque fois avec une cordiale envie :

« Veinard ! »

C'est vrai, je suis relativement veinard : il faut que Porchon reste encore après que nous serons partis, pour passer en consigne à nos remplaçants du troisième bataillon les fameux abris de la cuvette.

« Bah ! lui dis-je. J'y serai allé avant toi, à Verdun. A notre prochain repos, ce sera ton tour d'être veinard.

— Oui, murmure-t-il. Tu es bien gentil... Seulement... »

Je le regarde pendant qu'il dit cela. Et tout à coup, entre lui et moi, quelque chose passe, comme le planement silencieux d'un nuage, quelque chose qui pourtant existe et qui nous écrase, en passant, de sa formidable présence. Etait-ce le son las de sa voix ? Etait-ce, dans ses prunelles, une brume montante de tristesse ? Je ne sais pas... Je me rappelle mon irruption hurlante dans la chambre endormie des Eparges ; je le revois bouclant son ceinturon ; je l'entends qui murmure avec une étrange douceur : « Allons, au revoir... Dors bien. » Et puis il s'en va, disparaît derrière la portière qui retombe...

A présent il rit, comme d'habitude. Il n'y a plus rien entre nous ; c'est comme s'il n'y avait rien eu, jamais.

« Dommage, dit-il, que tu ne sois pas là demain ! J'ai découvert pour le Messie, en l'honneur de mon jour de rab, un itinéraire plutôt chouette. Le pauvre type ! Il aura bien gagné sa croix de guerre ! »

Et j'y suis, à Verdun : dans une baignoire, les orteils épanouis aux profondeurs savonneuses de l'eau tiède. C'est agréable ; mais j'ai souvenance, en cette minute, d'un *tub* improvisé que je me suis offert un soir, à Mouilly, les pieds dans une bassine, une brosse de chiendent au poing. Sans raisonner mon regret, je regrette le tub de Mouilly. C'est ainsi : je suis venu à Verdun, bien résolu d'avance à n'y être ébahi de rien.

« Un peignoir ? demande le garçon. Ou deux serviettes ?

— Un peignoir *et* deux serviettes. »

Ha ! Ha !... Et il va voir, lui aussi, le coiffeur de la rue Mazel ! Taille, barbe, shampooing, friction : friction à la fougère *Royale !*

« Un brûlage, mon lieutenant ? Ça lui donne de la force, au cheveu. »

Et va pour un brûlage, afin que mon cheveu soit fort.

Une vareuse neuve, sur mesures ; un képi neuf, un pot à fleurs d'un bleu suave, plus suave et pâle que la capote même de Rebière : les copains en seront assis, ce soir.

Un fiacre passe, dans un fracas de roues sautant sur les pavés. Prendrai-je un fiacre ? Mais pour aller où ?... Je ne peux tout de même pas aller au *Coq Hardi* en fiacre !

« Ce sera un turin. »

Une « dame » me sert, une blonde lasse, en travesti lorrain : Estelle et Virginie sont plus fraîches, à Belrupt, dans leurs robes de tous les jours. Et le *Coq Hardi* n'a même pas d'*angustura*, pour corser le bouquet du turin.

On y mange mal, dans une salle à manger envahie d'officiers pensionnaires, qui lentement décrochent leurs grands sabres, et lentement les suspendent, en trophées cliquetants, aux bras tendus des portemanteaux. Ils restent debout longtemps, dévisagent la cantinière grasse, ruisselante de jais sur son corsage de soie noire, venue en tapecul à Verdun pour renouveler ses provisions, — et s'asseyent enfin, dans un dernier cliquetis d'éperons.

Rue Mazel, encore. Un soleil pâle et frais glisse sur les trottoirs. La dame du coiffeur me reconnaît, et me donne le bonjour, du seuil de son « salon ». Je ne sais plus quoi faire : mes poches bourrées craquent de partout. Peut-être, avant de rentrer, retournerai-je flâner sur le bord de la Meuse, pour regarder dans l'eau les reflets des maisons penchées et des enseignes papillotantes... Tiens !... Quelle idée saugrenue !

Je suis entré sans réfléchir : à peine avais-je frôlé la devanture, j'avais déjà poussé la porte et me trouvais gêné, parmi la foule menue, figée, niaisement souriante des portraits.

« Vous désirez, Monsieur ? »

Elle est très jeune, avec une poitrine plate d'androgyne, un doux visage moutonnier qui sourit comme ceux des portraits.

« Je désirerais me faire photographier. »

Elle me regarde, elle va dire quelque chose. Mais tout à coup, se retournant vers le fond de la petite boutique, elle appelle :

« Monsieur Anselme ! »

Les marches d'un escalier gémissent ; un gros homme à barbiche blanche apparaît, penché sur la rampe :

« Si vous voulez monter, lieutenant ? »

Et je monte ; et je pose, devant le rideau peint à l'huile, herbes vagues en camaïeu sous des nuages aux volutes harmonieuses.

« Levez la tête... Un peu en avant, la jambe gauche... L'air martial, que diable, lieutenant ! »

Je résiste ; M. Anselme s'obstine, traîne ses savates jusqu'à moi, me palpe la tête, autoritaire, pousse mon pied, redresse mon menton, esquisse un sourire-modèle, me met en place par petites retouches, comme un mannequin articulé... Quelle idée saugrenue, vraiment ! Et dire que Le Labousse, avec son vieux kodak de Calonne et des Eparges... Et dire que me voici devant ce rideau peint, pris entre ce rideau et le trou noir de l'objectif, les yeux rivés aux doigts de M. Anselme, qui battent, gracieux et légers, comme les ailes du « petit oiseau » !

Un déclic. J'ai pensé : « Je suis foutu » ; et, résigné, je pose pour la seconde fois.

« Je vous remercie, dit M. Anselme. Vous repasserez dans huit jours... A partir de huit jours, enfin... quand vous pourrez. »

Il est exquis, M. Anselme.

En bas, la demoiselle de magasin sourit toujours, de son même sourire immobile. Elle a de grands yeux sans éclat, d'un bleu noyé. Elle me parle en baissant la voix, à chaque instant épie l'escalier sombre avec une crainte qu'elle dissimule à peine. Et pourtant elle bavarde, bavarde, pleine de confiance, déjà, comme pour un vieil ami.

« Pas de femmes, dit-elle. La Place le défend... Alors ces messieurs officiers ont casé leurs petites amies dans toutes les boutiques de la ville... Elles ont toutes quelqu'un, ces demoiselles... »

Le sourire disparaît ; elle tourne la tête vers l'escalier et murmure, avec une tristesse ingénue :

« Moi, je n'ai personne... Je m'appelle Lucette... J'étais ici avant la guerre. »

Et soudain, comme un pas mou traîne au-dessus de nos têtes, elle chuchote, très vite :

« Allez-vous-en... A dans huit jours. »

Me voici dans la rue, sur le trottoir de la rue Mazel. Que faire ? Je n'ai plus rien à faire, qu'à rentrer. Et c'est toujours ainsi : un moment vient, toujours, où l'on n'a plus rien à faire, qu'à rentrer.

Belrupt, Mont, Sommedieue, Rupt... Ce sont des villages de la Meuse. Il y a, dans Belrupt, un ruisseau qui coule au bord de la chaussée. Il y a un « château » où loge le commandant. Il y a le débit où nous allons boire et fumer, chez Estelle qui vend du tabac, chez Virginie qui sert à boire.

Elles sont sœurs. Estelle, qui a vingt ans, est petite, brune, vive et ferme. Virginie n'a que seize ans ; blonde et molle, avec des lèvres pâles, son corps de fillette grasse est presque d'une matrone, tant sa poitrine est lourde et larges sont ses flancs. Toutes deux ont de rudes mains laborieuses, gercées, rouges, meurtries, jusqu'à la chair douce des poignets.

A cause d'elles, le débit est presque toujours plein. Une troupe d'hommes debout se presse à l'assaut du comptoir d'Estelle. Des clameurs montent, des appels, des éclats de rire. Comme il fait presque nuit déjà, la lampe allumée au plafond sommeille très haut, pareille à un gros astre trouble, derrière l'âcre nuée du tabac. Indifférent à l'énorme vacarme, un cycliste, monté sur sa machine, tourne sagement autour du pilier central, sous la lampe.

« Entrez donc, me dit Estelle, qui m'aperçoit par-dessus les têtes. Ces messieurs sont dans la petite salle. »

Ils y sont tous, Jeannot, Hirsch et Muller, les trois de la 5ᵉ qui ne se quittent jamais ; Moline, de la 6ᵉ, le calme et souriant Moline, qui songe sans cesse à sa maison dévastée par les Boches, mais qui n'en parle pas ; et Thellier, avec sa joue crevée d'une cicatrice, ses dents cassées par une balle de Sommaisne. Davril, ce soir, n'est plus avec eux : il est tombé dans une cave, l'autre jour, à Mont-sous-les-Côtes ; et il soigne son coude brisé, nous ne savons où, dans une ambulance de l'avant. Debout près du piano mécanique, Ravaud et Massicard fouillent avec un canif dans la fente où l'on glisse les sous ; je ne peux plus les voir, maintenant, sans qu'une autre vision surgisse entre eux : et c'est, sur une civière fangeuse allongée à même la boue, près de Soriot qui vient de mourir, Maignan sanglant qui va mourir. Cela passera ; il faudra bien... Dast, en buvant, chante les *Deux Grenadiers*. Un revenant de plus, ce Dast, une épave de la Marne renflouée ; maigre, vibrant, tout en nerfs, il a des sautes d'humeur qui déconcertent, des crises de gaîté trépidantes coupées d'accablements profonds : inquiétant et charmeur, il attire et il échappe, il séduit et il décourage.

Que de sous-lieutenants ! Quelle richesse ! Porchon est là ; Rebière est là. Nous sommes nombreux comme nous n'avons jamais été, comme si la guerre était finie depuis longtemps, ou comme si demain était le premier jour de guerre. Pas une compagnie qui n'ait maintenant son capitaine : Gélinet, à la 5ᵉ, remplace Guénot, tué à Rembercourt ; Secousse, à la 6ᵉ, remplace Tuiraux, tué à Rembercourt ; Duféal, à la 8ᵉ, a pris la place de Maignan mort ; et Rive, à la 7ᵉ, est revenu chez lui, puisque le bataillon, avec les quatre galons de Sénéchal, a retrouvé un chef réglementaire.

Et c'est ainsi dans tous les bataillons du régiment ; et le régiment lui-même est commandé comme il doit l'être, par un chef qui a cinq galons.

Dast, cependant, continue de chanter : il ne boit plus ; il s'est dressé. D'une voix fougueuse, il lance l'évocation guerrière, les canons grondant le réveil des morts, les tambours battant, l'éclat joyeux de la trompette :

> Armé je me lève, et de terre je sors :
> J'ai mon Empereur à défendre !

Tous sont debout, l'acclament, l'applaudissent, dans un tonnerre de cris et de paumes claquées qui fait trembler les verres sur la table et surgir tout à coup, au seuil de la petite salle, Virginie, puis Estelle, et jusqu'à la mère Viste jaillie du fond de sa cuisine, les bras levés, la bouche élargie d'un sourire.

« Oh ! les drôles !... Oh ! les drôles ! » gémit-elle.

Dast se retourne, la saisit à la taille, l'entraîne dans une valse éperdue, au bruit des verres choqués sur les bouteilles, des talons battant le parquet, des meuglements, des sifflets et des rires, une folie de rires sonores où la vie cascade à plein flot.

« Je l'ai ! » hurle Ravaud.

D'un coup d'épaule, il bouscule le piano mécanique ; aussitôt l'instrument se déchaîne, emplit la salle trop petite d'un tapage ahurissant, ocarinas, castagnettes, cymbales, cloches à vaches et vaisselle brisée. Dast ne lâche point la mère Viste ; on la voit qui tourne sur place, essoufflée, décoiffée, et hoquette à force de rire ; Estelle pivote aux bras du père Muller ; Virginie, les yeux clos, s'abandonne à ceux du jeune Hirsch. Le docteur, dans un coin, imite tout seul un bombardement de 75, coups de départ, trajectoires, éclatements ; il lutte contre le piano, les tempes gonflées, les joues cramoisies : « Tomm ! Djii... Rramm !... Tomm ! Djjii... Rramm !... » Et tout à coup le piano se tait, le docteur se tait, les danseurs s'arrêtent, un silence brusque tombe du plafond.

« Oh ! Monsieur Hirsch ! » s'écrie la mère Viste.

Nous l'avons tous vu, M. Hirsch : il s'est penché sur la nuque blanche de Virginie et l'a effleurée de ses lèvres.

« Non ! Non ! s'indigne la mère Viste. Ce n'est pas bien ! Pour un jeune homme bien élevé, vous ne vous conduisez pas en jeune homme bien élevé. Si mon mari était là... »

Elle ne rit plus ; au fur et à mesure qu'elle parle, son indignation grandit ; ses yeux deviennent sévères ; elle se fâche tout à fait.

Hirsch s'est retourné, sans hâte, sans confusion. Il regarde doucement la grosse femme :

« Ne vous fâchez pas, Madame Viste : puisque je serai tué dans trois jours. »

Nous n'avons même pas protesté, tant il a dit cela simplement. Nous avons eu tous le même pincement au cœur ; et nous avons pensé, en regardant chacun des autres : « Et lui ? ». Estelle et Virginie se sont rapprochées de leur mère. Hirsch, tranquille, a repris son verre sur la table, et boit.

« Si tu retournais au comptoir, Estelle ? » dit enfin la mère Viste.

La jeune fille s'en va ; l'autre s'en va aussi, sans rien dire.

« Une chanson, Dast ? » demande le jeune Hirsch.

Et Dast entonne la *Souris verte*.

Un jour a passé ; puis un autre jour. On nous a vaccinés contre la fièvre typhoïde ; nous devons partir demain.

Aujourd'hui dimanche, il y a eu grand'messe à l'église. Le vieux curé a prêché, si ému que sa voix vacillait et qu'il devait, entre chaque phrase, reprendre haleine. Il a parlé de ceux qu'il avait vus, le matin, s'approcher en foule de la Sainte Table. Officiers, soldats, pères de famille, jeunes hommes encore adolescents, le vieux pasteur avait pleuré de joie à reconnaître ses brebis. Elevant ses mains tremblantes, élevant ses regards vers le ciel, il rendait grâces à Dieu pour cette joie ineffable qu'il lui avait donnée ; il l'adjurait d'épandre sur nous, croisés d'une nouvelle Guerre Sainte, Sa bénédiction et Sa miséricorde.

Nous voici au soir du dimanche. Nous avons dîné, comme tous ces soirs, dans le vestibule du château ; nous en sommes au tabac et au schnick. Comme nos habitudes sont profondes ! Pourquoi le commandant Sénéchal fume-t-il toujours les mêmes *ninas ?* Pourquoi le capitaine Rive fume-t-il les mêmes cigarettes, roulées dans des feuilles aussi longues ? Porchon, lui, ne fume que la pipe ; il a vingt et un ans, mais il a fumé tant de pipes, depuis que nous nous connaissons, qu'il fume la pipe depuis toujours.

Nous fumons, chacun de nous comme chaque soir. Nous échangeons les mêmes paroles banales que ramènent les mêmes heures. Il est tard ; les bûches laissent retomber leur flamme et rougeoient, plus sombres, dans l'immense cheminée. Tout est pareil autour de nous, dans ce hall où nous nous retrouvons ponctuellement, deux fois par jour depuis cinq jours, et qui déjà nous semble familier comme n'importe laquelle de nos popotes d'autrefois. Les dalles du carrelage, l'araucaria près de l'escalier, l'abat-jour rose sur la lampe, les hauts landiers de fer et le long tube de fer, poli au frottement des mains, avec quoi l'on souffle le feu, nous ne voyons plus rien de ce qui est autour de nous.

Il est tard ; nous attendons. Pourtant le vaguemestre est passé ; nous avons lu depuis longtemps toutes les lettres qu'il nous apportait. Mais pas un de nous ne s'est levé encore, pas même le commandant Sénéchal pour nous rappeler qu'il est l'heure de partir. Aucun de nous ne parle plus : nous n'avons plus rien à dire. A quoi même pensons-nous ? Nos regards ne se cherchent pas ; nous attendons, ensemble, la même chose.

Pourquoi ce soir ? Nous savons que le bataillon quittera Belrupt dans la nuit ; rien de plus. Nous sommes restés ici cinq jours au lieu de trois, à cause de cette vaccination ; et maintenant, nous allons partir.

On ne nous a rien dit. Est-ce donc la première fois qu'avant de monter aux tranchées on ne nous donne pas de consignes ? L'ordre de marche, souvent, arrive à l'instant du départ : chaque compagnie s'en va, à la place qu'on lui indique : et dès qu'elle est partie, elle sait où elle s'arrêtera.

Mais ce soir, ce n'est pas la même chose. Pourquoi ? Nous n'avons rien appris de ce qui s'est passé là-haut. Nous n'avons pas, dans une des maisons de Belrupt, entendu au coin du feu des civils qui parlaient de nous ; même chez la mère Viste, nous n'avons rien appris.

C'est pour cela. Ce silence ne ressemble à rien de ce que nous connaissons. Cinq jours de repos, au lieu de trois accoutumés, c'est une chose si nouvelle qu'elle nous a déconcertés. Depuis deux jours, nous ne savons plus.

Nous nous rappelons : les 155 s'abattaient là-haut, un par un, tout le jour ; les sapeurs creusaient fébrilement, sous la menace des camouflets. Où est Floquart, qui courait sur la pente, qui s'engouffrait en ouragan dans la guitoune des téléphonistes ? Où sont Frick et Noiret, ce soir ? Où nos frères du premier bataillon ? Ceux du troisième ?

Nous ne savons rien ; nous attendons toujours. Le commandant Sénéchal mâchonne son *ninas* éteint.

Et les abris de la cuvette ? Et cette cohue bourdonnante qui tournoyait là-haut, toute la nuit, dans les ténèbres ? Et l'envoyé de Dieue, qui tombait en jurant dans l'eau glacée des trous d'obus ?

Nous ne disons rien. Un tison qui meurt siffle à travers le silence.

« Dis, Porchon ? murmure Rebière.

— Quoi ?

— Et l'écrevisse dans sa gamelle... Est-ce qu'elle vit toujours, l'écrevisse ? »

Quel silence, maintenant qu'ils ne parlent plus ! Au dehors, le vent souffle et fait battre un volet, à petits coups, contre le mur. Il a fait très beau tout le jour ; et maintenant, le vent souffle dehors.

Ecoutez... Nous avons tous entendu le trot d'un cheval dans la cour. Pas plus que tout à l'heure, nous ne nous sommes regardés ; mais le silence s'est fait plus lourd encore autour de ce pas qui approche.

Nous entendons : la gourmette tinte. Le cheval s'est arrêté ; les fers de ses sabots claquent doucement sur les pavés, devant la porte. Le cavalier a mis pied à terre ; sa selle craque ; il doit nouer la bride de sa bête à l'anneau qui est dans le mur, entre cette porte et celle de la cuisine.

« Entrez ! » dit Sénéchal.

L'homme est là, un margis de liaison que nous n'avons jamais vu. Il tient dans sa main une enveloppe jaune ; il la remet au commandant. Le silence pèse de plus en plus, par gradations imperceptibles ; il est sur nous, entre nous, autour des bruits légers que nous continuons d'entendre, battements sifflants du sang à nos tempes, frôlement d'un pied sur le carreau, et surtout ces froissements menus de l'enveloppe enfin déchirée, de la feuille blanche qui se déplie aux doigts du commandant Sénéchal.

Il lit, sans que nous le regardions. Il a fini de lire, tout à coup ; et nous levons les yeux vers lui, le seul qui sache, maintenant, parmi nous qui attendons toujours. Il ne dit rien ; il tourne son stylo avec une lenteur haïssable ; il a son regard creux, vide et morne, exaspérant.

Et ce n'est pas fini encore. Il faut qu'il signe l'enveloppe jaune ; il faut que le margis boive une lampée d'alcool avant de retourner au froid vif de la nuit. Dépêche-toi de boire, margis ! Avale d'une seule gorgée, et va-t'en.

C'est fini. L'homme a bu ; il est parti. Il faut bien, à présent, que le commandant parle.

« Messieurs, dit-il, vous pouvez graisser vos bottes... »

Il se tait. Une espèce de sourire glisse sous sa moustache raide.

« Nous allons... »

Il marque un temps. Visiblement, il s'amuse ; il prolonge la jouissance qu'il éprouve à se taire encore.

« Nous allons à la tranchée de Calonne. »

Nous nous sommes très bien tenus. Nous avons de l'empire sur nous-mêmes. Mais, dans la même seconde, tout a changé autour de nous : l'air vicié de tabac afflue léger dans nos poumons ; une poussée de vie puissante s'épanouit en toutes nos fibres, nous déborde, vibre de l'un à l'autre, sensible et chaude comme une présence nouvelle.

Nous allons à Calonne. Nous partirons cette nuit. Nous retrouverons nos vieilles guitounes entre les fûts gris des hêtres. Nous fumerons et boirons, des heures après chaque repas, dans le grand abri du carrefour... Nous voulons bien porter des rondins sur la route de Mesnil, jusqu'aux Eparges ; nous voulons bien travailler chaque nuit aux abris de la cuvette... Quel est le bataillon qui doit prendre à la Crête ? C'est le premier, c'est son tour. Peut-être les sapeurs des Eparges n'ont-ils pas encore bourré leurs mines ? Peut-être les Boches savent-ils quelque chose ? Peut-être un événement que nous ignorons encore a-t-il bouleversé les plans de l'état-major, brisé net cette chaîne formidable qui nous entraînait, d'heure en heure, vers une effrayante destinée ?... C'est nous qui allons à Calonne, nous qui partons cette nuit pour le carrefour de Calonne. Tout recommence, tout redevient ce qu'il était.

Mais demain... Pouvons-nous penser à demain, qui est tout à coup si loin ? Le commandant Sénéchal se lève pour marquer le signal du départ : il a le même geste que chaque soir, ses mains plaquées, les doigts en dedans, sur ses genoux.

« Hop là ! messieurs. Bonne nuit.

— Bonne nuit, mon commandant. »

Je couche cette nuit chez les Godoux, à l'autre bout de Belrupt. Rebière couche chez les Griffon, dans une maison de cette rue qu'on voit s'enfoncer vers la droite.

« Bonsoir, Rebière. Bonne nuit. »

Porchon couche dans la même rue que moi, un peu plus haut, chez le beau-frère de la mère Viste.

« Bonsoir, Porchon. »

Le vent souffle, vif et rude à la peau, sous un ciel criblé d'étoiles. Il fait bon s'attarder encore, debout sur la porte des Godoux, près du tas de fumier énorme que je contemple chaque matin, de ma fenêtre. Les poules dorment depuis longtemps, les poules bêtes et blanches, au matin, comme sur un tableau de Greuze. Le fumier dépeuplé respire à l'aise, sous le vent vif. Je vais rentrer... Encore un peu... Le fumier des Godoux sent bon.

Entre le Rozellier et la route de Sommedieue, nous avons croisé le troisième bataillon. Il descendait des Eparges, et il allait cantonner à Belrupt. C'était l'aube ; on y voyait assez pour reconnaître la pâleur terreuse des visages, et les cuirasses de boue cartonnant les capotes gelées. Ceux du troisième nous regardaient, au passage, et presque nous dévisageaient. Personne ne leur a rien demandé ; et ils ne nous ont rien dit. Après qu'ils eurent disparu, un malaise est resté derrière eux, longtemps, comme un sillage.

Calonne. Un premier jour ; une première nuit. Le jour on creuse, de chaque côté des routes, des tranchées jamais achevées ; la nuit, on va sur la route des Eparges, coltinant des rondins jusqu'à l'entrée du village. On devine vaguement, devant soi, la crête énorme et noire qui monte vers les étoiles. Au carrefour, près du petit calvaire, des voitures se pressent, moyeu contre moyeu. Il semble qu'on en voie des dizaines ; on ne distingue par leurs formes : elles sont là, immobiles dans la boue, pareilles à d'inquiétantes épaves. Autour d'elles des hommes vont et viennent, sans parler, trahis seulement par les remous que creusent leurs gestes dans les ténèbres et par le clapotis de leurs pas dans la boue. Lorsqu'on s'approche, on s'aperçoit qu'ils sortent des voitures des choses qu'ils chargent sur leurs épaules et qu'ils portent plus loin, dans la nuit, on ne sait vers où : des rouleaux de fil de fer ? des boucliers ? des obus ? On ne sait pas.

Toutes ces voitures, toutes ces ombres qui bougent... notre carrefour n'est plus le même. La nuit non plus : pas un coup de fusil ne claque vers la ligne des tranchées, pas une fusée ne jaillit sur la crête. Elle est là-bas, morne et noire, sous les étoiles.

Un second jour : le temps demeure sec et limpide. On creuse toujours, en flânant, les mêmes tranchées jamais creusées. Et le ciel, vers Mouilly, devient de cuivre rose entre les arbres noirs ; et c'est, bientôt, la seconde nuit.

La corvée s'est rassemblée près de l'abri du carrefour. Elle s'en va, guidée par Duféal et Rebière.

« Au revoir, les vieux... Bonne balade ! »

Comme ils vont disparaître, on les rappelle. On leur dit, presque malgré soi :

« Tâchez donc de grimper là-haut, de rencontrer Floquart ou Noiret, un sapeur, n'importe qui... »

Et l'on rentre, pour dîner, dans l'abri du carrefour.

C'est un soir très paisible, où le temps glisse à flot monotone. On s'abandonne sans penser à rien ; on oublie Duféal et Rebière. Parfois, Figueras ou Lebret soulèvent la claie qui bouche la porte, entrent sans bruit, cherchent un plat, un sac de café, puis repartent. Et la claie se soulève encore, poussée par Presle qui apporte les lettres ; on pressent au dehors la nuit transparente de gel ; on s'approche du fourneau, une dernière fois, avant de regagner son trou.

A demain, tous... Il n'est guère que neuf heures ; mais c'est l'heure où nous nous séparons, d'habitude. J'aurai plaisir, dans quelques minutes, à retrouver sur la route de Verdun l'abri que nous avons creusé, voilà déjà plus de trois mois. Nous l'avons creusé en un jour, Pannechon, Chabeau et moi. Nous croyions y dormir quelques nuits... Quand partirons-nous des Eparges, où nous vivons depuis bientôt cinq mois ?

Nous sommes tous dehors, pour nous serrer la main. C'est la dernière de nos habitudes quotidiennes : on marche lentement, jusqu'à la croisée des routes ; avec délices, on respire l'air pur et glacé, en secouant les cendres de sa pipe, en jetant son dernier mégot.

Nous étions-nous déjà quittés ? Je ne me rappelle plus. Nous avons entendu la voix du commandant, sans comprendre les mots qu'elle disait. Mais un instant plus tard, nous étions rentrés dans l'abri.

C'est bien ainsi que cela devait arriver. Nous n'avons même pas vu l'homme qui apportait le pli ; il nous a semblé, tout à coup, qu'il était là, près du commandant Sénéchal. Je ne suis pas sûr qu'il lui ait parlé.

C'est pour demain, 17 février. C'est notre bataillon qui donnera l'assaut. Les mines sauteront à deux heures ; il y aura bombardement d'une heure, allongement du tir pendant dix minutes ; nous sortirons des parallèles à trois heures juste.

III

LA MORT

17-21 février.

Nous nous sommes très bien quittés. Pas de mots inutiles ou odieux ; pas de regards épiant l'émotion ou l'angoisse des autres : c'est une trop lourde tâche, ce soir, d'être vraiment chacun soi-même.

Au bout d'une demi-heure peut-être, Dufeal et Rebière sont rentrés. On les avait arrêtés aux Eparges et renvoyés parmi leurs hommes. Ils savaient. Nous leur avons fait place autour de la table et ils ont écouté, comme nous, l'ordre de bataille que lisait le commandant ; nous avons échangé deux poignées de main de plus, en nous quittant.

J'ai marché seul sur la route de Verdun. Plus que jamais, indiciblement, j'ai goûté la douceur de ces promenades familières, la nuit, sur la route dure et déserte, entre les taillis sombres où se cachaient tant d'hommes endormis. Je me suis rappelé, toutes ensemble, les pensées puériles et graves qui m'assaillaient, les autres nuits : cela recommençait chaque fois, une rêverie légère et tendre, pleine de visages toujours les mêmes ; je marchais d'un pas vif, ne sentant plus mon corps qu'à travers l'allégresse de mes pas. Je me disais, tant les visages étaient proches et réels : « Ils me voient... Que pensent-ils à me voir ainsi, allant seul sur cette route nocturne ? Tout à l'heure, quand la sentinelle m'arrêtera, ils ls seront rassurés. » J'étais content jeune, riche d'entrain et de force, ir. « Je n'ai pas changé. Je suis é, le gamin bavard de nos prome- siez souvent, les yeux en larmes

route, entre l'abri du carrefour et nelle est là, comme hier ; j'entre- la pâleur de la chaussée ; et j'es- la nommer :

« Bonsoir, Mounot.

— Bonsoir, mon lieutenant. »

C'était bien lui ; je suis content. Il s'approche de moi et me dit :

« Alors, voilà qu'on grimpe là-haut demain ?

— Oui, demain.

— Eh bien ! donc... » prononce Mounot.

Sa voix paysanne est la même, égale et grave, sans fléchissement.

« C'est vous, mon lieutenant ?

— C'est moi, Pannechon. »

Il élève la chandelle pour éclairer les trois marches de terre, et, quand je suis descendu, la recolle sur la planchette, contre le mur ; puis il dit, comme Mounot :

« Alors, c'est demain qu'on monte là-haut ?

— Oui, Pannechon, demain.

— Ça devait arriver », conclut-il.

Il ne dit plus rien. Assis sur la litière de paille, il a pris dans ses mains un de ses genoux replié, et il rêve. Il est si loin de moi que j'ose le regarder, avec une sympathie de plus en plus fraternelle et profonde. Je regarde ses yeux, petits et bruns, toujours pétillants et remueurs, d'habitude, entre les paupières plissées. Il les ouvre très larges, ce soir ; ses prunelles immobiles sont pleines d'une douceur résignée. Il incline la tête, peu à peu, et son visage entre dans l'ombre. Je ne vois plus ses yeux ; je ne vois plus de lui que la chair tiède de sa nuque sous une coulée vive de lumière, et la courbe lasse de son dos, plié comme sous un faix trop lourd.

C'est comme s'il n'était plus là. Je redeviens, à son côté, celui qui marchait sur la route, seul entre les taillis pleins d'hommes. Je prends un crayon dans ma poche, quelques feuillets dans mon liseur, et j'écris.

Peu de mots ; très peu : rien que les mots nécessaires, ceux qu'il faut que j'aie écrits, quoi qu'il doive arriver demain. Je pense aux

paroles que j'écris comme si je les pro
demain : je suis seulement moi-mêm ,
« Vous allez dormir, mon lieutenan ?
— Bientôt, Pannechon. »
C'est l'instant de dormir. J'ai ache é
n'ai plus qu'à m'étendre sur la paille p
premier abri que nous avons creusé.
Dormir... On peut dormir en referm n
a été, sur tout ce qu'on se sent être en

⁂

17 février.

Nous avons quitté Calonne avant le j
à pointe d'aube. Il fait très beau, en
presque tiède à mesure que le soleil s'él
au printemps. Il y a pourtant, sur la fr
guitounes de la réserve, des loques de
ques tas de neige plus terne devant la
de coteau, des bourrelets de neige trè
exposés au nord.

On nous a fait monter à la cuvette 30
ont beaucoup travaillé, depuis une sem
de la cuvette sont défoncés de trous e
béants au plein ciel, près des piles c
couvrir...

On nous laisse libres ; il n'y a pas da
n'est tombé depuis que nous sommes a
Ordre d'entrer dans les « abris »,
« Tassez-vous ! Il faut que tout le mo
ne peut pas tenir ; les abris débord
déborde. Il est neuf heures du matin
flés, les jambes lourdes comme au pri
d'attente, avant que les mines explos
Va-et-vient machinal, d'un trou à un
on s'observe au passage : Ravaud, à p
naire, demeure magnifiquement calme
regarde, regarde ; Porchon, maître de
sa pipe, taciturne. Ceux de la 5e ne
part, sur notre gauche. Nous ne les
départ de Calonne ; ces capotes bleu
fond rouillé des bois, ce sont eux.

Une boule de vêtements par terre, une barbe hirsute qui se retourne, des yeux pâles qui me regardent vaguement, c'est Carrichon, l'adjudant de bataillon.

« On s'embête », me dit-il.

Sa pipe aux lèvres, il crache ; et il ronchonne à travers sa barbe :

« C'est dégoûtant, cette pipe !

— Pourquoi fumez-vous, alors ?

— Je n'en sais rien. »

Thellier me dit :

« Les obus, encore, je m'en fiche. Mais ces sacrées balles... Que je mette seulement un doigt dans le trou de ma joue, tu comprends... »

Moline sourit, comme d'habitude ; mais ce n'est plus le même sourire, paterne et narquoisement bonhomme.

« On va pourtant, exulte-t-il, se frotter à leur peau de cochons ! »

Et il sourit de plus en plus.

« A la soupe ! »

C'est vrai : il est l'heure de manger ; presque dix heures... On n'y pensait plus. Parmi les miens, Petitbru ne mange guère, Gerbeau non plus, ni Bouaré. Les autres mangent, interpellent violemment Pinard, réclament, rouspètent et l'injurient :

« Heureusement qu'on l' laisse en bas, çui-là ! I' nous f'rait arriver malheur.

— Quoi ? grogne Pinard. Tu vas pas dire que j' me dégonfle, des fois ?

— Si tu l' demandes, c'est p't-êt'e que c'est vrai.

— Moi ? hurle Pinard, rouge de colère. Moi, bon Dieu !... Trouvez-en un, cuistot ! V'là des gens que j' nourris depuis l' premier jour de la guerre... J' me dégonfle, moi, qu' tu dis ? Moi que j' vous ai porté la soupe n'importe où et n'importe quand, au plus fort que ça bardait ! Au bois des Eparges, hein ! j' vous ai pas porté la soupe ? Et demain, quante vous s'rez là-haut, j' vous porterai pas la soupe ? Trouvez-en un, malheur, de cuistot, quand j' vous aurai laissés tomber ! »

Biloray, Troubat, Grondin, Laviolette, ils sont une dizaine qui se tordent :

« Là ! là ! Pinard, te fâche pas. Tu monteras là-haut demain, là ! Avec le copain Brémond... C'est rapport à ton bouc, tu comprends... à ton bouc qui nous f'rait r'pérer. »

Pinard rit, bougonnant encore. Brémond, cependant, interroge :

« C'est-i' vrai, ça qu'on raconte, que les pères de six enfants vont être rappelés à l'arrière ?... J'ai six gosses depuis quinze jours, moi.

— Moi j'en ai pas, dit Biloray ; mais p't-êt'e que j'en aurais eu six.

— A la gniole ! » appelle Bernardon.

Il en apporte un seau, plein jusqu'aux bords.

« Y en a un par section, dit-il. C'est le nôtre qu'est l' plus chargé... Elle est bonne et forte ; mais elle a un drôle de goût

— Un drôle de goût, fait Durozier. Encore une drogue qu'ils y auront foutue.

— Si t'en veux pas... » insinue Troubat.

Mais Durozier tend son quart, le fait emplir jusqu'à moitié, et le vide goulûment, à longues gorgées. J'entends Troubat qui dit à la Fouine :

« Celui-là, oui... i' s' dégonfle. C'est comme l'aut'e sergent, à la 8e... C' frère-là, mon vieux, i' n' cherche qu'un coin pour se ramasser : tous les mecs de sa section le pistent depuis c' matin. »

C'était forcé. Il faut bien que je pense à cela, que je reconnaisse mes hommes, que je sache, dès maintenant, comment je les placerai tantôt. J'y avais déjà songé : pas assez. Il y en a que je n'ai jamais vus au feu ; de mes trois sergents, Souesme est le seul qui se soit battu ; et il m'a semblé las, ce matin... Liège était au ravin, dans les bois, la nuit du 19 octobre : c'est un Champenois réfléchi, consciencieux, si plein du désir de bien faire qu'il a toujours été celui qu'il devait être, même cette nuit-là, surtout cette affreuse nuit-là. J'ai confiance en Liège : je le mettrai en tête de la deuxième demi-section. Il y a encore Dorizon... C'est un garçon bavard, boute-en-train, farci de bonne histoires salées ; il est arrivé cet hiver, et je ne le connais pas. Il montera près de moi, à trois heures, le premier derrière moi ; il plongera d'un seul coup, en même temps que Souesme et les meilleurs de nos hommes, Beaurain, Biloray, Chabeau...

Je n'aurai point de peine à choisir ; il y en a bien une quinzaine qui survivent aux batailles de l'automne, alors que presque tous étaient d'admirables soldats. Les caporaux, maintenant... Tous sont nouveaux : j'ai perdu les derniers d'autrefois au combat du 24 septembre, dans les taillis serrés du Bois-Haut. J'ai Maltaverne, qui tirait par-dessus sa tête, derrière son dos, pendant les nuits du bois Loclont ; j'ai Rolland, un petit homme malingre, peut-être envieux, et qui doit, je crois bien, me débiner auprès des hommes. Comte et Lucien sont arrivés ensemble, deux cultivateurs, deux braves garçons pas bavards, qui feront tout ce qu'ils pourront. Je me rappelle la grimace de Comte, au bois Loclont encore, la première fois qu'il a entendu claquer une balle. Ça ne voulait rien dire ; il y a longtemps qu'il ne grimace plus.

« Bonjour, Butrel. »

Celui-là est heureux : dès lors qu'on va se battre, sortir de la tranchée, tirer des coups de fusil, en venir peut-être au corps à corps... Il n'y a que ces marmites, toute cette ferraille que lancent de loin les artilleurs. Butrel voudrait qu'on avance assez pour tomber sur les artilleurs boches, derrière Combres, au diable dans la Woëvre.

« Je te mettrai en queue de la section, Butrel.

— Merci bien... Ça n'a rien à faire.

— Je te mettrai en queue de la section. »

Il faut parler, argumenter. Il se résigne mal, avec une rancœur visible. Je parle encore, bien résolu à le convaincre. Je ne lui dis pas que je me méfie de Chabredier, le chef, qui doit entraîner derrière lui l'autre section de mon peloton ; mais je le flatte, le rassérène : je veux que nous nous quittions bons amis.

« C'est entendu ? Tu m'as bien compris ?

— Tout d' même.

— Alors, à tantôt. »

C'est incroyable, ce que cet homme chétif rayonne de tranquille énergie ; cela se sent, à son approche, comme un fluide. Je le voudrais partout, lorsque trois heures sonneront.

Il est plus de midi. Le temps devient étrangement tiède ; des cirrus flottent, vers l'ouest, sur les hêtres du Bois-Haut. J'ai presque fini, maintenant que j'ai quitté Butrel. Je les ai revus les uns après les autres ; ils demeurent ce qu'ils étaient, pendant les mois que nous avons vécus ensemble : il faut attendre au moins deux heures.

« Ça avance, mon lieutenant... »

Je reconnais Sicot, le caporal voiturier. Il a de beaux yeux châtain sombre, un large visage bien portant, aux traits honnêtes ; les cuirs neufs de son équipement miroitent, son fusil et sa baïonnette luisent, tout neufs. Sicot est « rentré dans le rang » il y a une huitaine de jours : une futile histoire de cantine à vivres oubliée ; le commandant Sénéchal s'est fâché rouge, et, « pour l'exemple », il a renvoyé l'homme à sa section, la nôtre. Sicot ne se plaint pas. Il m'a dit en souriant, sans regret : « Ça avance, mon lieutenant... » Et je songe, le regardant, que cet homme devrait être à Mont, avec les voitures du train, et qu'il ne se plaint pas, souriant toujours, de tout son jeune et franc visage.

Suis-je content ? Suis-je inquiet ? J'ai revu tous les hommes du peloton, dans cette heure qui vient de passer entre notre arrivée à l'aube et l'instant où les mines sauteront. Pourquoi ? Qu'est-ce que je cherchais ? Je me suis battu autrefois : j'étais à Rembercourt, à Sommaisne. Je me rappelle les grands bois de Septsarges emplis de soleil lourd et d'ombre, les obus qui fracassaient les arbres, les « chaudrons » à fumée noire, comme nous les appelions alors... Ce sont de lointains souvenirs, fragmentaires, détachés de moi ; autant que cette pierre des Eparges contre laquelle vient de buter mon pied. Encore puis-je ramasser cette pierre, en sentir sous mes doigts la rudesse, froide et mouillée de boue jaunâtre. Je ne suis plus cet homme aux jambes lourdes qui marche lentement sur la pente, d'un pas qui s'enfonce et fatigue dans l'épaisseur gluante de la boue. Je ne me rappelle plus qui j'étais il y a seulement une heure ; je ne sais pas qui je serai, dans une heure.

J'ai vu des visages nombreux, sans les comprendre, sans vraiment les voir. Qu'est-ce qu'on peut voir ? Ai-je reconnu le carrefour des Eparges, l'autre nuit, lorsque nous portions nos rondins près des voitures immobiles ?... Un visage m'apparaît encore, entre tous ceux qui m'environnent : c'est celui de Massicard. Je le vois un peu pâle, une angoisse incertaine derrière ses prunelles qui vacillent. Et après ? Qu'est-ce que j'ai le droit d'en conclure, pour tantôt ? Je ne raisonne plus, n'imagine plus ; je vais et viens, et les minutes coulent à mes côtés, sans se hâter, sans s'arrêter.

Des noms repassent dans ma mémoire : Butrel, Sicot, Liège, Biloray, Beaurain... Et chaque pas me semble facile, la boue moins lourde, le ciel plus léger. D'autres noms, une trame grise, un murmure qui n'a point d'écho : Timmer le Sourd, Compain la Pipelette, Perrinet, Montigny, Chaffard ; rien que des noms. D'autres encore, qui me lassent et m'essoufflent : Durozier, Gerbeau, Richomme... Je marche toujours, bercé d'un balancement vague, régulier. Je ne trouve pas que cela soit pénible ; je n'essaie pas d'y échapper ; il me semble que cela est bien ainsi.

Ce qu'il faut, c'est n'être pas las tout à l'heure. Je suis dispos, je le sens bien, malgré cette lourdeur de printemps dans ma chair. Le mieux est de marcher encore en regardant autour de moi, mais sans vouloir aller au-delà de mes regards. Si quelqu'un me parle, je l'écouterai ; je répondrai à ce qu'il me dira, n'importe quoi, sans réfléchir.

« Dast est parti, m'apprend Massicard ; on l'envoie comme officier de liaison à la brigade.

— Tant mieux pour lui. »

Tiens ! Un abri couvert : plusieurs couches de rondins superposés entre des matelas de terre fraîche. Je me penche sur le seuil : personne, qu'un cycliste affairé, tenant une lanterne à la main. Dès qu'il m'aperçoit sur la porte, il crie :

« C'est réservé ! Poste de commandement du colonel !

— Bon ! Bon ! »

Des pensées m'effleurent, rapides et très vite en allées : bon pour les cyclistes, meilleur pour les téléphonistes... Le colonel en sortira souvent.

Un autre abri couvert... Tout autour, je reconnais Bamboul, Pierrugues, le cabot-brancardier, Béjeannin, le grand Sinquin, Morisseau, le médecin-auxiliaire à la peau bistrée de mulâtre. Tous portent sur leur manche le même brassard blanc à croix rouge : il faut bien, pour tantôt, un poste de secours... Il paraît que Le Labousse et les autres majors restent au village des Eparges. A quoi pourraient servir les caves les plus solides ? Il faudra sans doute, pour demain, plusieurs postes de secours. Allons, quelques pas de plus ! Ce serait trop facile, à présent, de laisser filer ma pensée, de croire que je prévois des choses... Il va être une heure de l'après-midi.

Quelqu'un crie, se casse la voix à force de crier :

« Rentrez dans les abris ! Mais rentrez donc, bon Dieu de bois ! Faites-les rentrer à coups de godasses ! Vous n'entendez pas cet aéro ? »

Un moteur ronfle, vers le nord, du côté de la crête des Hures : on voit l'avion, doré, presque translucide dans l'azur ; il porte sous ses ailes de grandes cocardes bleu blanc rouge.

« Ça ne fait rien ! crie la voix. Tout le monde planqué ! Je ne veux voir personne qui vadrouille ! »

C'est une heureuse suggestion : je peux bien « vadrouiller » jusqu'aux abris d'en bas, dire bonjour aux camarades du premier bataillon, dans la guitoune de la réserve.

Ils sont tous les trois couchés sur le bat-flanc, Caris et ses deux sous-lieutenants, Crisinel et Réveille. Je les ai aperçus quelquefois, toujours la nuit, lors d'une relève ; peut-être ne leur ai-je jamais parlé.

« Bonjour, mon vieux », me dit Caris.

Il s'étire puissamment, sans se lever. Il fait très clair dans la guitoune, à cause de cette fenêtre qu'a percée le capitaine Sautelet : une lumière fraîche et neuve, où rôdent des rayons pâles de neige réverbérée. Les *Veillées littéraires*, le *Traité de pharmacie vétérinaire* reposent toujours, dans le même trou du mur ; la caisse de détonateurs est restée à la même place, près de la porte, dans un autre trou : le petit cadenas qui la ferme, jamais ouvert, s'est rouillé.

« Assieds-toi, me dit Caris. Excuse-nous si nous restons couchés. »

Il s'étire encore, somnolent. Il a dépouillé sa vareuse, déboutonné son gilet de tricot à manches ; un peu gras, il a une face pleine de notaire ou de médecin rural ; il parle d'une voix bâillante, et semble avoir grand'peine à tenir ses paupières ouvertes.

Crisinel, un petit homme blond roux, la moustache taillée au ras des lèvres, devait être régisseur d'un music-hall de Paris. Réveille, grand, barbu, l'allure souple et déliée, parle quand Caris a parlé ; il le prend à témoin, l'interroge du regard : ces trois hommes semblent liés par une camaraderie profonde. Pas un mot sur ce qui nous rapproche, sur les heures qui vont être là. Une seule fois Caris, ennuyé d'être si las, m'explique avec une bonne grâce très simple :

« Toute la nuit sur nos pattes ; et la nuit d'avant aussi : nous sommes chargés d'approvisionner la première ligne en cartouches ; il y en a plein une guitoune, à côté... On se repose, pour avant, et pour après. »

Ils ne me demandent rien de ce qui se passe là-haut. Il semble que cela ne les intéresse pas ; ils sont dans leur abri, avec moi qui suis descendu par hasard ; nous parlons de Kipling, de Spinelli, de la mort de Calmette. Caris est avocat. Réveille architecte, je crois. Ce sont trois hommes... La 2e est bien partagée.

Dieu de Dieu ! Une heure et quart ! Il faut que je remonte là-haut. Trois poignées de main, trois « au revoir » de tous les jours ; pas un souhait de bonne chance entre nous : nous n'aurions réellement pas pu.

J'allonge le bras, machinalement, pour reprendre sur le seuil mon bâton que j'y avais laissé. Où est-il ? Je l'avais piqué là, dans ce tas de neige terreuse ; il n'y est plus : on me l'a volé.

Et cela me remue tout entier, d'indignation, de révolte, de tristesse ; mon cœur bat ; mes doigts tremblent un peu.

« Caris ! Un saligaud m'a fauché mon bâton... Je l'avais laissé à la porte, ici... Je ne le retrouve plus.

— Ah ! c'est embêtant, dit Caris. Un bon bâton ?

— Epatant ! Fait à ma main, à mon pas... Je l'avais depuis octobre... Mon bâton, quoi... Ah ! nom de Dieu !

— C'est embêtant ; c'est embêtant », répète Caris.

Il promène ses regards alentour, rentre dans la guitoune, cherche un instant et reparaît.

« Il n'y est pas ; je l'aurais vu.

— Bien sûr... C'est ici que je l'avais laissé : ici, piqué dans ce tas de neige. Tiens, regarde, voilà le trou. »

Je m'énerve de plus en plus. Je crie :

« Voilà qu'il est une heure vingt ! Je ne peux pas monter là-haut sans bâton ! Avec un sabre, hein, tu vois ça d'ici !... Mon bâton ! Et vite !... Ou prêtez-m'en un !

— En voilà un », dit Réveille.

Un bâton ?... C'est un manche à balai qu'il m'offre, un vulgaire manche à balai, rugueux, fragile... Ah ! la détestable aventure !... Une heure vingt-deux : je remonte vers les abris d'en haut, en m'appuyant très fort sur le manche à balai, avec rancune, avec l'envie obscure qu'il casse. Mais il résiste, soutient chaque pas avec une raide solidité.

Que de monde là-haut ! Que de soldats partout ! On en voit sur la route de Mesnil ; on en voit qui remuent à la crête du Montgirmont, d'autres dans les vergers d'en bas, le long des maisons du village ; une fumée qui floconne sur un toit évoque soudain tous ceux qu'on ne voit pas, cachés par les toits des maisons. Ici, chaque trou de la cuvette bouillonne de corps amoncelés ; il semble que la terre se gonfle, qu'elle palpite d'une large vie, d'une même vie étrangement humaine, aussi loin que l'on puisse marcher. Où sont les miens là-dedans ? Et que sont-ils, mes cent pauvres hommes ?

« Ne bougez pas ! Rentrez dans les abris ! »

Depuis l'instant où mon bâton a disparu, mes doigts continuent de trembler. J'ai l'impression que l'air a changé, qu'il vibre, chargé d'horripilants effluves.

« Rentrez ! Rentrez ! Personne dehors ! »

Des gradés vocifèrent, s'efforcent, avec des gestes ridicules d'impuissance, d'apaiser ce bouillonnement d'hommes qui déborde des entrailles de la terre. Toujours pas d'avions ; toujours pas d'obus ; nous n'avons pas entendu cinq coups de mauser, de tout le jour.

Une heure quarante-deux à ma montre. Quelqu'un m'appelle : c'est Presle. Le commandant Sénéchal veut nous voir, « tout de suite — tout de suite »... Eh bien voilà, quoi ! Nous y allons.

Le commandant est rouge et grave.

« Vos montres, messieurs... dit-il : L'heure officielle par téléphone... Une heure trente-huit exactement. »

Quatre minutes mal perdues, qu'il va falloir vraiment reperdre.

Sénéchal, je le vois bien, en profite pour nous observer. Quel vain passe-temps ! Que d'illusions ! Que de bévues !... Je m'aperçois, mon commandant, que votre *ninas*, furieusement mâchonné, n'est plus sous votre rude moustache qu'une espèce de chique lamentable ; je m'aperçois que vous vous observez vous-même, que vous vous sentez « bien en main », et que vous êtes content de vous. Tant mieux, mon commandant. Mais que restera-t-il, dans cinq minutes, de ce que vous voyez maintenant ? Rappelez-vous ceux que nous étions, à nos popotes du Château, pendant nos marches sur les routes, n'importe où, hier ou les autres jours, et ne pensez plus à nous. Nous allons vous quitter : il est une heure quarante-deux minutes, à toutes les montres.

Chacun de nous, seul à présent, n'a plus que sa propre montre, Porchon et Rebière sont partis vers la droite, du côté de la sape 7 : ils monteront avec le capitaine Rive derrière la première vague d'assaut, un peloton de la 6ᵉ que commandent Secousse et Moline. L'autre peloton de la 6ᵉ est première vague à la sape 6. C'est Thellier qui l'emmènera ; et je suivrai Thellier, avec notre second peloton... Aux deux autres sapes, 5 et 4, notre 5ᵉ est première vague, doublée par notre 8ᵉ : et c'est tout ce que nous savons.

Une heure quarante-huit. Près de notre trou, très grand pardessus nos têtes, passe un sous-officier du génie. Il tient quelque chose dans ses mains, que nous ne pouvons distinguer ; il marche vers l'entrée du boyau.

« Où allez-vous ?

— Je vais aux mines ; j'ai juste le temps de monter.

— Ah ! c'est vous qui...

— Oui, c'est moi. »

Depuis qu'il a disparu, un grand silence nous environne. L'espèce de frémissement dont tressaillait la terre s'en est allé, comme s'il mourait. Quand je me lève, les soldats que je vois encore me semblent se mouvoir dans un bain de silence, dans une atmosphère engourdie, voilée de songe ; leurs gestes muets n'ont plus de sens : ils sont très loin, aux abords du village, aux lisières rouillées du bois. Il y en a deux dans les prés, entre le Montgirmont et nous, qui marchent vite, en se dissimulant sous les saules du Longeau. L'un des deux est peut-être Dast, l'autre peut-être Galibert, l'officier de liaison de la brigade ; ils vont rejoindre le Montgirmont... Là-haut, derrière la crête d'argile rougeâtre, hors du monde où nous vivons, il y a un abri dont les hommes ont parlé tout le jour comme d'un palais des Mille et Une Nuits : c'est de là que le téléphone... Et tout à coup, plus réelle que le visage de Souesme, devant mes yeux, j'ai revu la tête chauve du colonel Tillien qui commande notre brigade. J'ai été bizarrement à sa place, là-haut, dans l'abri du Montgirmont ; et ma gorge s'est serrée tandis que je regardais ma montre, à deux heures moins trois minutes.

Tout est vide. Je ne peux pas sentir autre chose, exprimer autre chose que cela. Tout ce qui emplit le monde, d'ordinaire, ce flux de sensations, de pensées et de souvenirs que charrie chaque seconde du temps, il n'y a plus rien, rien. Même pas la sensation creuse de l'attente ; ni l'angoisse, ni le désir obscur de ce qui pourrait advenir. Tout est insignifiant, n'existe plus : le monde est vide.

Et c'est d'abord, contre nos corps accroupis, un sursaut pesant de la terre. Nous sommes debout lorsque les fumées monstrueuses et blanches, tachées de voltigeantes choses noires, se gonflent au bord du plateau, derrière la ligne proche de l'horizon. Elles ne jaillissent pas ; elles développent des volutes énormes, qui sortent les unes des autres, encore, encore, jusqu'à former ces quatre monstres de fumée, immobiles et criblés de sombres projectiles. Maintenant les mines tonnent, lourdement aussi, monstrueusement, à la ressemblance des fumées. Le bruit reflue, roule sur nos épaules ; et tout de suite, de l'autre côté, du même côté, de tous les vals, de toute la plaine et du ciel même, les canons lâchent les vannes déferlantes du vacarme.

« En avant ! Par un ; derrière moi. »

Nous montons vers l'entrée du boyau, sans la voir, bousculés par l'immense fracas, titubants, écrasés, obstinés, rageurs.

« En avant ! Dépêchons-nous ! »

Le ciel craque, se lézarde et croule. Le sol martelé pantelle. Nous ne voyons plus rien, qu'une poudre rousse qui flambe ou qui saigne, et parfois, au travers de cette nuée fuligineuse et puante, une coulée fraîche d'adorable soleil, un lambeau de soleil mourant.

« En avant ! Suivez... En avant... Suivez... »

Il me semble que mes hommes suivent. Par-dessus le boyau, je vois bondir une forme humaine, capote terreuse, tête nue ; et sur la peau, sur l'étoffe sans couleur, du sang qui coule, très frais, très rouge, d'un rouge éclatant et vermeil.

« Suivez... Suivez... »

Des mots cahotent, mêlés au fracas des canons :

« Un Boche... La boue sur les frusques... Un Français... Foutu... »

Plus de voix ; plus de pas ; rien que la folie des canons. Ceux du Montgirmont cognent à la volée, se rapprochent, nous poussent dans le dos. Ceux de Calonne, ceux du Bois-Haut, ceux des ravins, tous les canons des Hauts se rapprochent, les mortiers, les obusiers, les 75, les 120, les 155, les pièces de marine, toute la meute se rapproche et hurle, toute la ligne douce et longue des collines ne peut plus être aussi loin qu'elle était, avance jusqu'au village, le déborde et nous pousse brutalement. C'est inouï, cette brutalité. Le Montgirmont devient fou, crache ses obus par-dessus nos têtes, nous courbe sous un vol de grandes faux, sifflant, volontaire et bestial.

Nous suffoquons. Des pierres jaillissent et retombent ; une flamme jaillit, avec un ricanement furieux.

« Allez ! Allez ! Par-dessus ! »

Quelque chose de lourd a cogné dans mes jambes, et j'ai fléchi, les jarrets coupés nets.

« Par-dessus ! En avant ! »

C'est la tête de Grondin qui a cogné dans mes jambes. Je me suis retourné, sans horreur ; et j'ai vu le corps écrasé, enseveli déjà sous l'immense piétinement, avec encore, à ras de terre, la plaie glougloutante du cou.

Nous marchons toujours, soulevés par l'air qui tressaute, bousculés par les parois dansantes du boyau, souffletés de boue, de gravats, de flots d'air rougeâtres et brûlants.

« Baissez-vous ! Ils tirent trop court !

— Faites des signaux ! Ils nous tuent !

— Envoyez un homme !

— En avant ! En avant !

— Non ! C'est les Boches qui répondent ! »

Nous ne distinguons plus. Deux fois, trois fois de suite, nous avons vu la terre s'entr'ouvrir et cracher des pierres qui flambaient. Nous courons, pliés en deux, poursuivis par les 75, par ces couperets sifflants qui rasent, terribles, les bords du boyau, par ce seul 75 qui tire trop court, qui frappe toujours à la même place, à notre droite.

« Halte ! Tous couchés... Poussez-les, s'ils ne veulent pas bouger ! »

Nous sommes dans la tranchée de tir. Elle est pleine d'hommes boulés au fond, les épaules farouchement collées à la terre du parapet. Dans la fumée, un officier gesticule, le front bosselé, hurle des mots que je n'entends pas. Et mes hommes arrivent toujours ; et le même 75 continue de taper, du même rythme implacable et mortel, à la même place, à quelques mètres sur la droite.

« Poussez-les ! Poussez-les ! »

L'officier gesticule toujours. Je l'ai reconnu : c'est Pinvidic, un de la 4ᵉ. Je ne comprends pas ce qu'il crie, ce qu'il veut ; il a l'air d'un fou dangereux. Mes hommes se boulent aussi, se collent au flanc des autres, s'aplatissent et se tassent, font corps avec la tranchée fumante. Là où frappe le 75, il y a un mort couché seul. De temps en temps, à travers la fumée, j'aperçois des yeux grands ouverts, un dos qui respire, une main soudaine qui fait un geste. C'est toujours pareil : on devine des obus très lourds qui s'écrasent vers le piton, des vols chuintants de 155, des tournoiements pataudes de *minen* ; mais cela ne compte pas ; cela se perd dans les jets raides des 75, disparaît derrière cette voûte tranchante et dure, qui s'abaisse, qui se bande, si violemment tendue qu'elle va se briser tout à coup, crouler sur nous et nous anéantir. Elle est toujours là ; nous ne pouvons que baisser la tête, n'avoir plus de tête si nous pouvons, plus de poitrine, plus de ventre, n'être plus qu'un dos et des épaules recroquevillés.

Quelqu'un se courbe : devant moi, à toucher mon visage, je retrouve les yeux exorbités, le front bosselé de Pinvidic. Il crie dans mon oreille, à travers le fracas énorme. Je l'entends presque : il me dit que Thellier n'est pas arrivé, qu'on ne peut plus aller le chercher, que tout est compromis si je ne monte pas à sa place. Et sans que j'aie pu répondre, ouvrir la bouche, faire un signe de tête, il continue, en proie à une fureur croissante, à une démence véritable :

« Tu monteras ! Tu monteras ! Tu monteras ! »

Sa voix s'étrangle ; un point de salive cotonneuse tache au milieu ses lèvres sèches. Alors je me retourne, et je lui hurle dans l'oreille :

« Ta gueule !

— Qu'est-ce que tu dis ?

— Ta gueule ! Et fous-moi la paix ! »

Il ne dit plus rien. Il est près de moi, accroupi comme moi contre le parapet ; son visage révulsé s'apaise ; il semble dormir, les yeux grands ouverts.

Toujours la même chose : des vols d'obus lointains, des tonnerres lourds, et tout près, rasant nos têtes, la voûte forcenée des 75. La tranchée a l'air creusée par elle, comme par un pic monstrueux ; la terre ne cesse de fumer, dans une moiteur de blessure fraîche ; et sur cette terre bouleversée des éclats brillent, allument des lueurs nettes et méchantes, se pressent autour de nous sans vouloir s'éteindre encore et retomber enfin à l'immobilité des choses. L'espace est plein d'éclats vivants. On les entend qui ronflent, sifflent, ronronnent et miaulent ; ils frappent la glaise avec des chocs mats de couteaux, heurtent la voûte tintante qui durement les rabat, en des stridences exaspérées. Tous les obus français viennent frapper à la place où nous sommes, un peu en avant, sur une ligne immuable, que nous verrions si nous pouvions lever la tête. Nous en sommes sûrs. A cinquante mètres à droite ou à gauche, les 75 ne frappent plus. C'est juste à cette place, devant nous, sur un front d'une trentaine de mètres ; peut-être moins ; sûrement moins... Ils ne frappent plus que devant Pinvidic et moi. Tout le bruit est dans ma tête ; les coups de trique des départs font sonner mon crâne plus sèchement qu'une noix vide ; les éclatements éclaboussent ma cervelle ; ils sont près de moi, comme des êtres : ils ricanent à cause de moi.

Cela ne change pas. On devine devant nous une frange de fumées fulgurantes ; on l'imagine qui déroule son ressac jusqu'au plus profond des ravins. Et ce bruit, tout ce bruit qui ne change jamais... On penche sa tête endolorie ; on n'entend plus : on dort, prostré, les yeux grands ouverts, à quelques pas de l'homme seul qui est mort.

« Debout ! Ceux de la 7e, debout ! Par un, derrière moi, dans la sape. »

La voûte s'est élevée tout à coup, plus large, plus lente, plus humaine. On entend siffler distinctement le coup de fouet de chaque trajectoire ; on sépare chaque éclatement des autres ; la fumée glisse sur nous, coule à nos pieds comme une étoffe ; nos fronts émergent à la lumière.

« Dépêchons, Souesme. Veillez à ce qu'on suive derrière.

— Bien, mon lieutenant », dit la voix de Souesme.

Il n'a pas crié, et je l'ai entendu. Je me retourne, et je vois Dorizon près de Souesme, les traits crispés encore d'une contraction douloureuse.

« T'as vu Grondin ? » dit Biloray.

On s'aperçoit que tous nos 75 tirent encore, par rafales sèches et précipitées. Ils vont plus loin : ce sont des 75 qui tirent. L'air qu'on respire picote la gorge ; un âcre brouillard fauve traîne ses guenilles déchiquetées ; on découvre au travers des pans de ciel extraordinairement bleus, la pente d'une colline, quelques sapins aux pointes aiguës.

« Plus vite... Plus vite... »

Le tir des canons s'allonge, égrène ses coups l'un après l'autre. Les lignes de la terre ont repris leur forme et leur place : nous sommes dans une sape des Eparges, dans la sape 6, la deuxième sur la crête à partir de la droite.

« Halte ! »

Nous sommes au bout de la sape 6. A nos pieds, des lambeaux de terre gisent sur la boue sans se mêler à elle : ce sont des lambeaux profonds, tranchés vif, montrant leurs arêtes calcinées ; ils jonchent la sape, parmi des spirales courtes de barbelés, des morceaux de piquets aux pâles effilochures, et les éclats, toujours, allumant sur la boue leurs clartés froides et mauvaises.

Le dernier obus... Un silence... Etait-ce le dernier obus ?... Chaque seconde de silence me soulève, me force à monter une marche du gradin. C'est une emprise physique, une espèce d'ordre irrésistible.

« En avant ! »

Toute la force était derrière moi ; il n'y avait rien par devant, pas d'obstacle sensible qu'il m'ait fallu franchir. Je n'ai rien senti, qu'un grandissement soudain, une plongée de tout mon corps dans un espace inconnu, immensément large et pur. Je me suis retourné : j'ai vu que Sicot et Biloray me suivaient, les premiers, devant les deux sergents ; j'ai vu derrière leurs épaules une foule d'hommes encore ensevelis, crevant la terre des pointes de leurs baïonnettes, et sortant, sortant, à n'en plus finir.

« En avant ! En avant ! »

Notre artillerie ne tire plus ; les fusils allemands ne tirent pas. Nous enjambons les fils de fer tordus, trébuchons dans les vagues d'argile soulevées par les canons ; chacun de nos pas fait monter jusqu'à nos narines l'odeur corrosive et violente de la terre empoisonnée.

Nous voyons tout : les hommes de la 5e qui sortent à notre gauche, et qui montent, sous les lueurs des baïonnettes ; la friche bouleversée, longuement déserte à notre droite, où les hommes de la 6e n'apparaissent pas encore.

Devant nous, personne. A notre gauche, loin, nous voyons Floquart qui galope, tête nue ; Noiret, qui court un peu plus loin, se penche et disparaît de l'autre côté de la crête. Pas un Allemand... Où sont-ils ?

Un coup de fusil vers la gauche ; un tapotement bref de mitrailleuse ; et plus rien. Les hommes de la 5e sortent toujours.

La mine 6 : des madriers enchevêtrés, fracassés, des fibres de bois blême faisant charpie sur la terre noire, des chevaux de frise en miettes, une loque de drap brûlé accrochée aux ronces d'un fil de fer. Un grand silence : c'est ici que montait l'une des formidables fusées.

Personne toujours. La mitrailleuse, à gauche, a de nouveau tapé cinq ou six balles, puis s'est tue. Nous avançons encore, enjambons un talus qui s'éboule, et tombons dans la tranchée allemande, — vide.

C'est la première, celle qui nous dominait hier, celle d'où les Boches déversaient sur nos têtes leurs écopes de bois remplies d'eau, celle d'où leurs tirailleurs battaient le pont sur le Longeau, la vallée, le petit calvaire, cherchaient dans nos parapets les minces trous noirs de nos créneaux, celle d'où ils nous ont tué Bujon, Maignan, Soriot, tous les autres...

Nous sommes très haut. Nous dominons les collines et les prés, la Woëvre immense, les routes de nos vieux cheminements ; nous respirons un air plus léger ; il semble que nous nous dominions nous-mêmes.

« Ah ! Voilà les potes ! »

Ceux de la 6e sont enfin sortis. Ils montent ; je les appelle de loin, en agitant mon manche à balai. Mes hommes rient à présent, stupéfaits de cet assaut étrange, de cette conquête dérisoirement facile. Ils crient à ceux de la 6e, lorsqu'ils passent :

« L'arme à la bretelle ! Tout de suite ! Vous avez l'air d'andouilles, avec vos baïonnettes en l'air ! »

L'heure d'angoisse effrayante sous la fureur de nos canons, ils l'oublient ; le corps de Grondin qu'ils viennent de piétiner, ils l'oublient, et le premier blessé ruisselant d'un sang si rouge, et toute cette dure journée d'attente, dans les trous... Ils regardent à leurs pieds, très loin, par-dessus les lignes moutonnantes des bois, aux confins mauves de la Woëvre, le plus loin qu'ils peuvent regarder. Ils crient, pleins d'une fierté d'enfants :

« Ça fait rien ! Ils étaient guère vaches, les Boches ! Qu'est-ce qu'on en aurait déglingué, nous aut'es, si on avait été en haut, et eux en bas ! »

Ils vont et viennent sur les parois de l'énorme entonnoir, se penchent, circonspects, à l'entrée des abris effondrés :

« Des édredons ! s'exclament-ils. Les crapules ! Et du pinard ! Une bouteille de pinard pas cassée ! Hein, tu parles ! »

Ils disent encore, en se bouchant le nez :

« Si ça schlingue, là-dedans ! »

Et encore, tout à coup :

« Un macchabe ! »

Il y a des cadavres allemands, que nous n'avions pas vus tout de suite. Le plus près de moi est allongé sur le talus, entre l'entonnoir et la tranchée ; allongé sur le dos, paisiblement. C'est un petit homme brun, le menton noirci de poils raides. Bras écartés, jambes écartées, il repose. Si on s'approche de lui, on voit luire entre ses paupières les sclérotiques bleuâtres et nacrées ; il vous montre sa main dépouillée, trois tendons pâles dessinés à traits fins sur la bouillie vineuse des muscles.

« Laissez passer ! Laissez passer ! »

Un blessé apparaît sur le bord de l'entonnoir ; un Français. Deux hommes le soutiennent aux aisselles ; il se laisse couler sur le dos, jusqu'en bas. Oh ! il me semble... C'est Noiret. Je me précipite vers lui :

« Eh bien, vieux ?

— Dans la cuisse, dit-il. Une balle. »

Il est encore tout vibrant de l'assaut. Il me raconte, à mots précipités :

« Ça a bardé un peu, à gauche !... Quels abris ! Un chemin de fer à voix étroite là-dessous ! On en a chauffé des bitures... Floquart et moi, des coups de pétoire en pleine figure... Une balle dans la tête, Floquart. Il a été, tu sais... épatant ! On ne sait pas si c'est grave : dans la tête... Il est descendu tout seul... Moi je descends... Bonne chance, mon vieux. »

Il se courbe, soutenu par les deux hommes qui l'accompagnent, se contorsionne, avec des grimaces de souffrance, pour se glisser sous le coffrage disloqué de notre ancienne galerie. Il faut ramper là-dessous, dans un chaos de madriers brisés, de fers tordus, de boue profonde, suffoqué par le manque d'air, par l'odeur de sanie et de poudre qui stagne là comme une eau lourde.

J'entends Noiret qui gémit sourdement. Puis il crie, d'une voix énervée et lointaine : « Tirez plus fort ! Arrachez-moi la jambe ! » Et tous les trois réapparaissent enfin, debout dans la sape, au ciel libre.

Chic type, Noiret ! Il se retourne encore et me fait au revoir de la main. Puis il rit, tend le bras, montre quelque chose :

« Regarde-les ! »

Ils arrivent en courant, capotes ouvertes, sans armes, poussés par quelques-uns des nôtres. Ils dévalent, faisant rouler les mottes sous leurs grosses semelles ferrées.

« Halte ! » crie le capitaine Rive.

Ils s'arrêtent, essoufflés, inquiets, considèrent l'entonnoir plein de soldats français ; quelques-uns essaient de sourire ; deux ou trois s'asseyent, dans la boue. Ce sont des hommes du 8e bavarois.

« Les gradés ? » demande Rive.

Un lieutenant fait un pas et salue, raide, gauche, ses mains crispées sur la jumelle qu'il porte en sautoir, comme s'il avait peur qu'on ne la lui vole. Le capitaine parle ; il répond : de brèves répliques qui s'entrechoquent :

« Die Russen verschlagen. — Noch nicht verschlagen... L'Allemagne ébranlée... — Jamais ! — Le blocus... — Jamais ! — Allez-vous-en... »

Ils descendent tous. Il en reste un pourtant, un gamin en larmes, le front meurtri d'une bosse énorme à laquelle il porte la main, sans cesse, d'un geste inconscient. Puis il lève des bras qui tremblent, et il répète, les yeux soudain agrandis d'horreur.

— « Schrecklich !... Oh ! Schrecklich !

— Engagé volontaire ? demande Rive.

— Oui, monsieur le Capitaine.

— Etudiant ?

— Oui, monsieur le Capitaine.

— Quel âge ?

— Dix-sept ans et demi.

— J'en ai quarante-huit », dit le capitaine Rive.

Il regarde cet enfant qui pleure, secoue la tête, casse un morceau de chocolat, le lui donne.

« Merci, monsieur le Capitaine.

— Descends, maintenant ; va... descends. »

Et le gosse en larmes s'en va, en croquant son chocolat.

On travaille, à présent. On entasse des sacs à terre aux lèvres sud de l'entonnoir ; on taille des degrés sur les pentes d'argile bouleversées ; la terre meuble obéit souplement. On se hâte, aux approches de la nuit.

Le ciel est redevenu gris. L'entonnoir, où l'on cause à voix hautes, où l'on monte et descend, collés par files aux parois gluantes, semble effroyablement plein d'hommes. Le crépuscule s'abaisse sur ses bords, triste, maussade, comme amolli de pluie prochaine ; et il se met à bruiner, sournoisement, en même temps que la nuit coule.

Le capitaine Rive est là-dedans ; Porchon et Rebière sont là-dedans, quelque part ; le capitaine Secousse, Thellier, Moline doivent être là-dedans. Près de moi, c'est un capitaine du génie qui vient de s'asseoir : ce n'est pas Frick, qui est avec nous depuis les premiers jours ; ce n'est pas Piplin, que nous connaissons aussi ; celui-ci est un inconnu, assez jeune, portant binocle sur des yeux froids d'intellectuel.

Il se retourne, dans l'instant même où l'air s'émeut d'un frôlement lointain, d'un bruit ronronnant et doux qui approche en grandissant ; puis, regardant sa montre :

« C'est à peu près ce que j'avais prévu... Cinq heures moins dix. »

Le bruit sifflant couvre sa voix, fond sur nous en rafale vertigineuse, se brise, fracassant et terrible. Nous n'avons pas vu la flamme de l'explosion ; la fumée monte, d'un noir de suie, un peu au-dessous de nous.

« Fourmilière d'Herbeuville », dit le capitaine du génie.

Et très loin, de nouveau, on entend comme un déclic sourd ; puis le vol de l'obus accourt, avec le même frôlement soyeux, qui s'accélère et siffle, et tombe sur nous dans une espèce de han ! furieux.

D'autres encore. A chaque fois le sol bouge sous le choc. La sensation qui domine toutes les autres, c'est celle du poids de la chose qui tombe. Le ciel est plein de frôlements doux ; il semble que la nuit tremble là-haut, fluidement, comme la surface remuée d'un lac. De temps en temps, le capitaine parle :

« S'il faisait clair, dit-il, nous pourrions les voir tomber ; demain nous les verrons sûrement. »

Ou bien, l'oreille tendue, il cherche à situer dans l'espace ces pulsations qui lancent vers nous le vol des obus ; et, quand il croit avoir trouvé, il prononce d'une voix paisible :

« Wadonville... Doncourt... La Fourmilière... »

Il ne peut plus y arriver. Chaque obus vient lentement, longuement, jusqu'à sa chute vertigineuse ; mais il y en a tellement que toute la nuit chantonne et bruit, traversée de plaintes haletantes, de modulations mélodieuses et tristes, flagellée de sifflements raides, meurtrie de tonnerres écrasants. C'est bien cela qui domine tout : ces fardeaux énormes qui tombent, qui s'enfoncent avant de se briser, qui font trembler la glaise comme une chair colossale... Qu'est-ce que nous sommes, là-dessous, avec nos pauvres corps fragiles ? Maintenant, c'est tout à fait la nuit ; on ne travaille plus ; on ne se voit plus les uns les autres ; nous sommes tous là-dedans, pendant que la bruine est froide, pendant que tombent ces choses trop lourdes et que tremble la terre à quoi nous sommes collés.

Huit heures du soir. — Bombardement toujours : un marmitage tranquille, copieux, sûr de lui-même... Pas un coup de canon français depuis que nous sommes sortis de nos têtes de sape. Une mitrailleuse boche tire sur la gauche, fait sauter des éclaboussures de terre à la lèvre de l'entonnoir.

Neuf heures. — C'est avec du 150 que les Allemands nous bombardent. Il en est tombé un dans l'entonnoir : il a patiné à plein ventre, et puis est demeuré sur place, sans éclater. Quelqu'un l'a éclairé de sa lampe électrique : un bel obus bleu, à double ceinture de cuivre ; il mouille comme nous, la panse ruisselante de pluie.

Dix heures. — Si nos artilleurs ne tirent pas, c'est peut-être qu'ils ne savent pas encore où notre avance nous a portés... Il vaut mieux qu'ils ne tirent pas... Mais ils devraient savoir où nous sommes, et tirer.

Onze heures. — Comment se fait-il que les obus ne nous aient encore tué personne ? Il en est tombé en arrière de l'entonnoir, en avant, si près de nous que leur souffle nous a giflés. Nous n'entendons plus que ceux-là, parce qu'ils nous empêchent de dormir ; s'il ne tombait que tous les autres, nous pourrions peut-être dormir, tant leur cadence est monotone, depuis le choc léger de leur départ, là-bas, jusqu'à leur chute vertigineuse, quelque part où nous ne sommes pas. Il pleut toujours ; la glaise commence à couler sous nos corps ; lorsqu'on s'est déplacé, en somnolant un peu, on ne retrouve plus la parcelle de terre sèche que la boue nous a volée... Je ne crois vraiment pas que personne soit encore tué, dans l'entonnoir.

Un peu plus tard. — Un épouvantable fracas ; une odeur barbelée qui me déchire la gorge et la poitrine. Je devais dormir... Quelqu'un crie. A travers les ténèbres mouillées, des choses impalpables et douces me frôlent le visage et les mains. Ce n'est pas de la neige... Qu'est-ce que c'est ? Les obus tombent toujours, avec la même abondance régulière. J'écoute le Montgirmont : il se tait. J'écoute la ligne des Hauts, de l'autre côté de la vallée : elle dort.

Un peu plus tard. — Calme de l'air. La nuit est partout, des Hauts-de-Meuse aux collines de Metz. Deux hommes causent, non loin de moi ; ils parlent à voix chuchotantes, comme deux voisins de lit dans le silence d'une chambrée.

« ... Et le sergent, dit l'un, n'a pas seulement bougé un des poils de son œil. Tant qu' ça a cogné sur la ligne, il est resté planqué dans son abri d'en bas... Quante y a plus eu moyen sans risquer d' se faire poisser, il est monté en douce par le boyau, pas vite... Et v'là qu' des mecs de la 5e rappliquent, en coursant une bande de prisonniers, trois ou quat'e. Et l' sergent qui leur dit : « Où allez-vous ? C'est 'onteux ! C'est des trucs pour vous « évanouir ! — Mais sergent... — Ça va ! Silence et taisez-vous !... R'montez là-« haut, à vot'e poste que vous n'auriez jamais dû quitter ! Laissez-« moi ces Boches-là ! J' m'en charge ! ... Et i' t' les course jusqu'à l'abri du colo, et t' les pousse dedans, et t' gueule : « Mon colonel !

« V'là les premiers !... — Très bien, mon ami, que dit l'colonel. « Comment vous appelez-vous ? » L'sergent lui dit son nom, sa compagnie et tout, avec un beau salut maous et des talons qui claquent à la parade. « Mon ami, je m' souviendrai d' vous. » L' sergent s'en va, sort dehors, tend sa fesse à une balle de s*k*rapnell, met sa main par-dessus l' trou et fout l' camp jusqu'à Marseille... Paraît qu'i' va avoir la médaille militaire. »

L'autre homme ne répond rien. Je l'entends seulement qui rit tout bas, sagement, par petites saccades de la gorge.

La nuit est de plus en plus vaste. Deux fois de suite, une bombe de *minen* aboie rauquement, sur la gauche. On ne peut pas dire qu'il pleut : l'air est mouillé ; la terre fond. J'entends un dormeur qui ronfle.

18 février.

Il était à peine six heures lorsque le bombardement allemand a repris. Hier (mais qu'est-ce que ça veut dire, hier ?), lorsqu'il pleuvait dans les ténèbres et que nous dormions à moitié, ce n'était rien. Le crépuscule du jour est le même que celui de la nuit, d'un gris plus pâle et plus transi pourtant. Des hommes aux visages blêmes grouillent sur les parois visqueuses, avec des gestes sans contours, des rampements de lémures ou de larves.

Le capitaine du génie n'est plus là. Je me rappelle qu'il disait : « S'il faisait plus clair, nous pourrions les voir tomber... » Il avait raison : nous pouvons les voir. Ils piquent du bec du haut du ciel, minuscules, noirs et pointus, pareils à des oiseaux tués. On ne peut pas croire que ce sont ces petites choses qui tombent, à la place où jaillissent du sol ces flots tonnants de terre et de fumée, ces vomissements de pierres et de flammes.

Il y a deux cadavres à l'entrée de la sape : on voit leurs jambes à pantalons rouges qui dépassent du chaos des madriers ; on ne peut pas se tromper à l'immobilité de ces jambes-là. Il y a aussi un blessé qui se traîne sur le ventre, qui se tend de toutes ses forces vers notre ancienne tranchée de tir ; on distingue près de lui un morceau de métal qui brille, une vieille boîte à conserves, ou un éclat de bombe tordu.

Les obus sont plus lourds que cette nuit ; le tremblement du sol, lorsqu'ils tombent, est plus ample, plus appuyé contre nos corps. Le jour grandit ; les nuages s'évaporent en brume fine par-dessus les fumées noires et fauves ; il y a des instants où l'air devient blond de soleil caché ; puis, de nouveau, il se glace et se fige.

Deux obus détachés de l'immense bombardement ; deux obus pour nous, qui nous ont visés... Mais rien que nous ne connaissions : un vol plus court, un sifflement tout à coup suspendu, et puis l'air qui nous gifle, nos tympans qui éclatent, et toutes les pierres, toutes les mottes, tous les débris informes qui retombent, durs et lourds, au bourdonnement d'éclats déjà lointains.

Encore sur nous. On ne peut plus se redresser, regarder autour de soi. Il faut se coller à la terre, du même côté de l'entonnoir, vers le sud. De l'autre côté la terre est nue, avec des marbrures noires ou rouillées, des loques de drap éparses, un vieux bidon sorti de son enveloppe, des flaques d'eau couleur d'acide picrique. De notre côté, c'est une épaisseur confuse et remuante, une croûte d'hommes qui boursoufle la boue.

Un obus près du blessé qui rampe. Il a disparu dans la fumée. Il est mort.

Sous ma main qui vient de glisser, quelque chose roule, élastique et froid, un peu poisseux : je regarde de près l'aspect réel de la viande d'homme ; on ne pourrait la reconnaître à rien, si l'on ne savait que « ça en est ». Sans bouger de ma place, je cherche à découvrir d'autres lambeaux : il y en a beaucoup, bien plus que je n'aurais imaginé.

Un obus dans l'entonnoir. Mémasse, notre franc-tireur, est décapité comme Grondin. Je crois que Vercherin, l'ordonnance de Porchon, est touché.

Deux obus ensemble, derrière la lèvre de l'entonnoir ; la terre nous a poussés bien avant les explosions : ce devait être des obus de rupture, énormes, des 305 probablement.

Il en tombe en bas, sur les pentes, au delà de la tranchée de tir. Nous disions autrefois que nos guitounes étaient dans l'angle mort ; elles sont couvertes de planches, de carton bitumé, de chaume... Il y a des hommes dans toutes.

Il en tombe partout, sur la réserve tout en bas, sur le Montgirmont, sur le village, sur le Bois-Haut. De gros fusants à fumée verte tintent sur la route de Mesnil.

Le blessé, là-bas, n'est pas mort. Il a repris sa marche rampante, avec la même ténacité, la même tension farouche de tout son être encore vivant : il n'est plus qu'à deux mètres de la tranchée française ; personne n'en sort pour le secourir.

Sur nous. A peine décrispé, j'ai éprouvé un soulagement à comprendre un mystère de cette nuit : ces choses duveteuses qui m'avaient frôlé le visage, c'étaient les plumes des édredons enfouis dans les abris des Boches.

Nos artilleurs ne tirent pas. On le dit ; on s'énerve ; on ne pense plus qu'à cela. Qu'ils tirent ! Qu'ils fassent taire ces canons, cette foule de canons trop serrés, trop bruyants, trop formidables pour nous ! Si nos artilleurs tiraient, ce serait presque fini...

Le blessé est tombé dans la tranchée française. On a vu des hommes se lever et lui tendre la main : là aussi, il y a des soldats qui reçoivent les obus allemands. Les obus peuvent tomber où ils veulent : il est presque forcé qu'ils tuent.

« C'était bien la peine de tant gaspiller hier soir ! Tous nos caissons sont vides... C'est malin. »

Une mitrailleuse se met à tirer, puis une seconde. On entend leurs balles au-dessus de nos têtes ; la lèvre de l'entonnoir s'échancre à notre gauche. Un homme rampe, et lance des sacs à terre dans l'échancrure, à bout de bras.

« Ils ont amené toutes les pièces de Metz pendant la nuit... »

C'est trop. Un mastodonte glisse sur nous, si lourd que son vol seul nous plaque contre la boue. Le cœur suspendu, on attend. Il éclate : un fracas de maison qui s'effondre, qui croule par pans énormes, les uns par-dessus les autres ; l'obus éclate toujours, croule toujours, n'en finit pas : c'était sûrement un 305.

Les balles des mitrailleuses tapotent toujours les sacs à terre, par petits chocs secs, obstinés ; on les voit qui basculent, et soudain roulent sur la pente. Le même homme que tout à l'heure les ramasse ; il les remet en place, l'un après l'autre, par-dessus sa tête.

Ah ! qu'ils tirent ! Qu'ils répondent !

— C'est s' fout'e de nous !

— On est sacrifié... »

Hors l'amoncellement de nos corps, des mots ne cessent de monter, en bulles d'angoisse ou de colère. Sans voir jamais aucun visage, sans reconnaître jamais personne, on sent fermenter contre soi la colère et l'angoisse de tous. Elles nous imprègnent, elles ne nous lâcheront plus. Elles grandissent, au contraire, à mesure que tombent les obus allemands, et que se taisent nos canons. Comment échapper à cela, avec sa misérable force d'homme, d'homme tout seul qui est là-dessous ? Mille obus : on tient ; deux mille : on tient ; dix mille... C'est forcé qu'on se laisse aller, si les obus tombent toujours, rien que des obus allemands, tous les obus de toutes les pièces de Metz, tandis que les pièces de Verdun, toutes les pièces que nous *entendions* hier, se taisent, nous abandonnent, refusent de nous venir en aide.

Les mitrailleuses ont recommencé à taper sur les sacs à terre ;

les mêmes petits coups secs, réguliers, précis, patients. Nous regardons les sacs basculer encore et glisser, flasques, sur la pente. L'homme ne les ramasse plus. Des éclaboussures de terre sautent, comme hier soir, à la lèvre de l'entonnoir : la frange d'hommes se tasse en bourrelet, un peu plus bas que tout à l'heure.

Assez ! Assez !... N'existe-t-il aucun moyen pour que cela soit autrement ? Canons contre canons ! Mais pas ces seuls canons-là, qui tirent sur nous, qui ne tirent que sur nous !

Il y a des soldats dans tous les cantonnements du front, des cuisiniers qui épluchent des patates, des hommes qui achètent des cigares au comptoir reluisant d'Estelle...

Si le colonel Tillien ne fait pas donner l'artillerie, c'est qu'il ne tient pas beaucoup à garder la crête des Eparges.

Oh ! assez !

Il n'y a rien à faire. Nous sommes condamnés. Que ça dure encore quelques heures, les fantassins ennemis pourront venir, avec des gourdins, avec leurs poings nus... Si j'étais à la place du colonel Tillien, je ferais donner l'artillerie tout de suite, pas seulement pour garder la crête des Eparges, mais pour les pauvres bougres qui sont dans l'entonnoir 7, où je suis.

Les mitrailleuses tirent de plus en plus vite. Elles ont changé de place, elles se sont rapprochées ; il semble que leurs balles ploient leurs lanières claquantes, qu'elles vont sauter dans l'entonnoir, et frapper : la frange d'hommes est descendue encore.

On est là. On n'entend plus un mot monter de notre foule prostrée : les obus éclatent trop fort. De grosses torpilles roucoulantes tournoient, se posent sans hâte, comme si elles choisissaient leur place, et violemment, à pleine force tonnante, ouvrent le plus grand trou qu'elles peuvent. Parfois, l'un de nous se soulève à moitié, s'appuie sur ses deux bras raidis, et cherche à voir, par-dessus la terre, autre chose que nous attendons.

Nous avons tous cru que ce serait pour cette nuit. Et puis, au milieu de la nuit, deux soldats se sont mis à parler tout bas, comme dans le silence d'une chambrée... Que ce soit tout de suite ! Que ce soit fini n'importe comment !... Ceux qui reviendront pourront dire au colonel Tillien, au général du corps d'armée : « Ce qui est arrivé ne serait pas arrivé, si nos canons avaient tiré. »

A chaque instant, à présent, un homme se met debout, malgré les obus, malgré les bombes, les torpilles et les mitrailleuses. Ici, là-bas, on voit un homme qui se dresse et regarde. Je sens leur sursaut en moi-même : je vais me lever comme eux.

Ce que nous attendons va sûrement arriver ; dans dix minutes ;

dans quelques secondes... On entend des cris quelque part. A gauche ? Oui, à gauche...

Des coups de fusil ; des cris encore ; des détonations cinglantes, ouatées, dont le bruit inconnu nous déconcerte et nous effraie. Trente hommes sont debout dans l'entonnoir ; ils voudraient sortir, pour voir. Mais ils descendent, glissent au plus profond du trou.

Tous les hommes debout se heurtent les uns les autres, trébuchent et crient, la bouche ouverte. Quelques-uns, tombés à genoux, s'efforcent de gravir les pentes : ils glissent sur l'argile visqueuse, et retombent. Brusquement, une ligne de capotes bleues se profile au faîte de l'entonnoir ; d'autres cris nous frappent au visage, tandis que des corps nous heurtent, roulent sur nous, nous entraînent avec eux jusqu'au chaos des madriers brisés.

« Restez là ! Restez là !

— Ils arrivent !

— La 5e a lâché !

— Restez là !

— On est tourné !

— Restez là, nom de Dieu ! »

Des projectiles volent sur la pâleur du ciel, de petites boules noires et denses ; elles bondissent de motte en motte, crachent un jet fusant d'étincelles, puis éclatent. Quelqu'un crie : « Des grenades ! Nos grenades qu'ils ont prises là-haut, et qu'ils nous lancent ! »

Dans un éclair, je vois Chabredier le chef qui en reçoit une dans le dos : il bute en avant, ouvre la bouche toute grande ; il doit crier ; je ne l'entends pas ; la grenade a roulé plus bas.

Qu'est-ce que c'est ? De bizarres feux follets verdâtres, qui dansent et sautillent dans la boue. Les hommes refluent devant eux, terrifiés, brûlés avant d'être touchés.

« On va sauter ! C'est contre-miné !

— Restez là !

— En avant ! »

Des pétards brillent, tombent et aboient ; d'autres grenades noires, au panache tournoyant d'étincelles. Le capitaine Rive est debout, très grand ; son pic à la main, les bras ouverts, il pousse des hommes de toutes ses forces :

« En avant ! En avant ! »

J'ai crié, moi aussi. Butrel passe devant moi, grimpe légèrement la pente abrupte. Sicot est à mon côté ; nous nous aidons l'un l'autre, escaladons ensemble le talus.

« Ha !... Feu ! »

Un Allemand a surgi sur la ligne d'horizon, à quelques pas. Tout seul, les poings crispés sur son mauser, il avançait en enjambant les éboulis, les yeux fixes, le visage contracté par une espèce d'orgasme. Butrel a tiré ; j'ai tiré ; Sicot a dû tirer aussi : nous avons vu l'Allemand pousser un cri sauvage, lâcher son fusil en portant les deux mains à son ventre, et basculer comme dans un trou.

« Feu ! »

Chaque fois que je tire, mon revolver me cogne le poignet. J'ai tiré à Rembercourt, il y a longtemps. Est-ce que les Boches de Rembercourt avaient ces faces-là, dans la nuit ? On en a vu deux autres, qui ressemblaient au premier. Nous avons tiré : ils ont disparu tous les deux.

« Feu ! »

Butrel n'épaule jamais. Il appuie la crosse de son fusil contre sa hanche, et tire. Sicot, debout, lève son arme d'un geste vif, épaule serré, et tire. Dans l'entonnoir, on crie toujours ; personne ne monte nous rejoindre : nous sommes trois qui tirons là-haut... Derrière les vagues de terre, à quelques mètres, on entend les Boches qui fouissent et rampent. Une balle claque ; Butrel chancelle :

« Rien, dit-il. Dans mon sac. »

Une autre balle claque : Sicot gémit, ouvre les bras, et tombe. Nous nous sommes jetés à plat ventre, Butrel et moi ; nous halons Sicot par sa capote : il ne geint plus ; il est lourd.

« Un peu plus fort, Butrel. »

Le corps se met à glisser doucement : il faut le retenir pour qu'il ne roule pas avec nous, dans l'entonnoir.

« Portons-le... Prends les jambes. »

Des grenades fusent toujours, éclatent, traversent l'air d'un vol vibrant de guêpes... L'entonnoir est presque vide ; les derniers soldats s'entassent à l'entrée de la sape, s'engouffrent à pleines épaules sous l'auvent sombre des madriers.

« Laissez-nous passer, allons ! »

Sicot vient d'entrouvrir les yeux. Il râle faiblement, sans une plainte ; des taches cireuses s'élargissent sur ses joues, envahissent tout son visage. Son nez se pince ; il referme les yeux.

« Laissez-nous donc passer, vous autres ! »

Il y en a qui sont restés sous l'enchevêtrement des poutres. Hébétés, anéantis, ils demeurent là, couchés dans la boue, accrochés aux madriers saillants. On les pousse, dans les ténèbres. Sicot a toujours le même faible râle ; il est lourd, lourd...

« Des blessés, par ici ? »

Cette voix... Oh ! les braves garçons ! Dans la lumière, au bout du coffrage étouffant, j'ai reconnu Bamboul et le grand Sinquin. Ils sont montés, ceux-là ! Ils ont couru au-devant de ce que tant d'autres fuyaient... Pouvoir rester dans un abri, en sortir, et monter...

« Par ici, oui : un blessé. »

Ils rampent au-devant de nous ; ils nous aident ; ils arrachent le moribond à l'écrasement noir du tunnel. Et ils s'en vont, les genoux dans la boue, enfoncés dans cette boue par le poids de l'homme douloureux, qui râle toujours, dont nous suivons le râle après que nous ne le voyons plus, d'un tournant de la sape à un autre tournant, très loin.

Il fait calme. Les obus passent bien au-dessus de nous, cherchent là-bas le Montgirmont, plus loin encore le flanc des Hures. L'entonnoir nous domine de ses pentes escarpées, si proches que chaque parcelle de terre nous apparaît distincte, chaque trace de brûlure ou de choc, toutes les mutilations, toutes les souillures, toutes les plaies, toutes les épaves que notre fuite a laissées visibles derrière elle.

Tous les cadavres... Il y a celui de Mémasse : le sien, sans doute, puisqu'il n'a plus de tête. Il y a celui de Transon, le visage tourné vers nous. Il y a un havresac dont l'étiquette de toile est maculée de taches rouges, quelques fusils avec leurs baïonnettes, quelques autres fracassés et tordus, quelques papiers collés à la boue, et les mêmes loques de drap, le même vieux bidon sans enveloppe, les mêmes flaques d'eau couleur d'acide picrique.

« Baissez-vous ! »

Des balles viennent de frapper la glaise, sans qu'on ait entendu les claquements des fusils. On voit des sacs à terre remuer aux bords de l'entonnoir, s'empiler les uns sur les autres, et des canons d'acier bleu sombre glissés entre leurs interstices.

« Ah ! les cochons ! »

Ils tirent méthodiquement, balle après balle, et visent juste. Troubat, au milieu de nous, pousse une exclamation sourde, et serre de la main droite son bras gauche qui saigne sur sa manche.

« Baissez-vous !... On ne peut pas rester !

— Répondez !... Feu !

— On ne peut pas tirer !

— Y a des nôtres dans l'entonnoir ! »

C'est vrai. Des blessés sans doute, ou des retardataires qui n'ont pu s'engouffrer dans la sape trop pleine, et qui n'osent plus, maintenant, sous la menace mortelle des fusils.

« Y a Gerbeau. »

Oui, Gerbeau. Il est assis juste au-dessous des sacs à terre : ainsi placé, les Boches ne peuvent le voir. On les entend qui causent derrière leur retranchement.

« Y a Compain... Ou du moins, j' crois... »

Il semble bien que ce soit lui. Nous ne lui connaissions pas ce couvre-képi de toile cirée noire. Il se plaque sur la boue, de tout son corps jeté à plat ventre ; et l'on voit ses oreilles, roses et larges, derrière sa tête.

« Oh ! Gerbeau...

— Il est fou ! »

Gerbeau s'est levé brusquement ; il s'est mis à gravir les marches que nous avons taillées hier soir. Où va-t-il ? Qu'est-ce qu'il veut ? Se rendre ?... Ce n'est pas long : il surgit devant les sacs à terre ; une détonation claque, grêle et sèche comme une chiquenaude, et Gerbeau tombe à la renverse, en ouvrant tout grands les bras.

« En bas ! Dans l'ancienne tranchée !... C'est un ordre. »

Un cycliste a surgi parmi nous, qui se fait place à rudes coups d'épaules ; il avance, il semble furieux, et il braille, comme un crieur public :

« En bas ! On s' reforme ! On va r'mettre ça dans deux ou trois heures... En bas tout l' monde ! »

Le capitaine Rive le fait taire. Moutonnante, peineuse, résignée, la horde des soldats descend la sape interminable. Il y a des places où elle n'est plus qu'un fossé très large, d'autres où les obus l'ont comblée. Les hommes se couchent d'un même mouvement, rampent sur le ventre en écartant la fange des deux mains, tandis que, tirées de l'entonnoir, des balles cinglantes les poursuivent et font gicler la boue autour d'eux. C'est un cheminement confus, une descente silencieuse et morne, au bruit seul de la boue écrasée, quelquefois d'une balle piaulante qui s'acharne.

« Halte !... Ici ! Arrêtez-vous ! Mais arrêtez-vous donc, là-bas ! Porchon ! Courez à l'entrée du boyau ! Votre revolver ! Que personne ne passe ! »

A peine dans la tranchée de tir, on a vu des hommes louvoyer ; quelques-uns, déjà loin, se sont mis à courir.

« Arrêtez-les ! Arrêtez-les ! »

Ils ont buté contre des corps jetés à leur rencontre ; ils ont réussi, pauvrement, à se fondre dans la foule terreuse qui comble la tranchée entière. Nous en avons reconnu quelques-uns : mais ceux-là mêmes ne l'ont pas su.

Il est midi. Je me demande pourquoi j'ai regardé ma montre

juste à cet instant-là ; je n'aurais jamais cru qu'il fût si tard.

Du soleil sur nous ; un peu de paix... On a trouvé des trous dans la tranchée, des entonnoirs d'obus un peu partout. On s'y est terré, en attendant.

Le commandant Sénéchal est là ; il ne dit rien, ni le capitaine Rive près de lui, ni Porchon qui toujours fume sa pipe, le visage rêveur et sombre.

« Genevoix !

— Mon commandant ?

— Voulez-vous descendre en bas ?... Vous « ferez » les abris un par un, surtout les plus éloignés, les abris à l'écart, abandonnés... »

Ah ! cela ne me plaît guère...

« Je suis très fatigué, mon commandant.

— Et nous ? Frais comme des roses, n'est-ce pas ?... »

Je descends : par la sape 6, la moins démolie, m'a-t-on dit. Troubat, le visage rouge et suant, passe devant moi en agitant son bras qui saigne. Exalté, vibrant, il me crie presque à tue-tête :

« Hein, mon lieutenant ! Y en a qui n'ont pas eu les foies ! J'en ai une dans l'aile, moi, vous voyez !

— Tant mieux, Troubat : c'est la fine blessure. »

Il se met à rire :

« Un peu, oui ! L'hosto, l'arrière, la convalo... Et p't-êt'e aussi la fin d' la guerre : on sait pas... »

Il se tient à mon côté, essoufflé, parlant toujours de la même voix criante, qui fait se retourner les hommes que nous dépassons :

« Tiens ! V'là du 301 ! Mais y a d' tout, par ici ! C'est vrai qu'en faut d' toutes les manières : des réservoirs peinards dans la tranchée d'arrière, pendant qu'on s' fait tuer par les Boches... »

Les soldats, couchés dans la boue, lèvent vers lui leurs yeux mornes et las. Ils ne daignent même pas lui répondre ; l'un d'eux seulement, avec un triste sourire, me montre d'un signe de tête deux cadavres tombés l'un sur l'autre.

« On en a dans l'aile ! crie toujours Troubat. On était là-haut pour un coup ! Et si jamais... »

Il s'arrête, son épaule valide appuyée contre la paroi, prononce des paroles sans suite, et bégaie, de plus en plus rouge, les yeux luisants d'une fièvre inquiétante.

« Allons, vieux, reste là deux minutes. Repose-toi. Tu as le temps...

— Oui, mon lieutenant... Tout c' que vous voudrez... Ah ! c' que j'ai soif !

— En bas... On te donnera à boire en bas.

— Oui... Oui... Merci mon lieutenant. »

J'ai quitté la tranchée, pour descendre par le boyau 6. Comme l'entonnoir est loin, maintenant ! Comme je suis seul ! Depuis une dizaine de mètres, le boyau dresse à mes côtés ses anciennes parois presque intactes, deux coupures de boue polie, tassée, solide, rassurante. Si mes bandes molletières tombées sur mes souliers fangeux n'alourdissaient mes jambes de ces paquets énormes, je pourrais presque courir. Attention... Les entonnoirs se touchent au bord du fossé démoli : il faut ramper une fois de plus. Attention encore... Même sans ces souliers pesants, je ne pourrais pas courir. Les entonnoirs se chevauchent, se confondent : le boyau n'a plus de parois. Et là-bas, au tournant...

Je me suis arrêté, pour mieux voir. Il y a un homme couché sur le dos, la tête posée sur les reins d'un second, déjà presque enfoui dans la boue ; il y en a un troisième, à genoux, et qui ne bouge pas plus que les deux autres. Ils sont morts ; deux d'entre eux, je le vois, depuis quelques minutes peut-être...

Je comprends : le boyau effondré est pris d'enfilade à cette place. L'homme qui est dessous a été tué hier ou cette nuit, par un obus ; les autres viennent d'être tués par les tireurs allemands embusqués au faîte de l'entonnoir, les mêmes qui ont tué Gerbeau devant nous, blessé Troubat dans la tête de sape. Mais alors, moi... Il faut pourtant passer. Je sais bien que je pourrais remonter vers le boyau 7, vers un des deux autres, 5 ou 4. Je n'y songe même pas : c'est trop loin ; je suis trop las ; mes pieds ligotés sont trop lourds... Je vais courir, et sauter par-dessus les morts.

Il faut m'approcher un peu plus, chercher des yeux la place où je poserai mes pas : ici, sur cette claie qui émerge ; un peu plus loin, contre le flanc de l'homme allongé sur le dos... Je ferai mon possible pour ne pas écraser sa main. Oh !... Elle vient de bouger, cette main ! Et l'homme soulève la tête, me regarde intensément.

Je m'approche, en rampant, avec un coup d'œil en arrière vers l'entonnoir meurtrier. Je ne vois pas les sacs à terre ; je rampe ; les yeux de l'homme vivant sont maintenant tout près des miens. Il essaie de parler, balbutie quelques sons d'une voix gargouillante, et me regarde, me regarde encore.

« Où es-tu touché ? »

Il secoue la tête.

« Prends patience... Je descends, tu vois... Je vais ramener les brancardiers. »

Encore une fois sa tête remue de droite à gauche : non, ce n'est pas cela. Sa main se soulève faiblement ; son regard, qui appuie, qui s'attriste de ne pouvoir se faire comprendre, devient presque intolérable.

« ... en... on... ai... ué... »

Est-ce possible ? Est-ce bien cela qu'il veut me dire ?

« Que je fasse attention ? Que je vais me faire tuer ? »

Le regard s'apaise, s'illumine ; et les paupières disent oui, sans que la tête bouge désormais.

Savoir son nom, le lui demander... Il a dû recevoir une balle dans la moelle ; il est là, paralysé, muet ; nous avons deux morts pour témoins.

Lentement, douloureusement, j'arrive à me glisser entre son corps et la paroi. Les Boches de l'entonnoir ont dû m'apercevoir : ils ont tiré, un peu trop haut.

Et je descends jusqu'à nos guitounes anciennes ; je m'y retrouve comme dans un très lointain pays, au bord des sentes que nous suivions jusqu'aux guitounes de la réserve, et plus loin, quelquefois, jusqu'aux chemins de nos premières étapes, vers les villages où nous pourrions être aujourd'hui.

Et pourtant les obus ont frappé ici, comme ils ont frappé là-haut. Presque autant : on bute à chaque instant contre des éclats très lourds ; on trébuche dans les vagues d'argile figée... Et même, ici, la pluie a coulé davantage. La boue visqueuse ruisselle encore, s'attache à mes chaussures énormes, m'immobilise, tenacement étreint aux deux jambes. C'est presque bon, de reprendre mon couteau de bois dans ma poche, et de racler ce mortier jaune et gras, comme autrefois.

Est-ce que je sais ce que je vais faire ? Pas aboyer, oh ! non... Ni chasser devant moi les malheureux que je pourrais trouver, s'il en est que je puisse trouver. Je vais descendre au poste de secours et tâcher de revoir Sicot.

Il n'y est pas ; ce n'est même pas la peine que j'entre. Le petit Chilouet, en manches de chemise, m'arrête à quelques pas du seuil :

« Presque personne, dit-il. Les grands blessés pas descendus encore : il faut deux heures pour chaque, vous savez. Ceux qui peuvent marcher filent tout de suite sur Mesnil. Les Boches tirent dessus à 105 fusants ; on en voit d'ici le long des fossés de la route, tués.

— Mais Sicot ?

— Je sais où il est... Je ne suis pas assez fort pour porter les brancards... Je les soigne de mon mieux, vous savez.

— Oui, Chilouet... Mais Sicot ?

— Il est perdu. Il est dans la petite casemate du génie, avec Morisseau. »

Couché sur une civière, dans le réduit encombré d'outils et de planches, Sicot a gardé les yeux ouverts. A la lueur d'une chandelle qui est là, sa face exsangue semblerait morte, n'étaient ses yeux toujours vivants. Il me voit, me reconnaît, et sans rien dire, pendant que je le regarde, il pleure à grosses larmes lentes d'être sûr qu'il va mourir.

« Au revoir, Sicot... Tu seras ce soir à l'hôpital de Verdun... On y est bien... Il y a des toubibs épatants... »

Les larmes roulent, de ses yeux déjà éteints. Sous la montée brillante des larmes, ses prunelles ne vivent plus que d'une dernière clarté : la certitude et la tristesse de mourir.

« Au revoir, Sicot... »

Il fallait bien sortir de cette petite casemate, ne plus voir ce corps étendu, cette force jeune, cette simple bonté, tout cela qui était Sicot, et qui mourait lentement, depuis le claquement grêle d'une balle au bord de l'entonnoir 7.

Morisseau, le médecin-auxiliaire, m'a suivi.

« La 5e s'est bien défendue, me dit-il. Ah ! si nos canons avaient tiré !... Hirsch n'est pas revenu ; Muller non plus ; Jeannot a pu être ramené.

— Quoi, Jeannot ?

— Grièvement blessé ; très... Proposé pour la Croix : c'est te dire...

— Mais Hirsch ! Mais Muller !

— Disparus, je te dis... Tu ne comprends pas ?

— Si, je comprends... Au revoir, Morisseau. »

Lentement, dans la boue gluante et profonde, je refais en sens inverse le chemin déjà parcouru. Je ne ramène personne, puisque je n'ai trouvé personne. Et je n'ai rien appris que je puisse dire aux autres, là-haut. Jeannot, Hirsch et Muller, tous les trois... On doit savoir partout, maintenant. Qu'est-ce que je vais apprendre moi-même ? Et qu'est-ce que je vais voir, au tournant du boyau 6 ?

Ils vont me demander si c'est vrai que nous contre-attaquons tantôt, et à quelle heure, et pourquoi nous encore ?... Je ne pourrai rien leur répondre ; je ne sais rien ; je n'ai pas envie de savoir.

Si, pourtant ; mais avant une minute j'arriverai au tournant du boyau, et je saurai.

Je les vois de loin, tous en tas, immobiles... Quelqu'un les a-t-il déplacés ? L'homme qui n'est pas mort a-t-il pu faire un mouvement pendant que je n'étais pas là ? Leur tas ne semble plus le même ; près de l'homme à genoux, quelque chose m'apparaît qui n'y était pas tout à l'heure... Une autre forme humaine, à genoux, elle aussi, le front appuyé contre la paroi.

Je ne l'ai pas reconnu tout de suite, sous le sang qui lui barbouillait la figure. La balle l'avait frappé un peu au-dessus de la tempe droite ; la cervelle, sortie par le trou, faisait une hernie énorme, qu'on voyait battre comme une artère ; et il râlait, râlait, un long filet de salive rouge tremblant à chacun de ses râles, sous sa moustache. « L'arrière... l'hosto... la convalo... » Voilà, mon pauvre Troubat.

Et l'autre n'avait pas bougé. Près de ce troisième mort tombé presque sur lui, il gardait le même regard bleu, effrayant d'être si calme. Seulement, par intervalles, il avait un retrait du cou, une sorte de torsion légère, monotone et vaincue. Je lui ai dit que les brancardiers allaient venir ; pour prendre mon élan, j'ai reculé de quelques pas ; et j'ai sauté.

C'est d'abord à moi-même que j'ai songé, après. Longtemps, j'ai continué d'entendre le froissement vif de ces balles dans la glaise. Elles m'avaient attendu ; elles ont volé, nombreuses, dardées comme des surins d'apaches ; elles m'ont absurdement raté... Jamais, jamais je ne repasserai par là.

Les 75 du Montgirmont, à la volée, viennent de tirer deux salves en plein sur le piton. Qu'est-ce qui les prend, maintenant ? Il est au moins quatre heures trop tard.

Dans les mêmes trous d'obus, dans les mêmes creux brûlés du sol, nos hommes continuent d'attendre. Je retrouve avec eux le commandant Sénéchal, Rive et Secousse, Porchon, Rebière, Thellier, Moline, tous... Ils ne me demandent rien ; ils attendent.

Je me suis assis près d'eux. De temps en temps, ils parlent à voix lentes et lasses : des bribes de phrases qui m'apprennent tout, sans que j'aie à les interroger. Et voici ce que j'apprends :

Lorsqu'il a su que nous avions lâché la crête, le colonel Tillien, furieux, a téléphoné à notre colonel : « Tout était raté, par notre faute. Puisqu'il en était ainsi, nous allions *réparer* le jour même. Il y aurait bombardement préparatoire, comme hier ; on ne garantissait pas que l'on pourrait faire aussi bien... Et nous partirions à l'assaut, avec les mêmes objectifs, mais avec la résolution ferme, cette fois-ci, de nous y tenir coûte que coûte après les avoir atteints... Une communication « ultérieure » ferait connaître l'heure exacte de l'assaut. »

Les hommes n'avaient rien dit, paraît-il, lorsqu'on leur avait transmis l'ordre. Ils avaient accepté sans rien dire ; Porchon me l'affirme à voix basse. Et je n'ai besoin, pour le croire, que de les regarder dans les creux où ils se sont assis, où ils attendent, résignés, en mâchant des écheveaux de singe avec de vieilles croûtes de pain.

Je n'aurais pas cru, tout à l'heure, à cette résignation hautaine. A présent que je les regarde, je ne peux comprendre pourquoi. Je les vois, amassés dans les creux de la terre, serrés les uns contre les autres, ne faisant plus qu'un seul grand corps déjà blessé, déjà saignant de mutilations aveuglantes, de Grondin, de Transon, de Mémasse, de Troubat, de tous les autres dont je n'ai pas vu la mort, mais dont je sens la place laissée vide, le trou resté béant depuis qu'ils ne sont plus là.

Semblables à eux-mêmes, ils laissent tonner les 75 sans même retourner la tête. Ils mangent lentement, repliés sur leur force profonde, toutes ces forces d'hommes mystérieusement mêlées en *notre* force, qui est là. Je ne la soupçonnais pas, je ne pouvais pas. Maintenant je la pressens ; elle se révèle à moi avec une grande et mélancolique majesté : à travers ces épaules courbées, ces nuques fléchies, ces mâchoires qui broient tristement de misérables nourritures, j'entrevois le visage vrai de notre force, sa poignante vitalité.

Rien ne les émeut plus, ni les ordres qui arrivent sans cesse, ni les ajournements, ni les incertitudes renouvelées : nous monterons à deux heures et demie, puis à trois heures, puis à quatre ; nous serons première vague, puis seconde vague derrière la 11e... Ils s'installent, ils « s'arrangent » dans leurs trous de boue, raclent leurs jambes comme j'ai fait tout à l'heure, et continuent d'attendre.

Hirsch a été vu hors de la tranchée, son revolver à la main. Il est tombé, on l'a vu : il a dû recevoir une balle dans la tête. Muller a été vu, se débattant avec rage au milieu des Boches qui l'emmenaient ; tué aussi, c'est probable, lui qui avait dit une seule fois, à Sommedieue, qu' « ils ne l'auraient jamais vivant »... Jeannot va mourir : ceux qui l'ont vu blessé sont sûrs qu'il va mourir. Verwaest, lorsqu'il s'est jugé pris, a jeté son sabre et son revolver : on l'a vu... On a tout vu. Chacun s'est battu parmi les autres ; tous les gestes que nous avons faits, quelqu'un des autres les a vus, et tous les connaissent à présent... Gerbeau s'est fait tuer exprès, ou il est devenu fou.

Nous parlons peu. Mais toutes les paroles qu'on entend sont comme des parcelles de clarté. Une lumière grandit sur notre passé récent, éclairant tout, nous montrant tels que nous sommes, tels que nous avons été.

Nous ne sommes pas tristes, malgré ceux de nous qui sont morts. Nous les aimions bien, pourtant, les trois amis de la 5e : « Jeannot, Hirsch et Muller », un seul nom pour eux trois, que nous nommions toujours ensemble...

Il y a de cela dans notre vie, et aussi notre attaque prochaine, et la blessure de Pannechon, que m'apprend tout à coup une parole entre les autres : il a reçu une balle de shrapnell dans la jambe ; il a un genou fracassé. Oui... J'aurai beau me rappeler tant de choses, me dire que Pannechon blessé est parti vers Mesnil sans que je l'aie revu... Pannechon est blessé, c'est ainsi. Hirsch, l'autre jour, a embrassé la nuque de Virginie, dans l'arrière-salle du café, à Belrupt. « Puisque je serai tué », a-t-il dit à la mère Viste. Et il est tué, c'est ainsi.

Et nous sommes là, en attendant l'attaque prochaine. Après notre assaut d'hier, après cette nuit, et les grenades dans l'entonnoir, et les Boches qui marchaient sur nous, les poings noués à la crosse de leur mauser, nous sommes là. Nous avons soif ; les hommes, terrés dans leurs trous, se plaignent seulement d'avoir très soif. Personne ne peut descendre en bas : interdiction formelle, « sous peine de conseil de guerre ». Le commandement est sur ses gardes ; c'est son rôle : il y a des choses que le colonel Tillien, de l'autre côté du Montgirmont, ne peut pas savoir ni comprendre. Prévoir, combiner, être le cerveau qui dirige, tendre son énergie vers le but à atteindre, vouloir durement, quand même, « coûte que coûte »... Mais être là, tous ensemble, serrés sur les places vides des morts, et ne penser à rien, après avoir mangé, qu'à quelques gouttes d'eau fraîche au fond du bidon épuisé.

« On la pète, dit Butrel. Mon commandant, je vais en bas.

— Va », dit le commandant.

Butrel croise les courroies sur sa poitrine, étage les bidons sur son ventre, sur ses flancs et sur ses reins, puis s'en va.

« Ne passe pas par le boyau 6, Butrel !

— Mais non ! Mais non ! »

Il disparaît derrière une boursouflure du sol, et nous recommençons d'attendre. Au bout d'une demi-heure, un brancardier remonte et dit :

« Butrel...

— Eh bien ?

— Au tournant du boyau 6... Une balle dans la tête... Il est pardessus les autres... »

Une angoisse assombrit des visages. Des voix s'écrient :

« Et nos bidons ?... »

La 11ᵉ monte, avec le capitaine Mazimbert et le lieutenant Fontagné.

Il faut se serrer davantage. Les 75 tirent toujours, par sèches volées de plus en plus précipitées. Il va être bientôt trois heures : c'est l'instant fixé pour le bombardement.

Et peu à peu, sans l'effarante soudaineté d'hier, le vacarme de notre artillerie emplit l'espace autour de nous. Sans qu'on s'en soit presque aperçu, cela devient aussi brutal qu'hier. Sans même qu'on en ait conscience, nos cœurs se sont remis à battre, le sang à nous gonfler les doigts, d'un flux appuyé et puissant. Nous nous levons hors de nos trous, pour essayer de voir devant nous.

Nos obus frappent : une zone de fumées noires et rousses ceint toute la crête de ses volutes énormes ; elle bouge et se tord sur elle-même, sans monter ni descendre, toujours pareille, noire et rousse, avec les piqûres vives des éclatements nouveaux. De loin en loin, une grosse marmite approche en brassant l'air, puis tombe : on entend son fracas plus lourd, tandis qu'un panache mou, un instant, flotte par-dessus la zone des fumées, qui redevient très vite ce qu'elle était.

Nous sommes tous debout, attentifs et curieux, sans crainte aucune. « Les autres », sous l'avalanche d'acier, ne peuvent que rester terrés, se crisper sur eux-mêmes en tâchant de n'être plus rien. Quel homme oserait se lever là-dessous, armer son fusil, viser, et tirer ?... Nous regardons toujours ; nous attendons, avec une fièvre paisible, qu'il soit l'heure.

« En avant ; par un ; dans la sape. »

Fontagné, qui doit mener l'assaut, a sorti de sa poche un canif à manche de nacre, attaché parmi des clefs au bout d'une chaîne d'argent. Il a ouvert une boîte d'anchois ; et proprement, délicatement, il écrase chaque poisson sur une mince tranche de boule, qu'il mange le petit doigt levé. Saint-Cyrien, déjà blessé, il est revenu cet hiver avec son sabre de la mobilisation. Il s'élancera le sabre à la main, malgré ce que nous lui avons dit, malgré le gourdin de Porchon et mon manche à balai. « C'est bien mon droit », répète-t-il. En effet.

Tout arrive à son heure : le tir s'allonge à mesure que nous montons. Fontagné a fini de manger ses anchois.

« Baïonnette au canon ! » commande-t-il.

Et lui-même, posément, tire son sabre hors du fourreau.

Nous ne regardons plus : les obus tombent trop près. A quelques pas de nous, déjà, la galerie de mine effondrée montre son auvent noir sous le chaos des madriers. Fontagné se baisse et passe ; un à un, ses hommes le suivent.

Nous passerons après eux, lorsqu'ils s'élanceront pour l'assaut. Ils sont au bord de l'entonnoir, presque dedans ; par une déchirure des fumées, on aperçoit les sacs à terre empilés là-haut par les Boches.

« Regardez ! Regardez ! »

Qu'est-ce que cela veut dire ? Nos canons tirent encore. Fontagné brandit son sabre et s'élance, suivi par la ruée de ses hommes. On voit son bras levé, le gland de la dragonne qui sautille autour de son poignet, des soldats escaladant les pentes de l'entonnoir, dressés au faîte, disparus de l'autre côté.

« En avant ! »

Par-dessus la galerie, hors du boyau, nous sautons à notre tour. A gauche, une ligne de tirailleurs déployée monte magnifiquement, à longues enjambées volontaires. Une mitrailleuse tire ; des hommes tombent, tout de suite dépassés par la ligne obstinée, qui monte sans un à-coup, atteint la crête et la dépasse... Quelques claquements de balles encore, quelques cris, des fanions rouges qui s'agitent, le silence brusque des canons : c'est fini.

19 février.

Fontagné a été blessé d'une balle à la tête, légèrement. Ravaud a été blessé d'une balle de mitrailleuse au bras, bien touché. Liège, mon sergent, a reçu une balle dans la jambe ; le caporal Comte, une balle dans la jambe aussi. C'est le seul qui n'ait pu descendre, car il avait le tibia brisé. Il est resté toute la nuit au creux le plus noir de la galerie, sous les poutres. ; et toute la nuit nous avons entendu sa plainte, chaque fois que les canons laissaient reposer le silence.

Nous avons retrouvé le cadavre de Gerbeau, le vieux bidon, le havresac aux taches sanglantes : celui du caporal Lucien, que nous n'avons plus revu.

Personne, non plus, n'a revu le lieutenant Muller ; mais on a retrouvé le cadavre du sous-lieutenant Hirsch, tombé à la renverse, une balle dans la tête et son revolver à la main, exactement comme on avait dit.

Combette est blessé ; le capitaine Béreau est blessé, mortellement ; le sous-lieutenant Rumeur, tué... Chaque nouvelle est soudain parmi nous, on ne sait apportée par qui ; c'est une clarté sur ce que nous sommes, un coup de lumière sur nous et autour de nous ; il n'est besoin que d'ouvrir les yeux, d'heure en heure, pour savoir ce que nous devenons.

Le capitaine Gélinet, courageux mais très las, est descendu, puis remonté, puis descendu encore. On parle de ces choses lucidement, sans malveillance ni pitié. On dit : « C'était un peu forcé ; il est vieux ; il a été enseveli deux fois. S'il s'obstine à rester quand même, il ne pourra pas longtemps. » On dit du lieutenant Combette : « Puisque c'était pas lui qui d'vait monter, qu'est-ce qu'il avait besoin d' faire le zigoto sur le bled ? S'il était resté à sa place, il aurait pas été mouché. »

D'autres nouvelles surgissent toujours, de la même étrange manière, sans messagers. Deux voisins parlent, tout à coup ; il n'y a qu'à les écouter : « Un 305 est tombé sur une guitoune de la réserve ; elle était pleine d'hommes, et aussi de cartouches ; toute une demi-section bousillée... » On ne leur demande pas si c'est vrai ; cela ne peut être que vrai.

« Le lieutenant Crisinel est tué... » Et c'est vrai.

Il y a des choses, pourtant, dont on ne peut pas être sûr : Fontagné, hier, s'est lancé à l'assaut avant la fin du bombardement. Pourquoi ? On a dit que ses hommes et lui avaient vu tout à coup, en plein dans la zone des fumées, un blessé français ligoté par les Allemands ; on a dit que ce blessé portait un couvre-képi de toile cirée noire, et que ce devait être Compain. Il hurlait, sous les rafales effroyables : ceux qui l'avaient vu se sont rués en avant ; et tous les autres ont suivi.

Ce matin, on a retrouvé Compain dans un de nos anciens abris, loin en bas, une vieille guitoune de branches où il s'était boulé comme une bête frappée à mort. Il était déjà raide et froid, la tête enfouie dans ses deux bras serrés.

On a cherché le blessé à la place où il aurait dû être : on n'a pas pu le retrouver.

Les obus tombent, ne cessent de tomber. Nous sommes, tout le peloton et moi, dans l'ancienne tranchée boche de première ligne, la tranchée nord. L'entonnoir 7 est à notre droite, l'entonnoir 6 juste derrière nous. Au delà de l'entonnoir 7, la tranchée nord tourne autour du piton, comme une espèce de corniche : et elle devient la tranchée sud, l'ancienne seconde ligne allemande, la première maintenant que nous y sommes : c'est la 11ᵉ qui doit l'occuper, avec le capitaine Mazimbert.

On dit que des éléments du 67 vont rallier le secteur, ou qu'ils ont attaqué avec nous, hier ; que le 132, tout à l'heure, va monter à l'assaut de la crête, du côté de l'est, vers le point X et le point

D. Tout cela nous fatigue comme un rébus trop compliqué ; nous n'essayons même plus de le comprendre. Ce qui nous touche, c'est tel nom familier qui nous revient à la mémoire, tel souvenir d'un visage ou d'une voix. Qu'on me dise, pendant que tombent les obus : « Le capitaine Prêtre et Pellegrin, condamnés à rester en bas, sans agir, dans une de nos vieilles guitounes, se sont mis à genoux pour une courageuse prière », je les vois et je comprends. Qu'on me dise : « Le lieutenant Berthelin et son sergent-major viennent d'être tués ensemble par un 77 », je revois le gros garçon rieur qui m'accueillit dans la salle du poste, le 3 août, à la caserne de Châlons.

Entre ces nouvelles qui sont là, entre tous ces obus qui tombent, nous n'avons à comprendre que ceci : le peloton est dans la tranchée nord, en liaison à droite avec l'entonnoir 7, en liaison à gauche, par une petite tranchée où se cachent Souesme et quelques hommes, avec la compagnie voisine ; le commandant Sénéchal et le capitaine Rive sont dans l'entonnoir 7, à quelques mètres, derrière cette levée de terre tumultueuse et brûlée d'explosifs.

Depuis hier soir, il n'est rien arrivé d'extraordinaire. Les Boches ont attaqué presque tout de suite, et nous les avons repoussés. Ils ont attaqué dans la nuit, et nous les avons repoussés. Ce matin, ils ont recommencé ; ils recommenceront tout à l'heure. Entre les deux buttes d'argile molle où je demeure accroupi, j'entends rager les canons-revolvers de Combres, claquer quelques coups de fusils, et c'est une nouvelle contre-attaque. Il y en a eu certainement plusieurs, deux ou trois, dont nous ne nous sommes pas aperçus.

Plus de grenades, comme hier ; plus de ces feux follets inexplicables qui dansaient, verdâtres, sur la boue : rien d'extraordinaire. Une seule fois, cette nuit, nous avons éprouvé la même terreur panique, le même arrêt brusque du cœur : un obus venait d'éclater, tout près ; et, comme déjà nous relevions la tête, détendus, un chuintement énorme nous a épouvantés ; Richomme et Bouaré ont bramé dans les ténèbres. Et puis nous avons ri, en reconnaissant une fusée égarée, qui partait de travers, à gros bouillon bruissant d'étincelles.

Depuis lors, c'est toujours la même chose. Je demeure accoté à la paroi de la tranchée, une flaque d'eau jaune entre les jambes. Appuyé contre moi, à gauche, Lardin, du seul poids de son corps, a marqué sa place dans la boue ; de l'autre côté, Bouaré me pousse mollement de son épaule inerte. Après Lardin, c'est Biloray ; après Bouaré, c'est Perrinet ; après Biloray et Perrinet, je ne vois plus.

Les obus tombent ; tout se réduit à cela, qui ne s'interrompt jamais. Il y a des instants où l'on a peine à concevoir cette réalité continue, cette persistance prodigieuse du vacarme, ce tremblement perpétuel du sol sous de tels coups multipliés, et cette odeur de l'air, suffocante, corrosive, et ces fumées toujours écloses et dispersées, écloses encore ici ou là, quelque part où on les voit toujours.

Manger ? Dormir ? Cela n'a même plus de sens. On a peut-être faim et soif ; on a peut-être sommeil. De temps en temps, on grignote quelque chose, un vieux morceau de sucre grisâtre trouvé au fond de la musette, une bribe de chocolat suitante, saupoudrée de miettes de tabac. On ne dort pas, j'en suis bien sûr.

A un moment du jour, — il y a longtemps, — Brémond a eu le courage de monter : il est arrivé avec deux seaux de jus, pleins encore presque à moitié ; il s'est excusé d'en avoir renversé en route et de n'en apporter que deux : « C'est la faute de Pinard, a-t-il dit. On en avait bouill*u* trois seaux : mais Pinard a reçu *une* shrapnell dans la tempe, il est tombé la tête au-dessus d'un seau ; du sang plein d'dans : c'était pas buvable... » Et il ajoutait : « Si Pinard avait vu c't' ouvrage !... Heureusement qu'il était mort. »

Les obus tombent, autour de Bouaré, de Lardin et de moi. On finit par concevoir cette chute perpétuelle des obus. Notre imagination, nos sens n'étaient pas faits encore à sa mesure, pas au point. Cela vient. Nous sommes réellement là. Lorsqu'on risque un mouvement, notre corps se décolle avec un petit bruit mouillé ; lorsqu'un obus siffle plus court, on se serre davantage sur soi-même, et l'on respire plus large après qu'il a éclaté. Nous avons perdu la notion du temps : le ciel, au-dessus de nous, demeure immuablement gris entre les deux levées d'argile ; par intervalles, une petite pluie glacée les couvre d'un ruissellement triste, et la flaque jaune tremblote entre mes jambes.

Quelquefois, lorsqu'il le faut, je me lève. Cela n'arrive que rarement : même lorsqu'un obus tombe dans l'entonnoir 7 et que jaillissent, noirs sur le ciel, des débris humains qu'on est forcé de reconnaître, qui sont un bras, une jambe ou une tête, je reste collé à la gaine de boue grasse et souple que mon corps a longuement modelée, chaque talon dans son trou, chaque fesse dans son trou. Mais lorsqu'un obus, sans siffler, tombe dans la tranchée du peloton, je me lève. Cela est mieux, bien que cela ne serve à rien. Je vais voir le dos de Legallais, dépouillé, nu et blanc autour d'une plaie énorme qui ne cesse point de palpiter, et je suppute, regardant cette plaie, ce qu'on y pourrait « faire entrer » : une plaie à y entrer le poing, les deux poings... une plaie à y entrer la tête...

une plaie plus large que son dos. Pas bien loin de Legallais, de l'autre côté du trou d'obus, Laviolette s'est couché sur le ventre ; il a fermé sa capote sur ses blessures, étroitement, farouchement, et il dit « non ! », les dents serrées. Eloignez-vous, laissez-le... Laviolette veut mourir seul. Il cache sa tête dans son bras droit plié ; sa main seule agonise par-dessus sa tête, frissonnante dans une moufle de laine bleue... Elle ne frissonne plus : Laviolette est mort. Le même obus a blessé six ou huit hommes. On ne se rappelle plus lesquels : ce sont des hommes qui sont descendus.

« Mon lieutenant ! Mon lieutenant ! »

J'ai bien vu, de ma place : l'obus a frappé de l'autre côté du parapet, l'a soulevé en explosant, l'a collé d'un bloc au parados. Cette fois, c'est utile... Avec les pelles-pioches portatives, avec les mains, avec les genoux, on déblaie... Le temps n'existe toujours pas, ni lent, ni rapide : on déblaie. Il semble seulement que le bombardement ait suspendu son vacarme, que les obus tonnent plus loin, ou moins fort, dans un air lourd qui les étouffe.

« Allez !... Allez !... Encore !... Allez ! »

Les poitrines ahanent, sifflantes : très vite, une douleur nette et cruelle s'enfonce entre les omoplates ; les paupières brûlent ; tout le corps se mouille de sueur.

« Allez !... »

Sommes-nous donc si las ? Des crampes brutales nous étreignent les bras, des épaules jusqu'au bout des doigts ; nos muscles tremblent : on ne sait plus si l'on tient encore le manche de son outil, ou si on l'a laissé tomber.

« Allez donc ! »

Il faut bien que nous soyons très las.

« Allez !... »

On les entend gémir, là-dessous ; la terre lourde se soulève à peine : une main émerge, la forme d'une main terreuse dont les doigts tâtonnent et s'agrippent. On tire ; le bras vient, peu à peu ; la terre se soulève davantage.

« Encore... »

Les hommes qui tiraient ne peuvent plus tirer. Ils se laissent tomber sur place, ils attendent, les flancs battants, toute la chair assommée et morte ; et puis, de nouveau, ils tirent.

« Ah !... »

C'est un quelconque parmi les nôtres, une motte boueuse affalée sur la boue, et qui montre les yeux d'un homme dans un visage masqué de boue. On lui demande :

« Qui es-tu ?

— Ledran », dit-il.

Et, tout de suite :

« Y a Trellu et Jubier qu'étaient ensevelis avec moi. »

Alors on recommence, jusqu'à ce que les deux autres... Trellu avait la poitrine défoncée. Jubier, lorsqu'on l'a dégagé, a été tué par un nouvel obus, en même temps que Gilon et Delval qui venaient de le sauver.

Ce sont des choses qui arrivent souvent, plusieurs fois entre l'aube et la nuit. Un obus enterre le cadavre de Laviolette ; un autre le déterre et le montre tel qu'il était, sa main morte dans la moufle bleue, au-dessus de la tête cachée au creux du bras.

Six blessés dans un passage couvert, un débris de coffrage mis à nu par l'explosion d'une mine. Un 210 très lourd au-dessus, les ais fracassés, la voûte écrasée, une vague de terre épaisse et large : six « disparus ».

Plusieurs fois... Lorsque les sauveteurs ont achevé leur tâche, ils tombent, boueux et mornes, près des revenants inconnus. On ne voit plus qu'un tas d'hommes tous pareils, un monceau de membres mêlés, qui ne bougent plus, qui ne peuvent plus rien. Et puis, brusquement, un homme se dresse, les yeux hagards, les mains tendues, et se met à courir en balbutiant des mots que l'on ne comprend pas. Il s'en va. Une demi-heure plus tard, on murmure : « Lemasne est fou. »

Il y a eu, sur notre gauche, une attaque menée par le 132e. Pendant ce temps, nous avons moins souffert. Nous avons regardé les tirailleurs qui sortaient, leur ligne mince qui progressait vers Combres, trop loin, de l'autre côté du col. Ils sont revenus par « petits paquets », de très petits paquets clairsemés.

Le temps qui s'arrête ou qui passe, c'est ce ciel gris au-dessus des deux buttes d'argile, c'est cette pluie qui ruisselle, et cette flaque jaune entre mes jambes.

Ce sont les obus qui tombent. On les voit toujours, piquant par nuées de tout là-haut, minuscules, noirs et pointus, semblables à des oiseaux tués. Obstinément, quelques-uns sont tombés en avant de nous, à la même place. Nous nous sommes dit : « C'est sûrement dans la tranchée sud. » Et bientôt, en effet, les premiers blessés sont passés : il y avait Brion, livide, qui s'est laissé tomber à quelques pas de moi, et qui a craché dans un spasme une boule gluante, d'un rouge très sombre : sa chique. Il y avait Glotin et Berdaguer, qui se soutenaient l'un l'autre, et qui laissaient sur leur passage une double trace de gouttes serrées ; et d'autres, de la 8e, de la 10e ; et le dernier, qui avait un pied broyé, qui sautelait bizarrement sur les coudes et sur un seul genou, et qui s'est arrêté pour rouler une cigarette. Ses mains tremblaient si fort qu'il déchirait les feuilles les unes après les autres ; Lardin a roulé la cigarette, la lui a mise à la bouche, l'a allumée. L'homme disait, cependant :

« J'ai eu tout d' même une sacrée veine. Je v'nais d' passer auprès des officiers ; y en avait trois : l'capitaine Desoignes, le lieutenant Duféal, avec le sous-lieutenant Moline. Qu'est-ce qu'il en reste, après c't obus ?... Je v'nais d' passer ; j' m'en tire pour pas cher. »

Il médite, fumant à longue bouffées, pendant que son pied saigne sur la boue. Et il reprend :

« Puisque y a pas un coin de c'te crête où qu'i' n'est pas tombé un obus ou qu'il en tombera pas un, faut changer d' place au bon moment ou r'cevoir un obus en plein... Si j'avais pas changé d' place, moi, j'aurais r'çu l' même obus qu'eux trois... J'ai changé d' place : j'ai eu d' la veine. »

Il remercie Lardin, se met à quatre pattes et reprend sa marche effarante, sur deux coudes et sur un genou.

« C'est pourtant vrai, ça qu'il disait », murmure Bouaré près de moi. Nous regardons la flaque d'eau qui frissonne, les mottes de terre, l'une de toutes ces places précises où tombera forcément un obus. « C'est pourtant vrai... » Nous le croyons. De plus en plus souvent, à mesure que croît notre fatigue, des images fiévreuses jaillissent avec les éclatements : sauter, tout le corps en lambeaux ; retomber sur le parapet, le dos crevé comme Legallais ; n'avoir plus de tête, la tête arrachée d'un seul coup, comme celle de Grondin, celle de Mémasse, celle de Libron qui vient de rouler chez nous, lancée chez nous par l'entonnoir voisin dans son passe-montagne de laine brune ; éparpiller de motte en motte ces petites choses poisseuses qu'on pourrait ramasser en étendant la main, et qui viennent d'où, et s'appelaient de quel nom ? Desoignes ? Duféal ? ou Moline ?

Cela ne nous quitte plus guère ; on se sent le diaphragme serré, comme par une dure poigne immobile. Contre mon épaule, l'épaule de Bouaré se met à trembler, doucement, interminablement.

Et quelque part une plainte monte des entrailles de la terre, un gémissement régulier, une sorte de chantonnement très lent. Ou est-ce ? Qui est-ce ? Il y a des ensevelis par là.

On cherche ; cela distrait. Puis les obus continuent d'éclater, si près que la main se referme, dure et tranquille, sur notre cœur.

« Il y a des ensevelis par là. » On cherche encore. Enfin Rolland, qui a trouvé, m'appelle :

« Mon lieutenant ! Par ici ! »

C'est là-haut, derrière la petite tranchée de Souesme. Plusieurs boyaux rayonnaient de là, naguère, à partir d'une place d'armes que les obus ont bouleversée. On n'y voit plus, naufragée sur les vagues de glaise lourde, que la superstructure d'un puits de mine allemand.

Plus haut que nous sur la colline, ils avaient dû creuser verticalement ce puits très large et très profond, avant de pousser vers les nôtres les galeries de leurs contre-mines.

« Par ici, répète Rolland. Baissez-vous... Y a des échelles. »

Il monte du trou une odeur de terre fade et crue. En se penchant sous les plaques de tôle ondulée, on voit tomber à pic une blême coulée de jour, qui meurt dans un noir d'abîme.

« On descend ? » dit Rolland.

Comme il fait tiède, là-dedans ! L'argile, lorsqu'on la touche, effleure les doigts d'une douceur savonneuse et sèche. La tiédeur augmente à chaque échelon. La même plainte, solitaire et lente, monte vers nous à chaque échelon.

« Il est là, continue Rolland. A l'entrée de la contre-mine... »

Le fond du puits est sous nos pieds. Où sommes-nous ? On y voit, pourtant. On distingue les manches des outils, jetés pêle-mêle contre les parois, la forme d'une épaule émergeant de la glaise comme une ébauche douloureuse, et la rondeur d'un crâne feutré de cheveux sans couleur, pareils à d'affreuses moisissures poussées dans une nuit de cauchemar.

Où est la pluie, le ruissellement intarissable qui coulait sur les levées d'argile ? Où est la flaque jaune qui frissonnait entre mes jambes ? Et l'épaule de Lardin contre la mienne ? Et le tremblement de Bouaré ?

Les obus tombent dans un lointain presque impossible à concevoir. Ils ne font plus qu'un roulement très sourd, monotone, qui existe à peine. Dans le grand silence où nous sommes, entre les pelles et les pics aux manches enchevêtrés, près de l'épaule et du crâne morts, l'autre homme gémit ; pour nous, vers nous qu'il vient d'entendre.

« Tenez, murmure Rolland ; le v'là. »

Il a fait jouer sa lampe de poche. Frappé par la lueur trop vive, un visage a surgi, d'une pâleur verte mouillée de sueur, plus effrayante que la pâleur de la mort. Il est si pâle que sa barbe blonde semble brune. Ses yeux clignent, bleuâtres, assombris par des pupilles énormes de nyctalope.

« Un officier, vous pensez ? » demande Rolland.

L'Allemand, sans rien dire, le regarde approcher. Il ne gémit plus ; il regarde. On ne peut pas savoir ce qu'il pense, s'il espère ou s'il craint, nous appelle ou voudrait nous chasser : des yeux farouches et fixes, sans crainte, certes, ni espoir... Sans haine ? On ne peut pas savoir.

Rolland, cependant, a soulevé la toile de tente jetée sur le blessé : nous avons vu sa cuisse broyée, ses maigres mains, d'une pâleur verte comme son visage, serrant les grains noirs d'un chapelet ; nous avons respiré l'odeur fétide de sa plaie, pendant que, silencieux, il nous regardait toujours.

« Un du 8e Bavarois, disait Rolland. Vous voyez, un d'avant-hier... Qu'est-ce qu'il a becqueté, qu'est-ce qu'il a bu depuis deux jours ?... Il a dû en moudre, là-dedans ! »

Pitoyable, il se penche sur le moribond :

« Bouge pas, on va t' sortir... Aie pas peur, on n'est pas vache ; mais faut qu'on aille en chercher d'aut'es... »

Nous sommes remontés à la pluie froide, presque heureux de retrouver cette clarté mouillée du plein jour, ces flaques d'eau jaune rebroussées de gouttelettes, et ces fracas dans l'air perpétuellement bouleversé.

Entre Lardin et Bouaré, j'ai repris mon creux dans la boue, le même, un peu plus gluant voilà tout, et refroidi. L'épaule de Bouaré est revenue toucher la mienne, tremblante toujours. De l'autre côté, bientôt, Lardin m'a touché aussi, à la même place que tout à l'heure.

Presque tout de suite, la main s'est refermée au plus profond de ma poitrine. Rien n'a changé depuis que je suis parti. Il me semble seulement que l'épaule de Bouaré tremble plus fort, et que toutes les choses qui m'entourent accentuent, d'instant en instant, leur laideur ou leur méchanceté.

« Sois calme... » Je me répète : « Sois calme. Regarde sans horreur ; écoute sans épouvante ; il n'y a rien à faire que ce que tu as fait : coller ton corps au parapet, juste ici, et te lever de loin en loin, lorsqu'un obus frappe dans la tranchée... Sois calme. »

Je le serais, si cês images lancinantes ne revenaient, de plus en plus souvent, traverser mon immense fatigue.

Je ne m'abandonne pas, j'en suis sûr. Si je pouvais dormir quelques heures, ces images mêmes me laisseraient tranquille. Si je pouvais seulement m'en aller quelques heures, et revenir... C'est là qu'est le supplice, dans cette chaîne d'instants informes, que rien ne sépare, que rien ne mesure, qui sont tous la même pluie sans fin, l'épaule tremblante de Bouaré, la flaque jaune entre mes jambes, et ces images précipitées, cette fièvre bruissante et battante d'images à travers mon cerveau. Tous les instants de la durée sont les mêmes, exactement, alourdis des mêmes innombrables choses, laides ou méchantes : comme tout à l'heure, je pourrais ramasser un des lambeaux de chair rosâtre, le faire rouler, gluant et froid, entre mes doigts. Dans chaque instant, il y a tout : la main de Laviolette et sa moufle de laine bleue, Biloray et Perrinet de chaque côté de Bouaré et de Lardin, la double file d'hommes au delà, à ma gauche jusqu'au dos nu de Legallais, à ma droite jusqu'au puits de mine allemand... Toujours tout : la pluie sur le dos blême du mort, les obus qui enterrent et déterrent, et qui tonnent, et glapissent avec ces étranges stridences, ignoblement ricanantes et gaies.

« Pousse-toi, Bouaré : ton épaule tremble trop. »

Je voudrais le lui dire, ou sans rien dire le pousser très doucement, jusqu'à ce que je ne sente plus trembler son épaule contre la mienne : elle retomberait à la même place, comme mes deux talons dans leurs trous, comme l'épaule de Lardin, de l'autre côté, qui ne respire même plus, mais qui est là.

« Pousse-toi, Bouaré. »

Je le lui ai dit quand même, et je l'ai poussé, très doucement. Maintenant que son épaule ne pèse plus sur la mienne, et que je ne la sens plus frémir, quelque chose me manque, dont l'absence mêle à ma fatigue une sensation glaciale d'abandon. Ah ! c'est mieux ainsi : invinciblement, l'épaule tiède de Bouaré est revenue toucher la mienne, et reste là, juste à sa place, et tremblante...

Nous ne nous retournons qu'à peine lorsque passent les quatre porteurs, entre eux une toile de tente que creuse le corps de l'Allemand blessé. Saisi par le froid vif de l'air, il est peut-être plus pâle encore ; il grelotte ; ses yeux aux prunelles pâles regardent chaque soldat vivant, d'un tel regard immobile et dur qu'une révolte les soulève presque tous, les empêche de voir la plaie affreuse de la cuisse, violâtre et déjà corrompue, dont la chair molle se crispe d'un spasme rythmique et profond.

« A-t-il bu ?

— Oui. Mais il est salement lourd. »

Les porteurs l'ont lâché devant moi. Ils racontent, en remuant leurs poignets engourdis, l'ascension par les raides échelles, le silence obstiné du blessé, ses plaintes broyées au grincement des dents.

« Qu'est-ce qu'il a dans la peau, mon lieutenant ! C'est dur de vie et dur de tout... C'est pas un homme comme d'autres, pour sûr. »

Et brusquement, l'Allemand me parle. Il me parle en français, d'une voix grelottante, et renifle doucement, par courtes saccades épuisées :

— « Monsieur l'officier... »

Il est capitaine ; je comprends... Il réclame de mes hommes les égards auxquels il a droit, capitaine toujours, bien que blessé et prisonnier.

Je lui ai tendu, sans rien dire, mon quart plein de café ; il a essayé de boire seul, avidement, avec un geste du col animal et poignant ; le café tombait sur lui à larges gouttes ; j'ai dû prendre le quart et le faire boire. Ses yeux viraient déjà ; ses dents cognaient contre le rebord de fer-blanc ; il avalait chaque gorgée avec une espèce de grondement, et reniflait, reniflait, frôlant mes mains de son haleine agonisante.

Un peu plus serré, Bouaré... La nuit rôde entre les vols tonnants des obus. La troisième ? La quatrième ? C'est pareil. Jusqu'à demain je ne verrai plus la flaque jaune, ni la terre soulevée qui s'affaisse et s'étale, noire encore et brûlée sous le délayage de la pluie ; ni les cadavres, ni les fumées, ni les débris tournoyants et sombres qui retombaient du haut du ciel... Seulement nous blottir tous les trois sous nos toiles de tente rapprochées, contre mon épaule droite l'épaule tremblante de Bouaré, contre mon épaule gauche l'épaule inerte de Lardin... Et pour attendre quoi ? Qu'il fasse jour ? Que la pluie cesse ? Que les obus ne tombent plus ? Ce n'est pas possible ; c'est absurde : rien n'est possible de ce que nous pourrions attendre... Autre chose, alors ? Mais tu ne veux pas, Bouaré ; et toi, Lardin, tu ne veux pas. Et moi, moi, qui serre les dents et les poings sur moi-même, à cette seconde où je suis vivant... Pauvres nous, sous les toiles de tente !

20 février.

Un grand balancement de la terre et du ciel à travers les paupières cuisantes ; du froid mouillé ; des choses qu'on retrouve dans l'aube blême, les unes après les autres, et toutes ; personne de tué dans les ténèbres, personne même d'enseveli malgré l'acharnement des obus : la même terre et les mêmes cadavres ; toute la chair qui frémit comme de saccades intérieures, qui danse, profonde et chaude, et fait mal ; même plus d'images, cette seule fatigue brûlante que la pluie glace à fleur de peau : et c'est un jour qui revient sur la crête, pendant que toutes les batteries boches continuent de tirer sur elle, sur ce qui reste de nous là-haut, mêlé à la boue, aux cadavres, à la glèbe naguère fertile, souillée maintenants de poisons, de chair morte, inguérissable de notre immonde supplice.

Est-ce qu'ils vont contre-attaquer encore ? Ils ne tirent que sur nous : c'est lâche. Nous savons que le colonel, chaque fois qu'il monte et redescend, téléphone vers le Montgirmont : « Qu'on relève mes hommes ! Ils sont à bout ! Si les Boches contre-attaquent encore, ils pourront venir avec des gourdins, avec leurs poings nus... » C'est ce que nous pensions, nous, l'autre jour. Ce matin, nous le pensons encore ; mais nous ne le croyons plus. Nous sommes très las, c'est vrai ; on devrait nous relever, c'est vrai. Nous sommes presque à bout ; presque... Et pourtant, ce matin encore, on a entendu cracher les canons-revolvers de Combres et claquer des coups de mauser : une nouvelle contre-attaque, que nous avons repoussée.

Il ne faut rien exagérer : au-dessous de nous, de l'autre côté du parados, un caporal de la 8e fait mijoter du cassoulet sur un réchaud d'alcool solidifié. Quelques hommes, de la 8e aussi, sont descendus près de lui ; l'un d'eux parle du kiosque de sa sœur, marchande de journaux à Paris : « Pour qu'elle comprenne les trous qu'*ils* font, explique-t-il, j' lui écrirai qu'on pourrait y loger au moins deux kiosques comme le sien. Et ça s'ra pas bourrage de crâne, hein, c'est-i' vrai ?... »

Le colonel Boiredon a téléphoné une fois de plus : « Trois cents tués au régiment ; un millier de blessés ; plus de vingt officiers hors de combat, dont dix tués ; des tranchées vides, ou du moins « tactiquement » vides ; la crête perdue si les Boches contre-attaquent encore... » Le colonel Tillien a répondu : « Qu'ils tiennent. Qu'ils tiennent quand même, *coûte que coûte.* »

Comme s'ils savaient, les Boches répondent eux aussi. Et c'est pire, au long du temps martelé d'obus énormes, de chutes sombres et multipliées. Le grand caporal a éteint son réchaud : il est parti, les autres avec lui. On redevient ce qu'on était hier, cette nuit, un peu plus las encore, sans étonnement d'être si las. Et malgré cette fatigue dont nous avons les reins brûlés, une lucidité vibrante rayonne de nous sur le monde, touche doucement et nous donne d'un seul coup toutes les choses que nous percevons, nous les impose entières, si totalement que nous souffrons surtout de cela, de ce pouvoir terrible et nouveau qui nous oblige à subir ainsi, continuellement et tout entières, la laideur et la méchanceté du monde.

Elles sont infimes, par les gouttes de la bruine, par les écorchures de nos mains gercées, par le tintement d'une gamelle qu'on heurte, par la respiration imperceptible de Lardin ; mais si grandes, si monstrueuses qu'elles soient par l'étalement ignoble des cadavres, par le fracas sans fin des plus lourdes torpilles, elles ne peuvent l'être assez pour dépasser notre force de sentir, pour l'étouffer enfin, aidant notre immense fatigue. Plus nous sommes fatigués, plus notre être s'ouvre et se creuse, avide malgré nous, odieusement, de toute laideur et de toute méchanceté. Que tombent encore ces milliers d'obus, et pour n'importe quelle durée ! Entre les 77, les 150 et les 210, notre ouïe distingue au plus lointain des éclatements. Qu'ils sifflent plus raide encore ! Que tout arrive ! Que tous ceux qui doivent être blessés le soient dans cet instant, et s'en aillent ! Que tous ceux qui doivent être tués cessent enfin d'être condamnés !

Le dernier obus qui est tombé dans l'entonnnoir 7 a blessé Porchon à la tête. Quelqu'un nous l'a crié par-dessus la levée de terre : enseveli près de Rebière, dégagé avec lui, mais seul blessé d'un éclat léger, il est descendu au poste de secours, à cause du sang qui lui coulait dans l'œil. Il y a longtemps déjà... Descendrai-je à mon tour, blessé comme lui d'un éclat heureux, mon sang coulant assez pour me contraindre à descendre ?... Il ne voulait pas, d'abord ; mais il n'y voyait plus, aveuglé par ce ruissellement ; et Rebière lui disait : « Descends... Descends, mon vieux... Tu es idiot. »

C'est Rolland qui conte tout cela, près de moi, caché derrière une toile de tente amollie de fange et de pluie. Je me suis arrêté en l'entendant prononcer nos deux noms. J'étais allé jusqu'à la petite tranchée de Souesme, parce qu'un obus venait de tomber par là. Il n'avait tué personne, et je redescendais, lorsque j'ai entendu la voix de Rolland. J'étais seul, à l'entrée d'un boyau à demi effondré qui monte vers la tranchée sud ; la toile de tente miroitait, plaquée sur la paroi, dans le jour pluvieux et gris ; et Rolland parlait derrière, blotti derrière avec un homme qui se taisait, mais que je croyais être, sans savoir pourquoi je le croyais, un des jeunes de la classe 14, Jaffelin sans doute, ou bien Jean... « — Descends, mon vieux. Tu es idiot... » Et il descend. Et il arrive au bas du boyau, juste à hauteur du poste de secours... Et c'est là qu'un 77 l'a tué. »

Rolland a dû m'entendre, car la toile se soulève brusquement ; il me voit, et dans l'instant, son pâle visage s'émeut, navré, implorant, fraternel... Si fraternel, Rolland, que tout ma stupeur est tombée pendant que tu me regardais, que toute ma force déjà révoltée, m'a semblé s'agenouiller devant cette mort de mon ami.

Cela ne m'a saisi que longtemps après, dans le creux d'argile mouillée où j'étais revenu m'asseoir, entre Lardin et Bouaré : une froideur dure, un indifférence dégoûtée pour toutes les choses que je voyais, pour l'ignominie de la boue et la misère des cadavres, pour le jour triste sur la crête, pour l'acharnement des obus... Je ne sens même plus ma fatigue ; je ne redoute plus rien, même plus l'écrasement de mes os sous l'une de ces chutes énormes, ni le déchirement de ma chair sous la morsure des éclats d'acier. Je n'ai plus pitié des vivants, ni de Bouaré qui tremble, ni de Lardin prostré, ni de moi. Nulle violence ne me soulève, nulle houle de chagrin, nul sursaut d'indignation virile. Ce n'est même pas du désespoir, cette sécheresse du cœur dont je sens le goût à ma gorge ; de la résignation non plus... Ce n'est que cela : une froideur dure, une indifférence desséchée, pareille à une contracture de l'âme. Tombez encore, aussi longtemps que vous voudrez, les gros obus, les torpilles et les bombes ! Ecrasez, tonnez, soulevez la terre en gerbes monstrueuses ! Plus hautes encore ! Plus hautes ! Comme c'est grotesque, mon Dieu, tout ça... Dans la tranchée sud : c'est bon. Dans l'entonnoir 7 : c'est bon. Dans la petite tranchée de Souesme : c'est bon. Une plaque d'acier blindé monte très haut et retombe, comme un couperet de guillotine. Souesme passe devant moi, la face plâtrée de boue jaune, les deux mains sur les reins ; derrière lui, Montigny ; derrière encore, Jaffelin : c'est bon ; allez-vous-en, ensevelis, blessés, démolis. Je regarde bien, au passage, la crispation de vos visages, l'angoisse presque folle de vos yeux, cette détresse de la mort qui reste vacillante au fond de vos prunelles, comme une flamme sous une eau sombre... Quel sens ? Tout cela n'a pas de sens. Le monde, sur la crête des Eparges, le monde entier danse au long du temps une espèce de farce démente, tournoie autour de moi dans un trémoussement hideux, incompréhensible et grotesque.

Chez toi, Porchon : l'ample Beauce, les champs de blé au crépuscule ; les corneilles dans le ciel frais, entre les deux tours de Sainte-Croix... Chez nous, Porchon : la Loire au fil des berges lentes... Quel sens ? Pourquoi ? Des hommes crient dans l'entonnoir 7 entre les rafales d'obus. Encore ! Et de sombres débris soulevés dans la fumée, et leur chute mate heurtant la boue...

C'est alors que ce 210 est tombé. Je l'ai senti à la fois sur ma nuque, assené en massue formidable, et devant moi, fournaise rouge et grondante. Voilà comment un obus vous tue. Je ne bougerai pas mes mains pour les fourrer dans ma poitrine ouverte ; si je pouvais les ramener vers moi, j'enfoncerais mes deux mains dans la tiédeur de mes viscères à nu ; si j'étais debout devant moi, je verrais ma trachée pâle, mes poumons et mon cœur à travers mes côtes défoncées. Pas un geste, par pitié pour moi ! Les yeux fermés, comme Laviolette, et mourir seul.

Je vis, absurdement. Cela ne m'étonne plus : tout est absurde. A travers le drap rêche de ma capote bien close, je sens battre mon cœur au fond de ma poitrine. Et je me rappelle tout : ce flot flambant et rouge qui s'est rué loin en moi, me brûlant les entrailles d'un attouchement si net que j'ai cru mon corps éventré large, comme celui d'un bétail à l'éventaire d'un boucher ; cette forme sombre qui a plané devant mes yeux, horizontale et déployée, me cachant tout le ciel de sa vaste envergure... Elle est retombée là, sur le parados, bras repliés, cassés, jambes groupées sous le corps, et tremblante toujours, jusqu'à ce que Bouaré soit mort. Ils courent, derrière Richomme qui hurle, un à un sautent pardessus moi : Gaubert, Vidal, Dorizon... ah ! je les reconnais tous ! Attendez-moi... Je ne peux pas les suivre... Qu'est-ce qui appuie sur moi, si lourd, et m'empêche de me lever ? Mon front saigne : ce n'est rien, mes deux mains sont criblées de grains sombres, de minuscules brûlures rapprochées ; et sur cette main-ci, la mienne, plaquée chaude et gluante une langue colle, qu'il me faut secouer sur la boue.

Je suis libre depuis ce geste ; et je puis me lever, maintenant que le corps de Lardin vient de basculer doucement. Il mangeait, un quignon de pain aux doigts ; il n'a pas changé de visage, les yeux ouverts encore derrière les verres de ses binocles ; il saigne un peu par chaque narine, deux minces filets foncés qui vont se perdre sous sa moustache. Petitbru passe, à quatre pattes, poussant une longue plainte béante ; Biloray passe, debout, à pas menus et la tête sur l'épaule ; le sang goutte au bout de son nez ; il va, les bras pendant le long du corps, attentif et silencieux, comme s'il avait peur de renverser sa vie en route...

Je suis debout. Derrière la place creuse de Bouaré, Perrinet est mort, coupé en deux, une volée d'éclats en plein ventre. Rolland passe, entre Bouaré et moi, et disparaît. Il fait sombre et froid ; le jour se vide de sa dernière lumière, meurt d'une agonie exsangue. Bouaré est mort sur le parados, les bras et les jambes détendus, immobile... Plus personne. Entre deux éclatements, un glougloutement de source coule sous le corps de Perrinet. Lardin, Legallais,

Trellu, Giron, Delval, Jubier, Laviolette, et d'autres, d'autres, les méconnaissables, je les enjambe l'un après l'un, jalons qui ne marquent plus rien. Mes souliers glissent sur des choses grasses, mes genoux flageolent d'épuisement...

Je ne peux tout de même pas, seul vivant, rester dans cette tranchée pleine de morts ! Il faut que j'aie la force d'aller jusqu'à l'entonnoir 7, que je « rende compte » au commandant, que je lui dise : « Mon commandant, je suis tout seul là-haut... » Il ne sera pas surpris ; il les a tous vus passer : un à un, depuis quatre jours, il a bien dû comprendre que la tranchée se vidait peu à peu. Et les blessés ont dû parler des morts ; et les derniers viennent de descendre en troupe, derrière Richomme qui hurlait. J'arriverai, je lui dirai : « Mon commandant... » Qu'est-ce que je lui dirai ? Mes oreilles, tout à coup, tintent d'une force étourdissante ; quelqu'un bouge devant moi, dans la pénombre crépusculaire : il y a donc quelqu'un encore, par ici ? Chabredier, il me semble ; oui, Chabredier le chef... Et quelques hommes avec lui : Mounot, Letertre, et de nouveau Rolland.

« Attendez-moi... Je vais revenir tout de suite. »

J'aurai bien la force de revenir, de monter hors de l'entonnoir après que j'y serai descendu : je me sens plus fort, malgré ces tintements d'oreilles qui ne veulent pas finir et qui me font la tête si lourde.

Est-ce la nuit ? Je n'y vois presque plus. L'entonnoir gigantesque s'ouvre au-dessous de moi, tourbillonne et se creuse, taché de pâleurs indistinctes.

« Carrichon ?... Votre main, mon vieux. »

C'est un bonheur, de l'avoir reconnu tout de suite. Il s'avance vers moi, lent et morne, avec sa barbe de sauvage. Il me tend sa main que j'essaie de saisir, et recule dans un étrange brouillard rose, tandis que passe tout près un vol nombreux de cloches, graves et bellement sonnantes.

Douceur de s'enfoncer, de glisser dans cette profondeur duveteuse, au branle des cloches lointaines et graves. Douceur de n'être plus...

Et déjà, c'est fini : une gorgée d'alcool râpeux a coulé entre mes dents et durement m'a raclé la gorge.

« Hé là ! Hé là ! répète sur mon visage la voix lente de Carrichon.

— Le commandant Sénéchal ?... Il faut lui dire... Je n'ai plus personne là-haut... Deux ou trois hommes... Tous les autres...

— Bon ! Bon ! fait Carrichon, secouant sa barbe avec placidité.

Encore un coup de gniôle, allons ! De l'eau-de-vie de grains, dégueulasse : ça vous fera du bien tout de même.

— Le commandant...

— Il sait... Il est là... Buvez un coup. »

Je peux me tenir sur mes jambes, sans aide, même au flanc de cette pente vernie de fange baveuse. Ce n'est pas tout à fait la nuit : des formes humaines s'entrevoient de toutes parts, des taches blêmes de visages, quelques gestes, parfois, qui mollement rament l'ombre lourde, et des formes encore, suspendues, accrochées, tombées, blotties, collées partout, du haut en bas des pentes ténébreuses.

Qui est-ce qui fait ce bruit, tout près ? Une silhouette se dandine, engoncée dans un manteau énorme :

« Genevoix... ou-ou-ou-ou... Votre capitaine... ou-ou-ou-ou-ou... vient de descendre... C'est vous qui commandez la 7ᵉ. »

Sénéchal s'affaisse contre moi, sous son manteau et son cache-nez. Hachant les paroles qu'il me dit, son souffle chevrote entre ses lèvres, une espèce de plainte saccadée, si forte par instants qu'il ne peut plus rien dire. La nuit louche garde assez de clarté pour que je distingue son visage dévasté, sa pâleur sous la couperose qui le masque. Je l'écoute, sans bouger; je laisse tomber sur moi ses paroles ; j'attends qu'elles tombent, par lambeaux tristes, à travers sa plainte chevrotante : « Rive a le tympan crevé. Je lui ai dit : « Descends, mon vieux. » Secousse a perdu la jambe : une plaque d'acier blindé qui est retombée de très haut et qui la lui a coupée net, s'enfonçant creux en terre après la lui avoir coupée ; il a murmuré : « Oh ! ma jambe » ; je lui ai dit : « Descends, mon vieux. » Et vous ?... Je vous ai vu tirer, l'autre matin, avec votre revolver... Notre brave petit Porchon est tué... Rebière est là-haut, avec Mazimbert... Rive doit être resté dans la sape. Allez lui dire que vous prenez le commandement de la compagnie, qu'il peut descendre, que je l'en prie... Allez. »

Sous les madriers fracassés, le capitaine Rive s'était laissé glisser, les épaules courbées, le front bas, tout seul au plus sombre du trou. Lorsqu'il m'a vu, il s'est mis à pleurer sans larmes, les épaules plus lasses encore, le front davantage penchant, son grand manteau tassé autour de lui.

« Mon capitaine... Porchon... »

Il me montrait son oreille de la main, me faisait signe : « Je suis sourd, je ne vous entends pas »... Et je criais quand même, la voix brisée, à chaque instant, par les obus énormes qui recommençaient à crouler.

« Il faut descendre... Descendre ! »

Ayant compris, il disait non, de la tête ; et puis il parlait, sans éclats, d'une voix traînante et neutre mêlée aux ténèbres de la fosse :

« Secousse a perdu la jambe ; une plaque blindée qui est retombée et qui la lui a coupée. Il a murmuré : « Oh ! ma jambe »... Je lui ai dit : « Descends, mon vieux... » Raynaud, vous savez, il est tué ; vous le verrez au jour, avec Mémasse, Libron, et tous les autres de tous les côtés, du haut en bas de l'entonnoir... Rebière est là-haut, avec Mazimbert... Notre brave petit Porchon est tué... Mon pauvre vieux Sénéchal est bien las...

— Il faut descendre, mon capitaine.

— Bientôt, oui...

— Tout de suite. »

Avec quelle peine il rampe et se traîne, quelle lassitude navrée accablant son grand corps ! Il se lève au bout du coffrage, la stature plus massive et plus lourde sous le poids de son manteau fangeux ; et il descend, toute sa fatigue sur lui, haute silhouette accablée sous une fatigue plus pesante que les autres.

Il fait tout à fait nuit maintenant. Des voix montent de l'entonnoir. Des voix gémissantes, qui pleurent, se plaignent, appellent, supplient, se révoltent. Je me suis allongé près du commandant Sénéchal et j'ai jeté sur moi une loque noire que j'ai ramassée, la pèlerine d'un mort sans doute. Ce n'est pas une nuit très sombre ; pluvieuse et blafarde, elle est bien la nuit des jours que nous vivons : chaque fois que j'ouvre les yeux, je retrouve près de moi la forme écroulée de Sénéchal, et près de lui celle de Carrichon.

« Demain, murmure le commandant, je vous garde. Puisque Chabredier et Rolland sont montés avec Rebière, et que votre tranchée est vide, je ne veux pas vous y envoyer seul. J'ai besoin de vous pour une reconnaissance : je ne connais plus mon secteur ; il y a de tout, sur cette crête, du 132, du 67, du 2e bataillon, du 3e, tout ça disloqué, éparpillé je ne sais plus où... Vous irez voir, vous tâcherez de comprendre, et vous reviendrez me dire... Reposez-vous cette nuit ; ne vous faites pas tuer demain. »

Il parle posément, chaque fois que sa plainte chevrotante veut bien le laisser parler : un mot, et puis un autre mot ; entre chaque mot, son souffle fait grelotter ses lèvres, d'une même chanson traînante et lugubre. Il ne parle plus ; il demeure sans mouvement, aspire l'air qui siffle dans sa gorge, et le renvoie par saccades chantantes, sur la même note depuis des heures.

Les voix gémissent toujours ; les cris montent et tremblent dans la nuit, tous les cris autrefois entendus :

« Brancardiers ! Les brancardiers !

— Pousse-toi... Pousse-toi !... Oh ! Il me tue... Mais poussez-le, à la fin, qui m'écrase ! »

Carrichon s'agite sur place ; sa voix murmure, caverneuse :

« Ce qu'on peut s'emmerder, quand même !

— Ou-ou-ou-ou-ou... » chantonne toujours Sénéchal.

Il fait très froid, une froidure d'après la pluie, terrible aux pauvres chairs lacérées. Ils crient, maintenant ; ils clament la souffrance de leur corps :

« Mon pied coupé !

— Mon genou !

— Mon épaule !

— Mon ventre ! »

Il y en a un autre qui gémit doucement :

« Oh ! partout... Regardez... J'en ai compté dix-sept déjà... Plus de pouce... quatre ou cinq dans la cuisse... et ma joue... Retournez-moi, vous verrez... J'en ai partout... »

Sous la loque noire qui me couvre, une odeur de caoutchouc rance me colle au visage comme un tampon. Mes mains brûlées me cuisent et leur peau gonflée se détache ; la fièvre bat mon front à grands chocs martelés ; mes pieds gèlent... Je ne sens rien, tant les voix crient autour de moi, tant l'entonnoir empli de nuit blafarde vacille et hurle de souffrance.

« Lieutenant Genevoix !... Mon lieutenant ! »

Ils m'appellent, à présent. Qu'est-ce que je peux ? Descendre, monter, m'accroupir près d'eux ou m'asseoir, et toute la nuit dire des mots inutiles, puisqu'il fait froid, puisqu'ils sont seuls, puisque les brancardiers ne viendront pas.

« Mon lieutenant, vous me couperez bien la jambe, vous ? »

Chabeau délire ; ses deux mains agrippent mon bras ; il me parle d'une voix suppliante, qu'une angoisse de désir fait trembler :

« Mon couteau... Prenez mon couteau ; il a bon fil ! elle tient si peu... Moi je n'ose pas... Prenez-le, mon lieutenant : un tout petit coup, elle ne me fera plus mal... »

Et Biloray, chétive forme dolente, délire aussi et m'injurie :

« Tu canes ; tu canes... Pas un ami ! Pour une fois qu'tu pourrais... Qu'est-ce que ça t' coûterait, d'appuyer sur la détente ? Donne-le, au moins... Moi, j' pourrai.

— Oh ! vous n' vous figurez pas, répète Petitbru. Faut que

j' crie, que j' crie... Les brancardiers ! Les brancardiers ! Les brancardiers !... Que j' crie encore, bon Dieu ! »

Toute la nuit... Et je n'ai plus rien à dire. Carrichon, près de moi, se tourne et se retourne ; il songe tout haut, la voix morne et placide :

« J'ai passé le concours d'officier d'administration ; je devrais être officier d'administration, moi... Oui, moi. »

Il se serre contre moi, dos contre dos, cherchant la chaleur de mon corps ; il murmure : « J'aime mieux vous que le commandant. C'est la jambe, vous savez, de l'entendre chanter. Et il y a pièce que ça dure. »

Je ne lui réponds pas ; mais nous sursautons ensemble, chaque fois qu'un cri plus poignant jaillit soudain et traverse la nuit. C'est Petitbru qui crie le plus fort : de minute en minute, il pousse une clameur longue, appuyée, volontaire, qui fait se soulever vaguement les autres gisants épars et s'énerver leurs plaintes au long d'un effroyable instant.

« Et vous croyez, dit Carrichon, qu'il ne pourrait pas prendre sur lui ? On doit pouvoir se plaindre sans gueuler aussi fort, dites ?... »

Petitbru recommence toujours ; et chaque fois, régulièrement, la meute des autres plaintes s'affole autour de sa clameur. Carrichon n'y peut plus tenir ; il se lève :

« Je vais lui dire... J'en deviendrais marteau. »

Je ne sais pas ce qu'il chuchote, penché sur la silhouette de l'homme. Mais soudain, de toutes ses forces, Petitbru se met à hurler :

« Je n' peux pas ! Je n' peux pas ! Brancardiers ! Oh ! mon pied ! Brancardiers ! Les brancardiers ! »

Sa voix s'étrangle. Il scande, hors de lui, jetant les syllabes à coups de mâchoire enragés :

« Bran-car-diers !... Bran-car-diers ! »

Si farouches et tragiques deviennent les éclats de sa voix que les autres blessés se soulèvent davantage, qu'ils se dressent, appuyés sur leurs mains et criant ; que Biloray, debout, titube et court, tombe, se relève et reprend sa course, ballotté par un délire furieux :

« Un revolver ! Un flingue ! Qui est-ce qui m'en donnera, à la fin ? Chameaux ! Bandits ! On m'a tout pris... Un homme, rien qu'un homme là-d'dans, tas de brutes !

— Biloray, mon vieux... Biloray, voyons... »

Que dire ? Que faire ?... Seulement le recevoir dans mes bras lorsqu'il s'effondre, à bout de forces, et le bercer, menu, dolent, pendant que son sang tiède goutte sur mes mains dans les ténèbres.

« Où allez-vous, Genevoix ?

— Mon commandant, je vais chercher les brancardiers.

— Mon pauvre ami... Restez là. »

C'est vrai ; je ne peux que rester... Rester blotti encore sous la pèlerine de caoutchouc, garder les yeux ouverts, écouter en reconnaissant toutes les voix : il y a Chantoiseau le jeune, qui recommence tout haut le compte de ses blessures, et d'heure en heure en découvre une nouvelle ; il y a Petitbru qui ne cesse de hurler ; il y a Jean qui ne dit rien, immobile sur le dos, mais qui tousse par longues quintes exténuées, et tourne un peu la tête pour cracher les caillots qui l'étouffent ; et Gaubert, et Beaurain, et Chabeau qui délire toujours, clappant de la langue et menant ses chevaux, derrière sa charrue, dans son champ : « Dia ! Hue ! Allons petit ! Dia ! » Son délire tombe, tout à coup, et il m'appelle, m'appelle, affolé de désespérance : « Mon lieutenant ! Ah ! c'est terrible ! Si vous aviez la jambe coupée, vous... Mais moi, un d' l'Assistance, un valet d' culture qu'on nourrit pour le travail qu'il donne ! On n' voudra plus d' moi. On m' foutra dehors de partout... Ah ! mon lieutenant... »

Il pleure, la poitrine grosse de chagrin ; il me supplie encore, avec une douceur enfantine :

« Coupez, dites... Coupez-la. »

Et puis il retombe au délire, lance ses « dia ! » et ses clappements de langue, pendant que Petitbru, inlassable, pousse de nouveau son éternelle clameur.

Et la nuit dure toujours, tandis que je vais de l'un à l'autre, de loin en loin blotti sous la pèlerine, les mains cuisantes, les tempes martelées, les jambes mortes de gelure.

Est-ce le jour, cette pâleur dans le ciel, ces guenilles de nuages qu'on aperçoit rôdant si haut, et ces infimes choses noires qui tombent, vertigineuses, et tonnent en éventrant la terre ? Elles ont pourtant frappé toute la nuit sur la crête ; mais nous les entendons maintenant, pour toute la nuit.

C'est le jour. Une taie de blême clarté coule à la surface du sol, le modèle barbarement par-dessus les formes humaines, les débris et les saletés.

Chabeau, la lèvre pendante, la face dure et décolorée, regarde sa jambe morte qui traîne à côté de lui. Jean ne peut même plus tousser ; il tourne tout doucement la tête, à droite, à gauche, la bouche auréolée de sang. Et Biloray, si réduit, avec sa tête penchante, son mince visage qui ne saigne plus, le nez noir de sang coagulé ! A l'une des blessures de Chantoiseau, au moignon de son pouce coupé, je reconnais encore cette contraction de la chair pâle, cet affreux spasme, rythmique et profond. Petitbru, épuisé de cris, semble dormir, la bouche ouverte. Et ceux qui vivent... Sénéchal grelottant, Carrichon morne et boulé sur lui-même, Puttemann apparu tout à coup, les joues charbonnées de poils noirs, les traits noués d'un rictus immobile. Et là-bas... Mémasse décapité, Libron décapité, Raynaud tombé à plat ventre, la tête en bas, un éclat fiché dans le crâne, luisant et net comme un coin de bûcheron. Et toujours les mêmes flaques jaunes, les mêmes épaves innommables, les mêmes souillures, la même misère poisseuse, tachée de boue, rongée de boue. Et la pluie qui ruisselle là-dessus ; et les obus qui tombent toujours, avec les mêmes sifflements, les mêmes chuintements, les mêmes explosions, les mêmes colonnes de fumées sombres ; et les shrapnells qui tintent là-bas, qui poursuivent depuis cinq jours, le long des routes qui s'éloignent, les groupes chancelants des blessés... C'est beau, tout ça ! Oh ! c'est du propre...

21 février.

Maintenant que les brancardiers sont venus, et qu'ils les ont emmenés, un à un, dans les toiles de tente; maintenant que j'ai serré, une à une, leurs pauvres mains fiévreuses et glacées, je jure que tout m'est bien égal.

Ce n'est pas de ma faute : cette indifférence est sur moi, tombée sur moi je ne sais d'où, mais tangible et réelle comme des bras qui m'envelopperaient.

D'avance, quoi que je fasse ou qu'il arrive, cette journée ne m'étonnera plus. Tout m'est égal. Non que mes sens trop las s'engourdissent ou s'émoussent : je n'éprouve nulle fatigue, nulle surexcitation non plus... Comment suis-je parvenu à cet équilibre inconcevable, à cette vie de fantôme lucide ?

J'ai parcouru la crête d'un bout à l'autre. J'ai côtoyé, dans ma tranchée d'hier, tous les cadavres alignés, tranquilles et chacun à sa place ; j'ai revu le trou du 210 et, cherchant à glisser mon corps entre lui et le parapet, essayé de comprendre pourquoi l'obus ne m'avait pas tué : il ne m'avait pas tué parce que j'étais trop près. Encore une chose absurde et simple, — indifférente... J'ai côtoyé d'autres cadavres, des Français, des Allemands mêlés ; j'ai traversé d'autres tranchées, muettes comme la mienne sous la garde des morts. Et j'ai vu des vivants dans des trous, de petites fosses qu'ils avaient creusées, et d'où surgissait leur tête lorsqu'ils entendaient mon pas. Ainsi j'ai vu surgir la tête d'un ami de Normale, un « coturne » de deux années. Il m'a fait signe de m'abriter, parce qu'une grosse marmite approchait en chuintant : et j'ai suivi son geste avec docilité. L'obus tombé, je lui ai demandé :

« Quelle compagnie du 6-7 ? »

Il me l'a dit, et j'ai noté sur mon carnet.

« C'est toi qui la commandes ?

— Oui. »

J'ai noté son nom après d'autres, et je suis reparti plus loin. Quand j'ai regagné l'entonnoir, des hommes du génie commençaient à creuser, dans la paroi tournée au nord, des galeries qu'ils boisaient à mesure. Parmi eux j'ai retrouvé Martin, Martin notre *chtimi*, qui nous avait quittés pour devenir sapeur. Il chiquait toujours ; il crachait de côté en disant : « Ah ! vérole ! » Et il tapait ; et son pic virevoltait au bout de ses bras secs et glabres, très blancs sous le réseau des veines. Les obus s'abattaient toujours, les bombes de *minen*, les grosses torpilles tournoyantes : les hommes rampaient et venaient se blottir à l'entrée des galeries amorcées, trop las pour travailler eux-mêmes. Les sapeurs, gênés par tous ces corps inertes, les poussaient doucement dehors ; ils revenaient quand même, attirés invinciblement, et restaient là, sous les pelletées de terre qui tombaient.

C'est ce jour-là que j'ai été enseveli, deux fois dans la même demi-heure. J'ai dû avoir beaucoup de chance, car la vague de terre n'était pas très lourde sur moi ; la tête libre, j'ai pu cracher tout de suite la boue fade qui m'emplissait la bouche, et respirer en attendant d'être debout.

C'est ce jour-là encore que les Boches ont lancé leur dernière contre-attaque, et qu'il a cessé de pleuvoir.

Le ciel est devenu d'une pâleur plus légère, transparente. Aux approches du soir, il nous a semblé que les obus tombaient moins fort, moins serré, que le soir apportait des Allemands jusqu'à nous comme une espèce de renoncement : las de frapper, de nous tuer vainement ? Las de faire tuer les leurs sur les pentes de la colline ?... Les obus tombaient moins fort, c'était vrai.

Dans les intervalles de silence, une tristesse vague m'enlevait au réel, une inquiétude grandissante, un besoin d'autre chose et d'ailleurs, très fort avant d'être conscient. Je songeais seulement : « Je m'ennuie... » Et je montais à la tranchée de Mazimbert.

Une belle tranchée, solide quand même, avec des sacs à terre régulièrement empilés, des créneaux ménagés entre les sacs à terre, et des tireurs près des créneaux. Une tranchée admirable, refaite quand même, sac après sac bouchant les brèches pendant que les obus tombaient. C'était le soir du cinquième jour : il y avait un homme debout derrière chaque créneau, la main serrée sur son fusil. Alors, et pour la première fois, quelque chose a fondu dans ma poitrine, et ma gorge s'est nouée sur une espèce de sanglot.

« Asseyez-vous », m'a dit Mazimbert.

Je me suis assis entre Rebière et lui. Rebière était nu-tête, son képi arraché par un éclatement ; une croûte de boue séchée lui durcissait le visage ; il me regardait, hébété, sans me voir.

« Bois, m'a-t-il dit. C'est une bouteille de cherry que le colo nous a fait passer... Bois encore : j'en ai assez... La bouche me fait mal. Je n'en peux plus. »

Pendant que je buvais je le sentais me regarder, comme s'il m'eût reconnu enfin. Mazimbert buvait aussi, les joues flétries et des poches sous les yeux, cruellement vieilli depuis cinq jours, mais très calme.

« Eh bien, a-t-il murmuré, qu'est-ce que vous pensez de tout ça ? »

Alors Rebière, se soulevant un peu sur ses paumes et me regardant toujours :

« Mon capitaine... Oh ! je vous en prie... »

Ils ont bandé mes mains qui commençaient à suppurer ; ils m'ont mis une compresse sur le front, avec deux bouts de sparadrap entrecroisés. Et je les ai quittés, allongés l'un près de l'autre, pour redescendre dans l'entonnoir.

Il faisait nuit. Les sapeurs creusaient toujours. Les obus éclataient encore, de çà de là, avec des sonorités brèves, et de vibrantes lueurs rouges qui s'éteignaient sitôt apparues. A un moment, nous avons vu surgir dans l'entonnoir des hommes qui n'y étaient pas tout à l'heure : c'étaient des hommes du régiment que guidait le capitaine Sautelet. Ils venaient nous relever, compagnies encore « homogènes », nous qui sans doute ne l'étions plus : ainsi nous « arrangions »-nous, sur le conseil du colonel Tillien.

Ce fut une relève pareille à beaucoup d'autres, aux abois étouffés de Sautelet. Nous sommes descendus sans courir, dans les boyaux, hors des boyaux, suivant la pente de terre grasse et collante et tombant dans des trous pleins d'eau. Les obus sifflaient derrière nous, et, sur les lueurs vibrantes et rouges, nous voyions en nous retournant la masse noire du piton se boursoufler au bord du ciel.

Descendre ainsi, à travers ces vagues de terre puante, à travers cette tempête figée, à chaque pas côtoyant des formes humaines étendues, ou bien rester là-haut encore, près du commandant Sénéchal, qu'est-ce que ça fait ?... Le commandant m'a dit, lorsque je suis parti : « Vous enverrez le bataillon devant vous, par la route de Mesnil et le chemin des Trois-Jurés. Vous irez rendre compte au colonel, et vous rejoindrez à la première halte. Moi, je reste encore un peu, pour passer les consignes à ceux du 1er bataillon. »

Pendant que les hommes débandés s'éloignaient en courant sur la friche, j'ai cherché l'abri du colonel. Il n'y avait plus personne dans la nuit : seulement, de temps en temps, un coureur attardé qui s'éloignait en trébuchant. Des genoux et des mains, je tâtais la boue molle et froide, sans appeler, sûr de trouver quand même : un peu plus tôt, un peu plus tard, qu'est-ce que ça faisait ? Enfin, un rai de clarté trouble a fait miroiter les flaques d'eau ; j'ai marché jusqu'à lui, et j'ai trouvé la porte de l'abri.

« Entrez ! »

Je me suis avancé dans la lueur des bougies. Le colonel Boisredon, assis près d'une longue table encombrée de paperasses, s'est levé brusquement et m'a tendu les mains.

« Entrez... Asseyez-vous. Chauffez-vous... Voulez-vous boire ? Avez-vous faim ?... Et ce pansement ? Vous êtes blessé ?... Ce n'est rien ? Ah ! tant mieux... »

Il faisait chaud, une bonne tiédeur enveloppante que je sentais à travers mes vêtements. Sur la table, parmi les papiers épars, on avait posé des ogives colossales, des cônes d'acier qui luisaient, la pointe dressée vers les rondins du toit.

« Ceux-là sont tombés tout autour, disait le capitaine Périgois. Nous aussi, n'est-ce pas... »

Il y avait encore, dans l'abri, des hommes qui allaient et venaient, des téléphonistes, des agents de liaison, et deux ou trois camarades du 1er ou du 3e, que je reconnaissais l'un après l'autre. Ils sont venus vers moi ; ils ont commencé à parler :

« Desoignes, Moline, Duféal, les trois ensemble... »

Alors je me suis levé, et j'ai dit, comme Rebière tout à l'heure :

« Oh ! je vous en prie... »

C'était la seconde fois : je sentais ma poitrine se gonfler d'un sanglot qui montait, me crispait la gorge. J'ai pu me sauver presque à temps et me mettre à courir dans la nuit retrouvée.

J'ai traversé le carrefour défoncé, puant lui aussi un relent d'explosifs. A gauche, les profils des maisons s'échancraient sur le ciel, changés de forme comme au travers d'une mauvaise vitre.

Je les ai laissés derrière moi et j'ai marché droit vers le nord, sur la route de Mesnil. Entre les trous d'obus clairsemés, la route devenait dure et solide sous mes pas. De loin en loin, dans les fossés, je devinais de minces tas sombres devant lesquels je marchais plus vite ; ils allaient s'espaçant davantage, en même temps que faiblissaient, derrière moi, les chocs sourds des obus qui martelaient la colline. Parfois, sans m'arrêter, je retournais la tête : les mêmes lueurs rouges tremblaient toujours au bord du ciel, et l'échine du piton apparaissait, fugace, tout de suite reprise par les ténèbres.

La nuit était vaste et très calme. Mes pas sonnaient clair sur la route ; j'ouvrais la bouche, respirais à longs flots ; et j'avais envie, peu à peu, de courir, de chanter, de jeter dans l'espace je ne savais quel défi enfantin. Il n'y avait en moi nul souvenir, nul rappel fulgurant des heures vécues là-haut. Je ne me disais rien ; je ne songeais même pas : « Je suis vivant. » J'étais frais et léger comme l'air que j'aspirais, non comme un condamné gracié. Ainsi j'ai rattrapé les hommes du bataillon. Ils parlaient fort, et ils fumaient. Jusqu'aux Trois-Jurés, nous avons marché vite ; et puis l'allure s'est faite plus lente, dans un piétinement de troupeau fourbu.

Le reste... Je me rappelle que nous avons dû nous arrêter souvent, laissant des éclopés tout le long des talus. Je me rappelle qu'à la dernière halte, assis dans l'herbe près de Rebière, je me suis mis à imiter des lèvres le vol sifflant d'une grosse marmite qui aurait foncé droit sur nous. Rebière s'est tassé sur lui-même, la tête rentrée dans les épaules : et, quand il a compris, il ne m'a pas dit un mot.

Son geste m'avait bouleversé. Un flux d'images m'a secoué brusquement, toutes chargées de leur sens véritable, si tragiquement humaines que je me suis levé d'un saut, donnant le signal du départ.

« Un peu plus vite... Voilà le patelin. »

Mais vainement j'évoquais d'avance le ruisseau vif au bord de la chaussée, les maisons et l'église dans le creux du ravin : les autres images me poursuivaient, serrées autour de moi, accrochées à moi.

Comme je les ai revus alors ! Tous, tous... Même ceux qui furent tués loin de moi et que je n'avais pas vus : Desoignes, Duféal et Moline, les trois ensemble. Tout à l'heure, dans l'abri du colonel, des voix avaient prononcé leurs noms, et je m'étais enfui, ayant peur d'autres noms encore... A quoi bon ? Il fallait bien que cela vînt : Porchon, qu'est-ce qu'on a fait de toi ? Juste au bas du boyau, à quelques pas du poste de secours, un 77 t'a ouvert la poitrine, tu es tombé la face contre terre, et tu es mort. Est-ce que tu te battais encore ? Et Butrel qui descendait chercher de l'eau ? Et Troubat déjà blessé ? Et le paralysé couché sur les cadavres ? Les obus, sur la crête, ont tué Janselme, un médecin du 3e bataillon ; les obus, au village, ont écrasé un poste de secours ; les obus, sur la route de Mesnil, ont tué les blessés qui s'en allaient. Et même les autres, Hirsch, Jeannot, Muller... Pourquoi ? Pourquoi ma tranchée pleine de morts, tous ces morts déchiquetés, éventrés, broyés, tombés les uns auprès des autres sans avoir tiré une cartouche ? Pourquoi l'entonnoir plein de morts, et le coin d'acier froid fiché dans le crâne de Raynaud ? Pourquoi ce lourd bouclier, retombant de si haut sur la jambe du capitaine Secousse ? J'entends sa voix, son accent de douceur stupéfaite et résignée : « Oh ! ma jambe... » Le commandant Sénéchal tremble et chevrote ; Petitbru recommence à hurler ; Biloray court, tombe, se relève et court ; Laviolette se cache pour mourir, et sa main frissonne sur sa tête dans une moufle de laine bleue...

« Dépêchons-nous ! »

Le chemin escarpé s'enfonce, raviné de dures ornières. Nous ne sommes plus que quelques-uns, qui trébuchons l'un derrière l'autre, loin l'un de l'autre, quelques hommes égrenés qui ramènent à Belrupt les mille hommes qui l'avaient quitté.

Les dernières images tourbillonnent, et la dernière reste sur moi. Une image ? C'est une sorte de pensée larvaire, trop pesante et trop vague pour qu'aucune volonté la contrôle et la domine : un pauvre être, une forme plus chétive que celle de Biloray mourant, ballotté, disloqué, pantelant entre deux mains qu'on ne voit pas, mais qui s'acharnent, monstrueuses, qui font baller la tête pendante, saigner la chair et craquer les vertèbres, et s'acharnent toujours sur l'être presque mort, vivant à peine, et qui ne mourra pas.

« Oh ! dépêchons-nous... »

Des lanternes dansent dans les granges. La cour déserte du château s'éploie, glaciale, dans la nuit. Nous sommes trois ou quatre au milieu, Figueras et Presle, avec Rebière et moi. Nous appelons. Les persiennes de l'étage se rabattent et claquent sur le mur.

« Qui est là ?

— C'est nous... du 106... Nous rentrons.

— Oh ! pauvres... Pauvres enfants ! »

Etait-ce la mère qui disait cela ? Etait-ce l'une des deux filles ?...

Une voix de femme disait cela, de la fenêtre. Et dès ces premiers mots, Rebière a crié malgré lui, dans un rauquement où tout son être se brisait :

« Ouvrez-nous ! Ouvrez-nous vite ! »

IV

LES CHAINES

22 février-3 mars.

Derrière la fenêtre, au matin, les poules blanches caquettent sur le fumier des Godoux. Le fumier respire au soleil brumeux, dans la fraîcheur du jour qui commence.

La couette est chaude le long de moi, mon corps se fond et s'engourdit. Mes mains me picotent sous les bandes ; mes jambes brûlent et dégèlent doucement : et c'est encore une volupté, comme le dernier pincement, au cœur, d'un mauvais souvenir qui s'en va.

Nous avons été vraiment très malheureux.

Nous le sommes encore, en vérité, par brusques et lancinants rappels. Mais c'est tellement autre chose ! Tellement plus simple d'être nous-mêmes et de souffrir comme autrefois.

Malheureux, certes, de ne pouvoir courir jusqu'à Mont-sous-les-Côtes, ce matin où, dans la petite église au toit pointu de pigeonnier, on chante pour eux l'Office des Morts... A cette heure les cercueils descendent dans les fosses, parmi les grands vergers en friche, derrière les maisons. Peut-être qu'on l'enterrera derrière la maison des Aubry, et que Mme Aubry et Mlle Thérèse porteront des fleurs sur sa tombe.

J'ai rassemblé devant la grange les survivants de la 7e : un cercle étroit autour de moi. Nous parlons de lui ensemble ; c'est moi qui parle, mais nous parlons de lui ensemble puisque leurs regards me répondent. Il était celui que nous connaissions ; nous l'avons perdu ; nous songeons à lui au bord de la chaussée, près du ruisseau clair sur les pierres, à cette heure où nous ne pouvons être là-bas.

Malheureux, certes, ma main serrant le bras de Rebière, pendant que les hommes rentrent dans la grange. Devant nous, à quelques pas, la soutane du vieux curé trottine. Il se retourne, revient vers nous :

« Ces pauvres, pauvres enfants !... Que ce nous soit du moins une consolation de savoir qu'ils étaient nombreux, ceux qui se sont couchés dans la Sainte Paix du Seigneur !

— Mais les autres, Monsieur le Curé ?

— Tous ! Tous !... Il leur sera beaucoup pardonné, parce qu'ils ont beaucoup souffert.

— Mais à nous, Monsieur le Curé.

— A vous aussi, mes braves enfants. »

Même à Durozier, que nous avons trouvé cette nuit caché dans un coin sombre de la grange et qui nous a montré, aux lanternes, une face clignotante et peureuse, une barbe de travers et salie de brins de foin. Les autres l'injuriaient, parlaient de le jeter dehors :

« On l'avait bien dit qu'il se planquerait !

— Depuis combien d' temps qu'il est là, c' fumier ?

— Contusion, hein ? Contusion, dégonfleur ? »

Durozier a protesté, doucement d'abord, et puis s'est révolté, furieusement : « J'étais avec les tirailleurs de la 10e ! Je suis resté les cinq jours sur la crête ! Les cinq jours ! Je v'nais d' rentrer avec eux, je l' jure !

— Menteur ! Menteur !... »

Personne ne l'a cru. J'ai été dur moi-même, en quelques mots prononcés tête à tête : il n'en sera rien davantage. Les plus âpres se sont tus très vite, non par crainte, après tout, d'être odieusement injustes et de calomnier cet homme, mais parce qu'au fond d'eux-mêmes ils avaient peut-être éprouvé, comme moi, une indulgente pitié pour celui qui était parti, pour tous ceux, quels qu'ils fussent, qui n'avaient pu rester là-haut d'un bout à l'autre des cinq jours. Comment savoir ? Etre sûr de ne point se tromper ? Il y a eu bon nombre de ces « contusionnés », de ces ensevelis aussitôt dégagés, et qui s'en sont allés, courbés en deux et gémissant... Ils reviennent déjà, c'est vrai ; mais pouvaient-ils rester au moment où ils sont partis ? Combien de pierres sont retombées de haut, lourdes pierres assenées sur des têtes ou sur des reins ? Et qu'était-ce d'autre qu'une « contusion », cette chute terrible du bouclier qui a tranché la jambe du capitaine Secousse ?

A la 7e, nous sommes quarante de plus : quatre-vingts en tout, à peu près, maintenant que sont rentrés tous les blessés légers, les éclopés et les malades, toutes les loques rejetées de là-haut par la gelure, par la fièvre ou par l'épuisement. Quatre-vingts hommes, en comptant parmi eux la séquelle des « indisponibles », des ouvriers, des conducteurs, des élèves sous-officiers... Nous étions deux cent vingt lorsque nous sommes montés.

Nous serons deux cent vingt bientôt. On en trouvera autant qu'il en faudra ; on fera son possible, au dépôt ; on « s'arrangera » : nous n'en doutons pas, à Belrupt.

Chaque fois que nous nous asseyons dans le vestibule du château, nous éprouvons d'abord la même sensation d'attente : nous ne sommes que quatre. Et puis nous comprenons, et nous nous mettons à manger. Le capitaine Rive va mieux ; dans quelques jours, il nous aura rejoints : alors du moins, nous serons cinq.

Jeannot est mort à l'hôpital de Verdun. Floquart aussi est mort. Et je n'ai pu aller là-bas, non plus qu'à Mont.

J'entends parler d'eux tous à chaque instant des jours ; trop parler d'eux, et n'importe où. Même chez la mère Viste, il y en a qui parlent d'eux, qui ne savent pas se souvenir tout bas. Elles sont bien gentilles, les filles de la mère Viste ; mais quoi... nous étions venus deux fois à Belrupt, auparavant. Qu'étaient-ils donc pour elles, ceux qui ne sont pas revenus ? Des visages, à peine, qu'elles oublient peut-être déjà, qui sont comme s'ils n'avaient jamais été. Peut-être, si nous étions à Mont, parlerais-je de lui devant deux femmes qui n'ont pas oublié. Elles seules, oui, peut-être...

Près du piano mécanique, l'un de nous, qui vient d'entrer, raconte :

« Du bataillon, il n'y a plus que Ravaud à l'hôpital militaire. Je l'ai vu tantôt, et aussi Noiret. Dans la chambre à côté de Noiret, Floquart était mort hier. Il paraît qu'il était fou, qu'il appelait Noiret sans arrêt, jour et nuit. Noiret en était malade, bien plus démoli de l'entendre que d'avoir la cuisse amochée.... J'ai rapporté des huîtres : il y a des marennes pépères à la succursale Potin... Une bouteille de Chablis, avec ça ? Ou du Graves ? Ou quoi ?... Virginie ! »

Elles sont « pépères », en effet, les marennes : fraîches et dodues, elles glissent à la file avec les gorgées de vin blanc. Virginie sourit et demande :

« Oh ! monsieur Dast, une chanson... *La Souris Verte ;* ou le *Chemin de fer ?*

Cela, oui... Allons, Dast ! Un peu de cran !

Il faut renouer les traditions, et le plus vite possible, sous peine de nous laisser aller. Allons Dast !... Et Dast chante :

> Si nous jouions au chemin de fer ?
> Ce fauteuil serait la locomotive,
> Ces quatre chaises les wagons,
> Nous les voyageurs qui arrivent !

Il imite le sifflet du chef de gare, la petite trompette du chef de train, le sifflement de la locomotive. Et des semelles frottant le parquet, des bras rythmant le jeu des bielles, il fait « ch... ch... » pendant que Virginie rit aux larmes.

Mon Dieu, comme tout est la même chose autour des vides qu'ils ont laissés !... Dans quelques jours, d'autres seront venus occuper ces places laissées vides. Et qui sait ? De bons camarades, que nous aurions peut-être aimés s'ils étaient venus les premiers... Des camarades seulement : ça vaut mieux.

A mon tour enfin, je vais à Verdun. Comme l'autre fois, je prends un bain ; comme l'autre fois, j'entre chez le coiffeur de la rue Mazel. Rien n'est changé, si je ne réponds rien aux questions que me posent les civils, le garçon de bains en m'apportant un peignoir, la femme du coiffeur en me vendant des lames de rasoir.

« Mes photos sont prêtes, Mademoiselle ?

— Oui, Monsieur. »

Elle sourit toujours, les yeux embués comme si des larmes y tremblaient.

« Vous êtes bien réussi », me dit-elle.

M. Anselme peut être fier de lui : les mains dans les poches, la jambe gauche un peu en avant, l'air martial, que diable ! je suis, dans ma vareuse trop courte, un beau lieutenant de carte postale.

« Alors, murmure Mlle Lucette, vous avez été très malheureux, là-bas. »

Je la regarde, toujours souriante et triste, et j'hésite :

« Malheureux ?... Bah ! vous savez... c'est fini ; on n'y pense plus. »

Mes paroles sonnent faux dans la petite boutique, où s'alignent derrière la vitrine des portraits de soldats qui peut-être sont morts; et je vois bien que Mlle Lucette ne me croit pas. Humble presque, elle me met dans la main le paquet de photos lié d'une ficelle rose pâle ; et elle chuchote, très vite :

« J'en ai tiré six de plus, moi-même, sur du papier à moi : M. Anselme n'a rien à y voir. »

Au *Coq Hardi*, la dame blonde et lasse, en travesti lorrain, me sert distraitement et s'en va. A la table voisine de la mienne, quelques officiers d'infanterie boivent des alcools dans de grandes tasses, fument des pipes et parlent à mi-voix. Je les entends parfois, entre deux phrases que j'écris. Ils sont quatre, tous les quatre très jeunes, vingt-deux ans, pas davantage.

« J'ai quelques instants bien à moi, pour vous parler un peu des jours que nous venons de vivre... Le 17, à 2 heures, les mines creusées par le génie sautaient... »

Me voici repris, dès les premiers instants. Ma plume court vite ; je dis tout, sans le vouloir, sans résister non plus à cette emprise que je ne pourrais plus secouer :

« ... Il tenait à la main, encore, le morceau de pain qu'il était en train de manger. Deux autres sont morts presque sur le coup. Sept autres, qu'on n'avait pu emmener, sont restés jusqu'au lendemain dans un entonnoir de mine, m'appelant, me demandant à boire, me réclamant mon revolver si je ne pouvais pas les achever moi-même, me suppliant d'écrire à leur femme, à leur mère... Porchon avait été tué le matin... Je restais avec trois hommes... Cette guerre est ignoble : j'ai été, pendant quatre jours, souillé de terre, de sang, de cervelle. J'ai reçu à travers la figure des paquets d'entrailles, et sur la main une langue, à quoi l'arrière-gorge pendait... »

Près de moi, j'entends un des jeunes sous-lieutenants qui raconte :

« Le vent était nord-est. On les a vus dans leurs tranchées avec des machins sur le dos ; ça ressemblait à des pulvérisateurs de vignerons. Et tout d'un coup, des jets de flammes ont jailli jusque chez nous : ça foutait l' camp de tous les côtés, ça éclaboussait, ça collait le feu aux fringues ; et les bonshommes gueulaient en prenant feu, galopaient, sautaient hors de la tranchée... Ah ! c'était gentil ! »

De quoi parle-t-il ? Ce devrait être révoltant, ce calme pour dire de telles choses.

« Tu y étais ? demande un des autres.

— Ben oui, cette blague ! »

Ce n'est pas révoltant. J'ai écouté avec un calme pareil à celui du conteur, avec la seule curiosité d'apprendre quelque chose de nouveau, mais qui ne peut plus me surprendre.

« ... Je suis écœuré, saoul d'horreur. Je sais que je resterai, il le faut. J'accepte la responsabilité qui m'échoit. Je ne sens pas ma force entamée... »

Ainsi s'achève ma première lettre. Ainsi s'achèveront les autres, après que j'aurai dit encore la nuit affreuse dans l'entonnoir, et la mort de Porchon tout près du poste de secours : « Les jours vont s'accumuler, gros de dangers toujours, lourds de menaces. Mais, j'ai confiance, aussi pleinement que par le passé... Plus que jamais le courage doit être patient, l'espoir calme : pas de fièvre. La guerre nous aura donné une vertu : la résignation. Résigné à vivre loin de vous, à souffrir, à braver chaque minute, innombrables, les risques d'une mort affreuse, résigné à perdre mes compagnons les plus chers, sans avoir même le temps de leur donner mes larmes... »

« Mademoiselle, je vous prie. »

La blonde Lorraine prend le billet sur le coin de la table, et nonchalamment égrène la monnaie.

« Au revoir, Messieurs. »

Une fois de plus, je serai allé à Verdun. J'aurai revu, dans l'eau lumineuse de la rivière, les reflets bariolés des maisons ; et j'aurai, le soir venu, « rejoint mon corps » au cantonnement.

Chaque matin, derrière la vitre, les poules blanches caquettent dans la buée du tas de fumier. Mes jambes brûlent, dégelantes encore, pendant que la tiédeur de la couette s'amollit et fond le long de moi : on est bien, dans le lit des Godoux. On est bien, dans la petite salle de la mère Viste, entre le poêle et le piano ; on est bien, dans le vestibule du château, près de l'immense cheminée, où flambent des bûches à feu clair et dansant.

Et les jours passent, quatre déjà, cinq ce soir, et bientôt toute une semaine. On s'abandonne au ronronnement des habitudes. Dans la maison des brancardiers, Bamboul se peigne, ses cheveux raides et plats rabattus sur les yeux ; Béjeannin se fait la barbe, les joues tartinées de mousse blanche ; Pierrugues le caporal et le petit Vannoir surveillent le chocolat qui bout... Arôme du chocolat, parfums mêlés du savon et de l'eau de Cologne, rougeur saine de la peau bien lavée, douches à Chevert, bains à Verdun, les jours passent l'un après l'autre dans une mollesse heureuse, douillette et largement nourrie.

Les hommes, à présent, n'écrivent plus. Les premiers jours, chaque fois que j'entrais dans une grange, j'en voyais toujours plusieurs assis par terre, un havresac sur leurs genoux, qui écrivaient de très longues lettres où, comme moi, ils disaient tout, comme moi se libéraient de leurs souvenirs trop lourds. Il y en a qui m'ont fait lire des pages qu'ils venaient d'écrire. Ils énuméraient, naïvement, les calibres des obus que les Boches nous lançaient là-haut : des parenthèses qui s'ouvraient sur un défilé de chiffres effarants (77-105-150-220-320-420-540 !). Ils me disaient : « Y en avait p't-êt'e des plus gros, mais faut pas *leur* forcer la dose. » Ils écrivaient, simplement : « Cet obus nous a coûté quatre morts et sept blessés. » Parfois un détail surgissait, saignant et chaud, comme un lambeau même du combat : « Un corps mou et brûlant passe contre moi en m'inondant ; je me remets en entendant des cris ; c'est un quartier de soldat formé de la tête et du bras... Et alors, comme on ne l'a pas encore identifié et qu'il est nécessaire de savoir à qui appartient cette tête sans corps, le lieutenant me demande quel est ce mort. Je prends la tête par les cheveux, dominant mon émotion, et je reconnais le soldat dont je donne le nom au lieutenant... » Ils me disaient aussi, en me montrant du doigt des passages analogues : « Peut-être qu'il aurait mieux valu ne pas leur marquer ces choses-là ; mais c'était plus fort que moi. » Un besoin de vérité les contraignait à écrire, un besoin de mesurer entière la réalité formidable à quoi ils venaient d'échapper, de se répéter à eux-mêmes : « J'y étais, moi. J'ai vécu ça, moi... Et me voici, moi toujours. »

Je sais que Le Labousse a écrit d'un élan un long récit fiévreux, heurté, l'écrasement d'un poste de secours, au village, par un gros obus de rupture. Je l'ai lu : c'est une sorte de cri trop longtemps contenu. Maintenant qu'il l'a poussé, Le Labousse semble revivre : il y a des moments où je ne vois plus, dans ses yeux, cette langueur d'ennui sombre pareille à une infirmité. Carrichon lui-même a fait couper sa barbe ; il va et vient par le village, rajeuni, le teint frais, vêtu d'un uniforme neuf.

C'est le premier. Après lui, le bataillon « change de pelure ». Frais, rajeuni, gonflé de jeunes renforts, il anime les jardins et les rues de taches bleu tendre, couleur de pervenche. Lorsque nous nous croisons, nous sourions à nos uniformes, sans jalousie d'être tous beaux. Nous achetons du saumon en boîte, des pots de moutarde et de cornichons et les fourrons dans nos musettes neuves, à la toile encore raide d'apprêt.

Vieilles défroques familières, vieille capote de la mobilo, vieux képi dans son enveloppe bleue, grasse par derrière et presque rose, sur le sommet, d'avoir déteint sous tant de soleils et de pluies... on vous quitte ; on a vers vous un bref regret un peu mélancolique, et l'on roule à ses jambes des bandes molletières qu'on a reçues dans un colis, très larges et couleur caca d'oie.

J'ai fait un paquet de tout cela que j'abandonne, et je l'ai confié au frère du père Viste. Une dernière fois, avant de le ficeler, j'ouvre le paquet sur la table, et j'énumère, prenant l'une après l'autre ces pauvres choses qui étaient miennes :

« Une paire de souliers... » Je les avais au bois des Caures, dans le fossé couvert de branches à travers quoi, deux jours et deux nuits, l'averse a ruisselé sur nous. Je les ai brûlés, tant j'avais froid, en les fourrant sous nos derniers tisons. Nous étions cinq ou six, serrés et transis sous les branches : Porchon tué, Pannechon blessé... L'adjudant Roux, ses doigts jaunis de nicotine, ses pommettes creuses, sa toux rauque, et Sallé, le gamin rieur aux caprices d'enfant gâté, tous deux malades à ne jamais guérir... Une paire de souliers, monsieur Viste.

« Une capote... » Ma capote. Je l'avais sur le dos au départ de Châlons ; je la portais encore, l'autre jour, entre Lardin et Bouaré. Ce trou, ici, c'est une balle qui l'a fait, le 24 septembre, dans les bois de Saint-Rémy. Ces petites brûlures rapprochées, j'avais les mêmes sur les deux mains : celles-ci s'effacent ; une semaine encore, il n'y paraîtra plus... Allons, Monsieur Viste, emballez !

Emballez tout, je ne veux plus rien voir : ces deux balles de shrapnell qui m'ont jeté par terre, le matin de la Vauxmarie, et que j'ai retrouvées dans mon sac, à l'ambulance des Marats ; mon sac aussi, mon vieux sac « tyrolien », déchiré, crevé, recousu de partout. Hein, Pannechon, lui en avons-nous flanqué, des coups d'aiguille !... Emballez, monsieur Viste ! Et que ce soit bientôt fini... Lorsque nous partirons, je vous confierai même ce manche à balai, qu'une balle a percé au piton sans que je m'en sois aperçu : il casserait, il me quitterait aussi.

N'y pensons plus. Nous sommes vêtus de neuf, propres, légers, bien vivants. Chaque soir, chez la mère Brize, nous allons, Dast et moi, retrouver les brancardiers. Nous y allons en nous cachant : les brancardiers sans galons sont « des hommes » ; il ne faut pas, c'est défendu, — être trop familier avec les hommes.

La porte fermée, qui le saura ? Si nous restons jusqu'à minuit, qui le saura ? Vannoir, de sa joue rose, caresse le bois poli de son violon, racle le *Tao-Tao*, le *P'tit Sauvage*, ou l'arioso de *Benvenuto Cellini* que chante Béjeannin, tout à coup.

« Bis ! Bis !

— Ah ! non, dit Bamboul. Passe la main... »

Sans plus écouter Béjeannin, il recommence, sous les yeux de la mère Brize, à caresser la plus jeune de ses filles, la Félicienne : des cheveux de chanvre, des yeux de faïence bleue, une fraîcheur aigrelette et plate. Bamboul l'assied sur ses genoux, riant sans trouble, et regarde, par-dessus l'épaule de la fille, le sourire attendri de la mère.

« N'est-ce pas, dit Pierrugues à la vieille, n'est-ce pas qu'ils sont gentils ? »

Et elle, la face épanouie :

« I's sont jeunes, ces piots. Ça n'a qu'un temps, laissez... »

L'autre fille, très rouge, mange et boit du vin mousseux. C'est elle qui fait la cuisine ; et Bamboul, chef de popote, flatte bassement sa gourmandise pour le bien-être des camarades.

Dast chante ; Vannoir chante ; nous chantons tous en chœur à faire trembler les vitres. La mère Brize vacille de sommeil sur sa chaise ; la grosse Brize mange toujours, boit toujours, les joues violettes, les yeux exorbités ; la Félicienne rit pointu, d'un rire qui donne la chair de poule, comme le grincement d'un diamant sur du verre.

« Les cris de Paris, Dast ! »

Dans la fumée, Dast se lève. On l'entrevoit qui va et vient ; on l'entend crier à tue-tête :

« J'ai d' la lavande qu'embaume ! J'ai du beau mimosa !... »

— Encore, Dast ! »

Il y a des siècles de Paris, dans la voix, dans l'accent, dans le geste de Dast. Bamboul soupire, les yeux lointains :

« Ah ! Paname... »

Et il ajoute, brusquement :

« Les *Deux Grenadiers*, Dast... qu'on rigole. »

Lorsque Dast a fini de chanter, il est minuit. C'est trop tard pour retourner chez la mère Viste : même en hurlant le mot de passe, nous n'arriverions pas à nous faire ouvrir la porte. Alors on s'en va, la tête un peu lourde, dans la nuit fraîche. Sur le trottoir, en passant, on soulève du pied les cendres des cuisines en plein vent ; une dernière braise se réveille, rougeoie et meurt. Encore une bonne nuit, la sixième, dans le lit profond des Godoux.

Décision : « Le lieutenant Genevoix est muté de la 7ᵉ à la 5ᵉ compagnie, dont il prendra le commandement. » Le capitaine Gélinet, qui commandait la 5ᵉ, vient d'être évacué sur l'arrière ; le capitaine Rive vient de rentrer à la 7ᵉ. Et voilà pour eux trois.

Autre *décision :* « Il y aura prise d'armes du régiment, aujourd'hui à quatorze heures, pour une remise de décoration. »

Ça n'a l'air de rien, deux décisions comme celles-là coup sur coup. Même pour moi. Puisque j'ai quitté mes vieux vêtements, je peux bien quitter la 7ᵉ... Est-ce que je la quitte vraiment ? Est-ce que je ne « compte » pas toujours au bataillon, la 7ᵉ toujours près de moi, toujours un peu ma compagnie ?

Mais les deux cents de la 5ᵉ, les deux cents inconnus qu'il va falloir connaître tous ? Mais la comptabilité ? Mais l'ordinaire ? Mais le boni ?... Un océan où je perds pied, suffoqué, sans rivage entrevu. Que de paperasses, que de rapports, que de notes, que d'états ! Une étiquette sur tout, et tous les jours : sur les biscuits, sur les boîtes de singe, sur les cubes de potage salé, sur les cartouches, sur les hommes. Et ça change tous les jours ! Et ça recommence tous les jours !

Le bureau est en haut du village, dans une maison à la porte peinte en vert cru. Les scribes sèchent sur les paperasses : Chabredier, qu'on m'a donné comme sergent-major, et qui maigrit, et qui me devient sympathique; Léostic, le fourrier, un congréganiste à lunettes, timide, charmant, et dont les hommes qui l'ont vu sur la crête disent et redisent la splendide bravoure ; et Bénesse, le caporal-fourrier, un petit homme étriqué, « tousseux, rêveux et rassoté », un rond-de-cuir congénital, un Ma Soupe de vingt-cinq ans.

Chaque fois que j'entre dans le bureau, la même odeur d'encre aigrie, de colle gâtée m'emplit la gorge et me donne des nausées. Affaire d'accoutumance : au bout d'une heure, on n'y pense plus. Je vérifie, je signe, j'interroge astucieusement ; avec un autre que Chabredier, j'avouerais bonnement mon ignorance ; avec lui, je demeure sur mes gardes.

Dès mon réveil, maintenant, encore plongé dans les limbes du sommeil, je vois la maison à porte verte. Chaque matin, au milieu des sections rassemblées, je regarde un par un, anxieusement, les visages. J'ai confiance; je saurai les attirer à moi. Dans l'immense inconnu où m'a lancé une « décision », je vais doucement, les mains tendues et tâtonnantes, avec déjà, au cœur, un espoir tenace et fort.

L'autre décision a rassemblé les bataillons du régiment dans un grand pré au bas du village, près de la route d'Haudainville. Trois colonnes profondes, l'une bleu sombre et rouge passé, les deux autres bleu tendre. Quatre compagnies manquent : elles sont là-haut. Nous savons que le colonel Boiredon, des Eparges où il est resté, a demandé obstinément un repos pour toutes les compagnies ensemble, et qu'on le lui a refusé : « Le 106 continuera d'assurer le service ; les compagnies prendront à tour de rôle le repos dont elles peuvent avoir besoin ; c'est une simple question d'arrangement intérieur. »

Nous sommes au milieu du grand pré, le plus nombreux que nous avons pu. Il fait soleil, dans un ciel pâle et bleu qu'une brume gris mauve éteint doucement sur l'horizon.

« Baïonnette au canon ! »

Les clairons ; le général au galop, un capitaine d'ordonnance galopant derrière lui... Au-dessus des têtes, les baïonnettes allument de longues lueurs frissonnantes.

« Au drapeau ! »

C'est fait, déjà. Le général a mis pied à terre. Sur la poitrine d'*un* homme sorti du rang, il a épinglé une médaille militaire, et il est remonté à cheval.

« Pour le défilé... »

Le commandant Sénéchal s'avance. On entend de partout la voix du général, vibrante et chaude dans l'air ensoleillé :

« Commandant, je vous félicite : vous avez là un chic régiment ! »

Et nous défilons, jarrets tendus, tête droite, devant ce chef qui nous regarde, immobile ; et nous sommes fiers de nous, par la vertu du verbe sonore que nous continuons d'entendre, par la calme assurance du regard qui appuie sur nous, au passage, soldats que nous sommes d'un chic régiment.

Au bataillon, à la 6e, il y a un médaillé militaire. Lorsqu'il passe dans la rue du village, les camarades se retournent sur lui, curieux de voir tel qu'il est « l'homme qui a la médaille militaire ». C'est un jeune engagé, blond et tondu de près ; il passe vite, gêné de tous ces regards qui le suivent ; et les autres s'éloignent, déçus vaguement au fond d'eux-mêmes de l'avoir vu tellement pareil à eux.

D'autres que l'on dévisage aussi, ce sont les hommes à pantalon rouge, ceux qui descendent de là-haut et qui rapportent sur leurs vieux vêtements la boue sèche et jaune des Eparges. Les premiers jours, distraitement, nous les regardions passer, et nous attendions qu'à leur tour, vêtus de bleu tendre et tout neuf, douchés à Chevert, reposés, rasés, ils eussent oublié comme nous le cauchemar que nous avions vécu.

Maintenant, ah ! maintenant, il faut bien que nous leur parlions. Le 1er est reparti d'abord ; puis le 3e, pendant que le 1er rentrait. Une seconde fois, hier, le 1er a quitté Belrupt, et ceux du 3e y sont revenus. Nous comprenons que notre bonheur va finir, que nous avons eu tort de nous abandonner à lui. On pensait à nous ; on n'a jamais cessé de penser à nous, d'attendre que nous ayons ces visages reposés, cette clarté du teint après notre pâleur terreuse, et ce calme des yeux où finissent de s'éteindre les lueurs fiévreuses de la bataille. Est-ce que ce matin même, dans une des lettres que j'envoie à présent, je n'écrivais pas avec une allégresse gamine : « J'ai un corps qui m'épate : je rends justice à ma résistance » ?... On rend justice à notre résistance. On y aura mis neuf jours : nous n'avons vraiment pas à nous plaindre.

C'est dur, pourtant. A peine comprenons-nous les paroles de ceux qui reviennent, qui étaient aux Eparges, il y a quelques heures : « Les obus ? Mais on en a tout le temps, le jour et la nuit... Aussi fort que pendant le coup de chien ? Non, bien sûr : mais tout le temps, le jour et la nuit... Des amochés ? Naturellement... Beaucoup ? Encore assez. »

Nous avons déjà quitté Belrupt, tant nos pensées nous entraînent là-haut. Ils nous disent encore, ceux qui descendent : « C'est difficile de vous faire comprendre. Ça tombe régulièrement, une, deux ; une, deux... comme un balancier de pendule ; pas bien vite : une, deux ; une, deux... Mais tout le temps. Vous verrez vous-mêmes : faut y être plusieurs jours pour comprendre. »

Et encore : « Savez-vous pourquoi on nous a fait grimper au piton ? Parce que les Boches commandaient nos voies de communication... Ça nous gênait, paraît, ça n' pouvait pas durer. Alors, on y est, au piton ; on les a balancés sur Combres, s' pas ? On n'est plus gênés, s' pas, puisque les Boches ne commandent plus nos communications ?... Ah ! la la ! »

Nous les écoutons avec une humble inquiétude, comme nous écoutions, aux premiers jours de la guerre, les blessés qui passaient sur la route de Vachérauville. Parfois, lorsque le vent souffle, nous tendons anxieusement l'oreille vers un bruit lointain et lourd, que nous reconnaissons à peine, et qui est celui du canon.

Départ trois heures, la 5e compagnie en tête de l'ordre de marche. Nous grimpons le chemin creusé d'ornières dures, gagnons la route du Rozellier. Au bord du fossé, un homme assis me dit bonjour : c'est Brémond, le cuisinier de la 7e.

« Qu'est-ce que tu fais là ?

— J' vous attendais... Pour vous dire adieu.

— Malade ?

— Libéré, mon lieutenant, à cause de mon sixième gosse... Et bonne chance aussi, que j' voulais vous dire.

— Merci, Brémond.

— Et aux copains de même, bonne chance.

— Merci, Brémond... Je suis content pour toi, tu sais. »

Celui-là aussi, je l'aurai vu pour la dernière fois. Mais avec quelle chaude gratitude vers notre commune destinée, quelle joie de le savoir sauvé, lui du moins, après les cinq jours de bataille, ces jours pendant lesquels, comme à présent sur le bord de la route, il était le père de six gosses !

Calonne ; la route de Sommedieue qu'on laisse à notre droite ; les Trois-Jurés et la cabane du cantonnier : cette fois comme toutes les autres, chaque étape révolue nous pousse vers l'étape suivante, chaque hêtre de la forêt vers le hêtre qui le suit. Nous descendons vers la Woëvre immense, brumeuse et grise de crépuscule : des points de feu piquent l'étendue, sans cesse éteints et rallumés ; ils courent, parfois, en traînées vives d'étincelles ; ils brillent de plus en plus dans la nuit grandissante. Nous regardons, sans fièvre, allant toujours du même pas, notre pas sur la route des Eparges.

En avant des Hures, le Montgirmont s'est tellement allongé. Par-dessus lui, un peu à droite, le piton a soulevé son échine bossue, juste à la place où nous la cherchions. Comme il y a dix jours, des lueurs fugaces et rouges ne cessent de vibrer derrière lui : elles éclosent l'une après l'autre, d'un rouge sombre et saignant au bord du ciel nocturne. Et le silence tressaute de détonations sourdes, retombe sur elles comme un couvercle.

Nous allons, approchant toujours. Maintenant, des vols mous et légers s'étirent, venus de loin, vers nous qui marchons notre pas. Ils se suspendent sur la crête noire avec une brève hésitation, puis tombent dans une lueur rouge, qui vibre et s'éteint sous le ciel.

Les maisons fracassées, le petit calvaire, le pont de pierre sur le Longeau : nous allons, pataugeant dans les flaques anciennes, trébuchant sur les planches qui basculent ; et nous commençons à monter. A nos pieds gicle la boue tenace et froide, la boue des Eparges l'hiver... Nous ne regardons plus ; nous n'écoutons plus ; nous allons. Devant nous, la nuit tremble toujours des mêmes rouges et mornes clartés ; à peine l'une d'elles vient-elle de s'éteindre, l'air s'émeut d'un sifflement las, le silence soulevé retombe sur une explosion sourde ; et déjà tremble, rouge et morne, une autre lueur à la même place du ciel. Il nous semble assister à l'accomplissement d'un rite barbare et familier, juste en ce point du monde où il doit s'accomplir, parmi le vaste espace indifférent : la nuit, la crête, les obus ; et nous aussi, jusque là-haut.

V

LES FOSSES

4-23 mars.

« Ah ! les tantes ! Ah ! les chameaux ! »

Charnavel vient de bondir dans la galerie, la manche de sa capote déchirée jusqu'à l'épaule, de longs filets vermeils zébrant tout son bras nu.

« Approche-toi qu'on y voie clair... Ton paquet de pansement : je n'en ai plus.

— Guillemin est tué, dit Charnavel.

— Qui ça dis-tu ? demande Chabredier qui s'avance.

— Guillemin.

— Pas d'autres ?

— Non. »

Chabredier pointe sur son calepin en prévision du prochain état, — « état des pertes, à annexer au rapport bi-quotidien ».

Charnavel grimace, sous la morsure de la teinture d'iode. D'abord très pâle, les couleurs lui reviennent peu à peu. Il considère avec une moue les plaies légères dont son bras est criblé ; et il dit :

« Pas de veine. Si j'en ai pour quinze jours avec ça...

— Assieds-toi, c'est fini... Une cigarette ? Une pipe ?

— Une cigarette, mon lieutenant. »

Il s'assied sur le fond bosselé de la galerie, le dos appuyé au coffrage. Il fume, tranquille, sa cigarette ; il attend, pour descendre au village, que la nuit soit tombée sur la crête.

Dans l'entonnoir de mine, les sapeurs ont creusé trois refuges, profonds chacun d'une dizaine de mètres. C'est là que les hommes s'entassent, mangent et fument, dorment ou rêvassent en attendant leur tour de monter aux créneaux. C'est haut d'un mètre cinquante, large d'un peu moins, boisé de madriers solides qui ploient à peine sous la pression des terres. On ne bouge pas ; on ne respire guère, tant l'air stagnant obstrue la gorge, vicié d'odeurs grassement vivantes où rôde par bouffées la puanteur plate des cadavres. Près de moi, le fond de la galerie se soulève, poussé par un mort qui est là, sous une couche de glaise très mince : son haleine plane sur lui, sensible et dense comme un halo. Au bout, dans le rectangle de jour blafard, quelque chose de noir proémine, la forme d'un pied mort qui émerge à l'entrée et auquel on s'accroche en passant.

Les bougies crachotent, vacillantes, dans l'atmosphère méphitique. Le téléphone, de minute en minute, grogne dans sa boîte comme un génie pervers. Tout le jour, toute la nuit il grogne, harceleur autant que les obus, déprimant comme eux. On les entend battre le sol, là-haut, d'un rythme monotone et lourd ; quelquefois, lorsqu'ils tombent plus près, le mur de la galerie, derrière les planches du coffrage, tremble comme une gélatine; lorsqu'ils tombent plus près encore, la flamme des bougies bleuit et se couche, puis s'éteint.

Près de Charnavel, deux autres blessés attendent la nuit : Griffon, Germès. Je sais leurs noms ; je ne les oublierai plus, ni les traits de leurs visages, à présent qu'ils vont s'en aller. Chabredier, obstiné, interroge :

« Tes prénoms... Ta date de naissance... Ton recrutement... Dans quelles circonstances as-tu été blessé ?... »

Il tient une grande feuille à la main, un questionnaire interminable, et il écrit tout en parlant, les doigts noués de crampes qui le contraignent à s'arrêter, à passer le crayon aux doigts de Léostic, prêt à écrire derrière lui :

« Pourquoi n'étais-tu pas dans la galerie-refuge ? »

C'est la dernière question, la plus grandiose. Lorsqu'ils l'entendent, les blessés sourient pâlement.

« Je mettrai : besoins du service », dit Léostic.

Et dire que je les ménage trop ! Dire qu'on m'a reproché d'avoir une tendance regrettable à laisser les galeries « s'engorger », à ne maintenir en ligne que des effectifs trop réduits ! Un guetteur par créneau, ce n'est donc pas assez ? Il y a dix mètres de boyau, entre l'entonnoir et la tranchée de tir ; un boyau très large, où deux hommes peuvent passer de front : en quelques instants, même la nuit, ils seraient tous à leur place de combat.

Recroquevillé dans un coin du refuge, on ne peut guère penser parmi les battements des obus, les irruptions bondissantes des blessés, les grognements du téléphone. Longtemps, j'ai eu le cœur serré d'une tristesse inexprimable, d'une mélancolie végétative que je sentais dans toutes mes fibres. Je devais penser, pourtant, puisque cette évidence m'a soudain ébloui : « Trop sensible ! » Je suis trop sensible, moi aussi... On l'a reproché au colonel Boiredon, parce qu'il éprouvait une souffrance chaque fois qu'un de ses hommes mourait, et qu'il a eu l'orgueil de ne s'en point cacher. Lorsqu'on est trop sensible, qu'on aime assez la vie pour l'aimer même chez les autres ; lorsque la guerre, au lieu d'étouffer cet amour, l'exalte et l'exaspère de toutes les blessures qu'elle lui fait, on n'est pas un vrai chef militaire, on n'est pas un bon officier.

Dans le souvenir du refuge, une autre clarté m'est venue, un de ces souvenirs que laissent monter vers nous, à l'heure où l'on a besoin d'eux, les grands livres qu'on a lus. Je me suis rappelé, de l'admirable *Guerre et Paix,* les réflexions du prince André au conseil des généraux russes : « Le bon capitaine, songe-t-il, n'a besoin ni d'être un génie, ni de posséder des qualités extraordinaires : tout au contraire, les côtés les plus élevés et les plus nobles de l'homme, l'amour, la poésie, la tendresse, le doute investigateur et philosophique, doivent le laisser indifférent. Il doit être borné..., se tenir en dehors de toute affection, n'avoir aucune pitié, ne jamais réfléchir, ni se demander jamais où est le juste et l'injuste : alors seulement, il sera parfait. » Et encore : « Le succès ne dépend pas de lui, mais du soldat qui crie : « Nous sommes perdus ! » ou de celui qui crie « Hourrah ! »... C'est là, dans les rangs, là seulement, qu'on peut servir avec la conviction d'être utile. »

C'est vrai ; c'est vrai. Que je regarde Charnavel, Griffon et Germès devant moi, les trois blessés qui attendent la nuit ; ou Léostic penché sous la bougie et noircissant par ordre des paperasses ; ou mes agents de liaison, Eveillé, Vingère, Hobeniche et Pivat, tous les quatre accroupis côte à côte et prêts à s'en aller au-devant des obus ; ou n'importe lequel de tous ces hommes qui attendent, la face dans l'ombre et les épaules frangées de clarté blême, qu'il soit l'heure de monter aux créneaux, et de combattre, et de mourir, s'il le faut, sans combattre, j'éprouve aux larmes que c'est vrai.

Plusieurs fois, je suis retourné voir ceux qu'on n'avait pas enterrés. Bouaré, Lardin n'étaient plus là; mais Legallais et Laviolette étaient restés à la même place, et leur apparence d'hommes déjà se mêlait à la terre avec une grandeur tranquille, rayonnante d'un poignant enseignement : « Nous ne pouvons plus qu'être morts, et laisser là nos corps en témoignage, pour vous qui nous avez connus. »

La guerre... Tant d'appétits, d'ambitions, de rivalités mesquines, rêves de galons, de médailles ou de croix, affaires louches, entreprises froidement calculées, plus redoutables et meurtrières à mesure qu'on s'éloigne du rang, voix tremblante d'un général, au bout du fil du téléphone, à l'annonce que la crête est perdue, aigres plaintes pour un imaginaire passe-droit, intrigues lointaines qui du dépôt viennent nous éclabousser, tabac, beuveries, abrutissement, qu'est-ce que serait la guerre sans vous, Legallais et Laviolette, sans vous, Butrel et Sicot, qui avez pris votre vie à deux mains, et l'avez haussée d'un élan jusqu'aux lèvres de l'entonnoir, sous les balles ? Je nous revois ; je me vois avec eux, là-haut : et c'est en moi une grande fierté triste, la certitude émouvante d'un pardon... J'ai tiré; eh bien ! oui, j'ai tiré. Lorsque je m'élançais là-haut, était-ce donc vers la joie de tuer, vers l'Allemand qui allait apparaître ? J'ai obéi. Malgré ma vie, contre ma vie, j'ai fait ce geste monstrueux de pousser ma vie sous les balles, et de l'y maintenir, pendant que mon revolver me cognait le poignet. Il n'y a que nous, que nous : ceux qui sont morts ; ceux qui étaient parmi les morts et qui ont eu, comme eux, le courage de mourir.

Je suis las. Le téléphone grogne toujours ; Chabredier écrit toujours ; les flammes des bougies bleuissent et se couchent, aux explosions proches des obus. Une planche sur les genoux, je griffonne les lettres que j'enverrai demain : de courtes phrases endolories, sous la dictée morne des choses :

« Les quatre jours que nous passons là-haut ne finissent point ; on ne peut bouger ; on ne peut respirer. Dans la galerie, les blessés descendent... »

« Je t'écris à quelques mètres de l'endroit où il a reçu sa première blessure. Les obus tombent sans discontinuer. Le sol est rempli de cadavres... »

Lorsque vient le quatrième soir, on s'en va... S'en aller ? On se sauve, on s'évade, chancelant sous le choc de l'air pur, pendant que les obus tombent toujours sur la crête, — une, deux ; une, deux, — tout le temps.

Le 9 *mars,* de Belrupt.

« J'ai reçu la musette à soufflets, la pèlerine de caoutchouc et les ciseaux à ongles. Je vous envoie les photos de Verdun.

« Il y a ici deux cheminots de l'Est, qui repartent pour Châlons dans une demi-heure. J'espère que dans deux jours seulement vous aurez reçu cette lettre... »

Le 11 *mars,* des Eparges.

« Je suis dans la chambre du curé, celle dont je t'ai parlé souvent et où l'on est tout près des Boches. Ils ont appris pendant l'affaire, ou avant, que nous avions là un poste de commandement ; et ils ont tiré à gros calibres : un 210 a salement aplati une moitié de la maison ; un 150, qui a crevé le toit, est tombé dans la pièce voisine, près de l'horloge au carillon clair, et n'a pas éclaté. Il est encore là, tout rond, inexpressif. On a dressé autour une petite barricade, de crainte que quelque brave crétin n'aille donner du pied dans la fusée. La chambre est restée debout hors l'amoncellement des moellons ; son papier à fleurs n'a pas une égratignure.

Le 13 *mars,* des Eparges.

« Période douloureuse ; deuils sur deuils. J'allais commencer ma lettre, dans cette chambre de presbytère que je vous ai décrite un jour, lorsqu'est arrivé en courant mon agent de liaison auprès du chef de bataillon. « Mon lieutenant, vous savez le malheur ? « — Qu'est-ce qu'il y a ? — Deux 150 viennent de tomber sur « l'ancien abri du colonel, au flanc de la côte. Le commandant « Sénéchal y était avec le commandant Vanel, celui qui est arrivé « hier, et le capitaine Andreau. Le commandant Sénéchal est tué, « l'autre a les deux yeux crevés, le capitaine Andreau est très griè- « vement blessé ; l'aide-major du bataillon est tué ; je ne sais pas « combien de cyclistes et d'agents de liaison sont morts. » Voilà. Le régiment, encore une fois, n'a plus un chef de bataillon. Il y reste trois capitaines. On aura beau, du jour au lendemain, nommer sous-lieutenants des sergents ou des adjudants, on n'arrivera pas à faire revivre le 106. C'était un beau régiment... Encore un mois là où nous sommes, et ce sera la fin. Songez que les Boches ont tenu pendant cinq mois la crête d'où nous les avons chassés. Ils la connaissent mètre par mètre ; tous leurs obus portent. Alors, qu'on avance ! Une balle en plein combat, je veux bien ; mais je ne veux plus cette immobilité angoissée, où la mort vous écrase au fond des fosses où l'on se tient caché... Cinq heures et quart ; le jour baisse ; la chambre s'emplit d'ombre grise. De minute en minute, les châssis de la fenêtre tremblent au souffle des explosions. Le jardin abandonné est lugubre, avec les détritus qui le souillent, et ses murs lézardés que trouent de larges brèches. Deuil et tristesse : de la terre nue crevée par les obus, des arbres chauves, la puanteur éparse des cadavres... Hier soir, je bavardais avec le commandant Sénéchal. Il était décoré ; il en était heureux, franchement, sans attitude, et je l'aimais de toute sa grosse jovialité, qui était sa manière d'être bon. Il y avait quatre mois que nous vivions presque chaque jour ensemble... Et l'autre, que je n'avais pourtant jamais vu ; ses deux yeux crevés me hantent. Il était arrivé hier du Havre ; il voyait le front pour la première fois ; il repart ce soir, aveugle. Et je repense aux autres, à Porchon, à la blessure barrant son front, à son grand corps allongé près du trou noir de poudre, dans une flaque de sang... C'est la nuit. On allume la bougie ; je vais dîner, seul sur un coin de table. Il fait sombre dans le fond de la chambre. L'obscurité, ce soir, est peuplée de visages. Plus jamais... »

Ce même soir, Dast est entré dans la chambre du curé. Il a débouclé son sac, l'a posé contre le mur et s'est assis devant la table :

« Tu veux bien de moi, mon lieutenant ?

— Vrai ?

— Tout ce qu'il y a de plus : on m'affecte à ta compagnie. C'est Débonnaire, le colonial à binocles, qui prend le commandement de la 8e... Triste de quitter mes bonshommes ; mais content de venir avec toi.

— Un brûlot de bienvenue ?

— Au moins.

— Dans ce grand bol ?

— Dans la cuvette ! »

Le rhum brûle à flamme haute ; nous le buvons, bouillant encore, onctueux de caramel trop cuit. On ne peut pas toujours chanter la *Souris Verte*, et non plus les *Deux Grenadiers*. Nous causons, longuement, pendant qu'une bougie se consume, puis, lorsque sa flamme penche et grésille dans la coulée de cire fondue, une seconde bougie aussitôt allumée. Dehors, les obus tombent sur la colline, éclatant sec dans l'air gelé ; les mitrailleuses du Bois-Haut, par intervalles, tapent dru. Pendant un silence de la nuit, les tisons se tassent dans la grille du foyer avec un bruit léger d'éboulement.

« ... C'est surtout, continue Dast, lorsque la minuterie a illuminé l'escalier. Tu me connais... mes sacrés nerfs. J'étais dingo. Elle ne m'attendait pas, tu penses... Son cri, lorsqu'elle a ouvert la porte ! »

Nous ne sommes plus seuls dans la chambre. Des présences y respirent entre nous, de vivants frôlements dans la tiédeur de l'air, de tendres pitiés sur nos fronts.

« ... Puttemann a reçu la nouvelle ce matin : un garçon. Chez moi, je pense que ce sera pour fin juin, ou les premiers jours de juillet... »

Parle encore, Dast, de cette même voix presque sans timbre qui coule de toi sans te trahir. Parle encore... Nous n'en avons plus pour longtemps.

Nous étions ensemble, le surlendemain, lorsque nous sommes allés voir l'abri. Le toit de rondins et de terre semblait n'avoir pas bougé : nous cherchions vainement où les obus avaient frappé ; deux 150, pourtant, cela aurait dû se voir.

« C'est ici, mon lieutenant », m'a dit une voix que je connaissais. Je me suis retourné, et j'ai vu le gros Cerfeuil, que nous appelions la Bombonne, autrefois, à la 7e.

« J' suis téléphonisse, vous voyez. Mon poste était là, avant-hier... Ah ! vous parlez d'un biseness ! »

Il nous montrait du doigt une cavité minuscule et noire, creusée comme à l'emporte-pièce sous la triple épaisseur de rondins :

« L' premier a tapé à cette place, juste au défaut du revêtement ; il a craché d' la fumée plein l'abri, mais les éclats ont sauté dehors. Une seconde après, l' deuxième est passé par le trou, et il a percuté dedans : c'est pour ça qu'il a fait tant d' mal. »

Il nous a raconté : le commandant Sénéchal a eu la carotide tranchée ; le commandant Vanel, les yeux crevés et le crâne défoncé ; deux cyclistes tués ; le capitaine Andreau les cuisses brisées... Morisseau, le médecin-auxiliaire, a été coupé en deux : on a retrouvé ses jambes d'un côté, son torse de l'autre, ses poumons accrochés aux rondins, des lambeaux de son corps un peu partout.

« Entrez seulement, vous pourrez voir. »

Nous sommes entrés : l'abri était nu ; deux ou trois hommes achevaient de déblayer, jetant dehors de vieux fusils rouillés, des havresacs, des manches d'outils, des débris misérables qu'on ne pouvait plus reconnaître. Par le trou d'obus, un rai de jour entrait, net et bleuâtre comme une lame ; une vague clarté s'en diffusait, immobile sur le sol et contre les murs de terre. Nous avons senti, sous nos pieds, rouler les mêmes choses élastiques ; baissant les yeux, nous avons aperçu des caillots couleur de poussière, qui redevenaient rouges lorsque nous les écrasions ; et, relevant les yeux, nous avons distingué, plaquées sur les parois, de larges loques de peau duvetées de poils sombres.

« Cette tête qu'il avait ! disait Cerfeuil. Des yeux qui avaient vu, comprenez-vous, avant de mourir. Comment vous expliquer ? C'était comme si la mort s'était fichée au fond. On ne pouvait pas les regarder, malgré l'habitude... »

Nous sommes retournés au plein jour. Un agent de liaison, rencontré dès le seuil, m'a prié de monter jusqu'aux abris de la sape 4, où le capitaine Rive, maintenant chef de bataillon, convoquait les commandants de compagnie.

Lorsque je suis redescendu, une heure après, Dast m'attendait dans la guitoune.

« Eh bien ?

— Oui.

— Quand ?

— Après-demain. Le bataillon au repos a déjà quitté Belrupt. »

C'est le 132 qui a attaqué cette fois-là, dans le secteur Est de la crête, en direction des points C et D. Jusqu'au jour de l'attaque, il gelait pendant des nuits pleines d'étoiles, et, de l'aurore au crépuscule, un soleil éclatant nageait dans un ciel frais et pur où ne se voyait pas un nuage.

Le matin du 18, j'ai laissé à Dast la compagnie, et je suis allé reconnaître, avec l'adjudant Wang et le sergent Dragon, les cheminements vers ceux qui attaquaient et qui peut-être auraient besoin de nous. J'ai revu le ravin dans le bois, un bois lépreux, moisi, dont le sol demeurait, sous l'étincellement du soleil, gluant d'une boue verte et livide. Nous nous sommes rappelé les heures que nous avions vécues là, et nous avons plaint davantage, de tous nos lointains souvenirs, les hommes qui nous avaient suivis pour l'interminable hiver. Par instants, une balle partie d'en haut, sous les petits sapins, piaulait entre les derniers hêtres. Nous nous sentions épiés, menacés de périls crapuleux ; les piaulements mêmes des balles n'avaient plus leur sonorité habituelle, filaient sous le couvert avec de basses et louches stridences. Sur la première passée que nous avons suivie pour gravir le versant, un sapeur venait de tomber, la tête cassée, une grosse bobine de fil téléphonique près de lui : nous l'avons aperçu à temps, et nous sommes redescendus.

Longtemps nous avons erré, cherchant une issue, pourchassés par le même malaise, la même déprimante sensation d'être épiés de trop près, suivis entre les branches par des canons de fusils prêts à tuer. Nous avons fait un très long détour, presque jusqu'au seuil de la plaine, et nous sommes revenus par la lisière nord du bois. Dans un pli de terrain, au soleil, un bataillon du 132 attendait massé, sacs à terre et fusils sur les sacs : le bataillon d'assaut. Nous l'avons traversé, d'un homme à l'autre ; les hommes nous ont semblé innombrables.

C'est l'après-midi qu'ils ont attaqué. Nous ne les avons pas vus, entassés que nous étions dans les guitounes aux toits de branches, blottis contre le talus pendant l'énorme bombardement. Toute la colline tressautait de secousses profondes ; le Montgirmont, en face de nous, vomissait des fumées boueuses ; et de grosses marmites s'écrasaient sur les Hures, arrachant des sapins entiers qui tournoyaient avant de s'abattre.

Surtout nous entendions, à chaque seconde, des vols d'obus passer par-dessus nous, aigres, coupants, mauvais; ils frappaient dans le fond du ravin, si raide que les éclats revenaient siffler jusqu'à nous : ce n'étaient pas de gros obus, mais nous sentions en eux une telle force meurtrière que nous baissions la tête chaque fois que leur vol tranchait l'air.

« Des 88 autrichiens, disait le capitaine Frick.

— Une belle saleté. »

Des images s'inscrivaient, nettes et brusques : un téléphoniste debout sur un talus, admirable de calme au milieu du vacarme effréné, et réparant une ligne rompue ; Dast criant des blagues enragées, et des hommes riant autour de lui ; Boquot, un lieutenant du génie, son kodak sur le ventre, photographiant des éclatements. La fumée roulait sur les pentes, emplissait l'air, cachait le ciel. La terre tressautait davantage. Et toujours les 88 nous courbaient sous leurs sifflements aigres, frappaient à toute volée dans le fond du ravin.

« Les torpilles ! »

Nous reconnaissions leur dandinement oblique, leur chute verticale, leur façon tranquille, presque hésitante de se poser, et puis leur explosion colossale, le sol éventré d'un cratère bouillonnant, la colonne monstrueuse de terre et de fumée, qui montait, montait encore, balançant son panache à trente mètres dans le ciel.

Boquot accourait, affolé. Il brandissait une moitié de fusil, un canon tordu en vrille par le souffle d'une torpille. Et il disait en nous le montrant, avec un gasconnement qui tintait sur chaque syllabe :

« U-ne torpillieu tommbe : ell-le les bouzille... Une otre torpillieu tommbe : el-le les bouzille... Alors je me dis : mon povre Boquot, tu es foutu. »

Cela nous faisait rire. Et Boquot riait comme nous, caressait son kodak et murmurait, calmé :

« J'ai de bel-les photos, quand même ! On te les enverra aussi à la Grrande Illustration. En douce, avé mes initiales... Pas du chiqué, hé, ces docum*i*nts ? »

Loin devant nous, des coups de fusils piquetaient le tonnerre des éclatements. Il faisait sombre déjà, un crépuscule fumeux où les derniers obus allumaient des flammes pâles, des espèces d'astres furtifs, couleur de lune, sur l'herbe noire du ravin.

Dès la tombée de cette première nuit, les ordres du bataillon sont venus me harceler : « ordres verbaux » d'abord, qu'un agent de liaison m'apportait dans la guitoune de planches, essoufflé, le visage rouge et gercé, la moustache scintillante de givre :

« Toute la compagnie en haut !

— Où, en haut ?

— En haut. »

Et l'homme ajoutait, de lui-même :

« Je n' sais pas où vous la mettrez : toutes les sapes sont pleines à craquer.

— Elle restera donc où elle est : en bas. Tu pourras le dire lorsque tu seras remonté.

— Bien, mon lieutenant. »

Une demi-heure plus tard, « ordre écrit » : : « Toute la 5e compagnie en haut. » Un instant, j'hésitais ; au verso du bout de papier, je griffonnais ma question de tout à l'heure : « Où, en haut ? » Et puis, brusquement levé, je disais à l'agent de liaison : « Je monte. »

Le sol était gelé, chaotique et blessant. Il n'y avait pas de lune, mais la nuit frissonnante d'étoiles gardait une transparence cristalline. Parfois, dans le boyau, la croûte de boue durcie crevait comme un carton, et mes jambes, au-dessous, s'enfonçaient creux dans la fange liquide dont la froidure me mordait la peau. Des obus tombaient, invisibles les uns, d'autres laissant vibrer par-dessus les levées d'argile ces mêmes clartés mornes et rouges que nous avions vues de loin, une nuit passée, sur la route.

J'étais seul, pendant d'interminables minutes. A un tournant, un homme, du même geste que moi, se plaquait contre la paroi au chuintement vertigineux d'une bombe. La même flamme nous aveuglait, et nous nous retrouvions l'un devant l'autre, la main tendue :

« Adjudant Deneufplanche, mitrailleur.

— Lieutenant Genevoix. »

Nous repartions, chacun de son côté. Plus loin, un halètement venait à ma rencontre, un bruit de pas très lourds enfonçant dans la boue, et le raclement d'une civière aux passages étranglés du boyau.

« Faites place... Un blessé. »

Une fusée montait, éblouissante. Je voyais l'homme, étendu sur la toile maculée de sang brun, sa jambe broyée, puis son visage... C'était Durozier... Il gémissait avec douceur, ouvrait des yeux démesurés, pleins de navrance et d'étonnement :

« Ah ! mon lieutenant... »

Lui aussi m'avait reconnu ; il avançait les doigts au bord de la civière, et répétait, suppliant, impérieux :

« La main... La main... »

Penché vers lui, j'ai serré longuement ses deux mains. Des larmes roulaient sur son visage, où le martyre posait comme une lumière terrible. Il a murmuré, de la même voix autoritaire et suppliante :

« Tu ne m'en veux plus ?... »

Je n'ai pu que serrer ses deux mains davantage ; et je me suis senti bien peu de chose devant lui.

Les porteurs étaient loin. J'allais toujours. De place en place, l'entrée d'une sape laissait filtrer, sous une toile de tente gelée, une nappe de clarté brumeuse. Je soulevais la toile d'un bloc : des marches du seuil jusqu'au fond trouble de l'ombre, sous les bougies voilées de fumées grises, la sape était pleine d'hommes, mêlés en une seule masse confuse. Sape 4, sape 13, abris alpha, c'était partout la même file épaisse, la même pâte d'hommes tassée contre les planches du coffrage. J'ai vu Débonnaire ; j'ai vu Rebière. Je leur ai demandé :

« Avez-vous besoin de renforts, sur votre ligne ?

— Où les mettre ?

— Vous n'en avez pas réclamé ?

— Puisqu'on te dit...

— C'est bien. »

Toute la nuit je me suis débattu, âprement, dangereusement, contre un chef mesquinement buté que le sang-froid et la raison avaient abandonné ensemble. Et la 5e, toute la nuit, a pu dormir dans nos guitounes d'autrefois.

Lorsque l'aube est venue, froide, radieuse, le bombardement s'est exaspéré.

Par le boyau 4, des blessés descendaient. J'ai vu Bernard, mon sergent de la 7e : blessé au cou, la tête penchante et comme décollée à demi, il m'a parlé, d'une voix où le sang gargouillait : « Lantoine est tué ; Larnaude est blessé... On a trois cuistots qui se sont fait descendre l'un après l'autre, au même éboulis du passage : Bernardet, Gratien, Letertre ; ils ont voulu passer quand même, pour nous : des balles dans la tête... Le nouveau lieutenant Galibert, est blessé d'un éclat d'obus. Il a refusé de descendre ; un infirmier est monté le panser... »

Dast, lui aussi, reconnaissait des hommes de la 8e. L'un d'eux, un gringalet blond, s'est évanoui tandis qu'il lui parlait ; et lorsqu'il a rouvert les yeux, il a dit en le regardant, d'une voix traînante et gouailleuse : « Oh ! la la... Valses lentes... » Dast, pour lui faire plaisir, a ri ; mais j'ai bien vu, prêtes à rouler, deux larmes au bord de ses paupières.

Le commandant Vanel est mort à l'ambulance : il n'a été aveugle qu'une nuit. Le capitaine Sautelet, blessé au précédent séjour, est mort ; on a dit que sa blessure n'était pas mortelle, qu'il avait dû mourir du tétanos, ou de la gangrène gazeuse ; d'autres ont dit qu'il s'était suicidé.

Les blessés descendaient toujours, nous faisaient place, là-haut, pour la nuit qui allait venir. Cette fois, nous comprenions pourquoi nous étions en réserve ; nous attendions la nuit avec résignation.

Et l'ordre est arrivé en même temps que le crépuscule : faire monter la 5e aux abris de la sape 4 ; couvrir, par une section de tirailleurs déployée en avant des lignes, les sapeurs qui creuseront cette nuit une tranchée qui n'existe plus, ou qui n'existe pas encore...

Dast et moi sommes allés reconnaître. Nous avons vu, tombés l'un sur l'autre, les trois cuistots de la 7e. En me penchant pour les mieux voir, je me suis déchiré la main à des épines de barbelés. « Tétanos », a murmuré Dast ; je l'ai laissé, près des trois morts, me verser sur la main des flots de teinture d'iode. Un peu plus loin, j'ai reconnu le sergent Lantoine : un grand cadavre paisible, que la clarté d'un projecteur a balayé d'un bout à l'autre. Tout en marchant, je cherchais en moi-même quels hommes de notre ancienne 7e pouvaient rester encore là-haut. Il me semblait, à chaque pas, reconnaître de nouveaux cadavres. Vers quoi marchions-nous, Dast et moi ?

Contre l'épaulement d'une tranchée, Débonnaire nous a dit :

« C'est par là. »

Il nous a fallu escalader un chaos de buttes gelées, nous glisser sous des fils de fer, enjamber des corps étendus. A chaque instant une fusée montait, éblouissante et blanche au-dessus du plateau blafard, et nous nous jetions à plat ventre. Des balles sifflaient, effilaient au fond des ténèbres leur plainte mélancolique et pure ; nous avancions toujours, au hasard, les pieds tordus, l'haleine bloquée.

« Attention, Dast... »

J'ai d'abord cru que c'était un mort ; mais lorsque mon soulier l'a heurté, il s'est retourné en grognant. Les autres gisaient à la file, ensevelis sous leurs toiles de tente. En passant devant chacun d'eux, Dast chuchotait entre ses dents :

« Vivant... Macchabe... Vivant... Macchabe... Macchabe...

— Qu'est-ce qui te prend ?

— C'est un jeu.

— Tu gagnes ?

— Je me goure presque à chaque coup. »

Une voix furieuse et lasse montait d'un trou d'obus, à nos pieds :

« Vos gueules, bande de c... ! C'est assez de grenades comme ça. »

Nous nous taisions ; et dans cet instant seulement le silence de la nuit nous saisissait : un silence harassé, un accablement morbide, d'hôpital jeté en pleine nuit, de charnier pas encore refroidi. Un homme nous frôlait, grelottant, nous montrait un visage décharné, terreux, que les orbites creusaient de trous d'ombre où l'on ne voyait plus que les yeux.

« Laissez passer... »

Trois bouts de galons brillaient sur sa manche. C'était nous qu'il cherchait... Pendant qu'il nous parlait, nous respirions son haleine fermentée, aigrie d'alcool et d'épuisement fiévreux.

Nous sommes redescendus. Nous sommes remontés. Nous poussions des hommes dans les galeries-refuges ; nous en traînions d'autres plus loin. Nous avons semé les derniers sur le plateau, de trou d'obus en trou d'obus, en avant des dormeurs et des morts ensevelis sous les toiles de tente. De ces hommes-là, pas un n'a été tué pendant la nuit : il arrive des choses incroyables.

Un moment est venu où pour la dernière fois nous sommes entrés dans une de ces longues fosses, clignotantes de bougies, moutonnantes d'épaules indistinctes sous l'alignement des madriers. Plus de jour ; plus de nuit. Des visages dénués de sens, qui se brouillent et qu'on ne voit plus ; des voix étouffées ; une tête qui saigne, et dont un infirmier coupe les cheveux, autour d'une plaie petite et ronde, avec des ciseaux à ongles ; et toujours, par-dessus nous, autour de nous, contre nous, la terre qui ne cesse de frémir, de tressauter, au roulement grave et sourd des obus. Quelquefois, on croirait entendre la rumeur d'une fête foraine, une joie de kermesse déchaînée, des pétards qui claquent, des tambours qui roulent, des grosses caisses battues à tour de bras...

Il paraît que l'attaque n'a pas donné tout ce qu'on en espérait, que les centres de résistance ne sont pas encore réduits ; que les Boches, pendant notre bombardement, restaient enfouis dans leurs abris profonds et que, dès le silence de nos canons, ils revenaient en ligne par des passages souterrains avant le choc de nos sections d'attaque. Notre artillerie a bien tiré. Aussi longtemps qu'elle a tiré, elle a interdit aux Allemands leurs tranchées de première ligne ; mais il fallait bien qu'elle se tût pour que notre infanterie se lançât à l'assaut. Elle s'est tue : et les Boches sont sortis de leurs trous, à temps pour tuer beaucoup des nôtres. Alors ?...

On s'est trop avancé pour ne pas avancer davantage. L'engrenage nous tient et ne nous lâchera plus. Immobile pour nous, à cette heure, nous sentons à peine son étreinte. Il nous faudrait bouger pour la sentir. Nous sommes inertes ; nous vivons juste assez pour durer. Nous ne prévoyons plus ; nous ne nous souvenons plus ; notre vie clignote, rétrécie, comme la flamme des bougies dans les fosses ; elle s'endort au roulement des obus ; nous n'avons même plus le désir d'autre chose, d'être éveillés, de vivre à flamme claire dans un air enfin purifié, loin de cette fumée grise où traînent dans l'âcreté des pipes des relents piquants d'ammoniaque, de ces épaules confuses, de ces visages brouillés, ailleurs enfin, dehors enfin, quelque part où une alouette chanterait.

Le 22 mars, du carrefour de Calonne.

« Nous sommes arrivés l'avant-dernière nuit, absolument éreintés ; nous avons dormi quinze heures, beaucoup d'hommes dégringolés en route, foudroyés de sommeil avant d'atteindre les abris.

« Deuxième journée ici, après dix jours de première ligne, dont trois de combats. Les pertes n'approchent pas celles du dernier mois. Et pourtant...

« Je devrais me taire, refouler ça au fond de moi ; je ne peux pas : ça monte... Il va bien falloir que ça crève.

« Est-ce qu'on croit que c'est drôle pour nous ? Est-ce que nos grands toubibs ne devraient pas avoir le sursaut d'énergie, d'honnêteté ou de pudeur (appelle ça comme tu voudras) d'exiger qu'on nous donne enfin le vrai repos dont nous avons besoin ? Quinze jours ; dix jours ; mais ailleurs !

« J'ai vu trop de choses dégoûtantes pour être dupe encore des mots. Pourquoi nous battons-nous, maintenant et *de cette façon ?* Pour défendre quoi ? Gagner quoi ? Ces « gens-là » se leurrent volontairement, j'en suis sûr ! Il ne peut pas en être autrement.

« Des milliers de morts, déjà, pour ce lambeau d'une colline dont le sommet nous échappe toujours ! L'affaire de Noël, en cent fois plus coûteux : charretée par charretée, mais beaucoup de charretées à la file. J'aurais tant, tant à vous dire ! Je ne peux pas : c'est trop tumultueux, trop loin de vous, si loin que vous ne pourriez pas comprendre... Ce n'était pas la peine : j'aurais mieux fait, réellement, de me taire.

« Tuer des Boches ? Les user ? On ne peut tuer *ainsi* des hommes qu'en en faisant tuer d'autres, autant d'autres ou davantage. Alors ?...

« Déloger les Boches d'une crête stratégique importante ? D'un « bastion avancé » sur la Woëvre ? Mais les Hures, qu'est-ce qu'elles sont ? Et le Montgirmont ?... Derrière la colline des Eparges, la montagne de Combres se dressera face à nous. Et derrière Combres, d'autres collines... Dix mille morts par colline, est-ce que c'est ça qu'on veut ? Alors ?...

« Le pire, le terrible, c'est la clairvoyance des hommes. Lente à s'éveiller, mais qui s'éveille... Est-ce qu'on s'aperçoit qu'elle s'éveille ?

« Je te dis simplement ce que je pense, parce que je l'ai observé jour à jour, jusqu'à ce que ma conviction soit faite. Nous sommes à plaindre, si nous avions espéré autre chose... Suis-je sincère ? N'avais-je pas espéré sans croire ? Je suis bien abruti et bien las... »

Le 23 mars, du carrefour de Calonne.

« Le temps se traîne, dans la veulerie et le marasme. Nous nous sommes encore trouvés engagés, pendant trois jours, et le régiment a perdu 350 hommes de plus. Cela s'arrange le plus simplement du monde : on envoie un renfort de 400 hommes, et les gens qualifiés, après avoir pris cette mesure réparatrice, estiment qu'ils ont agi sagement et que nous leur devons reconnaissance. Mais les autres, ceux qui restent ? Ceux qui ont vu les derniers combats, ce mois-ci, le mois dernier, et les mois d'hiver dans l'eau et la boue des tranchées, et les affaires d'octobre, et les combats dans la forêt, fin septembre, pour arrêter la ruée des Boches aux fesses des... et consorts, et les batailles du 6 au 10 qui fauchaient des compagnies entières, les égorgements dans la nuit noire, et encore les massacres sous bois, les avalanches de marmites au passage de la Meuse, à Sepsarges, à Cuisy, à Montfaucon ? Ceux-là, est-ce qu'on pense à eux ? Il n'y en a presque plus. Les visages changeaient autour d'eux ; ceux qu'ils avaient connus mouraient, s'en allaient. Eux qui restaient là, on n'avait pas l'air de savoir qu'ils étaient là depuis des mois, accumulant, eux seuls, les souffrances dont les autres n'avaient subi qu'une part : trop heureux, sans doute, d'avoir sauvé leur peau ! Mais, à la longue, la fatigue du cœur les prend, ceux-là, si leur corps est resté indemme ; le dégoût aussi, malgré la volonté qu'ils ont eue de ne pas s'indigner. Et peu à peu un grand désir les envahit de se reposer à leur tour, d'échapper à l'atmosphère où leur vie diminue et s'éteint. Changer d'air ! S'en aller loin de ces cadavres que les premiers soleils pourrissent et qui font horriblement mou le sol sur lequel nous marchons. Il y a six mois que mes yeux voient le même bois de sapins couronnant la montagne de Combres, et la vallée du Longeau avec les ruines du Moulin-Bas, et le Montgirmont pelé, et la sévère côte des Hures. Chaque mitrailleuse a une voix connue, chaque batterie, chaque canon. Maintenant que tant de morts s'allongent au flanc de toutes ces pentes, au fond de tous ces ravins, j'ai mal à supporter la vue de ces choses. Allons-nous-en! Allons nous battre ailleurs! Le supplice recommence à chaque retour dans ces tranchées, où la survie du passé ne peut être que cruelle. Et puis... je suis loin de tout ce que j'aime. Je me tends ardemment vers les bonheurs que je sais; et de les appeler en vain, depuis si longtemps et si fort, voici que ma force décroît. N'est-ce pas que nous avons bien mérité un peu de repos dans la paix, dans la tiédeur tranquille des affections? »

Sur la clairière, près des guitounes aux toits roux de feuilles mortes, nous nous étions couchés les uns auprès des autres. Le sol était moite sous nos corps; le soleil nous chauffait la peau. Vers l'est, le roulement des canons se gonflait dans le ciel, croulait, montait, croulait encore. Tout près, une batterie de 120 cognait l'air bleu à coups de triques énormes; et, lorsqu'elle se taisait, des pinsons pépiaient dans les branches des noisetiers.

Le printemps nous battait dans la chair. Je regardais à travers le taillis le poudroiement lumineux des jeunes feuilles, les chatons fauves de pollen; je regardais les yeux de Galibert, trop brillants sous un voile mouillé, la main de Dast qui cherchait à son flanc la chaleur grasse du terreau. Il a arraché une pousse d'herbe neuve et nous l'a montrée en disant : « Ça, c'est de l'herbe. »

Galibert ne bougeait plus : appuyé sur ses paumes, le visage tourné vers le sol, les yeux attentifs et durs, il semblait regarder quelque chose. Toujours couché, je me suis traîné jusqu'à lui; et j'ai vu, sur une pierre éclatante de soleil, deux insectes bleus accouplés.

VI

LES NOYÉS

24 mars-11 avril.

Le 28 mars, de Belrupt.

« Cinquième jour de cantonnement : cantonnement d'alerte depuis hier après-midi. Notre bataillon se trouvait au repos pendant que les canons tonnaient encore, aux Eparges. Nous en sommes éloignés, ici, de presque cinq lieues ; et pourtant, toute la journée et toute la nuit, nous avons entendu le grondement des batteries... Nous nous attendons à partir d'une minute à l'autre. Pour aller où ? Cette crête est notre cauchemar. Je voudrais bien que soit rétabli l'ancien tour, avec notre deuxième ligne à Calonne : c'est encore là que nous nous appartenions le mieux. Au cantonnement, va-et-vient perpétuel, défilé de camarades bons garçons, mais bruyants; revues, « convocations du chef de bataillon », états, notes, rapports, théories ; bistrot, bureau; bureau, bistrot... Les jours fondent insensiblement, dans une inaction agitée qui ne nous sauve point de l'ennui. J'ai encore des embêtements avec mon sergent-major...

« Pan! Une reconvocation : des ordres en prévision d'une relève probable. »

Les chasseurs du 25 ont bien marché : ils se sont rapprochés du point D; ils le « serrent de près »... Allons, ça finira peut-être un jour.

Pendant qu'ils se battaient là-haut, nous nous sommes fâchés avec la mère Brize. Sur la note des brancardiers, elle avait compté, la dernière fois, vingt-cinq francs pour la « main-d'œuvre ».

« Main-d'œuvre ? lui a dit Bamboul. Je ne comprends pas. Vous nous comptez le bois, le charbon, l'eau, le sel, votre temps à quinze sous l'heure... Qu'est-ce que ça veut dire, main-d'œuvre ? »

La vieille alors, tranquillement, a expliqué qu'asseoir la Félicienne sur ses genoux, cela valait bien vingt-cinq francs. Les Godoux s'en sont mêlés, car ils n'aiment point leurs trois voisines. Nous nous sommes affublés chez eux de défroques paysannes, de vieux jupons, de bonnets à brides et, sinistrement masqués, nous sommes allés chanter *le P'tit Sauvage* dans la cuisine de la mère Brize.

Les trois femmes, sidérées d'abord, ont pensé s'évanouir de rage. La vieille a recouvré la voix, brusquement, et s'est mise à glapir :

« C'est honteux! Vous êtes des sans-cœur! Chanter! Chanter des choses pareilles quand le canon ne décesse pas, quand tous ces malheureux se font tuer aux Eparges!... »

Oh! cela n'a pas été long :

« Vous y étiez, vous, aux Eparges ? Vous allez y retourner, aux Eparges ? Les malheureux qui se font tuer ? S'ils pouvaient être ici, pauvre dame, ils chanteraient en chœur avec nous. Si nous devions être là-bas, nous nous ferions tuer avec eux... C'est fini, allons! Bonsoir. »

Nous nous sommes fâchés avec la mère Brize.

Le 31 *mars,* du ravin de Jonvaux.

« Compagnie de renfort, en attendant d'aller aux avant-postes, sur notre piton. Nous sommes voisins des mitrailleurs de l'échelon. Comme ils sont ici depuis des mois, ils se sont bâti des cagnas somptueuses. Hier soir, nous étions chez le capitaine commandant la compagnie : Darras, un jovial mélancolique, un christ replet, à barbe blonde sur d'aimables joues florissantes. Il avait entassé dans la cheminée des bûches et encore des bûches : la flamme ronflait quand nous sommes arrivés, si haute et claire que la bougie n'en pouvait mais. Nous venions, Dast, Sansois et moi (Sansois, c'est mon nouveau sous-lieutenant), de reconnaître les tranchées de 2e ligne que la compagnie doit occuper en cas d'alerte. Il neigeait, une neige drue à demi fondue que le vent nous lançait au visage. Nous avions pataugé dans les prés que traverse le Longeau, tâtant du bâton les fils barbelés des réseaux, louvoyant entre les innombrables trous d'obus, pleins d'eau croupie et de glace fondante. Ce fut une joie, de nous rôtir les jambes à ce brasier.

« Nous avons bu du café dans des tasses en porcelaine, pas trop criardes, pas trop dorées; et j'ai oublié que nous étions en guerre. Il y avait peut-être une heure que nous étions là, lorsque la porte s'est ouverte, poussée par un adjudant-mitrailleur, retour du piton ; de la neige sur le képi, sur les épaules, des gouttes de givre perlant aux moustaches, et sur les jambes la boue des sapes, la boue jaune et gluante des Eparges.

« J'ai eu alors l'étrange impression de me trouver là en spectateur, en curieux : je me promenais sur le front. Et pendant que j'étais reçu, dans son « home », par un de nos « vaillants officiers », j'avais la bonne fortune de voir « un héros » authentique descendre des tranchées de première ligne. J'avais envie de lui demander ce qu'il avait vu là-haut, si les Boches étaient agressifs, si Français et ennemis étaient loin les uns des autres, s'il tombait beaucoup d'obus, si les obus tuaient beaucoup d'hommes. Mais point n'était besoin de questionner; l'adjudant était du midi, et mitrailleur : par conséquent deux fois bavard. Surtout, il descendait avec la perspective d'un repos de six jours; il faisait chaud; il était attablé devant une tranche de rosbif et un verre de solide vin rouge. Il était bien; il pérorait : et il nous disait l'amoncellement des cadavres, les pioches s'enfonçant dans des crânes, crevant des entrailles gonflées, les membres qui sortaient de terre, la puanteur grandissante qui flottait sur ce charnier. Il pérorait trop, l'adjudant : tant qu'à la longue il a tout fait casser... Je lui en ai voulu de m'avoir rappelé, malgré lui, que l'abri confortable où les bûches flambaient si clair était creusé au flanc d'une colline, que cette colline dominait les ruines des Eparges, et qu'au-delà des Eparges les Allemands veillaient dans leurs trous, comme ils y veillent depuis six mois. J'ai dit au revoir aux mitrailleurs.

« Mais j'étais à peine dehors que je suis demeuré sur place, stupéfait et ravi par la splendeur de la nuit. Clair de lune sur la neige : une blancheur laiteuse et bleuâtre, fondue dans une brume lumineuse, flottante, et qui semblait d'un rêve. Près de moi, des paillettes scintillaient aux aiguilles des sapins et sur le toit des abris. En face, le versant du coteau s'étalait, également blanc, également lumineux, sans une faille, sans un accroc.

« Ce matin la neige tombait de nouveau; des flocons espacés, menus, dont je me demandais s'ils n'étaient pas plutôt des pétales envolés d'un verger : le soleil en même temps brillait sur la plaine blanche, et le dégel laissait tomber des gouttes à l'entrée de notre abri. J'ai flâné dans les bois toute une heure, content de faire craquer les feuilles mortes sous mes pas : car je voyais au bout des branches les bourgeons vernissés se gonfler à craquer, la mousse neuve ramper au pied des arbres, et les anémones poindre entre les pierres soulevées par les éclatements d'obus... Retour par le ravin du Jonvaux, un ruisselet qui roule son eau limpide sur de gros cailloux fauves, avec un friselis très gai. Nous rapportions une bonne provision de mâche, de « doucette » comme on dit par ici. Demain nous mangerons peut-être un civet de lièvre : nous avons découvert des passées dans de petits sapins, et tendu des collets improvisés avec du fil téléphonique.

« Voici qu'il est tard : il y a longtemps que mes deux camarades dorment sur la paille du bat-flanc. Je n'entends plus que le pas régulier de la sentinelle qui va et vient sur le chemin de pierres, devant la porte. On m'a prévenu tout à l'heure que des forces allemandes importantes avaient été vues « dans les boyaux se dirigeant vers Z ». Roman, je crois : la source du renseignement m'est suspecte. Quand même, mes hommes seront prêts. Bonsoir; les heures actuelles sont moins lourdes...

1er *avril.* « Il n'y a pas eu d'alerte. Trois lièvres dans nos collets. J'aurais fait un fameux braconnier de pêche et de chasse. »

Le 4 *avril,* jour de Pâques, des Eparges.

« Pâques fleuries, il y a huit jours... Depuis hier la pluie tombe, continuelle, violente par instants; et elle délaie, cette pluie maudite, la boue, l'éternelle boue des Eparges. Nous sommes dans une galerie de mine, obscure et puante; des madriers sur nos têtes et, sous nos corps, la terre nue. Non, tout de même : en arrivant cette fois-ci, nous avons trouvé un peu de paille répandue; chaque fois qu'on met un pied dehors, on ramène des paquets de boue; la paille est devenue fumier.

« Encore plus de deux jours à stagner dans ce trou, sans autre horizon que le carré de ciel au bout de la galerie, brouillé de pluie, gris et sale. On se lave les mains en les frottant l'une contre l'autre, pour effriter la croûte de boue qui les durcit; on mange, dans les gamelles souillées de paille et de poussière, des morceaux de homard baignant dans des flots de vinaigre, parmi des miettes de cornichons hachés : on appelle ça, naturellement, du homard à l'américaine; les raffinés versent par-dessus leur ration d'eau-de-vie de grains...

« En somme, on est assez content. Il ne pleut point dans la galerie; il y a cinq mètres de terre par-dessus les planches du coffrage : tout cela est très appréciable au bord de la pluie qui ruisselle, bien davantage encore quand un « gros hobu » percute là-haut, et qu'il tombe seulement, dans le homard aux cornichons, un tout petit grain d'argile sèche.

« On voudrait bien que ça dure jusqu'à la relève. »

Le 7 *avril*. « Quelques mots seulement : je ne puis vous donner que de pauvres minutes volées; car nous sommes, une fois encore, en pleine bataille. »

Le 8 «... Obligé de m'interrompre brusquement, hier, pour remonter dans la tranchée. Les Boches contre-attaquaient en masse : bombardement invraisemblable. Ces journées dépassent en horreur celles de février. En février, peu de boue; ces jours-ci, une mer de boue. Des blessés légèrement atteints *se sont noyés* en essayant de se traîner jusqu'au poste de secours. On s'exalte jusqu'à pouvoir tenir. « J'ai » mes hommes; Dast et Sansois sont admirables. »

Le 13 *avril*, de Dieue-sur-Meuse.

« Ainsi nous avons pris toute la crête des Eparges. Mais que d'efforts! Que de souffrances! Notre régiment n'en peut plus. Les pertes additionnées dépassent l'effectif total; les cadres sont, encore une fois, anéantis : cinquante officiers tués ou blessés depuis le 17 février. »

Le 17 *avril.* « Presque une heure à moi, enfin : la compagnie est aux douches de Chevert; je serai peut-être tranquille jusqu'à ce qu'elle soit rentrée.

« Vous avez lu maintenant, dans les journaux, la relation officielle de nos derniers combats. Elle est exacte, dans sa lettre... Mes hommes ne se sont pas battus, car notre bataillon tenait les tranchées conquises en février, dans la partie ouest de la crête : pas d'assaut, pas de corps à corps, mais des obus et des balles quand même. Nous avons souffert autant que les autres.

« Ce qui fut le plus dur de l'épreuve, ce qui a fait nos soldats vraiment héroïques, c'est la boue. La boue dans quoi nous avions vécu tout l'hiver, la boue que les premiers soleils avaient commencé à sécher, mais qui avait réapparu à la veille de notre attaque, plus épaisse et gluante que jamais, on eût dit pour que nous nous retrouvions nous-mêmes, fangeux des pieds à la tête, à l'heure où nous pouvions mourir. Des cartouches terreuses, des fusils dont le mécanisme englué ne fonctionnait plus : les hommes pissaient dedans pour les rendre utilisables. Nous avons perdu deux fois des tranchées prises, parce qu'il était impossible d'arrêter les Boches par le feu. Ils arrivaient tranquillement à vingt mètres, plus près encore, lançaient des grenades et tiraient sur tout homme qui se montrait, jusqu'à ce que la position devînt intenable. Quand ils s'y étaient réinstallés, les nôtres contre-attaquaient.

« Le 3, le 4 avril, nous tenions déjà les tranchées, tous les hommes en ligne la nuit. Ils se sont reposés un peu dans la journée du 4 : c'est tout. Le 4 au soir, ils étaient tous là-haut. Ils y sont restés, de la boue jusqu'aux cuisses, pendant cent cinquante heures consécutives.

« Et toujours les obus pleuvaient. Les canons-revolvers de Combres démolissaient les parapets que nous refaisions, inlassables, avec les mêmes sacs à terre. Par crises, les gros arrivaient. Il en tombait cent, deux cents, qui ne faisaient point d'autre mal qu'ensevelir quelques hommes, vite dégagés. Mais tout d'un coup, il y en avait un qui trouvait la tranchée, et qui éclatait, en plein dedans : alors c'étaient les mêmes cris que naguère, les mêmes hommes qui couraient, ruisselants de sang frais et rouge; et, tout autour de l'entonnoir brûlé, empli encore de fumée puante, les mêmes cadavres déchiquetés... Les autres restaient là, les jambes prises dans ce ruisseau lourd, profond, glacé, les jambes engourdies et mortes. De temps en temps un mot courait, venu toujours de notre gauche : « Alerte! » Alors ils se redressaient, sautaient sur leur fusil, et *se bousculaient* aux créneaux... Mais venaient des heures où les nerfs trop tendus se brisaient, où l'on sentait jusqu'au désespoir l'affreuse pesanteur des jambes, l'enflure des mains, le froid mouillé, pénétrant et cruel, qui glaçait l'être jusqu'au cœur. A ces heures-là, je passais d'un bout à l'autre de la tranchée ; je me forçais à être gai, pour que ma gaîté voulue réchauffât du moins un peu ces hommes ou ces gosses à bout d'énergie. J'avais du bagout, je trouvais des choses qui parfois les faisaient rire, et je me sauvais moi-même, en me donnant à cette mission que je sentais nécessaire et due... A présent, nous sommes au repos... »

Au repos, à Dieue-sur-Meuse. Quelle belle chambre ! Quels beaux meubles « de ville » : noyer frisé, armoire à glaces biseautées, table de toilette à dessus de marbre blanc. On dirait une plaque de savon de Marseille où sinuent des veines bleutées. Toute la chambre fleure encore l'atelier du menuisier.

Déjà six jours ! Est-ce possible ? Et voici, sur le tapis rouge à fleurs de volubilis jaunes, la lettre que je viens d'écrire.

Si sèche et si froide, ma lettre. Si détachée, après quelques jours seulement... C'est elle, pourtant, qui vient de réveiller en moi ce bouillonnement de souvenirs. Qu'est-ce qu'une lettre ? Qu'est-ce que les mots qu'on peut écrire ?

Derrière une porte plantée dans la boue et que soutiennent deux piquets, Dast est en train de lire un journal : il a dressé cette porte devant lui, parce que des éclats d'obus volaient en bourdonnant et le « gênaient ». Du seuil de la cagna, je m'amuse à lancer roidement des cailloux contre sa porte ; Dast passe la tête : le regard lointain, j'ai remis la main derrière mon dos. « Encore un ! » crie Dast, avec un rire débordant d'allégresse. C'est à ce moment que l'agent de liaison vient me chercher.

Nous comprenons tout de suite. Dast se lève, plie son journal et rentre dans la guitoune : pendant que je m'en vais, il passe déjà son équipement.

Sur la Woëvre bleuâtre, des lignes de flocons blancs éclosent comme des fleurs délicates : nous attaquons déjà, là-bas... De grandes ombres traînent par la plaine, des villages roses s'éteignent et se rallument doucement. A l'opposé les rayons du soleil, glissés aux interstices des nuées, dardent leurs flèches sur les collines violettes. Des balles claquent, très hautes, vers le zénith décoloré.

Le lendemain, cinq heures du soir. L'attaque a été donnée :

notre premier bataillon en était... Je n'ai rien vu de ma tranchée. Des obus, des fusants très bas éclataient sur nous à coups de gongs cuivreux. Les hommes avaient mis sous leurs képis des calottes de fer qu'on leur avait distribuées. Des morts déjà, des soubresauts de chairs aux vêtements arrachés, des étoiles de sang rouge élargies sur les capotes terreuses... Je viens de redescendre dans l'entonnoir. Le bombardement s'espace. Il pleut moins ; le ciel semble plus pâle et plus lointain qu'hier ; et, dans cette grande pâleur vertigineuse et froide, des balles claquent, sèches, sonores.

Un blessé, Caris : un bras en écharpe, les joues tirées, du sang qui traverse le linge de l'écharpe. Derrière lui, un autre blessé, le colonel Boisredon : un éclat d'obus dans la cuisse, un petit trou qui saigne sur la culotte déchirée. Nous causons, debout, près d'un monceau de havresacs, tous ceux d'une compagnie d'attaque. Chaque fois qu'un obus tombe, les deux blessés n'ont même pas un cillement. Je les vois, debout devant moi, détachés sur le ciel vide ; je sais que Caris va descendre, et que le colonel va rester sur la crête ; je continue de les regarder, avec une sensation bizarre de débloublement : il y a moi, qui suis avec eux sur la colline bombardée ; et moi aussi, qui les « comprends » et les admire, humblement, de très loin où je pourrais être. Le colonel Boisredon attache ses yeux au tas des havresacs : ils s'affaissent sur la boue, glissent au fond du boyau dont la boue les engloutit ; certains s'entr'ouvrent, laissant couler de pauvres choses, des blancheurs de papiers, des lettres dont l'encre se dilue sous le ruissellement de la pluie... « Vous les ferez ramasser, Genevoix. Soutenez-les avec des piquets ; mettez un homme pour les garder ; ce que vous voudrez... On ne peut pas les laisser se noyer comme ça. »

Ils parlent de l'attaque, des torpilles qui l'ont arrêtée vers l'est, d'une section tout entière « bouzillée » par une seule torpille... « Allons, Caris, descendez... Et vous, Genevoix, bonne chance toujours... » Caris descend. Le colonel s'en va par le *Boulevard*, l'ancienne tranchée allemande du nord que jalonnent les entonnoirs de mine.

Tout de suite, d'autres blessés paraissent : un sous-lieutenant à barbe blonde, que je n'ai jamais vu. Sur le collet de sa capote, un numéro : 106.

« Votre main ? »

Il la tient devant lui, loin du corps, empaquetée de bandes rougies.

« Broyée, dit-il... *Ça n'est pas drôle pour moi.*

— Vous êtes sauvé.

— La main droite foutue... »

Un commandant, que je n'ai jamais vu. J'ai le même regard vers le collet de sa capote ; et je lis, encore une fois : 106.

Je lui parle : il semble égaré. Il porte autour du crâne un turban de compresses énorme, exhaussé en pain de sucre ; tout au sommet, il a posé un képi ridicule.

« C'est par là qu'on descend ? me demande-t-il.

— Non, mon commandant ; par là.

— Ah ! merci. »

Il reste immobile, très las, indifférent ; et puis, comme si quelqu'un le poussait, il se met à descendre dans la boue, d'un tout petit pas d'automate au ressort presque distendu.

Le lendemain, avant l'aube. Les obus tonnent et tintent dans la nuit âcre et fumeuse. « Alerte ! » On tire. La pluie tombe. Dans la grisaille du crépuscule, les canons-revolvers de Combres tendent leurs lanières par-dessus le col, frappent à coup sûr, comme des têtes de vipères dardées... Un groupe de morts : un fumeur de pipe, magnifiquement pâle et serein ; un homme prostré sur lui, agenouillé comme s'il pleurait ; un autre assis près d'eux, sa calotte de fer sur la tête, rivée au crâne par un éclat aigu et mince, fiché droit comme une lame de couteau... Nous avons perdu les tranchées conquises : nous contre-attaquerons ce soir.

Le lendemain encore. Il y a eu attaque des nôtres hier soir, attaque cette nuit à la baïonnette. Il pleut toujours. Les parois des boyaux s'affaissent ; la masse de la colline les happe par-dessous ; toute la colline s'affaisse, se dévore elle-même, se digère. Dix fois par heure, nous remontons les havresacs ; ils disparaissent, happés, dévorés, avec un immonde bruit de déglutition. Bombardement ; contre-attaque boche : sur notre tranchée, les fusants tintent toujours, très bas, à travers les écroulements des marmites. Il pleut ; l'air mouillé nous éclate au visage ; on marche là-dessous, sans plus même baisser la tête, les jambes poussant, des deux genoux, le flot de boue compact et glacé.

Des hommes se retournent, de très jeunes, de presque vieux. Des regards me heurtent, chauds de sympathies offertes. Lesquels ? Il en est tant que je ne connais pas encore !... S'ils ne meurent pas, je reconnaîtrai ces deux « classe 15 », ces deux amis qui se sont retournés ensemble, exaltés d'angoisse courageuse ; et Quélo l'innocent qui ne cesse de sourire, en tirant, à de mystérieuses visions ; et Charnavel, déjà guéri et revenu ; Salager l'aspirant, les deux frères Patin, Monis, Trousselle, Andreotti... Que de regards au passage ! Toute cette foule d'hommes qui cesse d'être étrangère, toute la 5ᵉ qui m'entoure, notre 5ᵉ, vous quatre, debout parmi les hommes de vos sections, Dast et Sansois, Wang et Salager. Restez là, tâchez qu'ils ne meurent pas, ne s'en aillent pas, ni tués, ni blessés, ni les pieds pourris de gelure, ni fous... Ce n'est pas possible que nous n'y puissions rien, que nous laissions se perdre une fois encore tant de courage, d'abnégation, d'amitié fraternelle, tant de beauté humaine entassée dans cette boue, entre les molles parois de la tranchée pluvieuse, sous le vacarme des obus.

On crie, là-bas à gauche : « Les Boches ! Les Boches ! » Quelques hommes refluent, que d'autres maintiennent et repoussent. Dans le remous, l'adjudant Wang vocifère : « Je porte plainte ! Tout officier que vous êtes, je porte plainte contre vous ! C'est vous qui avez crié ! Vous n'oserez pas dire le contraire ! » Le grand sous-lieutenant Follot gesticule ; Wang, tout petit, continue de lui crier sous le nez. Et brusquement des Boches les séparent, une file de quinze Boches prisonniers qui s'en vont sans escorte derrière un feldwebel, leurs longues capotes plongeant dans le ruisseau de boue.

« Le *p*oyau ? Le *p*oyau ?

— Weiter...

— Vous parlez allemand ?

— Oui. Suivez-moi. »

Ils dévalent dans l'entonnoir. Eveillé les voit, de la sape, et bondit, un couteau ouvert au poing. Le premier sur lequel il se rue crie de terreur, lève les bras en reculant. Eveillé le saisit par la manche, coupe une patte d'épaule et la met dans sa poche. L'Allemand s'épanouit, offre l'autre épaule. « Non, mon vieux, merci : j'abuse pas... »

Le feldwebel, joufflu, rougeaud, les yeux pâles et durs derrière des lunettes d'écaille, ne cesse de répéter comme une espèce de tic :

« Ich bin Feldwebel... Ich bin Feldwebel... »

Horripilé, je me plante devant lui :

« Ich, Oberleutnant. »

Salut, talons joints, trois haut-le-corps successifs. Il parle avec volubilité :

« Triste guerre... Là-bas, en Poméranie... Femme, enfants... J'étais avec eux il y a seulement quinze jours.

— Blessé ? Convalescent ?

— Permissionnaire. »

Je ne comprends pas. J'interroge cet homme debout devant moi, ce vivant aux joues rouges et coiffé d'une casquette ; je regarde les points serrés qui piquent le bord de la visière, les fines craquelures du vernis.

« Pour quelle raison, permissionnaire ?

— Parce que c'était mon tour.

— Votre tour ?

— Mon tour régulier. »

Je me sens les épaules glacées pendant qu'il fouille dans sa capote, ouvre son portefeuille et cherche, — j'en suis sûr, — les portraits qu'il va me montrer.

« Est-ce que je pourrai leur écrire ? »

Je le regarde toujours ; je ne songe pas qu'il est prisonnier. Je ne songe plus à lui, mais à eux tous, et puis à nous : ceux qui ont, ceux qui n'ont pas de « permissions »...

Des marmites tombent, croulent, se rapprochent. Le feldwebel courbe la tête, tourne les yeux vers l'entrée du boyau. Les autres descendent déjà, se bousculent aux épaules, arrachent leurs jambes à pleines mains, disparaissent au tournant, pliés en deux.

— « Qu'est-ce qu'il chante, mon lieutenant ?

— Des bêtises. »

Je ne reconnais pas l'homme qui arrive. Il émerge du Boulevard, enseveli jusqu'à mi-cuisses, les doigts crispés sur un bâton.

« Un papier, dit-il.

— Qui es-tu ?

— Fillard. »

Je l'entends rire, sans reconnaître encore sa voix. C'est une motte de boue qui coule et qui grelotte ; sous la toile de tente dont elle s'encapuchonne, je vois briller ses yeux et je les reconnais enfin.

« Entre dans la sape. Repose-toi un moment. »

Les marmites croulent toujours, de plus en plus lourdes et serrées ; les fusants tintent derrière la butte, très bas. Les canons-revolvers sifflent raide et cinglent le versant à coups précipités.

« Encore *une*, dit Fillard.

— Ia », dit le feldwebel.

Il est toujours au garde-à-vous ; mais ses yeux louchent vers le boyau et sa tête, peu à peu, tourne sur ses épaules.

« Allez-vous en. »

Il salue, recule à petits pas. Et, soudain retourné, il court, plié en deux, sous le tonnerre grandissant des obus.

« Ton papier, Fillard. »

C'est du commandant Rive : « Le 132 s'est emparé des points I et S. Le 67 est tout près du point X dont la chute est imminente... Reste le point D, qui sera pris aujourd'hui par le 25e chasseurs à pied... Le 106 devra... tenir ferme... gagner un peu vers D... Votre mission... tenir ferme... gagner vers la gauche... »

Fillard tend le cou vers l'entrée de la sape.

« Bon Dieu ! dit-il Quel bouzin !

— Seigneur ! soupire le pieux Hobeniche.

— Ils détonnent », murmure Vingère, dédaigneux.

Léostic, perdu dans l'ombre, chante doucement un air de *Mireille*. Chabredier taille son crayon usé. Le téléphone grognonne dans sa boîte.

« Allô ! Allô ! Entonnoir 7 ? — Oui. — Veuillez noter : interdiction de creuser des niches sous les parapets ; conserver celles qui n'en compromettent point la solidité ; boucher les autres... — Allô ! Oui, mon commandant... Allô !... »

On n'entend plus. Les chutes de marmites bousculent toute la colline, font danser contre nous les madriers et les planches du coffrage. Un homme roule dans la sape, un des deux classes 15 qui m'ont regardé tout à l'heure.

« Mon lieutenant ! Les renforts boches arrivent en masse ! Le boyau vers Z en est plein, on en voit plus loin qui descendent vers Combres... Demandez le tir ! Demandez ! Vite !

— Allô sape 4 ! Allô ! Tout de suite ! Demandez le barrage ! Barrage sur le boyau vers Z ! Tout de suite ! Allô !...

— Mon lieutenant ! »

C'est l'autre classe 15. Il crie :

« Ils arrivent toujours ! Sans sac, tenue d'assaut... Ils galopent. Demandez l'artillerie !

— Allô ! Mais oui, c'est moi ! Barrage sur le boyau vers Z !... Quoi ? Si les galeries sont reliées en tête ? Allô, bon dieu ! Barrage ! Barrage ! Allô !... Allô sape 4 !... »

Silence ; la ligne est coupée.

« Léostic ?

— Mon lieutenant ?

— Allez-y. »

Il est dehors. Nous remontons là-haut, sous les tintements cuivreux des fusants. Nos hommes tirent. Par les créneaux, on voit les Boches courir aux passages éboulés du boyau. Vers l'est, une mousqueterie égrène ses claquements aigres. A chaque instant, un morceau de notre parapet saute, au choc rageur d'un obus de 37.

« Feu ! »

C'est trop loin...

« Ah ! le barrage ! »

Il vient de s'abattre, serrant ses fumées blanches et rousses d'un bout à l'autre du boyau allemand ; des éclaircies tremblent au travers, où l'on voit bondir et tournoyer des ombres.

« Ils dinguent ! Ils prennent la pipe ! »

La mousqueterie crépite toujours. Par-dessus nous, les gros noirs brassent l'air en chuintant, s'effondrent sur nos tranchées d'arrière, sur nos boyaux, sur nos cheminements. Les fusants tintent toujours, dans une brume fauve où l'on ne se voit plus. Il nous semble que le soir tombe.

Le lendemain, encore une fois... Les lendemains se succèdent et se mêlent. Nous avons attaqué le matin, à l'arme blanche tant il pleuvait, tant la boue se creusait et montait, happant les hommes, collant aux armes, enrayant les culasses des fusils. Les nôtres se sont battus tout le jour, chassés à coups de grenades, revenant à l'attaque, chassés encore et revenant toujours. Ils se sont battus jusqu'à minuit. Le bastion du sommet, le point D, est à nous. Un nouveau régiment vient d'arriver, le 8ᵉ. Lorsqu'il fera jour, il s'emparera du point X, l'extrême avancée de la colline, sur la Woëvre.

Le lendemain... La pluie n'a pas cessé. Elle tombe par rafales cinglantes, crible la boue de pustules serrées, qui crèvent et renaissent sans trêve. Il a fallu plus de douze heures pour amener le 8ᵉ à pied d'œuvre : c'est le régiment « frais » des Eparges.

Il attaque. Nos canons tirent. Par le Boulevard, des agents de liaison arrivent, des tas de boue rampants qui s'affalent au bord de la sape, et soudain se mettent à parler :

« Les bonshommes s'enfoncent dans les trous de marmites... Des noyés... Des blessés qu'on retrouve dans la crotte, qui remuent sous le pied quand on marche dessus... Tant pis pour eux si personne ne passe... »

Sur la tranchée, là-haut, les fusants tintent toujours, derrière un dais de fumée noire où fulgurent des éclairs rougeâtres. Les groupes de morts se rapprochent, toujours les mêmes, reconnaissables sous leur enveloppe de boue, sous leurs plaies qui ne changent plus, qui se répètent par toute leur chair. Plusieurs ont gardé sur la tête leur étrange calotte de fer.

Le lendemain... C'est fini. Toute la crête des Eparges est à nous.

A la tombée du soir, hier, un voile d'épais brouillard s'est tendu sur la colline et nos canons ont dû cesser leur tir. Alors, les Boches ont attaqué : ils nous ont chassés du point X; ils nous ont ébranlés au point D. Nous aurions peut-être reculé davantage, sans le sous-lieutenant Couvreur... Le mois dernier, Débonnaire lançait des pierres sur les soldats terrés dans les trous de marmites. Couvreur, lui, s'est jeté au milieu d'eux, les a entraînés avec lui, quelques-uns d'abord, et puis dix, et puis vingt... C'est grâce à lui que toute la colline est à nous, que nos milliers de morts ne seront pas morts en vain. Il est du 106. Je ne l'ai vu qu'une fois, assis près des cuisines, il n'y a pas bien longtemps; je me rappelle son grand nez, les poils jeunets de son bouc au menton; il m'a semblé un peu fruste, un peu timide, et très bon... C'est lui qui a crié « en avant! ».

Ainsi la bataille des Eparges est finie. Et nous sommes à Dieue-sur-Meuse.

Et cette lettre inachevée est là, au milieu du tapis rouge, parmi les fleurs jaunes de volubilis. Et puis quoi ? Il y a pourtant ces choses, qu'il faut bien que je me rappelle : le capitaine Darras blessé, son épaule grasse et blanche creusée d'une plaie profonde, pâli, maigri, découragé. Je lui parlais pendant qu'un infirmier le pansait; je lui jurais qu'il ne mourrait pas... Thellier tué; Rebière blessé à la tête, perdu...

Tout à l'heure, Dast m'a montré une toute petite photo, prise à Belrupt pendant notre dernier séjour : ils étaient trois devant une porte, Dast entre Rebière et Thellier, une main posée sur leur épaule ; ils riaient, tous les trois, clignant des yeux à cause du soleil printanier. « Je l'ai envoyée à ma femme, disait Dast. Si elle apprend jamais, ça ne fera pas bon effet... »

Et que de choses encore... Galibert étendu sur le ventre, des frissons courant sur ses reins chaque fois qu'on lui touchait la peau. Lésions internes ? Fracture d'une vertèbre ? Nous ne savions pas. Il criait... Quélo, devenu fou, descendait entre deux camarades; il criait aussi, se débattait, gémissait avec une épouvante d'enfant : « Enlevez ces gendarmes ! Ils m'ont vu ! Lâchez-moi ! » Il s'échappait et remontait en ligne. « Descends, Quélo ; sois raisonnable. — Oui, mon lieutenant. — Tu veux bien descendre ? Il n'y a plus de gendarmes. — Oui, mon lieutenant. — Ces deux-là ? Charnavel et Mounot, tu sais bien... Vous allez descendre tous les trois. — Oui, mon lieutenant. » Ils s'en allaient ; et bientôt Quélo remontait seul, soulevant la boue à coups de hanches forcenées, le visage tordu d'épouvante : « Les gendarmes ! Ah ! je les ai sentis... » Il a disparu la nuit d'après, et nous ne l'avons plus revu.

Une autre nuit... Je passais devant la tranchée. Derrière une toile de tente, un homme parlait, un jeune. Avec une douceur étonnée, il racontait notre souffrance. A qui ? Par intervalles, d'une voix tiède et tranquille, pleine de tendresse et d'abandon, il répétait : « Si tu étais là... Si jamais tu étais là... » Il n'a pas dû m'entendre passer.

J'ai vu, sur une civière, un capitaine du régiment. Les porteurs m'ont dit : « C'est le capitaine Rochas. » Je ne le connaissais pas. Il m'a semblé qu'il allait mourir, que toute sa vie s'en allait par une blessure, sous le tas boueux de ses vêtements. J'ai demandé aux brancardiers : « Quelle blessure ? — Pas de blessure... Gelé *seulement.* » L'homme étendu ne disait rien, les yeux vaguant, pareil à une chose écrasée.

J'ai vu le colonel Boisredon venir vers moi par le Boulevard. Sous nos pieds, à travers la boue, nous sentions les cadres durs des havresacs ensevelis. Le colonel disait : « Je vous assure que c'est affreux. Si je n'étais pas passé là, si je n'avais pas marché sur lui, qu'est-ce qu'il serait devenu ? Il a remué ; j'ai entendu sa voix monter je ne savais de quelle fosse, — ou s'enfoncer, je ne savais pas... sa voix extraordinaire. Il criait quelque chose comme : « Pas mort... Pas mort... » On l'a dégagé. Est-il mort ?... Il y en a beaucoup qui sont morts de cette façon... »

Et quels souvenirs, toujours, tandis que le soir tombe dans la chambre aux meubles trop neufs ? Plus de souvenirs : cela ne finirait jamais... Un soir, tous les agents de liaison étaient partis. Il ne restait dans la sape que Bénesse, si petit, étriqué, avec sa barbe aux crins égaux. J'ai dû l'envoyer au poste de commandement du bataillon, parce qu'il le fallait, mais je ne me rappelle plus pourquoi. Il est revenu avec le dernier papier : « La 5e compagnie du 106 sera relevée ce soir par une compagnie du 173. Envoyer des agents de liaison, un par compagnie, pour 19 heures, au P. C. du lieutenant-colonel, cuvette 280. Préparer des agents de liaison, un par section, au P.C. de la compagnie... A la relève, chaque homme devra être porteur d'un sac, équipement complet et fusil, *sous peine de conseil de guerre...* Toutes les compagnies du 106 relevées ce soir iront à Dieue isolément. Téléphonez aussitôt la relève faite... »

Il était une heure du matin quand j'ai téléphoné pour la dernière fois. Nous avons quitté les Eparges sous les lueurs vibrantes des obus, en nous traînant hors des boyaux. Autour du ciel, des canonnades lointaines battaient à coups pesants, au bois d'Ailly, au bois de Mortmare, vers Saint-Mihiel, vers Marchéville, vers Etain.

Des grappes de fusées blanches se balançaient, radieuses, sur la Woëvre. A nos pieds, entre les parois des boyaux, des hommes douloureux montaient, enfoncés dans la boue jusqu'au ventre ; des points rouges de cigarettes brasillaient, la lueur d'une pipe au creux d'une main.

« Aux fous, là-bas, avec leurs sèches ! »

Ceux qui montaient répondaient des injures; nous étions trop las pour les injurier aussi. Un énergumène, debout hors du boyau, les jambes écartées en voûte, tapait sous lui à coups de bâton. Nos pieds étaient si lourds, enveloppés d'une gangue énorme et collante, que nous basculions à chaque pas, bizarrement déséquilibrés...

Il nous a fallu marcher encore plus de quatre lieues. Le jour était venu depuis longtemps lorsque, sortis de la forêt, nous avons traversé le ruisseau bouillonnant près du château de Sommedieue. Encore quatre kilomètres. Les compagnies allaient « isolément ». Couchés sur les talus, nous regardions passer des chasseurs du 25, deux ou trois, une dizaine, un tout seul. Ils traînaient leurs pieds meurtris de gelure, courbaient l'échine sous leur sac, tiraient de leur cou maigre où les tendons faisaient saillie. Un peu plus loin, couchés sur les talus, les chasseurs du 25 nous regardaient passer. Bien des hommes laissaient tomber leur sac, en retiraient leurs lettres, le cachaient derrière un buisson. Ils disaient : « Je reviendrai le prendre ce soir, ou demain, quand je pourrai. Et merde pour le conseil de guerre ! »

Beaucoup sont demeurés en route, qui rentreront pendant des heures, « isolément ». Beaucoup, les pieds pourris, rentreront sur la paille des guimbardes, accrochés aux voitures du train, sur les caissons des artilleurs. Beaucoup d'autres... C'est Puttemann qui est mort le premier, bien avant notre arrivée. Rebière nous a attendus pour mourir : nous sommes allés le reconnaître à l'ambulance du Rattentout, allongé dans sa boîte, avec ses rudes souliers encore encroûtés de boue sèche et la blessure de son front cassé. On a hissé le cercueil sur une tapissière; on a mis un drapeau par-dessus ; et nous l'avons suivi, au petit trot du bidet, jusqu'à l'église. Il y avait, parmi nous du 106, beaucoup de chasseurs du 25, et deux ou trois vieilles Meusiennes en cape noire...

C'est fini. Quelques lignes encore à ma lettre, et nous n'en parlerons plus :

« ... A présent nous sommes au repos ; un repos avec des exercices, des marches militaires, et le service intérieur à quoi l'état-major attache tant de prix. Car nous coudoyons chaque jour ces gens-là, ces autres gens-là... Le canon gronde toujours là-bas, où tant et tant de camarades, et mon ami, ont donné tout leur sang. Ils s'en foutent. Le généralissime est venu leur porter des croix. C'est nous qui leur avons présenté les armes. »

C'est fini. Ma lettre partira ce soir.

VII

LES AUTRES

11-24 avril.

Est-ce de leur faute ? Même chez nous, ceux du ravitaillement n'ont jamais gravi la colline des Eparges. Ce sont de braves gens, pourtant : Gidrol le lieutenant, Bobillier l'adjudant. Quand nous buvions dans la petite salle de Belrupt, Bobillier était toujours là ; il écoutait, riait avec nous, nous témoignait une camaraderie attentive où nous sentions comme de l'admiration. Il a couru au-devant de nous, l'autre matin ; Cordesse le vaguemestre était avec lui ; lorsqu'ils nous ont aperçus, ils se sont précipités ; ils nous ont serré les deux mains ; ils ne savaient que dire, pâlis d'une émotion trop forte. A-t-il donc eu raison, celui de nous qui s'est baissé vers le ruisseau, a ramassé de la boue à pleines mains et l'a jetée sur la capote de Bobillier ?

Chaque fois que nous passons dans la rue des Alliés, nous voyons sur le seuil d'une porte un jeune coiffeur-soldat, en veste blanche, dont les leggins miroitent au soleil. Il nous regarde avec un sourire goguenard. Est-il donc goguenard, son sourire ? Et pourquoi cette envie nous prend-elle de souffleter ses joues poudrées ?

Ni Bobillier, ni Cordesse ne sont jeunes. S'ils avaient dix années de plus, ils ne seraient même pas soldats. Ce n'est pas de leur faute si nous sommes jeunes : tout le monde ne peut pas être vaguemestre.

Ni pharmacien, ni vétérinaire, ni gendarme. Nous aurions pu naître gendarmes et traquer les soldats dans les débits du cantonnement : savons-nous quels gendarmes nous serions ?

Eh bien ! oui, ceux du Quartier général sont odieux ! Qu'un soldat passe par les jardins et se glisse dans l'arrière-boutique d'un bistrot, s'il y trouve un gendarme aux aguets, ce gendarmelà est odieux. Il « signale » le soldat, le fait « mettre dedans », et il est encore plus odieux.

Il est gendarme. Pendant notre dernier repos, j'étais allé jusqu'à Verdun avec les filles de la mère Viste. Cela nous arrivait souvent, tantôt à l'un, tantôt à l'autre, chaque fois qu'elles y allaient elles-mêmes pour faire provision de tabac : nous montions dans leur carriole, la jument grise trottait jusqu'à la place Chevert ; et nous nous disions au revoir : « A onze heures, porte Saint-Victor... »

Ce matin-là, deux « taubes » tournaient au-dessus des routes ; il faisait très beau : les bombes sifflaient dans le ciel pur et s'écrasaient l'une après l'autre vers les hangars blancs de l'aviation, vers les casernes aux toits rouges. Virginie s'était blottie sous la bâche, la tête cachée dans ses deux bras serrés ; Estelle, plus courageuse, était descendue sur la route, pour voir. Les avions se sont éloignés ; la jument s'est remise à trotter ; nous nous sommes dit adieu place Chevert... Il y avait là un gendarme, un capitaine. Ce n'est pas vers moi qu'il est venu : il a attendu que j'eusse disparu, a rattrapé en courant les deux sœurs, les a menacées, terrorisées, tant qu'elles ont dû lui dire mon nom et mon régiment. Elles en ont pleuré toutes les deux ; elles m'en ont demandé pardon. Pauvres gosses ! Cela m'a valu un rapport du capitaine-gendarme, huit jours d'arrêts du gouverneur, l'indulgence amusée du général, celle du colonel Boisredon, les félicitations des camarades : nous avons bu à mes huit jours d'arrêts un panier de bouteilles de champagne.

Un gendarme qui faisait son métier, qui obéissait aux consignes... Il faut être « strict », en temps de guerre. C'est la guerre qui est responsable, qui jette la prévôté aux trousses des soldats en vadrouille, et qui met au cœur des soldats cette haine contre leurs persécuteurs, contre « les cognes ». Je connaissais bien Bamboul, je crois, son dévouement, son intelligente bonté... J'ai entendu Bamboul raconter ceci, à l'hôpital : « Pierrugues était mort, écrasé ; moi, j'avais un éclat dans l'œil, l'œil crevé : j'ai mis une compresse par-dessus et j'ai cavalé vers l'arrière. Ça faisait mal, le sang dégoulinait, il me semblait que ma tête pétait. Et des obus au carrefour ; des obus jusqu'aux Trois-Jurés... Aux Trois-Jurés, il y avait un cogne, un de ceux qu'on sème en barrage pour arrêter les débineurs. Il a gueulé après moi ; j'aurais voulu m'arracher l'œil pour le lui foutre par le blair. Une bordée de 105 a sifflé, le cogne s'est planqué, je me suis remis à cavaler. Rraoum ! La dégelée tombait. Je me suis retourné, déjà loin : le cogne était resté planqué; il ne bougeait pas. Alors il m'a semblé... Chaque pas me tapait dans la tête; les obus rappliquaient toujours : je suis revenu quand même, pour être sûr, pour emporter ce petit souvenir-là. J'ai retourné le type du bout du pied; j'étais bien, je buvais du lait : il y était, mon vieux ! Zigouillé ! Raide. »

Ceux qui entouraient Bamboul l'écoutaient avec un bon rire, épanoui sans méchanceté... La guerre, simplement : une autre lueur dont elle s'éclaire, une percée dans l'ombre où se cache son vrai visage. Toute sa hideur, nous ne la connaîtrons jamais.

Qui raserait les officiers de l'Etat-major, soignerait leurs chevaux, cirerait leurs bottes, piloterait leurs automobiles ? Il faut tout comprendre, ou du moins essayer; il faut, si l'on a quand même le malheur d'être injuste, ne l'avoir pas fait exprès... Injustes, nous l'avons été. Nous avons envié l'indigne bonheur des autres, laissé nos cœurs battre trop fort comme s'ils se fussent cabrés contre notre destin. A Dieue comme aux Eparges, nous sommes fantassins du 106. Cela aussi, il faut tâcher de le comprendre : une immense solitude, aussi longue que notre guerre, que pour chacun de nous sa guerre.

Ensemble, Porchon et moi, nous étions partis à la guerre. De six jours en six jours, nous revenions à Mont-sous-les-Côtes, dans la maison des Aubry. Chez nous... Le garde aux cheveux drus, sa poignée de mains virile et sèche; Mme Aubry maternelle et lasse; Mlle Thérèse... Je suis retourné à Mont du carrefour de Calonne, sur le vélo de mon cycliste; et, cette fois-là, j'étais seul. J'ai revu les deux femmes dans notre maison d'autrefois. Le couloir était plein de soldats inconnus. Mme Aubry m'a regardé, et j'ai compris qu'elle se souvenait. Mlle Thérèse m'a dit : « C'est triste », puis m'a parlé d'un capitaine si drôle qui couchait dans la chambre du fond, de lieutenants si gentils qui faisaient popote dans la salle du devant... Trois mois que nous étions partis : c'est long, trois mois, mademoiselle Thérèse... Je suis allé seul dans les jardins. J'ai vu toutes leurs tombes alignées, serrées les unes contre les autres entre leurs clôtures de bois : capitaine Desoignes, capitaine Béreau, lieutenant Duféal, sous-lieutenant Hirsch, sous-lieutenant Moline, sous-lieutenant Porchon... Il y avait quelques couronnes de verroterie, toutes les mêmes, suspendues aux montants des croix : A NOS CAMARADES. Plus loin, au pied du coteau, je voyais des hangars de rondins et de branches, où des chevaux fourbus demeuraient immobiles, naseaux bas, une patte de derrière pliée : les mêmes hangars que cet hiver, les mêmes chevaux fourbus, un peu plus de soleil sur la terre dépouillée... J'ai reculé de quelques pas, et les tombes ont disparu, tout de suite, derrière un monceau de gravats.

« Au revoir, Madame Aubry.

— Bonne chance, mon pauvre garçon.

— Oh ! bonne chance... »

Mlle Thérèse n'était plus là : « Elle est allée aux commissions, m'a dit sa mère. Du beurre et du gruyère à acheter pour la popote. Je lui donnerai votre bonjour. »

Hier, au faîte d'une grande carriole où s'entassaient des matelas et des meubles, j'ai vu passer Mme Aubry. Elle s'est penchée pour me serrer la main, sans descendre :

« Ils bombardent sur Mont, depuis quinze jours. Nous sommes évacués. La Thérèse est déjà partie. Le père ne quittera pas, puisqu'il est soldat aussi.

— Où allez-vous ?

— Aux Monthairons d'abord; après, je ne sais pas.

— Bonne chance, Madame Aubry.

— Oh ! bonne chance... »

Qu'est-ce qui nous reste ? Une petite photographie à Verdun, Estelle à son comptoir de Belrupt, Virginie dans la salle du débit, deux grandes filles aux lèvres rouges sur le seuil d'une maison de Dieue, près de la grange où cantonne la 5e... Elles veulent bien être là, quelquefois, quand nous rentrons de l'exercice. Les officiers « montés » se redressent sur leur selle et les regardent en passant; mais les hommes ne sont point jaloux, eux qui peuvent voir, chaque jour au soir tombant, deux automobilistes entrer dans la maison. Dès le premier jour, ils ont su que le plus âgé était un « riche négociant », le plus jeune un « fils de famille ». « Qu'est-ce que tu veux, elles ont raison. C'est plus sûr qu'avec nous... Elles sont sérieuses, qu'est-ce que tu veux. »

Très vite, nous les avons toutes connues : celle-ci est à un aviateur ; celle-là, qui est veuve, un gros toubib loge chez elle, un toubib à cinq galons ; cette autre, certains jours réguliers, reçoit un képi lauré... Quelle tristesse ! Dans une grande bâtisse pouilleuse, on entend quelquefois, en passant, des rires de femmes éraillés d'alcool; elles doivent être trois, elles valent un quart de rhum et dix sous.

Au bord de la Meuse, le soir, une lampe s'allume derrière une vitre. Dast, Sansois et moi, nous marchons sur le pont de planches; le reflet de la lampe plonge et tremble dans l'eau vivante. Nous allons : le reflet disparaît sous la berge. Souple, un matou bondit derrière une forme blanche et fine; on entend des feulements, des sanglots presque humains, des râles... « Ah ! les sales bêtes ! »

Derrière la fenêtre éclairée, nous voyons en passant une troupe d'hommes autour d'une table ; ils sont une dizaine qui popotent là, des sous-officiers du 3e. Au milieu d'eux, on aperçoit une fillette en corsage clair ; elle n'a pas quinze ans, mais son corps s'épanouit déjà, gonflé de tendres rondeurs ; sa mère l'habille de jupes trop courtes, de blouses légères échancrées trop bas sur la gorge. Les sous-officiers paient bien.

Nous revenons sur nos pas. Les planches sonnent, sous nos pieds, d'un bruit net et solide qui nous tient compagnie. Devant nous, par-delà les prés plats où la rivière s'étale, les maisons d'Ancemont reculent dans une brume d'or un peu rosé ; deux ou trois fenêtres brillent aussi, là-bas, où des lampes viennent de s'allumer. Un train passe et descend vers Dugny.

« Retournons. »

Dast est à ma droite, et Sansois de l'autre côté. Nous ne disons rien. Comme ils ont été braves, tous les deux ! Dast perpétuellement vibrant, haussant son courage de tous ses nerfs tendus, réchauffant ceux qui l'approchaient au flamboiement de sa gaieté. Quel est-il, si mystérieux toujours, plein d'abandon et de défiance ? Comme il m'a parlé, certains soirs ! Tout proche, les prunelles transparentes, — et très loin tout à coup, l'être durement clos sur lui-même. Et l'autre, calme et rêveur, presque inconnu encore ; et pourtant, j'en suis sûr, un des meilleurs près de qui j'aie vécu. Il ne me tutoie pas ; il me dit « mon lieutenant » ; ni Dast ni moi ne l'avons jamais entendu rire ; mais quelle lumière dans son sourire, dans la jeunesse de ses yeux ! Nous étions ensemble sur la crête ; nous voici ensemble ce soir ; nous allons vivre ensemble, jusqu'à quand ?

Ainsi, un autre soir, dans la rue d'un autre village, je marchais au côté de Rebière. Je lui serrais le bras et je lui parlais de Porchon... Dast et Sansois ; Rebière et Porchon : ils sont tous là et me semblent les mêmes... Thellier encore, la main de Dast sur son épaule, comme sur la photo de Belrupt ; « le jeune Hirsch », Jeannot et le « père Muller »... C'est autre chose, c'est plus qu'un souvenir... Le commandant Sénéchal égorgé au fond d'un abri, le capitaine Secousse amputé sur la colline, Liège blessé, Pannechon blessé, — quelle différence entre tous ceux-là ? Liège m'a écrit et m'a parlé de son « bobo » ; Pannechon, en terminant sa lettre d'hôpital, m'a prié d'accepter « une poignée de main inaltérable ». Qui m'a écrit ? Le sergent Liège ? Mon ordonnance Pannechon ? Ils n'étaient déjà plus les mêmes, trop loin de nous, disparus tous les deux. Et si j'allais plus loin, toujours... A quoi bon ? Ce n'est qu'un soir, à Dieue, entre Dast et Sansois. Toutes les fenêtres s'éclairent une à une; un violon rythme une chansonnette, sautillante au bord du crépuscule; le flot de la Meuse, derrière nous, clapote doucement dans une brume pâle qui s'éteint.

« Bonsoir, les vieux. »

Je leur serre les mains, devant la porte de ma maison; et, lorsqu'ils sont partis, je continue d'aller par un chemin de terre, le long des derniers jardins. L'air est vif; la nuit, ouatée au ras des glèbes, d'une pureté sombre vers le zénith. Il n'y a pas de lune; les étoiles rapprochées brillent, chacune, d'un éclat net et solitaire. Il gèlera peut-être aux heures d'avant l'aube.

J'aime cette nuit sans mystère, où la clarté lunaire ne transfigure point les choses, où les formes des nuées n'altèrent point la voûte du ciel, cette nuit moyenne, ni glaciale ni tiède, où chaque étoile est bien à sa place. Je suis ici, au repos à Dieue-sur-Meuse, après les batailles des Eparges. A ma droite, c'est la Meuse, à ma gauche le canal. Devant moi, vers le sud-est, des fusillades crépitent, affaiblies par l'éloignement, mais distinctes toujours, sans résonance, sans écho.

Je suis moi-même, juste à cet instant de la guerre.

Le 21 *avril.* — « J'ai reçu aujourd'hui votre lettre du 18 où vous m'apprenez la mort de... et celle de... Vous du moins, vous pouvez vous donner à l'âpreté consolante du souvenir. Nous pas. On se doit à l'action, sous peine de faiblir; il faut imposer silence à la plainte du cœur, de crainte qu'elle ne devienne tyrannique. Moi aussi j'avais dû, un temps, me résigner à laisser la « meule intérieure » tourner. Ce m'est une fierté de l'avoir arrêtée, et de sentir qu'elle m'obéit... »

Je m'attendais à souffrir davantage. Dans ce désert salubre, on respire sans angoisse; on se sent bien portant, robuste, et, quelquefois même, heureux. C'est une grâce qu'il ne fallait que mériter; et maintenant, elle est venue.

Descendre, pendant une marche, par les layons de la forêt; humer au fond d'une combe, près d'une cabane de charbonnier, la fumée aigrelette du bois vert; découvrir une longue ferme aux toits de tuiles moussues et boire, dans la salle fraîche où l'horloge bat sous sa gaine, un grand bol de lait fumant; galoper à cheval sur une route droite et dure, au claquement des sabots ferrés; s'arrêter contre un mur de parc et, debout sur les étriers, cueillir des thyrses de lilas : c'est notre joie glanée au long des heures;

et toutes les heures s'offrent à nous, dans la clarté de notre joie. Pourquoi ne pas sauter en selle, encore, et poursuivre Dast, en criant, sur le bord du canal pailleté de soleil, à travers l'ombre légère des trembles ? Il chevauche une rosse jaune, à la lèvre de dromadaire : elle ne daigne jamais galoper, mais son trot dégingandé allonge de telles foulées que P'tit Rat, mon cheval, tambourinant la route de son galop rageur et sec, souffle et ruisselle de sueur lorsqu'il la rattrape enfin.

« C'est parce que j'ai bien voulu », dit Dast.

Nous trottons, botte à botte, jusqu'à Belrupt ; nous arrêtons nos bêtes de chaque côté de la porte et sautons à terre, en même temps, d'un coup de jambe par-dessus l'encolure.

« Houp là ! »

Sonnerie de trompettes sur le seuil, appels vigoureux, entrée en trombe :

« Bonjour, les enfants ! Bonjour, Madame Viste ! Et le père ? Et le beau-frère ? Quelles cigarettes dans la vitrine, Estelle ? Ohé, Virginie, ce vieux porto qui devait venir ? Approche là, qu'on vous voie ! Plus près ! Ah ! les bonnes mines ! J'ai d' la lavande qu'embaume ! J'ai du beau mimosa !...

— Oh ! qu'ils sont gais ! répètent les femmes. Ces deux-là, ces deux-là, on ne trouverait nulle part les pareils. »

Cigarettes, porto, sonnerie de trompettes : nous sommes en selle, en même temps, du même coup de jambe « à l'envers » par-dessus l'encolure des bêtes, et nous regagnons Dieue, au petit trot.

« C'était plus gentil, tout de même, de sauter leur dire bonjour.

— Oui, c'était mieux.

— On y retournera ?

— Pourquoi pas ?... »

Nous ne redoutons plus rien. Dast est pareil à moi, et peut-être Sansois, et peut-être beaucoup d'autres... Le grand Sève, de la 1re, peut bien, puisque c'est son plaisir, jouer au poker avec les automobilistes. Massicard s'éternise au lit pour une vieille écorchure au pied. Débonnaire a trouvé enfin « une piaule où l'on peut boire tranquille et que les cognes n'ont pas encore reniflée ». Lorsque, dans les rues du village, on rencontre un groupe de camarades, on ne manque point de s'arrêter ; on serre des mains, on bavarde, content des autres et de soi : Lamarre a toujours sa barbe magnifique, Carrichon sa barbe hirsute qu'il laisse à présent repousser ; Guimier nous révèle sa voix jeune et sonore ; et Davril est revenu.

Clémentes matinées dans les taillis de la forêt, où frémit au soleil l'ondée blonde des jeunes feuilles ! Le *Chêne Gossin*, *Les cinq*

Frères, Belle-Affût... Nous grimpons, dévalons, lancés tête basse en plein fourré, les mains éraillées d'épines, le visage souffleté, fonçant toujours par grandes détentes de muscles, le cœur battant, la poitrine dilatée. A cheval encore ! Et c'est le trot, par un layon pierreux, vers la ferme aux toits moussus : la lumière, sur le dallage poli, a le verdoiement blond des feuilles ; le lait fume dans les jattes de grès ; la voix de la fermière chantonne ; nous buvons à longs traits veloutés, et nos moustaches sont blanches, frangées d'une écume crémeuse.

Ancemont, la gare, le sifflet d'un train. Ce n'est qu'une vieille locomotive, aux flancs de cuivre bosselés, qui siffle près d'une petite gare. Les planches des passerelles retentissent sous la marche des bataillons ; la Meuse sinue, éclatante de soleil, parmi les prés gorgés d'eaux vives : entre chaque motte, un filet d'eau ruisselle ; les collines sont bleues devant nous par-dessus les façades claires.

« Pas cadencé... »

Voilà comment on marche, quand on est soldat du 106 ! Vous pouvez regarder, vous autres, debout au seuil de vos maisons ! Est-ce que ça roule ? Est-ce que ça flanche ? Regarde, jeune coiffeur aux jambières miroitantes ; et souris même, si tu veux : nos talons n'en sonneront pas moins net sur la route. Coude à coude, et les pas dans les pas.

« En ligne face à gauche...

— En ligne face à gauche...

— Halte ! »

Les commandements des chefs de section résonnent ; les paumes claquent sur les bretelles des fusils. La compagnie est là, immobile devant les granges, tournant le dos aux deux filles apparues.

« Rompez vos rangs ! »

Il semble que les rangs éclatent. Chacun s'en va. Il n'y a bientôt plus personne.

Et l'on se retrouve, une heure après, autour de la table où l'on mange : le commandant Rive, le docteur Le Labousse, et nous trois. Bouille apporte les plats, le grand Bouille que j'ai vu, un soir de cet hiver, maintenir sur son dos tout le toit d'une guitoune effondré par un obus. Figueras, par instants, montre à la porte son chandail brun, sa face olivâtre. Hobeniche s'empresse, et conte, infatigable, de très vieux potins châlonnais.

Vin rosé, saucisson dur grenu de poivre blanc, pichet de faïence vernissée, reflet de soleil sur la toile cirée blanche, voix connues, visages familiers : notre popote des matins. Celle des soirs s'as semble sous la lampe; et quelquefois l'hôtesse vient s'asseoir près de nous. Elle est blonde, maigre, malade; son mari est prisonnier. Sa belle-mère la suit pas à pas, un gnome ventru que j'appelle « ma chérie » : elle se tord, son ventre tressaute; mais ses petits yeux vifs ne cessent de nous guetter, et la jeune femme blonde parmi nous.

La vieille se lève et dit : « Viens te coucher, Georgette. » La bru se lève, dolente, et s'en va derrière elle. Très grande, elle abaisse sur ce corps de nabote un lourd regard plein de rancune.

« Bonsoir »... Chacun s'en va. Il n'y a bientôt plus personne.

Alors, je monte jusqu'au grenier, où couchent dans le foin profond Hobeniche, Bouille et Figueras.

« Vous êtes bien ?

— Pépères !

— Allons tant mieux... Bonsoir, vous trois.

— Bonsoir, mon lieutenant. »

Me revoici seul dans la chambre. Cette bougie n'éclaire que moi. Elle luit, tremblotante, sur les fleurs de volubilis, sur mes mains, sur une des lettres que j'écris.

Encore un soir, après un jour honnêtement vécu. Puisque j'ai été, tout ce jour, celui que j'ai résolu d'être, gai sans éclats, cordial avec mes camarades, attentif à bien commander, maître de moi sans défaillances; puisque personne, parmi ceux qui m'entourent, ne songe à moi, ce soir, pour m'en vouloir d'un mal que je lui aurais fait; puisqu'il me fallait bien, enfin, rentrer dans cette chambre neuve, et que je n'y suis point venu pour y chercher cette solitude, je l'accepterai tout entière, telle que je l'y ai trouvée.

Qu'elle est prenante ! Comme la journée s'éloigne et pâlit ! Ai-je jamais été mon maître, emporté que me voilà par ma solitude des soirs ? Ai-je jamais vu, dans un cirque de prés entourés de collines, les lignes roides des bataillons en armes, la limousine du général Joffre, les cuivres des clairons sonnant l'ouverture du ban pour des gloires que nous ne pouvions pas comprendre ?... C'est à cause de mes lettres que je songe à cela, à cause d'eux à qui j'écris, et qui m'attendent, je le sais bien, toujours. Qu'est-ce que cela nous ferait, sans eux ? Nous autres, nous ne pouvons plus nous tromper; nous avons trop appris, trop vu; nous n'avons même plus à juger. Mais eux ? Mériteraient-ils de nous attendre, si nous ne les aidions à rester près de nous ? Qu'ont-ils pu lire, avant les lettres que nous leur écrivons ?

On nous a fait lire, à nous, les lettres d'un soldat du 6ᵉ d'infanterie allemand. Et ce soldat écrivait aux siens, des Eparges, il y a quelques jours seulement : « Jamais, depuis que je suis au monde, je n'ai passé si tristement ces jours de Pâques... Je n'ose pas vous dire ce qui se passe ici, j'ai peur de vous rendre malades. Je ne puis vous dire qu'une chose, c'est que, grâce au Bon Dieu, je suis encore de ce monde. Ce n'est plus le champ de bataille de l'Argonne; ici, la crête que nous occupons a l'aspect d'un volcan, qui ne cesse de brûler en crachant la mort autour de lui. Je suis à bout de forces, je n'ai plus la tête à moi... J'ai toutes les peines à croire que je suis encore vivant... »

Voilà donc ce que font les canons français ! Voilà donc la vie infernale que nous menons à nos ennemis !

Oh ! ce n'est pas cela. Un soldat de chez nous n'a-t-il pas écrit la même lettre ? Presque tous les soldats ne l'ont-ils pas écrite, un jour ?

Et ceci, mes absents, l'avez-vous lu ? Ce dithyrambe à notre gloire qu'un officier d'état-major a chanté, en revenant d'une mission aux Eparges ? Emu, certes, il l'était, secoué d'admiration et de pitié : il avait vu des hommes dans la boue, « non plus des passants comme lui, mais des hommes qui restaient là. Ils ont pris la colline des Eparges; ils savent qu'ils ont fait une grande chose en enlevant cette crête formidable. *Ils ne demandent qu'à recommencer.* »

Croyez-vous que ce soit cela ? Hélas, qu'ai-je fait moi-même, le jour où sur la colline, pendant que les obus tombaient, j'ai griffonné cette carte boursouflée d'héroïsme et que j'ai laissée vous rejoindre ? Je l'ai relue dans les feuilles de la ville, avec ses mots gesticulants : il m'a semblé que j'entendais une cabotine chanter trop haut la *Marseillaise;* et j'ai eu honte, à cause de vous et de moi.

Non, ce n'est pas cela. Je pense à vous, aux absents que vous êtes et que j'aime. Vous êtes, pour jusqu'à votre mort, tout ce qui reste de moi-même, de la vie que j'avais et que je vous ai laissée. Il y avait moi parmi vous; et maintenant il n'y a plus que vous. Notre héroïsme n'est rien, non plus que la lâcheté ou la vilenie des autres : il n'y a que votre confiance, et que notre résignation. Et puisque je suis résigné, puisque j'accepte tous les jours, toutes les menaces, toutes les souffrances, et même, — je le sais bien sans vous le dire, — en cette heure comme en celle de l'adieu, le déchirement de ne plus jamais vous revoir, laissez-moi combler de vous ma solitude et vous la dédier tout entière. Ecoutez-moi, ces soirs où je suis vrai pour vous. Seulement ceci, ô mes absents : ne pas mourir en vous; ne pas mourir à cause de vous.

VIII

L'ADIEU

24-25 avril.

Depuis deux jours, nous entendions vers l'est le grondement d'un marmitage. La nuit surtout, lorsque avant de nous séparer nous faisions quelques pas le long des derniers jardins, le fracas des obus semblait s'avancer jusqu'à nous. Il faisait calme entre lui et nous : parfois les canons se taisaient, et nous écoutions sans rien dire le crépitement des fusils.

Il était midi, nous achevions de déjeuner, lorsque l'ordre est arrivé : « Départ 13 heures, direction Rupt-en-Woëvre. » A peine nous sommes-nous rappelé la promesse qu'on nous avait faite, ce repos prolongé jusqu'aux premiers jours de mai; à peine avons-nous regretté les galopades dans la forêt, le lait crémeux que nous buvions près de l'horloge. J'ai regardé le commandant Rive lacer ses jambières de cuir et Mounot boucler ma cantine. Il s'est retourné vers moi, et m'a dit en souriant, de sa voix toujours paisible :

« Et donc, mon lieutenant, c'est toujours les mêmes qui s'font tuer ? »

Pour la première fois depuis longtemps, le ciel s'était voilé de nuées grises. Les rues du village étaient presque vides : les chasseurs du 25 étaient déjà partis. Seules, quelques vieilles Meusiennes nous ont regardés passer, les mêmes peut-être qui avaient suivi vers l'église le cercueil d'un lieutenant de vingt ans.

Par la Vaux des Loups, par la Voie de Dieue, nous nous en sommes allés. Les feuilles mortes des bois roulaient sous nos semelles, amollies et collées par la pluie; et déjà les premiers blessés nous croisaient au bord du chemin.

« Ils attaquent ? leur demandions-nous.

— Et comment !... Ça va mal.

— On les tient !

— Ils sont au Rozellier !

— Ils nous ont pris deux cents canons.

— Ils sont tombés sur un bec de gaz. »

Nous ne leur demandions plus rien. Nous allions, avec un regard au passage vers les écharpes et les pansements rougis : des blessés légers, très las surtout d'avoir marché des lieues. Une seule chose nous surprenait : leurs vêtements n'avaient point de boue, juste quelques éclaboussures tachant leurs capotes encore bleues.

Les marmites s'écrasaient devant nous, certaines si proches, semblait-il, que nous allions voir au tournant du chemin monter leurs fumées noires entre les branches des arbres. La colline s'est abaissée : à nos pieds, l'église et les maisons de Rupt serraient leurs toits d'ardoises sous le ruissellement de la pluie. Dans un champ, le long d'un mur à demi écroulé, trois fosses énormes béaient, fraîches creusées, auprès de trois chevaux morts.

Nous avons descendu la pente et traversé le bourg sans y reconnaître personne. Quelques paysans nous regardaient, avec une angoisse presque hostile. Des obus sifflaient vers le bois des Trois-Monts, au midi; une canonnade de bataille roulait bien au delà, dans l'est, vers Mouilly ou Saint-Rémy.

Nous allions toujours, par la route autrefois parcourue, au bord du camp galeux de l'artillerie, entre les pentes des collines. Nous ne savions toujours rien, que le roulement de cette canonnade, et quelquefois, au hasard d'une accalmie, le pétillement grêle des fusils.

La ferme d'Amblonville s'est allongée au creux du vallon, près de la mare immobile et terne où s'embuait le reflet des arbres. Nous avons tourné à droite, vers Mouilly.

Un peu plus loin, des brancardiers nous ont laissés passer, rangés au bord de la route. Ils avaient posé leur fardeau sur l'herbe de l'accotement, un capitaine d'artillerie lourde étendu sur une civière, la tête enveloppée jusqu'au-dessous des yeux, rigide et saignant sur la toile.

Avant d'atteindre le Moulin-Bas nous avons tourné à gauche, dans un ravin de la forêt. Il pleuvait toujours. En avant de nous, les batteries de la cote 372 tiraient, par sèches volées précipitées.

— « Halte ! »

Nous étions sur la contre-pente, près de guitounes abandonnées. Quand nous nous approchions de leur porte ténébreuse, nous retrouvions encloses en elles la tristesse et le froid de l'hiver.

Sur le plateau, des marmites boches s'abattaient : elles devaient chercher nos 75, mais leurs sifflements se tendaient droit vers nous, dépassaient la ligne des canons, se brisaient en tonnerre à la lisière des arbres; et des éclats autour de nous heurtaient durement les fûts des hêtres.

Le soir venait. Nous montions jusqu'au bord du ravin, le plateau s'éployait devant nous : loin, les 75 s'alignaient, minuscules et perdus au milieu de la friche ; plus loin c'étaient les Taillis de Saulx, la route de Mouilly aux Eparges, plus loin encore la côte de Senoux. Mes regards croisaient ceux du commandant Rive ; et nous nous rappelions des choses très anciennes, dont nous ne nous disions rien. Une mélancolie désolée régnait sur l'étendue ; les volées des 75 traînaient maintenant sous le ciel bas une étrange et poignante mélopée ; de çà de là des fumées noires sourdaient du sol, lentes à jaillir et longuement balancées

« Pourquoi Davril n'arrive-t-il pas ? s'inquiétait le commandant Rive.

— Il était chez lui, à Verdun ?

— Oui, comme presque tous les jours.

— Il n'aura su qu'en rentrant à Dieue.

— Ça ne fait rien : son cheval est bon ; il devrait nous avoir rejoints. »

La nuit s'enténébrait doucement, baignée de bruine frissonnante. Nous ne voyions plus les pièces de 75, mais seulement, chaque fois qu'elles tiraient, les jets de flammes des départs. Au profond des bois, la fusillade sursautait, spasmodique. Il y avait des instants d'un silence presque absolu ; nous entendions alors, près de nous, l'égouttis de la pluie sur la jonchée des feuilles mortes.

Un homme est passé, qui semblait perdu : il marchait d'un pas machinal, les bras pendants comme des choses inutiles.

« Que cherchez-vous ?

— Le téléphone.

— Il n'y en a pas.

— Si, je le sais. »

Dans une des guitounes délabrées, il y avait un téléphone. L'homme a disparu sous la porte ; et sa voix montait du trou noir :

« Allô... Oui, les pièces sont perdues... Nous avons été surpris... par l'infanterie allemande, oui... Il a fallu se battre au mousqueton. Le capitaine a une balle dans la tête... Mes hommes ? Non, mon général, je suis seul... Si nous avons eu le temps de faire sauter les pièces ? Deux seulement : des grenades dans les tubes... »

L'homme est sorti, et lentement s'est éloigné. A peine avait-il disparu, le galop d'un cheval a fait trembler le sol mou de la lande ; une silhouette a grandi sur le ciel brumeux, de plus en plus haute et sombre.

« C'est bien vous, Davril ?

— Oui, mon commandant. »

Il mettait pied à terre. Une buée s'exhalait des flancs mouillés de son cheval. Il disait, essoufflé :

« J'ai appris à Verdun même... Je suis parti tout de suite... Je vous assure, mon commandant, je n'ai pas perdu une minute. »

Il parlait avec une émouvante volubilité, comme un enfant content de soi qui voudrait être loué à la mesure de son mérite.

« C'est bien, c'est bien, Davril », répondait le commandant Rive.

Peut-être songeait-il, comme moi, à cette fin d'après-midi dans une villa de Jardin-Fontaine, à Davril près de sa mère, à cet ordre d'alerte arrivé brusquement, à cette séparation, à ce départ « sans perdre une minute » vers notre attente sous la pluie triste, jusqu'à notre mystérieux demain.

C'était très simple : l'attaque allemande, prononcée dans les bois au sud-ouest des Eparges, avait poussé au nord dans l'axe de la Calonne. Le 54, surpris, avait fléchi derrière sa première ligne : plusieurs de nos pièces lourdes avancées étaient tombées aux mains des Allemands, deux ou trois 155, quelques mortiers de 220. Les cuisiniers du 54 avaient abandonné, dans les baquets où elles dessalaient, une douzaine de queues de morues; des artilleurs, le mousqueton au poing, avaient bravement défendu leurs canons... Tous ces incidents, grossis, déformés, avaient fait croire à une bataille d'autrefois, à un fabuleux retour vers une guerre en rase campagne, un peu plus sévère que l'ancienne, aussi mouvementée pourtant avec le soleil revenu.

Et cette première bataille, nous venions de la perdre. Les Eparges débordées n'allaient plus pouvoir tenir. Pas de seconde ligne : le passage s'ouvrait, par la trouée de la Calonne, jusqu'au Rozellier, jusqu'à Verdun. Toutes nos pièces lourdes cachées sous bois, dans tous les vallonnements des Hauts, allaient tomber aux mains de l'ennemi : il y en avait des centaines. Si les Allemands apprenaient jamais notre faiblesse, s'ils se montraient tant soit peu hardis, Verdun était perdu, un pan de notre front s'effondrait; et la Marne recommençait qu'il nous allait falloir, encore une fois, gagner : tout ce bouleversement par la faute des cuistots du 5-4, de ces gars à la manque qui passaient leurs journées à tremper des queues de morue dans l'eau. C'était, ces queues de morue dessalant, ce qui nous semblait le plus fantastique et déréglait nos imaginations. Nous qui ne mangions pas de morue, nous nous trouvions jetés en pleine absurdité.

Au vrai, pourtant, l'heure était angoissante : les Allemands, sur leur front d'attaque, avaient pris pied dans notre première ligne;

notre seconde ligne n'existait guère (et nous en savions quelque chose, nous qui l'avions, tout l'hiver, négligée); l'état-major en désarroi avait alerté pêle-mêle les troupes des cantonnements voisins. Une heure encore, et nous allions savoir par nous-mêmes : le jour naissait; les premières marmites boches sifflaient déjà sur le plateau.

Nous avons su bientôt, en effet. Un cycliste est arrivé, a dit quelques mots au commandant Rive, et nous sommes partis. C'était toujours ainsi, autrefois.

Notre carrefour est grouillant de soldats. Ils s'agitent dans la brume de l'aube, de grands outils de parc aux mains. Une odeur de terre remuée nous suit longtemps sur la Calonne, vers le sud.

Nous marchons. La brume se dissipe et s'éclaire. Quand nous levons les yeux, nous voyons s'agrandir un ciel d'une pâleur limpide qui déjà se colore de bleu : il fera beau temps aujourd'hui.

Depuis des mois, nous n'avions plus dépassé, sur la route, ce village de guitounes où gîtait notre peloton d'Hattonchâtel. C'est là que s'arrêtaient devant la sentinelle les corvées du 255; c'est vers cette cabane de cantonnier que j'ai guidé, une nuit de ténèbres poisseuses, un téléphoniste égaré. Nous allons plus loin, ce matin, comme aux jours de septembre et d'octobre.

« Halte. »

Une grande casemate au bord de la route, des ouvrages de sacs à terre, une place d'armes. Un colonel vient au-devant de nous, celui du 54. Le commandant Rive le salue. Ils causent. Et nous repartons, à travers bois.

« Ecoutez, Genevoix... »

Nous marchons l'un près de l'autre. « Voilà, dit le commandant. Il y a un trou que nous allons boucher, le 54 à notre droite, le 301 à notre gauche, appuyé à la cote 340. » Son doigt montre sur la carte : « Où nous allons, il n'y a rien; pas une tranchée, rien. Nous nous déploierons ici, parallèlement à ce layon. Nous essaierons de nous retrancher, si nous en avons le temps. Nous serons marmités. Nous serons attaqués. Notre mission est on ne peut plus simple : tenir, pendant qu'on organise le carrefour derrière nous... Vous avez bien compris ?

— Oh ! très bien, mon commandant. »

Tout de suite, le bombardement tonne. Des grandes nappes de soleil traînent par la forêt clairsemée. On voit jaillir entre les arbres des fumées sombres d'éclatements; de loin en loin, une guitoune vide soulève son toit de pierrailles blanches.

Le commandant Rive est calme. Il s'arrête et me dit : « Voulez-vous reconnaître d'abord ? Droit devant vous, à deux cents mètres à peu près; vous trouverez une compagnie du 5-4, lieutenant Devoissoux... Vous reviendrez me prendre avec le bataillon. »

Je suis moi-même absolument calme. C'est la première fois peut-être que je n'éprouve pas ce frémissement intime, cette crispation légère du cœur que j'ai toujours sentis à l'approche des combats. J'ai de la chance : je n'aurai même pas, aujourd'hui, à m'observer au milieu de mes hommes, à perdre ainsi un peu de ce soi-même qui désormais ne m'appartient plus.

Etant seul, pourtant, j'ai pu sauter au fond d'un abri rencontré, juste comme s'abattaient, tout près, trois 150 d'une même volée. Pendant que les éclats stridaient devant la porte, et que je rajustais un mousqueton de mon liseur, j'ai songé vaguement à la chance que j'avais eue d'être seul, à cette première blessure évitée par hasard, d'un geste si facile, que pourtant je n'aurais point fait si mes hommes m'avaient entouré. Etait-ce une chance ? Tous les instants de cette journée passeront. Ma chance, c'est d'être ainsi maître de moi, pour sauter dans un abri rencontré, pour reprendre ma route vers la compagnie que je cherche, pour continuer de faire ce que je devrai faire, d'un instant à un autre instant.

J'ai trouvé la compagnie du 54. Je suis revenu vers les nôtres. Nous nous sommes déployés près du layon. Nous attendons.

La 5ᵉ est à la gauche du bataillon, en liaison avec le 301 par un boyau qui monte vers la côte 340; à notre droite, c'est la 7ᵉ avec Davril. Nul besoin de réfléchir : toutes mes sections sont déployées en ligne, Dast à la gauche, Wang et Sansois au centre, Salager à la droite. J'ai dit à mes hommes : « Débouclez vos outils; creusez des trous de tirailleurs, en vitesse; nous tâcherons de les relier après ; je vais faire mon possible pour obtenir des outils de parc. »

Eux non plus n'ont pas besoin de réfléchir. Ils grattent fiévreusement l'humus, coupent les racines du tranchant de leurs pelles-pioches. Je reconnais en eux, et même en ces classes 15 qui viennent de nous rejoindre, nos tirailleurs de l'été. Ainsi les racines étaient pâles, tranchées au cœur de la terre sombre, sous la haie de la Vauxmarie.

Des obus tombent, tout le matin. Je vais, pendant que les hommes creusent toujours. J'escalade 340, établis la liaison avec le colonel du 301, redescends, parcours la ligne jusqu'à la 7ᵉ. Chaque trou s'approfondit derrière un masque de terreau.

— « Ça va, Dast ?

— Ça va.

— Ça va, Sansois ?

— Oui, mon lieutenant. »

Il me semble que vraiment ça va, que nos quatre sections se tiennent, nouées solidement les unes aux autres, bien « liées » aux compagnies voisines. Elles se clairsèment, peu à peu, pendant que je vais et viens. Je n'y puis rien ; cela m'est douloureux.

A la section de Salager, un blessé parmi d'autres est couché au bord du layon : grand, sec, une jambe garrottée très haut, il laisse couler son sang sur les feuilles et semble ne s'en point soucier. Il regarde, tranquille, ses camarades qui creusent toujours. Ils l'ont adossé à un arbre, pour l'abriter un peu des balles qui commencent à siffler ; lui ne se soucie point des balles, non plus que de son artère ouverte. Souffre-t-il ? Sait-il qu'il va mourir ? Jamais je n'aurais cru qu'on pût mourir avec cette simplicité. Certainement, il sait qu'il va mourir. L'agonie blêmit déjà son maigre visage barbu ; il ne dit rien, ne gémit point ; et pourtant, il sait. A quelques pas de lui, un jeune est couché sur le dos, frappé d'une balle ; le bout de ses doigts tremble convulsivement : c'est lui qui mourra le premier.

Car les balles claquent, à présent. Des feuilles hachées tournoient. Hobeniche tombe, la tête fracassée.

« Ça va toujours, Dast ?

— Ça va. »

Des hommes sont morts autour de lui. Trousselle me montre un trou d'obus qui fume encore à son côté : « Assis dedans ; je suis rien verni ! » Et il tombe, une balle dans l'épaule. L'aîné des frères Patin vient de tomber, un bras broyé. D'un bout à l'autre de la ligne, ils tombent. Là-bas à droite, le grand blessé a fermé les yeux. Le visage paisible, il est mort, pareil à ce qu'il était : il a seulement fermé les yeux. Le jeune classe 15, près de lui, a gardé ses paupières ouvertes sur deux globes pâles et révulsés. Ses mains ne frémissent plus qu'à peine : un spasme raidit son corps, l'abandonne ; il pèse mollement, de tout son poids inerte, sur la terre. Ses paupières glissent sous mes doigts, deux membranes souples et tièdes, qui demeurent closes lorsque mes doigts ne les touche plus.

— Ça va, Sansois ?

— Oui, mon lieutenant. »

Les balles claquent, sèches, pressées. Elles nous giflent, nos oreilles tintent. Je vois Vingère qui accourt et m'appelle :

— « A gauche ! On les voit ! Le 301 à l'air de lâcher ! Le lieutenant Dast vous demande ! »

Je cours près de Vingère. D'autres feuilles déchiquetées tournoient, légères, parmi les durs claquements des balles. Dans le layon, un officier du 301, en lévite noire, le calot enfoncé sur les yeux, gesticule et crie, les bras tendus. Dast est debout, un fusil à l'épaule; Andreotti, debout à son côté, tire comme tirait Butrel au bord de l'entonnoir de mine, les lèvres minces, les yeux froids.

— « Ça va, ça va », répète Dast.

Il rit et jette des commandements :

« Sur les guignols, là-bas... A volonté, feu ! Essayez vos chances, les boules sont pour rien ! Et pan sur la mariée ! Pan sur Monsieur le maire ! Pan sur le gendarme !... Cessez le feu ! »

On ne voit plus les fantassins allemands qui remuaient dans les éclaircies. Ils ont dû se coucher à plat ventre; ils tirent toujours; leurs balles ne cessent point de claquer.

« Là-bas ! Là-bas ! La cavalerie boche ! »

Des cavaliers en file galopent derrière 340. On les voit se ruer l'un derrière l'autre, leurs chevaux lancés en avant par grands à-coups précipités.

« Feu !

— Ils vont nous tourner !

— Mais non, ballots ! Des estafettes.

— Il n'y en a plus. »

Des hommes du 301 se couchent parmi les nôtres, et creusent. Le boyau qui monte vers la colline en est plein. Ont-ils perdu le sommet ? Le tiennent-ils toujours ? Je n'ai pas vu descendre leur colonel... A mes pieds, un râle se traîne : un Allemand est étendu là, un sous-officier, allongé dans une toile de tente qu'on a repliée sur son corps. Ce gargouillement... « Une balle dans la poitrine ? — Oui. — Ont-ils donc avancé jusqu'ici — Celui-là tout seul. Un piqué : il a dit qu'il voulait la croix d' fer. »

Une rafale d'obus dégringole; une autre encore; et la fusillade reprend. Dast me parle; et déjà, à cause du vacarme, il est obligé de crier :

« Tu peux retourner au centre ! Je réponds de mon coin. Que je sache seulement où tu es... »

Encore une fois, je parcours la ligne d'un bout à l'autre. A tous mes tirailleurs, je redis les mêmes phrases en passant :

« Laissez-les tirer; abritez-vous d'abord... Le bois est clair : s'ils avancent, vous les verrez... Attendez de les voir pour tirer; ne gaspillez pas vos cartouches. »

J'atteins la droite, reviens vers le centre. A quelques pas du jeune soldat, mort, deux hommes vers qui je marche se retournent. Ils me font signe, de leur main vivement abaissée : « Abritez-vous ! » Je suis tout près d'eux, je leur crie :

« Qu'est-ce qu'il y a ?

— Baissez-vous ! Il y a une trouée ! Ils voient ! »

Trop tard : je suis tombé un genou en terre. Dur et sec, un choc a heurté mon bras gauche. Il est derrière moi ; il saigne à flots saccadés. Je voudrais le ramener à mon flanc : je ne peux pas. Je voudrais me lever : je ne peux pas. Mon bras que je regarde tressaute au choc d'une deuxième balle, et saigne par un autre trou. Mon genou pèse sur le sol, comme si mon corps était de plomb ; ma tête s'incline : et sous mes yeux un lambeau d'étoffe saute, au choc mat d'une troisième balle. Stupide, je vois sur ma poitrine, à gauche près de l'aisselle, un profond sillon de chair rouge.

Il faut me lever, me traîner ailleurs... Est-ce Sansois qui parle ? Est-ce qu'on me porte ? Je n'ai pas perdu connaissance ; mon souffle fait un bruit étrange, un rauquement rapide et doux ; les cimes des arbres tournoient dans un ciel vertigineux, mêlé de rose et de vert tendres.

L'abri est sombre ; des hommes s'agitent autour de moi : Chabredier, Léostic, Eveillé, Mounot qui se penche et qui n'ose me toucher, qui s'éloigne et revient, et dit « oh !... oh !... », sans cesse, du même ton monotone et navré. Ils coupent mes vêtements ; ils fourrent sous mon aisselle ruisselante d'énormes tampons de compresses ; leurs silhouettes passent et repassent sur la porte ensoleillée.

« Vous voyez, mon commandant... Je croyais bien, après les Eparges... »

Je parle ; je parle. Une foule de pensées m'assaillent, de sensations, de souvenirs.

« Mon commandant, Dast m'a dit tout à l'heure... »

Rive, à peine entré, s'est retiré dans le fond de l'abri. Je l'entends qui chuchote avec les autres qui sont là : « Des porteurs... Une toile de tente avec des branches... » Et, revenant à moi, il prend ma main, me dit au revoir.

« Ne parlez plus. On va vous emmener. Je vous souhaite bonne chance de tout cœur. »

De tout cœur... Alors pourquoi me laisse-t-il ? Pourquoi cette hâte à me faire emmener ? J'avais tant de choses à lui dire ! Blessé comme je le suis, grièvement, il pouvait bien rester quelques minutes près de moi.

On me soulève, on me porte dehors. La fusillade crépite toujours, et des balles sifflent, et d'autres claquent... Dépêchez-vous ! Nous étions en sûreté dans l'abri ; éloignons-nous de cette fusillade... Quel soleil à travers les feuilles ! Quel ruissellement de lumière, là-haut !

Ils m'ont porté jusqu'au carrefour, dans une toile de tente suspendue à deux branches robustes. Le poids de mon corps tirait sur la toile, m'écrasait le bras contre le flanc. Ils allaient à tout petits pas ; je voyais devant moi Charnaval et Mounot ; je ne pouvais pas voir les deux autres, derrière ma tête ; j'étais trop las pour demander leurs noms.

Dans un abri du carrefour, un médecin-auxiliaire inconnu m'a pansé, puis m'a fait au bras droit une piqûre de caféine. Il tombait beaucoup d'obus. Dontenville, le caporal d'ordinaire de la 8ᵉ, me parlait, accroupi près de la porte, en guettant les sifflements :

« Paraîtrait, disait-il, que le lieutenant Davril a disparu.

— Davril ?

— Oh ! ce n'est pas encore sûr. »

Ils m'ont chargé sur une poussette à deux roues. Un brancardier d'un autre régiment a saisi les mancherons ; nous sommes partis par la route de Mouilly : et Mounot me suivait toujours.

« Arrêtez-vous... Le grand major, là-bas... Appelez-le. »

C'était Le Labousse, à Mouilly, debout devant une voûte de cave. A lui aussi, j'aurais voulu parler longtemps. Il m'a semblé distrait, préoccupé, lointain. A tout ce que je lui disais, il répondait par monosyllabes, ou ne me répondait pas.

« Vous m'entendez, Le Labousse ?

— Mais oui, mon vieux, je vous entends... Ne parlez plus, ne parlez plus. Il faut vous en allez à Rupt... Au revoir, mon vieux, bonne chance. »

Lui aussi, il me renvoyait ? Il ne voulait pas m'écouter ? Un ami est blessé, et l'on dit à l'homme qui l'emmène : « Allez-vous-en... Dépêchez-vous de vous en aller. » Nous roulions vers Amblonville ; chaque cahot me martyrisait. J'étais triste, à cause du commandant Rive, de Le Labousse, de Dast, de Sansois, des soldats qui m'avaient porté jusqu'au carrefour, de tous ceux par qui j'étais seul. Il n'y avait plus que Mounot, près de moi, qui me regardait avec une douceur triste. Mon vieux Mounot... Il était là depuis les premiers jours. Lorsque Pannechon avait été blessé, il avait pris la place de Pannechon près de moi : je les aimais bien tous les deux.

« Hein, Mounot ?

— Mon lieutenant ?

— Rien, Mounot. »

Maintenant, j'étais à Rupt, dans une grande maison nue où des portes battaient, où des blessés légers attendaient, debout contre les murs; où les blessés couchés attendaient, comme moi, leur civière posée sur le carrelage de briques. Des scribes, sur une longue table de bois blanc, remplissaient des fiches, se levaient, couraient, criaient. Quelqu'un s'est penché sur moi et m'a piqué encore avec une seringue de Pravaz : du sérum antitétanique, sans doute. La tête au ras du sol, je regardais toutes ces jambes s'agiter; cela m'étourdissait, et je fermais les yeux.

« Tu es toujours là, Mounot ? »

Il avait disparu. Peut-être l'avait-on renvoyé. Des courants d'air glacés rôdaient au ras du sol. Et des blessés entraient toujours, et d'autres s'en allaient par les portes battantes.

« Wang ?... Par ici, Wang. »

Il s'est approché de moi; il était blessé au cou.

« Restez un peu. Vous êtes pansé ? Est-ce vrai que Davril a disparu ?

— Je ne sais pas, mon lieutenant. J'ai été blessé presque en même temps que vous. »

Des ronflements, des trépidations de moteurs s'entendaient dans la rue, derrière les fenêtres sans rideaux. Le jour s'assombrissait aux vitres : il devait être déjà tard. Au-dessus de ma tête, l'agitation de tous ces hommes s'exaspérait; les portes claquaient, se rouvraient; des voix criaient : « Grouillez-vous, les brancardiers ! Encore huit pour cette fournée ! Celui-là... Celui-là... Emballez ! » De longues plaintes s'élevaient, tremblantes. Des brancards passaient contre moi; des étoffes rudes me balayaient le front.

« Wang ? Vous monterez avec moi ? »

Où était-il ? Une main palpait ma capote, y accrochait une fiche de carton.

« Le lieutenant, là... Enlevez ! »

A mon tour je criais, tout le côté broyé. On me portait dehors, on me fourrait dans une grande caisse obscure; un vantail tombait lourdement; et l'ambulance automobile partait.

Vous tous qui l'avez fait, vous savez si c'est un dur voyage. La nuit vient. Au-dessus de soi, contre soi, on devine d'autres brancards où s'allongent des formes humaines. A chaque cahot, elles crient. On s'énerve de les entendre; on se dit : « Pourquoi ces hommes crient-ils si fort ? » Un autre cahot, plus violent, fait monter des cris plus farouches; l'un de ces cris a retenti, tout près. Qui est là ? Qui a crié ? Et l'on songe, tout à coup : « C'est moi. »

La nuit est venue, très noire. Les voix des conducteurs bourdonnent, paisibles à travers les sursauts des cris :

« Où qu'on est ?

— Au Rattentout.

— Tu files droit par Haudainville ?

— Non, à gauche, par Dieue et Dugny. »

C'est le deuxième village traversé, Dieue sans doute après Génicourt. Hier, nous étions à Dieue. Vers dix heures du matin, comme chaque jour, nous sommes rentrés de l'exercice ; les deux grandes filles, au côté l'une de l'autre, étaient debout devant leur maison. Hier... Et nous roulons toujours. Et l'infernale voiture bondit, nous secoue ; et l'ombre qui m'enveloppe pantelle, blessée de cris, d'injures et de supplications.

« Plus vite, qu'on arrive !

— Doucement... Arrête !

— Assassins ! »

Paisibles, les deux voix bourdonnent toujours :

« Si tu les écoutais, quoi qu'tu f'rais ? »

On s'arrête enfin, après combien d'heures ? D'autres bras vous ballottent, chair exténuée, vidée de sang. J'ai dû me passer les doigts sur le visage, car des taches poisseuses me raidissent la peau en séchant. Je vais être joli quand elles viendront à moi, ces deux infirmières lentes qui marchent au pied des brancards, et vers chaque blessé se penchent, un instant. Une main m'a cloué sur la tête mon képi neuf de Verdun, mon « pot à fleurs » d'un bleu si suave. Quelle tête de pierrot pâle et barbouillé de sang, sous mon beau képi tout neuf !

La salle de gare, aux murs chaulés, est pleine d'une violente lumière mauve ; les globes des lampes, au-dessus de nous, nous éblouissent douloureusement, nous forcent à tenir nos paupières ouvertes. On voudrait tourner le cou, se cacher la tête sous un pan de vêtement ; on ne bouge pas, les yeux rivés à ces lumières cruelles ; de temps en temps, les charbons des arcs sifflent, comme un fer rouge plongé dans l'eau. Il flotte une odeur écœurante, de coaltar, d'eau de Javel et de sang fade.

« Un lieutenant du 106, docteur. »

Ils me touchent, une aiguille me pique encore. Je vois pourtant la vareuse sombre du major entre les deux infirmières blanches. Ils me parlent. Je réponds : « Oui, oui... » Et la voix du docteur prononce :

« Inévacuable. Hôpital militaire. »

Oh ! quand cela finira-t-il ? Je croyais être arrivé : ce n'était qu'une étape, encore. Un train siffle, des roues de wagons, rythmiquement, font sonner des plaques tournantes. D'autres bras me hissent dans une minuscule carriole; et nous roulons longtemps, par un faubourg interminable, sur des pavés.

Des lumières, une vibration dure de timbre électrique; des couloirs dallés, une porte qui s'ouvre sur une petite chambre glauque; un lit; des draps...

Il n'y a plus qu'une infirmière dans la chambre. Elle va et vient, silencieusement. Elle n'est plus jeune, ses traits sont las et bons. Elle ne fait pas du tout de bruit.

« Doucement... Ne bougez plus... Je reste jusqu'à ce que ce soit fini. »

Elle vient de me piquer la jambe. Un tube de caoutchouc monte de l'aiguille jusqu'à une grosse bouteille, haut suspendue à la tête de mon lit.

— « Qu'est-ce que c'est ?

— Ce n'est rien.

— Je vois ce que c'est... C'est du sérum physiologique.

— Oui, un peu de sérum.

— J'ai donc perdu tellement de sang ?

— Un peu, un peu... Ne bougez pas.

— Est-ce qu'on va regarder mon bras ?

— Demain matin... Il est trop tard ce soir.

— Quelle heure est-il ?

— Bientôt minuit... Ne bougez pas. »

Elle retire l'aiguille et dit : « Nna. » Elle éteint la lumière; elle s'en va. Il n'y a plus, venant du couloir par la cloison vitrée, qu'un peu de clarté glauque immobile sur les murs.

***

Et ma guerre est finie. Je les ai tous quittés, ceux qui sont morts près de moi, ceux que j'ai laissés dans le layon de la forêt, aventurés au péril de mort. Je ne veux plus me rappeler mes premières nuits d'hôpital agitées de cauchemars délirants, ni la table blanche et nue et les gants rouges du chirurgien, ni ce goût d'éther dans ma gorge, ni l'âcre petite pipe de l'infirmier Bastien, ni les trous que creusaient ses doigts dans mon bras bronzé de gangrène.

Ils m'ont écrit, et ils m'ont souhaité bon courage. Qu'ai-je besoin de courage, à présent ? Cette souffrance qui m'est échue, ni mon courage, ni ma lâcheté n'y changeraient rien. Je n'ai plus qu'à me laisser vivre, plus qu'à m'abandonner, — vous me l'écrivez, Le Labousse, — à la douceur d'un merveilleux printemps. J'ai votre lettre sur mes genoux : vous l'avez écrite pour le blessé que je suis, un blessé dans un hôpital, loin de vous. Vous viviez parmi nous, là-bas ; mais ceux de nous qui s'en allaient blessés, vous les pansiez, et vous les regardiez partir. Les connaissiez-vous mieux que nous ? Me connaissez-vous mieux, à présent que je suis l'un d'eux ?

Et vous me dites : « Ne pensez plus à nous... » Oh ! mes amis, est-ce possible ? Il y avait moi parmi vous ; et maintenant, il n'y a plus que vous. Que serais-je sans vous ? Mon bonheur même, sans vous, que serait-il ?

Le cycliste de l'hôpital est entré dans ma chambre. Il m'apportait une paire de longues bottines pointues, pour le jour où je pourrai marcher. Il m'a dit : « C'est d'avant-hier que votre dépêche est partie. Combien faut-il de temps pour venir de chez vous ? »... Il faut jusqu'à demain matin.

Et je ne serai plus soldat. J'étais pareil à ceux qui sont morts, à ceux qui doivent encore mourir ; et toute ma vie est là, douce et chaude, comme une poitrine que je serrerais contre la mienne. Chaque fois que je regarde cette porte, mon cœur bat ; et des larmes viennent mouiller mes yeux. Oh ! mes amis, est-ce ma faute si j'ai tant changé ?

Vous me dites que non ; vous me dites qu'au milieu de vous j'étais le même, et que nous étions vraiment frères, chacun de nous avec son bonheur endormi. On se croit résigné à mourir ; et parce que la vie est là, une houle de bonheur monte et gronde, et des larmes vous viennent aux yeux à regarder une porte qui va s'ouvrir.

Notre guerre, jusqu'au layon dans la forêt, jusqu'à ce grand major debout devant une voûte de cave, à Mouilly... Par la route des Eparges, un ami blessé arrive sur une civière ; et, le voyant si pâle, on dit au brancardier inconnu qui l'emmène : « Allez-vous-en. Dépêchez-vous... » Et le brancardier s'en va. Et même s'il continue de vivre, le blessé ne reviendra plus.

Notre guerre... Vous et moi, quelques hommes, une centaine que j'ai connus. En est-il donc pour dire : « La guerre est ceci et cela » ? Ils disent qu'ils comprennent et qu'ils savent ; ils expliquent la guerre et la jaugent à la mesure de leurs débiles cerveaux.

On vous a tués, et c'est le plus grand des crimes. Vous avez donné votre vie, et vous êtes les plus malheureux. Je ne sais que cela, les gestes que nous avons faits, notre souffrance et notre gaîté, les mots que nous disions, les visages que nous avions parmi les autres visages, et votre mort.

Vous n'êtes guère plus d'une centaine, et votre foule m'apparaît effrayante, trop lourde, trop serrée pour moi seul. Combien de vos gestes passés aurai-je perdus, chaque demain, et de vos paroles vivantes, et de tout ce qui était vous ? Il ne me reste plus que moi, et l'image de vous que vous m'avez donnée.

Presque rien : trois sourires sur une toute petite photo, un vivant entre deux morts, la main posée sur leur épaule. Ils clignent des yeux, tous les trois, à cause du soleil printanier. Mais du soleil, sur la petite photo grise, que reste-t-il ?

TABLE

LIVRE III

LA BOUE

LIVRE IV

LES ÉPARGES

IMPRIMERIE MAME À TOURS
D.L. JUIN 1984. Nº 6901 (10380)

Du même auteur

aux éditions Plon

Vaincre à Olympie
roman, 1924

Le Roman de Renard
roman, 1958

Routes de l'aventure
1959

Au cadran de mon clocher
1960

La Loire, Agnès et les Garçons
roman, 1962

Derrière les collines
roman, 1963

Beau-François
roman, 1965

La Forêt perdue
roman, 1967

JARDINS SANS MURS, *1968*
Le Jardin dans l'île
1936

Images pour un jardin sans murs
1967

Les Bestiaires
Tendre Bestiaire
1969

Bestiaire enchanté
1969

Bestiaire sans oubli
1971

Maurice Genevoix illustre ses Bestiaires
édition d'ensemble illustrée par l'auteur, 1972

La Grèce de Caramanlis
1972

La Mort de près
1972

DEUX FAUVES, *1973, romans*
L'Assassin
1930
Gai-L'Amour
1932
UN HOMME ET SA VIE, *1974, romans*
Marcheloup
1934
Tête baissée
1935
Bernard
1938

aux éditions Grasset

Raboliot
roman, prix Goncourt, 1925
La Boîte à pêche
1926
Les Mains vides
roman, 1928

aux éditions Flammarion

Au seuil des guitounes
1918
Jeanne Robelin
roman, 1920
Rémi des Rauches
roman, 1922
La Joie
roman, 1924
Cyrille
roman, 1929
Rroû
roman, 1931
Forêt voisine
1933
La Dernière Harde
roman, 1938
Les Compagnons de l'aubépin
récit pour les écoliers, 1938

L'hirondelle qui fit le printemps
contes pour les enfants, 1941

Laframboise et Bellehumeur
roman, 1942

Canada
1943

Éva Charlebois
roman, 1944

L'Écureuil du Bois-bourru
roman, 1947

Afrique blanche, Afrique noire
1949

CEUX DE 14, *1950*

Sous Verdun
1916

Nuits de guerre
1917

La Boue
1921

Les Éparges
1923

L'aventure est en nous
roman, 1952

Fatou Cissé
roman, 1954

Vlaminck
1954

aux éditions Julliard

La Perpétuité
1974

aux éditions Casterman

Les Deux Lutins
contes pour les enfants, 1961

UGE 10/18

Vaincre à Olympie
roman, 1960

à la Bibliothèque des Arts

Christian Caillard
1965

aux éditions Bias

Mon ami l'écureuil
conte pour les enfants, 1959

Collection Points

SERIE ROMAN

R1. Le Tambour, *par Günter Grass*
R2. Le Dernier des Justes, *par André Schwarz-Bart*
R3. Le Guépard, *par G. T. di Lampedusa*
R4. La Côte sauvage, *par Jean-René Huguenin*
R5. Acid Test, *par Tom Wolfe*
R6. Je vivrai l'amour des autres, *par Jean Cayrol*
R7. Les Cahiers de Malte Laurids Brigge
par Rainer Maria Rilke
R8. Moha le fou, Moha le sage, *par Tahar Ben Jelloun*
R9. L'Horloger du Cherche-Midi, *par Luc Estang*
R10. Le Baron perché, *par Italo Calvino*
R11. Les Bienheureux de la Désolation, *par Hervé Bazin*
R12. Salut Galarneau !, *par Jacques Godbout*
R13. Cela s'appelle l'aurore, *par Emmanuel Roblès*
R14. Les Désarrois de l'élève Törless, *par Robert Musil*
R15. Pluie et Vent sur Télumée Miracle
par Simone Schwarz-Bart
R16. La Traque, *par Herbert Lieberman*
R17. L'Imprécateur, *par René-Victor Pilhes*
R18. Cent Ans de solitude, *par Gabriel Garcia Marquez*
R19. Moi d'abord, *par Katherine Pancol*
R20. Un jour, *par Maurice Genevoix*
R21. Un pas d'homme, *par Marie Susini*
R22. La Grimace, *par Heinrich Böll*
R23. L'Age du tendre, *par Marie Chaix*
R24. Une tempête, *par Aimé Césaire*
R25. Moustiques, *par William Faulkner*
R26. La Fantaisie du voyageur, *par François-Régis Bastide*
R27. Le Turbot, *par Günter Grass*
R28. Le Parc, *par Philippe Sollers*
R29. Ti Jean L'horizon, *par Simone Schwarz-Bart*
R30. Affaires étrangères, *par Jean-Marc Roberts*
R31. Nedjma, *par Kateb Yacine*
R32. Le Vertige, *par Evguénia Guinzbourg*
R33. La Motte rouge, *par Maurice Genevoix*
R34. Les Buddenbrook, *par Thomas Mann*
R35. Grand Reportage, *par Michèle Manceaux*
R36. Isaac le mystérieux (Le ver et le solitaire)
par Jerome Charyn

R37. Le Passage, *par Jean Reverzy*
R38. Chesapeake, *par James A. Michener*
R39. Le Testament d'un poète juif assassiné, *par Elie Wiesel*
R40. Candido, *par Leonardo Sciascia*
R41. Le Voyage à Paimpol, *par Dorothée Letessier*
R42. L'Honneur perdu de Katharina Blum, *par Heinrich Böll*
R43. Le Pays sous l'écorce, *par Jacques Lacarrière*
R44. Le Monde selon Garp, *par John Irving*
R45. Les Trois Jours du cavalier, *par Nicole Ciravégna*
R46. Nécropolis, *par Herbert Lieberman*
R47. Fort Saganne, *par Louis Gardel*
R48. La Ligne 12, *par Raymond Jean*
R49. Les Années de chien, *par Günter Grass*
R50. La Réclusion solitaire, *par Tahar Ben Jelloun*
R51. Senilità, *par Italo Svevo*
R52. Trente mille jours, *par Maurice Genevoix*
R53. Cabinet portrait, *par Jean-Luc Benoziglio*
R54. Saison violente, *par Emmanuel Roblès*
R55. Une comédie française, *par Erik Orsenna*
R56. Le Pain nu, *par Mohamed Choukri*
R57. Sarah et le Lieutenant français, *par John Fowles*
R58. Le Dernier Viking, *par Patrick Grainville*
R59. La Mort de la phalène, *par Virginia Woolf*
R60. L'Homme sans qualités, tome 1, *par Robert Musil*
R61. L'Homme sans qualités, tome 2, *par Robert Musil*
R62. L'Enfant de la mer de Chine, *par Didier Decoin*
R63. Le Professeur et la Sirène, *par Giuseppe Tomasi di Lampedusa*
R64. Le Grand Hiver, *par Ismaïl Kadaré*
R65. Le Cœur du voyage, *par Pierre Moustiers*
R66. Le Tunnel, *par Ernesto Sabato*
R67. Kamouraska, *par Anne Hébert*
R68. Machenka, *par Vladimir Nabokov*
R69. Le Fils du pauvre, *par Mouloud Feraoun*
R70. Cités à la dérive, *par Stratis Tsirkas*
R71. Place des Angoisses, *par Jean Reverzy*
R72. Le Dernier Chasseur, *par Charles Fox*
R73. Pourquoi pas Venise, *par Michèle Manceaux*
R74. Portrait de groupe avec dame, *par Heinrich Böll*
R75. Lunes de fiel, *par Pascal Bruckner*
R76. Le Canard de bois (Les Fils de la Liberté, I) *par Louis Caron*
R77. Jubilee, *par Margaret Walker*
R78. Le Médecin de Cordoue, *par Herbert Le Porrier*
R79. Givre et Sang, *par John Cowper Powys*

R80. La Barbare, *par Katherine Pancol*
R81. Si par une nuit d'hiver un voyageur, *par Italo Calvino*
R82. Gerardo Laïn, *par Michel del Castillo*
R83. Un amour infini, *par Scott Spencer*
R84. Une enquête au pays, *par Driss Chraïbi*
R85. Le Diable sans porte (tome 1 : Ah, mes aïeux !) *par Claude Duneton*
R86. La Prière de l'absent, *par Tahar Ben Jelloun*
R87. Venise en hiver, *par Emmanuel Roblès*
R88. La Nuit du Décret, *par Michel del Castillo*
R89. Alejandra, *par Ernesto Sabato*
R90. Plein Soleil, *par Marie Susini*
R91. Les Enfants de fortune, *par Jean-Marc Roberts*
R92. Protection encombrante, *par Heinrich Böll*
R93. Lettre d'excuse, *par Raphaële Billetdoux*
R94. Le Voyage indiscret, *par Katherine Mansfield*
R95. La Noire, *par Jean Cayrol*
R96. L'Obsédé (L'Amateur), *par John Fowles*
R97. Siloé, *par Paul Gadenne*
R98. Portrait de l'artiste en jeune chien *par Dylan Thomas*
R99. L'Autre, *par Julien Green*
R100. Histoires pragoises, *par Rainer Maria Rilke*
R101. Bélibaste, *par Henri Gougaud*
R102. Le Ciel de la Kolyma (Le Vertige, II) *par Evguénia Guinzbourg*
R103. La Mulâtresse Solitude, *par André Schwarz-Bart*
R104. L'Homme du Nil, *par Stratis Tsirkas*
R105. La Rhubarbe, *par René-Victor Pilhes*
R106. Gibier de potence, *par Kurt Vonnegut*
R107. Memory Lane, *par Patrick Modiano dessins de Pierre Le Tan*
R108. L'Affreux Pastis de la rue des Merles *par Carlo Emilio Gadda*
R109. La Fontaine obscure, *par Raymond Jean*
R110. L'Hôtel New Hampshire, *par John Irving*
R112. Cœur de lièvre, *par John Updike*
R113. Le Temps d'un royaume, *par Rose Vincent*
R114. Poisson-chat, *par Jerome Charyn*
R115. Abraham de Brooklyn, *par Didier Decoin*
R116. Trois Femmes, *suivi de* Noces, *par Robert Musil*
R117. Les Enfants du sabbat, *par Anne Hébert*
R118. La Palmeraie, *par François-Régis Bastide*
R119. Maria Republica, *par Agustin Gomez-Arcos*

R120. La Joie, *par Georges Bernanos*
R121. Incognito, *par Petru Dumitriu*
R122. Les Forteresses noires, *par Patrick Grainville*
R123. L'Ange des ténèbres, *par Ernesto Sabato*
R124. La Fiera, *par Marie Susini*
R125. La Marche de Radetzky, *par Joseph Roth*
R126. Le vent souffle où il veut, *par Paul-André Lesort*
R127. Si j'étais vous..., *par Julien Green*
R128. Le Mendiant de Jérusalem, *par Elie Wiesel*
R129. Mortelle, *par Christopher Frank*
R130. La France m'épuise, *par Jean-Louis Curtis*
R131. Le Chevalier inexistant, *par Italo Calvino*
R132. Dialogues des Carmélites, *par Georges Bernanos*
R133. L'Etrusque, *par Mika Waltari*
R134. La Rencontre des hommes, *par Benigno Cacérès*
R135. Le Petit Monde de Don Camillo, *par Giovanni Guareschi*
R136. Le Masque de Dimitrios, *par Eric Ambler*
R137. L'Ami de Vincent, *par Jean-Marc Roberts*
R138. Un homme au singulier, *par Christopher Isherwood*
R139. La Maison du désir, *par France Huser*
R140. Moi et ma cheminée, *par Herman Melville*
R141. Les Fous de Bassan, *par Anne Hébert*
R142. Les Stigmates, *par Luc Estang*
R143. Le Chat et la Souris, *par Günter Grass*
R144. Loïca, *par Dorothée Letessier*
R145. Paradiso, *par José Lezama Lima*
R146. Passage de Milan, *par Michel Butor*
R147. Anonymus, *par Michèle Manceaux*
R148. La Femme du dimanche
par Carlo Fruttero et Franco Lucentini
R149. L'Amour monstre, *par Louis Pauwels*
R150. L'Arbre à soleils, *par Henri Gougaud*
R151. Traité du zen et de l'entretien des motocyclettes
par Robert M. Pirsig
R152. L'Enfant du cinquième Nord, *par Pierre Billon*
R153. N'envoyez plus de roses, *par Eric Ambler*
R154. Les Trois Vies de Babe Ozouf, *par Didier Decoin*
R155. Le Vert Paradis, *par André Brincourt*
R156. Varouna, *par Julien Green*
R157. L'Incendie de Los Angeles, *par Nathanaël West*
R158. Les Belles de Tunis, *par Nine Moati*
R159. Vertes Demeures, *par William Henry Hudson*
R160. Les Grandes Vacances, *par Francis Ambrière*
R161. Ceux de 14, *par Maurice Genevoix*

SERIE POINT-VIRGULE

V1. Manuel de savoir-vivre à l'usage des rustres et des malpolis *par Pierre Desproges*
V2. Petit fictionnaire illustré *par Alain Finkielkraut*
V3. Quand j'avais cinq ans, je m'ai tué *par Howard Buten*
V4. Lettres à sa fille (1877-1902) *par Calamity Jane*
V5. Café Panique, *par Roland Topor*
V6. Le jardin de ciment, *par Ian McEwan*
V7. L'âge-déraison, *par Daniel Rondeau*
V8. Juliette a-t-elle un grand Cui ? *par Hélène Ray*
V9. T'es pas mort ! *par Antonio Skármeta*
V10. Petite fille rouge avec un couteau *par Myrielle Marc*
V11. Manuel à l'usage des enfants qui ont des parents difficiles *par Jeanne Van den Brouck*
V12. Le A nouveau est arrivé *par Pierre Ziegelmeyer et Jean-Benoît Thirion*
V13. Comment faire l'enfant (17 leçons pour ne pas grandir) *par Delia Ephron*
V14. Zig-Zag, *par Alain Cahen*
V15. Plumards, de cheval, *par Groucho Marx*
V16. Bleu, je veux, *par Gisèle Bienne*
V17. Moi et les autres, *par Albert Jacquard*
V18. Au vrai chic anatomique, *par Frédéric Pagès*
V19. Le petit Pater illustré, *par Jacques Pater*
V20. Cherche souris pour garder chat, *par Hélène Ray*
V21. Un enfant dans la guerre, *par Saïd Ferdi*
V22. La Danse du coucou, *par Aidan Chambers*
V23. Mémoires d'un amant lamentable *par Groucho Marx*
V24. Le cœur sous le rouleau compresseur *par Howard Buten*
V25. Le Cinéma américain, *par Olivier-René Veillon*
V26. Voilà un baiser, *par Anne Perry-Bouquet*
V27. Le Cycliste de San Cristobal, *par Antonio Skármeta*

SERIE BIOGRAPHIE

B1. George Sand ou le scandale de la liberté
par Joseph Barry
B2. Mirabeau, *par Guy Chaussinand-Nogaret*
B3. George Orwell, *par Bernard Crick*
B4. Colette, *par Michel Sarde*
B5. Raymond Chandler, *par Frank Mac Shane*

Collection Points

1. Histoire du surréalisme, *par Maurice Nadeau*
2. Une théorie scientifique de la culture *par Bronislaw Malinowski*
3. Malraux, Camus, Sartre, Bernanos, *par Emmanuel Mounier*
4. L'Homme unidimensionnel, *par Herbert Marcuse* (épuisé)
5. Ecrits I, *par Jacques Lacan*
6. Le Phénomène humain, *par Pierre Teilhard de Chardin*
7. Les Cols blancs, *par C. Wright Mills*
8. Stendhal, Flaubert, *par Jean-Pierre Richard*
9. La Nature dé-naturée, *par Jean Dorst*
10. Mythologies, *par Roland Barthes*
11. Le Nouveau Théâtre américain, *par Franck Jotterand* (épuisé)
12. Morphologie du conte, *par Vladimir Propp*
13. L'Action sociale, *par Guy Rocher*
14. L'Organisation sociale, *par Guy Rocher*
15. Le Changement social, *par Guy Rocher*
16. Les Etapes de la croissance économique, *par W. W. Rostow*
17. Essais de linguistique générale, *par Roman Jakobson* (épuisé)
18. La Philosophie critique de l'histoire, *par Raymond Aron*
19. Essais de sociologie, *par Marcel Mauss*
20. La Part maudite, *par Georges Bataille* (épuisé)
21. Ecrits II, *par Jacques Lacan*
22. Eros et Civilisation, *par Herbert Marcuse* (épuisé)
23. Histoire du roman français depuis 1918 *par Claude-Edmonde Magny*
24. L'Ecriture et l'Expérience des limites, *par Philippe Sollers*
25. La Charte d'Athènes, *par Le Corbusier*
26. Peau noire, Masques blancs, *par Frantz Fanon*
27. Anthropologie, *par Edward Sapir*
28. Le Phénomène bureaucratique, *par Michel Crozier*
29. Vers une civilisation du loisir ?, *par Joffre Dumazedier*
30. Pour une bibliothèque scientifique, *par François Russo* (épuisé)
31. Lecture de Brecht, *par Bernard Dort*
32. Ville et Révolution, *par Anatole Kopp*
33. Mise en scène de Phèdre, *par Jean-Louis Barrault*
34. Les Stars, *par Edgar Morin*
35. Le Degré zéro de l'écriture, *suivi de* Nouveaux Essais critiques *par Roland Barthes*
36. Libérer l'avenir, *par Ivan Illich*
37. Structure et Fonction dans la société primitive *par A. R. Radcliffe-Brown*

38. Les Droits de l'écrivain, *par Alexandre Soljénitsyne*
39. Le Retour du tragique, *par Jean-Marie Domenach*
41. La Concurrence capitaliste
par Jean Cartell et Pierre-Yves Cossé (épuisé)
42. Mise en scène d'Othello, *par Constantin Stanislavski*
43. Le Hasard et la Nécessité, *par Jacques Monod*
44. Le Structuralisme en linguistique, *par Oswald Ducrot*
45. Le Structuralisme : Poétique, *par Tzvetan Todorov*
46. Le Structuralisme en anthropologie, *par Dan Sperber*
47. Le Structuralisme en psychanalyse, *par Moustafa Safouan*
48. Le Structuralisme : Philosophie, *par François Wahl*
49. Le Cas Dominique, *par Françoise Dolto*
51. Trois Essais sur le comportement animal et humain
par Konrad Lorenz
52. Le Droit à la ville, *suivi de* Espace et Politique
par Henri Lefebvre
53. Poèmes, *par Léopold Sédar Senghor*
54. Les Elégies de Duino, *suivi de* les Sonnets à Orphée
par Rainer Maria Rilke (édition bilingue)
55. Pour la sociologie, *par Alain Touraine*
56. Traité du caractère, *par Emmanuel Mounier*
57. L'Enfant, sa «maladie» et les autres, *par Maud Mannoni*
58. Langage et Connaissance, *par Adam Schaff*
59. Une saison au Congo, *par Aimé Césaire*
61. Psychanalyser, *par Serge Leclaire*
63. Mort de la famille, *par David Cooper*
64. A quoi sert la Bourse ?, *par Jean-Claude Leconte* (épuisé)
65. La Convivialité, *par Ivan Illich*
66. L'Idéologie structuraliste, *par Henri Lefebvre*
67. La Vérité des prix, *par Hubert Lévy-Lambert* (épuisé)
68. Pour Gramsci, *par Maria-Antonietta Macciocchi*
69. Psychanalyse et Pédiatrie, *par Françoise Dolto*
70. S/Z, *par Roland Barthes*
71. Poésie et Profondeur, *par Jean-Pierre Richard*
72. Le Sauvage et l'Ordinateur, *par Jean-Marie Domenach*
73. Introduction à la littérature fantastique
par Tzvetan Todorov
74. Figures I, *par Gérard Genette*
75. Dix Grandes Notions de la sociologie, *par Jean Cazeneuve*
76. Mary Barnes, un voyage à travers la folie
par Mary Barnes et Joseph Berke
77. L'Homme et la Mort, *par Edgar Morin*
78. Poétique du récit, *par Roland Barthes, Wayne Booth*
Philippe Hamon et Wolfgang Kayser

79. Les Libérateurs de l'amour, *par Alexandrian*
80. Le Macroscope, *par Joël de Rosnay*
81. Délivrance, *par Maurice Clavel et Philippe Sollers*
82. Système de la peinture, *par Marcelin Pleynet*
83. Pour comprendre les média, *par M. McLuhan*
84. L'Invasion pharmaceutique
par Jean-Pierre Dupuy et Serge Karsenty
85. Huit Questions de poétique, *par Roman Jakobson*
86. Lectures du désir, *par Raymond Jean*
87. Le Traître, *par André Gorz*
88. Psychiatrie et Anti-Psychiatrie, *par David Cooper*
89. La Dimension cachée, *par Edward T. Hall*
90. Les Vivants et la Mort, *par Jean Ziegler*
91. L'Unité de l'homme, *par le Centre Royaumont*
1. Le primate et l'homme, *par E. Morin et M. Piattelli-Palmarini*
92. L'Unité de l'homme, *par le Centre Royaumont*
2. Le cerveau humain, *par E. Morin et M. Piattelli-Palmarini*
93. L'Unité de l'homme, *par le Centre Royaumont*
3. Pour une anthropologie fondamentale
par E. Morin et M. Piattelli-Palmarini
94. Pensées, *par Blaise Pascal*
95. L'Exil intérieur, *par Roland Jaccard*
96. Semeiotikè, recherches pour une sémanalyse
par Julia Kristeva
97. Sur Racine, *par Roland Barthes*
98. Structures syntaxiques, *par Noam Chomsky*
99. Le Psychiatre, son «fou» et la psychanalyse, *par Maud Mannoni*
100. L'Ecriture et la Différence, *par Jacques Derrida*
101. Le Pouvoir africain, *par Jean Ziegler*
102. Une logique de la communication
par P. Watzlawick, J. Helmick Beavin, Don D. Jackson
103. Sémantique de la poésie, *T. Todorov, W. Empson*
J. Cohen, G. Hartman et F. Rigolot
104. De la France, *par Maria-Antonietta Macciocchi*
105. Small is beautiful, *par E. F. Schumacher*
106. Figures II, *par Gérard Genette*
107. L'Œuvre ouverte, *par Umberto Eco*
108. L'Urbanisme, *par Françoise Choay*
109. Le Paradigme perdu, *par Edgar Morin*
110. Dictionnaire encyclopédique des sciences du langage
par Oswald Ducrot et Tzvetan Todorov
111. L'Evangile au risque de la psychanalyse (tome 1)
par Françoise Dolto
112. Un enfant dans l'asile, *par Jean Sandretto*

113. Recherche de Proust, *ouvrage collectif*
114. La Question homosexuelle, *par Marc Oraison*
115. De la psychose paranoïaque dans ses rapports avec la personnalité, *par Jacques Lacan*
116. Sade, Fourier, Loyola, *par Roland Barthes*
117. Une société sans école, *par Ivan Illich*
118. Mauvaises Pensées d'un travailleur social *par Jean-Marie Geng*
119. Albert Camus, *par Herbert R. Lottman*
120. Poétique de la prose, *par Tzvetan Todorov*
121. Théorie d'ensemble, *par Tel Quel*
122. Némésis médicale, *par Ivan Illich*
123. La Méthode
 1. La Nature de la Nature, *par Edgar Morin*
124. Le Désir et la Perversion, *ouvrage collectif*
125. Le Langage, cet inconnu, *par Julia Kristeva*
126. On tue un enfant, *par Serge Leclaire*
127. Essais critiques, *par Roland Barthes*
128. Le Je-ne-sais-quoi et le Presque-rien
 1. La manière et l'occasion, *par Vladimir Jankélévitch*
129. L'Analyse structurale du récit, Communications 8 *ouvrage collectif*
130. Changements, Paradoxes et Psychothérapie *par P. Watzlawick, J. Weakland et R. Fisch*
131. Onze Etudes sur la poésie moderne *par Jean-Pierre Richard*
132. L'Enfant arriéré et sa mère, *par Maud Mannoni*
133. La Prairie perdue (Le roman américain) *par Jacques Cabau*
134. Le Je-ne-sais-quoi et le Presque-rien
 2. La méconnaissance, *par Vladimir Jankélévitch*
135. Le Plaisir du texte, *par Roland Barthes*
136. La Nouvelle Communication, *ouvrage collectif*
137. Le Vif du sujet, *par Edgar Morin*
138. Théories du langage, théories de l'apprentissage *par le Centre Royaumont*
139. Baudelaire, la Femme et Dieu, *par Pierre Emmanuel*
140. Autisme et Psychose de l'enfant, *par Frances Tustin*
141. Le Harem et les Cousins, *par Germaine Tillion*
142. Littérature et Réalité, *ouvrage collectif*
143. La Rumeur d'Orléans, *par Edgar Morin*
144. Partage des femmes, *par Eugénie Lemoine-Luccioni*
145. L'Evangile au risque de la psychanalyse (tome 2) *par Françoise Dolto*

146. Rhétorique générale, *par le Groupe µ*
147. Système de la Mode, *par Roland Barthes*
148. Démasquer le réel, *par Serge Leclaire*
149. Le Juif imaginaire, *par Alain Finkielkraut*
150. Travail de Flaubert, *ouvrage collectif*
151. Journal de Californie, *par Edgar Morin*
152. Pouvoirs de l'horreur, *par Julia Kristeva*
153. Introduction à la philosophie de l'histoire de Hegel *par Jean Hyppolite*
154. La Foi au risque de la psychanalyse *par Françoise Dolto et Gérard Sévérin*
155. Un lieu pour vivre, *par Maud Mannoni*
156. Scandale de la vérité, *suivi de* Nous autres Français, *par Georges Bernanos*
157. Enquête sur les idées contemporaines *par Jean-Marie Domenach*
158. L'Affaire Jésus, *par Henri Guillemin*
159. Paroles d'étranger, *par Elie Wiesel*
160. Le Langage silencieux, *par Edward T. Hall*
161. La Rive gauche, *par Herbert R. Lottman*
162. La Réalité de la réalité, *par Paul Watzlawick*
163. Les Chemins de la vie, *par Joël de Rosnay*
164. Dandies, *par Roger Kempf*

SERIE ACTUELS

A1. Lettres de prison, *par Gabrielle Russier*
A2. J'étais un drogué, *par Guy Champagne*
A3. Les Dossiers noirs de la police française, *par Denis Langlois*
A4. Do It, *par Jerry Rubin*
A5. Les Industriels de la fraude fiscale, *par Jean Cosson*
A6. Entretiens avec Allende, *par Régis Debray* (épuisé)
A7. De la Chine, *par Maria-Antonietta Macciocchi*
A8. Après la drogue, *par Guy Champagne*
A9. Les Grandes Manœuvres de l'opium *par Catherine Lamour et Michel Lamberti*
A10. Les Dossiers noirs de la justice française, *par Denis Langlois*
A11. Le Dossier confidentiel de l'euthanasie *par Igor Barrère et Etienne Lalou*
A12. Discours américains, *par Alexandre Soljénitsyne*
A13. Les Exclus, *par René Lenoir*
A14. Souvenirs obscurs d'un Juif polonais né en France *par Pierre Goldman*
A15. Le Mandarin aux pieds nus, *par Alexandre Minkowski*
A16. Une Suisse au-dessus de tout soupçon, *par Jean Ziegler*
A17. La Fabrication des mâles *par Georges Falconnet et Nadine Lefaucheur*
A18. Rock babies, *par Raoul Hoffmann et Jean-Marie Leduc*
A19. La nostalgie n'est plus ce qu'elle était, *par Simone Signoret*
A20. L'Allergie au travail, *par Jean Rousselet*
A21. Deuxième Retour de Chine *par Claudie et Jacques Broyelle et Evelyne Tschirhart*
A22. Je suis comme une truie qui doute, *par Claude Duneton*
A23. Travailler deux heures par jour, *par Adret*
A24. Le rugby, c'est un monde, *par Jean Lacouture*
A25. La Plus Haute des solitudes, *par Tahar Ben Jelloun*
A26. Le Nouveau Désordre amoureux *par Pascal Bruckner et Alain Finkielkraut*
A27. Voyage inachevé, *par Yehudi Menuhin*
A28. Le communisme est-il soluble dans l'alcool ? *par Antoine et Philippe Meyer*
A29. Sciences de la vie et Société *par François Gros, François Jacob et Pierre Royer*
A30. Anti-manuel de français *par Claude Duneton et Jean-Pierre Pagliano*
A31. Cet enfant qui se drogue, c'est le mien, *par Jacques Guillon*
A32. Les Femmes, la Pornographie, l'Erotisme *par Marie-Françoise Hans et Gilles Lapouge*

A33. Parole d'homme, *par Roger Garaudy*
A34. Nouveau Guide des médicaments, *par le Dr Henri Pradal*
A35. Rue du Prolétaire rouge, *par Nina et Jean Kéhayan*
A36. Main basse sur l'Afrique, *par Jean Ziegler*
A37. Un voyage vers l'Asie, *par Jean-Claude Guillebaud*
A38. Appel aux vivants, *par Roger Garaudy*
A39. Quand vient le souvenir, *par Saul Friedländer*
A40. La Marijuana, *par Solomon H. Snyder*
A41. Un lit à soi, *par Evelyne Le Garrec*
A42. Le lendemain, elle était souriante...
par Simone Signoret
A43. La Volonté de guérir, *par Norman Cousins*
A44. Les Nouvelles Sectes, *par Alain Woodrow*
A45. Cent Ans de chanson française
par Chantal Brunschwig, Louis-Jean Calvet et Jean-Claude Klein
A46. La Malbouffe, *par Stella et Joël de Rosnay*
A47. Médecin de la liberté, *par Paul Milliez*
A48. Un Juif pas très catholique, *par Alexandre Minkowski*
A49. Un voyage en Océanie, *par Jean-Claude Guillebaud*
A50. Au coin de la rue, l'aventure
par Pascal Bruckner et Alain Finkielkraut
A51. John Reed, *par Robert Rosenstone*
A52. Le Tabouret de Piotr, *par Jean Kéhayan*
A53. Le temps qui tue, le temps qui guérit
par le Dr Fernand Attali
A54. La Lumière médicale, *par Norbert Bensaïd*
A55. Californie (Le Nouvel Age)
par Sylvie Crossman et Edouard Fenwick
A56. La Politique du mâle, *par Kate Millett*
A57. Contraception, grossesse, IVG
par Pierrette Bello, Catherine Dolto et Aline Schiffmann
A58. Marthe, *anonyme*
A59. Pour un nouveau-né sans risque, *par Alexandre Minkowski*
A60. La Vie, tu parles, *par Libération*
A61. Les Bons Vins et les autres, *par Pierre-Marie Doutrelant*